高等学校教材

Construction Mechanization and Management of the Highway

公路机械化施工与管理

任　征　主　编
康敬东　副主编
郭小宏　主　审

人民交通出版社

内容提要

本书为高等学校教材。全书系统介绍了高等级公路机械化施工中路基、路面机械化施工技术和施工机械设备管理等，重点论述了铲土运输机械、压实机械、路面机械的施工工艺和施工技术，介绍了适用于公路工程施工企业和部门机械设备管理的一整套方法，它包括机械选型、购置、更新、使用、保养、维修、统计等的管理理论与方法。

本书可作为交通建设与装备专业、机械设计制造及自动化专业（工程机械、设备工程与管理、高速公路机械化施工和机械化养护等方向）的教材或教学参考书，也可供从事公路、铁路、市政、水电施工的技术人员及设备管理人员参考。

图书在版编目（CIP）数据

公路机械化施工与管理 / 任征主编 . —北京：人民交通出版社，2011.2

ISBN 978-7-114-08829-2

Ⅰ. ①公… Ⅱ. ①任… Ⅲ. ①道路工程－机械化施工－施工管理 Ⅳ. ①U415

中国版本图书馆 CIP 数据核字（2010）第 264382 号

高等学校教材

书　　名：公路机械化施工与管理
著 作 者：任　征
责任编辑：周　宇
出版发行：人民交通出版社股份有限公司
地　　址：（100011）北京市朝阳区安定门外外馆斜街 3 号
网　　址：http://www.ccpress.com.cn
销售电话：（010）59757973
总 经 销：人民交通出版社股份有限公司发行部
经　　销：各地新华书店
印　　刷：北京市密东印刷有限公司
开　　本：787×1092　1/16
印　　张：22
字　　数：550 千
版　　次：2011 年 2 月　第 1 版
印　　次：2017 年 7 月　第 3 次印刷
书　　号：ISBN 978-7-114-08829-2
定　　价：26.00 元

前　言

本书系统介绍了高等级公路机械化施工中提高机械化水平的措施和公路施工机械的选择方法，以及路基、路面机械化施工技术和施工机械设备管理等；重点论述了铲土运输机械、压实机械、路面机械施工工艺和施工技术；针对我国目前公路施工企业施工机械的管理现状，还特别介绍了适用于公路施工企业和部门机械设备管理的一整套方法，它包括机械设备选型、购置、更新、使用、保养、维修、统计等一直到报废机械设备的管理理论与方法。

本书适用于交通建设与装备专业、机械设计制造及自动化专业（工程机械、设备工程与管理、高速公路机械化施工和机械化养护等方向）的课程教学，也可作为从事公路、铁路、市政、水电施工的技术人员及设备管理人员的参考资料及培训教材。

本书主编任征，副主编康敬东，主审郭小宏。各章编写分工为：第一章、第二章、第三章、第五章、第六章、第七章由任征副教授编写；第四章由展朝勇副教授编写；第八章、第九章、第十章、第十一章、第十二章、第十三章、第十六章、第十七章由康敬东副教授编写；第十四章由许安副教授编写；第十五章由阎学文副教授编写。全书由任征统稿。

在本书编写过程中，长安大学教务处的同事以及长安大学工程机械学院本专业的教师给予了大力支持和无私帮助，在此表示诚挚的感谢！

长安大学焦生杰教授和重庆交通大学郭小宏教授也为本书提出了许多宝贵意见，在此表示衷心的感谢！

目前我国公路机械化施工技术与管理发展迅速，公路工程机械化施工的新技术、新设备、新工艺不断涌现，而我们所掌握的资料有限，书中出现缺失与疏漏在所难免。希望同行专家和使用本书的单位与个人提出宝贵意见。来信请寄长安大学工程机械学院（邮政编码 710064），以利适时修订。

编　者

2010 年 11 月

目　录

第一章　高等级公路机械化施工概述

第一节　公路工程机械化施工的意义

一、机械化施工与机械化施工水平

机械化施工就是在工程施工中采用机械代替人来完成繁重、艰巨和恶劣工作环境下的各种施工作业的全过程。在施工中由机械完成的实物工程量在总工程量中所占的比例愈大,其工程施工的机械化程度就愈高。因此,机械化程度表示为:

$$机械化程度 = \frac{使用机械完成的实物工程量}{总工程量} \times 100\%$$

然而,机械化程度的高低并没有反映出采用了机械化施工后所取得的经济效益。例如,机械化程度高是否就意味施工进度快、质量好、效益高呢?答案是否定的。因为施工进度、施工质量、施工效益不仅仅与施工机械的机种、机型、数量、配置有关,还与使用管理、保养维修管理、施工技术、施工组织管理等有关。

为了说明问题,我们引进机械化水平的概念,即在施工中使用施工机械完成大部分施工工程任务所表现出的经济性。经济性好,即单位工程造价低,则机械化水平高;反之,机械化水平低。

由以上两个概念可知:机械化水平高的必要前提是机械化程度高,而机械化程度高并非意味着机械化的水平高。因为机械化水平的高低与施工机械、施工技术、施工组织及施工管理等多学科的现代化施工技术和管理密切相关。

要提高机械化水平,应考虑以下内容。

(1)提高机械化装备水平

施工机械是机械化施工的物质基础。不仅要提高机械化程度,而且还要提高机械的技术先进性、性能稳定性和可靠性。

(2)选择适宜的机种和机型,并进行合理的组合

根据作业目的和作业对象选择合适的机械,并进行合理的配套组合,是充分发挥机械性能和提高生产率的前提。

机种的选择要适合施工对象,使其充分发挥机械性能,并保证施工质量。

机型的选择要适合工程量的大小、施工场地的大小,同时还应考虑其自身的经济能力大小。

(3)要有科学的施工组织

施工不仅受各种自然因素的影响很大,而且战线长,工程量大,使用机械的种类、型号、数量多,如果没有周密计划、合理组织和科学管理,必将会使各项部分工程、各作业工序之间相互矛盾,机械与劳动力调配紊乱,从而导致各种消耗增加,工期迟缓,效率低下。

(4)运用先进的管理科学

用现代化的管理手段组织和管理施工，对施工组织计划进行优化，以最佳的方案组织施工，才能充分利用人力、物力，有效地使用时间、空间，更好地发挥机械化施工的优越性，保证综合协调施工，按期、按质地完成预定的施工任务。

(5)采用先进、高效、节能的机械设备

低效、高耗的落后机械会使施工成本大大增加，施工进度降低，施工质量及施工工期无法保证，从而无法体现出机械化施工的经济效益。

(6)加强机械使用维修的科学管理

正确地使用施工机械可保证施工质量，延长机械的使用寿命，降低施工成本，提高机械的使用率，降低维修费用。同时，应及时、合理、正确地维修机械，保证机械的完好率，从而保证施工进度和施工质量，降低机械的维修费用。

(7)提高机械施工技术人员的技术水平、业务水平和职业素质

只有爱岗、敬业和技术水平高的人，才能使在设备使用和管理中制订的各项规章制度、保养维修的工艺规格落到实处，从而将设备使用管理工作做好。

二、机械化施工的意义

1. 加快了工程进度，提高工作效率、生产率和经济效益

例如：一台斗容 $0.5m^3$ 的挖掘机相当于 80 ~90 人的生产能力；一台中型推土机相当于 100 ~200 人的生产能力。由此可见，机械化施工与人力劳动相比，其生产效率提高了几十倍甚至上百倍。通过合理地使用机械，可以在很大程度上降低施工成本。

2. 保证了工程质量

许多工程没有机械化施工就无法保证工程质量，如土基、基层和面层的压实，路面摊铺的平整度等。所以，施工机械是保证施工质量的物质基础。

3. 降低了工作强度，改善了工作环境

使用机械可以把人从繁重的体力劳动解放出来，使人的工作环境得以大大改善，人的安全性得到很大提高。人体能无法完成的工作通过机械得以完成，如大桥的建设、大型设备的安装和运输等是人力所不及的。

4. 机动灵活

机械的调动、转移比起大批人员的转移、安置、供给要方便得多。

第二节　高等级公路机械化施工的特点和要求

一、高等级公路机械化施工的特点

1. 机械化程度高

高等级公路的工程量巨大，施工的环境恶劣，施工强度大，而施工的质量和进度要求高。这就使得高等级公路施工必须使用机械化施工。

2. 施工质量高、施工进度快

高等级公路一般都为交通主干线，其交通流量大、车速快。故对其施工的质量要求高、施工的速度要求快。这就决定了高等级公路必须采用机械化施工。例如，对于沥青路面的摊铺和路基、路面的压实，只有机械化施工，才能满足其质量和进度的要求。

3. 施工过程的协调性强

高等级公路机械化施工时，各道工序划分明确，工序衔接紧密，使用的机械种类、数量多，在施工过程中各施工阶段、各工序、各环节的人员、材料设备等相互协调就显得非常重要。

二、高等级公路机械化施工的要求

1. 要有严密的科学施工组织管理

高等级公路施工工程量巨大，因此投入的人力、物力、设备等数量也很大。这就要求必须对施工进行详细的规划设计和施工组织，合理安排各施工工序，使各施工互不干涉，确保施工进度和质量。否则，就可能因为很小的决策和组织管理失误，造成很大的经济损失。

2. 施工机械应先进、高效、节能、环保

施工机械的性能质量要高，以满足施工质量和施工进度的要求。同时，还应满足环境保护的要求。

3. 加强对施工机械的保养、维修、管理

施工机械是机械化施工的主体，其完好率和使用率直接影响施工的质量、施工的进度和施工效益。因此，必须加强施工机械的保养维修管理。

4. 施工技术人员的技术水平要高、责任心要强

操作人员只有技术过硬、责任心强，才能正确、合理地使用机械，及时调整、保养、维修机械，充分发挥机械的性能，才能不断地优化施工工序，严格按照施工工序和施工技术要求进行施工。

第三节　施工机械的合理选择与配置

一、选择施工机械的原则

1. 施工机械与工程的具体实际相适应

公路性质决定公路施工的范围非常广，施工的环境和条件千变万化，施工使用机械种类繁多。因此，要综合考虑各方面的因素来选用施工机械，使所选的施工机械满足施工的要求，从而达到预期的效果。

选择施工机械时，应考虑以下因素：

(1)施工机械的类型应适应工地的环境。如气候条件：高原、平原、寒冷、热带(保温、散热问题)、干旱、湿润(风冷、水冷)；地形条件：山地、丘陵、平原、泥地、湿地；土质条件：砂、土、岩、淤泥。

(2)施工机械的类型应满足工程要求。如工程量大小、工期的要求、施工场地大小、施工断面尺寸、施工质量等。

(3)尽量避免因机械动力不足或剩余，而造成延缓工期或资源浪费；避免机械超性能范围使用，而满足不了施工质量要求以及降低机械的使用价值。

在条件允许的情况下，尽量选择最能满足施工要求的机种和机型。

2. 应有较好的经济性

选择施工机械要考虑机械的购置成本和运行成本。

经济选择施工机械的基础是施工单价，即完成一定量工程的资金投入多少。施工单价主

要与机械固定资产消耗、运行费用有关。

固定资产消耗包括:折旧费、大修费、投资利息等。固定资产与施工机械的投资成正比。

机械运行费用包括:劳动工资、直接材料费、燃油费、劳保设施费等。它与完成施工量成正比。

在选择施工机械时,不仅要考虑机械的购置成本和运行成本,还应权衡工程量与机械费用的关系。如果工程量大,采用大型机械进行施工,作业效率高。虽然一次性投资大,但它可以分摊到较大的工程量中去,对工程成本影响较小。同时,还应考虑机械的先进性和可靠性。采用先进的设备,其技术性能优良,结构简单,易于操纵,故障率低,可靠程度高,施工质量和施工效率高。虽然一次性投资大,但机械的运行费用会大大降低,最终可得到较好的经济效果。

实践表明,对于中小型工程,选用通用性较好的机械较为经济合理。而对于大型工程,应当根据作业内容和作业量进行选择,从而获得最佳的技术经济指标。

3. 应能保证工程质量要求和施工安全

根据工程的技术要求,选择合适的施工机械是保证工程质量的重要因素之一。

(1)对技术要求高的作业项目,应选用性能优良的施工机械或专用机械,使施工质量和效率都高;

(2)机械应具有可靠的安全性能(行驶稳定、落体保护、防尘隔声);

(3)在满足工程质量要求的前提下,与机械的通用性相结合。

4. 机械的合理组合

合理地进行机械组合是充分发挥机械设备效能的重要因素,同时也是机械化施工的一个基本要求。只有合理的组合,才能保证施工质量,提高施工进度,降低施工成本。

组合包括:技术性能和机械类型及其数量方面的配置。

(1)主要机械和配套机械的组合

与主要(主导)机械配套的机械,其工作容量、数量及生产率应该有储备,机械的配合能力应适宜。一般配套机械的工作能力应稍大于主导机械的工作能力,以充分发挥主导机械的生产率。

(2)牵引车与配套机具的组合

在路基施工中,经常会有一些辅助机具或拖式机械没有独立的行走装置,需要配以牵引车进行施工。这时两者的组合要协调平衡,以避免动力剩余过大造成浪费,或动力不足不能完成要求的作业或降低作业效率。

(3)配合作业机械组合数

配合作业机械组合数应尽量少,尽可能地组织多个系列的组合,并列施工。

组合数越多,则总效率就越低。系统的总效率是各子系统效率的乘积。应尽可能地组织多个系列的组合,并列进行施工,从而减少因组合中一台机械停工而造成组合中其他机械全面停工的现象,减少配合机械工作能力的损失。同时,还要注意保证配套中各类机械作业能力的平衡。

(4)尽量选用系列产品

整个机械化施工中,应减少同一功能机械的品种类型,尽可能使用标准化、系列化产品。这样有利于设备的保养、维修管理,有利于配件的组织采购和配件管理。选用系列产品后同种配件所需储备数量少,配件占用资金量少。批量采购配件不仅价格会合理些,同时质量也易得到保证。

施工单位应根据自身机械装备情况及技术状况水平,包括新购机械可能性以及施工量、施工工期、施工质量要求等具体实际情况选择和组合机械,因地制宜,将机械化半机械化相结合,切实做到技术上合理和经济上有利，实现两方面的有机统一。

二、选择施工机械的方法

1. 根据作业内容选择

路基施工的基本作业：开挖、装载、运输、填筑、碾压、修整等。

辅助作业：伐树、除根、松土、爆破、表层清理等。

因此，在路基施工作业时，应结合机械的性能、作业条件和作业效率等情况综合进行选择。选择时可参考表 1-1。

根据作业内容选择的施工机械　　表 1-1

工程类别	作业内容	选择的机械设备
准备工作	(1)清基（树丛、草皮、淤泥、黑土、岩基、冰雪等清除）和料场准备； (2)松土、破冻土（小于0.2m）	伐木机、履带式拖拉机和推土机、挖掘机、装载机、水泵、高压水泵、松土器、大犁、平地机
土方开挖	(1)底宽大于2.5m的河渠、基坑、池塘、港口、码头、采土场等； (2)小型沟渠和基坑	推土机、铲土机、挖掘机、装载机、冲泥机、吸泥机、开挖机、清淤机
石方开挖	(1)砾石开采； (2)岩石开采； (3)石料破碎	(1)挖掘机、推土机； (2)移动式空气压缩机、凿岩机、挖掘机、推土机、爆破设备等； (3)破碎机、筛分机
冻土开挖	河渠、基坑、池塘、港口、码头	推土机、冻土犁、冻土锯、冻土拍、冻土钻、冻土铲
土石填筑	(1)大中型堤坝、高质量路基、场地、台阶等； (2)小型堤坝、路基、梯田、台阶	(1)推土机、铲运机、羊足碾、压路机； (2)夯板碾压机、洒水车、平地机、推土机、平地机、铲运机、大犁
运输	(1)机械设备调运； (2)土石运输	(1)火车、轮船、载货汽车、汽车、起重机； (2)推土机、铲运机、装载机、汽车
整形	(1)削坡； (2)平整	(1)平地机、大犁、推土机、铲运机、挖掘机； (2)平地机、推土机、铲运机、大犁

首先选定作业的主要机械或主导机械，再根据其生产能力、工作参数及施工条件选择配套或辅助机械。

2. 根据土质条件选择

土石是机械作业的重要对象，其性质和状态直接影响施工机械作业的质量、工效及成本等。

(1)根据机械通行性选择

通行性是指车辆在土质等条件限制下，在工地行驶的可能程度，与土质的承载能力有很大关系。

在土质粒细、含水率高的工地上，当车辆反复行驶于同车辙上时，将产生所谓土的揉搓现象。土的强度将逐步降低，承载车辆的能力也将随之降低，最终将不能行驶。在干燥的砂土上，行驶初期虽然比较困难，但一旦稳定后，便能很容易地反复行驶。

(2)根据土的工程特性选择

土质条件也决定了进行各种作业机械施工的可能性和难易程度。土体的工程性质不同，施工时应选择的机械也不同。

为了便于选择施工机械，我们把土分为硬土和软土。

硬土：包括干燥的黏土、砂土、砂砾石、软岩、块石和岩石。

软土：包括淤泥、流沙、沼泽土、湿陷性大的黄土、黑土及软弱黏土（含水率较大）。

在开挖、运输、压实时，机械适应性有所不同。在土方挖掘时，挖掘能力由弱到强的机械依次为：装载机、铲运机、推土机、挖掘机。表1-2和表1-3分别为硬土和软土开挖及运输时机械的选择参考表。表1-4为适合相应土质的压实机械的选择参考表。

硬土开挖机械的选择 表1-2

施工机械 土质状况	推土机	铲运机	正铲挖掘机	反铲挖掘机	装载机	松土器	开沟机	平地机	自卸汽车	底卸汽车	钻孔机	凿岩机
黏土砂质土	√	△	√	√	√	√	√	√	√	√		
砂土	√	√	√	√	√	√	√	√	√	√		
砂砾石	√	×	√	√	√	×	△	△	√	△		
软岩和块岩	△	×	√	△	△	×	×	×	√	×	√	√
岩石	×	×	×	×	△	×	×	×	√		√	√

注：√——适用；△——尚可用；×——不适用。

软土开挖机械的选择 表1-3

施工机械 水分状况	通用推土机	低比压推土机 接地比压（kPa）			水陆两用挖掘机	挖泥船
		19.6～29.4	11.8～19.6	<11.8		
湿地	△	√	√	√	√	×
轻沼泽地	×	√	√	√	√	×
重沼泽地	×	×	△	√	√	△
水下泥地	×	×	×	√	√	√

注：√——适用；△——尚可用；×——不适用。

适合相应土质的压实机械 表1-4

土质状况 机械名称	块石、圆石、砾石	砾石土	砂	砂质土	黏土、黏性土	混杂砂石的黏土、黏性土	非常软的黏土、黏性土	非常硬的黏性土	备注
静力式压路机	B	A	A	A	B	B	C	C	用于路基、路面
自行式轮胎压路机	B	A	A	A	A	A	C	B	最常使用
牵引式轮胎压路机	B	A	A	A	A	A	C	B	用于坡面、坡长5～6m时最有效率
振动式压路机	A	A	A	A	C	B	C	C	用于路基、基层
夯实机	A	A	A	A	C	B	C	C	用于狭窄地点的压实作业
夯锤	B	A	A	A	B	B	C	C	用于狭窄地点的压实作业
推土机	A	A	A	A	B	B	C	A	用于推平作业
沼泽地区推土机	C	C	C	C	B	B	A	C	用于含水率高的土

注：A——适合使用；B——无适合的机械时使用；C——不适合使用。

3. 根据运距不同选择

这主要是针对铲土运输机械而言。考虑土的状态、性质及工程规模,并结合现场条件进行选择。表1-5为不同运距土方运输机械选择的参考表。

施工机械经济运距(单位:m) 表1-5

机 械	履带推土机	履带装载机	轮式装载机	拖式铲运机	自行铲运机	轮 式 拖 车	自 卸 汽 车
经济运距	<80	<100	<150	100 ~ 500	200 ~ 1 000	>2 000	>2 000
道路条件	土路不平	土路不平	土路不平	土路不平	土路不平	平坦路面	平坦路面

4. 根据气象条件选择

气象条件也是影响机械施工的因素之一。雨和积雪融水会直接影响土的状态,从而导致机械通过性下降,工程性质变坏。

在雨季,如要施工,就必须考虑使用效率低的履带式机械,替代干燥条件下机动灵活、效率较高的轮式机械。在冬季,进行冻土开挖、填筑、碾压等作业时,应选用与破冻土等特殊作业相适应的机械,如松土器、冻土犁,并注意发动机启动性能。

在上述两种季节下,要注意机械施工能否达到规定的技术要求。

在高原区,因空气稀薄,动力装置应配备高原型柴油机。

5. 根据与工程间接有关的条件选择

承担几个不同的施工任务,应考虑机械设备相互之间的协调配合,同时还应考虑到如电力、燃油料供应、机械维修与管理、机械的调迁等。通过综合分析,抓住主要矛盾,选择经济适用的机械。

6. 根据作业效率选择

在特定的施工条件下,机械的工作能力(生产率)是根据作业效率确定的。作业效率的高低直接影响工程进度的快慢。选择施工要满足施工进度的要求。

影响施工机械作业效率的因素是多方面的,如机械技术状况、作业条件、施工组织、操作人员的技术水平和业务素质等。因此,要准确地求出作业效率值是很困难的。表1-6给出了不同机械技术状况和作业条件下机械作业效率的参考值。

机械作业效率的参考值 表1-6

作 业 条 件	机械技术状况				
	优 秀	良 好	普 通	较 差	很 差
优秀	0.83	0.81	0.76	0.70	0.63
良好	0.78	0.75	0.71	0.65	0.60
普通	0.72	0.69	0.65	0.60	0.54
较差	0.63	0.61	0.57	0.52	0.45
很差	0.52	0.50	0.47	0.42	0.32

第二章　路基工程机械化施工

第一节　推土机施工

推土机是路基土方工程中最常用的土方机械,它具有作业面小、机动灵活、转移方便、短距离运土效率高且又能在一般干湿地上独立工作的特点。同时,也可以配合其他机械施工。因此,推土机在现代化土方机械化施工中得到广泛的应用。

推土机按行走装置可分为履带式和轮胎式两种。目前,公路工程中主要使用履带式推土机。推土机按工作装置可分为直铲推土机和斜铲推土机两种。根据铲刀结构和工作角度不同,可以在路基施工作业时各显其特色。其使用性能见表2-1。

直铲推土机与斜铲推土机使用性能比较　　表2-1

	直铲推土机	斜铲推土机
硬土层作业	效率高	效率低(因刀长20%~30%)
对不良土质地面适应性	适应性好	适应性差(因刀重10%~20%)
傍山推土机	效率低,操作麻烦,机械磨损大	效率高
平整场地	效率低	效率高
运输	方便	因超宽,往往要卸下铲刀运输

一、推土机的使用范围

推土机在道路工程施工中,主要用于填筑路堤、开挖路堑、平整场地、管道和沟渠的回填以及其他辅助作业。其经济运距一般不超过100m。而在30~50m范围内效率较高,经济效益也较好。运距过大或过小均会降低生产率,如图2-1所示,当运土距离超过75m时,其生产效率显著降低。此外,作业土质以I—II级为宜,III级以上土应预翻松。如果土中有少量孤石,应首先破碎再进行作业。如果孤石过多,不宜使用推土机,否则将使机械产生剧烈振动和磨损,大大缩短机械的使用寿命。

二、直铲推土机的基本作业

推土机的基本作业是铲土、运送、卸土和空回四个工作过程。提高推土机作业效率的原则是:铲土时,应以最短时间和最短距离铲满土;运送时,应尽量减少土的漏损,使较多的土运送到卸土地点;卸土时,应根据施工条件采取不同的卸土方法,以达到施工技术和施工安全要求;空回程时,应以较快的速度驶回铲土处。

1. 接力推土法(多刀推土法)

接力推土法是分次铲土、叠堆运送。分次铲土可以借用惯性力以充分发挥发动机的动力,提高铲土效率;叠堆运送可以提高运土效率。此法用于运距较长的地段铲土时,可用多台推土机,以流水作业方式,按接力铲土方法进行,如图2-1所示。

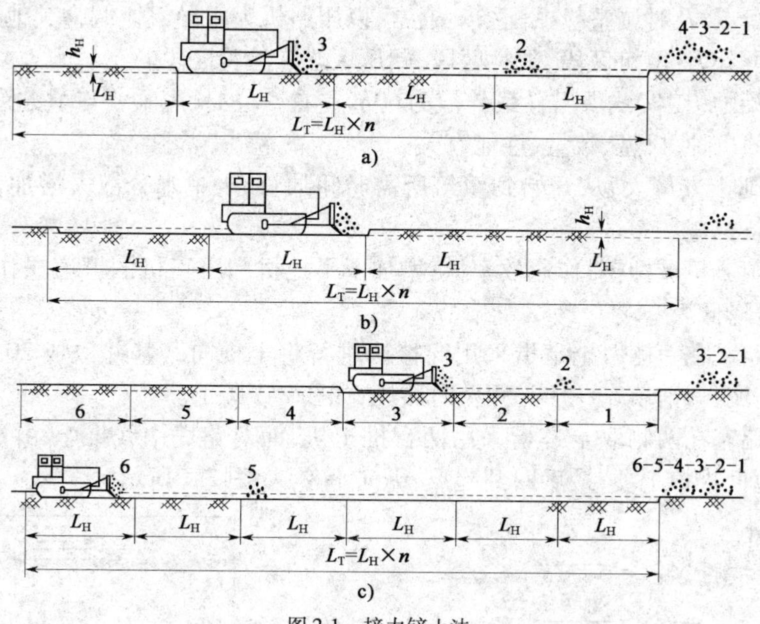

图 2-1　接力铲土法

a)四次接力铲土法;b)刨削式铲土法;c)六次接力铲土法

L_H-铲土长度;h_H-铲土深度;L_T-工作地段总长度($L_T = L_H \times n$,n 为分段数)

推力铲土法为四次、六次等接力,次数多少与土的级别有关:I、II 级土可深些,距离长些;II、III 级土可浅些,距离短些。

2. 槽式推土法

槽式推土法是在一固定作业线上多次推运使之形成一条土槽,或利用铲刀两侧外漏的土形成土埂而产生土槽的运土方式。槽深不宜大于铲刀的高度。同时,应保持直线行驶,不要使槽宽变宽而增加土的漏损。这就要求推土机不能跑偏,否则就会增加驾驶员的工作强度,降低作业效率。

3. 并列推土法

并列推土法是以两台或两台以上同类型的推土机同步推土,以减少两铲刀之间的运土损失。两机铲刀之间的距离一般以 15 ~ 20cm 为宜。同时,注意保持方向、速度和间距,不宜拐弯。

4. 利用下坡推土法

利用下坡推土法是利用下坡时推土机的重力分力增大铲土能力和运土量,从而提高作业效率。坡度不宜过大,一般小于 20°。否则,虽然铲土运土有利,但空车倒车困难,速度慢,反而使效率降低。

三、推土机的施工作业

1. 填筑路堤

(1)横向填筑路基

横向填筑路基适用平原地区矮路基,土基高度 $H < 1$m。这种作业方式是推土机在路堤的一侧或两侧取土。

多台推土机在填筑路基施工时,最好划分区段进行施工。区段长度一般为 30 ~ 50m。

划分区段可以以增大工作面进行流水作业,机械互不干扰,提高作业效率。同时,便于找出作业的不平衡点，及时调整机械配备。通常，以压路机为主导机械调整其他机械。

区段种类可分为：填筑区段、平整区段、碾压区段和检验区段。

区段长度 l 由施工实践得出，l 最佳值为60m 左右。l 的长短主要与填方路基的宽度、高度以及配置机械的机种、机型、数量、性能有关。

①l 太长，则土方量大，从开始到填筑所需时间加长，土中水分散失增加，不利压实，且不利及时调整配备机械。

②l 太短，填方机械拥挤，作业效率低；增加了平地机和压路机的挪道操作时间；区段接头增多，施工质量降低。

横向填筑路基在一侧取土是指采用穿梭法进行将土推向路基并散成 20 ~ 30cm 薄层，一直散铺到路堤、坡脚，铺填完一层必须及时碾压，如图 2-2 所示。

横向填筑路基在两侧取土是指采用两台推土机，面对路堤中线推土，并要推过中心线一些，仍以 Z 形返回推掉土埂，最后回到起点，纵向平整，如图 2-3 所示。

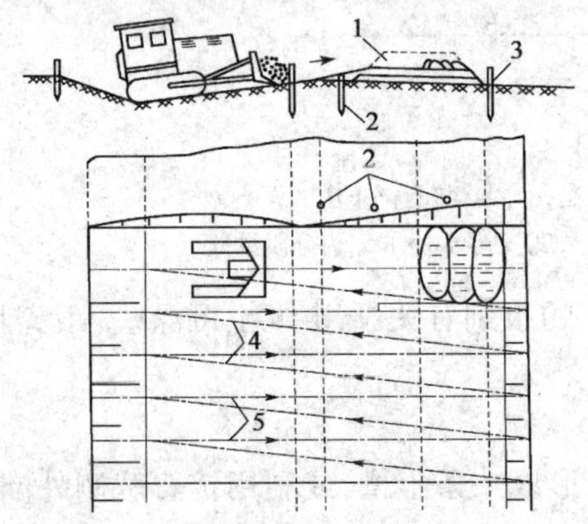

图 2-2　推土机从一侧取土坑取土填筑路堤

1-填筑路堤；2-标定桩；3-间距为 10m 的高标杆；4、5-推土机"穿梭"作业运行线

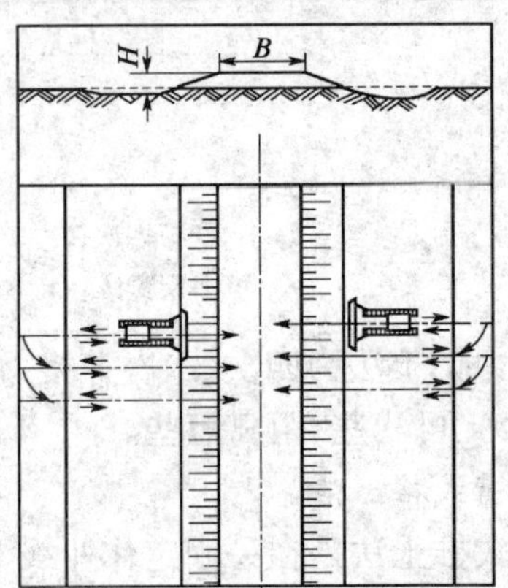

图 2-3　推土机从两侧取土填筑路堤作业路线

B-路基宽；*H*-路基高

当推土机填筑路堤高度超过 1m 时，应设置推土机送土坡道，如图 2-4 所示，通道的坡度应不大于 1∶2.5，宽度应与工作面宽度相同，长度为 5 ~ 6m。当采用综合机械化施工，填筑高度超过 1m 时，多用铲运机完成。

(2)纵向填筑路堤

这种作业方法，多用于移挖作填工程，用在丘陵和山地，只要挖方的土质适用于填筑路堤即可。这种施工方法最经济，但应注意开挖部分的坡度不能大于 1∶2。开挖时应做纵坡分层，并随时注意复核路基高程和宽度，避免出现超挖和欠挖。在填土过程中，应根据施工地段、施工条件，分层填筑、分层压实。纵向填筑作业法如图 2-5 所示。

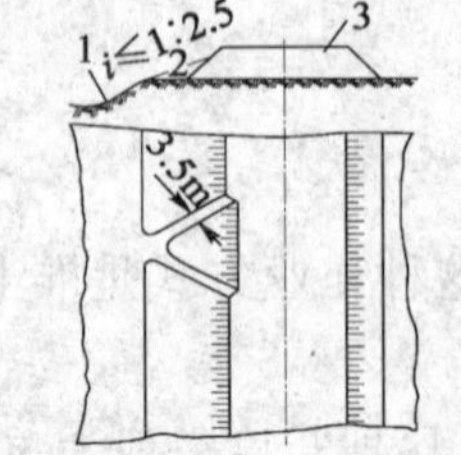

图 2-4　推土机作业坡道设置

1-取土坑；2-进入坡道；3-路堤

图 2-5　推土机纵向移挖作业填筑路堤

(3)综合作业法填筑路堤

综合作业法填筑路堤是将路堤沿线按 60 ~ 80m 分成若干段,多台推土机纵横向配合作业。在每一段的中部设一横向送土道,采用横向填筑法,将土由通道送往路堤,再由另外的推土机纵向推送铺平,分层填筑,分层压实,如图 2-6 所示。这里应考虑横向铲、运推土机和纵向送土、平整推土机作业能力的平衡。

2. 推土机开挖路堑

(1)平地上两侧弃土,横向开挖

①开挖深度在 2m 以内为宜,以中心线为界两侧来回"穿梭",将土推送至两侧弃土堆,也可采用环形送土。这种运行路线可以对弃土堆进行分层平整和压实,如图 2-7 所示。

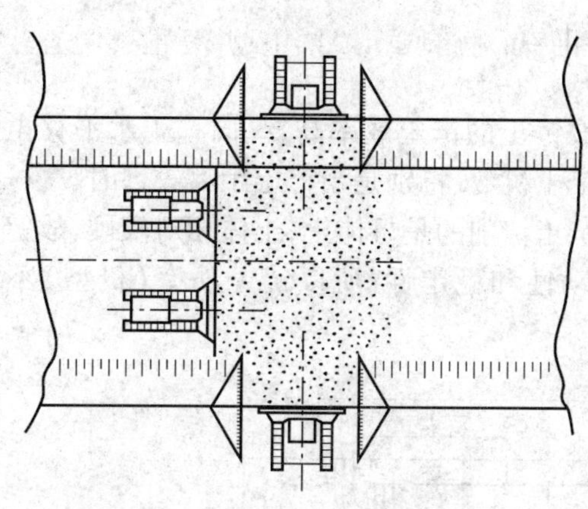

图 2-6 综合作业法填筑路堤

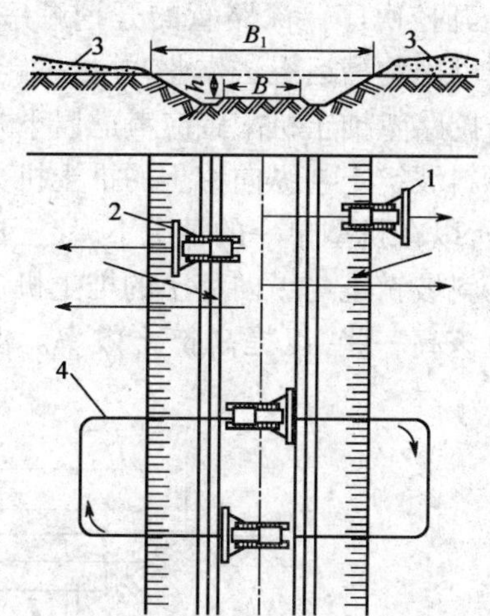

图 2-7 推土机在水平地横向开挖路堑施工作业

1、2-两台推土机采用"穿梭"作业法;3-弃土堆;4-环形作业法

B-路基宽;B_1-路堑宽;h-路堑挖方深度

②路堑中部必须凸起,必须做出排水方向的坡度以利排水。

③及时复核路基高程和宽度,避免超挖和欠挖,挖出粗略轮廓外形,用平地机修整边坡和边沟。

(2)纵向开挖山坡路堑

①纵向开挖傍山半路堑。一般多用斜铲推土机进行。开挖首先由路堑边坡的上部开始,沿中线行驶,渐次由上而下,分段分层将土送至下坡填筑路基,如图 2-8 所示。

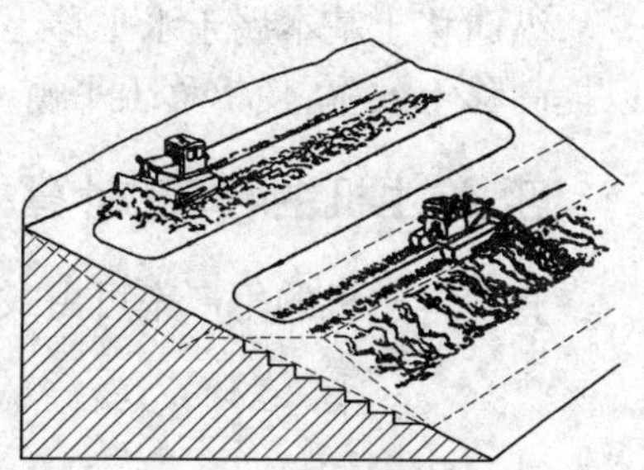

图 2-8 斜铲推土机傍山移挖作填施工作业

开挖时应注意:

A. 不要使推土机超过稳定性允许范围的横坡值。一般不得超过 1∶3.5 ~ 1∶2.5,推土机应在坚实稳定的土层上行驶,同时刀角内侧应稍低些,使推土机在运行时略微内倾,以保证安全。

B. 由于有横向分力的作用,推土机易跑偏,因此注意保持直线行驶。

C. 若坡度小于 25°,也可用直铲作业,但送土下坡时,最好铲土数次后,再集中成堆,将土一起推运到边坡,不要将铲刀抵靠边坡尽头,并使边坡边缘的松土保持稍高的土堆。

②纵向开挖深路堑。纵向开挖深路堑时,一般用纵横向协作推填的方法。

首先用1～2台推土机从路堑顶点开始，沿中线方向进行纵向推填，等推到一半深度后，再用另外1～2台推土机横向分层切削路堑斜坡，从斜坡上切下的土仍由下面的推土机纵向送到填土区，如图2-9所示。

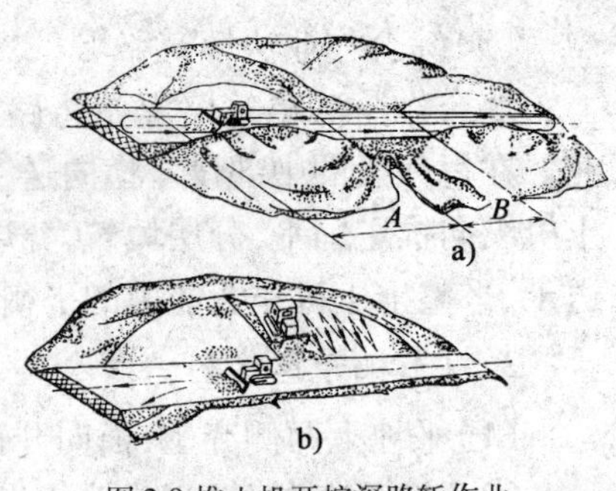

图2-9 推土机开挖深路堑作业

a）推土机纵向推填；b）纵向横向协作挖填

A-挖方区；B-填方区

开挖时应注意：

A. 避免超挖、欠挖。要留有一定余量，易于修整（超挖，就必须填土压实，不容易操作且无端增加工作量）。

B. 边坡要及时处理。挖深后，推土机将无法修整，因此应分层及时修理。

C. 开挖次序。深路堑的开挖顺序如图2-10所示。每层开挖可用沟槽运土法作业，并尽可能采用下坡推土法。

开挖路堑推土机配置应考虑以下几点：

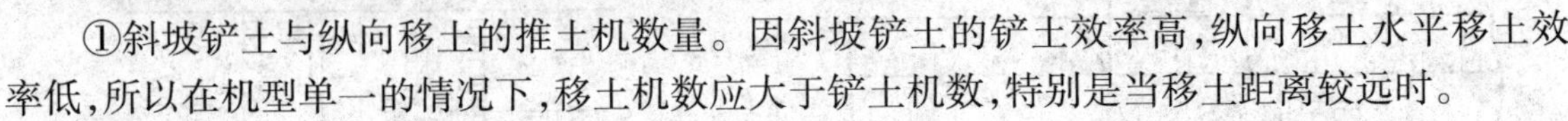

①斜坡铲土与纵向移土的推土机数量。因斜坡铲土的铲土效率高，纵向移土水平移土效率低，所以在机型单一的情况下，移土机数应大于铲土机数，特别是当移土距离较远时。

②斜坡铲土与纵向移土的推土机功率。斜坡铲土铲削的是母体土，土体相对较硬，故铲土功率应该高一些，以提高铲土效率。但应考虑机动性和稳定性，所以铲土功率（机型）不宜太大。

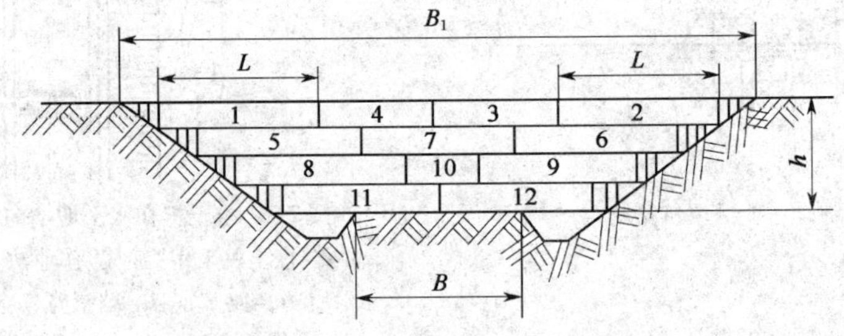

图2-10 深路堑的开挖顺序示意图

1～12-开挖顺序

B-路基宽；B_1-路堑宽；L-一次开挖宽度；h-路堑深

纵向移土基本属于水平移土，阻力主要是移土阻力，应该采用大推土板和大功率推土机，以提高移土效率，使铲移土平衡。

四、推土机生产率的计算

直铲推土机的生产率可由式(2-1)计算：

$$Q=\frac{60qK_BK_Y}{T} \tag{2-1}$$

式中：Q——直铲推土机生产率，m^3/h；

q——推土机一次推移土料的近似体积，m^3；

K_B——时间利用系数，一般为0.8～0.85；

K_Y——坡度影响系数，平地时取1.0，上坡坡度为5%～10%时取0.5～0.7，下坡坡度为5%～15%时取1.3～2.3；

T——每完成一个工作循环所需的时间，min。

每完成一个工作循环所需的时间T可由式(2-2)计算：

$$T = \frac{L_1}{v_1} + \frac{L_2}{v_2} + \frac{L_1 + L_2}{v_3} + t_0 + t_1 \tag{2-2}$$

式中：L_1——铲土距离，一般为6～10m；

v_1——铲土时行驶速度，m/min；

L_2——运土距离，m；

v_2——运土时行驶速度，m/min；

v_3——空驶速度，m/min；

t_0——换挡时间，min；

t_1——转向掉头所需时间，min。

推土机一次推移土料的近似体积 q 可由式(2-3)计算：

$$q = \frac{bh^2k}{2\tan\varphi} \tag{2-3}$$

式中：b——推土板宽，m；

h——推土板高，m；

φ——铲土刀前土的自然坡角，(°)；

k——推土板的充满系数，见表2-2。

推土板的充满系数 k　　表2-2

难易程度	推土作业标准	k
容易	完全松散的土，如低含水率的砂性土、一般土	0.9～1.1
普通	松软土，如含有砾石的砂、细碎岩石	0.7～0.9
较难	含水率高的黏性土，含有大卵石的砂、干燥而坚硬的黏土	0.6～0.7
很难	大块石料	0.4～0.6

提高推土机生产率的方法有以下几种：

(1)缩短一个循环作业的时间

合理选择运距，使送土和回程最短；充分利用下坡铲土；边堤刀、边换挡后退，尽可能高速回程，充分利用时间。如遇土质坚硬，应先松土再铲运，减少铲土所需时间。

(2)提高时间利用系数

做好开工前的各项准备工作，避免因准备工作不善而停机；正确进行施工组织，避免因工序安排不当、机械相互干扰而停机。

(3)减少土的漏损

采用土槽、土埂，或加挡土板；两台推土机并列作业。

(4)合理选择机型和正确调整使用

合理选择机型以充分发挥机械性能；根据土质和地形情况及时调整铲刀铲土角或铲刀水平回转角；正确合理地操作使用机械；根据工况及时换挡和调整发动机转速。

第二节　铲运机施工

铲运机是一种循环性铲土运输机械，能独立完成铲、装、运、卸四个工序。

铲运机广泛应用于公路、铁路、港口及大规模的建筑施工等工程中的土方作业。例如，在公路工程中，用来开挖路堑、填筑路堤、搬运土方、平整场地等；在水利工程中，开挖河道、渠道、填筑堤坝等;在农田基本建设中,进行土地整平、铲除土丘、填平洼地等;在机场、矿山建设施工中,进行土方铲削作业;在适宜的条件下,可用于石方破碎的软石工程施工。

一、铲运机的分类

铲运机按铲斗容量分为小容量($3m^3$以下)、中等容量($4\sim14m^3$)、大容量($15\sim30m^3$)和特大容量($30m^3$以上)四种;按卸土方法分为强制式、半强制式和自由式三种;按操纵系统形式分为钢索滑轮式和液压操纵式两种;按行走方式分为拖式、半拖式和自行式三种;按轴数分为单轴式和双轴式两种。

二、铲运机的适用范围

铲运机的适用范围主要取决于土质特性、运距、机械自身性能和道路状况。

铲运机应根据运距、地形、土质来选用,其中经济运距和作业阻力是选择铲运机的主要依据。

1. 铲运机的经济运距

铲运机的经济运距视类型不同而异。一般与斗容量的大小成正比,但也不是绝对的。一般情况下,斗容量在$6m^3$以下的铲运机的最短运距以不小于100m为宜,最长不应超过330m,经济运距为200~300m。斗容量为$10\sim30m^3$的自行式铲运机,最小运距不小于800m,最长运距可达1 500m以上。不同斗容铲运机经济运距见表2-3。几种国产铲运机的使用条件见表2-4。

各种铲运机的经济运距和坡度的适用范围 表2-3

类别			堆装斗容(m^3)		经济运距(m)		道路坡度
			一般	最大	一般	最佳	
拖式铲运机			2.5~18	24	100~500	100~300	15%~25%
自行式铲运机	单发动机	一般铲装	10~30	50	200~2 000	200~1 500	5%~8%
		链板装载	10~30	35	200~1 000	200~600	5%~8%
	双发动机	一般铲装	10~30	50	200~2 000	200~1 500	10%~15%
		链板装载	10~16	34	200~1 000	200~600	10%~15%

几种国产铲运机的使用条件 表2-4

型号		斗容量(m^3)	牵引方式及动力[kW(hp)]	操纵方式	卸土方式	切土深度(mm)	卸土深度(mm)	适用运距(mm)
拖式铲运机	CT6	6~8	履带拖拉机 58.8~73.6(80~100)	机械式	强制式	300	380	100~700
	CTY7	7~9	履带拖拉机 88.3(120)	液压式	强制式	—	—	100~700
	CTY9	9~12.5	履带拖拉机 132.4~161.8(180~220)	液压式	强制式	300	350	100~700
	CTY10	10~12	履带拖拉机 95.6~147.1(130~200)	液压式	强制式	300	300	100~700
自行式铲运机	CL7	7~9	单轴牵引车 132.4(180)	液压式	强制式	300	400	800~1 500

2. 铲运机对土的适应性

铲运机适用I、II级土的施工,如遇III、IV级土,应预先疏松再作业。最适宜在湿度较小(含水率在25%以下)的松散砂土和黏土中施工,但不适宜于在干燥的粉砂土和潮湿的黏性土中作业，更不适宜在地下水位高的潮湿地区和沼泽地带及岩石类地区作业。在泥沼地、松砂地上不宜使用。当土中含有石块及混有大量圆石时，对铲运机的效率影响较大，也不宜使用。

3. 铲运机对地形的适应性

铲运机在施工中应尽可能地利用地形下坡铲装和运输，以提高生产率。但是它与推土机不同，推土机下坡推土只要在允许范围内，坡度越大，效率越高，而铲运机一般铲装时的下坡角不应大于7°~8°。在这样的坡度上铲装效率最高，如在坡度过大，铲下的土不易进入铲斗，效率反而降低。

三、铲运机的基本铲土方法

1. 一般铲土法

铲刀开始以最大深度切入土中（不超过30cm），随着阻力不断增加（包括整机惯性力的减少），为防止铲装速度下降过快，逐渐减小铲土厚度，直至装满为止，如图2-11所示。

该法适用于Ⅰ、Ⅱ级土施工。

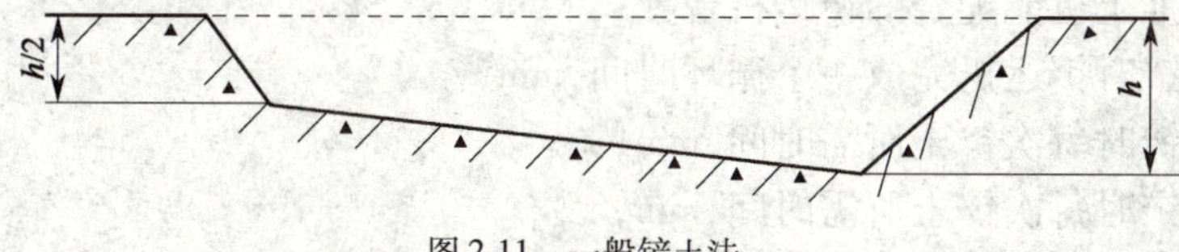

图2-11 一般铲土法

2. 波浪铲土法

该法适用于砂性土。铲土时，以最大深度（30cm）切入土中，随发动负荷逐渐增加，发动机转速降低，切土深度逐渐减小，当发动机转速有所提高时，再切入土中，切入深度逐次减少。如此反复进行三四次即可装满铲斗。这样可以充分利用发动机功率，并能改善装土条件，从而提高工作效率，如图2-12所示。

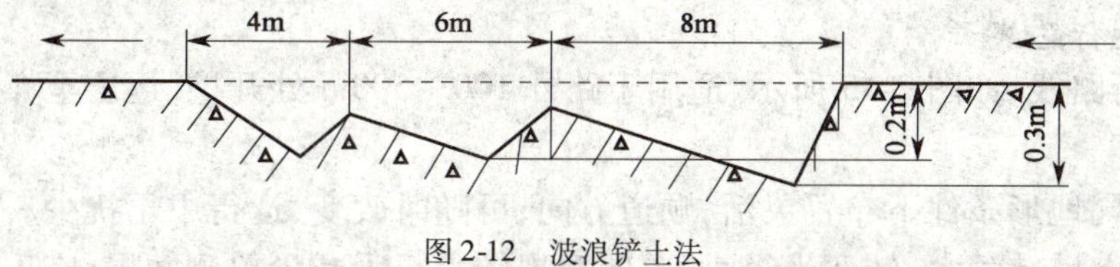

图2-12 波浪铲土法

3. 跨铲法

跨铲法是以减少铲刀切土宽度和形状来减小切土的阻力，提高铲土速度的一种方法。在一般铲土过程中，特别是铲土最后阶段铲入的土必须用很大的压力，才能克服已进入铲斗内的土的阻力而挤入斗内，故在发动功率一定的条件下，其切土的能力就不够。铲土时按图2-13所示的顺序来布置铲土道。作业时，先在取土场第一排（1区、2区、3区）铲土道上取土，两相邻铲土道之间留出铲斗宽一半的土不铲。然后，在第二排（4区、5区）铲土道取土，其起点应在第一排铲土道长度的一半处开始。第三、第四排铲土道依次后移，使各铲土道前、后、左、右重合起来采用跨铲法，由于铲土的后半段减小了切土宽度，铲土阻力也相应地减小，所以使铲运机有足够的牵引力将铲斗装满，同时又可以缩短铲土道长度和铲土时间，使铲运机工效提高。

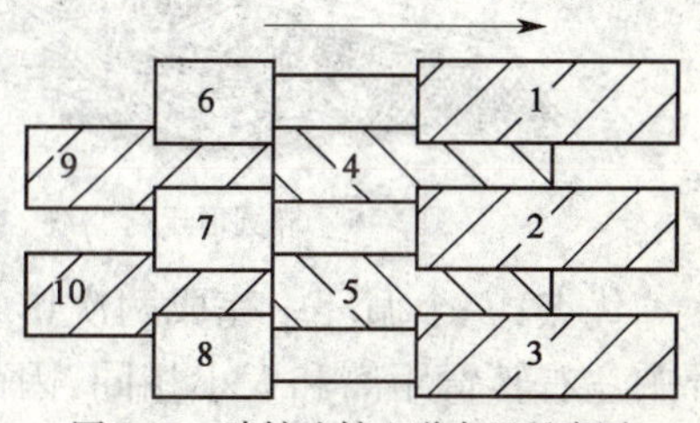

图2-13 跨铲法铲土道布置示意图

1~10-分区

如果取土场狭窄，不能按上述施工程序布置时，也可采用单排跨铲法，如图2-14所示。土道间留出适当宽度的土埂，可使铲运机在铲除这些土埂时减少切土阻力。

4. 下坡铲土法

利用铲运机的重力分力所产生的下坡推力，使铲削力增加，从而提高铲土效率。下坡角以7°~8°为宜，铲装效率最高。若下坡角超过15°，则铲下的土不易进入斗，反而效率低。

5. 顶推助铲法

此法适用于土质坚硬和软土、沼泽等的土方施工。

使用推土机在铲运机后面向前推顶，增加铲掘能力，缩短装土时间，提高铲装效率。每台推土机能配合的铲运机台数可根据式(2-4)计算：

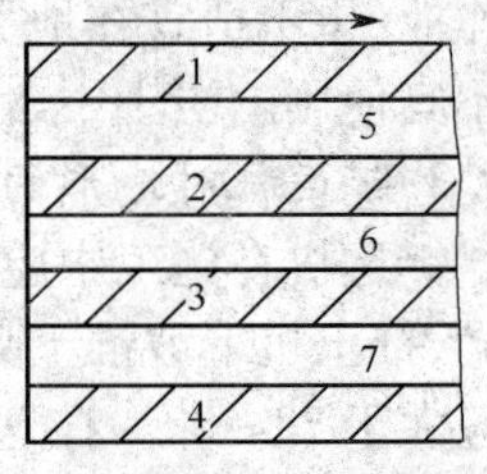

图 2-14　单排跨铲法铲土道布置示意图
1~7-分区

$$N = \frac{t_T - (t_1 - t_2)}{t_2 + t_3} \tag{2-4}$$

式中：N——每台推土机能配合的铲运机台数；

t_T——无助铲时铲运机完成一个循环时间，min；

t_1——无助铲时每次铲土所需时间，min；

t_2——有助铲时每次铲土所需时间，min；

t_3——推土机每次助铲换位时行驶时间，min。

在推土机助推过程中应注意与铲运机密切配合，速度保持一致，并以直线行驶。

四、铲运机的施工运行路线

铲运机的运行路线应适应施工现场地形条件和机械性能等因素，以便达到运距近、坡道缓、转弯缓及修筑道路工作量小的要求。

1. 椭圆形运行路线

椭圆形运行路线，如图2-15所示，适用于路外100~500m处开挖，运土至弃土堆或取土坑取土填筑路堤。

优点：在不同地形条件下布置灵活，顺道方向，可随时改变，运行中干扰少。

缺点：重载上坡转角大，转弯半径小，单侧磨损较大。为减少单侧磨损，应正向旋转一段时间，再反向旋转。

2. "8"字形运行路线

"8"字形运行路线如图2-16所示。

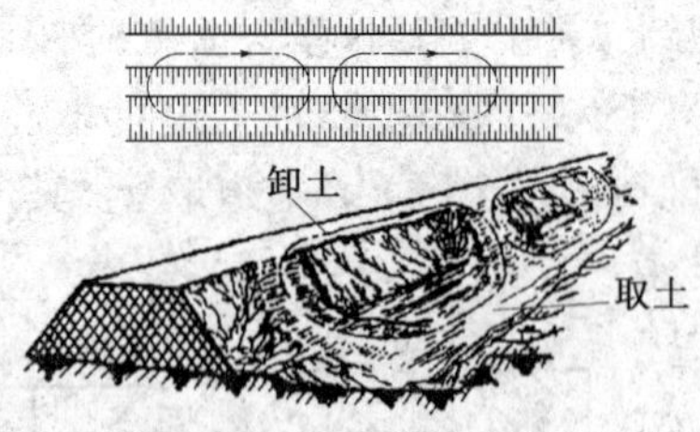

图 2-15　椭圆形运行路线

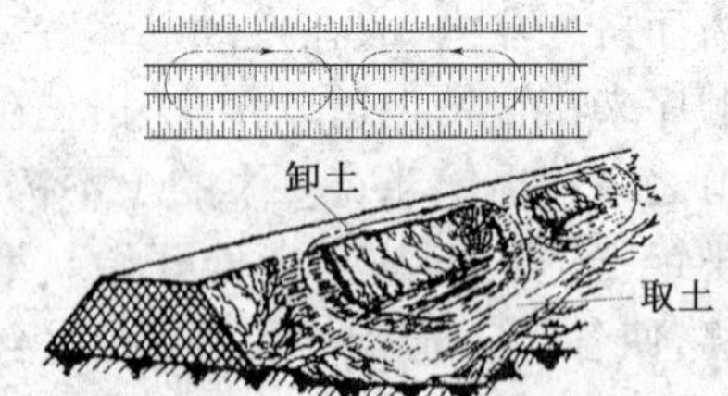

图 2-16　"8"字形运行路线

优点：一个循环中完成两次铲土和卸土，重载急弯少，运行时间缩短，作业效率高。由于循环中左右转弯距离和大小相同，因而行走机构两侧磨损较均匀。

缺点：要求有较大施工场地。

在施工时，要注意“8”字形路线的运行方向。正确的方向如图2-16所示。如果方向相反，在“8”字两端会出现重载急弯，从而会使施工作业效率明显降低。

3.“之”字形运行路线

“之”字形运行路线如图2-17所示。

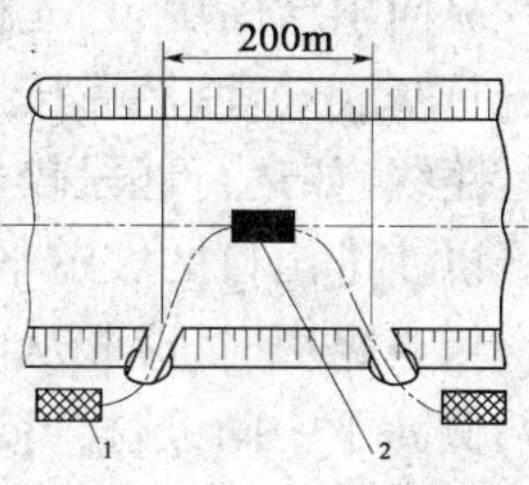

图2-17 “之”字形运行路线

1-铲土；2-卸土

优点：这种路线适用于较长地段施工，且易于运用机群作业，各机列队（每机间隔20m）依次进行挖填到尽头，折返后反向运行作业，其填挖地段应与来时错开。由于这种运行路线掉头少，故生产效率相对较高。

缺点：作业面长，在多雨季节难以施工。

4.穿梭式运行路线和螺旋形运行路线

这两种运行路线都适用于两侧取土。

穿梭式运行路线，如图2-18所示，属于纵向卸土。在循环时，应注意向重载急弯少的方向运行。同时，应注意取土后转向路堤的转角。转角小，则坡缓，但运行路线长；转角大，则运行距离短，但会出现重载急弯。因此，应根据机型、路堤填高、取土坑的距离及地形等综合考虑。

优点：一个循环可完成两次铲装和卸土，运行距离较短。同时，施工组织较简单。

缺点：转弯次数多，增加了运行时间。由于向一个方向转弯多，铲运机单侧磨损较重。

螺旋形运行路线如图2-19所示，属于横向卸土。

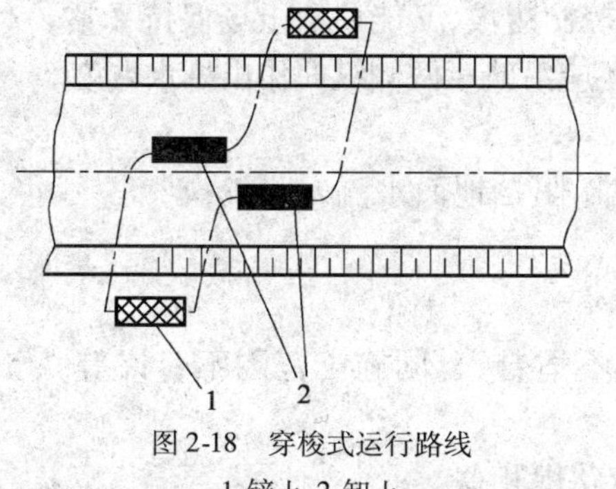

图2-18 穿梭式运行路线

1-铲土；2-卸土

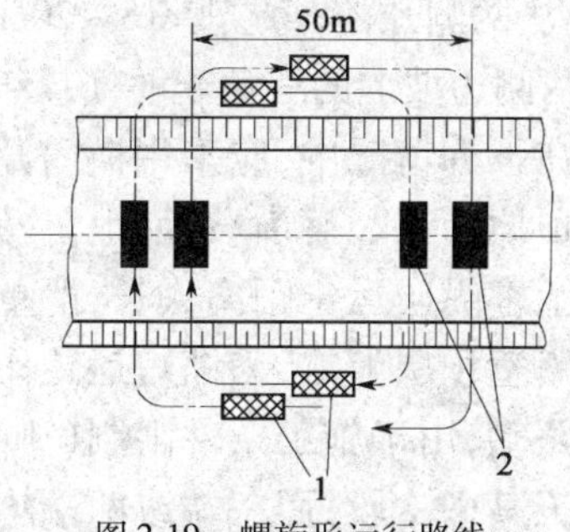

图2-19 螺旋形运行路线

1-铲土；2-卸土

优点：一个循环可完成两次铲装和卸土，运行距离比“穿梭”运行路线还短，施工效率高。在施工时只要横向移动螺旋形运行路线即可完成挖填作业，施工组织简单。

缺点：转弯次数多（一个循环四次），增加了运行时间。由于始终向一个方向转弯，铲运机单侧磨损较重。挖填作业完成后修整工作量较大。

对穿梭式和螺旋形运行路线，为减少单侧磨损，应正向旋转一段时间，再反向旋转，从而使其两侧磨损均匀。

五、铲运机的施工作业

1.填筑路基

一般使用铲运机进行路堤填筑施工时，其取土距离应在路堤100m以外，而填筑高度在2m以上较为合理。当填筑路堤高度在2m以下时，最好采用推土机、铲运机联合作业，使两者发挥各自的优势，以提高作业效率，降低施工成本。

使用铲运机填筑路堤时，按填土方向不同，分为纵向和横向填筑两种。

纵向填筑路堤：首先检查桩号。边坡处应用明显的标杆标出其准确的位置，再根据施工规定进行基底处理，然后按照选定的运行路线进行施工。填筑高度在2m以下时，应采用“椭圆”运行路线，如运行地段较长，也可采用“之”字形；填筑高度在2m以上时，应采用“8”字形，这样可以使进出口的坡道平缓些。

填筑路堤时，应先从两侧界限处分层向中间填筑，以防少填和超填，同时使填筑层始终保持两侧高于中间，这样可以防止铲运机向外翻车，如图2-20所示。

铲运机填筑路堤时，其轮胎对土有良好的压实作用，因此在卸土时应将土均匀分布于路堤上，同时铲运机在运土和回驶过程中，车轮应将路堤上铺卸的土尽可能都压到，以保证路基的压实质量和提高压实速度。

当路堤两侧填筑到要求的高程时，再把中部填平，并使其具有一定的拱度。

当路堤填筑高度在1m以上时，应修筑上堤运行通道；当路堤填筑高度大于2m时，则每隔50～60m修筑上下通道或缺口，通道的最小宽度为4m，转弯半径不小于6m，上坡通道的坡度一般为15%～20%，下坡道的极限坡度为50%。当路堤填筑竣工后，所设的进出口通道和缺口都应封填。

横向填筑路堤时，其填筑方法与纵向相同，只是运行路线应根据施工现场的条件采用横向卸土的“螺旋形”运行路线进行施工。

2. 开挖路堑

铲运机开挖路堑有两种作业方式：一种是横向弃土开挖；另一种是纵向移挖作填。路堑应分层开挖，并从两侧开挖，每层厚15～20cm。这样做既能控制边坡，又能使取土场保持平整。对每层开挖后两侧边坡上的三角土埂，应及时铲去。同时，还应沿路堑两侧纵向作出排水坡度。

路堑在下列情况中，应采用横向开挖：

①堑顶地面有显著横坡，而上游一侧需设置弃土堆，阻挡地面水流入路堑；

②路堑中纵向运土距离太长，严重影响工效；

③深路堑顶层上方，为缩短运距作两侧弃土；

④长路堑，由于施工条件限制（土质不适合、地形不适合、合同施工范围不容许等），铲运机只能施工其中一段，而一端或两端均无法纵向出土。

铲运机横向开挖路堑的施工方法与横向取土填筑路堤相似。

铲运机纵向移挖作填，如图2-21所示。当路堑须向堑口外相接的路堤处作填方时，铲运机应当利用地面纵坡，自路堑端部开始作下坡铲土，并逐渐向堑内延伸挖土长度，而填筑路堤也应延伸。一般铲运机可在路堑内作180°转向，从路堑的两端分别开挖。当延伸到路堑的中部而长度在300m以内时，可改用直线迂回运行的方法，作纵向贯通运行，往返交替向两端挖运。这种深路堑的开挖次序如图2-22所示。在开挖时，要随时测量高程和边坡坡度，防止超挖和欠挖。

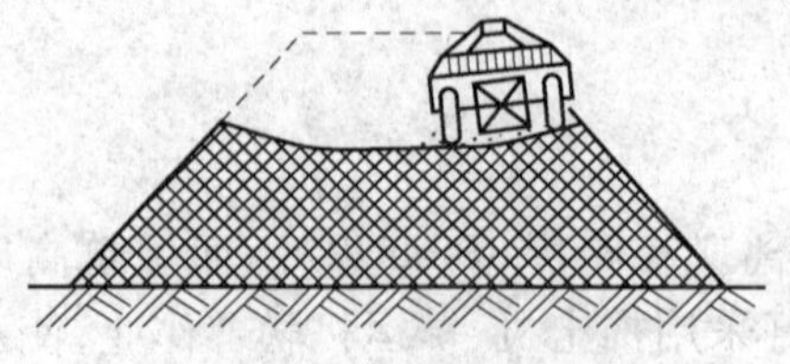

图2-20　铲运机填筑路堤

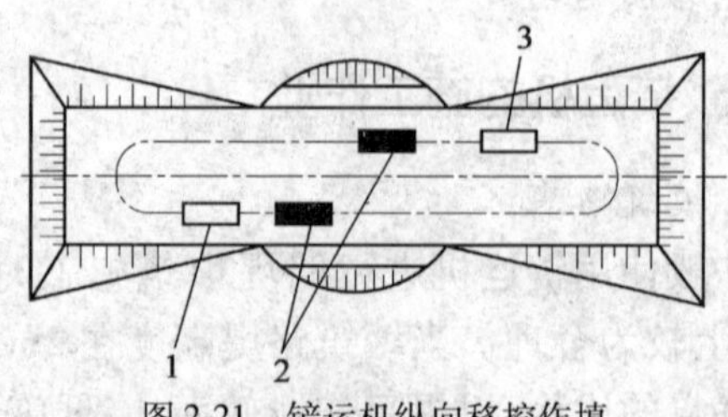

图2-21　铲运机纵向移挖作填

1、3-铲土；2-卸土

3. 铲运机的现场施工

(1)铲装

①要求斗平或斗满;

②在 33m 以内应完成铲装;

③时间小于或等于 1min,即 1min 内完成铲装,完不成则说明土硬应先松,再铲运。

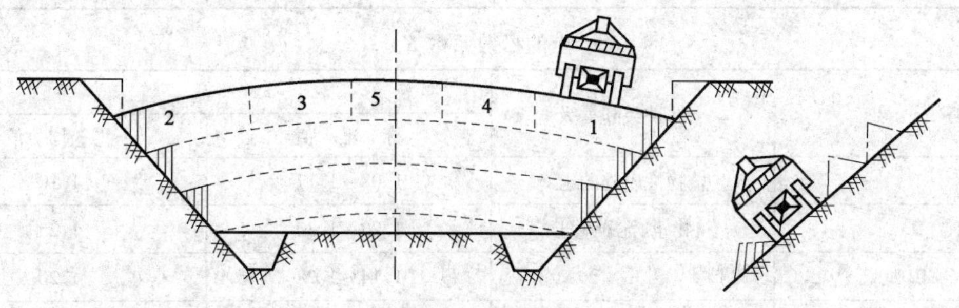

图 2-22 铲运机开挖路堑时的顺序

1 ~5-开挖顺序

(2)运输

①平均时速(运土):履带式大于或等于 4km/h,轮式大于或等于 22km/h。如果速度达不到,应修整道路。

②在道路条件许可时,尽可能可挂最高挡行驶。

A. 宽度:单行道,2 个机宽;双行道,3 个机宽。

B. 平整度:道路无明显车辙;应引导驾驶员尽量错开轮迹走,不易形成车辙,或车辙严重时用铲斗刮平。

C. 面层:不起尘;如尘大,则洒水。

D. 每处转变,应能在 15s 内完成。

(3)卸土

应尽可能挂高挡完成;在 30s 内完成。

4. 铲运机的生产率及其提高生产率的措施

(1)铲运机的生产率

$$Q = \frac{60VK_h K_b}{TK_s} \tag{2-5}$$

式中:Q——铲运机的生产率,m^3/h;

V——铲斗的几何容积,m^3;

K_h——充满系数,见表 2-5;

K_b——时间利用系数,为 0.75 ~0.980;

K_s——土的松散系数,见表 2-6;

T——每工作一个循环所用时间,min。

$$T = \frac{L_1}{v_1} + \frac{L_2}{v_2} + \frac{L_3}{v_3} + \frac{L_4}{v_4} + t_1 + t_2 \tag{2-6}$$

式中:L_1、L_2、L_3、L_4——铲、运、卸、回驶的距离,m;

v_1、v_2、v_3、v_4——铲、运、卸、回驶的速度,m/min;

t_1——换挡时间,min;

t_2——掉头转向时间,min。

铲运机铲斗的充满系数 K_h 表 2-5

土质种类	K_h	土质种类	K_h
干砂	0.6～0.7	砂土与黏性土 （含水率4%～6%）	1.1～1.2
湿砂 （含水率12%～15%）	0.7～0.9	干黏土	1.0～1.1

土的松散系数 K_s 表 2-6

序号	土的种类和等级	K_s	
		标准值	平均值
I	植物性以外的土	1.08～1.17	1.10
II	植物土、泥炭黑土	1.20～1.30	1.25
III	—	1.14～1.28	1.20
IV	—	1.2～1.30	1.25
V	除软石灰石外	1.26～1.32	1.30
VI	软石灰石	1.33～1.37	1.37

（2）提高铲运生产率的方法

由式（2-5）可知，铲运机的生产率 Q 与以下因素有关：

①斗容 V。斗容大，效率高。但斗容大，发动机功率大，体积大，不灵活，购置、运行成本大，铲装、卸土时间长。

②充满系数 K_h。土充满铲斗的多少不仅与土的性质有关，还与操作技术密切相关，如铲斗的开启大小与时间，如图 2-23 所示。

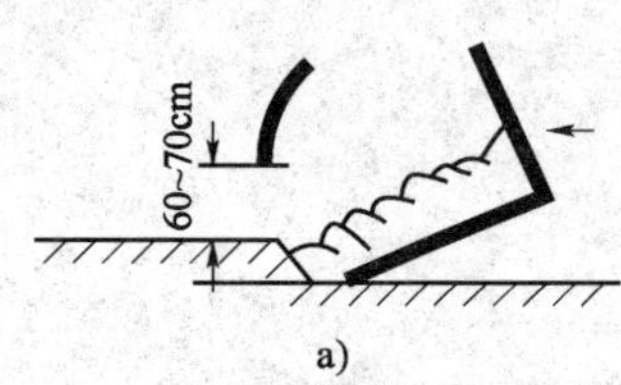

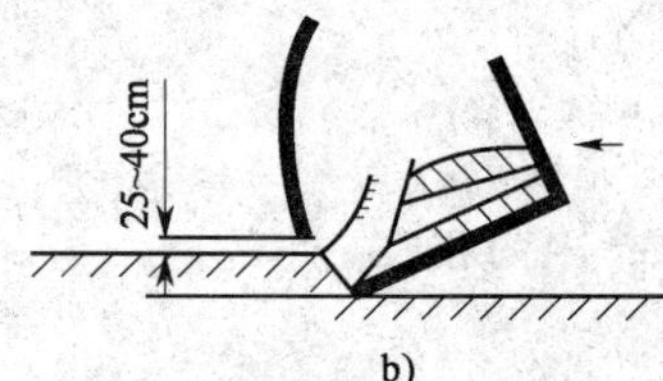

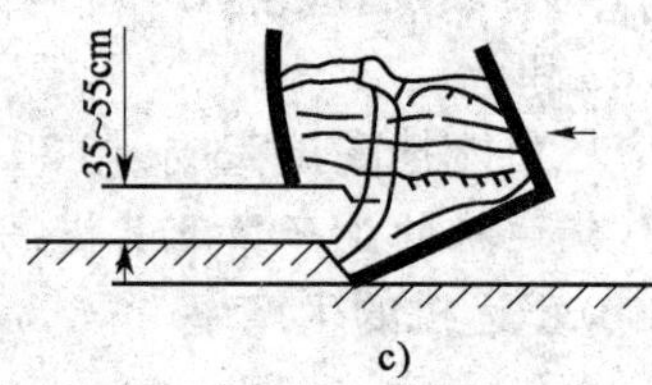

图 2-23 铲运机铲装时斗门开启的合理位置

铲装开始：斗门开启应大些，尽量减小土的入斗阻力。此时，斗门开启 60～70cm，土入斗后移并叠置。

铲装中期：斗内土逐渐增多，并向斗门方向挤，有滚出趋势。此时斗门应关小些，为 25～40cm。

铲装后期：要装满斗，需更大的挤压力，此时斗门重新开大些，为 35～40cm。斗内土由于挤压形成拱桥作用而不会滚出。

③作业循环时间 T。一个循环所用的时间不仅与路况和操作技术有关，还与机械选型和施工组织有关。

④松散系数 K_s。土密度大（K_s值小），则铲装效率高。但是密度太大，铲不动或铲装慢，必须先松土或爆破。

因此，要提高铲运机生产率应做到以下几点：

A. 合理选择机型，充分做好施工运行路线的规划，使运行路线短，重载上坡、急弯少，且机械互不干涉。

B. 对硬土或冻土,应先松土再铲运,但松土不宜过深(20~40cm);过深,则影响铲运机的牵引力。合理使用顶推助铲。根据地形,充分利用下坡铲土。

C. 清除树根、树桩、孤石等,提高铲装速度。

D. 提高驾驶员的操作技术,同时保证铲运道路状态良好,尽可能让铲运机高速挡运行。

第三节　平地机施工

平地机是一种以刮刀为主,并配置有其他多种可更换的作业装置,以完成土地平整和整形作业的公路施工机械。平地机的刮刀比推土机的铲刀使用更加灵活,它能连续改变刮刀的平面角、切削角和倾斜角,并可使刮刀向任意一侧伸出。因此,平地机是一种多用途的连续作业式土方机械。

一、分类

1. 按操纵方式分类

平地机可分为机械操纵式和液压操纵式。

2. 按车轮数量分类

平地机均为轮胎式的。按车轮数、驱动轮对数和转向轮对数来分,平地机分类如图2-24所示。

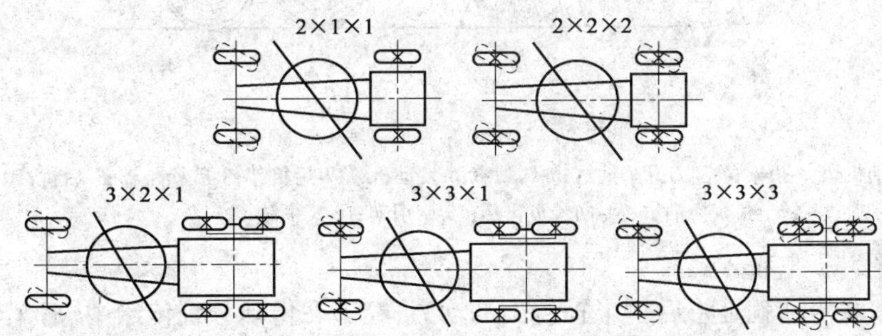

图2-24　平地机按车辆分类示意图

(车轮上带"×"者均为驱动轮)

(1)六轮平地机

①3×2×1型——前轮转向,中后轮驱动;

②3×3×1型——前轮转向,全轮驱动;

③3×3×3型——全轮转向,全轮驱动。

(2)四轮平地机

①2×1×1型——前轮转向,后轮驱动;

②2×2×2型——全轮转向,全轮驱动。

驱动轮对数越多,在工作中所产生的附着牵引力越大;转向轮越多,平地机的转弯半径越小。因此,上述五种形式中3×3×3型的性能最好,大、中型平地机多采用这种形式。2×2×2型和2×1×1型均在轻型平地机中用。目前,转向轮装有倾斜机构的平地机获得了广泛的应用。装设倾斜机构后,在斜坡工作时,车轮的倾斜可提高平地机工作的稳定性;在平地上转向时，可进一步减小转弯半径。

3. 按机架结构形式分类

按机架结构形式分类，平地机可分为整体式机架和铰接式机架。

(1)整体式机架

有较大的整体刚度，但转弯半径较大。传统的平地机多采用这种机架结构。

(2)铰接式机架

转弯半径小，一般比整体式机架小40%左右，可以较容易地通过狭窄地段，能快速掉头，在弯道多的路面上尤为适宜。在斜坡上作业时，可将前轮置于斜坡上，而后轮和机身可在平坦的地面上行进，提高了机械的稳定性，使作业比较安全。目前生产的平地机大都采用这种结构。

二、平地机总体结构

平地机的结构如图2-25所示。

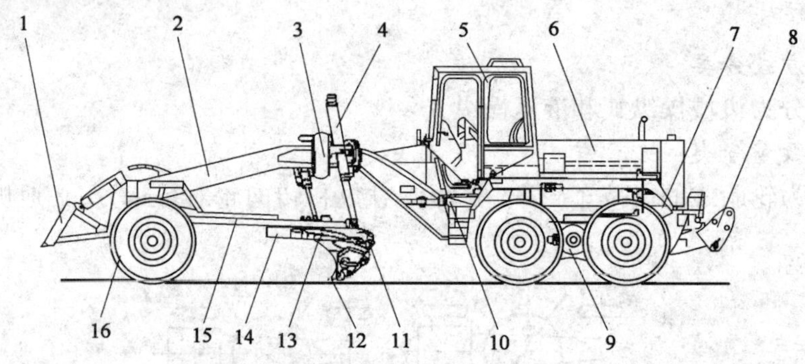

图2-25　PY180型平地机结构示意图

1-前推土板；2-前机架；3-摆架；4-刮刀升降油缸；5-驾驶室；6-发动机罩；7-后机架；8-后松土器；9-后桥；10-铰接转向油缸；11-松土耙；12-刮刀；13-铲土角变换油缸；14-回转盘齿圈；15-牵引架；16-转向轮

1. 后桥平衡箱串联传动

平衡箱串联传动就是将后桥半轴传出的动力，经串联传动分别传给中、后车轮。由于平衡箱结构有较好的摆动性，因而保证了每侧的中、后轮同时着地，有效地保证了平地机的附着牵引性能。同时，平衡箱可大大提高平地机刮刀作业平整性。如图2-26a)所示，当左右两中轮同时被高度为H的障碍物抬起时，后桥的中心升起高度为$H/2$，而位于机身中部的刮刀的高度变化为升高$H/4$。如果只有一只车轮，如图2-26b)所示的左中轮，被高度为H的障碍物抬起，此时后桥的左端升高$H/2$，后桥的中端升高$H/4$，刮刀的左端升高$3H/8$，右端仅升高$H/8$。

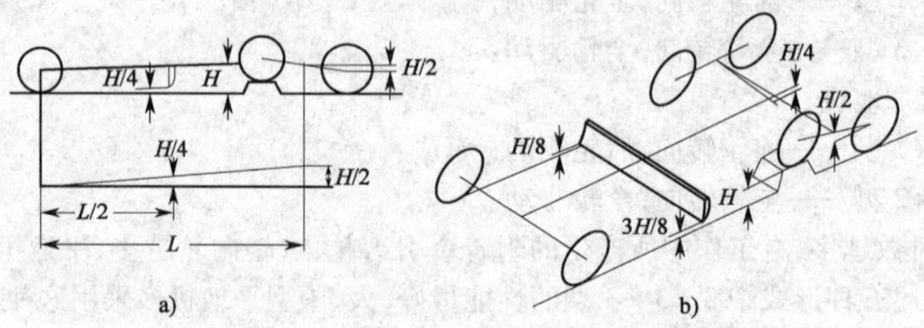

图2-26　平地机越障时工作装置高度变化示意图

a)左右两中轮同时压上障碍物；b)左中轮压上障碍物

2. 刮土工作装置

刮土工作装置是平地机的主要工作装置。刮土工作装置的结构如图2-27所示。牵引架前端的球形铰与车架前端铰接,因而牵引架可绕球铰在任意方向转动和摆动。回转圈支承在牵引架上,可在回转驱动装置的驱动下绕牵引架转动,从而带动刮刀回转。刮刀的背面有上下两条滑轨支撑在两侧角位器的滑槽上,可在刮刀侧移油缸的推动下侧向滑动。角位器与回转圈耳板下铰接,上端用螺母固定住。当松开螺母时,角位器可以摆动,从而带动刮刀改变切削角(也称铲土角)。

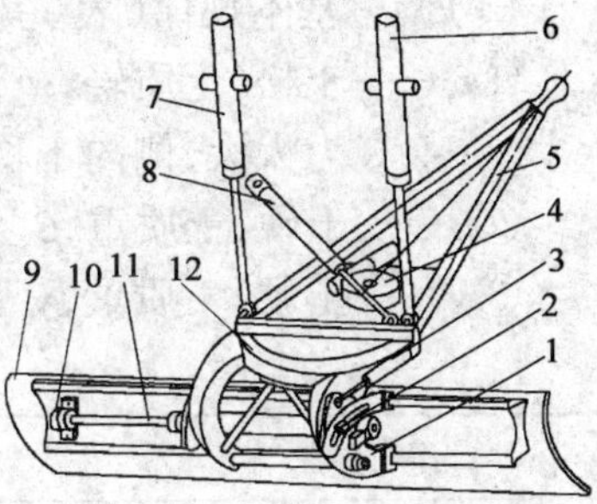

图2-27　刮土工作装置

1-角位器;2-角位器紧固螺母;3-切削角调节油缸;4-回转驱动装置;5-牵引架;6-右侧升降油缸;7-左侧升降油缸;8-牵引架引出油缸;9-刮刀;10-油缸头铰接支座;11-刮刀侧移油缸;12-回转圈

作业装置操纵系统可以控制刮刀做如下动作:

①刮刀左右单独或同步升降,由油缸6、油缸7完成;

②刮刀回转,由回转驱动装置4完成;

③刮刀相对于回转圈左、右侧移,由刮刀侧移油缸11完成;

④刮刀随牵引架一起侧移,由牵引架引出油缸8完成;

⑤刮刀切削角的改变,由人工或切削角调节油缸3和角位器紧固螺母2完成(调好后再用螺母锁定)。

不同的平地机,刮刀的运动也不尽相同,如有些小型平地机为了简化结构没有角位器机构,切削角是固定不变的。

三、平地机施工

1. 平地机的适用范围(用途)

(1)大面积平整场地;

(2)修筑路基表面和路拱;

(3)两侧取土填筑堤高小于1m的路堤,挖0.5~0.6m深的路堑以及半填半挖路基;

(4)开挖边沟和路槽,修刷边坡,回填沟渠;

(5)路基上路拌、摊铺路面材料及基层材料;

(6)推除草皮,清除积雪、石块。

2. 平地机的基本作业

(1)刮刀的四种调整动作:水平回转、两端垂直升降、左右侧伸、机外倾斜。

(2)刮刀的三个参数:

①铲土角γ——刀身截面与地面形成的角度,如图2-28a)所示;

②倾斜角β——刀身刃口线与地面间夹角,如图2-28b)所示;

③平面角α——刀身轴线在水平面上的夹角,如图2-28c)所示。

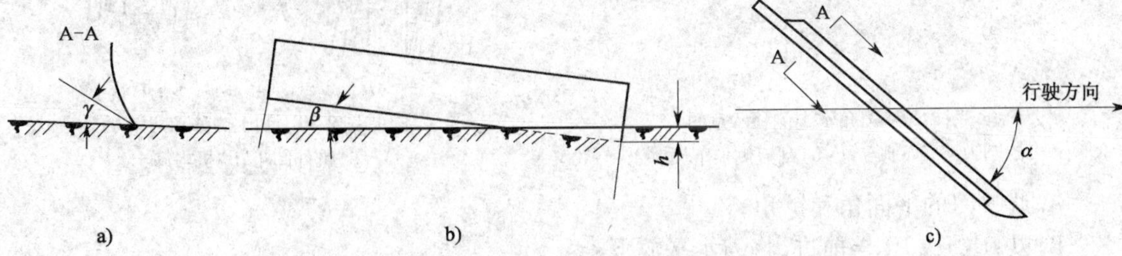

图2-28　平地机刮刀的工作角

a)铲土角γ;b)倾斜角β;c)平面角α

(3)调整基本规律(表2-7):

①α——土松,土质轻,α可小,易侧刮移,铲前土堆积少;土硬,土质重,α要大,否则侧向力太大,侧向不稳。

②β——土硬,土质重,β不易大。

③γ——土硬,土质重,γ要小,易铲动;土松,土质轻,γ可大。

平地机刮刀角度调整表 表2-7

作业名称		α(°)	β(°)	γ(°)
铲土	用犁松过的土	最小30	<11	<40
	用松土机松过的土	30~35	<13	<40
	未松碎Ⅰ、Ⅱ级土	最小45	<15	<35
运土	重质土	40~50	<11	<35
	轻质土	35~45	<13	40
修整路基	刮平	45~55	<13	40
	加延长刀整平	55~90	<3	40~60

这里α、β和γ是相互影响的。

(4)平地机的基本作业

①刀角铲土侧移。该法适用于开挖边沟,并利用开挖出的土修整路基段或填筑低路堤,如图2-29所示。

A. 先将刮刀的工作角度根据土质性质调好;

B. 以Ⅰ挡速度前进,将刮刀前端下降,后端升起,形成较大的倾斜角切土;

C. 为掌握方向,应将刮刀前置端正对前轮之后;

D. 刮出土应卸于前轮内侧,避免后轮压上影响牵引性能和行驶平稳性。

②刮土侧移。该法适用于修筑低路堤,平整场地,回填沟渠,路拌,摊铺路面材料,如图2-30所示。

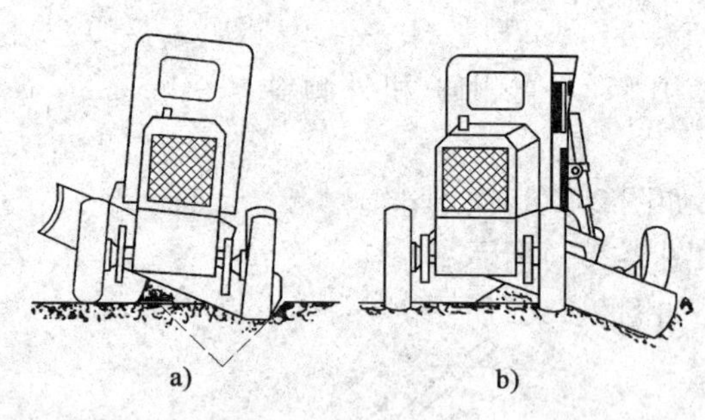

图2-29 刀角铲土侧移示意图

a)刮刀一端下倾铲土;b)刮刀侧伸下倾铲土

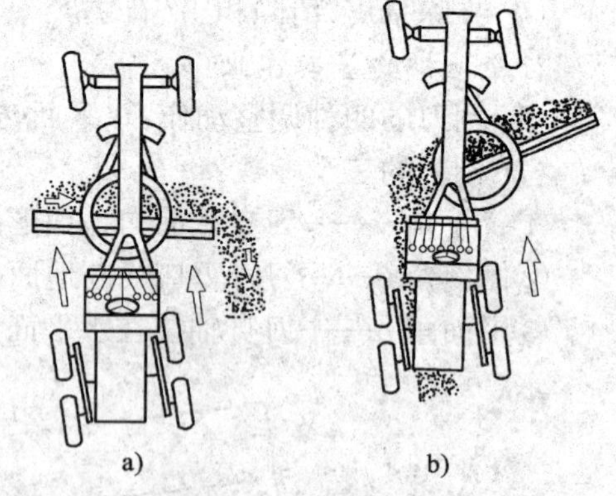

图2-30 刮土侧移示意图

a)机外卸土;b)机内卸土

A. 调整刀的平面角和铲角;

B. 以Ⅱ挡或Ⅲ挡前进,将刀水平放下;

C. 修低路堤、路拱时,应采用机内卸土;

D. 注意卸出土不要在后轮的行驶轮迹上，否则，将影响牵引力及平整度。

E. 全四轮刮刀可进行"穿梭"作业，适用于狭长工地施工。

③刮-直移。该法适用于修整不平度较小的场地，路基施工中路拱的最后精平和材料的平整，如图 2-31 所示。

A. 一般铲土角为 60°~70°，平面角为 90°，倾斜角很小或为零；

B. 以 II 挡或 III 挡前进，再放下刮刀，最后刮刀切入标准高度快速整平；

C. 刮刀前，应留有适量的土以填平低洼处（特别是在摊铺松散材料时）。

④机外刮土。该法适用于修刷路堤、路堑边坡和开挖边沟，如图 2-32 所示。

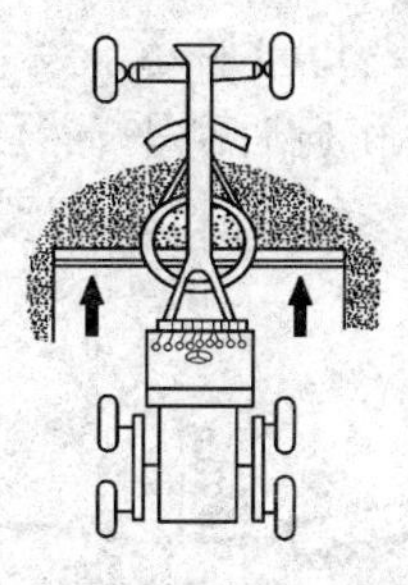

图 2-31　刮土直移

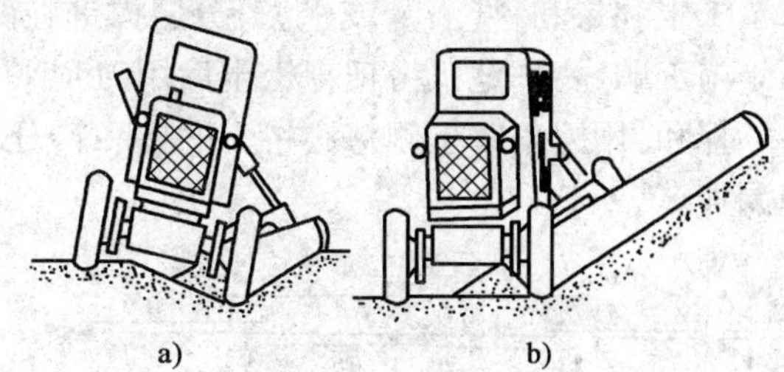

a)　　b)

图 2-32　机外刮土刷坡

a) 刷边沟作业；b) 刷边坡作业

A. 将刮刀置于机外，刮刀上端向前，下端朝后（使刮土易下落），倾斜适应坡度要求；

B. 以 I 挡前进；

C. 刷边沟时，平面角应小些，刷路基、路堑边坡，平面角应大点。

3. 平地机的施工方法

(1) 修整路形

修整路形的工序：铲挖—侧移—整平，如图 2-33 所示。

①先采用铲土侧移，开挖边沟。此时，因为是未松土，平面角不易过大，并循环运行直至开挖完成。

②采用刮土侧移。此时，因为是松土，平面角和铲土角可大些，倾斜角应适合路拱要求。

③刮土直接按设计横断面大小要求修整。

④铲土送土次数，与路基宽度、边沟大小、土的性质及平地机技术性能有关。正确的设计：从一侧挖出的土量足以够填一侧路拱所需土量，最后只须平 2~3 次。

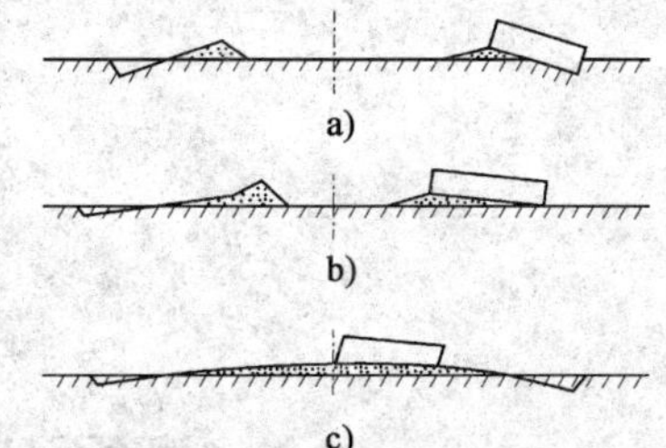

a)

b)

c)

图 2-33　修整路形的施工顺序

a) 两端铲；b) 挖刮土侧移；c) 整平

⑤必须在第一层土料全部排铺后用平地机在松土上往返行走预压一遍，再填铺第二层土，以便掌握正确标准。若全轮转向，可侧移平地机，一次刮送土，就可将前一行程松土全部碾压一遍，有利于第二层的刮平和路拱控制。

(2) 修刷边坡

采用机外刮土作业。

①当路堤高度小于 1.8m，边坡坡度在 1∶1.5~1∶0.5 时，使用一台平地机单独作业。

②当路堤高度在 4m 左右时，可用两台平地机作业。第一台在上，先行 10m，第二台在下（便于观察），并按照上机刮出边坡进行作业。

(3) 开挖路槽

铺筑路面基层，必须在路基顶开挖路槽。

路槽的开挖根据不同的设计方案，有以下三种形式：

①把车道下路基的土铲挖掉，形成路槽，挖土弃掉；

②将路基两侧部分加高成路肩，中间形成路槽；

③将路槽开挖到设计深度的一半，然后把挖出土填在两侧修成路肩。

其中，第三种方案不需运土且施工成本最低，但此法要求计算准确。其施工次序如图 2-34 所示。

(4)路拌混合料

路拌只用于一般公路基层施工。用平地机作路拌机械有三种施工作业法，如图 2-35 所示。

①土和掺和料(石灰或水泥)分层摊铺在路基上拌和，如图 2-35a)所示。

施工顺序：平地机齿耙耙松土后用刀刮平，再在其上摊铺掺和料后刮平，然后拌和。

拌和：用刀角铲土侧移法将土的掺和料分别向两侧向外刮。刮送时，刮刀要刮到硬土，以免漏拌。

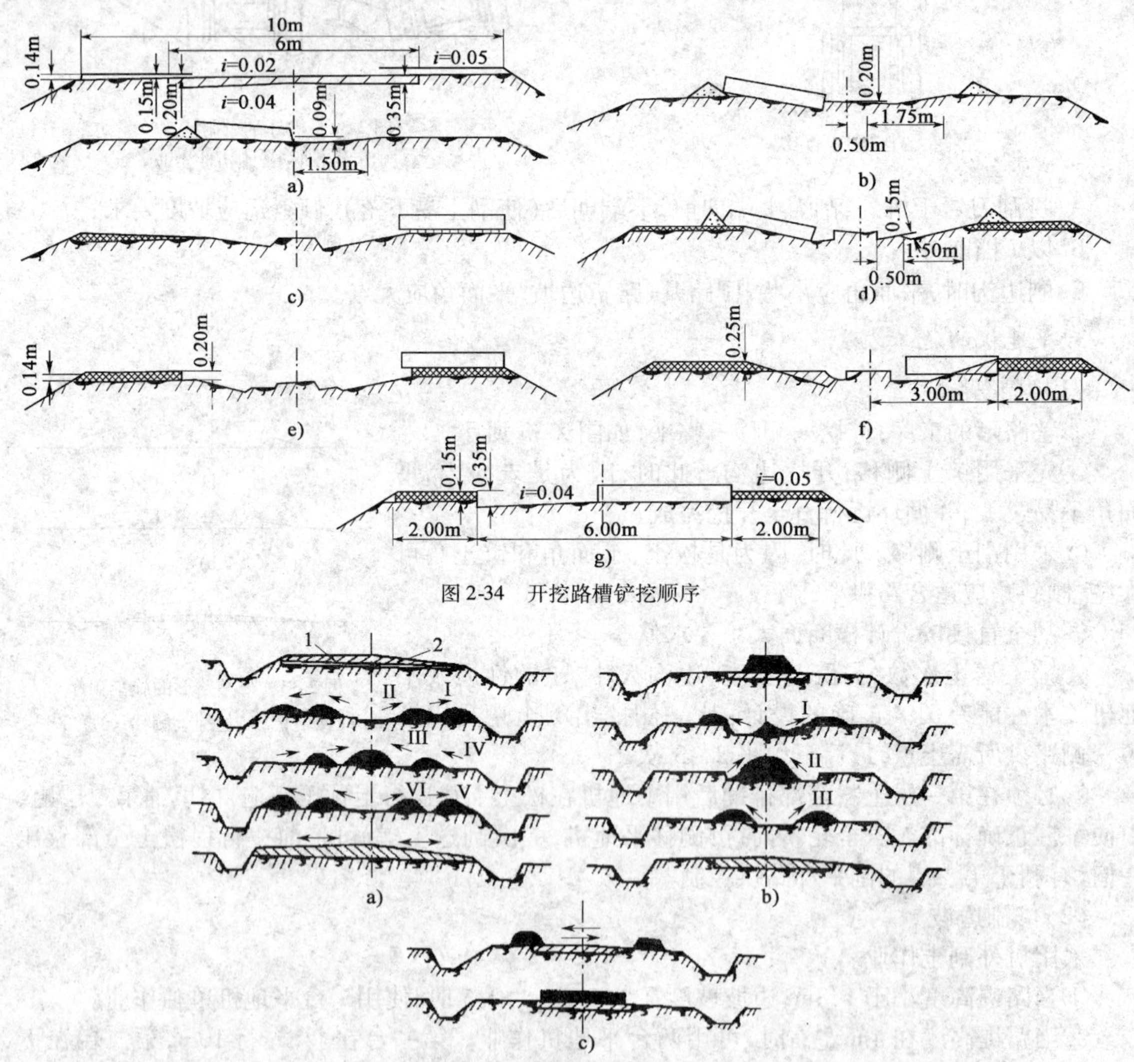

图 2-34　开挖路槽铲挖顺序

图 2-35　路拌时翻拌材料顺序示意图

a)在路基处拌和土和掺和料；b) 在路基中线处拌和土和掺和料；c) 拌和堆置在两侧路肩上的掺和料

1-路基；2-路面

②掺和料堆放在路基中心线上拌和,如图 2-35b)所示。

施工顺序:先将路槽中的土翻松,将掺和料堆放在翻松土上,开始拌和。

③掺和料堆放在两侧路肩上拌和,如图 2-35c)所示。

施工顺序:此时路槽中土已被翻松,将两侧路肩上的掺和料分别刮入路槽内。掺和料第一次刮入料应刮平,粒径不同时,应将粒径小的摊铺在上面。

4. 平地机的生产率及注意事项

施工作业不同,则计算方法不同。修整路形时,按单位时间完成的工程量计算;平整场地时,按单位时间完成的面积计算。

(1)平地机修整路形时生产率的计算

平地机修整路形作业有铲、运、平三道工序。

$$Q = \frac{1\,000LAK_s}{2L(\frac{n_1}{v_1} + \frac{n_2}{v_2} + \frac{n_3}{v_3}) + 2t_1(n_1 + n_2 + n_3)} \tag{2-7}$$

式中: Q——平地机修整路形时的生产率,m^3/h;

L——修整路长,km;

t_1——每次掉头时间,min;

A——两侧取土坑的断面面积,m^2;

K_s——时间利用系数,0.85~0.9;

v_1、v_2、v_3——平地机铲土、运土、平整过程的运行速度,km/h;

n_1——铲土作业行程数(一个来回为一个行程);

n_2——移土作业行程数;

n_3——整平作业行程数。

铲土作业行程数 n_1 可由式(2-8)计算:

$$n_1 = \frac{A\phi}{2A'} \tag{2-8}$$

式中:A'——刮刀每次铲土面积,m^2;

ϕ——两行程中的重叠系数,一般取 1.1~1.2。

$\frac{A}{A'}$为所需铲土的次数,同一个行程铲两次,故应除 2。

移土作业行程数 n_2 可由式(2-9)计算:

$$n_2 = \frac{L_0\phi_2}{L_n} \tag{2-9}$$

式中:ϕ_2——移土中两行程重叠系数,一般取 1.1~1.2。

L_0——路基一侧需移土的平均距离,m;

L_n——平地机一次刮刀可移送的距离,m,即

$$L_n = l \cdot \sin\alpha$$

l——刮刀长,m;

α——刮刀平面角,(°)。

由于 $\frac{L_0}{L_n}$ 是一侧移需平移的次数,一个行程可移两次,因此对单侧移土有 $n_2' = \frac{L_0\phi}{2L_n}$,两侧应乘以 2。

因此,在完成 L 长一段路基的全部整形工作所用时间 t_T 为:

$$t_T = 2L(\frac{n_1}{v_1} + \frac{n_2}{v_2} + \frac{n_3}{v_3}) + 2t_1(n_1 + n_2 + n_3) \tag{2-10}$$

一般,$n_3 = 2 \sim 3$ 次;式中之所以乘以 2,是因为 n 是指一个来回。

(2)平地机平整场地时的生产效率计算

$$Q = \frac{60L(l\sin\alpha - 0.5)K_B}{n\left(\frac{L}{v} + t_1\right)} \tag{2-11}$$

式中:Q——平地机的生产率,m^2/h;

L——平整路段长度,m;

l——刮刀宽度,m;

K_B——时间利用系数,通常取 0.85 ~ 0.95;

n——平好一段所需行程数;

α——刮平的平面角,(°);

v——平整时的行驶速度,m/min;

t_1——掉头所需的时间,min。

从上述公式中可以看出,平地机每次的行程长度越长,所刮的土也越多,相应的行程次数越少,掉头也越少,作业效率越高。由于平地机轴距大,每次掉头所需的时间和行走距离较其他机械要长得多,因此应尽可能地减少掉头次数。工作过程中切土深度、平面角、铲土角以及切土宽度都视土性质而定。其中,铲土角和平面角在刮刀调整后,在一个行程中是不变的,只有对切土深度需在一个行程中根据土的性质进行调整。只有土的性质不同、移送距离不同时,才能对铲土角和平面角进行调整。

(3)平地机作业注意事项

①刮刀和齿耙必须在平地机行驶后切入土中,否则会造成起步困难,甚至损坏机件。

②刮刀回转角和铲土角的调整必须在停止行驶时进行,且必须将刮刀升离地面。刮刀升降在作业中进行。

③刮刀工作角度的调整,烦琐且浪费时间,在修路(形)拱时往往要反复调整,从而影响生产率。此时,有条件可采用 2 ~ 3 台平地机分别承担不同的作业,以提高效率。

第四节　挖掘机施工

挖掘机是一种土石方挖掘机械。据统计,工程施工中约有 60% 以上的土石方是由挖掘机械完成的。挖掘机是主要的土石方施工机械之一。挖掘机的作业过程是用铲斗的切削刃切土,并把土装入斗内,装满土后提升铲斗并回转到卸土地点卸土。然后,使转台回转,铲斗下降到挖掘面,进行下一次挖掘。挖掘机按作业特点分为周期性作业式和连续性作业式两种。前者为单斗挖掘机,后者为多斗挖掘机。目前,在筑路工程中大多采用单斗挖掘机进行施工。因此,本章着重介绍单斗挖掘机施工。

一、单斗挖掘机工作装置类型及总体构造

机械式单斗挖掘机工作装置类型有：正铲、反铲、拉铲、抓斗、起重，如图2-36所示。

液压式单斗挖掘机工作装置类型有：正铲、反铲、抓斗。

液压挖掘机与机械式挖掘机的不同之处在于动力传递和控制方式。液压挖掘机是采用液压传动装置来传递动力的，它由液压泵、液压马达、液压油缸、控制阀以及各种液压管路等液压元件组成(图2-37)。

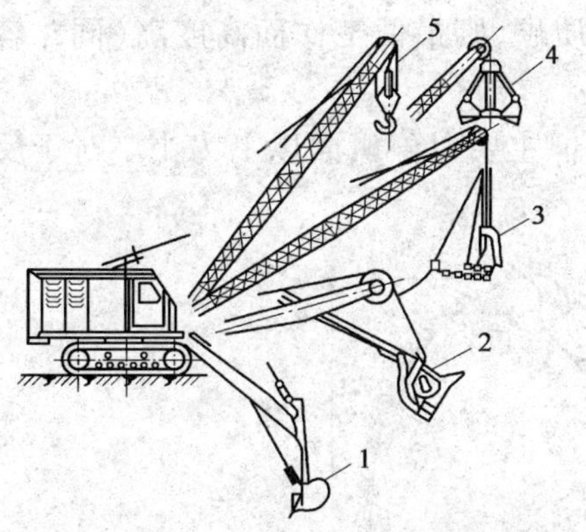

图2-36　单斗挖掘机工作装置类型

1-反铲；2-正铲；3-拉铲；4-抓斗；5-起重

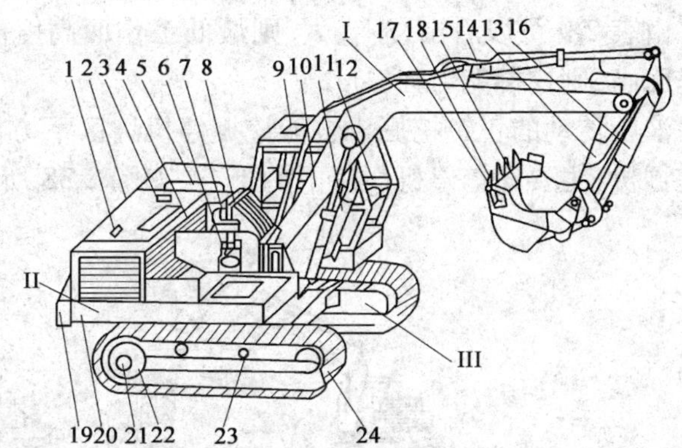

图2-37　单斗液压挖掘机的总体构造

1-柴油机；2-机棚；3-液压泵；4-液控多路阀；5-液压油油箱；6-回转减速器；7-液压马达；8-回转接头；9-驾驶室；10-动臂；11-动臂油缸；12-操纵台；13-斗杆；14-斗杆油缸；15-铲斗；16-铲斗油缸；17-边齿；18-斗齿；19-平衡重；20-转台；21-走行减速器、液压马达；22-支重轮；23-托链轮；24-履带板；I-工作装置；II-上部转台；III-行走装置

二、挖掘机的施工适用范围

挖掘机通常是处于主导机械的地位，所以应使挖掘机充分发挥效能。在选用挖掘机施工时，要考虑地形条件、土质条件、工程量大小以及挖掘机运输条件等。

1. 最小工程量和最低工作面高度

大斗容挖掘机其运输成本很高，如果移机一次完成达不到一定的工作量，就可能不合算甚至赔本，经济效益很差。如果工程量较小又必须使用挖掘机时，选用斗容量较小、机动性好的轮式全液压挖掘机则比较经济合理。表2-8给出了正铲挖掘机、拉铲挖掘机的最小工程量。

正铲、拉铲挖掘机的最小工程量　　表2-8

铲斗容量(m^3)	正铲挖掘机		拉铲挖掘机	
	工程量(m^3)	土质级别	工程量(m^3)	土质级别
0.5	15 000	I ~ IV	10 000	I ~ II
0.75	20 000	I ~ IV	15 000	I ~ II
0.75	—	—	12 000	III
1.00	15 000	V ~ IV	15 000	I ~ II
1.00	25 000	I ~ IV	20 000	III
1.50	25 000	V ~ IV	20 000	I ~ II

对于机械传动的正铲挖掘机，只能挖掘停机坪上方的土。正铲挖掘机工作面最小高度见表2-9。

正铲挖掘机工作面最小高度　　表 2-9

工作面高度(m) / 斗容量(m^3) / 土质级别	1.5	2.0	2.5	3.0	3.5	4.0	5.0
I ~ II	0.5	1.0	1.5	2.0	2.5	3.0	—
III	—	0.5	1.0	1.5	2.0	2.5	3.0
IV	—	—	0.5	1.0	1.5	2.0	2.5

由表 2-9 可以看出，斗容大，则最低工作面高度高；土质硬，则最低工作面高度高（同斗容工作面高，则挖掘能力强）。

液压传动的正铲挖掘机也能挖掘停机坪区下方的土，但主要以停机面以上为主。对于反铲挖掘机，主要开挖停机面以下的土方，如图 2-38 所示。

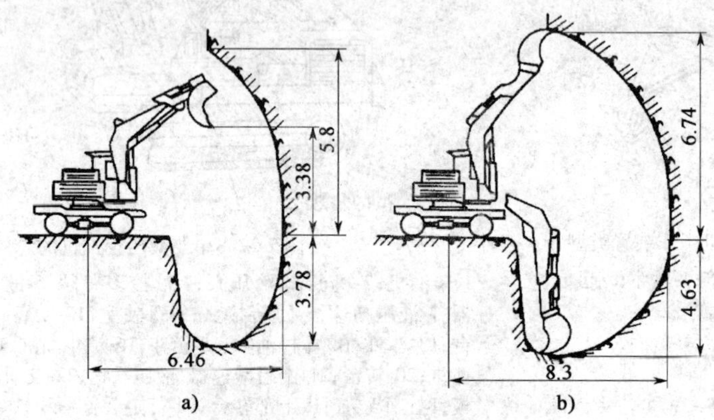

图 2-38　液压挖掘机的工作情况示意图（尺寸单位：m）

a）正铲；b）反铲

2. 土质特性

（1）对于 III 级以下的土，单斗挖掘机都适用；

（2）对于硬土、冻土和爆破的岩石、碎石，以正铲挖掘效果较好（上挑易入斗）；

（3）对碎石等松散物料，采用抓斗进行装载作业较为有效。

三、挖掘机的基本作业（仅介绍正铲挖掘机、反铲挖掘机施工）

1. 正铲挖掘机

（1）主要作业方式——侧向开挖

如图 2-39 所示，开挖方向就是前进方向，开挖正前方和一单侧面（左侧或右侧），运输车辆在侧面停放，直线或稍带转向行驶就可就位装土。

优点：动臂卸土回转角度小，车辆就位方便，因此整个工作循环时间短，效率高。

缺点：挖掘面积小，需经常移机。

（2）辅助作业方式——正向开挖

如图 2-40 所示，主要开挖点是挖掘机前方土，回转至后方卸土。此法只限在挖掘进口处时使用。

优点：开挖面宽，移机次数少。

缺点：动臂回转角度大，增大了工作循环时间，运土车辆就位需掉头，增加了施工现场的拥挤，作业效率低。

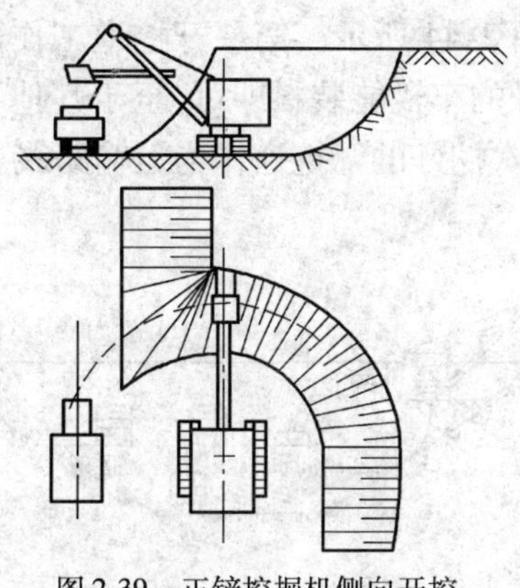

图 2-39　正铲挖掘机侧向开挖

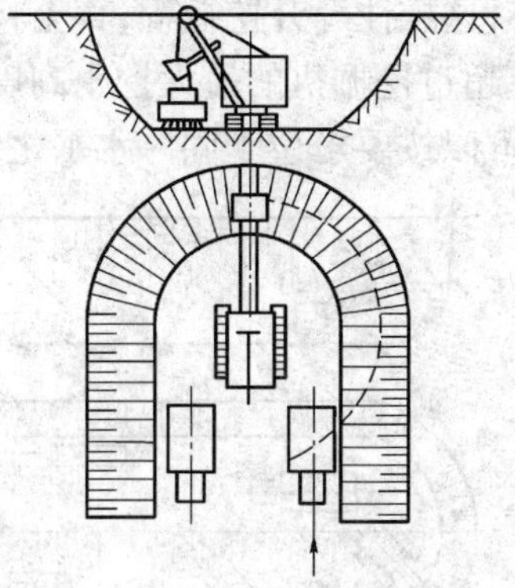

图 2-40　正铲挖掘机正向开挖

2. 反铲挖掘机

(1)主要作业方式——沟端开挖

如图 2-41a)所示，从沟槽的一端开挖，然后沿沟槽中线正向倒退开挖。

优点：汽车就位方便，动臂卸土回转角小，移机方便，可连续作业，效率高。

缺点：当开挖宽度接近有效开挖半径两倍时，车辆需停在挖掘机后方。

当开挖面积较大时，可采用图 2-41b)所示的开挖运行路线作业。

(2)辅助作业方式——沟侧开挖

如图 2-42 所示，挖掘机停在沟槽的侧边开挖，运土车辆停在沟端。

优点：动臂回转小于 90°，车辆就位方便。

缺点：开挖宽度只能在其开挖半径范围内，且需侧向移机。

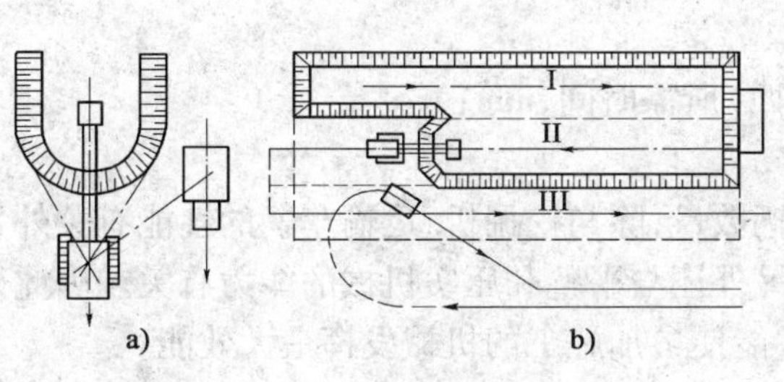

图 2-41　反铲挖掘机沟端开挖运行路线
a)沟端开挖；b)沟端分段开挖

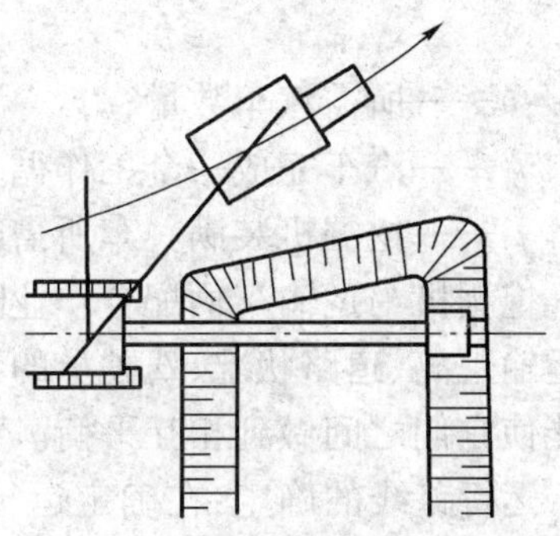

图 2-42　反铲挖掘机沟侧开挖

四、挖掘机的施工作业

1. 开挖路堑

(1)正铲挖掘机开挖路堑

当路堑深度小于 5m 时，可采用全断开挖，如图 2-43 所示。

挖掘机一次向前开挖全路堑至设计高程。运输车辆停在同一平面上，可以与挖掘机并列或在其后布置，这样施工比较简单，但挖掘机必须横向移位，方可挖掘到设计宽度。

当路堑深度大于5m时，应分层开挖且以侧向分层开挖为好。

分层开挖时，挖掘机在纵向行程中先把路堑开通一部分，运输车辆布置在一侧与挖掘机开挖路线平行，这样往返开挖行程，直至将路堑全部开通，如图2-44所示。第一开挖道工作面的最大高度不应超过挖掘机的最大挖土高度，一般停在路堑边缘的车辆能装料即可，至于其他各次的开挖道，都可以按要求位于同一水平之上，这样可以利用前次挖好的开挖道作为运输路线。

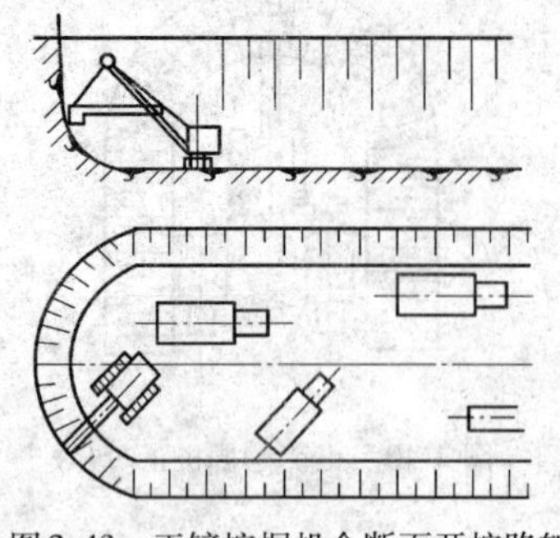

图2-43 正铲挖掘机全断面开挖路堑

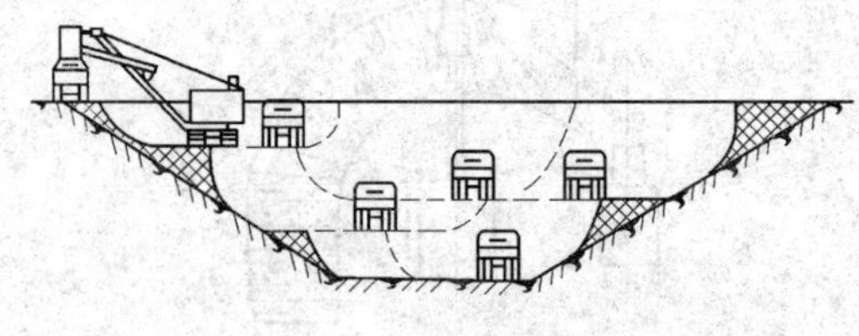

图2-44 正铲挖掘机分层开挖深路堑

(2)反铲挖掘机开挖路堑

由于反铲挖掘机适于开挖停机面以下的土方，因此挖掘机应布置在堑顶两侧。根据情况可选用沟端法或沟侧法开挖。

2. 填筑路堤

挖掘机由取土坑或取土场取土填筑路堤时，对挖掘机来说工作比较简单，只要按照以上所介绍的几种形式进行作业，并在选定的取土场开辟有利地形的工作面，挖出所要求的土即可。为了使挖掘机与运输车辆协调高效地作业，就应合理地进行组织。挖掘机与运输车辆的组织包括挖掘机与运输车辆的数量配合和运输车辆运行路线的确定。

与挖掘机配合作业运输车辆数量的确定：

$$n = t_1/t_2 \tag{2-12}$$

式中：n——所需汽车数量；

t_1——汽车完成一个工作循环(装运卸回)所需时间，min；

t_2——挖掘机装满一车所需时间，min。

挖掘机与运输车辆配合作业时，所需车辆数量，除与挖掘机、运输车辆的性能有关外，同时与运输距离、道路状况、驾驶员的素质有关，另外还与平整和压实机械的能力有关。因此，应尽可能使它们之间做到相互平衡。只有这样才能使参加施工的机械发挥最大效能。

运行路线的确定：在确定运行路线时，尽可能地减少车辆的运输距离和车辆相互干扰的可能，减少车辆的重载急弯。同时，车辆装载就位时，尽可能使挖掘机动臂回转角度小，车辆进出位时方便。图2-45为正铲挖掘机与运输车辆配合填筑路堤时的运行路线图。挖掘机在取土场有四个掘进道，而运输车辆的运行路线是根据土的好坏，分两路进行。适用的土应按照路堤边桩分层、有序地填筑，每层厚度为30~40cm。

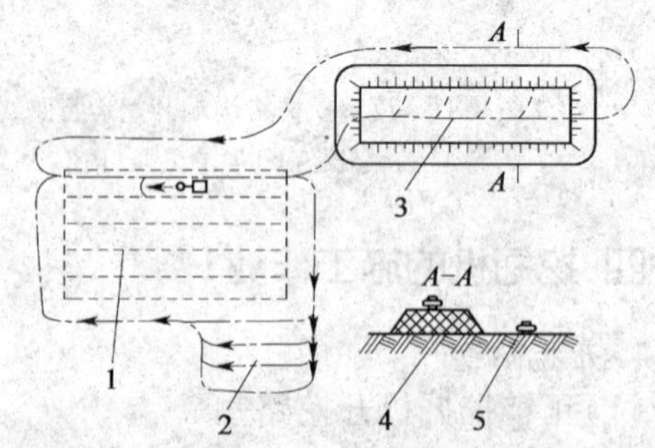

图2-45 正铲挖掘机与运输车辆配合的运行路线

1-取土场；2-不适用的废弃土；3-重车道；4-路堤；5-汽车

五、挖掘机生产率计算及提高生产率的措施

1. 生产率

$$Q = qn\frac{K_h}{K_s}K_b \tag{2-13}$$

式中：Q——挖掘机的生产率，m^3/h；

q——铲斗额定容量，m^3；

n——挖掘机每小循环挖土次数，可参考表 2-11；

K_h——铲斗充满系数；

K_s——土松散系数，可参考表 2-6；

K_b——时间利用系数，通常取 0.7～0.84。

铲斗充满系数 K_h 为铲斗所装土的体积与铲斗几何容积的比值。K_h 的大小不仅与土的性质有关，还与铲斗的结构形状、尺寸以及驾驶员的操作技术有关。其最大值见表 2-10。

挖掘机铲斗充满系数 K_h 最大值 表 2-10

铲斗型号	轻质软土	轻质黏性土	普通土	重质土	爆破岩石
正铲	1～1.2	1.15～1.4	0.75～0.95	0.55～0.7	0.3～0.5
拉铲	1～1.15	1.2～1.4	0.8～0.9	0.5～0.65	0.3～0.5
抓斗	0.8～1	0.9～1.1	0.5～0.7	0.4～0.45	0.2～0.3

挖掘机每小时挖掘次数 n 表 2-11

工作装置	斗容量(m^3)			
	0.25	0.5	1	2
正铲	215	200	180	160
反铲	175	155	145	—
抓斗	175	155	145	125
拉斗	160	150	135	—

2. 提高挖掘机生产率的措施

(1)精心设计施工组织。

①车辆与挖掘机要配套，挖掘机能力不能留余，自卸车又够用；

②尽量创造工作面，采用"双放法"，车辆放置挖掘机两侧，以提高装车效率；

③组织好运土车辆的行驶路线，避免车辆相互干涉，减少重车行驶路线上的上坡和转弯。

(2)提高挖掘机驾驶员的操作技术水平，缩短工作循环时间。

(3)经常检查挖掘机的技术状况，使其保持良好运行状态。

第五节　装载机施工

一、装载机的整体结构组成

1. 轮胎式装载机

轮胎式装载机由动力装置、车架、行走装置、传动系统、转向系统、制动系统、液压系统和工作装置等组成，如图 2-46 所示。轮胎式装载机的动力是柴油发动机，大多采用液力变矩器、动

力换挡变速器的液力机械传动形式(小型装载机有的采用液压传动或机械传动),液压操纵、铰接式车体转向、双桥驱动、宽基低压轮胎,工作装置多采用反转连杆机构等。

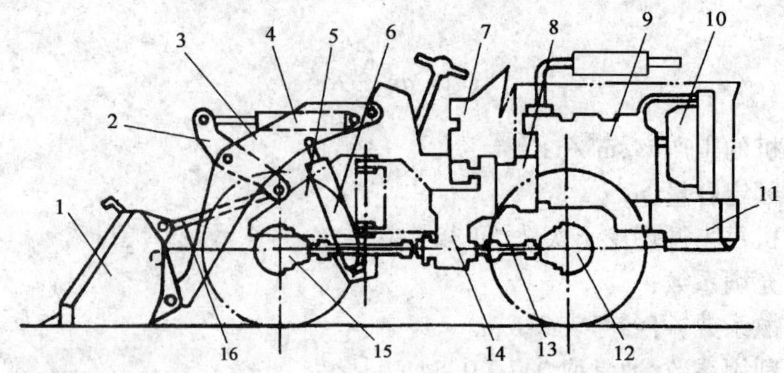

图 2-46 轮胎式装载机结构图

1-铲斗;2-摇臂;3-动臂;4-转斗油缸;5-前车架;6-动臂油缸;7-驾驶室;8-变矩器;9-发动机;10-水箱;11-配重;12-后桥;13-后车架;14-变速器;15-前桥;16-连杆

2. 履带式装载机

履带式装载机是以专用底盘或工业拖拉机为基础,装上工作装置,并配装适当的操纵系统而构成的,见图 2-47。其动力为柴油机,机械传动系采用液压助力湿式离合器、湿式双向液压操纵转向离合器和正转连杆工作装置。

二、装载机的适用范围

装载机适用于铲取松散物料并装上车、短程铲运、平整地面、场地清理、牵引车辆。短距离填筑作业,可单独完成装土、运土、卸土。

三、装载机的基本作业和施工作业

1. 装载机的基本作业

(1)停机面以下物料的铲装作业

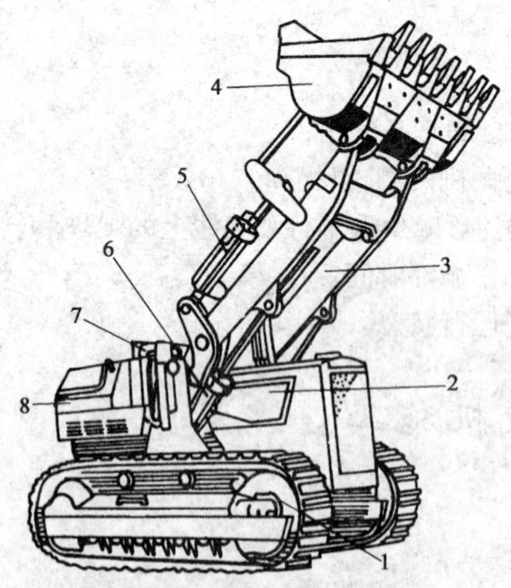

图 2-47 履带式装载机结构图

1-履带行走机构;2-发动机;3-动臂;4-铲斗;5-转斗油缸;6-动臂油缸;7-驾驶室;8-油箱

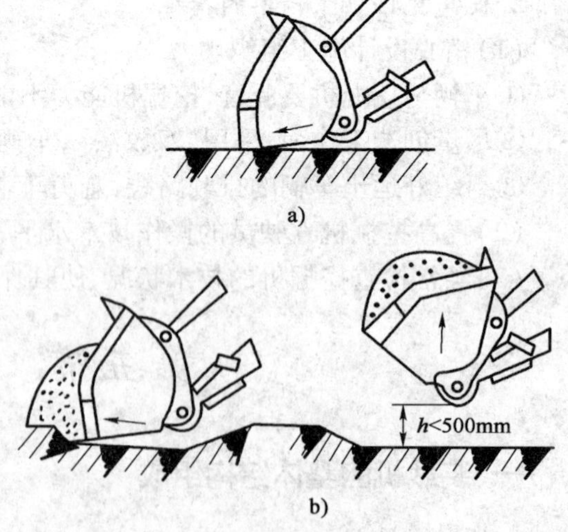

图 2-48 装载机铲停机面以下土

铲装时，应先放下铲斗使其与地面成一定的铲土角（10°～30°），如图2-48a）所示。然后前进，使铲斗切入土中。对于难铲的土，可操纵动臂使铲斗颤动，或者稍改变一下切入角度。切土深度一般保持在150～200mm，直至铲斗装满，然后将铲斗转动并举升到运输位置，再驶离工作面运至卸料处，如图2-48b）所示。

（2）对散状物料的铲装作业

首先将铲斗放在水平位置，并下放至与地面接触，然后以一、二挡速度（视物料性质）前进，使铲斗斗齿插入料堆中，如图2-49a）所示。此后，边前进边装满，将铲斗升到运输位置（离地约50m）再驶离工作面，如图2-49b）所示。如装满有困难时，可操作铲斗的操作杆，使铲斗作上下颤动，如图2-49c）所示，或稍举动臂。

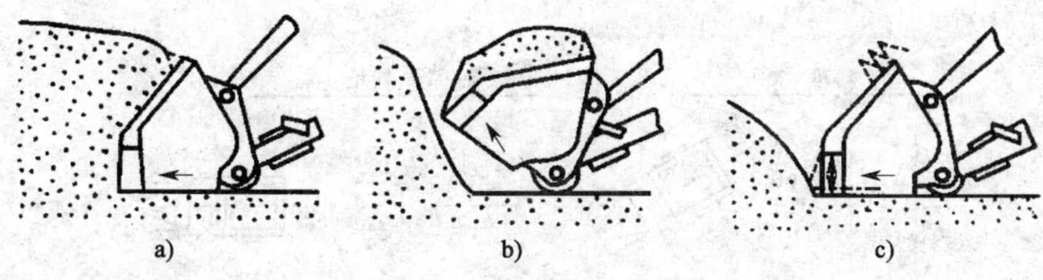

图2-49　对散状物料的铲装作业

（3）铲挖土丘的作业

装载机铲装土丘时，可采用分层铲装或分段铲装法。分层铲装时，装载机向工作面前进，随着铲斗插入工作面，逐渐提升铲斗，或者随后收斗直至装满，或者装满后收斗，然后驶离工作面。开始作业前，应使铲斗稍稍前倾。这种方法由于插入不深，而且插入后又有提升动作的配合，所以插入阻力小，作业比较平稳。由于铲装面较长，可以得到较高的充满系数，如图2-50所示。如果土质较硬，也可采取分段铲装法。这种方法的特点是铲斗依次进行插入动作和提升动作。作业过程是铲斗稍稍前倾，从坡角插入，待插入一定深度后，提升铲斗。当发动机转速降低时，切断离合器，使发动机恢复转速。在恢复转速过程中，铲斗将继续上升并装一部分土，转速恢复后，接着进行第二次插入，这样逐段反复，直到装满铲斗或升高出工作面为止，如图2-51所示。

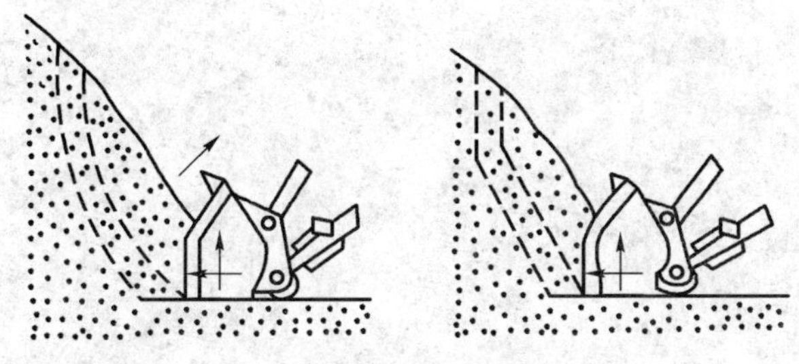

图2-50　装载机分层铲装作业

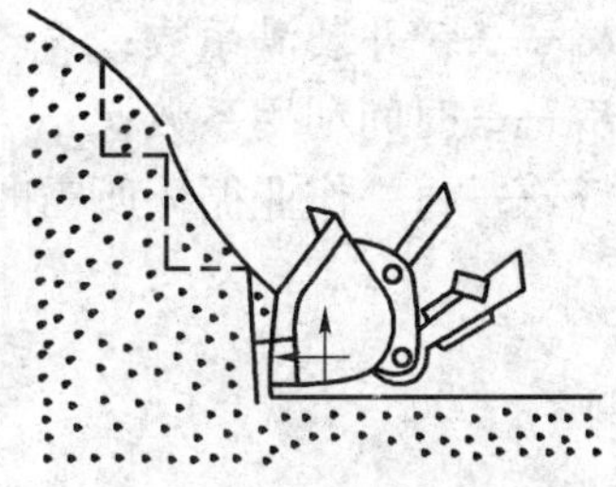

图2-51　装载机分段铲装作业

2. 装载机的施工作业

（1）"V"形作业法

"V"形是汽车停在一个固定位置，与铲装工作面的方向斜交或垂直，如图2-52a）所示。装载机装满斗后，在倒车驶离工作面的同时转向45°～60°，然后对准汽车向车内卸料。卸料后再驶离汽车回转，然后对准工作面进行下一次铲装。这种方法对于铰接式装载机特别有利，铲斗装满后只需后退3～5m即可转向驶向汽车卸料。由于转向频繁，因此要求地面坚实且排水性良好。有时为了更好地配合运输车辆，也可采用双"V"形，即两台装载机分别从两侧对一台汽车装载。

(2)穿梭作业法

该法适用于履带式装载机和因地形限制装载机不能转弯的施工现场。

这种方式是装载机只在垂直工作面的方向前进、后退,而汽车则在装载机与工作面之间像"穿梭"一样来回接装与驶离,如图2-52b)所示。汽车待装位置可以平行于工作面,也可以与工作面斜交。装载机驶离工作面的距离一般不超过6~10m,使汽车能安全通过即可。这种方式作业循环时间长,车辆与其配合要默契,否则对生产率和安全都会有影响。

四、装载机的生产率

按土方量计算:

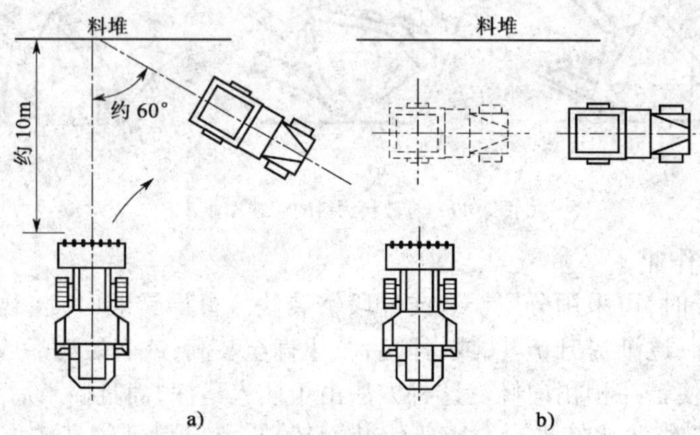

图2-52 装载机与运输车辆配合作业

a)"V"形作业法;b)穿梭作业法

$$Q = \frac{60qK_hK_b}{T} \tag{2-14}$$

式中:Q——装载机的生产率,m^3/h;

q——装载机额定斗容,m^3;

K_h——铲斗装满系数;

K_b——时间利用系数;

T——每一作业循环所需时间,min。

第三章　压实机械施工

第一节　压实原理及压实方法

一、压实的重要性

压实可以充分发挥路基土和路面材料的强度，减少路基、路面在行车荷载作用下产生的永久变形，增加路基土和路面材料的不透水性和强度稳定性。因此，压实对于增强路面的使用性能和延长路面的使用年限尤为重要。

若压实不足，会导致空隙率增大，从而加速沥青混合料中沥青的老化，在使用过程中，路面上容易产生车辙（辙槽）、裂缝、沉陷和水损坏，甚至使整个路面产生剪切破坏。同时，过压将会使矿料破碎而使压实度降低或空隙率过小，易出现泛油和失稳，也将影响路面的强度和稳定性。

二、土的压实方式、压实原理及影响压实效果的因素

1. 土的压实方式及压实原理

静压：土体在压力作用下，克服土颗粒间的内聚力和摩擦力，使原有的结构受到破坏，土体颗粒重新排列，大颗粒之间的间隙被小颗粒所填充，变成密实状态，达到新的平衡。当达到一定密实度后，这时作用于土体上的压力，只能引起弹性变形，而压力过大时，则使土产生剪切破坏。

冲击压实：土体在受到较大冲击力的作用下，克服了土粒的黏结力、内聚力、摩擦力，主要为挤压、剪切性变形，使土颗粒重新排列，从而达到密实状态。

振动压实：土颗粒在振动力的作用下，使土颗粒在振动的过程中重新找到自己最稳定状态，使土体颗粒重新排列，从而增加其密实度。当土颗粒黏结力小时，容易各自振动，土体颗粒易重新排列，增加其密实度；当土颗粒黏结力大时，则不易。这就是黏性土使用振动压实效果不明显的主要原因。同时，利用土体的共振性质（当激振力频率接近土体的固有频率时使土体产生共振，此时维持振动的能量很小），我们可以以较小的振动能量获得较高的土体密实度。

压实的结果：土体在外力作用下颗粒之间不断靠近，密度增大，使摩擦力和黏结力不断增加，从而提高了土体的强度，降低了渗透性防止了水分的积累和侵蚀，提高了土体的温度稳定性，不易冻胀。

2. 压实状况的表征

用压实度表示土体压实的程度。压实度 K 等于碾压后材料的干密度与以标准击实法测定的材料最大干密度之比，见式（3-1）：

$$K = \frac{\delta}{\delta_0} \tag{3-1}$$

式中：δ——现场检查测得的土基干密度(烘干样本)；

δ_0——在试验室用重型或轻型击实法，在最佳含水率条件下得到的最大干密度。

由土的密实度 $=\dfrac{m_s(\text{固体质量})}{V(\text{总体体积})}$ 可知，K 实际上是一个相对密实度。

3. 影响压实效果的因素

(1)土的含水率

当土的相对湿度低，土颗粒间内摩擦阻力大，压实困难，表现出土的强度高而密实度小。

当土的含水率增加时，水在土粒间起润滑作用。在压实力的作用下易于重新排列其位置，达较紧密的程度，表现出密度增大，而强度有所下降。其目的是达到最佳密实度，才可有较大的抗压强度(强度——抵抗破坏的能力；刚度——抵抗变形的能力)。

当土的含水率继续增加，水的润滑已经足够，使水分过多，则多余的水进入土粒孔隙中，反而使土粒分离而不易得到良好的压实，从而降低了土的干密度，其强度也随之减小。

由此可知，土在压实时，有一个最佳含水率。在这个含水率下，所需压实功最少。此时，干密度可达最大值。对于不同性质的土，其最佳含水率不同。

一般地，土在天然状态下的含水率很接近最佳含水率。因此，在施工中，新填土应当立即推平压实。土基压实以后，土体的水分会蒸发一部分，土体的强度、刚度将有所增加。

(2)土的性质(土的各种物理特性：渗透性、黏滞性、弹性、塑性、强度、硬度)

一般来说：非黏性土的压实效果较好，而且最佳含水率小，最大干密度大，在静力作用下压缩性较小，特别是在振动作用下容易被压实。

黏性土、粉质土等分散性土压实效果较差，主要因为土颗粒的比表面积大，黏聚力大，土粒表面水膜需水量大，使最佳含水率偏高，而最大干密度反而降低。

(3)压实功能作用时间

压实功能由碾压次数、单位压力及作用时间所决定(碾压速度)。

单位压力：在土达到一定密实度后，要再提高其密度，只能提高碾压力，但这种压力不能超过土的极限强度所能承受的值，否则土体将被破坏。

碾压次数和碾压速度：土的变形吸能需要时间(塑性变形需要时间)，在压实时速度不能过快，特别是在黏性土高速碾压时，压实效果明显下降。

传递给土体的能量与碾压遍数成正比，与碾压速度成反比，即速度要加倍，则碾压遍数也要加倍。所以，碾压速度不易过快，一般在 3～6km/h(土基)和 8～10km/h(沥青混凝土)。但遍数增加到一定值后，其密度增加值很小，到最后只是弹性变形。

(4)碾压时的温度

温度过高，水分蒸发太快，不利压实；温度过低，水结冰，冻结土体，压实产生阻力，起润滑作用的水少，因而也不易达到理想的压实效果。

(5)压实土的厚度

土所受的外力作用随深度的增加而逐渐减弱，当超过一定范围时，土的密实度将与未碾压时相同。所以，正确控制碾压铺层厚度，对于提高压实机械生产率和填筑路基质量十分重要，要根据所使用的碾压机具和土的性质确定碾压厚度。

(6)振动频率和振幅的影响

合理的工作频率 ω 应略高于“压路机—土”的振动系统的二阶固有频率。

振动压路机工作频率 ω 的取值范围：

①压实路基:25 ~ 30Hz;

②压实次基层:25 ~ 40Hz;

③压实沥青混凝土及路面:30 ~ 50Hz。

振幅增大,土的颗粒运动的位移增加,振动轮对地面或土作用的冲击能量增大,振动冲击波在土中传播距离越远,因而压实效果也越好。设计时,其名义振幅取值不可太小。对于专门用于压实沥青混凝土材料的振动压路机,由于沥青材料本身的黏滞作用,所以振幅大小对沥青混合料中的集料颗粒运动的位移影响不大。因此,用于压实沥青混凝土材料的振动压路机的工作振幅可以选择小一些,而为了使沥青材料能够较充分地与各种集料渗透和糅合,这种振动压路机的工作频率取值可偏高。

振动压路机名义振幅的取值范围:

①压实路基:1.4 ~ 2.0mm;

②压实次基层:0.8 ~ 2.0mm;

③压实沥青混凝土及路面:0.4 ~ 0.8mm。

第二节　压实机械的类型

一、光钢轮压路机

光钢轮压路机由于碾压单位线压力相对较小,压实深度较浅且无冲击力,因此适用于碾压力要求不高的压实施工和砾石、碎石基层碾压施工。光轮压路机按其质量分类及对应的应用范围见表 3-1。

光轮压路机按其质量分类和应用范围　　表 3-1

按质量分类	加载后质量(t)	单位线压力(kPa)	应用范围
特轻型	0.5 ~ 2.0	<800 ~ 2 000	压实人行道和修补沥青路面
轻型	<2 ~ 5	<2 000 ~ 4 000	压实人行道,沥青表处层,路基、路面预压
中型	<5 ~ 10	<4 000 ~ 6 000	压实路基、砾石、碎石类基层和沥青混合料面层,简易路面最终压实
重型	<10 ~ 15	<6 000 ~ 8 000	路基,砾石、碎石类基层,沥青混凝土路面最终压实
特重型	<15 ~ 20	<8 000 ~ 12 000	压实大块石填筑的路基和碎石结构层

二、羊脚压路机

羊脚焊接在光面钢轮上,呈梅花形布置。羊脚端面积 20 ~ 66cm^2,其长度一般在 20 ~ 40cm。为了减少羊脚出土时翻松土现象,滚筒直径 D 与羊脚长度 L 之比一般为 5 ~ 8。滚筒宽度 $B \geqslant 1.1 \sim 1.2D$,以保持必要的横向稳定性。

羊脚压路机有较大的单位压力(包括羊脚的挤压力),压实深度大而均匀,因而有很好的压实效果和较高的生产率,适用于黏性土,特别是湿度较大、粒度大小不等的黏性土,分层压实效果尤佳,不适用非黏性土(羊脚的侧压力反而容易引起结构破坏和表面翻松现象)和高含水率土的压实。

三、轮胎压路机

轮胎压路机按质量分为:轻型轮胎压路机(10~16t)、中型轮胎压路机(20~25t)、重型轮胎压路机(30t以上)。在充气轮胎多次碾压时,轮胎的径向变形增加,而铺层的变形由于其强度提高而减小。铺层变形的减小将引起轮胎接触面积缩小,从而使接触压应力上升,应力图发生变化,压实终了时压力为第一遍碾压时压力的1.5~2倍。同时,充气轮胎的滚动阻力也随铺层强度的增加而减少,从而大大地提高碾压效果和压实质量。轮胎压路机利用橡胶充气轮胎的弹性柔曲特性,对整个被压层起到"揉搓作用",轮胎表面可通过柔曲变形挤压被压层凹部,进行封密性压实,提高压实表面和内层的密实性。在碾压沥青路面时,柔性轮胎不是像光面钢轮那样将沥青混合料向前推,而是在沥青混合料上形成最初的接触点,施加较大的垂直压实力,从而避免了钢轮碾压时经常产生的裂缝现象,提高了路面压实的封闭性和密实度的均匀性。

轮胎压路机可通过增加配重和调节轮胎充气压力来调节轮胎接地比压,从而提高了轮胎压路机对不同工况的适应能力。同时,机动机好,便于运输。

工作速度:2~12km/h。

适用于压实黏性土及非黏性土,但不适用于碎石路面的压实。

四、凸块式压路机

与羊脚碾类似的有凸块碾。在其表面焊有多排对称的凸块,凸块形状为正方体或四棱锥台,凸块高度一般为20cm,端面面积一般为150cm^2。其作业速度可达20km/h。凸块具有静压、夯实、揉搓等多种压实作用,因此对土质的适用范围比较大,可用于大面积土和垃圾压实。

五、冲击式压路机

其结构有两瓣形、三瓣形、四瓣形、五瓣形。每段曲线为两段或三段圆弧组成。其中,两瓣形在实际中很少见到,如图3-1所示。其工作原理如图3-2所示。

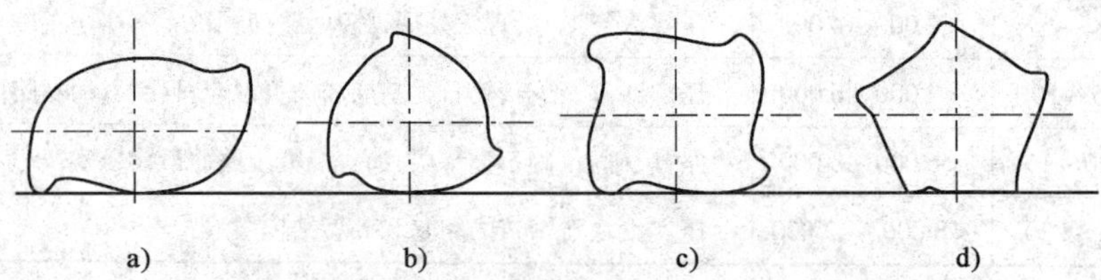

图3-1 不同轮边数冲击轮的截面形状

a)两瓣形;b)三瓣形;c)四瓣形;d)五瓣形

在国外,四边形凸块冲击式压路机的牵引功率通常为160~180kW,压实宽度为2~2.3m,最佳碾压速度范围为12~15km/h,压实生产率可高达2 000~3 000m^3/h。应用冲击式压路机碾压一般的黏性土,压实5~9遍,其铺层的相对密度可达到90%~92%,平均压实生产率为600~800m^3/h,相当于6台10t级自行式压路机的压实效果。冲击式压路机对厚铺层具有很好的压实效果。压实厚铺层只需碾压4~5遍,在1m深的地方其相对密度即可达90%~92%。碾压15~20遍,压实深度则可超过5m,在5m的压实深度上,相对密实度也可达90%~92%。碾压1m厚的铺层,只需碾压8遍,即可达到预期的压实效果。

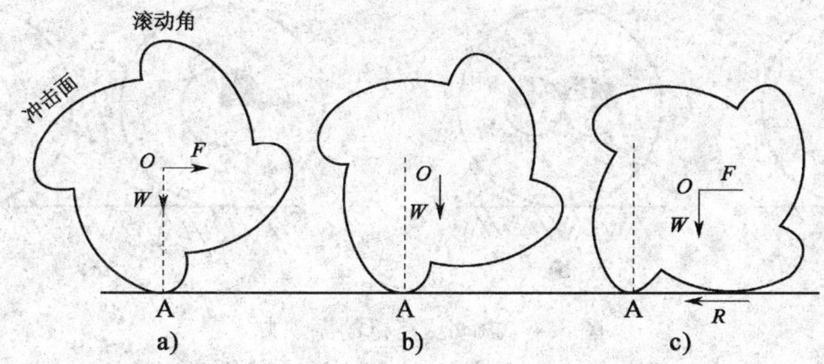

图 3-2　四边形凸块冲击轮压实土的工作原理示意图

a)冲击轮抬升至最高位置;b)冲击轮在水平力和重力作用开始下冲;c)冲击轮冲击地面

F-水平牵引力;*O*-冲击轮圆转中心;*W*-冲击轮自重;*A*-冲击轮接地点

振动压路机的最佳压实厚度为 200 ~ 500mm,当土层深度再增加,振动压实效果将明显减弱。而冲击式压路机的压实深度则可随碾压遍数增加而明显递增,这是由于多边形凸块碾轮低频滚动冲击所产生的巨大集中冲击能量,具有地震波传播特性的缘故。随着土体密实度增加,其影响深度也逐渐增加。冲击式压路机适用于压实黏性土、非黏性土和碎石路面的压实以及“白改黑”工程中的旧水泥路面的破碎等。同时,对土的含水率不十分敏感。

六、振动压路机

振动压路机按不同标准的分类如下:

按机器结构质量可分为轻型、小型、中型、重型和超重型。

按行走方式可分为自行式、拖式和手扶式。

按振动轮数量可分为单轮振动、双轮振动和多轮振动。

按驱动轮数量可分为单轮驱动、双轮驱动和全轮振动。

按传动系传动方式可分为机械传动、液力机械传动、液压机械传动和全液压传动。

按振动轮外部结构可分为光轮、凸块(羊脚碾)和橡胶滚轮。

按振动轮内部结构可分为振动、振荡和垂直振动。其中,振动又可分为单频单幅、单频双幅、单频多幅、多频多幅和无级调频调幅。图 3-3 为两级调幅结构示意图。

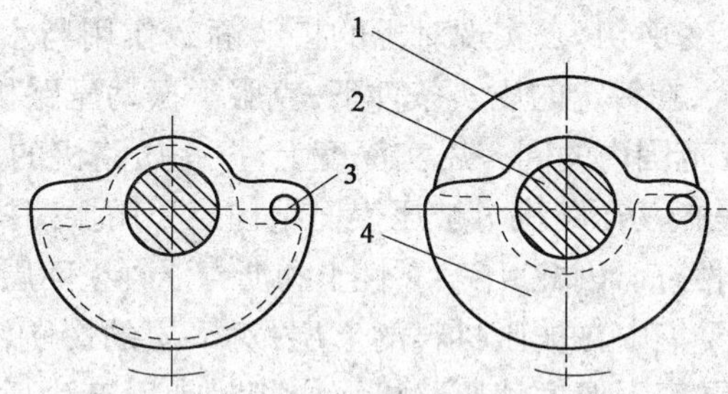

图 3-3　正反转两级调幅机构示意图

1-活动偏心块;2-振动轴;3-挡销;4-固定偏心块

按振动激励方式可分为垂直振动激励、水平振动激励和复合激励。垂直振动激励又可分为定向激励和非定向激励,如图 3-4 所示。

振动压路机适用于压实非黏性土(砂土和砂砾石)。振动的频率大小与土的性质有关:压实砂性土,频率低;压实沥青混凝土,频率高。

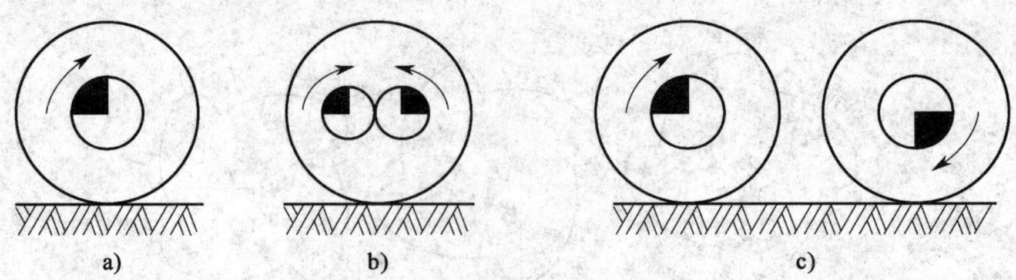

图 3-4　振动压路机的振动方式

a)非定向式振动;b)定向式振动;c)摆动式振动

振动压路机的优点:

①生产效率高,单位时间压实更大土体;

②压实深度大;

③机重轻,节省材料,便于运输。

七、振荡压路机

振荡压路机的工作原理,如图 3-5 所示。

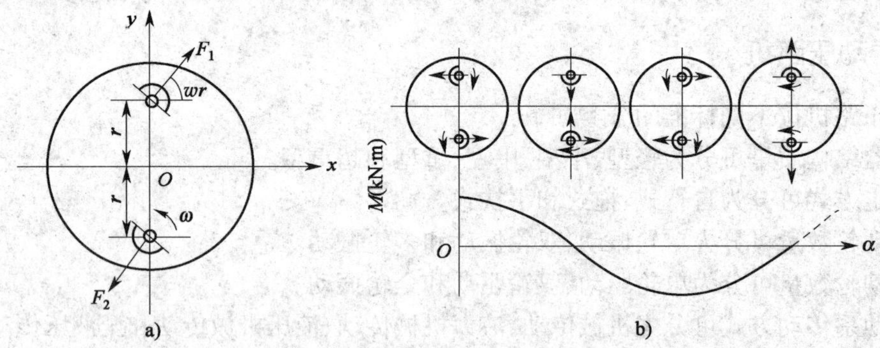

图 3-5　卧轴式振荡压路机工作原理示意图

a)振荡转矩产生原理;b)振荡转矩的大小方向与偏心块回转轴相位之间的关系

F_1、F_2-偏心块离心力;ω-偏心块轴回转角速度;α-偏心块轴回转相位角

振荡压路机在碾压过程中,振荡轮始终不跳离地面,而是利用滚轮摆动形成高频振荡压力波,对滚轮前后地面施加交变剪切力,实现对土的持续静载作用与水平剪切应变的组合压实。振荡压路机的独特碾压方式,在特定的压实条件下,克服了振动压路机的诸多缺点,提高了压实效果。实践证明,在 300mm 范围内的同一压实深度上,振荡压路机的压实均匀度和相对密实度均高于振动压路机。尤其是振荡压路机对被压表面结构层采用振荡揉搓压实技术,不仅密实度和平整度高,而且表面封闭性好。因此,压实黏性土和沥青混凝土面层振荡压实效果较好。

振荡压实的作用力主要集中在被压材料的上层,对下层的影响深度和压实效果则不如振动压路机。振荡压路机的碾滚不像振动压路机那样相对地面产生垂直跳动和冲击,因此不会将混合料的集料击碎,可以稳定混合料的级配质量,适用于压实深度不大的压实作业,作业效率高、能耗小。

八、夯实机

现代夯实机械按其一次打击能量可以分为以下三级:

①重级——打击能量为 10 ~ 15kJ 或更高;

②中级——打击能量 1 ~ 10kJ;

③轻级——打击能量 0.8 ~ 1kJ。

自由落锤式夯实机械属于重级类。这种机型具有很高的打击能量,夯实板重力 10 ~ 30kN,提升高度 1.0 ~ 2.5m,在夯实板自重作用下夯击土;夯击频率比较低,它取决于夯锤的提升高度。

重型机械夯、内燃爆炸夯、蒸汽锤夯和振动夯等属于中级类。这类夯实机械一般做成拖式、半拖式以及轮式或履带式牵引车所悬挂的装置,也可悬挂在挖掘机动臂上或做成专用的自移式夯实机。

各种手扶式夯实机属于轻级类,其中有内燃机驱动、电机驱动和以压缩空气为动力驱动多种。振动平板夯(平板振动夯)有内燃机驱动和电动机驱动两种。

振动平板夯按其质量可以分为轻型(0.1 ~ 2t)、中型(2 ~ 4t)和重型(4 ~ 8t)。

按其结构原理可分为单质量[图 3-6a)]和双质量[图 3-6b)]。

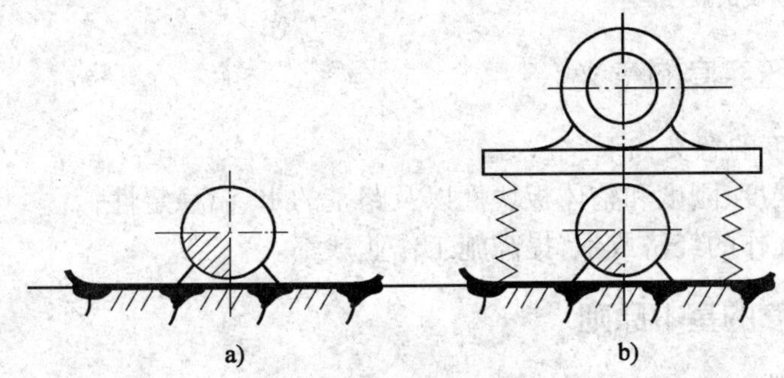

图 3-6 振动平板夯结构原理图

a)单质量;b)双质量

单质量的平板夯,全部质量参加了振动运动;而双质量的平板夯仅下部振动,弹簧上部不振动,但对土有静压力。自移式双质量振动平板夯如图 3-7 所示。

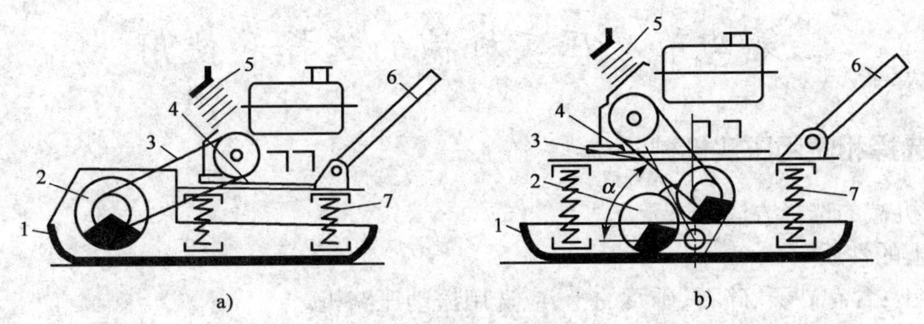

图 3-7 自移式双质量振动平板夯

a)非定向式振动;b)定向式振动

1-夯板;2-激振器;3-V 形皮带;4-发动机底架;5-操纵手柄;6-扶手;7-弹簧悬挂系统

试验表明,当弹簧上部的质量为机械总质量的 40% ~ 50% 时,可以保证机械稳定地工作,而且消耗功率少。

振动式打夯机适用于颗粒性土(砂性土等)的夯实和压路机难以碾压到的局部或狭窄地段的压实,如涵洞基底、桥台背回填土等。

第三节　路基压实标准

一、路基压实标准

公路路基压实标准见表3-2。

公路路基压实度 **K**(单位:%)　　表3-2

填挖类别	路床顶面以下(cm)	高速公路一级公路	二三四级公路
零填方及挖方	0~30	≥95	≥93
填方	0~80	≥95	≥93
	80~150	≥93	≥90
	>150	≥90	≥90

注:表例数值以重型击实试验为准。

二、正确确定压实度的意义

正确确定压实度的意义如下:

(1)保证路基强度、刚度和整体板块性以及路基的水、温稳定性;

(2)降低压实工作的经济成本,提高施工作业效率。

三、确定压实度的基本原则

确定压实度的基本原则如下:

(1)冰冻湿潮地区和受水影响大的路基压实度要求要高一些。

(2)干旱地区和水文良好地段压实度要求可低些。

(3)路面等级高,压实度要求高;路面等级低,压实度要求低。

第四节　压实机械的选择和使用

一、选择和使用压实机械

压实机械的选择方法如下:

(1)土的性质

砂性土:含有砂石、碎石、砾石的土,应选用振动压路机。

黏性土:以碾压式(光轮、羊脚、凸块碾)和夯击式较好。

土含水率较少:采用重型压实机械。

土含水率较大且干密度较低:采用轻型压路机。

(2)施工要求(性质)

路基垫层和路基:重型压路机。

路面:中型和轻型压路机。

(3)工作面

工作面大:采用碾压。

工作面小:使用夯实机械。

二、压路机的施工

压路机的施工应遵循以下几点:

(1)先轻后重,以便能适应逐渐增长的土基强度,否则土易被挤出移位。

(2)先慢后快,以防土被推走。

(3)先两侧再中间,防止土挤压移位使中间低。

(4)先内侧,再外侧。

(5)分层填筑,分层碾压,松铺厚度与压路机机型有关,铺层应厚度均匀。

(6)全宽填筑,全宽碾压,以形成一个完整的整体,并且碾压时应有纵向重叠区,保证不被漏压。重叠区:二轮压路机,后轮应重叠1/3轮宽;三轮压路机,后轮应重叠1/2轮宽。

(7)填筑含水率应达最佳含水率。

第五节　压路机生产率的计算

压路机生产率的计算如下:

面积生产率:

$$Q_A = \frac{1\,000vBe}{N} \tag{3-2}$$

体积生产率:

$$Q_V = \frac{1\,000vBHe}{N} \tag{3-3}$$

式中:Q_A——面积生产率,m^2/h;

Q_V——体积生产率,m^3/h;

v——碾压速度,km/h;

B——有效压实宽度,$B = B_0 - C$,其中C为重叠宽度(0.2~0.3m),B_0为滚轮宽度,m;

H——铺层厚度,m;

N——碾压遍数;

e——效率系数。

第四章 石方爆破施工与管理

爆破是石方路基施工最有效的方法，也可用爆松冻土、开采石料等。在公路施工中采用综合爆破，不但施工技术获得了重大革新，而且对公路选线、设计也有重大影响。例如，沿溪线经常要遇到悬崖峭壁，施工十分困难，工程量也很大。过去多采用展线翻越或跨河绕避的方案。展线方案，由于急转弯陡坡较多，既降低了路线的技术标准，又增加了公路里程；跨河方案，增加桥梁工程，不仅增加了工程费用，还可能遇到基础施工等困难。如能采用综合爆破法施工，功效较高，工程较短，占用劳动力较少，成本也可降低，而且可考虑采用平缓顺直的延溪线方案，而无需展线或跨河。又如，公路通过鸡爪地形路段时，为了避免施工困难和减少工作量，往往是随地形曲折起伏。如果采用综合爆破法施工，可取顺直的路线布置方案。

第一节 爆破作用原理及爆破器材与方法

为了爆破某一岩体，在其中或表面放置的一定数量的炸药，称为药包。按药包的形状或集结程度不同，可以分为集中药包、延长药包和分集药包三种。

一、药包在无限介质内的作用

药包在无限介质内爆破时，炸药在瞬间内通过化学反应转化为气体状态的爆炸产物。由于膨胀作用，体积增加数千倍甚至上万倍，形成高温高压，产生的冲击波以每秒上千米的速度自药包中心按球面等量向外扩散，传递给周围介质，使介质产生各种不同程度的破坏和振动现象。这种现象随着距药包中心的距离增大而逐渐消失，并按破坏程度的不同大致可分为 4 个爆破作用区，如图 4-1 所示。

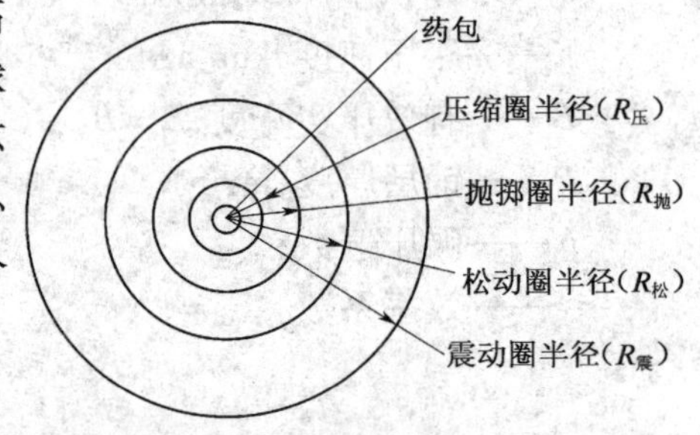

图 4-1 爆破作用图

1. 压缩区

图 4-1 中 $R_{压}$表示压缩圈半径。在这个作用圈范围内，介质直接承受药包爆炸所产生的极其巨大的作用力。如果介质是可塑的土，便会遭到压缩形成真空；如果是坚硬的脆性岩石，便会被粉碎。以 $R_{压}$为半径的球形区，称为压缩区。

2. 抛掷区

$R_{压}$至 $R_{抛}$的区间为抛掷区。该区介质的原有结构受到破坏而分裂成碎块，而且爆炸力尚有余力，足以使这些碎块获得运动速度。如果在有限介质内，这些碎块的一部分会向临空面方向抛掷出去。

3. 松动区

$R_{抛}$至 $R_{松}$的区间为松动区。该区爆炸力大大减弱，能使介质结构受到不同程度的破坏，但没有较大的位移。

4. 震动区

$R_{松}$至$R_{震}$的区间为震动区。微弱的爆破作用力不能使该区介质产生破坏,只能产生震动现象。震动圈以外爆破作用能量将逐渐消失。

二、药包在有限介质内的爆破作用与爆破漏斗

药包在有限介质内爆炸时,在具有临空的表面上都会出现一个爆破坑,一部分炸碎的土石被抛至坑外,另一部分仍落在坑底。由于爆破坑形状如漏斗,称为爆破漏斗,如图 4-2 所示。

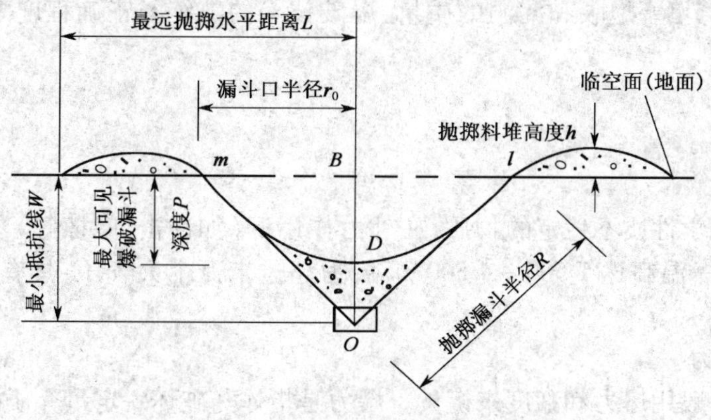

图 4-2　平坦地形爆破漏斗示意图

爆破漏斗的形状和大小,不仅与药包量大小、炸药性能、介质的性能等有关,同时还与临空面的数量和所处的边界条件有关。爆破漏斗一般用以下几个要素表示:

(1)最小抵抗线 W:药包中心至临空面的最短距离。

(2)爆破漏斗口半径 r_0:最小抵抗线与临空面交点至漏斗口边缘的距离。

(3)抛掷漏斗半径 R:从药包中心沿漏斗边缘至坑口的距离。

爆破作用的性质通常用爆破作用指数 n 来表示。爆破作用指数是爆破漏斗口半径与最小抵抗线的比值,即 $n=r_0/W$。当 $n=1$ 时,称为标准投掷爆破,此时漏斗顶部夹角为 90°;当 $n>1$ 时,称为加强投掷爆破;当 $n<1$ 时,称为减弱投掷爆破;当 $n<0.75$ 时,不会发生抛掷现象,岩石只能产生松动和隆起。通常将 $n=0.75$ 时的爆破称为标准松动爆破,$n<0.75$ 时的爆破称为减弱松动爆破。

三、影响爆破的主要因素

药包在介质中爆炸时,介质被抛掷和松动的体积或破碎的程度称为爆破效果。影响爆破效果的主要因素有以下几种。

1. 炸药的威力

一般在坚石中,宜用粉碎力大的炸药,如 TNT、胶质炸药等,爆破后岩石破碎程度较大,但破坏范围一般较小;在次坚石、软石、裂缝大而多的岩石以及松动爆破中,宜用爆力大而粉碎力较小的炸药,如硝铵类炸药;开采料石,则宜用爆力和猛度都较小的炸药,如黑火药。

2. 炸药用量

药量少了,达不到预期的效果;药量多了,不但造成浪费,而且会出现飞石过远、裂缝增多、边坡坍塌等超爆现象。因此,药量应适中。

3. 地形条件

在爆破工程中,地形的陡坦程度及临空面数量,对爆破效果影响也很大。地形越陡,临空面数目越多,爆破效果越好;反之,爆破效果差。

4. 地质条件

地质条件是指岩石性质和岩层构造。岩石性质包括岩石的密度、韧性和整体性等,是确定岩石单位耗药量和能否采用大爆破的主要依据;岩石构造主要指岩石的层理产状等,往往会对爆破的范围、爆破漏斗的形状和大小产生重大影响。

5. 其他因素

装药的密实度、堵塞炮眼和漏洞的质量、爆破技术的熟练与正确程度等对爆破效果均有影响。

四、炸药

1. 炸药的性质

炸药是一种化学性质不稳定的物质,在外力作用下(如冲击、摩擦等)易发生爆炸。爆速每秒高达几千米,爆温高达 1 500 ~ 4 500℃,压力超过十万个大气压,具有非常大的破坏力。炸药的性质如下。

(1)炸药的威力

炸药的威力一般用爆力和猛度来衡量。爆力是指炸药破坏一定量介质的能力。猛度是指炸药爆炸时,将一定量岩石粉碎成细块的能力。

(2)炸药的敏感度

炸药的敏感度是指炸药在外力作用下发生爆炸的难易程度,包括爆燃点、撞击敏感度、摩擦敏感度和起爆敏感度。炸药的敏感度受其密度、湿度、粒度和杂质含量的影响。

(3)炸药的安定性

炸药的安定性是指炸药在长期存储时,保持其原有物理化学性质不变的能力。

2. 炸药的分类

爆破工程中常用的炸药分类如下。

(1)起爆炸药

起爆炸药是一种爆炸速度极高的烈性炸药,爆速可达 2 000 ~ 8 000m/s,用以制造雷管。起爆炸药又可分为正起炸药和副起炸药。正起炸药对热能和机械冲击能均有强烈的敏感性,如雷汞、黑索金、泰安等;副起炸药须由正起炸药起爆,其爆速极高,可加强雷管的起爆能量,如三硝基甲硝铵、四硝化戊四醇等。

(2)主要炸药

用以对岩石或其他介质进行爆炸的炸药称为主要炸药。它的敏感度较低,要在起爆炸药强力的冲击下才能爆炸。它可分为:缓性炸药,如硝铵炸药、铵油炸药,爆速为 1 000 ~ 3 500 m/s;粉碎性炸药,如 TNT、胶质炸药等,爆速为 3 500 ~ 7 000m/s。道路工程中常用的主要炸药的成分和性能如下。

①黑色炸药:由硝酸钾、硫磺、木炭(配比为 75:10:15)所组成的混合物。它对火星和碰击极其敏感,易燃烧爆炸,怕潮湿,威力小,适用于开采石料。

②TNT 炸药:也称为三硝基甲苯,为淡黄色针状结晶体,熔铸块呈褐色,敏感度低,安定性好,耐水性强,爆炸威力大,适用于爆破坚硬的岩石。但本身含氧不足,爆炸时产生有毒的一氧

化碳，不宜用于地下作业。

③胶质炸药：为硝化甘油和硝酸铵（有时用硝酸钾或硝酸钠）的混合物，另加入一些木屑和稳定剂制成。胶质炸药可分为耐冻、非耐冻两种。工业上常用的耐冻胶质炸药含有62%的硝化甘油和35%的二硝化乙二醇，它对冲击、摩擦和火星都很敏感，如果湿度较高或储存时间过久，容易分解、渗油和挥发，此时对外界的作用更敏感，受冻后尤其危险，是一种危险性较高的炸药。但胶质炸药威力大，不吸湿，有较大的密度和可塑性，适合于水下和坚石使用。

④硝铵炸药：它是目前石方爆破中广泛应用的一种炸药，主要品种有煤矿铵锑炸药、岩石铵锑炸药、露天铵锑炸药等。道路工程中常用的岩石铵锑炸药由硝酸铵、TNT和少量木粉组成，其配合比为85:11:14，具有中等威力和一定的敏感性，在8号雷管作用下可以充分起爆，是安全的炸药。但是它有吸湿性与结块性，受潮后敏感性和威力显著降低，同时产生毒气。

⑤铵油炸药：它是硝酸铵和柴油（或加木粉）的混合物，通常两者比例为94.5:5.5，当加木粉时，其比例为92:4.4。这是一种廉价、安全、制造简单、威力比硝铵炸药略低、敏感性低的炸药，具有结块性和吸湿性，使用时不能直接用8号雷管起爆，须通时用10%的硝铵炸药做起爆体，才能充分起爆。

⑥浆状炸药：它是硝酸铵、TNT（或铝、镁粉）为主混合而成的一种浆状炸药，其威力大，抗水性强，适用于深水爆破（坚硬岩石），但需烈性炸药起爆。

五、起爆器材

雷管是常用的起爆材料。按照起爆方式分为火雷管和电雷管两种。火雷管又可分为即发雷管、延期雷管及毫秒雷管。雷管外壳有纸、铜、铁等几种。工业上依据雷管内起爆药量的多少，分成10种号码，通常使用6号和8号两种。6号雷管相当于1g雷汞的装药量；8号相当于2g雷汞的装药量。

1. 雷管的构造

雷管由雷管壳、正副装药、加强帽三部分组成，如图4-3所示。

火雷管与电雷管的不同之处是在管壳开口的一端，火雷管留出15mm左右的空隙端，以备导火索插入之用；而电雷管则有一个电气点火装置，并以防潮涂料密封端口。延期和毫秒电雷管的特殊点是在点火装置和正装药之间加了一段缓燃剂。

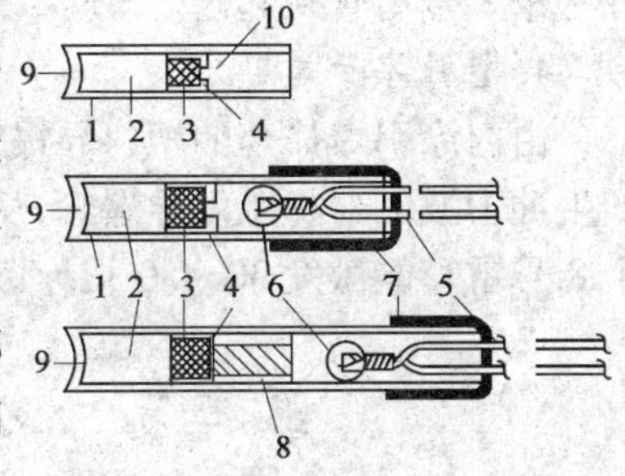

图4-3　雷管的构造

1-雷管壳；2-副装药；3-正装药；4-加强帽；5-电器点火装置；6-滴状引燃剂；7-密封胶和防潮涂料；8-延缓剂；9-窝槽（集能槽）；10-帽孔

电气点火装置的构造，是在脚线（纱包绝缘铜线）的端部焊接一段高电阻的金属丝（一般为康铜丝，也有铬镍合金或铂铱合金丝），称为电阻丝。

当在电桥上滴上一滴引燃剂通电时，灼热的电桥就能点燃引爆剂，使电雷管的正副起爆药发火起爆。

2. 电雷管的主要指标

为了保证电雷管的准爆和操作安全，现将使用电雷管的有关参数介绍如下。

(1)电阻

一般使用的电雷管，电阻大致为0.5～1.5Ω（2m长铜脚线、康铜电桥丝）。按安全规定串联在一起的电雷管，电阻差彼此不能超过0.25Ω。

(2)最大安全电流和准爆电流

所谓最大安全电流，是指在通电 5min 左右而不引起爆炸的最大电流。康铜电桥丝的雷管最大安全电流和准爆电流为 0.3 ~0.4A，铬镍合金电桥丝的为 0.15 ~0.2A。用来测定电雷管的仪器输出电流，不得超过 0.05A。

所谓最小准爆电流是指在 2min 的时间内，通电而使雷管准爆的最小电流。康铜电桥丝的为 0.5 ~0.8A，铬镍合金电桥丝的为 0.4 ~0.5A。按照安全规定，成组串联电雷管的准爆电流，直流电为 2A，交流电为 2.5A。若能保证有 2.0 ~5.0A 的电流通过每个电雷管，则可充分保证准爆。

六、起爆方法

1. 导火索起爆

导火索起爆是先将导火索点燃，引爆火雷管，从而使全部炸药引起爆炸。雷管内装的都是烈性炸药，遇撞击、摩擦、加热、火花都会引起爆炸。因此，在运输、保管、使用中，要特别注意轻拿轻放，不可随便乱扔。

2. 电力起爆

电力起爆是利用电雷管中电力引火剂的通电发热燃烧使雷管爆炸，从而引起药包爆炸。电力引爆的电源有放炮器、干电池、蓄电池、移动式发电站、照明电力线路或电力线等。电力起爆网中，电雷管的连接方式有串联、并联和混联三种。电力起爆所用电线必须采用绝缘完好的导线。

3. 导爆索起爆

导爆索（又称为传爆线）起爆是利用导爆线的爆炸直接引起药包的爆炸。导爆索其外形与导火索相似，直径 4.8 ~5.8mm，药芯由烈性炸药做成，有良好的防水性能，浸在水中 12h 仍能爆炸。导爆索爆速快（6 800 ~7 200m/s），主要用于深孔爆破和药室爆破，使几个药室能做到几乎同时起爆，从而提高爆破效果。由于导爆索着火困难，使用时须在药室外的导爆索上捆扎一个 8 号雷管来起爆。

4. 塑料导管起爆

由内涂引爆炸药的塑料导爆管组成的起爆网路与药包连接，通过雷管导火索、引火头等能产生冲击波的器材激发导爆管，从而起爆药包。导爆管本身很安全，可作为非危险品运输。一个 8 号雷管能激发 30 ~50 根导爆管，效率高，成本低且安全可靠。

第二节　公路施工中各种爆破的应用

一、一般规定

开挖岩石路基所采用的爆破方法，要根据石方的集中程度、地质、地形条件及路基断面形状等具体情况而定，一般可分为中小型爆破和大型爆破两大类。

1. 爆破作业的施工程序

(1)对爆破人员进行技术学习和安全教育；

(2)对爆破器材进行检查和试验；

(3)消除岩石表面的覆盖土及松散石层，确定炮型，选择炮位；

(4)钻眼或挖坑道、药室,装药及堵塞;

(5)敷设起爆网路;

(6)设置警戒;

(7)起爆;

(8)清理爆破现场(处理瞎炮,测定爆破效果等)。

2. 炮眼位置的选择及注意事项

(1)选择炮眼时,必须注意石层、石质、石纹、石穴,以在无裂纹、无水湿之处设置为宜。当用铁锤敲击石面发生空响时,应避免打眼。

(2)应避免选择在两种岩石硬度相关很大的交界处。

(3)应尽量选择在抵抗线最小、临空面较多的地方,并与各临空面的距离接近相等。

(4)炮眼选择时,应尽量为下一炮创造更多的临空面。

(5)群炮炮眼的间距,宜根据地形、岩石类别、炮型及炸药的种类计算确定。

(6)炮眼的方向,应与岩石侧面平行,并尽量与岩石走向垂直。一般按岩石外形、纹理裂隙等实际情况,分别选择正眼、斜眼、平眼吊眼等方位。

此外,进行爆破作业时的安全事项,须按"公路工程暂行安全技术规程"有关规定办理。

二、综合爆破的内容及物性

综合爆破是根据石方的集中程度,地质、地形条件,公路路基断面的形状,结合各种爆破方法的最佳使用特性,因地制宜,综合配套使用的一种比较先进的爆破方法。一般包括小炮和洞室炮两大类。小炮主要包括钢钎炮、深孔爆破和钻孔爆破、药壶炮和猫洞炮;洞室炮则随药包性质、断面形状和微地形的变化而不同。用药量1t以上为大炮,由药量1t以下为中小炮。现将各种爆破方法在综合爆破中的作用与特性分述如下。

1. 钢钎炮

在路基工程中,钢钎炮通常是指炮眼直径和深度分别小于7cm和5m的爆破方法。一般情况下,单独使用钢钎炮爆破石方是不大经济的。其原因是:炮眼浅,用药少,每次爆破的方数不多,并全靠人工清除,功效较低,不利于爆破能量的利用。

由于炮眼浅,爆破时爆炸气体很容易冲出,变成不做功的声波,导致响声大而炸下的石方不多,个别石块飞得很远。因此,在公路工程中,应尽量少用这种炮型。但由于它比较灵活,因而它又是一种不可缺少的炮型,在地形艰险及爆破量较小地段(如开挖水沟、开挖便道和基坑等)仍属必需,在综合爆破中是一种改造地形、为其他炮型服务的辅助炮型。

2. 深孔爆破

深孔爆破是指孔径大于75mm、深度为5m以上、采用延长药包的一种爆破方法。炮孔需用大型的潜孔凿岩机或穿孔机钻孔,如用在挖运机械清方向可以实现石方施工全面机械化,是大量石方(万方以上)快速施工的发展方向之一。其优点是劳动生产率高,一次爆破的方量多,施工进度快,爆破时对路基边坡的影响比大炮小。但由于需要用大型机械,故转移场地、开辟场地、修筑便道等准备工作都较复杂,且爆破后仍有10%~25%的大石块需二次爆破。

进行深孔爆破,要求先将地面修成台阶,称为梯段。梯段的倾角宜为60°~75°,高度应在5~15m。炮孔分垂直孔和斜孔两种,如图4-4和图4-5所示。炮孔直径D一般为80~300mm,公路施工中以100~150mm为宜。超钻长度h大致是梯段高度H的10%~15%。岩石坚硬者取大值。

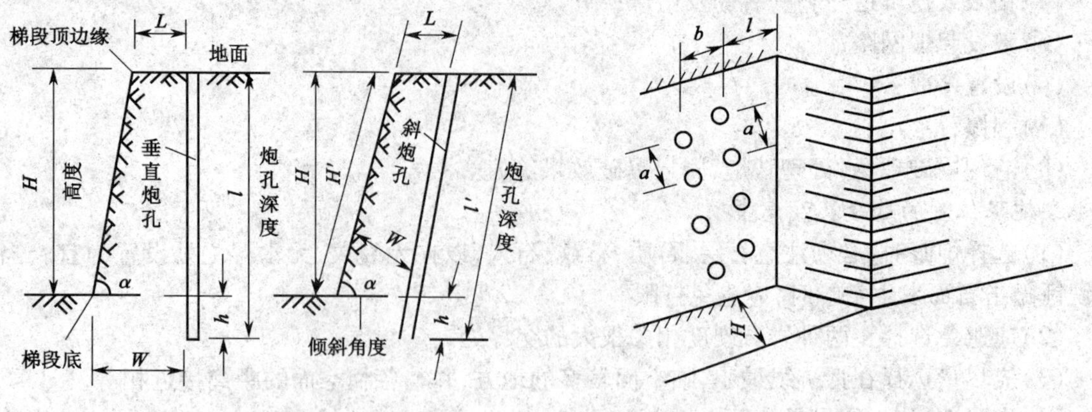

图 4-4　垂直孔和斜孔梯断面

图 4-5　炮孔布置断面图

垂直孔的深度 l　　$l = H + h$　　(4-1)

斜孔的深度 l'　　$l' = H' + h$　　(4-2)

炮孔间距 a　　$a = mW$　　(4-3)

其中,W 为底板抵抗线,计算公式为:

$$W = D\sqrt{\frac{7.85\rho\tau l}{kmH}} \tag{4-4}$$

式中:m——修正系数,范围为 0.6 ~ 1.4,通常取 0.7 ~ 0.85;

D——钻孔直径,m;

ρ——炸药密度,kg/m^3;

k——单位耗药量,kg/m^3;

τ——深孔装药系数,对于不同的梯段高度 H,当 $H < 10m$ 时,$\tau = 0.6$;当 $H = 10 \sim 15m$ 时,$\tau = 0.5$;当 $H = 15 \sim 20m$ 时,$\tau = 0.4$。

W 值确定后可按式(4-5)估算炮孔与梯段顶边缘的距离 L:

$$L = W - H\cos\alpha \tag{4-5}$$

为确保凿岩机作业的安全,此值应大于 2 ~ 3m,否则需调整 W 值。

多排孔时,排的间距 b 可取:$b = W$。

深孔爆破除需正确选用设计参数和布孔外,对装药、堵塞等操作技术要求也比较严格。随着石方施工机械化程度的提高,深孔爆破已开始在石方集中,地形较平缓的垭口或深堑中使用,并获得较好的效果。单位耗药量为 0.45 ~ 0.75kg/m^3,平均每米钻孔爆落岩石 11 ~ 20m^3。因此,在有条件时应尽可能采用这种爆破方法。

3. 微差爆破

两相邻药包或前后排药包以毫秒时间间隔(一般为 15 ~ 17ms)依次起爆,称为微差爆破,也称毫秒爆破。多发一次爆破最好采用毫秒雷管。当装药量相等时,其优点为:可减振 1/3 ~ 2/3;前发药包为后发药包开创了临空面,从而加强了岩石的破碎效果;降低多排孔一次爆破的堆积高度,有利于挖掘机作业;由于逐发或逐排依次减少,减少了岩石夹制力,可节约炸药 20%,并可增大孔距,提高每米钻孔的炸落方向。炮孔排列和起爆顺序,根据断面形状和岩性,有如图 4-6 所示的几种。多排孔微差爆破是浅孔深孔爆破发展的方向。

4. 光面爆破和预裂爆破

光面爆破是在开挖限界的周边,适当排列一定间隔的炮孔,在有侧向临空面的情况下,用

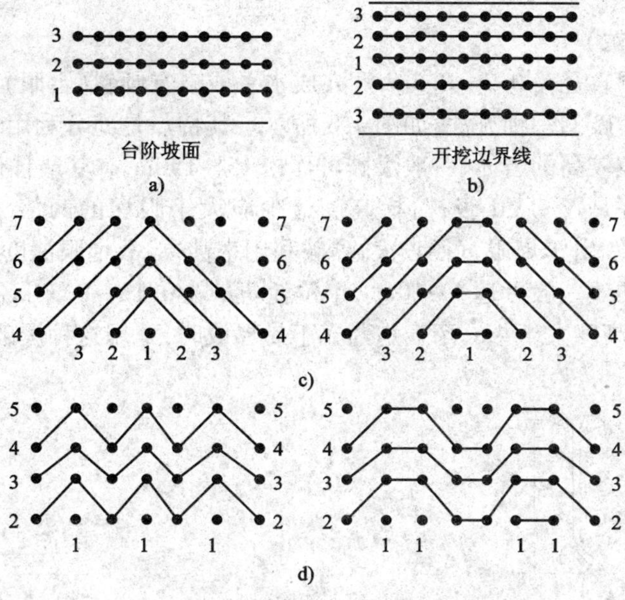

图 4-6 微差爆破各种起爆网路图(图中数字为起爆顺序)

控制抵抗线和药量的方法进行爆破,使之形成一个光滑平整的边坡。

预裂爆破是在开挖限界处,按适当间隔排列炮孔,在没有侧向临空面和最小抵抗线的情况下,用控制药量的方法,预先炸出一条裂缝,使拟爆体与山体分开,作为隔振减振带,起保护和减弱开挖限界以外山体或建筑物的爆破破坏作用,光面与预裂爆破后,在边坡上通常均留下半个炮孔的痕迹。

进行光面或预裂爆破时,应严格保持炮孔在同一平面内,炮孔间距 a 和抵抗线 W 之比应小于0.8。装药量应控制适当,并采用合理的药包结构,通常使炮孔直径大于药卷直径1~2倍,或采用间隔药包、间隔钻孔装药。预裂炮的起爆时间在主炮之前,光面炮在主炮之后,其间隔时间可取25~50ms。同一排孔必须同时起爆,最好用传爆线起爆,否则会影响爆破质量。光面和预裂爆破的主要设计参数如下:

光面炮眼间距 $$a_1 = 16d \tag{4-6}$$

预裂炮眼间距 $$a_2 = (8 \sim 12)d \tag{4-7}$$

光面炮眼抵抗线 $$W = 1.33a_1 = 21.5d \tag{4-8}$$

装药密度 $$q' = 9d^2 \tag{4-9}$$

式中:d——钻孔直径,cm;

q'——每米钻孔装药量,kg/m;

a_1、a_2、W 单位与 d 相同。

5. 药壶炮(烘膛炮)

药壶炮是指在深2.5~3.0m以上的炮眼底部用少量炸药经一次或多次烘膛,使眼底成葫芦形,将炸药装入药壶中进行爆破,如图4-7所示。此法主要用于露天爆破,其使用条件是:岩石应在XI级以下,不含水分,阶梯高度(H)小于10~20m,自然地面坡度在70°左右。如果自然地面坡度较缓,一般先用钢钎炮切角,炸出台阶后再使用。经验证明,药壶炮最好用于VII~IX级岩石,中心挖深4~6m,阶梯高度在7m以下。装药量可根据药壶体积而定,一般介于10~60kg之间,最多可超过100kg。每次可炸岩石数十立方米至数百立方米,是最省工、省药的一种方法。

6. 猫洞炮(蛇穴炮)

猫洞炮是指炮洞直径为0.2～0.5m,洞穴成水平或略有倾斜(台眼),深度小于5m,用集中药包在炮洞中进行爆破的一种方法,如图4-8所示。其特点是充分利用岩石本身的坍塌作用,能用较浅的炮眼爆破较高的岩体,一般爆破可炸松15～150m^3。其最佳使用条件是:岩石等级一般为IX以下,最好是V～VII级;阶梯高度最少应大于眼深的两倍,自然地面坡度不小于50°,最好是70°左右。由于炮眼直径较大,爆破利用率甚差,故炮眼深度应大于1.5～2.0m,不能放孤炮。猫洞炮功效一般可达4～10m^3,单位耗药量在0.13～0.30kg/m^3之间。在有裂缝的软石和坚石中,阶梯高度大于4m,药壶炮药壶不易形成时,采用这种爆破方法可以获得良好的爆破效果。

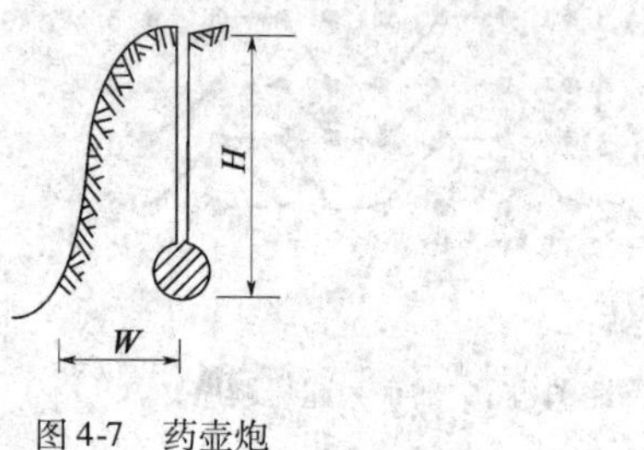

图4-7 药壶炮

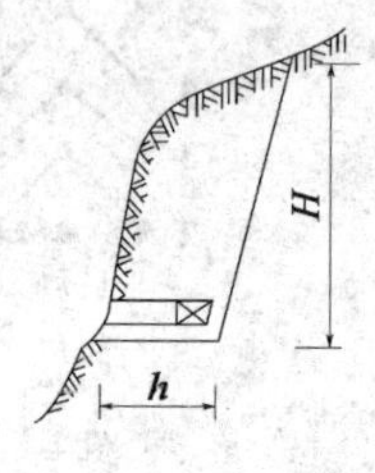

图4-8 猫洞炮

7. 洞室炮

为使爆破设计断面内的岩石体大量抛掷(抛塌)出路基,减少爆破后的清方工作量,保证路基的稳定性,可根据地形和立即断面形式,采用以下不同性质的洞室炮爆破法。

(1)投掷爆破

①平坦地形的投掷爆破(也称扬弃爆破):自然地形内坡角$\alpha<15°$,路基设计断面为拉沟路堑,石质大多为软石时,为使石方大量扬弃到路基两侧,通常采用稳定的加强抛掷爆破。抛掷率为55%～98%($n=1.5\sim2.2$),一般在80%左右。根据经验,当$n=2$($E=83\%$)时,抛掷1m^3岩石的耗药量在1.4～2.2kg。炸药费用一般占总工程造价的80%左右,且爆后对路堑边坡的稳定性影响很大,故在工程中很少采用。

②斜坡地形路堑的抛掷爆破:自然地面坡角α在15°～50°,岩石也较松软时,可采用抛掷爆破。

抛掷率一般设计在60%左右,根据地面坡度的不同,爆破作用指数在1～1.5之间单位耗药量大于1kg,炸药费用占整个工程造价的60%以上,对路堑边坡的稳定性有较大的影响。

(2)斜坡地形半路堑的抛坍爆破

自然地面坡度大于30°,地形地质条件均较复杂,临空面较大时,宜采用这种爆破方法。在陡坡地段,岩石只要充分被破碎,就可以利用岩石本身的自重坍滑出路基,提高爆破效果。

抛坍爆破的抛坍率一般为45%～85%,单位耗药量为0.1～0.42kg/m^3。炸药费用不到工程总造价的40%,而功效可达6～15m^3/工日,比小炮功效高2～4倍,总的路基工程造价可降低减16%以上,爆后路堑边坡稳定。

(3)多面临空地形爆破

路线通过波浪起伏的峡谷或鸡爪地形地段,横切山包或山嘴时,临空面较多,有利于爆破。由于山包或山嘴的石质坚固完整,爆破后可获得较陡的稳定边坡。多面临空地形的爆破抛掷率(抛坍率)一般在60%～80%,单位耗药量为0.2～0.8kg/m^3,工效为10～20m^3/工日,最高可达 70m³/工日，比小炮高 6～15 倍或更多，但工程造价只比小炮减少约 5%。

(4)定向爆破

这是利用爆能将大量土石方按照指定的方向，搬移到一定的位置并堆积成路堤的一种爆破施工方法。它减少了挖、装、运、夯等工序，生产率极高。在公路施工中可用来填或移挖作填路段，特别是在深挖高填相间、工程量大的鸡爪形地区，采用定向爆破，一次可形成百米至数百米路基。

(5)松动爆破

大型松动爆破，主要用于不宜采用抛掷爆破的次坚石、软石路基，或配合机械化清方的地段。在坚石中，宜采用深孔跑。

大型洞室爆破威力大，效率高，可以缩短工期，节约劳力，技术安全可靠性也大，但使用不当，则可能破坏山体平衡，造成路基后遗病害。使用时必须进行现场调查，摸清当地的工程地质条件及周围环境，通过技术经济比较来确定。

不宜进行大爆破的工程地质条件是：

①岩堆、滑坡体，坡顶上部堆积的覆盖层较厚而倾向路基不良地区；

②断层破碎带、侵入人体与围岩的接触带、节理破碎带以及具有引起坍方的地质软弱面的地段；

③当软弱面通过路基的后方或下方时，爆破不易形成路基的地段；

④层理面、错动面以及其他构造软弱面，倾向路基，而倾角大于临界倾角(β_0)，且小于 50°，层面胶结不良的地段；

⑤山脊较薄，山后有良好临空面，不逸出半径可使整个山头破坏，引起坍方的路段；

⑥多组软弱面形成坍方体的路段。

此外，需考虑周围环境，如有良田、果树、重要建筑物等，在无法确保安全时，不宜采用大爆破。

三、选用各种爆破方法的基本原则

为了充分发挥各种爆破方法的特点，利用微地形和地质的客观条件，在路基石方工程中采用综合爆破，选用各种爆破方法，组织炮群，有计划、有步骤地爆破拟开挖的石方，是十分重要的。为此，石方工程的施工方案，应按以下原则与步骤进行。

(1)全面规划，重点设计。对拟爆破的路基工程，应根据石方集中的程度、微地形的变化、路基设计断面的形状以及地质条件所能允许的爆破规格，结合各种爆破方法的特点，进行全面规划，确定哪些地段采用小炮群(一般，中心挖深大于 6m 时，可采用洞室炮；中心挖深小于 6m，可采用小炮群)，以及各段的开挖顺序。然后，对石方集中的点进行重点设计。生产中，一般可按照方案选择进行，见表 4-1。

爆破方案选择表 表 4-1

编　号	起讫桩号	中心挖深(m)	爆破地段长度(m)	自然坡度(°)	断面石方量(m^3)	爆破类型	备　注
1	K1 + 500 ~ K1 + 600	3 ~ 5	100	39 ~ 45	3 000	小炮群	软石
2	K3 + 700 ~ K3 + 900	6 ~ 9	200	50 ~ 70	7 000	抛坍爆破炮群	坚石
3	K4 + 100 ~ K4 + 140	12	49	40	4 000	多面临空面地形爆破	次坚石节理不发达

(2)由路基面开挖,形成高阶梯。为了充分利用岩石的崩塌作用,开挖应从路基面开始,逐渐形成高阶梯,为深孔炮、药壶炮或猫洞炮创造有利条件。

(3)综合利用小炮群,分段分批爆破,一般有以下几种方法:

①在半挖半填的斜坡地形,采用一字排炮,对自然坡度较缓的地形,应先用钢钎炮切角,改造地形后,再采用一字排炮。

②路线横切小山包时,采用钢钎炮三面切角,改造地形后,再在中间用药壶爆破。

③遇路基加宽,阶梯较高的地形,采用上下相互配合的小炮群,如图4-9所示。

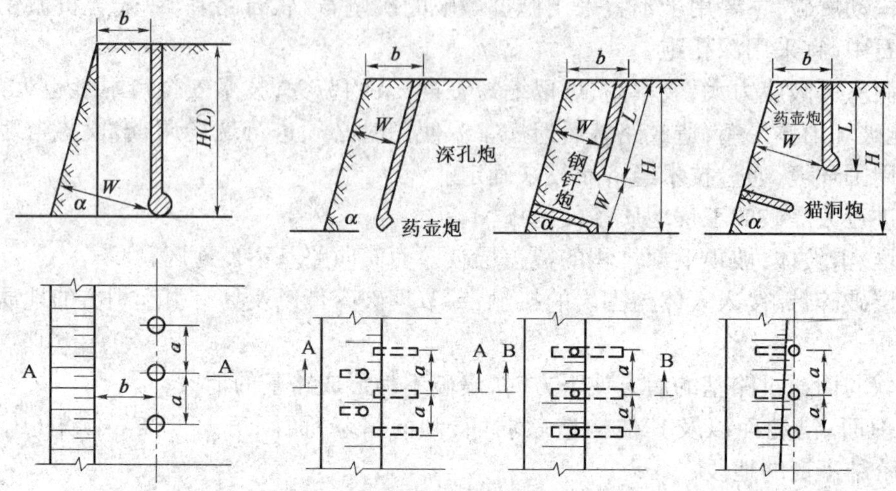

图4-9　上下互相配合的小炮群

W-最小抵抗线;H-阶梯高;α-阶梯角;L-炮眼深度;b-炮眼至坡度顶边缘的距离;a-炮眼间距

④对拉沟地堑,采用两头开挖时,可以用竖眼揭盖、平眼搜底的梅花炮,如图4-10所示。

⑤机械化清方时,如遇坚石,可采用眼深2m以上的钢钎炮,组合成30~40个的多层炮群,或采用钢钎炮。在坚硬岩石中,为使岩石破碎的程度满足清方的要求,除调整炮群设计参数外,还可以采用微差爆破和间隔药包。遇软石或节理发育的次坚石,可用松动爆破开挖。

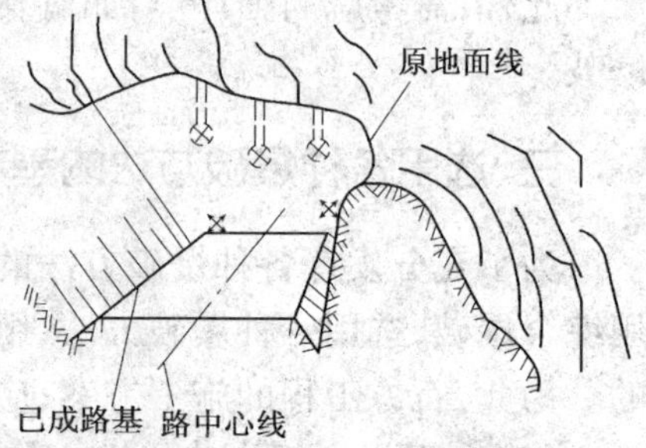

图4-10　拉沟路堑使用的梅花形立眼和平眼的混合炮群(炮数可酌情增减)

由上面的介绍可知,根据不同的客观条件,采用不同的爆破方法,可以使工效提高2~10倍,劳动强度也可大大减轻。但由于单位耗药量都比小炮定额高2~4倍以上,因此工程造价的降低并不显著。为了降低工程造价,在有条件时可在综合爆破中采用铵油炸药。

虽然综合爆破具有不少优点,但是在快速施工方面仍很不够。目前,特别严重的是导洞掘进和清方这两道工序很慢,一班人工开挖导洞就需要15~30d,爆破后虽有65%左右的岩体被抛掷(抛坍)出路基,但剩下岩体用人工清方,仍需较长时间。这种两头慢、中间快的不协调现象,只有采用机械化打眼和机械化、半机械化清方的办法才能改变。

四、大爆破施工

1.爆破网路

爆破网路的形式一般有:一条电爆网路;两条独立电爆网路并联,每条网路具有同样的电阻;一条电爆网路、一条传爆线网路同时使用等。

电爆网路的连接方式,可分为串联、并联和并串联三种。

串联的设计和敷设方式比较简单,所需总电流小,电线消耗量少。但在网路中有一个电雷管失效,就会使整个网路中断,产生拒爆。为克服这一缺点,在生产中往往采用成对串联的串联线路,如图 4-11a)所示。

并联线路[图 4-11b)]中每个电雷管有两根端线,并分别集中连在两根主导线上,此时各个雷管的作用互补相干,即使有个别雷管失效也不影响其他雷管的正常起爆,但所需总电流大,丢掉一个电雷管不易发现。

并串联可以是成组的电雷管之间的并联,而组与组之间采用串联,或与之相反。这种连接可以采用较小的电源有一定的可靠性。在生产中常采用成对的并串联线路,如图 4-11c)所示。该线路接线简单,计算和检查容易,导线消耗较少,电源较少时宜采用。但也应注意并联的两个电雷管中若有一个失效,则通过另一个雷管的电流要比正常电流大一倍,该雷管点燃时间就会减少而提前起爆,这就容易使其他药包拒爆。为确保炮群各药包准爆,最好采用两条独立的成对串联的线路并联,或采用电爆网路传爆线网络混合使用。

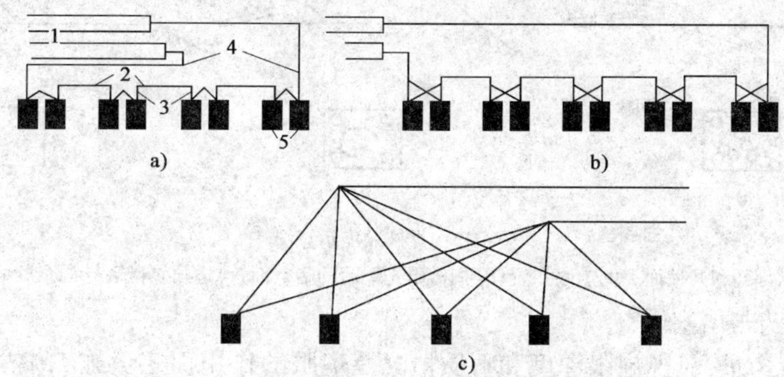

图 4-11　纵向分集药包 W 折线图及纵向布置图

a)成对的单一串联;b)并联;c)并串联

1-主导线;2-区域线;3-脚线;4-连接线;5-雷管

2. 导洞药室的测量定位

按照设计图纸的要求,准确地将导洞进口位置具体确定在工地的桩位上,对于爆破效果的影响很大。如果偏差大,将达不到预期目的。

在公路爆破中,导洞药室一般呈“L”形或“T”形,由导洞、横拐洞和药室三部分组成。导洞有竖直导洞(竖井)和水平导洞(平洞)两种,药室设在横拐洞的端部,如图 4-12 所示。

在进行导洞药室定位时,应以路基设计中心线基准线,以地面现有中心桩为基准桩。

首先确定导洞进口桩位,并打中心桩,对于水平导洞,除确定进洞桩位外,还必须依设计要求找出导洞方向和基准线的夹角,并在适当的地方打下方向桩。为避免方向桩、中心桩丢失,应相应地打上护桩。进行定位测量后,应在洞口钉立指示牌,用示意图标明导洞断面、长度、横拐洞长度、药室尺寸及水平标准等。在开挖过程中,应及时检查校正,以保证导洞药室的开挖符合设计要求。

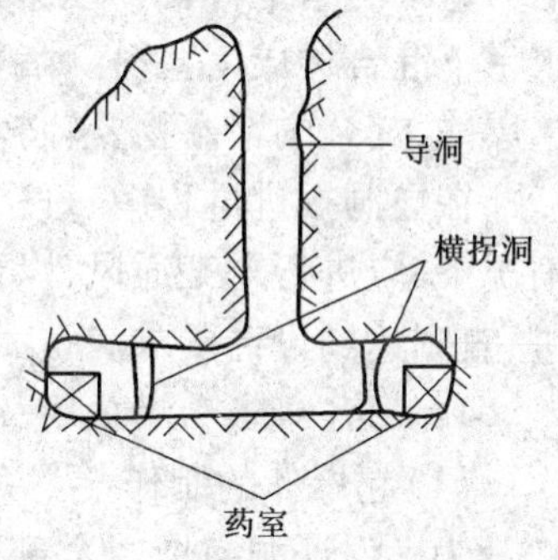

图 4-12　药设在横拐洞的端部

3. 导洞药室开挖

(1)炮眼的布置

导洞药室的开挖,一般是用炮眼法掘进。

导洞的断面尺寸,视地质情况和导洞深度而变化,一般为1.0m×1.2m~1.5m×1.8m。对于风化严重、岩石破碎的洞口地段,尺寸要大些。

导洞开挖时,炮眼的布置数量视石质情况而有增减,坚石一般布置7~9个,次坚石一般布置5~6个,松石一般布置3~4个。炮眼深度0.6~0.8m,断面大的可以深到1~1.2m或者更深。炮眼依其作用和位置分为掏槽眼、边眼。掏槽眼布置在导洞断面的中央部分,眼口距离一般为40mm,炮眼与开挖面倾斜角为70°~80°,使炮眼向断面中心会聚。一般炮眼相距10cm左右,掏槽眼的作用是为边眼爆破创造临空面。边眼布置在导洞断面四周,深度一致,爆破顺序是掏槽眼在先,边眼在后,见图4-13。

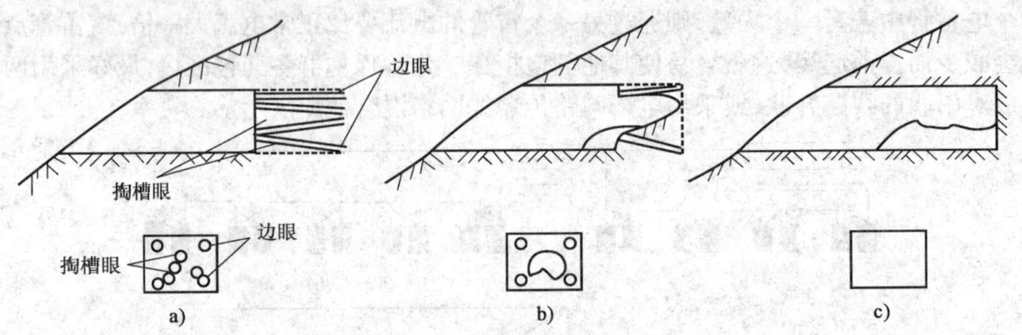

图4-13 爆破顺序示意图

a)在纵剖面和开挖面上的炮眼布置;b)掏槽眼先爆后的临空面;c)边角爆破后导洞全断面挖成

(2)炮眼装药与堵塞

炮眼内的装药量,应视炮眼深度和石质情况及炮眼的作用而定。施工中一般是根据炮眼深度确定装药量。当深度为0.8~1.0m时,装药长度为眼深的2/5~1/2;当眼深为0.6~0.7时,装药长度为眼深的1/2~2/3。由于掏槽眼的作用是创造临空面,故药量应多一些,但装药长度不得过长,而应当留出不少于眼深1/2的堵塞长度,否则容易发生冲天炮。

装药前应清除炮眼内的石粉和泥浆等物,对于积水,也应掏干。为防止炸药受潮,还应垫上油纸,药卷放入后应用炮棍轻轻挤压,起爆药卷应最后放入,并要特别小心,不能撞击或挤压。

起爆方式:如导洞深度小于3m,可用火花起爆;否则宜用电力起爆,或用飞火点火法。

炮眼的堵塞材料,一般为干细砂土、砂、黏土等,最好以一份黏土、三份砂(粗砂)在最佳含水率下混合构成堵塞料。堵塞时对紧贴起爆药卷的堵塞物不要捣压,以防止雷管因振动而引起爆炸,其余的堵塞物要轻轻捣实,但要注意防止捣坏导火线或雷管脚线。

在导洞掘进过程中,每次爆破后,首先应检查有无瞎眼炮,并作相应处理。在导洞较深的情况下,应进行人工通风,以迅速排除烟尘和有毒气体,然后处理洞壁危石,出渣后就可继续掘进,直到达到设计要求。

4. 装药、堵塞和爆破

(1)起爆体的制作

为了保证洞室炮中全部炸药能迅速准确地完成爆炸反应,应当用烈性炸药制作起爆体(起炮药包)。起爆体的药量视洞室中总药量多少而定,一般为3~20kg。根据经验,若以铵油炸药为基本炸药,则每500kg须配置1~2个3kg 2号硝铵炸药的起爆体。生产中,每个洞室中配制的起爆体一般不超过4个。

对于药量不大的药室,起爆体可用纸包制作,而药量大的洞室炮,则应当用木盒制作起爆体。其制作过程是在盒内装入松散的起爆药,并在中央放入经测试符合要求的雷管束。为了防止可能拉动雷管脚线而带动雷管,应将脚线绕在一根固定在起爆体外壳上的小木棍上,如图4-14所示。

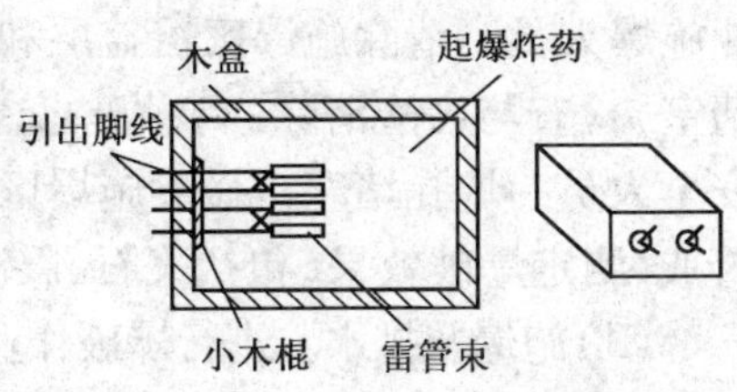

图4-14 起爆体结构示意图

(2)装药

装药前,应最后一次检查导洞药室内有无残留瞎炮和丢失的雷管,并予以清除,确保装药过程的安全。以铵油炸药为基本炸药的装药过程为例,装药过程如下:

①在药室内垫上一层水泥纸带;

②装入铵油炸药2/5~1/2(堆成马蹄形);

③然后装入1/3~1/2的起爆药(2号硝铵炸药);

④再在上面放入起爆体;

⑤在起爆体上,再盖起爆药;

⑥最后将余下的铵油炸药全部放入。

装药的基本要求是:药室四周都是基本炸药,内层为起爆炸药,核心为起爆体,而不能将起爆体和基本炸药混起来堆放。炸药的密度各处应相同。装药状态应尽可能集中,避免平铺分散。当药室不规则时,可用石块码放规则后再装药。当起爆体多时,应将药按圆形布置在药室中心。

雷管脚线引出后,和外面电路接线要准确,并用竹片或其他材料予以包裹,以免损坏。

(3)堵塞、接线和爆破

堵塞时,应先在离炸药堆外沿10~20cm外垒一堵石墙,封闭药堆构成药室,然后用土墙塞填拐洞(此时不能用力夯实,直到离洞室2m才能夯实)。以后,可一层石块、一层土分层回填。在回填土和夯实过程中,应注意保护电爆线路,应设专人检查电路及测量电阻值,做到随堵塞、随量测、随保护。当堵塞完成后,应测量洞室的总电阻,然后把该洞室各导线接成加重路(短路),等待接洞室连接到主导线,以确保安全。

所有线路和主导线的连接,必须在最后进行,一切非有关人员必须撤离现场后,才能接主导线。主导线连接完成后,应测定全线路的总电阻。总电阻应符合设计要求,否则就应检查原因并作相应处理。

起爆前,还应检查起爆电源的电压,如果符合要求,即可发出起爆信号,通知警戒人员开始起爆。起爆后15min,进行全面技术检查,无问题时再发出解除警报信号。如果有瞎炮,必须小心谨慎,由专人负责指挥处理。洞室炮一般只能沿着导洞小心掏取堵塞物,找出电线重新起爆,否则应取出起爆体。对于硝铵炸药的中、小炮,可用灌水使炸药失效等较安全的方法处理。

第三节 爆破施工易出现的问题及处治

一、施工中应注意的问题

爆破法开挖时,应注意如下问题。

(1)爆破区已有管线调查。

(2)需用爆破法开挖的地段，必须查明已有空中缆线及地下管线的具体位置，以确保安全。石方爆破开挖必须严格按该程序进行：施爆区管线调查→炮位设计与设计审批→配备专业施爆人员→清除施爆区覆盖层和强风化岩石→钻孔→爆破器材检查与试验炮孔（或坑道、药室）检查与废渣清除→装药并安装起爆器材→装药并安装引爆器材→布置安全岗和施爆区安全人员→炮孔堵塞→撤离施爆区和飞石、强震波影响区内的人、畜→起爆→清除瞎炮→解除警戒、测定爆破效果（包括飞石、震波对施爆区内外构造物造成的损伤及造成的损失）。

(3)施爆及排水。进行爆破作业时，必须由经过专业培训并取得爆破证书的专业人员施爆。要注意开挖区的施工排水，在纵向和横向形成坡面开挖面，以确保爆破出的石料不受积水浸泡。

(4)边坡清刷。

①石质挖方边坡，应顺直、圆滑、大面平整，边坡上不得有松石、危石。

②挖方边坡，应从开挖面往下分级清刷边坡，下挖 2 ~ 3m 时，应对新开挖边坡刷坡，对于软质岩石边坡，可用人工或机械清刷。对于坚石和次坚石，可使用炮眼法、裸露药包法爆破清刷边坡，同时清除危石、松石。清刷后的石质路堑边坡不应陡于设计规定。

③石质路堑边坡，如因过量超挖而影响上部边坡岩体稳定时，应用浆砌片石补砌超挖的坑槽。

(5)路床整修。石质路堑床底高程，应符合设计要求，开挖后的路床基石高程与设计高程之差应符合规范要求。如过高，应凿平；过低，应用开挖的石屑或灰土碎石填平并碾压密实。

二、安全警戒范围的确定

进行爆破设计时，应确定出安全警戒范围，以免周围人、畜、设备或建筑物受到爆破飞石的伤害或损坏。露天爆破或二次破碎大块石，总有个别岩块飞散得很远，其飞散距离与爆破参数、堵塞质量、地形、地质构造、气象等因数有关。在一般投掷爆破施工中，个别飞石范围可按以下经验公式计算：

$$R = 20Kn^2W \tag{4-10}$$

式中：R——个别飞石的安全距离，m；

K——安全系数，通常取 1.0 ~ 1.5，根据地形不同方向上可能产生的飞石条件而定；

n——爆破作用指数；

W——最大一个药包的最小抵抗线，m。

由于地形高差的影响，飞石向下坠落所增大的距离 ΔX，可按式(4-11)计算（忽略空气阻力影响）：

$$\Delta X = 2R\cos^2\alpha(\tan\alpha + \tan\beta - 1) \tag{4-11}$$

式中：R——个别飞石距离，m，按式(4-10)计算；

α——最小抵抗线与水平夹角，(°)；

β——山坡坡角，(°)。

三、瞎炮处理

点火后未爆炸的炮为瞎炮。瞎炮不但浪费炸药和材料，影响施工进度，而且严重影响安全生产。因此，必须采取一切有效的措施防止产生瞎炮。一旦出现瞎炮，应停止瞎炮附近的所有其他工作，由原施工人员参加处理，采取措施安全排除，其方法为：

(1)对大爆破，应找出线头接上电源重新起爆；或沿导洞小心掏取堵塞物取出起爆体；或用水灌浸药室时炸药失效后清除。

(2)对中小炮,可在距瞎炮的最近距离约0.6m处,另行打眼爆破。当炮眼或装药不深时,也可用裸露药包爆破。

第四节 爆破施工管理

一、爆破材料库址的选择

公路施工的爆破材料库——炸药库和雷管库的设置地点,应按临时爆破材料库址的标准来确定,不应图方便随意设置。爆破安全规则规定,临时性爆破器材库对附近各种保护对象的安全距离,主要是按爆破的冲击波危险半径计算,不得小于表4-2和表4-3中规定的距离。

炸药库对临近建筑、构筑物的安全距离(单位:m) 表4-2

保护对象	炸药库容量(kg)					
	250	500	2 000	8 000	16 000	32 000
居民区、有爆炸和易燃物的工厂和仓库、车站码头	200	250	300	400	500	600
铁路、公路干线、区域变电站、重要建筑物	200	250	300	400	450	500
交通量不大的铁路,公路、高压输电线路、重要航道	50	100	150	200	250	300
钢和钢筋混凝土建筑物、次要的单独建筑物	40	60	80	100	120	150

雷管与炸药库、雷管库与雷管库间最小允许距离(单位:m) 表4-3

库房名称	雷管存量(个)							
	5 000	10 000	20 000	3 000	50 000	100 000	200 000	300 000
雷管库与炸药库	5	6	9	11	14	19	27	33
雷管库与雷管库	7	10	15	18	23	32	45	55

注:当一个库房设有土护墙时,表列数字可减少1/3;当两个库房均有土护墙时,则可减少1/2。

在公路及城市建设的较小爆破工程中,临时需要的少量爆破器材不在药库存放和保管,应得到公安部门的批准,并需采取有效的安全措施和保管制度。

二、爆破材料库的管理

爆破材料库的管理应注意以下问题:

(1)库内照明宜用铠装电缆引入。固定式灯具应当用防爆型的;移动式灯具必须使用蓄电池和手电筒。切忌灯泡烘烤雷管;切忌用灯泡临时放置在纸装炸药箱上照明。照明设备应经常检查是否牢固,绝缘程度是否良好。

(2)在库区内严禁点火,吸烟;任何人不准携带火柴、打火机、武器或其他引火物品进入炸药库,不准穿带钉子的鞋进入黑火药库房。

(3)在库区围墙内,要及时清除枯草、干树枝、干树叶;库房外围要有足够的防火构。

(4)爆破材料的储量不得超过设计规定量。

第五章　路面基层(底基层)施工

第一节　基层的作用及结构类型

一、基层在路面结构中的位置及作用

1. 基层在路面结构中的位置

基层是直接位于沥青面层(可以是一层、二层或三层)下,用高质量材料铺筑的主要承重层,或直接位于水泥混凝土面板下用高质量材料铺筑的主要承重层。

底基层是在沥青基层下铺筑的次要承重层或在水泥混凝土路面基层下铺筑的承重层。

2. 基层的作用以及对基层的要求

(1)基层的作用

主要承受由面层传来的车辆荷载垂直力,并把它扩散到底基层(或垫层)和土基中。由于车轮的水平荷载沿深度递减得很快,所以水平荷载对基层影响较小。

(2)对基层的要求

①要有足够的强度和刚度,不被荷载压坏、变形较小;

②有平整的表面,以保证面层厚度均匀;

③应有足够的水稳性,阻断地下水的上升,排除面层破裂后渗水。

二、基层结构类型

基层结构类型可分为有结合料稳定类基层和无结合料的粒料基层。

结合料稳定类基层又可分为有机结合料和无机结合料基层。无机结合料基层又称为半刚性或整体型基层。

有机结合料主要是沥青(包括乳化沥青和泡沫沥青)。无机结合料主要有水泥、石灰、粉煤灰和火山灰等。

无机结合料基层可分为:水泥稳定类、石灰稳定类、综合稳定类(其中,综合稳定类包括石灰+粉煤灰和水泥+石灰)。

无结合料的粒料基层分为 :嵌锁型,强度由嵌锁力、摩阻力组成;级配型,强度由内摩阻力、黏结力组成。

三、半刚性材料的特点

半刚性基层材料的显著优点是:整体性强、承载力高、强度较大,水稳定性较好,经济性较好,是二级以上公路的主要基层形式。

半刚性基层材料的缺点是:抗变形能力低;在温度和湿度变化时易产生开裂;当沥青面层较薄时,易形成反射裂缝,进而影响路面使用性能。

半刚性材料的收缩分：温缩——由温度发生变化而产生；干缩——由湿度发生变化而产生。

研究表明，若以最佳含水率状态下各种半刚性基层按温缩系数的大小排序是：石灰土 > 石灰砂砾 > 二灰 > 水泥砂砾 > 二灰砂砾；按其干缩系数的大小排序是：石灰土 > 石灰砂砾 > 二灰 > 二灰砂砾 > 水泥砂砾。

半刚性基层的收缩开裂，对于含土较多的材料以干缩为主，对于含集料较多的材料以温缩力主。半刚性基层的干缩主要发生在竣工后初期阶段，当基层上铺筑沥青面层以后，基层的含水率一般变化不大。此时，半刚性基层的收缩转化为以温缩为主。

半刚性基层材料的抗裂性能是以温缩抗裂系数与干缩抗裂系数来评价的。抗裂系数愈大，表明材料的抗裂性能愈强。在同样的条件下，能承受较大的温度或湿度的变化而不裂。其中，温缩系数是指温度每降低1℃，单位长度的收缩量。干缩系数是指含水率每减少1%时，单位长度的收缩量；土的温缩系数比干缩系数大4～5倍。

第二节　稳定土厂拌设备

在我国的公路建设中，规定高速公路基层的稳定土混合料必须使用厂拌设备拌制。

稳定土厂拌设备是路面工程机械的主要机种之一，是专用于拌制各种以水硬性材料为结合剂的稳定混合料的搅拌机组。由于混合料的拌制是在固定的场地集中进行，使厂拌设备具有材料级配准确、拌和均匀、节省材料、便于计算机自动控制统计打印各种数据等优点，因而广泛用于公路和城市道路的基层、底基层施工，也适用于其他货场、停车场、机场等需要稳定材料的工程。

使用这种方法获得稳定混合料的施工工艺习惯上称为厂拌法。厂拌需配备大量的汽车、装载机来装运土、石方和拌和好的稳定材料。当稳定材料运到现场后，还需要摊铺设备来摊铺稳定材料，因此厂拌法施工造价较高。

一、稳定土厂拌设备分类

稳定土厂拌设备可根据主要结构、工艺性能、生产率、机动性及拌和方式等分类。

1. 按生产率分类

可分为小型（生产率小于200t/h）、中型（生产率260～400t/h）、大型（生产率400～600t/h）和特大型（生产率大于660t/h）四种。

2. 按设备拌和工艺分类

可分为非强制跌落式、强制间歇式、强制连续式三种。

在强制连续式中又可分为单卧轴强制搅拌式和双卧轴强制搅拌式。在诸多形式中，双卧轴强制连续式是最常用的搅拌形式。

3. 按设备的布局及机动性分类

可分为移动式、分总成移动式、部分移动式、可搬式、固定式等结构形式。

移动式厂拌设备是将全部装置安装在一个专用的拖式底盘上，形成一个较大型的半挂车，可以及时转移施工地点。设备从运输状态转到工作状态时不需要吊装机具，仅依靠自身液压机构就可实现部件的折叠和就位。这种厂拌设备一般是中小型生产能力的设备，多用于工程分散、频繁移动的公路工程。

分总成移动式厂拌设备是将各主要总成分别安装在几个专用底盘上，形成两个或多个半挂车或全挂车形式。各挂车分别被拖动到施工场地，依靠吊装机具使设备组合安装成工作状态，并可根据实际施工场地的具体条件合理布置各总成。这种形式多在中、大生产率设备中采用，适用于工程量较大的公路工程。

部分移动式厂拌设备也是常见的一种布局方式。采用这种布局的设备在转移工地时将主要的部件安装在一个或几个特制的底盘上，形成一组或几组半挂车或全挂车，依靠拖动来转移工地，而将小的部件采用可拆装搬移方式，依靠汽车运输完成工地转移。这种形式在中、大生产率设备中采用，适用于城市道路和公路工程。

可搬移式厂拌设备是我国一种布局方式采用最多的厂拌设备，这种设备将各主要总成分别安装在两个或两个以上的底架上，各自装车运输实现工地转移，再依靠吊装机具将几个总成安装组合成工作状态。这种形式在小、中、大生产率设备中均采用，具有造价较低、维护保养方便特点，适用于各种工程量的城市道路和公路工程。

固定式厂拌设备固定安装在预先选好的场地上，一般不需要搬迁，形成一个稳定材料生产工厂，因此，一般规模较大，具有大、特大生产能力，适用于城市道路施工或工程量大且集中的工程中。

二、稳定土厂拌设备组成与工艺流程

稳定土厂拌设备可以根据工程设计的要求，集中拌制各种不同级配的稳定土混合料。如图5-1所示，稳定土厂拌设备组成一般包括集料配料装置、结合料配给装置、水供给系统、搅拌机、皮带输送装置、成品料仓和控制系统等部分。

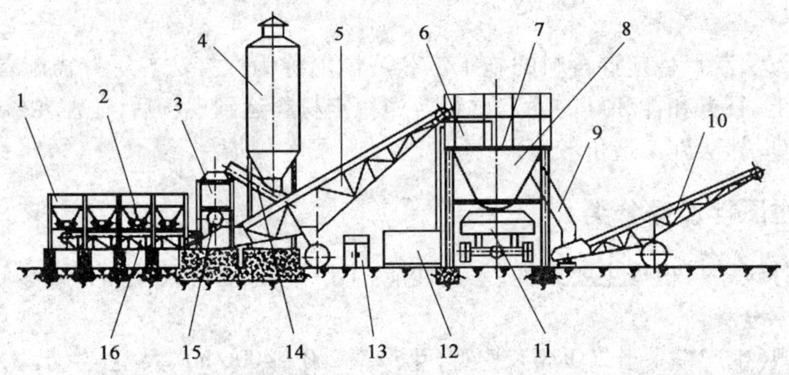

图5-1　稳定土厂拌设备总体布置示意图

1-配料斗；2-皮带给料机；3-小粉料仓；4-粉料筒仓；5-斜置集料皮带输送机；6-搅拌机；7-平台；8-混合料储仓；9-溢料管；10-堆料皮带输送；11-自卸汽车；12-供水系统；13-控制柜；14-螺旋输送机；15-叶轮给料机；16-水平集料皮带输送机

集料配料装置包括配料料斗、配料给料机、斗架和水平集料皮带输送机等部分。根据设备的生产率和级配材料粒径分级的多少，可选用由两个到多个配料料斗组成的配料机组进行配料。配料数量多少，可由装在出料斗门上的闸板手动控制，即通过手轮调节闸门开启的高度，调节给料量，也可通过调速电动机驱动给料机，改变给料皮带速度以调节给料量。水平集料皮带输送机装设在配料料斗的下方，当配料料斗的数量增加时，水平集皮带输送机需相应地增长。工作时，各个配料斗给出的计量好的级配材料先落在水平集料皮带输送机上，再由它将级配材料输送到斜置集料皮带输送机中。

结合料配给装置包括粉料筒仓、螺旋输送机、小粉料仓和叶轮给料机等。其工作原理是：

由散装水泥运输车运来的结合料（水泥或生石灰粉）通过运输车上的气力输送装置输送到粉料筒仓内；而粉料筒仓的出料口与螺旋输送机的进料口相连接，进入螺旋输送机的结合料被输送到小粉料仓中；粉料仓的出口装有叶轮给料机，叶轮给料机由调速电动机驱动，根据工程设计要求的配合比调好转速后，可以均匀连续地供给结合料，并直接落在斜置集料皮带输送机上。

斜置集料皮带输送机的作用是将所配好的各种料和结合料直接输送到搅拌机中去，以便搅拌机进行搅拌。

供水系统包括水箱、水泵（带电动机）、三通阀、节流阀、流量计、管路和喷水管等。其作用是：向搅拌机中喷水，控制和调节被拌混合料的含水率，以保证成品混合料的质量。

搅拌机是厂拌设备的关键部件，常用的结构形式是双卧轴强制连续式。其组成主要包括壳体、搅拌轴及与搅拌轴连成一体的搅拌臂、桨叶等。这种搅拌机的工作原理是：级配料和粉料从进料口连续进入搅拌机，搅拌机的双轴由里向外相反方向转动，带动桨叶旋转。在桨叶的作用下，各种级配料和水快速掺和。桨叶沿轴向安装成一定角度，使物料沿轴向和横向快速移动拌和，被搅拌成均匀的混合料从出料口排出。有些厂料设备的桨叶与搅拌轴的安装角度是可调的，可适应不同工况的要求。

混合料储仓包括立柱、平台、料斗、溢料管和启闭斗门的液压或气压传动机构等。其作用是用来暂时存放拌和好的成品混合料，这样既便于装车，又可减少混合料的离析。

电器控制系统主要包括控制系统、电源、各执行电器元件及电器显示系统。厂拌设备的控制系统形式主要有计算机集中控制和常规电器元件控制两种。不同控制形式的电器控制系统有不同的结构组成。工作时，任何形式的控制系统都必须遵守路线中各设备启动和停机的程序。目前主要为计算机集中控制。

稳定土厂拌设备工作时的工艺流程为：利用装载机或其他上料机具将需要拌和的不同粒径的集料分别装进不同的配料料斗中，再通过给料机采用容积计量或质量计量的方法，分别对各种集料按施工要求的配合比进行配料；用气动力输送装置把结合料（水泥或石灰）输送到粉料储仓中，再通过计量系统进行配料；配好的各种集料和粉料由皮带输送机输送到搅拌机中；水由供水系统经计量后泵送到搅拌机中与其他物料一起进行拌和，拌好的成品混合料从搅拌机的出料端直接卸入料仓中，以待装车运往施工工地；也可以将成品混合料通过堆料皮带输送机集中进行堆料存放，使用时再运往施工工地。

三、使用技术与要求

稳定土厂拌设备的使用技术包括厂拌设备的正确使用及成品料的生产技术。

1. 厂拌设备的正确使用

稳定土厂拌设备在正常使用前，应选配好与本设备相配套的装载机械、散装水泥罐车及成品料运输车辆等，备好充足的物料，以保证设备能连续高效工作。

稳定土厂拌设备包括的总成比较多，是一种自动连续作业的大型设备，在使用中除了按照设备的使用说明书要求进行严格认真地操作使用、维修保养外，还应特别注意保证各皮带输送机的正常运行，防止皮带跑偏造成撕裂皮带的事故发生。

2. 成品料的生产技术

稳定土混合料的生产过程包括原材料的堆存、称量配料、搅拌及混合料运输等项工序，各工序的执行，尤其是原材料的管理和搅拌混合料的质量管理都将影响到混合料的最终质量。

(1)原材料的管理

稳定土厂拌设备是一种全自动连续作业的设备,被拌和物料的类型、规格和配合比较多,设备本身又不带筛分装置,因而拌出的混合料质量与所提供的原材料质量有很大的关系,在施工过程中必须对进入厂拌设备的各种原材料加强质量管理。

稳定土厂拌设备拌和时所用的原材料包括粗集料、细集料、粉料、水和添加剂等。首先,应确认其质量是否符合施工规范的要求,对不符合质量要求的原材料坚决不予使用,把好原材料的质量关。其次,管理好原材料的储存,集料应储存在厂拌设备的现场,集料含水率的变化对混合料的质量有很大的影响,对来自不同产地的各种粒径的集料应分别储存在自然排水良好的料厂里,存放时间的长短取决于集料的级配和颗粒形状,一般以能将其内部的自由水分引出为准。同时,还要考虑在任何时候都应当储存有足够数量的集料,以保证厂拌设备能连续运转,不致因缺料而中断工作。在储存和配料的过程中,还应加强管理,注意避免不同粒径的集料混杂在一起。所用的粉料(水泥、石灰、粉煤灰)最好是散装供应,运到施工现场后,应立即储存在干燥和通风良好的结构物内;现场应储存有足够数量的粉料,以保证厂拌设备能连续工作;储仓中的粉料每次工作结束时都应使用完,以防粉料在储仓中结块,影响下次使用;对于每种粉料的运输、卸料、储存等,均应有分隔设施。

(2)搅拌混合料的质量管理

搅拌的目的是将各种形状不同、粒径不一的粗细集料、粉料与水一起拌制成混合均匀、颜色一致的混合料,即成品混合料。成品混合料的质量可用均匀性来衡量,即从拌制好的混合料中随机抽取出样品进行均匀性试验,要求各个样品试验结果的差值均在规定的范围之内。为了得到均质的混合料,除了对原材料进行严格的质量管理之外,还应保证组成混合料的各种原材料的配料称量准确。因此,必须经常对设备的称量系统按其使用说明书要求的步骤和方法进行校定,无论何时发现称量或配料的精确度不能满足要求时,都应立即停机检查,进行必要的调整或修理,直到确认配料精度能够满足使用要求后,方可开机作业。

施工中对混合料的含水率有严格的要求。因此,供水系统应能准确地称量总的搅拌用水量。要做到这一点,除了把要加入的水量称得准确无误外,还取决于是否确切地知道集料(特别是砂料)在配料称量时的含水率以及含水率的变化情况。对没有安装连续式含水率测定仪的厂拌设备,在使用时应当经常检测集料,特别是细集料(砂)的含水率。细集料的含水率试验每天应做两次以上,至少上午一次,下午一次。同时,在设备开始拌和物料之前和在发现含水率有变化时,应立即进行抽检,对检测的结果随时通知控制台,以便调节供水量。这样可以保证设备拌制出的混合料始终处于最佳含水率状态。

第三节　稳定土拌和机械

一、稳定土拌和机的功用

稳定土拌和机是一种旋转式加工稳定土材料的拌和设备。它是将土粉碎与稳定剂(如石灰、水泥、沥青、乳化沥青或其他化学剂等)均匀地拌和,用以修筑道路、机场、城市建筑等设施的基础层拌和施工,也可用于土拌和及旧路面翻新的破碎作业,以上这种施工的工艺方法叫做路拌法。

二、稳定土拌和机的分类

根据结构和工作特点，稳定土拌和机可以按以下几个方面进行分类。

(1)按行走部分的形式

分为履带式、轮胎式和复合式(履带与轮胎结合)，如图5-2a)、图5-2b)、图5-2c)所示。

(2)按转子和行走机构的驱动方式

分为液压驱动式、机械驱动式和机械—液压驱动式。

(3)按拌和装置在车辆上安装的位置

分为转子前置式、转子中置式[图5-2g)]和转子后置式[图5-2h)]。

(4)按拌和转子旋转方向

分为正转转子和反转转子两种。

(5)按移动方式

分为自行式、半拖式和悬挂式，如图5-3d)、图5-3e)、图5-3f)所示。

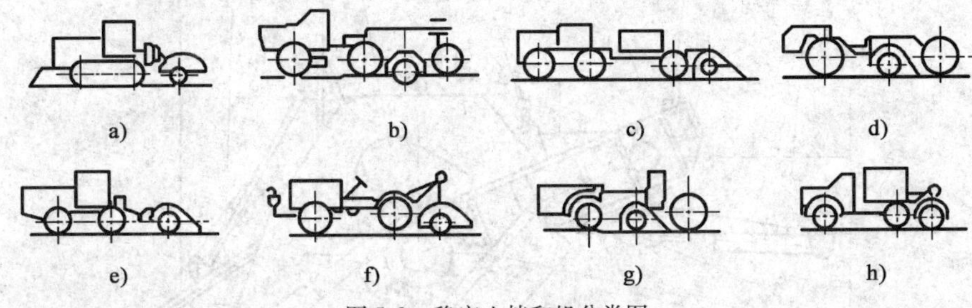

图5-2 稳定土拌和机分类图

a)履带式;b) 轮胎式;c)复合式;d)自行式;e)半拖式;f)悬挂式;g)中置式;h)后置式

稳定土拌和机除了具有拌和功能外，有的设置液体结合料洒布计量系统，也有的设置粉状材料撒布计量系统，还有兼设这两种洒布计量系统。

履带式稳定土拌和机由于机动性不好，所以目前很少生产。现代稳定土拌和机以轮胎式为主，其轮胎多为宽基低压的越野型轮胎，以满足机械在松软土上行驶作业时对附着牵引性能的要求。

前置转子式稳定土拌和机拌和过的作业面残留有轮迹，仅见于早期生产的稳定土拌和机。中置转子式稳定土拌和机没有上述缺陷，且整机结构比较紧凑，但保养维护转子和更换搅拌刀具时不够方便。后置转子式稳定土拌和机的转子保养维护和搅拌刀具的更换较为方便，也不会在拌和过的表面留有作业轮迹，但这种布置形式需要在拌和机的前方增设配重，因而增加了整机长度和行驶转弯半径。目前常见的转子布置形式后两种都有，其中后置转子式拌和机保有量较大。

三、稳定土拌和机的结构

稳定土拌和机的部件结构与作业装置的构造和安装部位可以有不同的形式，但稳定土拌和机均由主机和作业装置两个基本部分组成。有些稳定土拌和机还设置了稳定剂洒布计量系统。图5-3所示为现代筑路机械工程中广泛使用的稳定土拌和机。

主机是稳定土拌和机的基础车辆，其组成部分包括发动机和底盘。底盘作为拌和作业装置的安装基础，由传动系统、行走驱动桥、转向桥、操纵机构、电气、液压系统、驾驶室、翻滚保护架以及主机架等部分构成。各个部分均安装于主机架上。

图 5-3　稳定土拌和机

1. 拌和转子工作装置

稳定土拌和机的主要工作装置是转子装置。它由转子、转子架、罩壳、转子升降油缸、罩壳后尾门启闭油缸等组成,如图 5-4 所示。

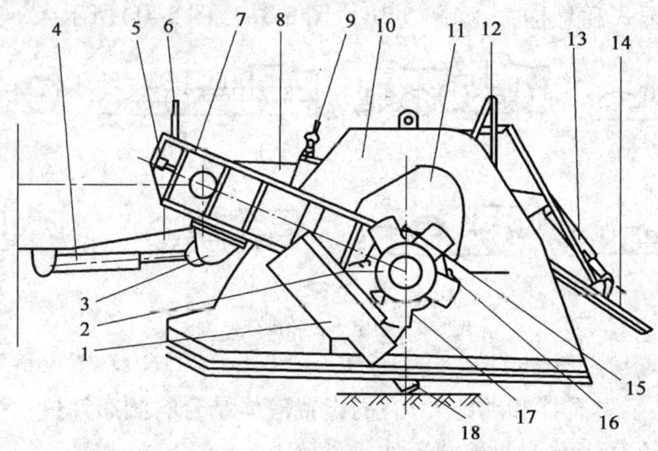

图 5-4　WBY210 型稳定土拌和机工作装置

1-分土器;2-液压马达;3-举升轴;4-举升油缸;5-保险销;6-深度指示器;7-举升臂;8-牵引杆;9-调整螺栓;10-罩壳;11-护板;12-尾门开度指示器;13-尾门油缸;14-尾门;15-加油口;16-油面口;17-放油口;18-转子拌刀

全液压稳定土拌和机的转子动力来自液压马达,有两种传动布置形式:一种形式是低速大扭矩液压马达直接驱动转子;另一种传动形式是高速液压马达配行星齿轮减速器,降速增扭后将动力传给拌和转子。

(1)拌和转子

转子可用来削切土,并将其与结合料均匀拌和。由于它直接与土接触,因此承受拌和土时所产生的各种荷载,因此要求转子轴具有足够的强度和刚度。

转子有两种主要结构形式:刀盘结构式转子和刀臂结构式转子,如图 5-5 所示。在图 5-5a)中,转子轴上焊接着若干个刀盘,转子轴采用大口径薄壁空心钢管,在相同质量的前提下,可以提高整体强度和刚度;还可减少刀盘的尺寸,增加刀盘的强度。这种结构形式适合于拌和深度较浅的工作条件。图 5-5b)所示为刀臂结构式转子,这种转子的强度和刚度比刀盘式的要差些,不适合于切削阻力比较大的破碎工况。当切削阻力较小、拌和深度较大时,采用这种结构形式比较合理。

(2)刀具

为保证在转子上的工作荷载均匀分布,拌和刀具应在沿转子轴线方向呈螺旋线布置,一般从转子轴线的中心点向转子两端呈螺旋线布置最佳。要求在任何时刻与土接触的切削刀刃数量为常数。

拌和机转子上使用的刀具主要有以下三种结构形式,如图5-6所示。图5-6a)为弯板形刀具,这种刀片安装在转子轴上时,相邻刀片之间可以有一定重叠或正好搭接,这样其拌和均匀性和效果将会很好,但其很难适应恶劣复杂的拌和工况。图5-6b)为铲形刀具,刀头的切削刃处镶有耐磨硬质合金材料,以增强刀头的强度和耐磨性并延长其工作寿命。图5-6c)为子弹形刀具,这种刀头在刀尖上镶嵌有硬质合金,能承受极大的摩擦力,其强度和耐磨性均很好,适用于破碎旧的沥青路面以及拌和加石料的稳定土。

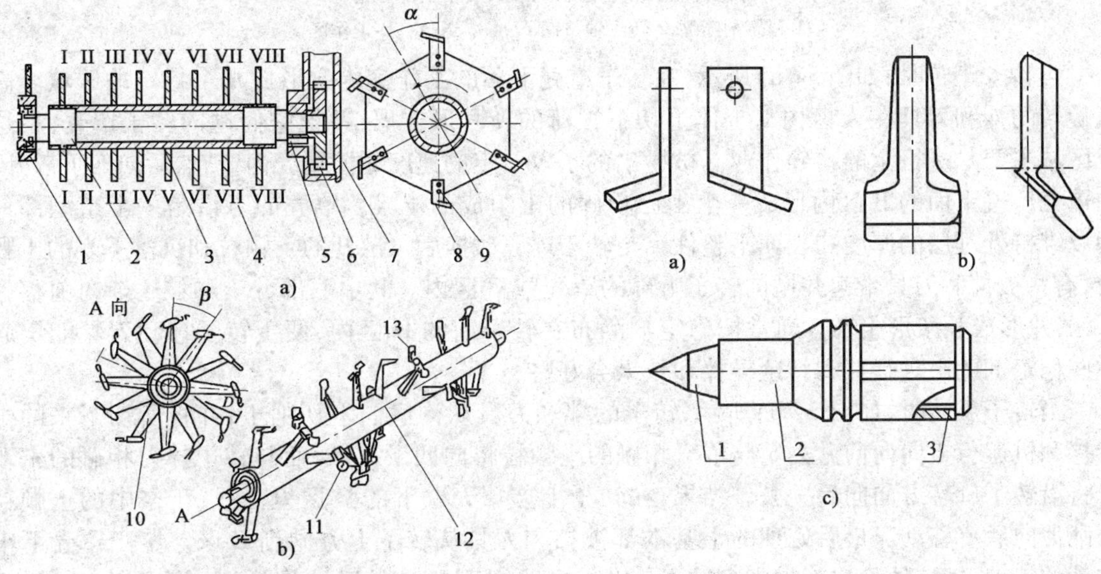

图5-5 转子结构形式

1-转子动臂;2-转子轴头;3、12-转子轴;4-刀盘;5-轴承;6-链轮;7-动臂侧板;8、13-刀片;9-固定螺栓;10-刀臂;11-刀头

图5-6 转子刀具结构形式

a)弯板形刀具;b)铲形刀具;c)子弹形刀具

(3)罩壳

罩壳不仅仅形成一个封闭的空间以保护周围的工作人员不被转子抛出的块状物击伤和防止尘土飞扬,而且在很大程度上影响着稳定土的破碎及拌和均匀性。

罩壳相对于转子轮的关系有两种类型:浮动式和固定式。浮动式罩壳无论转子处于何种拌和位置,罩壳都自由地放置在地面上,能可靠地封闭工作室。固定式罩壳是刚性固定在转子轴壳上的,随转子一同升降,在工作状态,转子通过升降液压缸放下来,罩壳便支撑在地面上,此时转子轮颈则借助于罩壳两侧长方形孔内的深度调节垫支撑在罩壳上。因此,在自身重力和转子重力的共同作用下,罩壳紧紧地压在地面上形成较为封闭的工作室。

2. 计量洒布系统

计量洒布系统的功用是计量喷洒液体、稳定结合料或水,使拌和机拌和过的稳定层具有施工设计要求的结合料含量或者使拌和过的稳定层达到压路机压实所期望的最佳含水率。

为了使喷入的稳定剂能够与土理想地混合,拌和机作业时的转子的旋向不同,稳定剂从罩壳的喷入部位也应有所差别的,如图5-7所示。

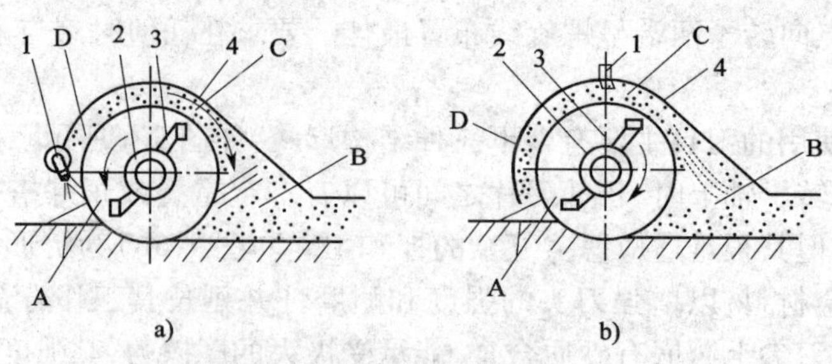

图 5-7 稳定剂的合理喷入位置示意图

a)正转转子工作情况;b)反转转子工作情况

1-稳定剂喷嘴;2-转子轴;3-刀臂;4-罩壳;A ~ D-工作区

当转子正转时,如图 5-7a)所示,在转子罩壳下面的工作室内会形成几个特定的区域。高速旋转的拌和刀具在 A 区内从土体上切下很薄的新月形土屑,并把它们抛向转子罩壳,在这个区域主要是进行土的粉碎作业。被抛出的土以一定的速度碰撞罩壳内壁,然后向四下散开,在罩壳后壁下面的 B 区内形成一个由已粉碎的土组成的土堆。罩壳的下沿是一个整型部件用以维持处理层的厚度和表面平整性。与转于罩壳碰撞后飞散开的土颗粒和沉落下来的土颗粒,有些被拌和刀具带起并抛向转子上部的罩壳壁 C 区内。其中一部分土颗粒逐渐向前移到 D 区,并形成长条形土堆。通常把稳定剂洒布在转子前的 D 区内,便于转子拌和刀具能铲起这些稳定剂的土进行拌和。这样拌和效果会好些。

当转子反转时,如图 5-7b)所示,转子的拌和刀具从沟底向上切削土,并将所切下来的土沿拌和机运行方向向前抛去。与罩壳相碰的土颗粒将向四下飞散,而与转子拌刀相碰的土颗粒将沿转子旋转方向向后抛去。结果,在转子上方罩壳壁下的 C 区里,悬浮于空中的土颗粒杂乱地向后壁移动。最后处理的土基本都被拌和刀具从转子上方抛到 B 区。鉴于罩壳下土移动的特点,把液体稳定剂加入到转子工作室里去的最适宜的区域是 C 区。因为在 C 区,处于悬浮即将发散状态的土颗粒接受到喷洒稳定剂后再扩散到 B 区,从而使其拌和均匀。

四、稳定土拌和机的工作原理

稳定土拌和机由基础车辆和拌和装置组成。拌和装置是一个垂直于基础车辆行驶方向水平横置的转子搅拌器,称为拌和转子。拌和转子用罩壳封遮其上部和左右侧面,形成工作室,如图 5-8 所示。车辆行驶过程中,操纵拌和转子旋转和下降,转子上的切削刀具就将地面的物料削切并在壳内抛掷,于是稳定剂与基体材料掺拌混合。

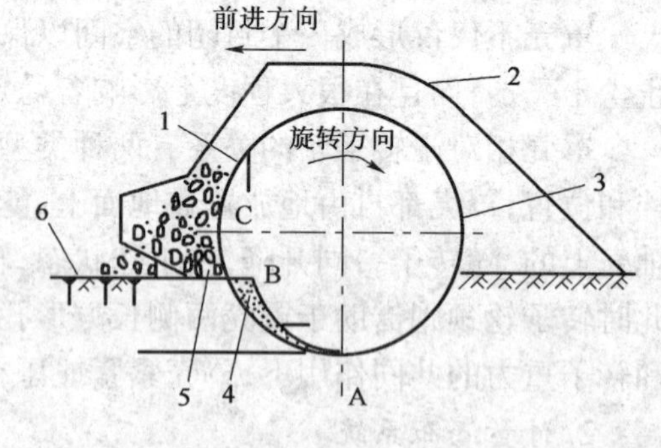

图 5-8 拌和转子工作原理图

1-刀具;2-罩壳;3-转子;4-切屑;5-堆集物料;6-地面

稳定土拌和机的主要功能是对土进行破碎,并使土与稳定剂均匀拌和。根据作业对象的不同,选用的转子旋转方向也不同(正转或反转)。

当在较松软的土层上进行拌和作业时,一般采用正转方式,即旋转的刀具从土层表面开始自上而下进行切削、破碎与拌和;当在坚硬的土层上进行拌和作业或铣削旧沥青混凝土路面时,多采用反转方式,即旋转刀具从土层的底部自下而上进行切削、破碎与拌和。

下面分析将稳定剂(石灰或水泥)已铺撒在土层上时稳定土拌和机的作业过程。

从图5-9可以看出,正转时高速旋转的刀具从土层上切下一块很薄的月牙形土屑,并把它抛向罩壳,这就是切削破碎过程;抛出的土以一定的力量碰撞罩壳壁,随后向四下飞散开,其中一部分土颗粒被粉碎;也有部分土颗粒再次与刀具相碰,或互相碰撞,这一过程被称为二次破碎;也有部分与罩壳碰撞后飞散开的土颗粒和沉落下来的土颗粒被刀具带起并抛向转子上部的罩壳壁B区内,其中有部分土颗粒逐渐向前,置于A区并形成前长条土堆;位于A区的土将再次受到转子刀具的冲击、切削。以上的过程反复进行多次,土颗粒被破碎得很细,并与稳定剂均匀拌和,最后大部分土颗粒因失去速度而沉落在地面上,此时土因疏松而体积增大,并在罩壳后壁下面C区形成圆形土堆,经罩壳拖板下缘刮平、整形,形成一条具有一定厚度且表面平坦的稳定土带层。

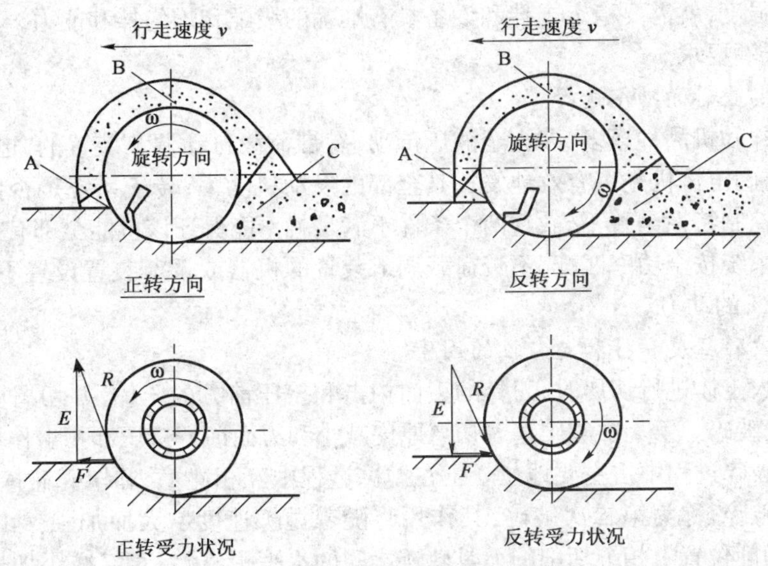

图5-9　工作转子旋转方向及受力分析示意图

R-土给转子的切削反力;E-土给转子的切削垂直反力;F-土给转子的切削水平反力

在反转状态,转子刀具从沟底向上切削土,并交将切下来的土沿机械前进方向向前抛,在转子前面形成前长条形土堆;在同一作业状态下,长条土堆的尺寸将基本保持不变,并沿土处理路段连续延伸;被切下来的土有相当大的一部分被抛入C区,一部分被向上抛并撞击前壁,和罩壳相碰的土颗粒将向下飞散,和刀具相碰的土颗粒将沿转子旋转方向被向罩壳的后壁抛去。可以看出,被处理的土基本上都被拌刀从转子上方抛到C区,经罩壳拖板下缘的刮平、整型,形成稳定土层带。从上述的工作原理分析可知,整个拌和过程是切削和拌和两个阶段,但这两个阶段不是绝对分开的,而是互相交织在一起,并往往是同时发生的。

现代的稳定土拌和机几乎都是单转子工作装置,一般在同一作业带上要拌和两遍,有的甚至要拌和三遍、四遍,这由机械的性能和工程的性质决定。

稳定土拌和机作业时,拌和转子旋转方向与车轮轮胎前进时的转向相同者,称为转子正转;反之,称为转子反转。转子正转时,拌和转子从上向下削切土,如图5-9所示。从转子受力情况看,正转转子切削反力的水平分力与拌和机前进方向一致,减少了行进阻力,有助于拌和机的行走。但是,当遇到地下有较大的拌和障碍物时,切削阻力增加很快,会对转子形成冲击荷载。反转方式的拌和转子由下向上翻起土进行切削,其切削阻力比正转方式小。在破坏旧的沥青混凝土路面或翻修硬的基层作业中，切削阻力很大，这时采用反转方式较为合理。由下向上翻时，切层由薄变厚，阻力平稳增加，这样可以减少冲击荷载，使得工作比正转转子平稳些。从反转转子受力分析中可以看出，转子切削阻力的水平分力与拌和机行进方向相反，因而整机消耗功率较大。

五、影响稳定土拌和施工质量的因素

稳定基层是路面结构的重要组成部分，主要承受路基路面重力沉陷时所产生的静荷载和车辆施加于路面的动荷载。由于稳定基层起着承上连下的作用，因此要求稳定基层具有较高的强度和平整度，而稳定基层的抗拉抗压强度主要取决于材料的最佳级配、拌和均匀度和压实度。路面的使用寿命与稳定材料级配、拌和的均匀度和压实度有着十分密切的关系。因此，要提高稳定层的强度，就需要稳定土拌和设备具有准确的级配和均匀拌和能力，又同时满足生产率高、故障率低的要求。

1. 拌和机购置时的功率选择

目前国产拌和机品种繁多，多为全液压传动，有带荷载自动调节装置的，也有不带的。在购置机器时，要确定该机是否有效地发挥其全部的发动机功率，转子系统是否接全功率匹配，荷载调节装置控制特性是否正确，这两个条件不满足就不能保证该机能全部有效地发挥动力。即使转子液压系统按全功率匹配，不带荷载调节装置的机器或调节装置设置不合理的机械只能发挥大约80%的动力。

2. 影响土破碎程度和拌和均匀性的因素

当刀具插入土体进行切屑时，刀具的刃面拍击和挤压前方的土体，并切屑剪断、折断和破碎，称为第一次破碎。第一次破碎随着切屑厚度减小和刃面前方挤压和拍击作用加强而增大，它在土的整个破碎过程中占主要地位。土在抛掷过程中互相碰撞、和罩壳碰撞以及碰落后由后继刀具再次破碎，称为第二次破碎，其作用将随着抛掷速度增大而加强。由于减小进距 s（为转子同一切削位置上相继切削的刀具轨迹之间的水平距离）将直接减小切屑厚度，增大切削角将加强刃面对前方土的挤压和弯曲作用，增大圆周速度将加强刀具分离切屑的拍击作用，同时增大抛掷土块的碰撞能量，因而进距 s、切削角以及切削速度将成为影响破碎程度的主要因素。

拌和均匀性取决于单位体积的材料所受的拌和次数。减小进距将增加拌和次数，改善拌和质量。切削角过小，将使刃面沿轨迹从材料底部滑过，减弱拌和作用；适当增大切削角，则有利加强材料的拌和过程。抛掷过程的分离作用对拌和质量有着重大影响。破碎质量愈好，混合料愈易混合而不易分离，抛掷速度较小则分离作用减弱。因此，进距和切削角是影响拌和均匀性的主要因素。

此外，反转转子的工作过程将减弱材料的抛掷作用而增加拌和作用，因此反转将有助于改善轻质材料的拌和质量。

3. 进距的影响

进距随行走速度增大而增大时，比能耗 W_b（拌和单位体积土所消耗的功）呈递减趋势，因此从动力性、生产率和经济性考虑，应选用大进距进行作业。

4. 转子容量和作业速度

拌和机的拌和宽度并不是衡量其性能的唯一参数，一味追求拌宽，将降低作业速度，特别是后置式机型拌宽增大对整机稳定性极为不利，且增加重力。一台性能良好的机械首先应生产率高、机动性好、自重轻，即比功率大。拌和机在行走速度方面还要有很大潜力可挖，可以从 1km/h 的拌和速度提高到 1.5km/h，甚至更大，而拌和质量问题则可以通过复拌来满足要求。

5. 关于复拌问题

如果土较松或拌和浓度较小，机器动力富余时，应优先考虑采用提高作业速度，用大进距进行第一次拌和，用二次复拌来满足作业质量要求的施工工艺。例如，某拌和机用大进距 80 ~100mm 进行两次复拌方式，比用小进距 30mm 一次拌和方式提高生产率 30% ~50%。

6. 确保配套机械的完好率

与稳定土拌和机配套的施工机械有挖掘机、推土机、装载机、自卸汽车、粉料撒布机、平地机、洒水车、压路机等多种机械。在进行机械化施工作业时，除应确保稳定土拌和机无故障、能进行正常作业外，还要保证其配套机械的完好率，必要时（特别是单台配套机械机种），还应有一定量的备用机，这样才能保证并充分发挥稳定土拌和机的效率。否则，任何一个环节的机械出问题，都可能会造成施工中断，影响施工进度，其经济损失将是巨大的。

7. 选择合理的施工路段

从理论上讲，施工路段越长，其生产率越高。但从施工的综合条件考虑，则存在一个经济的施工路段。根据经验，一个施工路段以 500 ~1 000m 为宜。

8. 选择合理的拌幅

稳定土拌和机性能参数中的拌和宽度是综合公路施工规范中各级公路基层宽度而优化选定的。

在施工时要依据具体的工程条件决定实际的拌幅数，式(5-1)可供参考：

$$\eta_{\circ} = \frac{B - \Delta b}{b - \Delta b} \tag{5-1}$$

式中：$\eta_{\circ}$——计算拌幅数；

B——施工路面基层宽度；

b——稳定土拌和宽度；

Δb——相邻拌幅的重叠量，一般 $\Delta b = 0.1 \sim 0.2$mm。

实际的拌幅数应为整数倍，这样可以充分发挥机械的能力，又可以提高生产率。

9. 正确选择工作速度，并保持拌和速度的恒定

稳定土拌和机的生产率和拌和质量是与其工作速度密切相关的。

这里所说的速度是指稳定土拌和机作业时的行走速度和转子刀具的旋转速度。它随着地质条件、公路等级、筑路材料、配合比及铺层的厚度变化而变化。通常在开始施工时先要对机械进行调试，以选择最佳的机械行走速度及转子旋转速度来保证获得最佳的、均匀的拌和质量，同时还要尽可能地提高生产率、节约燃料、降低使用成本等。因此，稳定土拌和机的总体设计应使所设计的拌和机满足对其调速性能的要求。就目前的工业技术状况而言，采用调速范围广、无级变速的全液压传动的稳定土拌和机是最佳选择。恒定的拌和速度是指在某一施工路段进行拌和作业时，按工程条件、稳定材料的要求所设定的最佳机械行走速度和转子旋转速度。稳定土拌和机作业时应能够自始至终保持这一速度恒定不变，只有这样，才能获得均匀一致的拌和质量。

第四节　稳定土摊铺机

稳定土摊铺机是在路面基层施工时,按施工要求的宽度和厚度将稳定土厂拌设备生产的稳定土摊铺,同时使摊铺层达到一定平整度、压实度的机械(图 5-10)。

一、稳定土摊铺机的分类

1. 按行走装置分类

按行走装置分类稳定土摊铺机可分为履带式、轮胎式两种。

轮胎式摊铺机的前轮为一对或两对实心小胶轮,可以起到增强载重能力,避免因其受荷载变化而变形的作用,后轮大多为大尺寸的充气轮胎。有的摊铺机轮胎内充氯化钠溶液并充气,是为了增加自重。轮胎式稳定土摊铺机的优点是:行驶速度快,可自行转移工地现场,费用低;弯道摊铺质量好;结构简单,造价低。其缺点是:对路面平整度敏感性较强;机内混合料的多少会改变轮胎的变形量,影响摊铺质量。

履带式稳定土摊铺机(图 5-10)的履带上都安装有橡胶履带板,以免对路面造成压痕,同时也可降低对地面的压力,增大牵引力。其优点是:由于接地面积大,所以牵引力大,减小对下层的作用力,对下层的平整度不太敏感。其缺点是:行驶速度慢,现场不能长距离自行转移工地;对地面较高的凸起点适应能力差,制造成本高。

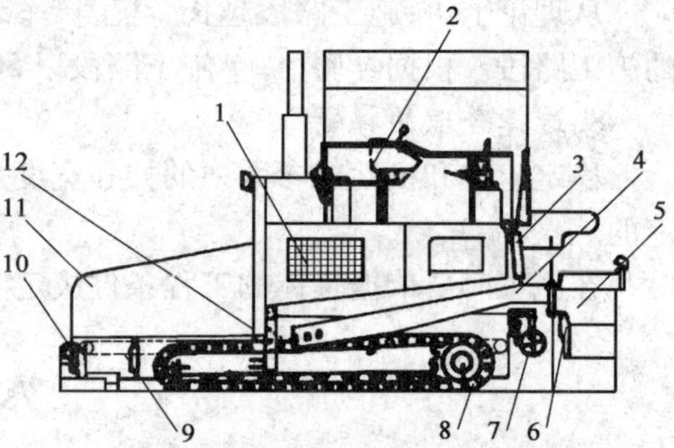

图 5-10　稳定土摊铺机组成简图

1-发动机;2-转向盘;3-侧臂提升油缸;4-侧臂;5-熨平器;6-振捣器;7-螺旋摊铺器;8-履带;9-刮板输送器;10-推滚;11-料斗;12-闸门

2. 按使用场合分类

按使用场合分类,稳定土摊铺机可分为专用式和多用式两种。

所谓多用式即为多功能沥青混合料摊铺机,由于其既能用来摊铺沥青混合料,又能用来摊铺稳定土,故能做到一机多用,节省费用。但某些沥青混合料摊铺机由于综合性能及设计方面的原因,在摊铺稳定土时易造成材料离析,在宽幅度摊铺时熨平板两端部摊铺材料的密实度均匀性较差,影响整体平整度。

专用式稳定土摊铺机由于其设计方面及综合性能均是围绕摊铺稳定土,故其摊铺稳定土效果较好。

二、稳定土摊铺机的工作原理

稳定土摊铺机的主要工作原理是:料斗接受自卸载货汽车的混合材料,通过左右输送刮料板将料斗内混合料刮送至熨平板与机身后板之间的分料槽内,再由左右分料蜗杆将分料槽内混合料沿摊铺机宽度均匀分配,然后由熨平板将混合料按规定的厚度进行熨平、压实,以获得道路所需的平整度和几何尺寸。

三、使用技术与要求

摊铺开始前,应将熨平板放置在与摊铺厚度(松铺厚度)相称的木板上,调整找平开关使熨平板底呈1°～3°的仰角，打开左右输分料开关，进行送料。待分料槽中的混合料高度至其约3/4的高度时，挂挡摊铺，调整熨平板左右控制盒的找平开关，调熨平板的仰角，以改变摊铺厚度。摊铺厚度的调整应逐渐缓慢进行，每次的调整量不要过大，每次调整后应摊铺一段距离，然后再调。每次的调整量以左右前板上标尺一格为宜。熨平板在摊铺层上可处于浮动状态，即常规的作业方法，可将基础不平对面层的影响降至最小。熨平板可以是平行于路基，也可能呈一仰角。影响该仰角大小的因素有摊铺厚度、密实度、工作速度、混合材料的性质和配比等。应综合考虑上述因素，通过调节自动找平油缸来调整实际的摊铺厚度。

通过位于熨平板左右两侧的小控制台上的拨动式开关，均可以控制左右两侧自动找平油缸的上升或下降，改变铺层的厚度。如果电器出现故障，还可以用手直接操纵找平电磁阀来进行调整。找平电磁阀位于机身内侧前板的两边，分别控制相应的找平油缸。

通过改变熨平板前牵引点高度改变摊铺层的厚度，其调整机理是：当拨动式开关位于上升位置时，左右大臂的牵引点同时向上运动，此时熨平板前边角增大，这使得熨平板下面的摊铺料增加，摊铺料对熨平板的浮力增大，使熨平板上浮，一直到熨平板达到新的受力平衡才停止上浮。这一过程只有在运行中才能实现。这也是为什么在每次调整厚度后应摊铺一段距离，然后再调的原因所在。同时，也可以说明摊铺层厚度的改变只能是逐渐产生的，不会发生突变的原因。当找平油缸达到死点还需要摊铺厚度继续增加时，应该调整大臂端的鱼尾板和大臂的角度。

第五节　基层施工

一、石灰稳定土基层

1. 石灰稳定土及适用范围

(1)石灰稳定土的定义

在粉碎的土和原来松散的土(包括各种粗、中、细粒土)中，掺入足量的石灰和水，经拌和、压实及养生后得到的混合料，当其强度符合规定要求时，称为石灰稳定土。

①石灰稳定细粒土(最大粒径 $\phi_{max} < 10mm$，粒径 $\phi < 2mm$ 的颗粒 $> 90\%$)混合料时，简称石灰土；

②石灰稳定中粒土(最大粒径 $\phi_{max} < 30mm$，粒径 $\phi < 20mm$ 的颗粒 $> 85\%$)混合料时，简称石灰砂粒土；

③石灰稳定粗粒土(最大粒径 $\phi_{max} < 50mm$，粒径 $\phi < 20mm$ 的颗粒 $> 85\%$)混合料时，简称石灰砂粒土或石灰碎石土。

(2)石灰稳定土的特点

①整体性好，承载力高；较好的强度，较好的水稳性。它的初期强度低，后期强度较高。

②易干缩和冷缩，从而产生裂缝。

(3)适用范围

①可适用各类路面的基层和底基层，但不适用高等级路面的基层，而宜用作底基层；

②在冰冻地区的潮湿路段以及其他地区过分潮湿路段，不宜使用；

③硫酸盐含量超过0.8%的土和腐殖质含量超过10%的土，不宜用石灰稳定。

(4)对石灰稳定土压实度的要求

用石灰稳定土作基层或底基层时，不同的道路等级其压实度要求不同。其压实要求见表5-1。

石灰稳定土基层、底基层压实度要求　　表5-1

层位	压实度（%）\ 公路等级	高速公路和一级公路	其他公路
基层	石灰稳定中、粗粒土石灰稳定细粒土	—	97 93
底基层	石灰稳定中、粗粒土石灰稳定细粒土	96 95	95 93

2. 石灰稳定土基层施工

1）路拌法施工

石灰稳定土基层施工工艺流程如图5-11所示。

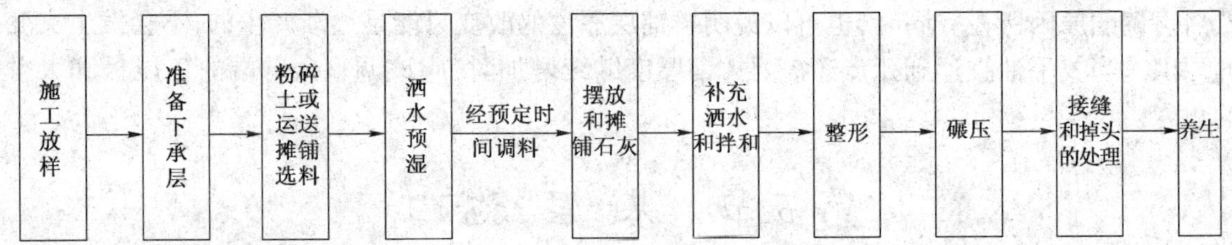

图5-11　石灰稳定土基层施工工艺流程图

（1）准备工作

①准备下承层。按规范规定对拟施工的路段进行验收。石灰稳定土作基层，准备底基层；石灰稳定土作底基层，准备土基。凡验收不合格的路段，必须采取措施，使其达到标准后，方能在上铺筑石灰稳定土层。

②测量。在底基层或土基上恢复中桩，直线段每15～20m设一桩，平曲线段每10～15m设一桩，并在对应断面的路肩外侧设指示桩。在两侧指示桩上用红漆标出石灰稳定土层边缘的设计高。

③备料。

A. 集料采备集料前，应先将树木、草皮和杂土清除干净，并在预定采料深度范围内自上而下采集集料，不宜分层采集，不应将不合格材料采集在一起。如分层采集集料，则应将集料分层堆放在一场地上，然后从前到后（上下层一起装入汽车），将料运到施工现场。料中的超尺寸颗粒应予筛除。

B. 石灰堆放在拌和厂时，宜搭设防雨棚。石灰应在使用前7～10d充分消解。每吨石灰消解需用水量一般为500～800kg。消解后的石灰应保持一定的湿度，以免粉尘飞扬，但也不能过湿成团，并尽快使用。材料用量根据各段石灰稳定土层的宽度、厚度及预定的压实度（换算为压实密度），计算各路段需要的干集料量。根据料场集料的含水率和运料车辆的吨位，计算每车料的堆放距离。根据石灰稳定土层的厚度和预定的干重度及石灰剂量，计算每平方米石灰稳定土需用的石灰数量，并计算每车石灰的摊铺面积，如使用袋装生石灰粉，则计算每袋石灰的摊铺面积。

(2)运输及摊铺

①运料。对预定堆料的下层在堆料前应先洒水，使其湿润，但不应过分潮湿而造成泥泞。集料装车时，应控制每车料的数量基本相等。在同一料场供料的路段，由远到近将料按计算的距离(间距)卸置于下承层中间或一侧。

卸料距离应严格掌握，避免料不够或过多；料堆每隔一定距离应留一缺口；集料在下承层上的堆置时间不应过长。运送集料较摊铺集料工序宜提前1~2d。

②摊铺集料。通过试验确定集料的松铺系数。在摊铺集料前，应先在下承层上洒水使其湿润，但不应过分潮湿而造成泥泞。

摊铺集料应在摊铺石灰的前一天进行。摊料长度应与施工日进度相同，以够次日摊铺石灰、拌和、碾压成型为准。

用平地机将集料均匀摊铺在预定的宽度上，表面应力求平整，并有规定的路拱。摊铺过程中，应注意将土块、超尺寸颗粒及其他杂物去除。

③摊铺石灰。摊铺石灰时，如黏性土过干，应事先洒水闷料，使土的含水率略小于最佳值。细粒土宜闷料一夜；中粒土和粗粒土，视细土含量的多少，可闷料1~2h。在人工摊铺的集料层上，用6~8t两轮压路机碾压1~2遍，使其表面平整，并有一定密实度。然后，按计算的每车石灰的纵横间距，将卸置的石灰均匀摊开。混合料松铺厚度应符合预计要求。混合料松铺厚度可按下式计算：

$$松铺厚度 = 压实厚度 \times 松铺系数$$

松铺系数的参考值见表5-2。石灰摊铺完后，表面应没有空白。测量石灰的松铺厚度，根据石灰的含水率和松密度，校核石灰用量是否合适。

混合料松铺系数参考值 表5-2

材料名称	松铺系数	说明
石灰土	1.53~1.58	现场人工摊铺土和石灰，机械拌和，人工整平
石灰土	1.68~1.70	路外集中拌和，现场人工摊铺
石灰土、砂砾	1.52~1.56	路外集中拌和，现场人工摊铺

(3)拌和与洒水

①集料应采用稳定土拌和机拌和，通常应拌和两遍以上。拌和深度应达到稳定层底，并适当破坏(约1cm，不应过多)下承层的表面，以利上下层黏结。应设专人跟随拌和机，随时检查拌和深度并配合拌和机操作员调整拌和深度。

②在拌和过程中，及时检查含水率。用喷管式洒水车补充洒水，使混合料的含水率大于或等于最佳值1%左右，洒水段应长些。拌和机械应紧跟在洒水车后面进行拌和，尤其在纵坡大的路段上更应配合紧密，减少水分流失。在洒水过程中，要人工配合拣出超过尺寸颗粒，清除粗细石料"窝"。

③拌和石灰加黏土的稳定碎石或砂砾时，应先将石灰土拌和均匀，然后均匀地摊铺在碎石或砂砾层上，再一起进行拌和。用石灰稳定塑性指数大的黏土时，由于黏土难以粉碎，宜采用两次拌和法，即第一次加70%~100%预定剂量的石灰进行拌和，闷放一夜。然后补足石灰用量，再进行第二次拌和。

拌和完成的标志是：混合料色泽一致，没有灰条、灰团和花面，没有粗细石料窝，且水分合适均匀。

(4)整形与碾压

①整形。平地机整形，混合料拌和均匀后，先用平地机初步整平和整形。

平地机整形：直线段由两侧向路中心进行刮平；平曲线段由内侧向外侧进行刮平。

需要时，再返回刮一遍。用平地机或轮胎压路机快速碾压 1～2 遍，用轮胎压路机碾压时，因轮胎表面没有花纹，压后表面比较光滑。在用平地机整平前，应先用齿耙把低洼处表层 5cm 以上耙松，避免在较光滑的表面产生薄层找补的情况，用平地机进行整形后再碾压一遍。对于局部低洼处，应用齿耙将其表面层 5cm 以上耙松，并用新拌的石灰混合料进行找补平整。最后用平地机进行精平。每次整形都要按照规定的坡度和路拱进行。特别要注意接缝处的整平，接缝必须顺适平整。

②碾压。当混合料处于最佳含水率 ±1% 时，(表面水分不足应适当洒水)，立即用 12t 以上三轮压路机、重型轮胎压路机或振动压路机在全宽内进行碾压。

碾压：直线段由两侧向路中心碾压；平曲线段由内侧向外侧路肩碾压。

碾压时，后轮应重叠 1/2 倍轮宽。后轮必须超过两段的接缝处，后轮压完路面全宽时即为一遍。碾压过程中石灰稳定土表面应始终保持湿润。碾压一直进行到要求的密实度为止，一般需 6～8 遍。

如有“弹簧”、松散、起皮等现象，应及时翻开重新拌和；碾压结束之前用平地机再终平一次，使其纵向顺适，路拱和超高符合设计要求。

终平应仔细进行，必须将局部高出部分刮除，并扫出路外。对局部低洼之处，不再进行找补，留待修筑面层时处理。

(5)养生

①石灰稳定土在养生期间应保持一定的湿度，不应过湿。养生期一般不少于 7d，养生方法可视具体情况采用洒水、覆盖砂、低塑性土或沥青膜等。在养生期间石灰土表层不易忽干忽湿。每次洒水后，应用两轮压路机将表层压实。石灰稳定土层碾压结束 1～2d 后，其表层较干燥(如石灰土的含水率不大于 10%，石灰粒料土的含水率在 5%～6%)时，可以立即喷洒透层，做下封层或铺筑面层，但初期应禁止重型车辆通行。

②在养生期间未采用覆盖措施的石灰稳定土层上，除洒水车外，应封闭交通。在采用覆盖措施的石灰稳定土层上不能封闭交通时，应限制车速不得超过 30km/h。如石灰稳定土分层施工时，下层石灰稳定土碾压完后，可以立即铺筑另一层石灰稳定土，不需专门的养生期。

③养生期结束后，应立即喷洒透层沥青或做下封层，并在 5～10d 内铺筑沥青面层。在喷洒透层沥青后，应洒布 3～8mm 或 5～10mm 的小碎(砾)石，小碎石均匀覆盖约 60% 的面积，露黑。

(6)施工中应注意的问题

①横向接缝和“掉头”处的处理。两工作段的搭接部分，应采用对接形式。接缝垂直于路中线，便于整形和碾压。前一段拌和后，留 5～8m 不进行碾压。后一段施工时，将前段留下未压部分，一起再进行拌和，以提高接缝质量。拌和机械及其他机械不宜在已压成的石灰稳定土层上掉头，以防转向轮水平推移力推移表层。如必须在上进行掉头，应采取措施(如覆盖 10cm 厚的砂或砂砾)保护掉头部分，使石灰稳定土表层不受破坏。

②纵向接缝的处理。石灰稳定土层的施工应尽可能避免纵向接缝。对于不能中断交通的路段，可采用半幅施工方法。必须分两幅施工时，纵缝必须垂直相接，不应斜接。

一般情况下，纵缝可按下述方法处理。在前一幅施工时，在靠中央一侧用方木或钢模板做支撑,方木或钢模板的高度与稳定土层的压实厚度相同。混合料拌和结束后,靠近支撑木(或板)的条带区域,应人工进行补充拌和,然后进行整形和碾压。在铺筑另一幅或在养生结束时,拆除支撑木(或板)。第二幅混合料拌和结束后,靠近第一幅的纵缝条带区,也应做如此处理。

③路缘处理。如石灰稳定土层上为薄沥青面层,基层每边应较面层宽 20cm 以上。在基层全宽上喷洒透层沥青或设下封层,沥青面层边缘以三角形向路肩抛出 6 ~ 10cm。如设路缘块时,必须注意防止路缘块阻滞路面表面水和结构层中的水。

④用石灰稳定低塑限指数的砂、粉性土的处理。用石灰稳定低塑限指数的砂性土和粉性土时,碾压过程中容易起皮松散,成形困难。施工时要大量洒水,分两阶段碾压。

第一阶段,洒水后用履带拖拉机先压 2 ~ 3 遍,达到初步稳定。

第二阶段,待水分接近最佳含水率时,再继续用 12t 以上压路机压实。当缺少履带拖拉机时,洒水后先用轻型压路机碾压两遍,然后覆盖一层素土,继续用 12t 以上压路机压实。养生后,将素土层清除干净。

2)中心站集中拌和(厂拌)法施工

石灰稳定土可以在中心站用多种机械集中拌制,如强制式拌和机、双转轴桨叶式拌和机等。集中拌和有利于保证配料的准确性和拌和的均匀性。

(1)备料

集料的最大粒径和级配都应符合要求 。在潮湿多雨地区施工时,还应采取措施保护集料和石灰。

(2)拌制

在正式拌和之前,必须先调试所用厂拌设备,使混合料的颗粒组成和含水率都达到规定要求。当集料颗粒组成发生变化时,应重新调试设备。应根据集料和混合料的含水率及时调整拌和水量,拌和要均匀。

(3)运输

已拌成的混合料应尽快运送到铺筑现场。料斗卸料时,距车厢不易太高,防离析。运输车辆不易过分颠簸,防混合料离析。距离远、温度高要加覆盖,以防水分过多蒸发。

(4)摊铺及碾压

摊铺机械:沥青混凝土摊铺机、水泥混凝土摊铺机、稳定土摊铺机。在没有摊铺机时,可用摊铺箱或自动平地机摊铺。

摊铺机应与拌和设备的生产能力相适应。若拌和能力低,则应降低摊铺机的摊铺速度,以减少停机待料的时间。下承层为石灰稳定土时,摊铺前应先将下承层顶面拉毛,使之与下承层良好结合成为整体。同时,在摊铺机后面应设专人消除粗、细集料离析现象,局部粗集料"窝"应铲除,并用新混合料填补。

用平地机摊铺时,要计算每车混合料的铺筑面积和卸料间距,尽量减少平地机不必要的整平工作量,缩短时间,减少水分蒸发,并按松铺厚度摊铺均匀。摊铺后,应及时用振动压路机、三轮压路机和轮胎压路机进行碾压。

(5)横向接缝处理

每天的工作缝应做成横向接缝。末端混合料处理整齐,紧靠混合料放两根方木,方木高度与混合料压实厚度相同,方木另一侧回填约长 3m 的砂石或碎石。重新摊铺前,除与砂石、碎石和方木、清扫、拉毛,也可末端碾压成一斜坡,第二天将末端斜坡挖除,成垂直向下的断面。

挖出的混合料加水拌和仍可使用。

(6)纵向接缝

同路拌。

(7)养生

同路拌。

3. 石灰土基层的缩裂控制

(1)改善土质(土黏性越大,缩裂越严重)

①采用黏性较小的土;

②在黏性土中掺入砂性土、粉煤灰。

(2)控制压实含水率

将土的含水率降低至最佳含水率的0.9时,既改善了缩裂性质,又对压实影响不大。

(3)铺筑碎石过渡层

在石灰土与沥青路面间铺筑一层碎石过渡层,当厚度为15~27cm时,沥青面层可以避免开裂。

(4)掺加粗粒料

如加入砂、碎石、碎砖、煤渣及矿渣等,掺量比应小50%。

(5)分期铺筑

在石灰土基层的强度形成期,任其产生收缩裂缝后,再铺筑沥青路面,这大约需要一个冬季。

(6)设置收缩缝

在灰土中每隔5~10m设一道缩缝,宽5~10mm,深为厚度的0.5~1.0倍。

二、水泥稳定土基层

1. 水泥稳定土

(1)水泥稳定土

在粉碎的和原来松散的土(包括各种粗粒土、中粒土、细粒土)中,掺入足量水泥和水,经拌和得到的混合料在压实及养生后,其抗压强度符合规定要求时,称为水泥稳定土,见图5-12。

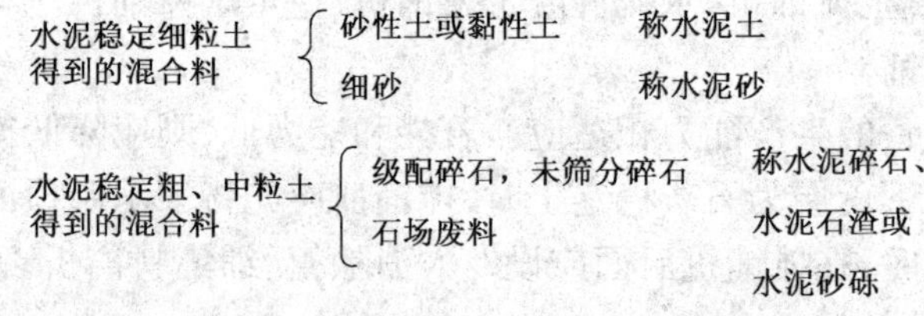

图5-12 水泥稳定土

在水泥稳定土中,由于水泥和水的数量均比其在水泥混凝土中的数量要少得多,再加上土又是一种分散度极高的材料(与砂石料相比),它能强烈地与水泥水化的产物发生各种反应,从而破坏了水泥正常水化与硬化的条件,致使水泥不能充分发挥自身应有的作用。为了改善水泥在土中的硬化条件,提高水泥稳定效果,常常在掺加水泥的同时掺加少量其他添加剂。

石灰是水泥稳定土中最常用的添加剂。在水泥稳定之前,先往土中掺入少量的石灰使之与土粒之间进行离子交换和化学反应,为水泥在土中的水解和硬化创造良好的条件,从而加速水泥的硬化过程,并可减少水泥用量。掺加石灰还可扩大水泥稳定土的适用范围。对于一些不适于单独用水泥稳定的土(如酸性黏土、重亚黏土等),若先用石灰处理,可加速水泥土结构的形成。此外,由于石灰可吸收部分水分并改变土的塑性性质,故用水泥稳定过湿土(比最佳含水率高 4% ~6%)时,先用石灰处理,能获得良好的稳定效果。

生产实践证明:水泥稳定级配良好的碎(砾)石和砂砾效果最好,不但强度高,而且水泥用量少。其次是砂性土,再次是粉性土和黏性土。

(2)水泥稳定土的特点

①良好的力学性能和板块性;

②其水稳性和抗冻性都较石灰稳定土好;

③初期强度高且随龄期增长强度增大。

(3)适用范围

适用一般道路的基层和底基层,不适宜作高级沥青路面及高速一级公路的基层,而用作底基层。

(4)对材料的要求

①用于二级、二级以下路面

水泥稳定土作底基层时,集料的最大粒径不应超过 50mm;土中粒径小于 0.5mm 的含量宜小于 30%;颗粒组成范围应符合技术要求,液限小于 40;塑性指数小于 17。

水泥稳定土作基层时,集料的最大粒径 ϕ_{max} 小于 40mm,颗粒组成应符合表 5-3 所示的范围。土中碎石或砾石的压碎值不大于 35% ~40%(基层取 35%,底基层取 40%)

一般公路适宜用水泥稳定土的颗粒组成范围 表 5-3

筛孔尺寸(mm)	40	20	10	5	2	1	0.5	0.25	0.074
通过百分率(%)	90 ~100	55 ~100	40 ~100	30 ~90	18 ~68	10 ~55	6 ~45	3 ~36	0 ~30

②用于高速公路和一级公路

水泥稳定土用作底基层时,集料的最大粒径不应超过 40mm,颗粒组成应在表 5-4 中 1 号级配的所列范围内。

水泥稳定土用作基层时,集料的最大粒径不应超过 30mm,颗粒组成应在表 5-4 中 2 号级配的所列范围内。集料的压碎值应不大于 30%。

高速公路和一级公路适宜用水泥稳定土的颗粒组成范围 表 5-4

编号	通过下列筛孔(mm)的质量百分率(%)								液限%	塑性指数
	40	30	20	10	5	2	0.5	0.075		
1	100	90 ~100	75 ~90	50 ~70	30 ~55	15 ~35	10 ~20	0 ~7	<25	<6
2		100	90 ~100	60 ~80	30 ~50	15 ~30	10 ~20	0 ~7	<25	<6

注:集料中 0.5 mm 以下有塑性时,小于 0.075 mm 的颗粒含量不应超过 5%;细土无塑性时,小于 0.075 mm 的颗粒含量不应超过 7%。

适宜作水泥稳定土基层材料有:级配碎石、未筛分碎石、石渣、砂砾、碎石土、砂砾土、煤矸石等。

水泥:普通硅酸盐水泥、硅酸盐水泥、矿渣水泥、火山灰质水泥应选用终凝时间较长(宜在 6h 以上)的水泥。硅酸盐水泥稳定效果优于铝酸盐水泥。过多的水泥用量虽能获得强度增加经济上却不一定合理,效果也不一定显著。

石灰:消石灰粉或生石灰粉。

水 :凡人、畜的饮用水均可与石灰稳定土不同。

2. 水泥稳定土基层施工

水泥稳定土基层的施工方法主要有路拌法和中心站集中拌和(厂拌)法两种。

1)路拌法施工

水泥稳定土路拌法施工与石灰稳定土的施工相似,其工艺流程如图5-13所示。

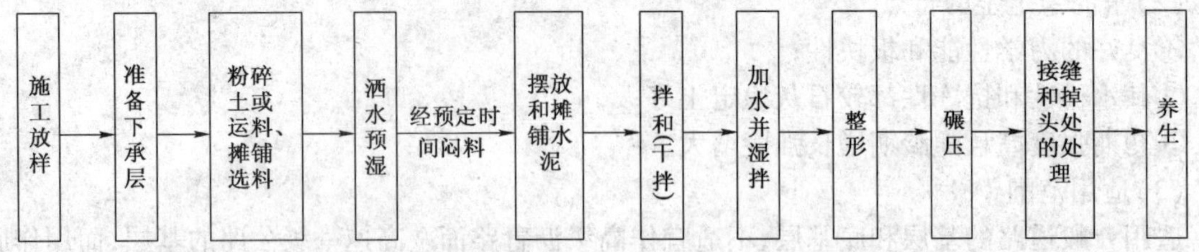

图5-13 水泥稳定土路拌法施工工艺流程图

(1)准备工作

①准备下承层。当水泥稳定土用作基层时,要准备底基层;当水泥稳定土用作底基层时,要准备土基。无论底基层还是土基,都必须按规范进行验收,凡验收不合格的路段,必须采取措施,使其达到标准后,方可铺筑水泥稳定土层。

如底基层或上基已遭破坏,则必须作如下处理:

A. 对土基必须用12~15t三轮压路机或等效的碾压机械进行碾压检验(压3~4遍)。在碾压过程中,如发现土过干、表层松散,应适当洒水;如土过湿,发生"弹簧"现象,应采取挖开晾晒、换土、掺石灰或粒料等措施进行处理。

B. 对于底基层,根据压实度检查和弯沉测定的结果,凡不符合设计要求的路段,必须根据具体情况,分别采用补充碾压、加厚底基层、换填好的材料、挖开晾晒等措施,使其达到标准。

C. 底基层上的低洼和坑洞,应仔细填补及压实达到平整。底基层上的搓板和车辙,应刮除。松散处,应耙松洒水并重新碾压。

D. 逐一断面检查土基或底基层高程是否符合设计要求,平整度、压实度、路拱是否符合规定且应没有任何松散的材料和软弱点。应注意在槽式断面的路段,两侧路肩上每隔一定距离(5~10m)应交错开挖泄水沟或做盲沟,以便排出路基积水。

②测量。首先是在底基层或土基上恢复中线。直线段每15~20m设一桩,平曲线段每10~15m设一桩,并在对应断面路肩外侧设指示桩。其次是进行水平测量,在两侧指示桩上用红漆标出水泥稳定土层边缘的设计高程。

③确定合理的作业长度。确定路拌法施工每一作业段的合理长度时,应考虑如下因素:

A. 水泥的终凝时间、延迟时间对混合料密实度和抗压强度的影响;

B. 施工机械和运输车辆的效率和数量;

C. 施工机械操作的熟练程度,尽量减少接缝;

D. 施工季节和气候条件。

一般宽7~8m的稳定层,每一流水作业段以200m为宜。但每天的第一个作业段宜稍短些,可为150m。如稳定层较宽,则作业段应该进一步缩短。

④备料。在采备集料前,应先将料场的树木、草皮和杂土清除干净。采集集料时,应在预定采料深度范围内自上而下进行,不应分层采集,也不应将不合格的集料采集一起。在集料中

超尺寸颗粒应予筛除。对于黏性土，可视土质和机械性能确定土是否需要过筛。

⑤计算材料用量。方法同石灰稳定土。

⑥集料运输与摊铺。方法与石灰稳定土施相同 。

(2)拌和

①摊铺水泥。在人工摊铺的集料上，用6～8t两轮压路机碾压一遍，使其表面平整，然后按计算的每袋水泥的纵横间距，用石灰或水泥在集料层上做安放每袋水泥的标记，同时划出摊铺水泥的边线。水泥应当日用汽车直接送到摊铺路段。每袋水泥从汽车上直接卸在做标记的地点，检查有无遗漏和多余。运水泥的车应有防雨设备。打开水泥袋，将水泥倒在集料层上，用刮板将水泥均匀摊开，应注意使每袋水泥的摊铺面积相等。水泥摊铺完后，表面应没有空白，但也不过分集中。

②干拌。

A.用稳定土拌和机拌和。拌和深度应达稳定层底。应设专人跟随拌和机，随时检查拌和深度并配合拌和机操作员调整拌和深度。严禁在拌和层底部留有“素土”夹层。应略破坏(约1cm)下承层的表面，以利上下层黏结。通常应拌和两遍以上。在最后一遍拌和之前，必要时可先用多铧犁紧贴底面翻拌一遍。直接铺在土基上的拌和层也应避免“素土”夹层。

B.在没有专用拌和机械的情况下，也可平地机进行拌和。先用平地机将铺好水泥的集料翻拌两遍，使水泥分布到集料中，但不翻拌到底，以防止水泥落到底部。第一遍由路中心开始，将混合料向中间翻，同时机械应慢速前进。第二遍则相反，由两边开始，将混合料向外侧翻，接着用旋转耕作机拌和两遍，再用平地机将底部料翻起。随时检查调整翻拌深度，使稳定土层全部翻透。严禁在底部留有“素土”夹层，也应防止过多破坏下承层的表面。

③洒水湿拌。干拌过程结束时，特别是在用平地机进行拌和的情况，如果混合料含水率不足，应用洒水车洒水补充水分。洒水车洒水时不应使洒水中断，洒水距离应长些。洒水车起洒处和另一端掉头处都应超出拌和段2m以上。洒水车不应在正进行拌和的以及当天计划拌和的路段上掉头和停留，以防推移混合料和局部水量过大。洒水后，应再次进行拌和，使水分在混合料中分布均匀。拌和机械应紧跟在洒水车后面进行拌和，尤其是在纵坡大的路段上应配合紧密，以减少水分流出。在洒水及拌和过程中，应及时检查混合料的含水率，可采用含水率快速测定仪测定混合料的含水率。混合料的最佳含水率也可以在现场人工控制。最佳含水率时的混合料，在手中能紧捏成团，落在地上能散开，并应参考室内击实试验最佳含水率的混合料的状态。水分宜略大于最佳值，稳定粗粒土和中粒土，应较最佳含水率大5%～10%，稳定细粒土，较最佳含水率大1%～2%，不应小于最佳值，以补偿施工过程中水分的蒸发，并有利于减轻延迟时间的影响。在洒水拌和过程中，还要人工配合拣出超尺寸颗粒，消除粗细颗粒“窝”以及局部过分潮湿或过分干燥之处。拌和完成的标志是，混合料没有灰条、灰团和花面，没有粗细颗粒“窝”，且水分合适和均匀。

(3)整形与碾压

同石灰稳定土。

(4)接缝和“掉头”处的处理

①当天两工作段的衔接处，应搭接拌和。第一段拌和后，留5～8m不进行碾压。第二段施工时，前段留下未压部分，要再加部分水泥重新拌和，并与第二段一起碾压。当天其他的接缝都可这样处理。

②应十分注意每天最后一段末端缝(工作缝)的处理。工作缝和“掉头”处的处理如

图5-14所示。在已碾压完成的水泥稳定土层末端将稳定土挖一条宽约30cm的槽，直挖到下承层顶面。此槽与路的中心线垂直，靠稳定土的面应切成一平面，而且应垂直向下。将两根方木（长度为水泥稳定土层宽的一半，厚度与其压实厚度相同），放在槽内，并紧靠着已完成的稳定土，以保护其边缘不致遭第二天工作时的机械破坏。用原挖出的素土回填槽内其余部分。如拌和机械及其他机械必须在已压成的水泥稳定土层上"掉头"，应采取措施保护"掉头"部分。一般，可在准备用于"掉头"的8～10m长的稳定土层上先覆盖一张厚塑料布（或油毡纸），然后在塑料布上盖约10cm厚的一层土、砂或砂砾。第二天，摊铺水泥及湿拌后，除去支撑木，用混合料回填。靠近支撑木未能拌和的一小段，应用人工进行补充拌和。整平时，接缝处的水泥稳定土应比已完成断面高出约5cm，以便将"掉头"处的土除去后能刮成一个平顺的接缝。整平后，用平地机将塑料布上大部分土除去，注意勿刮破塑料布，然后人工除去余下的土，并收起塑料布。在新混合料碾压过程中，将接缝修整平顺。

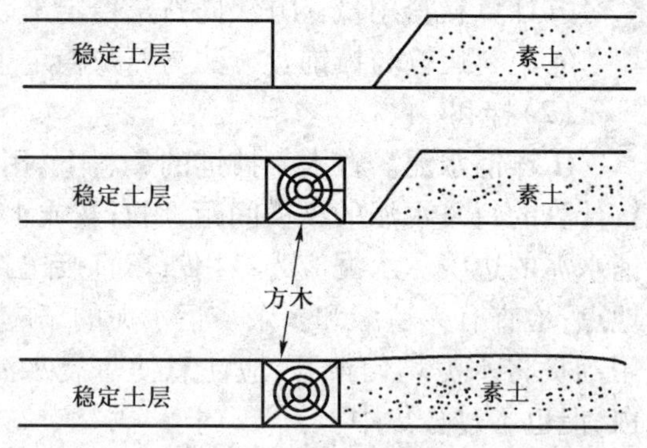

图5-14　横向接缝处理示意图

③工作缝也可按下述方法处理：在水泥稳定土混合料拌和结束后，在预定长度的末端，按前述方法挖一条横贯全路宽的槽，槽内放两根与压实厚度等厚的方木，方木的另一侧用素土回填至3～5m长，然后进行整形和碾压。第二天，邻接的作业段拌和结束后，除去支撑木，用混合料回填，靠近支撑木未能拌和的一小段，应人工进行补充拌和。

④纵缝的处理。水泥稳定土层的施工应该避免纵向接缝。在必须分两幅施工时，纵缝必须垂直相接，不应斜接，并按下述方法处理：在前一幅施工时，在靠中央一侧用方木或钢模板做支撑，方木或钢模板的高度与稳定土层的压实厚度相同。混合料拌和结束后，靠近支撑木（或板）的一部分，应人工进行补充拌和，然后整形和碾压。在铺筑另一幅时，或在养生结束后，拆除支撑木（或板）。第二幅混合料拌和结束后，靠近第一幅的部分，应人工进行补充拌和，然后进行整平和碾压。

2）中心站集中拌和（厂拌）法施工

水泥稳定土可以在中心站用强制式拌和机。双转轴桨叶式拌和机（卧式叶片拌和机）等厂拌设备进行集中拌和，塑性指数小。含土率少的砂砾土、级配碎石、砂、石屑等集料也可以用自落式拌和机拌和。其施工方法与石灰稳定土厂拌法施工基本相同，不作赘述。但应该注意的是：在摊铺过程中，如中断时间已超过2～3h，又未按横向接缝方法处理，则应将摊铺机附近及其下面未经压实的混合料铲除，并将已碾压密实且高程和平整度符合要求的末端挖成一横向（与路线垂直）垂直向下的断面，然后再摊铺新的混合料。

3）养生及路缘处理

水泥稳定土基层每一段碾压完成并经压实度检查合格后应立即开始养生，不应延误。但如水泥稳定土分层施工时，下层水泥稳定土碾压完后，过一天就可以铺筑上层水泥稳定土，不需经过7d养生期。但在铺筑上层稳定土之前，应始终保持下层表面湿润。为增加上、下层之间的黏结性，在铺筑上层稳定土时，宜在下层表面撒少量水泥或水泥浆。此外，如水泥稳定土用作水泥混凝土路面的基层，且面层是用小型机械施工的，则基层完成后不需养生就可铺筑混凝土面层。

水泥稳定土基层养生方法有：

(1)用不透水薄膜或湿砂进行养生，用砂覆盖时，砂层厚7～10cm，砂铺均匀后，应立即洒水并保持在整个养生期间砂的潮湿状态。也可以用潮湿的帆布、粗麻布、草帘或其他合适的材料覆盖。但不得用湿黏土覆盖，养生结束后，必须将覆盖物清除干净。

(2)采用沥青乳液进行养生。乳液应采用沥青含量约35%的慢裂沥青乳液，使其能透入基层几毫米深。沥青乳液的用量1.2～1.4kg/m^2，宜分两次喷洒，乳液分裂后，宜撒布3～8mm或5～10mm的小碎(砾)石。小碎石约撒布60%的面积(不完全覆盖，露黑)。养生结束后，沥青乳液相当于透层沥青。也可在完成基层上立即(或第二天)做下封层，利用下封层进行养生。

(3)无上述条件时，可用洒水车经常洒水进行养生，每天洒水的次数应视气候而定。整个养生期间应始终保持稳定土层表面潮湿，不应时干时湿。洒水后，应注意表层情况，必要时，用两轮压路机压实。

除采用沥青养生外，养生期不宜少于7d，如养生期少于7d就已做上承层，则应注意勿使重型车辆通行。若养生期间未采用覆盖等措施，除洒水车外，应封闭交通。若采用了覆盖措施，不能封闭交通时，应限制重车通行，其他车辆的车速不得超过30km/h。

养生期结束后，应立即喷洒透层沥青或做下封层，并在5～10d内铺筑沥青面层。在喷洒透层沥青后，应撒布3～8mm或5～10mm的小碎(砾)石，如喷洒的透层沥青能透入基层，且运料车辆和面层混合料摊铺机在上行驶不会破坏沥青膜时，可以不撒小碎(砾)石，如面层为水泥混凝土时，也不宜让基层长期暴晒开裂。

为保证水泥稳定土施工质量，在施工时应注意以下几点：

(1)含水率对水泥稳定土强度影响很大。水不足，则水泥不能在混合料中完全水化和水解，不能充分发挥水泥对土的稳定作用。水过多，则超过最佳含水率，对压实不利。

(2)水泥稳定土从开始加水拌和到完全压实的延迟时间要尽可能最短，一般不超过3～4h。时间长，则水泥凝结，再碾压时，不但达不到规定的压实度，而且还会破坏已硬化水泥的胶凝作用，反而使水泥稳定土强度下降。

(3)水泥稳定土需湿法养生，养生温度愈高，强度增长愈快。因此，要保证水泥稳定土养生的温度和湿度条件。

三、碎、砾石基层(底基层)施工

级配碎石、砾石基层是由各种粗细集料(碎石和石屑或砾石和砂)按最佳级配原理修筑而成。级配碎石、砾石是用大小不同的材料按一定比例配合、逐级填充空隙、并借黏土黏结的经过压实后能形成密实的结构。级配碎石、砾石基层的强度由摩阻力和黏结力构成，具有一定的水稳性和力学强度。

级配碎石、砾石基层中粗细料的配比不同，混合料的结构强度、稳定性和施工难易程度也有所不同。根据混合料的配比不同，混合料基本可分为以下三种：

第一种不含或含很少细料(0.075mm以下的颗粒)，主要依靠颗粒之间的摩阻力获得其强度和稳定性。不含或少含细料的混合料，其强度较低，但透水性好，不易冰冻。由于这种材料没有黏结性，施工时压实困难。

第二种含有足够的细料来填充颗粒间的空隙，它仍然能从颗粒接触中获得强度，其抗剪强度、密实度有所提高，透水性低，施工时易压实。

第三种含有大量细料而没有粗颗粒与粗颗粒的接触，集料仅仅是“浮”在细料之中，这类混合料施工时很易压实，但其密实度较低，易冰冻，难于透水，强度和稳定性受含水影响很大。

1. 级配碎、砾石基层(底基层)材料要求

(1)级配碎石

粗细碎石集料和石屑各占一定比例的混合料，当其颗粒组成符合密实级配要求时，称级配碎石。级配碎石可用未筛分碎石和石屑组成，缺乏石屑时，也可以添加细砂砾或粗砂，但其强度和稳定性不如添加石屑的级配碎石。也可以用颗粒组成合适的含细集料较多的砂砾与未筛分碎石配合成级配碎砾石，但其强度和稳定性不如级配碎石。

级配碎石用作基层时，在高速公路和一级公路上，碎石的最大粒径不应超过30mm(其他公路不应超过40mm)；级配碎石用作底基层时，碎石的最大粒径不应超过50mm。粒径过大，石料易离析，也不利于机械摊铺、拌和及整平。级配碎石(或级配碎砾石)所用石料的集料压碎值应不大于25%～35%。级配碎石(或级配碎砾石)基层的颗粒组成和塑性指数应满足表5-5的规定。同时，级配曲线应接近圆滑，没有同一种尺寸的颗粒过多或过少的情况。

如塑性指数偏大时，塑性指数与0.5mm以下细土含量的乘积应符合下列规定：在年降雨量小于600mm的中干和干旱地区，地下水位对土基没有影响时，乘积不应大于120；在潮湿多雨地区，乘积不应大于100。

级配碎石基层的集料级配范围 表5-5

序号	通过下列筛孔(mm)的质量百分率(%)								液限(%)	塑性指数
	40	30	20	10	5	2.0	0.5	0.075		
1		100	85～100	60～80	30～50	15～30	10～20	2～8	<28	<6(9)
2	100	90～100	75～90	50～70	30～55	15～35	10～20	4～10	<28	<6(9)

注：1. 潮湿多雨地区的基层塑性指数不大于6，其他地区的基层性指数不大于9。

2. 对于无塑性指数的混合料，小于0.075mm的颗粒含量应接近高限，使压实后的基层透水性小。

未筛分碎石是指控制最大粒径后由碎石机轧制的未经筛分的碎石料。它的理论颗粒组成为0～D(D为最大粒径)，并具有较好的级配，可直接用作底基层。其轧制碎石的材料可以是各种类型的坚硬岩石、圆石或矿渣。但圆石的粒径应是碎石最大粒径的3倍以上，矿渣应是已崩解稳定的，其干松密度和质量应比较均匀，干松密度不小于960g/m^3。碎石中的扁平、长条颗粒的总量应不超过20%，且碎石中不应有黏土块及植物等有害物质。未筛分碎石用作底基层时，其颗粒组成和塑性指数应符合表5-6的规定。

石屑或其他细集料是指碎石场的细筛余料，也可以利用轧制沥青表面处治和贯入式用石料时的细筛余料，或专门轧制的细碎石集料。其颗粒组成常为0～10mm，并具有所良的级配。

天然砂砾的颗粒尺寸一般合适，必要时应筛除其中的超尺寸颗粒。天然砂砾或粗砂应有好的级配。

未筛分碎石基层的集料级配范围 表5-6

序号	通过下列筛孔(mm)的质量百分率(%)									液限(%)	塑性指数
	50	40	30	20	10	5	2	0.5	0.075		
1	100	85～100	35～65	42～67	20～40	10～27	8～20	8～18	0～15	<28	<6(9)
2		100	80～100	56～87	30～60	18～46	10～35	5～20	0～15	<28	<6(9)

注：潮湿多雨地区的基层塑性指数不大于6，其他地区的基层塑性指数大于9。

(2)级配砾石

粗细砾石集料和砂各占一定比例的混合料,当其颗粒组成符合密实级配要求时,称级配砾石。天然砂砾是常用的一种级配砾石。当天然砂砾符合规定的级配要求且塑性指数在6(9)以下时,可以直接用作基层。级配不符合要求的天然砂砾,需要筛除超尺寸颗粒或掺加另一种砂砾或砂,使其符合级配要求。当砂砾中砂或土含量偏大时,可以用筛除一部分砂或土的办法,使其符合级配要求。塑性指数偏大的砂砾,有时可用无塑性的砂或石屑进行掺配,使其塑性指数降低到符合要求,或塑性指数与细土含量(粒径小于0.5mm的颗粒)的乘积符合要求。如在天然砂砾中掺加部分碎石或轧碎砾石,可以提高混合料的强度和稳定性(天然砂砾掺加部分未筛分碎石组成的混合料称级配碎砾石,其强度和稳定性介于级配碎石和级配砾石之间)。

级配砾石用作基层时,砾石的最大粒径不应超过40mm;石料的集料压碎值应不大于30%~35%。用作底基层时,砾石的最大粒径不应超过50mm,且要求砾石颗粒中细长及扁平颗粒含量不应超过加%。形状不合格的颗粒含量过多时,应掺入部分符合规格的石料,使其颗粒组成和塑性指数满足表5-7的规定。同时,级配曲线应接近圆滑,没有同一种尺寸的颗粒过多或过少的情况。当塑性指数偏大时,塑性指数与0.5mm以下细土含量的乘积应符合下列要求:

①在年降雨量小于600mm的干旱地区,地下水位对土基没有影响时,乘积不应大干120。

②在潮湿多雨地区,乘积不应大于100。当级配砾石试件的干压实密度(在最佳含水率下制件)与工地规定达到的干压实密度相同时,浸水4d承载比值应不少于100%。

级配砾石基层的集料级配范围 表5-7

序号	通过下列筛孔(mm)的质量百分率(%)									液限(%)	塑性指数
	50	40	30	20	10	5	2	0.5	0.075		
1	100	90~100		65~85	45~70	30~55	15~35	10~20	4~10	<28	<6(9)
2		100	90~100	75~90	50~70	30~55	15~35	10~20	4~10	<28	<6(9)
3			100	85~100	60~80	30~50	15~30	10~20	2~8	<28	<6(9)

注:1. 潮湿多雨地区的基层塑性指数不大于6,其他地区的基层塑性指数不大于9。

2. 对于无塑性的混合料,小于0.075mm颗粒含量应接近高限,使压实后的基层透水性小。

用作底基层的砂砾、砂砾土或其他粒状材料也应有好的级配,并符合表5-8的要求。当底基层集料在最佳含水率下制件,集料的干压实密度与工地规定达到的干压实密度相同时,浸水4d的承载比值应不小于40%(轻交通道路)~60%(中等交通道路)。

砂砾底基层的集料级配范围 表5-8

通过下列筛孔(mm)的质量百分率(%)						液限(%)	塑性指数
50	40	10	5	0.5	0.075		
100	80~100	40~100	28~85	8~45	0~15	<28	<6(9)

2. 级配碎、砾石基层(底基层)施工

1)路拌法施工

级配碎、砾石基层(底基层)施工工艺流程如图5-15所示。

(1) 准备工作

①准备下承层。

A. 基层的下承层是底基层及其以下部分，底基层的下承层可能是土基也可能还包括垫层。下承层表面应平整、坚实，具有规定的路拱，没有任何松散的材料和软弱地点。

B. 下承层的平整度和压实度应符合规范的规定。

C. 土基不论路堤或路堑，必须用 12 ~ 15t 三轮压路机或等效的碾压机械进行碾压检验（压 2 ~4 遍）。在碾压过程中，如发现土过干、表层松散，应适当洒水；如土过湿，发生“弹簧”现象，应采取挖开晾晒、换土、掺石灰或粒料等措施进行处理。

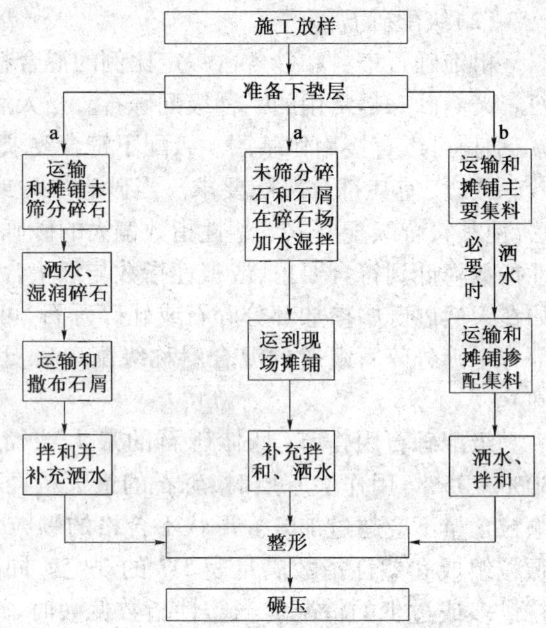

图 5-15 级配碎石、砾石基层(底基层)施工流程

a-级配碎石；b-级配砾石

D. 对于底基层，根据压实度检查（或碾压检验）和弯沉测定的结果，凡不符合设计要求的路段，必须根据具体情况，分别采用补充碾压、加厚底基层、换填好的材料、挖开晾晒等措施，使其达到标准。

E. 底基层上的低洼和坑洞，应仔细填补及压实。

F. 逐一断面检查下承层高程是否符合设计要求。

G. 新完成的底基层或土基，必须按规范规定进行验收。凡验收不合格的路段，必须采取措施，达到标准后，方能在上铺筑基层或底基层。

②测量。

A. 在下承层上恢复中线。直线段每 15 ~ 20m 设一桩；平曲线段每 10 ~ 15m 设一桩，并在两侧路面边缘外 0.3 ~ 0.5m 设指示桩。

B. 进行水平测量。在两侧指示桩上用红漆标出基层或底基层边缘的设计高程。

③材料用量。

A. 计算材料用量。根据各路段基层或底基层的宽度、厚度及预定的干压实密度，计算各段需要的干集料数量。对于级配碎石，分别计算未筛分碎石和石屑（细砂砾或粗砂）的数量，根据料场未筛分碎石和石屑的含水率以及所用运料车辆的吨位，计算每车料的堆放距离。

B. 在料场洒水加湿未筛分碎石，使其含水率较最佳含水率大 1% 左右，以减少运输过程中的集料离析现象（未筛分碎石的最佳含水率约为 4%）。

C. 未筛分碎石和石屑可按预定比例在料场混合，同时洒水加湿，使混合料的含水率超过最佳含水率约 1%，以减轻施工现场的拌和工作量以及运输过程中的离析现象（级配碎石的最佳含水率约为 5%）。

④配套机械。

A. 汽车或其他运输车辆及平地机等摊铺、拌和机械。

B. 洒水车。洒水利用就近水源洒水。

C. 压实机械。如轮胎式压路机、钢筒轮式压路机及振动压路机等。

D. 其他夯实机具。适于小范围处理路槽翻浆等。

(2)运输和摊铺集料

①运输。

A. 集料装车时,应控制每车料的数量基本相等。

B. 在同一料场供料的路段,应由远到近将料按要求的间距卸置于下承层上。卸料间距应严格掌握,避免料不够或过多,并且要求料堆每隔一定距离留一缺口,以便施工。当采用两种集料时,应先将主要集料运到路上,待主要集料摊铺后,再将另一种集料运到路上。如粗细两种集料的最大粒径相差较多,应在粗集料处于潮湿状态时,再摊铺细集料。

C. 集料在下承层上的堆置时间不宜过长。运送集料较摊铺集料工序只宜提前 1 ~ 2d。

②摊铺。

A. 摊铺前要事先通过试验确定集料的松铺系数(或压实系数,它是混合料的干松密度与干压实密度的比值)。人工摊铺混合料时,其松铺系数为 1.40 ~ 1.50;平地机摊铺混合料时,其松铺系数为 1.25 ~ 1.35。

B. 用平地机或其他合适的机具将集料均匀地摊铺在预定的宽度上,当路的宽度大于 22m,适合分条进行摊铺,要求表面应平整,并具有规定的路拱。同时,摊铺路肩用料。

C. 检验松铺材料的厚度,看其是否符合预计要求。必要时,应进行减料或补料工作。

D. 级配碎、砾石基层设计厚度一般为 8 ~ 16cm。当厚度大于 16cm 时,应分层铺筑。下层厚度为总厚度的 0.6 倍,上层为总厚度的 0.4 倍。

(3)拌和及整形

应采用稳定土拌和机拌和级配碎石、砾石。在无稳定土拌和机的情况下,也可采用平地机进行拌和。

①用稳定土拌和机拌和。拌和两遍以上,拌和深度应直到级配碎石、砾石层底。

②用平地机拌和。将铺好的集料翻拌均匀。作业长度一般为 300 ~ 500m,拌和遍数一般为 5 ~ 6 遍。

在拌和的过程中都应用洒水车洒足所需的水分,拌和结束时,混合料的含水率应该均匀,较最佳含水率大 1% 左右,避免粗细颗粒离析现象。

拌和均匀后的混合料要用平地机按规定的路拱,进行整平和整形,然后平地机或压路机在已初平的路段上快速碾压一遍,以消除潜在的不平整,再用平地机进行最终的整平和整形。在整形过程中,严禁任何车辆通行。

(4)碾压

基层整形后,当混合料的含水率等于或略大于最佳含水率时,立即用压路机、振动压路机或轮胎压路机进行碾压。直线段由两侧路肩开始向路中心碾压;在有超高的路段上,由内侧路肩开始向外侧路肩进行碾压。碾压时,后轮必须超过两段的接缝处。碾压一直进行到要求的密实度为止。一般需碾压 6 ~ 8 遍。压路机的碾压速度,头两遍以采用 1.5 ~ 1.7km/h 为宜,以后用 2.0 ~ 2.5km/h 为宜。

级配碎石、砾石基层在碾压中还应注意以下各点：

①路面的两侧，应多压 2 ~ 3 遍。

②凡含土的级配碎石、砾石基层，都应进行滚浆碾压，直压到碎石、砾石层中无多余细土泛到表面为止。滚到表面的浆(或事后变干的薄层土)应予清除干净。

③碾压全过程均应根据情况随时洒水，使其保持最佳含水率。洒水量可参考表 5-9 中的数量，同时也应考虑季节和天气情况适时增减洒水量。洒完水待表面晾干后碾压。但小于 10cm 时不宜摊铺后洒水，可在料堆上泼水，摊铺后立即碾压(碾压到要求的密实度为止)。

碎石及砾石基层不同厚度、不同季节洒水量 表 5-9

厚度(cm)	季节		说明
	春秋季(kg/m^2)	夏季(kg/m^2)	
10	6 ~ 8	8 ~ 12	①天然级配砂、砾石含水率未计入，施工时应扣除天然含水率； ②一般天然级配砂、砾石含水率为 7% 左右； ③天然级配砂、砾石最佳含水率为 5% ~ 9%
15	9 ~ 12	12 ~ 16	
20	12 ~ 16	16 ~ 20	
25	15 ~ 20	20 ~ 28	

④开始时，应用轻型的压路机初压，初压两遍后，及时检测、找补，同时如发现砂窝或梅花现象应将多余的砂或砾石挖出，分别掺入适量的碎石、砾石或砂，彻底翻拌均匀，并补充碾压，不能采用粗砂或砾石覆盖处理。

⑤碾压中局部有"软弹"、"翻浆"现象，应立即停止碾压，待翻松晒干或换含水率合适的材料后再进行碾压。

⑥两作业段的衔接处应搭接拌和。第一段拌和后，留5 ~ 8m 不进行碾压。第二段施工时，将前段留下未压部分，重新拌和，并与第二段一起碾压。

⑦对于不能中断交通的路段，可采用半幅施工的方法。接缝处应对接，必须保持平整密合。

2)中心站集中拌和(厂拌)法施工

级配碎石混合料除上面介绍的路拌法外，还可以在拌和中心站用稳定土厂拌设备进行集中拌和。

(1)材料

宜采用不同粒级的单一尺寸碎石和石屑按预定配合比在拌和机内拌制级配碎石混合料。

(2)拌制

在正式拌制级配碎石混合料之前，必须先调试所用的厂拌设备，使混合料的颗粒组成和含水率都达到规定的要求。

(3)摊铺

①摊铺机摊铺。可用沥青混凝土摊铺机、水泥混凝土摊铺机或稳定土摊铺机摊铺碎石混合料。摊铺时，在摊铺机后面应设专人消除粗细集料离析现象。

②自动平地机摊铺。在没有摊铺机时，可采用自动平地机摊铺碎石混合料。

(4)碾压

用振动压路机、三轮压路机进行碾压,碾压方法与要求和路拌法相同。

(5)接缝处理

①横向接缝。用摊铺机摊铺混合料时,对于摊铺机当天未压实的混合料,可与第二天摊铺的混合料一起碾压,但应注意此部分混合料的含水率。必要时,应人工补洒水,使其含水率达到规定的要求。用平地机摊铺混合料时,每天工作缝的处理与路拌法相同。

②纵向接缝。应尽量避免产生纵向接缝。如摊铺机的摊铺宽度不够,必须分两幅摊铺时,宜采用两台摊铺机一前一后,相隔 5 ~ 8m 同步向前摊铺。在仅有一台摊铺机的情况下,可先在一条摊铺带上摊铺一定长度后,再开到另一条摊铺带上摊铺,然后一起进行碾压。

第六章　沥青路面施工

第一节　概　　述

沥青路面是用沥青与不同粒径的矿料按一定的要求（级配和油石比）混合拌制的混合料铺筑的路面结构层。质量符合要求的沥青路面强度高，能承担繁重的交通运输任务；同时具有良好的平整度，表面坚实、无接缝、行车平稳、噪声小、耐用，是目前高等级公路主要面层结构。

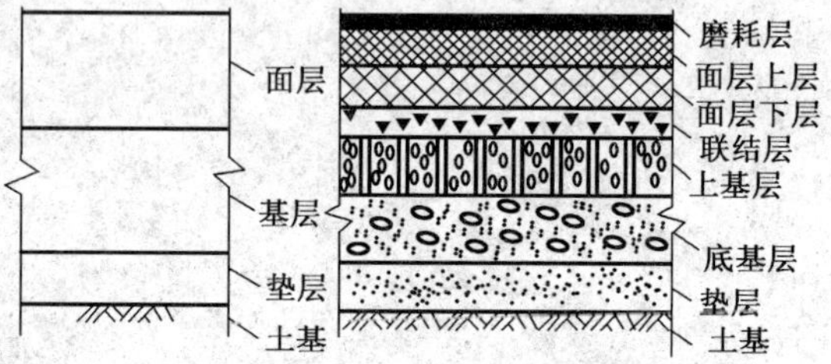

沥青路面主要由以下几个部分组成（图6-1）：

图6-1　路面结构

路面面层——直接承受车荷载和自然因素（降雨、气温）作用的部分。

磨耗层——在面层上加铺的很薄的表层。

保护层——在磨耗层上再加铺一层面层，以减少磨耗层的磨损。

基层——直接位于沥青面层（可以是一层、二层或三层）下用高质量材料铺筑的主要承重层，或直接位于水泥混凝土面板下用高质量材料铺筑的一层。

底基层——在沥青基层下铺筑的次要承重层或在水泥混凝土路面基层下铺筑的辅助层。

垫层——在路基与基层（或地基层）之间加铺的一层材料。多是因为路基强度不够或在水位较高的地质条件下采用，垫层多用砾石、砂、炉渣和石灰等铺筑。

一、沥青路面的类型

1. 沥青混合料的分类

（1）按结合料分类

①石油沥青混合料：以石油沥青为结合料的沥青混合料，包括黏稠石油沥青、乳化石油沥青及液体石油沥青。

②煤沥青混合料：以煤沥青为结合料的沥青混合料。

（2）按施工温度分类

①热拌热铺沥青混合料（简称热拌沥青混合料）：沥青与矿料在热态拌和、热态铺筑的混合料。

②常温沥青混合料：以乳化沥青或稀释沥青与矿料在常温状态下拌制、铺筑的混合料。

（3）按矿质集料级配类型分类

①连续级配沥青混合料：沥青混合料中的矿料是按级配原则，从大到小各级粒径都有，按比例相互搭配组成的混合料。

②间断级配沥青混合料：连续级配沥青混合料矿料中缺少一个或两个档次粒径的沥青混合料。

(4)按混合料密实度分类

①密级配沥青混凝土混合料:按密实级配原则设计的连续型密级配沥青混合料,但其粒径递减系数较小,剩余空隙率小于10%。密级配沥青混凝土混合料按其剩余空隙率又可分为:

A. I 型沥青混凝土混合料:剩余空隙率为3% ~6%;

B. II 型沥青混凝土混合料:剩余空隙率为4% ~10%。

②半开级配沥青混合料:按级配原则设计的连续型级配混合料,其粒径递减系数适中,剩余空隙率在10% ~15%之间的混合料。

③开级配沥青混凝土混合料:按级配原则设计的连续型级配混合料,但其粒径递减系数较大,剩余空隙率大于15%。

(5)按最大粒径分类

①粗粒式沥青混合料:集料最大粒径等于或大于26.5mm(圆孔筛为30mm)的沥青混合料。

②中粒式沥青混合料:集料最大粒径为16mm或19mm(圆孔筛为20mm或25mm)的沥青混合料。

③细粒式沥青混合料:集料最大粒径为9.5mm或13.2mm(圆孔筛为10mm或15mm)的沥青混合料。

④砂粒式沥青混合料:集料最大粒径小于或等于4.75mm(圆孔筛为5mm)的沥青混合料。

沥青碎石混合料除上述四类外,尚有特粗式沥青碎石混合料,集料最大粒径为37.5mm(圆孔筛为40mm)以上。

2. *沥青面层主要类型*

沥青面层主要类型有:沥青表面处治、沥青贯入式碎石、沥青碎石(混合料)、沥青混凝土。

1)沥青表面处治

用沥青和细粒料按层铺法或拌和法施工的厚度不超过3cm薄层路面面层,由于处治层很薄,一般不起提高强度的作用。

其主要作用如下:

①抵抗行车磨耗和大气侵蚀;

②增强防水性;

③提高路表面的平整度和抗滑性能。

层铺法(喷洒法)表面处治,在轻交通道路上用作沥青面层;在旧沥青面层、水泥混凝土路面上用作封层。

沥青表面处治可分为:单层、双层、三层。

层铺法表面处治的突出优点:

①摩擦系数大和表面构造深度较大,有利高速车辆行车安全;

②具有良好的抗温度裂缝性能。

层铺法表面处治的缺点:表面处治石料容易散失。为了克服这一缺点,使用碎石应干燥、清洁,并在撒布前先用液体沥青预拌以保证碎石表面无尘土和石粉,从而增强碎石和沥青的黏结力。

相对于层铺法表面处治,拌和法表面处治的优点是集料不宜散失;缺点是其摩擦系数和表面构造深度都比喷洒法表面处治小,其抗温度裂缝性也不如喷洒法表面处治。

2)沥青贯入式碎石

沥青贯入式路面是在初步碾压的矿料(碎石或碎砾石)上,分层洒布沥青,撒布嵌缝料,或再在上部铺筑热拌沥青混合料,经压实而成的沥青路面。

沥青贯入式碎石是一种多孔隙结构,尤以下部粗碎石之间的孔隙为大,作为面层(4 ~ 8cm),沥青贯入式碎石必须有封面料,以封闭其表面,也可用作基层,这时厚度应为10cm。

优点:施工要求机械设备较少(摊铺碎石层,喷洒沥青),工艺简单,施工进度快,具有较高的强度和稳定性。

缺点:表面易渗水,水使沥青从矿料表面的剥离,严重影响质量和寿命;温度高时,面层沥青可能下流到基层中,影响面层寿命;沥青用量难于控制准确。

沥青贯入式作面层时,应铺筑上封层。其基层应采用无机结合料稳定粒料。沥青贯入式作沥青混凝路面的联结层或基层时应铺筑下封层(在基层上修筑的一个薄层)。

3)沥青碎石

沥青碎石通常含有较高的碎石颗粒(粒径5mm或2.5mm以上的颗粒),而且级配要求较松,因此孔隙率较大。

沥青碎石具有较高的强度和稳定性,它是高级沥青面层之一,可以在中等交通以及重交通道路上用作面层或底面层。

我国高等级道路上,多数采用沥青碎石混合料作沥青面层的底面层,其抗反射(裂缝)能力好,抗永久变形能力强。

沥青碎石面层具有下列一些特点:

(1)因其强度主要靠石料颗粒间的嵌锁力,故受沥青软化的影响较小,从而热稳定性较好。在经常启动和制动处(停车站、十字路口、下坡处等),不易发生搓板状形变。

(2)工程造价较低,因它的沥青用量较沥青混凝土和沥青贯入式为少。

(3)质量容易得到保证:

①集中拌制质量好;

②采用具有较好级配的碎石,压实后密实度较大,稳定性较沥青贯入式好。

(4)可施工期比沥青贯入式长。

沥青碎石可分为热铺(使用较稠沥青)、温铺(介于两者之间)和冷铺(使用较稀的沥青)。

(5)孔隙率较大,空气和表面水易透入,空气促使沥青老化,水侵入会使沥青从石料上剥离。

4)沥青混凝土

(1)用不同粒级的碎石、天然砂或破碎砂、矿粉和沥青按一定的比例在拌和机中热拌所得的混合料称为沥青混凝土混合料。

当混合料满足具有严格的级配要求,压实后具有规定的强度和孔隙率时,称作沥青混凝土。

(2)沥青混凝土的特点:

①很高的强度和密实性,在各种沥青矿料混合料中最高;

②在常温下具有一定的塑性,不易开裂;

③透水性很小,水稳性好,有较大的抵抗自然因素和行车作用的能力;

④耐久性好,使用寿命长。

沥青混凝土路面是一种适合现代高速汽车行驶的优质高级柔性面层。用于重交通道路和高速公路面层。沥青混凝土路面具有以下优点：

①质量符合要求的沥青混凝土路面强度高，能承担繁重的交通运输任务；

②具有良好的平整度，表面坚实、无接缝，因此，行车平稳、噪声小、耐用；

③能防止表面水渗入路面结构层；

④集中拌制，石料的配比以及沥青用量得以严格控制，质量容易得到保证；

⑤可以大面积施工，完成后可以及时通车；

⑥可施工期比沥青表面处治和沥青贯入要长。

第二节 沥青加热设备

一、概述

沥青作为沥青路面的建筑材料，因其性质不同，路用沥青多呈固态。使用时必须要加热熔化，使其达到施工要求的温度，才能进行输送和使用。沥青加热设备就是用来将固态沥青加热熔化，使其达到一定要求的温度并能保温的专用设备。根据加热方法不同，沥青加热设备可分为明火直接加热、中压水加热、导热油加热、太阳能加热、红外线加热。

沥青加热设备主要由热源、热能输送、加热管路及控制系统等部分组成。蒸汽、中压水和导热油等加热热源通常为蒸汽锅炉和导热油加热炉，所用燃料为煤炭、燃油和燃气三种，而煤炭为常用燃料。热能输送部分主要有输送载热介质的管道、阀门、泵、保温装置等，要求热能的输送要畅通，并尽量防止热能的损失。用以加热沥青的加热管路是进行热交换、热传递的装置，要求升温快，加热均匀。大中型固定式的沥青库大多采用蒸汽、中压水或导热油等介质进行加热。而小型的沥青库多采用火力、电力、太阳能加热或导热的介质进行加热。其中，电力和太阳能多用于辅助性加热。

二、明火直接加热沥青设备

随着加热技术的进步而不断改进，目前使用较多的明火直接加热沥青设备如图6-2所示。

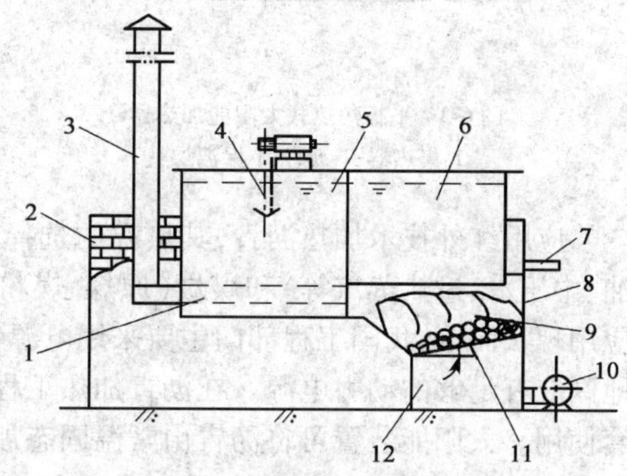

图6-2 明火加热设备基本结构

1-火管；2-砌台；3-烟囱；4-搅拌装置；5-预热脱水锅；6-加热锅；7-出油口；8-炉门；9-炉膛；10-鼓风机；11-炉排；12-炉池

设备中的鼓风装置可使燃料燃烧更为充分；炉排与水平面呈10°~15°的角度倾斜安装，当不使用鼓风装置时，便于充分利用自然风；搅拌装置使锅内沥青在运动中受热，使加热过程趋于均匀，有利于消除加热死角并使水分尽快蒸发，以消除或部分消除溢流现象；距离炉灶口近受热量较大的锅为加热升温锅；另一个为预热脱水锅，使沥青加热升温前预先经过预热脱水阶段，这样可使热效率提高，加热升温锅和预热脱水锅的底部为圆形，上部为矩形的锅形，这样部分消除了加热死角，也使受热面积增大，提高了热效率；在加热室后部设置加热火管，这种火管实际上也是烟道的一部分，它可以浸入沥青之中完成沥青的预热，充分利用热能，提高热效率；在加热容器下部设出油口，使加热成品沥青可利用自流或泵送方式输往使用场地。

三、太阳能沥青加热装置

太阳能加热沥青系统基本组成如图 6-3 所示。太阳能加热沥青系统设备主要由集热窗、保温层等组成。太阳能加热沥青系统的工作原理是:利用温室效应,用玻璃平板集热式加热装置将太阳辐射能收集并传递给近似黑体的沥青,使之温度升高。

利用太阳能加热沥青属于光电转换中的低温利用技术,这是由于太阳能虽量值巨大,但单位面积能量较小。因此,目前太阳能加热沥青还仅限于预热,其加热温度一般为 70 ~ 90℃。若需升温,则需采用其他加热方式。如明火、导热油、中压水、电红外线等方式将沥青温度升至工作温度。在使用温室效应式的沥青加热装置时,为了获得较多的辐射能量,集热窗为正南向布置,并与地平面形成一定的倾角。

四、红外线沥青加热装置

红外线加热沥青系统基本组成如图 6-4 所示。红外线加热沥青系统设备主要由加热容器、隔热箱体、红外辐射元件(图中为板式)等组成。红外线加热沥青系统工作原理是:以电源作热源通过红外辐射元件产生红外辐射,红外线照射到沥青上,沥青吸收辐射能量并辅以传导和对流的热交换方式使沥青温度升高。

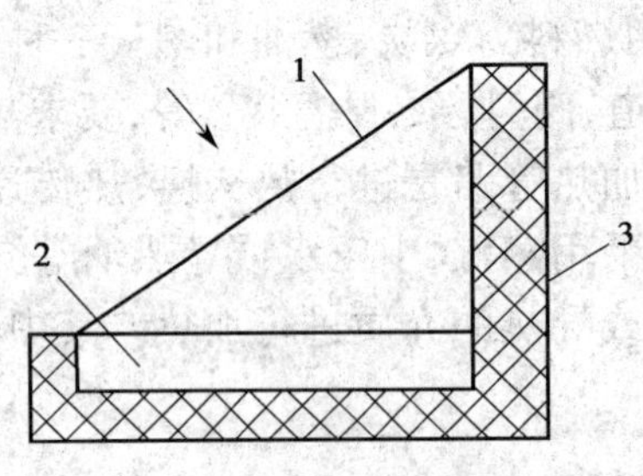

图 6-3　平板集热式太阳能加热器

1-集热器;2-沥青;3-保温层

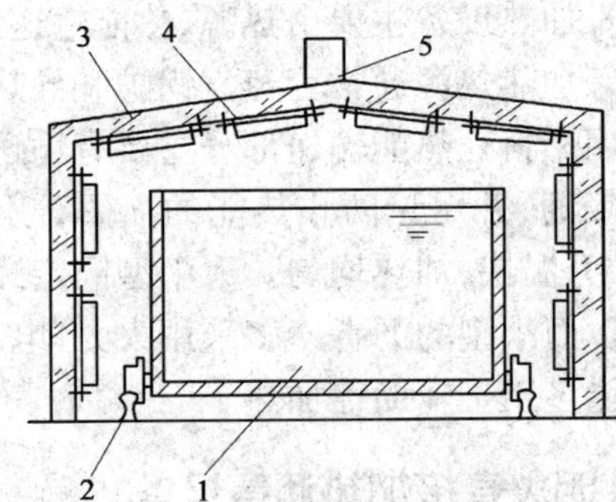

图 6-4　红外线辐射间接加热原理

1-加热器;2-进出轨道;3-隔热箱体;4-板式红外辐射元件;5-蒸汽出口

应用红外技术加热沥青,其热源的选择是多种多样的,但主要的还是电源,载热体(导热油、中压水、过热蒸汽等)和煤炭(原煤、煤粉或煤气)燃烧等。就目前国内外红外加热技术的应用现状而言,我国工程部门主要采用电源作热源。因此,在采用红外线加热技术加热沥青的地区应有足够的动力电源。在沥青加热工程中,红外沥青加热装置通常与太阳能加热装置配套使用。太阳能装置可将沥青由常温固态加热至 70 ~ 90℃ 的流动状态,然后由红外沥青加热装置继续加热至 160 ~ 170℃。

五、导热油加热沥青设备

导热油加热沥青的工作原理导热油加热沥青的工作原理和其他间接加热工艺相似,均为载有较高温度的介质将热能传递给低温物质,其特点是导热油在循环泵作用下,在加热系统内部作闭式强制循环,使沥青吸收导热油的热能,直到加热至使用温度。

如图 6-5 所示,在导热油加热炉中,加热到 300℃ 的导热油由热油泵送入沥青储仓的蛇形管中,导热油以自身的热量去加热沥青,使沥青升温,降温后的导热油又流回到加热炉中的蛇形管中再次被加热而不断循环。

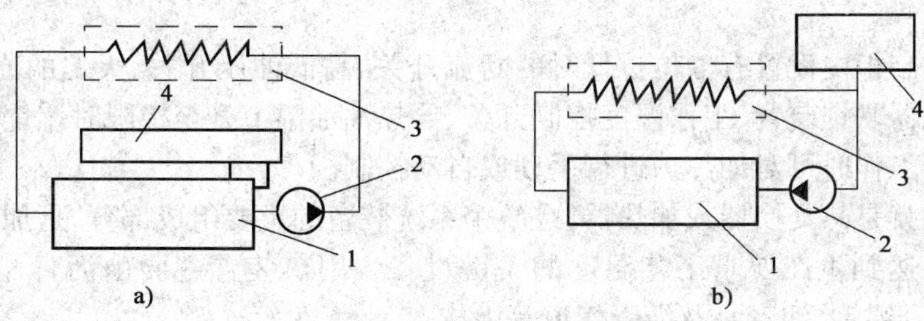

图 6-5 导热油加热工作原理图

a)常压式;b)压力式

1-导热油加热炉;2-导热油油泵;3-热交换器;4-调节罐

导热油有两种不同的热油循环方式,即吸出式(常压式)和注入式(压力式)。

吸出式是将循环泵装于加热炉的导热油出口处,导热油循环方向为:加热炉—导热油油泵—热交换器—加热炉。因此,油泵的工作温度较高,热效率较低,适于加热温度较低的系统。

注入式循环将循环泵安装在加热炉导热油入口管线前端,导热油循环方向为:加热炉—热交换器—导热油油泵—加热炉。油泵工作油温低,加热导热油直接进入热交换器,热效率高,适用于加热温度较高的系统。由于油泵出口为加热炉,故炉管压力较大。

导热油沥青加热设备主要分为两大系统,即供热系统和用热系统。供热系统为导热油加热炉,提供设备所需的热量;用热系统是将导热油的热能传给沥青,从而达到提高沥青温度的目的。图 6-6 为卧式导热油加热炉的结构简图。

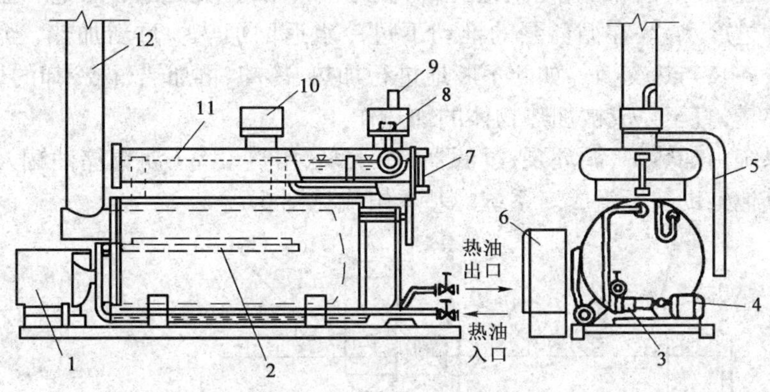

图 6-6 卧式导热油加热炉

1-燃烧器;2-加热管;3-热油泵;4-电动机;5-溢流管;6-控制柜;7-油面指示计;8-检测仪;9-通气管;10-供油口;11-膨胀调节罐;12-烟囱

导热油加热炉主要是由内装蛇形加热管的加热燃烧室(火箱)、带鼓风机的燃烧器、热油泵、调节油罐、进油出油手阀门和控制柜等组成。

加热箱体的一端有油泵、手阀门、压力开关和电动机等,用以驱使导热油循环流动。导热油可以从储油罐或被加热设备的蛇形管经过过油管和进油手阀被泵入加热火箱中的加热管,加热后的导热油可通过带过滤器的回油阀流回加热火箱内的加热管被再度加热,也可通过出油手阀及出油管流向被加热设备去加热沥青或其他需被加热的物料。

在加热箱体的另一端设置有燃烧器和助燃鼓风机。燃烧器可燃烧轻柴油,也可附设预热器烧重油。工作中利用燃烧器的喷嘴使燃油燃烧,所产生的火焰使加热管内的导热油升温。目前,加热炉中的燃烧器多采用全自动调压喷嘴式,它本身带有鼓风机、燃油泵和燃油滤清器，通过一套自动控制系统进行操作，工作中可自动熄火和再点燃，以使加热炉工作安全可靠。

加热炉的控制柜内设置有油位过低时的断流开关、高低油压开关、火焰的光电监视装置、循环油泵与燃烧器联锁装置、工作温度控制开关、导热油油温上升至极限时燃烧器熄火开关及各种指示器等。工作时可对加热炉进行手动或自动控制。

用热装置也就是热交换器或加热器，是整个系统装备的重要组成部分，是加热系统得以实现热能交换最终达到生产要求工艺温度的关键设备。用热装置主要由沥青储罐、沥青脱水(脱桶)罐、沥青升温罐、沥青泵及沥青管道等组成。

六、中压水加热沥青设备

中压水加热系统是一种新型加热设备，它跟以往导热油加热一样采用循环水泵液相强制循环，以达到加热沥青的目的。但其许多优点是导热油加热所无法比拟的。它采用软化水为介质，用增压泵使水压达到200N的压力，在不使水汽化的情况下，把温度提高到220℃左右，从而达到加热沥青的目的。由于水的比热比油要大一倍，因此它传递热量的能力要比导热油大，从而其热传递效率高，能量损失小。同时，由于介质为软化水，它的投入成本低，安全性要比油加热要好。中压水沥青加热设备是一种闭式循环加热系统。在这个系统中的加热管道内充填着软化水作为热载体，系统中不存在空气，但有一定的未被水充满的空间。当包含在循环系统中的加热炉管组被加热时，管内的水温得以升高，水压也随着升高。借助循环泵的作用，将饱和水或气水混合物送到用热设备内，在用热设备内完成被加热物体和热载体的热交换。在这个加热循环过程中，饱和水和气水混合物被逐渐冷却至该压力下的饱和温度之下(此时的热载体被称为过冷水)。在循环泵的推动下过冷水返回加热炉重新加热，当达到系统温度后又输往用热设备参与热交换。如此不断地进行加热、冷却、再加热、再冷却的循环，不断地向用热设备提供热量，直至完成被加热物体的加热作业。

整个加热系统由加热炉、循环泵、过滤器、注水泵、用热设备(沥青储油罐及加热罐)和电器控制部分及其他辅助装置组成。系统的基本组成见图6-7。

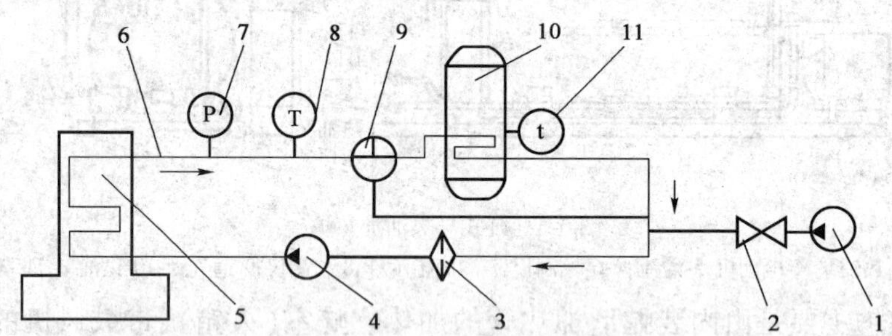

图6-7　中压水加热系统简图

1-注水泵；2-阀门；3-过滤器；4-循环泵；5-加热炉；6-加热管路；7-压力表；8，11-温度计；9-三通阀；10-用热设备

加热炉(中压水加热炉)为整个系统提供热能，它是将燃料的化学能转换为热载体热能的设备。中压水加热炉为强制式锅炉，燃料用类烟煤，盘管式受热面，固定炉排。

循环泵是加热系统中热水循环的动力源。由于它泵送的是具有一定压力的高温水，所以对泵的技术要求较高。特别是循环泵应保证在工作压力和工作温度下的密封性能。

用热设备是盛装沥青和布置中压水加热管路的容器。

七、燃油加热设备

重燃油加热沥青的设备主要由燃烧系统、加热系统和储存系统等部分组成。

1. 燃烧系统

燃烧系统是设备的热源部分，即将燃料的化学能转变为热能的装置，其主要功能是将燃油进行处理，并在燃烧器内燃烧产生热量，其主要功能是将燃油进行处理，并在燃烧器内燃烧产生热量，其基本构造如图 6-8 所示。

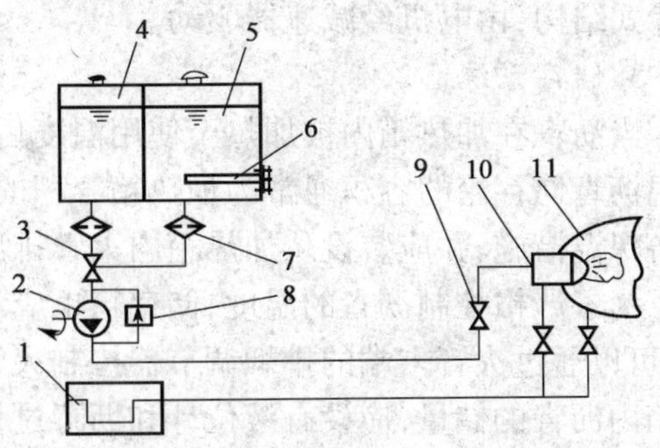

图 6-8　重燃油燃烧系统示意图

1-空压机；2-燃油泵；3-三通阀；4-柴油油箱；5-重油油箱；6-电加热器；7-燃油过滤器；8-溢流阀；9-手动阀门；10-喷油嘴；11-燃烧器

燃油箱由主油箱（重燃油油箱）和副油箱（柴油油箱）两部分组成。当油箱注油时，应有过滤措施，以防止杂质进入。主油箱应设预热机构，可以使用电加热装置，也可以采用其他加热方式将重燃油加热至 180～200℃。但应注意，加热温度必须低于油品的闪点，其数值以低于闪点 20～30℃为宜。

主、副油箱均通过三通阀与燃油泵连接。用三通阀控制所用油品品种。当初始加热时，为使加热系统尽快进入正常工作，应使用易于点火燃烧的柴油作燃料；待进入正常燃烧后将燃料转变为重燃油。而当结束加热前，应掌握时机适时将燃料转变为柴油，使整个加热泵送管路系统被轻质油分清洗一遍，并将管路中的残余重燃油清除并燃烧掉，以免造成堵塞影响以后的工作。

如图 6-8 所示，当燃油泵在电机驱动下开始工作时，空压机应同时启动，将压缩空气（或水蒸气）充入管道于燃油混合，经喷嘴将其喷入燃烧室雾化点火燃烧。

燃烧系统热能产生的数量与系统的雾化效果有关，但主要取决于进入燃烧的燃料数量，燃料数量的控制由系统中的溢流阀实现。系统的最大供油量为燃油泵的额定流量，在燃油泵的额定供油范围内，可以通过对溢流阀的控制调整燃料供应的多少，进而对系统发热量进行监控。当使用溢流阀工作时，多余的泵出燃料将通过溢流阀由旁路返回燃油箱。

2. 加热系统

加热系统是盛装被加热沥青的容器并承担燃烧系统产生的热量与沥青进行热交换的功能，主要由箱体、加热火管、搅拌装置以及液位测定显示和报警装置组成，如图 6-9 所示。

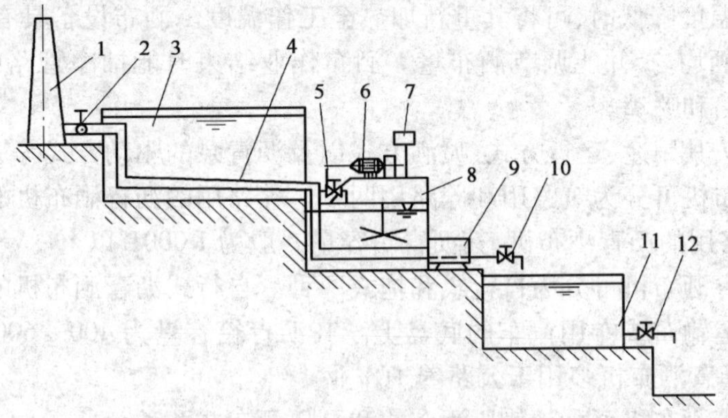

图 6-9　重燃油沥青加热系统及布置示意图

1-烟道；2-排烟调节；3-待加热沥青储存箱；4-火管；5、10、12-放油阀；6-搅拌器；7-液位指示；8-加热箱；9-燃烧器；11-高温沥青储存箱加热箱为夹层保温箱体,保温材料应选择导热性能差的材料,如膨胀珍珠岩、玻璃丝或岩棉纤维板制作,以提高保温性能,降低散热量。加热箱的容积应根据工程单位的实际需要而定,一般为 0.5 ~2t。加热火管以制成 U 形为好,可以布置成双层或多层。搅拌器应采用立轴叶片式结构,由电机经减速器驱动。

3. 储存系统

当沥青在加热箱内被加热至使用温度后,应尽快将它输入高温沥青储存箱内,以备使用。高温沥青储存箱的容积通常为加热箱容积的 4 ~5 倍,为保持其温度,储存箱与加热箱一样,应具备保温措施,并应装设从加热箱内火管排出的烟气余热散热管用于增温。

为了严格控制沥青的温度,储存箱也应设有温度测定装置。当箱内沥青温度过高或过低时,可以通过火管末端的排烟调节器控制火管中的烟气流量来实现温度的调节。同时,为了掌握箱内沥青的储量,应设有液位计和沥青过量报警装置。储存箱中的高温沥青的输出在有地形落差的地区可以用人工阀门靠重力自动流出,也可以使用沥青泵泵出。

火管(包括余热散热管)内的烟气最后由烟囱排出。为了提高热效率,必须控制烟气在散热管中通过的时间,于是在火管的末端设有烟气流量调节器,以控制烟气的流动速度,充分利用余热。

第三节　沥青洒布机

一、概述

沥青洒布机是一种黑色路面施工机械,它是公路、城市道路、机场和港口码头建设的主要设备。在采用沥青贯入法、沥青层铺表面处治法修筑沥青路面或养护沥青(或渣油)路面时,沥青洒布机可用来运输与洒布液态沥青(包括热态沥青、乳化沥青和渣油)。此外,它还可以向就地松碎的土供给沥青结合料,修建沥青稳定土路面或路面基层。

沥青洒布机主要由储料箱和洒布设备两大部分组成。储料箱的作用是储存高温液态的沥青,并且具有一定的保温作用。洒布设备的作用是洒布沥青。沥青的加温是由专门的熔化锅进行的。高温液态沥青向储料箱的注入或由储料箱向洒布设备的输出均靠沥青泵来完成。沥青熔化池中已加热好地热态沥青吸入储料箱内,将热沥青迅速运往工地,并保持其工作温度(150 ~170℃)。若温度降低时,可将其重新加热至工作温度。洒布设备具有一定的喷洒压力(300 ~500kPa),喷洒均匀,并能调节洒布量。洒布作业结束时能抽净管路中的残余沥青,以免沥青凝固堵塞管路和喷嘴。

沥青洒布机可按其用途、运行方式、喷洒方式以及沥青泵的驱动方式等进行分类。

按用途沥青洒布机可分为筑路用和养路用两种。养路用的沥青洒布机的沥青箱容量一般不超过 400L;而筑路用的沥青洒布机,其沥青箱容量一般为 1 000L 以上。

按运行方式沥青洒布机可分为自行式和拖式两种。自行式沥青洒布机的工作装置与操纵机构等安装在工程运输车或专用汽车的底盘上。其沥青箱容量为 400 ~600L,洒布能力一般为 30L/min。拖式沥青洒布机多用于公路养护作业。

按喷洒方式沥青洒布机可分为气压洒布式和泵压洒布式两种。

按沥青泵的驱动方式沥青洒布机可分为发动机驱动和人工手压驱动两种。前者是利用发动机的动力来驱动沥青泵;后者为人工手动洒布,劳动强度较大,工作效率低,一般只宜用于养路修补工作。

目前较为先进的沥青洒布机的沥青泵转速可以依据不同的洒布宽度进行调整，并用传感器、转速表来显示沥青齿轮泵的即时速度。喷洒沥青时，沥青洒布机用传感器和五轮仪来显示洒布机的行驶速度（m/min），依据不同的洒布量（L/m^2）选择相应的行驶速度。喷洒前，液态沥青能经过洒布管进行循环，预热管道、阀门和全部喷嘴，洒布管整个长度上的全部喷嘴均能同时打开和关闭，喷嘴关闭时，沥青就经过洒布管进行循环而流入沥青罐内。

二、自行式沥青洒布机组成

自行式沥青洒布机是将整套沥青洒布设备装在汽车底盘上，并由汽车的发动机供给沥青洒布设备所需的动力。这种沥青洒布机（图 6-10）除汽车底盘外，其洒布设备主要是由沥青箱、加热系统、传动系统、循环洒布系统、操纵机构以及计量仪表等部分组成。

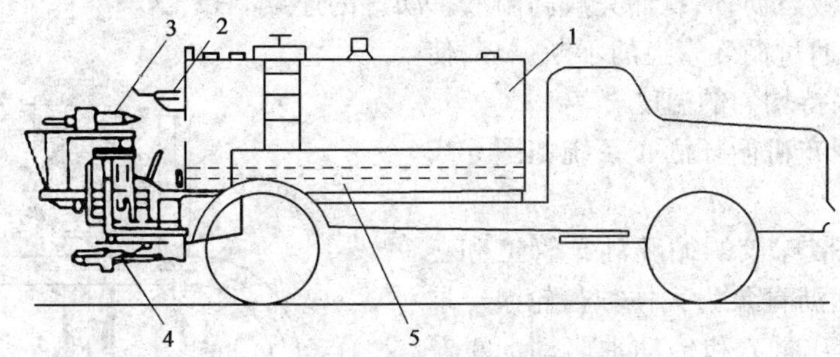

图 6-10　沥青洒布机结构示意图

1-沥青箱；2-操纵机构；3-动力及传动装置；4-洒布系统；5-加热系统

1. 沥青箱

沥青箱主要用于储存热态沥青，并具有保温和加热功能。它是利用钢板焊接而成的椭圆形封闭长筒。在筒体外包有一层玻璃棉或矿渣棉制成的保温隔热层，隔热层外再用薄金属板套壳包住。在静态时，其保温性能要求沥青罐内的沥青每小时的温降应不大于沥青罐内沥青温度与环境温度差值的 3%。其结构如图 6-11 所示。

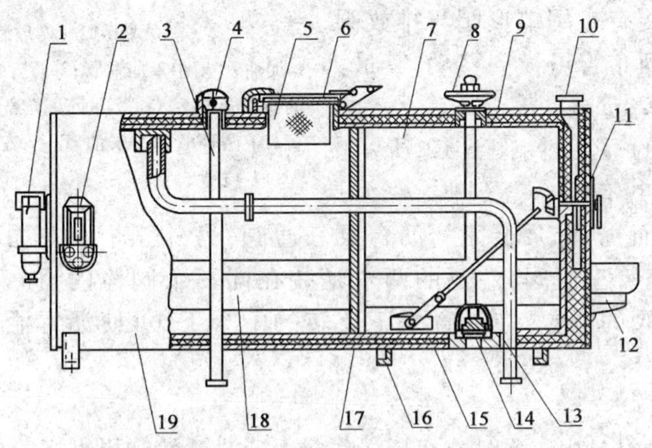

图 6-11　沥青箱结构图

1-灭火器；2-温度计；3-溢流管；4-排气盖；5-进料滤网；6-装料口盖；7-筒体；8-总阀门手轮；9-玻璃棉；10-烟囱；11-刻度盘；12-固定式喷燃器；13-进沥青管；14-总阀门；15-浮子油标；16-沥青箱固定架；17-横隔板；18-加热火管；19-沥青箱外罩

2. 加热系统

加热系统是为了在必要时(运距过长或气候过冷)能加热箱内的沥青而设置的。

加热系统采用燃油加热,由燃油箱、燃烧器、喷油嘴、管路等组成。

3. 传动系统

自行式沥青洒布机的传动系统包括两大部分:一部分是将发动机的动力传递给汽车的驱动轮使车辆行驶的传动系统,这是由汽车底盘部分的传动系统来执行的;另一部分是驱动沥青洒布机的沥青泵工作的传动系统,这是由装在汽车变速箱右侧的分动箱来执行的。

4. 循环洒布系统

循环洒布系统是沥青洒布机完成全部作业的基本部分,其作用如下:

(1)向沥青箱内吸进高温液态沥青,工作完后抽空沥青箱和洒布管内的余料,防止残余沥青凝结、堵塞管路;

(2)连续传输液态沥青,从而完成高温液态沥青的连续洒布工作;

(3)液态沥青通过循环管道的不断循环,使沥青箱内的沥青保持均匀的温度。

常用的沥青洒布机循环洒布系统如图 6-12 所示。

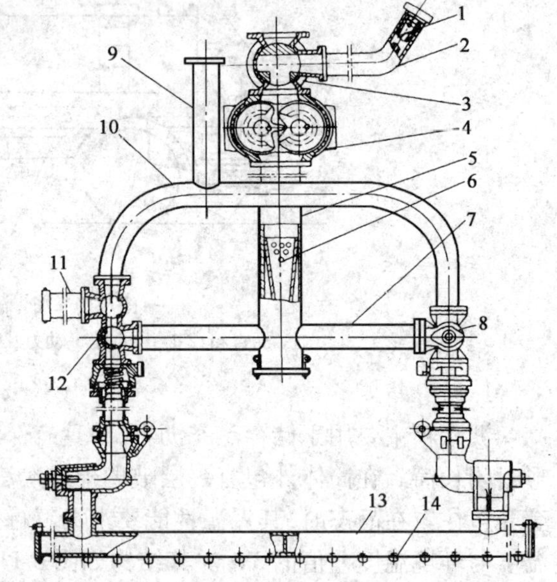

图 6-12　循环洒布系统

1-加油管滤网;2-加油管;3-沥青泵三通阀;4-沥青泵;5-输油总管;6-输油总管滤网;7-横管;8-右横管三通阀;9-进油管;10-循环管;11-放油管;12-左横管双三通阀;13-洒布管;14-喷嘴

它由沥青泵、带球铰的循环洒布管道和三通阀等组成。所用沥青泵为大模数齿轮泵。取力器通过联轴器、万向节和传动轴驱动沥青泵运转。沥青喷洒作业前,用手提式喷燃器加热沥青泵、各三通阀门、管路等进行循环预热。

洒布管由不同长度的钢管组成,中间的钢管为固定管,其中部有一隔板,可实施全段洒布或一侧洒布;另有加长管供选用,可根据实际施工需要选择,以确定洒布管的全长。洒布管端部装有膜片式压力表,可使操作者随时了解喷洒压力。洒布管上装有专用蝶形阀与排放阀,以免洒布管超压。洒布管可横向移动,其最大移动量为左右各为 120mm。

三通阀为一般的通用件,图 6-12 所示的循环一洒布系统中共有四个三通阀:一个是装在沥青箱阀门下面、沥青泵上面的沥青泵三通阀,另外三个装在循环管路的横管的两端,右侧的称为右横管三通阀,左侧的两个是装在同一个阀体内,称为左横管双三通阀。通过改变这些三通阀的位置,在沥青泵正反转的配合下,可使沥青洒布机进行不同方式的作业。

5. 操纵机构

沥青洒布机的操纵是由工人站在机后操作台上通过手轮和操纵杆等机构进行操纵的。沥青洒布机的操纵机构包括三通阀的拨动和洒布管的操纵两部分。三通阀的拨动在作业前一次操作即可;洒布管在洒布过程中则要经常操作与调整。

图 6-13 中,洒布管升降手轮可调整洒布管的上下位置;洒布管喷洒角度调整手柄可以

使得洒布管相对于路面作90°范围内的转动；洒布管左右摆动推杆可根据需要使洒布管作左右方向的位置调整。

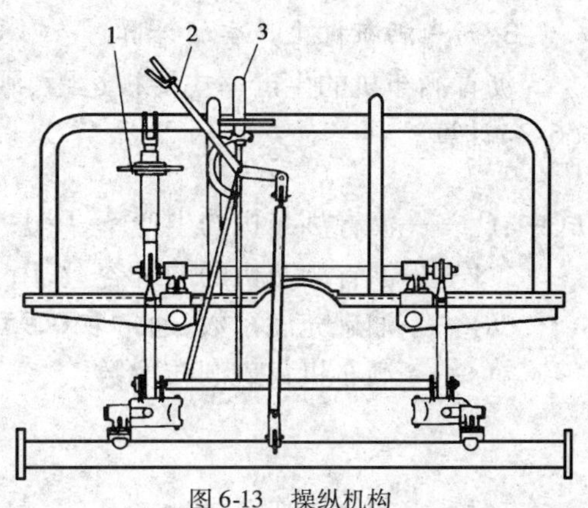

图6-13　操纵机构

1-洒布管升降手轮；2-洒布管喷洒角度调整手柄；3-洒布管左右摆动推杆

三、沥青洒布机使用技术参数的确定

沥青洒布机施工时，首先应确定分层洒布量、洒布路段的长度、洒布机的生产率。

1. 分层洒布量的确定

沥青洒布机分层洒布时，应根据《公路沥青路面施工技术规范》(JTG F40—2004)的要求确定每层的洒布量。表6-1所列为各种表面处治时的沥青用量。

各种表面处治时的沥青用量　　表6-1

沥青种类	类型	厚度(mm)	沥青或乳液用量(kg/m²)			
			第一次	第二次	第三次	合计用量
石油沥青	单层	1.0	1.0~1.2	—	—	1.0~1.2
		1.5	1.4~1.6	—	—	1.4~1.6
	双层	1.5	1.4~1.6	1.0~1.2	—	2.4~2.8
		2.0	1.6~1.8	1.0~1.2	—	2.6~3.0
		2.5	1.8~2.0	1.0~1.2	—	2.8~3.2
	三层	2.5	1.6~1.8	1.2~1.4	1.0~1.2	3.8~4.4
		3.0	1.8~2.0	1.2~1.4	1.0~1.2	4.0~4.6
乳化沥青	单层	0.5	0.9~1.0	—	—	0.9~1.0
	双层	1.0	1.8~2.0	1.0~1.2	—	2.8~3.2
	三层	3.0	2.0~2.2	1.8~2.0	1.0~1.2	4.8~5.4

单位面积的沥青洒布量与洒布机的行驶速度、洒布宽度以及沥青泵的生产率有关。其关系式为：

$$Q_L = qvB \tag{6-1}$$

式中：Q_L——沥青泵的生产率，L/min；

v——洒布机的行驶速度，m/min；

B——洒布宽度，m；

q——单位面积洒布量，kg/m。

依照式(5-4)，根据沥青泵的生产率、洒布宽度，即可确定洒布机的行驶速度。

2. 每次洒布路段长度的确定

为了便于施工，当沥青洒布量确定后，应进一步确定每一罐料能洒布路段的长度，即：

$$L = KV \tag{6-2}$$

式中：L——洒布路段长度，m；

V——洒布机储料箱容量，kg；

K——两洒布带重叠系数，通常取0.90~0.95。

3. 沥青洒布机生产率的计算

沥青洒布机的生产率主要视运距、洒布机的准备工作和施工组织而定。其生产率可用式(6-3)计算。

$$Q_s = nK_m V \tag{6-3}$$

式中：Q_s——沥青洒布机的生产率，L/d；

V——沥青洒布机的油罐容量，L；

K_m——油罐充满系数，通常取0.95～0 98；

n——洒布机每班洒布次数，

$$n = \frac{60TK_b}{t}$$

T——每天工作时间，h；

K_b——时间利用系数，通常取0.85～0.90；

t——洒布机每一循环所需时间，min，

$$t = t_1 + \frac{L_1}{v_1} + \frac{L_2}{v_2} + t_2 + t_3 + t_4$$

t_1——加满每一储料箱所需时间，min；

L_1——由沥青基地至作业工地的距离，m；

L_2——洒布机空载行驶距离，m；

v_1——洒布机重载行驶速度，m/min；

v_2——洒布机空载行驶速度，m/min；

t_2——洒布每一储料箱沥青所需时间，min；

t_3——洒布机两处掉头倒车所需时间，mm；

t_4——准备洒布所需时间，min。

在实际作业过程中，沥青洒布机用于洒布沥青的时间很短，大部分时间都用于运输。由于长距离运输，必然增加洒布机的数量，而主要功能为洒布沥青的沥青洒布机大部分时间用于运输沥青，这样很不合理，既影响了洒布机的利用率，同时也影响了洒布的顺利进行（距离过长，则洒布管内沥青容易凝结，需处理）。为了更好地组织施工，减少洒布机的用量，目前在大型工程中多用大型沥青保温油罐车进行运输和储存，相对减少了沥青的运输距离，使洒布机的生产率大大提高。保温油罐的用量可用式(6-4)计算：

$$n = \frac{Q}{tVK_m} \tag{6-4}$$

式中：n——保温油罐用量；

Q——洒布机只洒布不运输时的生产率，L/d；

t——保温油罐车每次往返工地与沥青基地的时间，h；

V——保温油罐的容量，L；

K_m——保温油罐的充满系数。

四、沥青洒布机的使用

为了保证沥青洒布机的正常工作，在每次洒布完毕之后都要将循环—洒布管路中的残余沥青抽回储料箱内。若当天不再使用，还要用柴油或煤油清洗储料箱、沥青泵和管路，以防止沥青凝固在各处而影响下次使用。在每次使用之前都要检查沥青泵，若发现有沥青凝固现象，

需用手提喷灯烤化，直到沥青泵运转灵活为止。

为了提高沥青的洒布质量，施工中应注意以下要点：

(1)要求沥青洒布机有稳定的行驶速度。速度的变化会影响撒布密度会洒布均匀性，对于机械传动的沥青泵，发动机转速的变化会影响泵的压力和流量。因此，行驶驾驶员和洒布操纵者要密切配合，动作协调一致，确保洒布均匀。沥青洒布速度可按施工要求而定。

(2)保持沥青的洒布温度。若沥青温度发生变化，则其黏度的变化使沥青流通阻力发生变化，从而会引起沥青泵输出流量和压力的变化，使洒布不均匀，影响洒布的质量。

(3)保持稳定的洒布沥青压力。因洒布压力不同，喷出沥青的扇形形状、大小和撒布量不同，致使洒布不均匀。

(4)洒布设备的喷嘴应适用于沥青的稠度，确保能成雾状，与喷洒油管呈 15°～25°的夹角。要选好喷嘴的离地高度。因喷嘴的离地高度不同，其洒布宽度不同(图 6-14)。洒油管的高度应使同一地点接受 2～3 个喷嘴喷洒的沥青，不得出现白条。

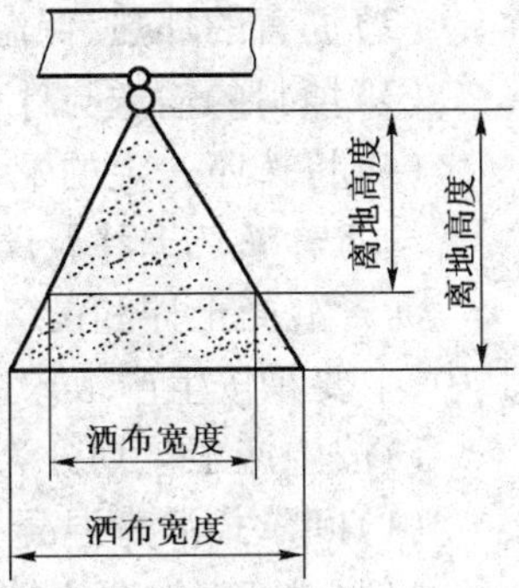

离地高度
离地高度
洒布宽度
洒布宽度

图 6-14 沥青洒布高度与洒布宽度

(5)要求汽车轮胎有足够的气压。若轮胎气压不足，储料箱内沥青数量的变化使轮胎变形较大，从而影响到喷嘴的离地高度。

(6)注意前后两次喷油的接缝。一般纵向应重叠 10～15cm，横向应重叠 20～30cm。

(7)沥青洒布机在加注或洒布热态沥青时，温度很高，必须注意安全，防止烫伤或跌倒。使用固定喷灯时，储料箱内的沥青液面应高于火管。在洒布过程中，不应使用喷灯。

第四节 沥青混凝土搅拌设备

一、概述

沥青混合料拌和设备是沥青路面施工的关键设备，也是目前机电液一体化技术比较密集的机械设备。本章分别介绍沥青混合料拌和设备的用途、功能、分类、发展、结构、工作原理性能特点。

1. 沥青混凝土拌和设备的用途、功能

在修筑沥青混凝土道路的路面施工工程中，要完成沥青混凝土的拌和、运输、摊铺和压实等一系列工序，这些工序中的第一道工序就是沥青混凝土的拌和。所谓沥青混凝土，就是将各种规格的集料(砂、石)、黏结剂(沥青或渣油)和填料(矿粉)按一定比例混合而成的混合料。用于拌和这种混合料的机械设备，称作沥青混凝土拌和设备。沥青路面有时用到不加填料的混合料，称为黑色粒料，也要用沥青混凝土拌和设备来拌制。

除小型移动式沥青混凝土拌和设备外，沥青混凝土拌和设备一般不是一台单机，而是多种设备的有机组合。由于沥青混凝土拌和设备包含一个高高立起的楼状主拌和机组，而且设备的正常运作需要一个较大的固定场地，所以又称为拌和楼或拌和站。

沥青路面修筑工程所涉及的多种配套机械中，以沥青混凝土拌和设备所占的投资比重最大，其运用技术和生产调度管理也相应较复杂。沥青混凝土拌和设备是一个小型生产厂。如果把路面施工工程看作一个系统，则沥青混凝土拌和设备相当于一个子系统。沥青混凝土路面采用热铺工艺，摊铺温度在 110～140℃。无论是从混凝土的质量，还是生产经济性考虑，成品沥青混合料都不宜长时间存放，因此沥青混凝土拌和设备的运作不是独立的，而是与整个路面施工密切相关，沥青混凝土拌和设备技术的运用，严重影响路面工程施工的质量、进度和生产效益。实践表明，沥青混凝土拌和设备是控制路面施工工程的一项关键设备。

按照施工要求，沥青混合料拌和设备所应完成的基本工作如下：

(1)矿料的初步配料、加热烘干、重新筛分与计量；

(2)沥青的加热、保温、输送与计量；

(3)填料的输送与计量；

(4)将按照一定的配合比计量好的热矿料、矿粉与热沥青均匀地拌和成所需要的成品料。

2. 沥青混凝土拌和设备的分类

沥青混凝土拌和设备一般按其生产工艺、额定生产率的大小和机动性三个方面进行分类。其中，主要是按生产工艺进行划分。

1)按生产工艺划分为间歇式(循环式)和连续式(滚筒式)两种

(1)间歇式沥青混凝土拌和设备

间歇式沥青混凝土拌和设备的工艺特征是各种成分是分批计量好后投入拌和缸进行拌和的，拌和好的成品料一批从拌和缸卸出，接着进行下一批料的拌和，形成周而复始的循环作业过程。循环式拌和工艺由此得名。

(2)连续式沥青混凝土拌和设备

顾名思义，连续式拌和工艺中，各种原材料是连续地进入拌和缸中，拌好的成品料也是源源不断地从拌和缸卸出。在结构上，这种设备的集料烘干和拌和在同一个滚筒中进行，所以又称为滚筒式沥青混凝土拌和设备。

在性能上，连续式沥青混凝土拌和设备的作业生产率高于间歇式沥青混凝土拌和设备。但连续式沥青混凝土拌和设备有以下不足：

①采用动态称重，计量精度比较低，难以保证集料级配。尤其是各种原材料都是在烘干前称重，集料含水率的变化会严重影响混合料的配比。先进的滚筒式拌和设备虽然可以测出冷集料的含水率进行修正，但仍不如对脱水集料直接静态计量精度高。

②难以避免沥青接触火焰而使其品质降低。

由于上述原因，连续式沥青混凝土拌和设备拌出的成品料质量，不如间歇式沥青混凝土拌和设备拌出的成品料好。目前，在高等级黑色路面施工中，广泛采用间歇式沥青混凝土拌和设备。我国现行的道路施工规范规定高等级沥青路面必须采用间歇式沥青拌和设备。

2)按设备的额定生产率划分为大、中、小几个档次

实际上，机型的大小并无严格定义，从工程使用的角度考虑，大致有以下划分：

(1)小型机：额定生产率小于60t/h；

(2)中型机：额定生产率在70~140t/h；

(3)大型机：额定生产率大于150t/h。

3)按设备的机动性划分为固定式、半固定式和移动式三种

(1)固定式

固定式沥青混凝土拌和设备的各项独立装置，以地脚螺栓固定在水泥混凝土地基上，一般属于大、中型设备，其安装和搬迁工程量很大。

(2)半固定式

半固定式沥青混凝土拌和设备的各独立装置，可分装在几辆平板车上，由牵引车挂接运输，在工地上由挂车的支腿顶升起来，只需完成较小量的安装工程，就可投入生产，转移工地前

的拆卸也比较方便。

(3)移动式

移动式沥青混凝土拌和设备的全套装置,安装在一台牵引车底盘上,用牵引车头挂接,就可以转场运输。

二、间歇式沥青混凝土拌和设备

1. 强制间歇式沥青混凝土拌和设备和拌和工艺

强制间歇式沥青混合料拌和设备的基本结构组成如图6-15所示。

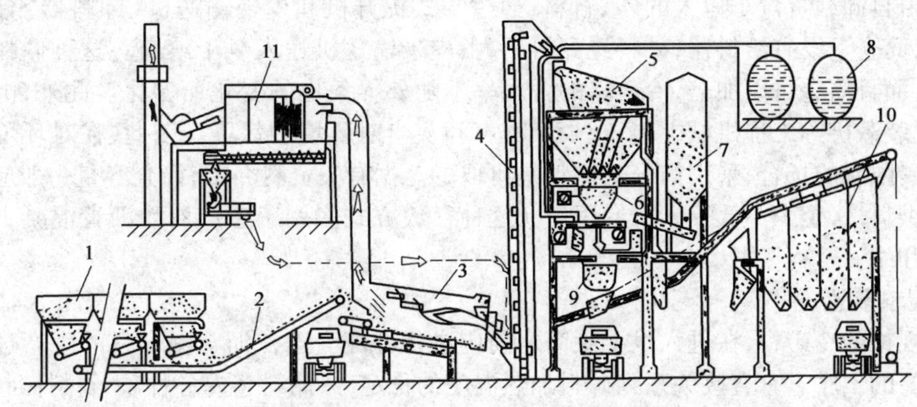

图6-15 强制间歇式沥青混合料拌和设备的基本结构组成

1-冷矿料储存及配料装置;2-冷矿料输送机;3-冷矿料烘干滚筒;4-热矿料提升机;5-热矿料筛分及储存装置;6-热矿料计量装置;7-矿粉储存仓;8-沥青供给系统;9-拌和器;10-成品料储存仓;11-除尘装置

其生产工艺为:不同规格的冷砂、石料经冷矿料储存及配料装置的给料机进行初配后,由冷矿料输送机送至烘干滚筒烘干、加热,一般以柴油、重油或渣油作燃料,由燃烧器雾化燃烧,并采取逆流加热方式;矿料被烘干、加热至140~160℃后从滚筒排出,由热矿料提升机送入筛分装置进行二次筛分;筛分好的各种砂、石料分别储存在热储料仓的隔仓内,然后按预先设定的比例先后进入热矿料称量斗内累计称重计量。与此同时,储存在专用筒仓里的矿粉由螺旋输送机送至矿粉称料斗内称重计量。此外,储存在保温罐内的热沥青(170~180℃)由沥青输送泵经带保温的沥青管道,抽送至沥青称量桶内称重计量。各种材料按配合比分别计量后,按预先设定的程序先后投入到拌和器内进行强制拌和,待拌和均匀之后,或直接卸入运输车辆中,或送至成品料储存仓内暂时储存。矿料在烘干、筛分、拌和等生产过程中产生的燃烧废气、水蒸气以及灰尘,通过除尘装置净化处理后排入大气。间歇式拌和设备采用电网电力或大型柴油发电机组发电驱动,生产过程可以人工操作,也可以自动控制。其工艺流程如图6-16所示。

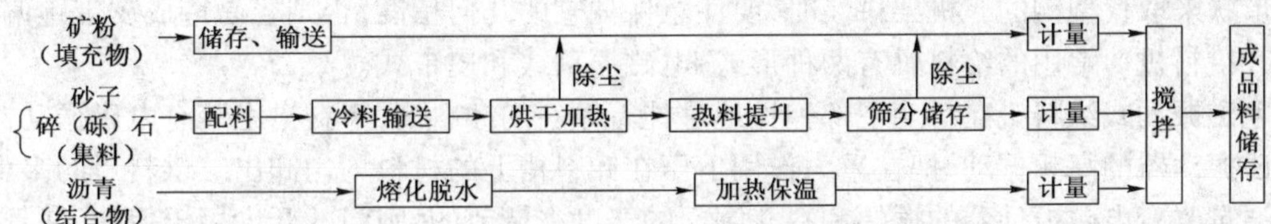

图6-16 强制间歇式沥青混凝土拌和设备工艺流程图

2. 沥青混凝土拌和设备的主要组成部分的结构和功用

1)冷集料供给系统

(1)冷矿料的储存

通常,冷矿料堆放在露天场地上,或存放在特制的筒仓内。前者称为堆场式,后者称为筒仓式。

①堆场式。各种砂、石料分类存放在场地上,如果条件许可,最好加盖雨棚。因为矿料的含水率随气候变化较大,尤其是阴雨天,含水率的增加会加大烘干、加热系统的工作强度,使能耗增加或生产量下降。

这种存放方式不需要专门的设施,储存量不受限制。目前,国内普遍采用这种存放方式。

②筒仓式。在存放材料的场地受到限制时,可利用几个特制的筒仓,将砂、石料分类存放在其中。由自卸载货汽车运入的砂、石料,通过斗式提升机和皮带输送机(卸料器)分别送至各筒仓内,筒仓下设有给料器,矿料经配料后,由皮带输送机送入烘干滚筒。这种储料方式占地面积小,而且筒仓可以加盖,冷矿料的含水率不随外界条件的变化而变化。此外,由于不使用推土机、装载机等工程机械上料,减少了噪声和灰尘对环境的污染。因此,在对环境要求较高且场地受限制的场合,采用筒仓式储料是可取的。据有关资料介绍,筒仓容量一般应考虑确保5天的供料量,至少不低于3天的用量。这种存放方式多用于生产商品沥青混凝土或城市的沥青拌和站。

(2)配料装置

各种规格的冷矿料,在进入烘干滚筒之前应进行初配。这在沥青混合料的生产过程中是一个很重要的工序。它直接关系到矿料加热温度的稳定,热储料仓内各种砂、石料储料量的均衡,拌和设备生产过程的连续,乃至成品料的质量。因此,冷矿料配料的精确度和操作的自动化程度,已成为衡量拌和设备技术先进性的一个重要指标。

配料装置主要由配料斗、给料机、集料皮带输送机和机架组成。

①配料斗和机架。配料斗的数量根据工程需要来确定,一般为4~6个。料斗是按内装矿料规格的大小沿运动方向依次排列的。大粒径碎石料斗在前,砂料斗在最后。通常在大粒径碎石料斗的上面放置一个隔网,以防止大于某一限定规格(一般为50mm)的石料进入斗内。料斗上口的尺寸应与上料方式相适应。如采用装载机上料,料斗的宽度要大于装载斗的宽度。料斗距地面的高度,要能满足装载机上料高度的要求。料斗下口的宽度应小于给料机的宽度,并且最好前大后小,以免材料外溢。斗前壁的下部设有一个手动调节闸门,用以调节材料流量的大小。在砂料斗的后斗壁上,装有一个小振动器,用以防止砂料在出料口处结拱。破拱振动器是间歇振动的,振动时间的长短,由安装在控制室内的定时器来调节。

此外,有些拌和设备在料斗下部还装有料位指示器,当斗内料位低于设定值时能发出警报,提醒操作者及时上料,以保证设备正常连续工作。

配料装置的机架多用型钢拼焊而成。有时为减轻质量、增大刚度,也有用钢板压制成一定截面形状来取代型钢的。机架拼装时,要注意保证它的几何精度,否则容易造成皮带跑偏。

②给料机。常用的给料机有两种形式:电磁振动式和皮带式。

电磁振动式给料机在料斗下部弹性地悬挂着倾斜的卸料槽,卸料槽上装有电磁振动器,依靠电磁振动器的高频振动,把在重力作用下压在卸料槽上的材料均匀卸出。供料量的多少,一般是通过改变电磁振动器的振幅和料斗闸门的开度来调节的,闸门的开度用于粗调,并且应在开机前调整好;开机后若要精确调节供料量,则是由调节振动器的振幅来实现的。此外,有些设备通过变更卸料槽的倾角,也可以达到调节供料量的目的。同样,这种调整也必须在开机前调好。再有,目前技术较为先进的振动给料机,在卸料槽上装有振幅传感器,用于检测实际振幅与设定值的差距，并将信息反馈到控制室，随时予以调整，以确保供料量的稳定、均衡。这种给料机体积小，安装、维修简单，无旋转零件，不需要润滑，消耗功率小，便于集中控制，而且造价低。但是它的调整变化曲线是非线性的，并且对潮湿的矿料供料效果较差。所以，通常电磁振动给料机只用于含水率变化较小的石料的供给，对于含水率随气候变化较大的细砂料，电磁振动式给料机效果不好。

皮带式给料机安装在冷料仓下方兼作仓底。材料在重力作用下压在料斗下的皮带给料机上，通过皮带给料机的旋转强制将材料卸出。通过调节皮带给料机的转速或料斗闸门的开度来变更供料量。料斗闸门的开度用于粗调，并在开机前调好；而开机后的精调则是通过改变皮带机的转速来实现的。皮带给料机由电机驱动，调速有两种方法：一种是直流调速，另一种是交流调速。前者动力特性好且价格便宜，因此被广泛采用。皮带给料机的调速比一般为1:10～1:20，最大为1:30，在给定的范围内，速度变化是无级的，因此供料量的变化是线性的。相对而言，皮带给料机较电磁振动给料机供料精确，调节范围也大，但价格较贵。

上述两种给料方式均属于体积计量，用于间歇式拌和设备材料的初配已完全满足要求。

(3)冷矿料输送机

每一种矿料经给料机卸出后，便汇集在下面的集料皮带输送机上，由于料仓组下集料输送距离较长，而烘干筒入口又有一定调度。集料一般要再通过另一个倾斜的冷矿料输送机转运送入烘干筒内。冷矿料输送机一般采用皮带输送机。皮带输送机噪声小，不易产生卡阻现象，架设容易。在大多数沥青拌和设备上均配置这种冷矿料给料装置。

2)矿料烘干、加热系统

矿料的烘干、加热是很重要的工序。为了使沥青很好地裹覆在砂、石料的表面，并使成品料具有良好的摊铺性能，矿料应基本上完全脱水，并加热至较高温度(普通沥青混凝土通常控制在140～160℃)。对SMA混合料，集料要升温至180℃以上。

冷矿料烘干、加热系统包括以下两大部分：一是烘干滚筒及其驱动装置，二是加热装置，如图6-17所示。长圆柱形筒体(2)通过滚圈(3、6)支承在滚轮(17)上，中小型的滚筒用4个滚轮支撑(每个滚圈下两个)，大型滚筒用8个滚轮支撑(两个一组)。滚轮安装在支架(21)上，从而由支架承受整个烘干筒的重力。滚筒安装倾角一般为5°～8°，由轴向限位滚轮(20)限位。滚圈与水平滚轮之间留有一定间隙，以免滚筒受热膨胀后卡死。间歇式沥青混凝土拌和设备采用逆流式烘干工艺，燃烧器(12)安装在筒体下端中心孔处。喷出的火焰上沿筒内上行至排烟口排向除尘系统。集料从筒体高端的加料箱投入烘干筒内，与燃烧器喷出的火焰逆向对流，升温脱水后由卸料口(15)排出。

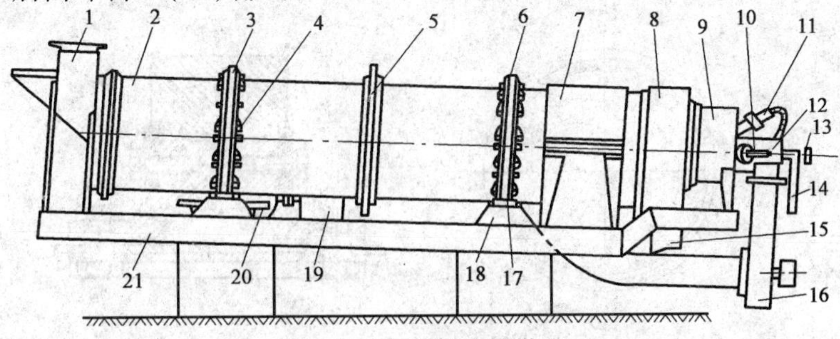

图6-17　集料烘干加热装置

1-加料箱和排烟口；2-筒体；3、6-滚圈；4-胀缩件；5-传动机构；7-冷却罩；8-卸料箱；9-火箱；10-点火喷头；11-火焰探测器；12-燃烧器；13-供油调节器；14-输油管；15-卸料槽；16-鼓风机；17-支承滚轮；18-防护罩；19-驱动装置；20-轴向限位滚轮；21-支架

烘干筒的驱动方式有三种:链条驱动、齿轮驱动和摩擦轮驱动。齿轮驱动传动可靠,使用寿命长,但齿圈制造成本高,安装调整较困难。一些较大型的拌和设备,多用链条传动取代齿轮传动,这样既避免了制造大型齿轮的复杂工艺,又减轻了质量,节约了金属材料。此外,大链齿多采取装配式结构,磨损后只需单独更换链齿,且安装工艺十分简便。烘干筒传动链常用鞍形布置方式,如图 6-18 所示。

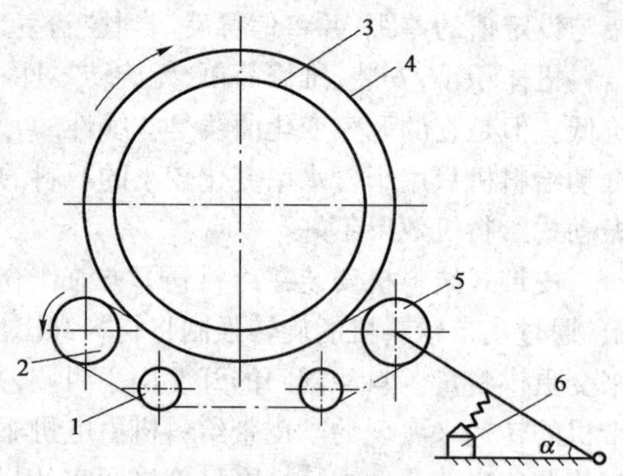

图 6-18　鞍形链传动布置

1-张紧链轮;2-主动链轮;3-筒体;4-链轮齿圈上分度圆;5-从动链轮;6-弹簧张紧装置

对于更大型的拌和设备,由于烘干滚筒的质量已足够大,因此常常将前、后滚圈下的托轮作为主动轮,利用摩擦传动的方式驱动烘干滚筒旋转,不必另外再设置链轮或齿轮传动。

(1)烘干滚筒

烘干滚筒是烘干、加热矿料的设备。为了使具有一定含水率的湿冷矿料在较短的时间里,用较低的燃料消耗,能充分脱水,并加热至所需要的温度,故要求矿料在烘干滚筒内要能均匀、分散开,直接与高温气体接触,使其能均匀、充分吸收其热能;烘干加热时间可调;集料进出方便。

进料端设有喂料环,若滚筒直径大于 2m,通常就不再设喂料环了,矿料可直接喂入筒内。

烘干筒内部构造如图 6-19 所示。烘干筒入口段为受料区,叶片(10)为螺旋叶片,其旋向与滚筒转动方向的配合便于集料快速进入到筒内。第二区为烘干区。沿筒体母线方向安装有多种形状的叶片,弯曲的叶片便于提升集料使之以螺旋轨迹向排料端运动。

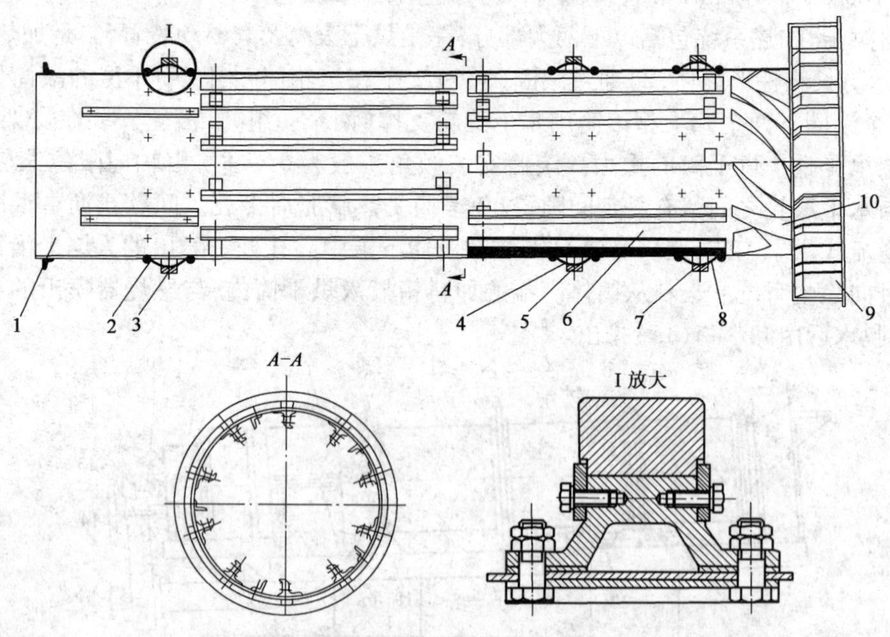

图 6-19　逆流式烘干滚筒

1-筒体;2、8-滚圈架;3、7-滚圈;4-齿圈架;5-齿圈;6-升料槽板;9-进料箱;10-螺旋叶片

靠近燃烧器这一段为排料段，该端有断面形状为T形的叶片，叶片与筒体纵轴线呈20°~30°安装，便于集料排向卸料口。在滚筒卸料箱出口处装有测温仪，用来检测矿料的出料温度，并在控制室内显示。测温仪有两种：一种是接触式，多用热电偶；另一种是非接触式，常用红外线测温仪。

（2）加热装置

①燃料的选择。将一定含水率的湿冷矿料烘干、加热需要消耗大量的热能。由于液体燃料较之气体燃料（煤气、天然气）和固体燃料（煤）具有更多的优良性质，因此在拌和设备上得到了广泛的应用。采用液体燃料，其运输和燃烧方面的操作费用比使用固体燃料要低，由于没有供应煤炭和除灰等工序，操作上也比较方便。国内外拌和设备的加热装置几乎都采用液体燃料，国外也有用天然气作燃料的，它有更优良的燃烧特性，但是价格昂贵，仅在获得天然气较方便的地区是可取的。国内也有个别的拌和设备仍烧煤，煤的发热值低，火焰不稳定，温度不易控制，并且劳动强度大，但是价格便宜。

②液体燃料的燃烧。拌和设备上所用的液体燃料以柴油、重油为主。柴油黏度低，可以直接燃烧；而重油黏度大，为了很好地雾化，燃烧之前必须将黏度降到燃烧器的规定值。降低重油的黏度，通常有两种方法：多数采用加热的方法，也有采用乳化方法的。大多数的拌和设备是利用一套燃油预热装置，通过加热来降低重油的黏度，使其满足燃烧器雾化的需要。不同标号的重油，预热温度不同，国内用于燃烧的燃料油多为渣油，其杂质多，黏度更大，因此在燃烧之前一定要加强过滤，并且预热温度要更高。

③燃烧器的选择。燃油的可燃部分主要由碳氢化合物组成。在燃烧过程中，每个燃油质点都能够与空气中的氧气化合，燃烧才能充分。燃烧器的作用就在于将燃料雾化成尽可能多的细小单独液滴，并使这些液滴均匀分地布在燃烧区的空气流内，与空气充分混合，以利于完全燃烧。

用于拌和设备的燃烧器，按照燃油雾化方法的不同，大致有低压空气雾化式燃烧器、油压雾化式燃烧器和混合雾化式燃烧器三种。

3）热集料提升机

热集料提升机是把从烘干滚筒中卸出的热集料运送至筛分设备的装置，通常采用链斗式提升机。为减少运料过程中的热量损失以及作为安全措施，链斗提升机通常安装在封闭的壳体内。

链斗提升机一般多选用深形料斗离心卸料方式，但在大型拌和设备上，也可用导槽料斗重力卸料方式。重力卸料方式因其链条运动速度低，磨损和噪声都相对较小。

值得注意的是，提升机运转一旦停止，在链条有载分支未卸出的集料质量的作用下，提升机有可能倒转，使得集料积存在底部，阻碍了提升机的再启动，因此，在提升机的驱动部分应设有防倒转装置。

4）热集料筛分装置

筛分装置（图6-20）的作用在于把热集料提升机送来的砂石料按不同粒径重新分开，以便在拌和之前分别进行精确计量。

筛分装置有滚筒筛和振动筛等不同形式，与滚筒筛相比，振动筛具有体积小、生产效率高、筛分质量好、维修简便等优点，因此被广泛采用。

作为评价筛分过程的主要技术经济指标是生产率和筛分效率。前者是数量指标，它应与拌和设备的生产能力相匹配；后者是质量指标，它表示筛分过程进行的完全程度和筛分产品的

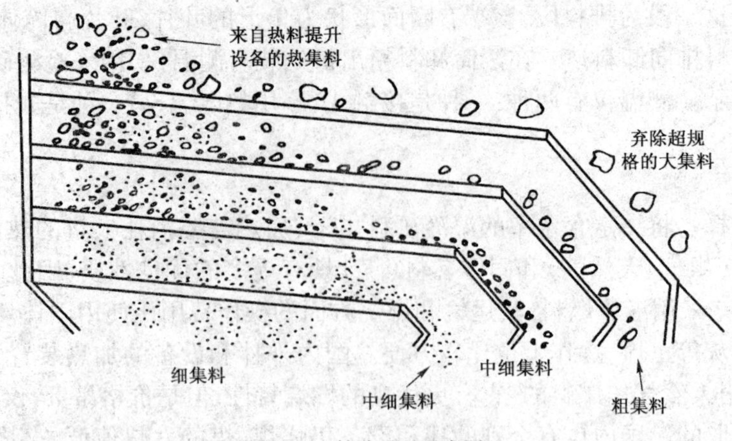

图 6-20 筛分过程示意图

质量。所谓筛分效率,即某一规格筛网实际所得筛下的产品质量与被筛分物料中所含小于这一筛孔尺寸物料的质量比。

热集料筛分时会产生大量粉尘,在振动筛的外罩要密封良好,并且在罩壳上有排尘口,将粉尘导入除尘系统。

5)热集料的储存与计量装置

矿料的级配精度和油石比的计量精度是衡量沥青混合料质量的重要技术指标,各种材料的精确计量是由这一系统来完成的。对于二次筛分后的砂石料再分别予以精确计量,是间歇式拌和设备区别于其他类型拌和设备最显著的特点之一,也是间歇式拌和设备可以获得较高级配精度和油石比精度的重要保证。因为这种配料方式是将矿料、矿粉、沥青分别予以计量,它们的配合精度仅仅取决于各自称量系统的精度,排除了相互之间的制约。而当前科学技术的发展,可使矿料的计量精度和矿粉的计量精度达到 ±0.5%,沥青的计量精度达到 ±0.33%,这足以保证满足任何配合比的沥青混合料的质量要求。

(1)热储料仓

筛分好的各种砂石料在计量之前分别储存在热集料储料仓的几个隔仓内,以便按一定的配合比分别计量。隔仓的数目视所需矿料的规格而定,一般为 4 个。每个料仓的上部均设有溢料口,并与溢流管道相通,当热集料在仓内堆积到超过一定高度时可从这里排出。各仓的底部设有能迅速启闭的放料门,放料口尺寸的大小与配合比相适应。放料门的启闭通常是由电磁阀控制汽缸来实现的,而电磁阀的信号来自计量装置的控制系统。

冷矿料的初配应使筛分后的热集料在各仓内的料位基本均衡,这样才能保证各种规格的矿料计量准确,并按设定的生产周期正常运行。但有时由于原材料颗粒含量达不到要求,或者材料混掺,或者初配不当等原因,可能会造成各个料仓的料位不均。有的仓材料过满,热集料从溢流管排出,造成浪费,并污染环境;而有的仓材料不足,使计量持续等待,影响设定的生产程序正常运行。因此,大多数热储料仓内都设置了上、下两个料位指示装置,或一个下料位指示装置,并将检测信号送往控制室。这样,在仓满或料不足时便发出信号,通知操作人员调整冷矿料的初配,以期维持各热储料仓材料的基本均衡。

(2)热集料计量装置

在间歇式拌和设备上材料的计量采取质量计量方式。它包括称量斗和计量秤两部分。目前,绝大多数拌和设备采用电子计量秤。

称量斗用钢板拼焊而成。它位于热储料仓的下方,并通过4个拉力式称量传感器悬吊在楼体的二层机架上。运输时需用连接螺栓将其位置固定,以防止其摇摆受力。在有的拌和设备上,矿料称量斗中用一个隔板将石料与砂料分开,以便按照设定的放料顺序先放石料,延迟几秒钟后再放砂料。称量斗斗门的启闭是由电磁阀操纵汽缸来实现的,电磁阀的信号同样来自计量秤的控制系统,而称量斗的容量与拌和缸的容量应相匹配。

称量时,不同规格的热集料按预先设定的质量比依次放入称量斗中,拉力式称量传感器将检测到的信号通过屏蔽电缆送至控制台的程控器,并且一一叠加计量,操作人员可从控制台的称量数字显示器上读出计量值。达到设定值后,热储料仓的放料门自动关闭,一批集料称量完成后,称量斗的斗门开启,计量好的热集料便被卸至拌和缸内。集料秤卸空后下一个计量周期开始。

6)矿粉的供给与计量装置

在拌制沥青混凝土混合料时需加入适量的矿粉,以减少混合料的空隙率,提高混合料强度。同时,矿粉还有增加沥青与矿料的黏结力作用。

(1)矿粉供给系统

在较大型的拌和设备上,矿粉储存在专用的筒仓内。根据矿粉的供给方式,相应地采用不同的方法将矿粉送至筒仓内:若用粉料罐车供给矿粉,一般采用气力输送的方法上料;若供应的是袋装矿粉,则常用斗式提升机上料,也有采用风动输送而人工拆袋上料的方式。为防止上料时粉尘向外逸散,在筒仓的顶部设有小型布袋过滤器,大约每分钟通入2~3次脉冲压缩空气,将黏附在袋外的矿粉抖落;另外,仓顶最好呈拱形以利于排水。其上通常设有气孔,气孔盖上装有安全阀,当仓内气体压力过大时,顶开安全阀与大气连通,起到保护筒体的作用。筒仓内装有料位探测器,其信号通入控制室,当料位超过高限或低于低限时会发出警报,通知操作人员停止上料或及时上料。筒仓的下部为倒圆锥形,仓壁上设有几个粉料疏松器,它与压缩空气管路相通,大约每分钟通入4次压缩空气,使矿粉处于悬浮状态以防止矿粉结拱。在筒仓的出口处,设有调节闸门和叶轮给料器(也称转阀),通过改变闸门的开度和叶轮给料器的转速来调节供粉量的大小。

将筒仓内的矿粉送至矿粉计量装置,有几种不同的方法。最简单的方法是用一台螺旋输送机供料,将矿粉从筒仓经螺旋输送机直接送至矿粉称量斗,但这种供料方式要求矿粉储罐靠近主拌和楼安装,且单级螺旋输送器的输送距离和倾角较大。也可先将矿粉用螺旋输送器输送到主拌和楼底部,再通过链斗提升机构提升到矿料计量装置上部的容器内。

(2)矿粉计量装置

在沥青混合料中,矿粉的含量需要严格控制。有关规范中明确规定:矿粉必须单独计量,不允许与砂石料累计计量。因此,拌和设备上设置了专门的矿粉计量装置,同样矿粉计量装置也由称量斗和电子计量秤组成。

矿粉称量斗通过3个拉力式称量传感器也悬吊在楼体的二层机架上,运输时也需用连接螺栓将其位置固定。称量斗的斗门内侧附有橡胶板,以便与斗的底部很好地贴合。此外,制造时要用水做密封实验,确保其不渗漏;称量斗的斗门是由矿粉计量秤的控制系统来操纵的,计量达到设定值后供料螺旋停转,称量斗斗门开启,矿粉被卸至拌和缸内。计量值可从控制台的称量数字显示器上读出。矿粉称量斗的容量通常为拌和缸容量的20%。

7)沥青供给系统

沥青供给系统包括保温罐、沥青泵、计量装置、喷射装置以及连接管路和阀门等。它用于储存、保温熔化后的液体沥青,并且适时、定量地供给拌和缸。

常温下的沥青呈固体状态,因此拌和设备使用的沥青应先行熔化、脱水、掺配并加热至一定温度。通常,熔化沥青是在专门的储油库内进行的,而熔化后的液体沥青用油罐车运送至拌和场,并放入保温罐内储存。有些固定式的拌和站本身设置了沥青熔化装置,这样通过沥青泵和连接管路就可以将沥青输送至保温罐内。

沥青熔化有多种加热方式,现在国内主要采取导热油或蒸汽间接加热方式,也有利用太阳能辅之以电加热来熔化沥青的。无论是哪一种加热方式,熔化时的温度必须严格加以控制,防止长时间高温加热或局部过热而导致沥青老化。另外,在沥青熔化、脱水过程中一定要辅之以搅动,以防止"溢锅"等意外事故发生。

8)拌和缸

拌和缸是把按一定配合比称量好的砂石料、矿粉和沥青均匀地拌和成所需成品混合料的装置。拌和设备的生产能力在很大程度上取决于拌和缸的容量。它们之间的关系见表 6-2。

拌和缸容量与生产能力关系表 表 6-2

拌和缸容量(kg)	拌和设备的生产能力(t/h)	拌和缸容量(kg)	拌和设备的生产能力(t/h)
500	30 ~ 40	3 000	180 ~ 240
1 000	60 ~ 80	4 000	240 ~ 320
2 000	120 ~ 160		

一般情况下,拌和设备的生产能力不是固定值,当冷矿料含水率或所拌制的混合料种类不同时,生产率是有所变化的。冷矿料含水率较高,或者细矿料的比例增大时,为了充分烘干、拌和,必须相应地减少上料量,或延长拌和时间,此时生产率就会降低;反之,生产率就会增加。另外,成品料的出料温度提高,也会导致生产率的下降。拌和缸的容量,是指每批投入的拌和料的全部质量。拌和缸的有效容积(混合料的体积与拌和缸容积之比)一般为 40% ~60%,有的达 70%。间歇式拌和设备的拌和方式为强制式,其构造如图 6-21 所示。

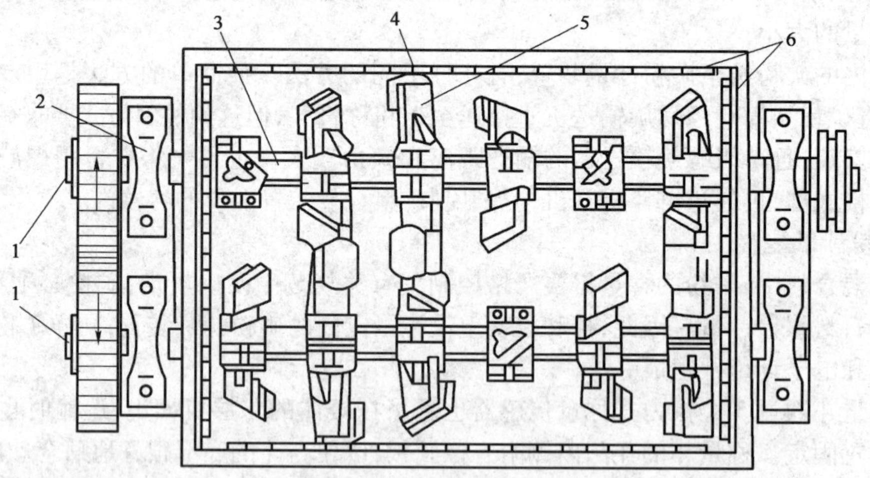

图 6-21 间歇式拌和缸结构图

1-传动齿轮;2-轴承;3-拌和轴;4-拌料板;5-拌和臂;6-衬板

拌和缸的两根轴通过一对啮合齿轮带动而反向旋转(也有采用链轮驱动的,但是必须保证两轴反向旋转)。每根轴上有 6 ~ 8 对拌和臂,臂端装有用耐磨材料制成的并可更换的拌和桨叶,拌和桨叶与拌和轴中心线安装呈 45°角,同一根轴上相邻的两对拌和臂相错角度为 90°

或45°（角度小有利于拌细矿料），两根轴上对应的拌和臂也相错90°或45°。物料投入到拌和缸之后，在拌和桨叶旋转运动的带动下，沿轴线做螺旋推进运动，垂直于轴线又有交叉运动，从而得到均匀混合。拌和臂的排列有多种形式，但是只有在较短的时间里使物料有较长的运动轨迹，才能得到最佳的拌和效果。

拌和时投料顺序有两种：一种是先将砂石料放入拌和缸内干拌3～5s后加入沥青，待拌和几秒钟之后再加入矿粉继续进行拌和；另一种是在放入砂石料之后先加入矿粉，待干拌几秒钟后，再加入沥青继续进行拌和。目前大多数拌和设备采用第一种投料顺序，因为这种投料顺序在大矿料得到充分地裹覆的同时，沥青被均匀地分散在大矿料中间，矿粉投入后可以和沥青很好地结合，不至于成团，因而矿粉表面积能得到充分地利用，大、小料的油膜厚度比较均匀。这样，混合料黏结性能好，稳定性提高，抗低温开裂能力增强，但如果矿粉加入量较多，则混合料灰暗无光泽，矿料表面裹覆的沥青油膜变薄，致使沥青混合料黏结力降低，材料易松散、脱落，因此加矿粉时矿粉量不宜超过矿粉级配含量的中值。第二种投料顺序则由于矿粉在沥青之前加入，沥青再喷入后容易被矿粉吸附结成团状，并且矿粉的比表面积通常要占到级配料的70%以上，结团后矿粉表面积不能充分利用，使得沥青相对“过量”，大矿料表面的油膜增厚，混合料中游离沥青增多，因此混合料的黏结力下降，稳定性差，碾压过程中位移增大，低温易开裂，路面使用寿命缩短，故采用第二种顺序放料，相应地矿粉用量要大，拌和时间要长，尤其砂石料与矿粉的干拌时间应不小6s。通常各种材料全部投入后的纯拌和时间为35～45s，每一循环周期为45～60s。

9）除尘装置

采用传统式拌和工艺，矿料在烘干、筛分、计量和拌和等生产过程中会逸散出大量灰尘，尤其是在烘干过程中，还有一些燃烧废气排出，造成环境污染。除尘装置就是要将这些污染物尽可能收集起来充分的加以利用或集中处理，以净化环境，使之满足对国家环保法规的要求。除尘装置主要有三大类：干式集尘器、湿式集尘器和布袋式集尘器。干式集尘器多用作一级集尘装置，后两种集尘器常用作二级集尘装置。它们的配合使用可以达到较理想的除尘效果，但是这样往往会使设备庞大，投资费用增高。有的集尘装置的费用甚至占到整个拌和设备成本的30%～40%，而且管理费用也高，这是在传统式拌和设备上难于解决的矛盾。现有的拌和设备，主要依据生产规模及拌和场地周围环境等因素来考虑集尘装置的设置。

（1）一级集尘装置

作为干式集尘器代表的旋风除尘器（图6-22），是沥青混凝土拌和设备除尘系统的一级集尘器。旋风除尘器的主要优点是结构简单、基建投资、运行和维护费用都较低。旋风除尘器本身没有相对运动的部件，维护工作量小，工作时烟气阻力较低，对粉尘负荷和运行负荷的适应性均较好，对于粒径大于5μm的粉尘除尘效率也较高，但对微尘的除尘比较困难，因而旋风除尘器只能作为沥青混凝土拌和设备除尘器的初级集尘器。

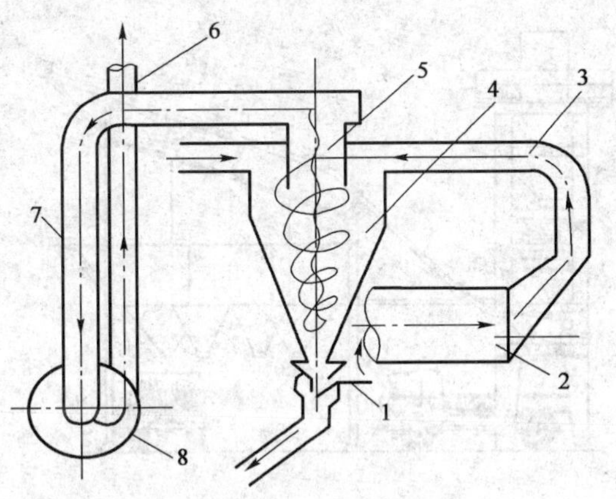

图6-22　旋风式除尘器示意图

1-卸尘闸门；2-烘干滚筒；3-风管；4-旋风集尘筒；5-吸风小筒；6-烟囱；7-抽风管；8-抽风机

（2）二级集尘装置

湿式除尘器又名洗涤除尘器，其结构形式很多，有液珠、液网和液层三大类型。国内在沥青拌和设备中已使用的湿式除尘器有水浴式、喷淋式和文丘里等几种形式。水浴式和喷淋式湿式除尘器是比较简易的形式，也能取得一定的除尘效果，但效果不明显；文丘里湿式除尘器除尘效率很高，对于0.5μm 的粉尘除尘效率可达99%。

袋式除尘器（图 6-23）是一种利用有机纤维或无机纤维为过滤布袋将气体中的粉尘过滤出来的净化设备，是一种高效的除尘器，可捕集0.3μm 以上的粉尘，除尘效率可达 95% ~99%，其排出烟气的含尘浓度可达到 100mg（N · m^3）以下，甚至达到更高标准的要求。

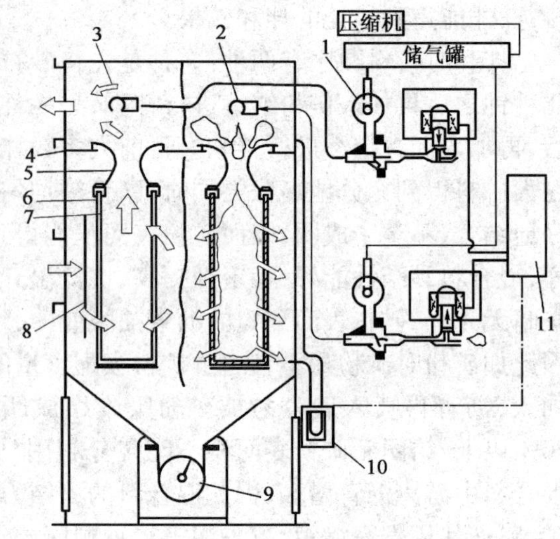

图 6-23　袋式除尘器结构示意图

1-脉冲阀；2-喷吹管；3-净气；4-管座板；5-喉管；6-滤袋；7-袋骨架；8-折流板；9-螺旋输送器；10-差压计；11-控制器

布袋式集尘器的除尘效果要优于文丘里湿式集尘器，尤其是对于飘尘的处理更为显著。所以，对环保要求高的场合，应选用布袋式集尘器。

目前国内沥青混凝土拌和设备用的袋式除尘器结构不同，但其工作原理大致相同，主要区别是清灰方式，有脉冲喷吹、风机喷吹和大气反吹等几种。其工作过程是烟气在风机的抽吸作用下进入除尘器箱体内，经滤袋过滤的净气由风机送入烟囱排出。这样布置可减少粉尘对风机的磨损，延长风机的使用寿命。

除尘系统也是影响混合料质量和成本的重要因素。由于中性或酸性回收粉不但使沥青用量增加，而且生产出来的混合料色泽暗淡，降低了沥青的胶浆作用，导致稳定度偏低。当原材料的泥粉较多时，混合料的质量还是受到较大影响。所以，不洁净的原材料不但使燃油消耗加大，而且由于回收粉不可能完全吸附干净，影响了混合料的质量。同时，由于粉尘太多，吸尘的风门开得太大，把部分小于 0.3 mm 的细集料吸附走，影响了混合料的级配组成。

10）成品料储存仓

由拌和缸拌和好的沥青混合料（成品料）可直接卸入自卸车运往工地；也可用一个单斗提升机（运料小车）将其运送至成品料储存仓内暂时存放，如图 6-24 所示。目前，一些大型的拌和设备，特别是作为生产商品沥青混合料的拌和站，成品料储存仓是必不可少的基本配置。因为这样可将预先拌制好的、不同配合比的沥青混合料存放在不同的储料仓内，以随时满足不同用户的需求。

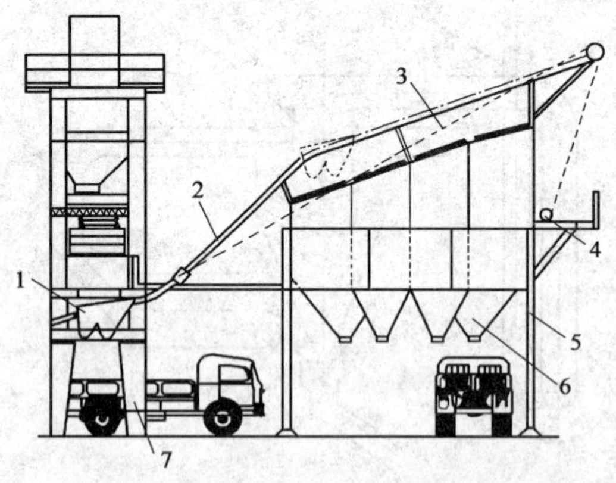
图 6-24　成品料储仓及配套装置示意图

1-运料车；2-轨道；3-钢索；4-驱动机构；5-支架；6-成品料仓；7-搅拌楼

成品料储存仓根据用途的不同，即物料在其中存放时间的长短，其结构形式也不同。小型的储料仓因容量有限，在生产过程中仅起到缓冲的作用，成品料在其中存放 1h 左右便被运走了，因此它的结构形式较为简单，其储料仓用钢板拼焊而成，也不必采取任何保温措施。若存放的时间较长时，通常在钢板拼焊的壳体外面包有 80 ~ 100mm 厚的保温材料，最外层再用蒙皮封住。在储存仓下部的倒锥体部分还可装设电加热器或者通入导热油,使成品料在仓内保持一定温度,以满足生产的需要。若存放时间超过72h,仓内还必须通入惰性气体,以防止成品料氧化,这一点对于生产商品沥青混合料的拌和站是应予考虑的。储料仓内装有料位指示器,当仓内料位达到一定高度时,给出信号显示在控制室的操作台上,告诉操作人员应停止再向该仓送料。在出料口的上方有一个锥体板,用以减小物料跌落下来所产生的离析,另外可避免物料直接砸到卸料门上,因而起到保护作用。作为成品料储存仓配套的装置,有运料小车、轨道、电机、传动装置、卷扬机、钢丝绳、滑轮组、制动装置和控制装置等。小车运行的周期必须与拌和周期相一致,它的容量应不小于拌和缸每批次拌和料的质量。

三、连续滚筒式沥青混凝土拌和设备

20世纪70年代国外出现了一种新型的拌和工艺,即冷矿料的烘干、加热及与热沥青的拌和是在同一滚筒内进行的,其拌和方式是非强制式的,它依靠矿料在旋转滚筒内的自行跌落而实现集料的混合,并被沥青均匀裹覆。

1.连续滚筒式沥青混凝土搅拌设备工艺

连续滚筒式沥青混凝土搅拌设备工艺流程如下:

(1)不同规格的冷砂石料—冷集料定量给料装置料斗—冷集料级配后由变速皮带机转输(以实现油石比控制)—干燥搅拌筒前半段烘干并加热到足够温度—干燥滚筒后半段进行搅拌;

(2)矿粉—矿粉储仓—皮带电子秤连续计量—冷集料皮带输送机(或干燥搅拌筒);

(3)沥青—沥青供给系统—沥青输送系统—计量后的沥青进入干燥搅拌筒—由沥青喷管将沥青喷入干燥搅拌筒后段—与加热后的集料一起搅拌;

(4)搅拌好的沥青混凝土混合料—成品料输送机—混合料成品储仓待运。

其工艺流程如图6-25所示。

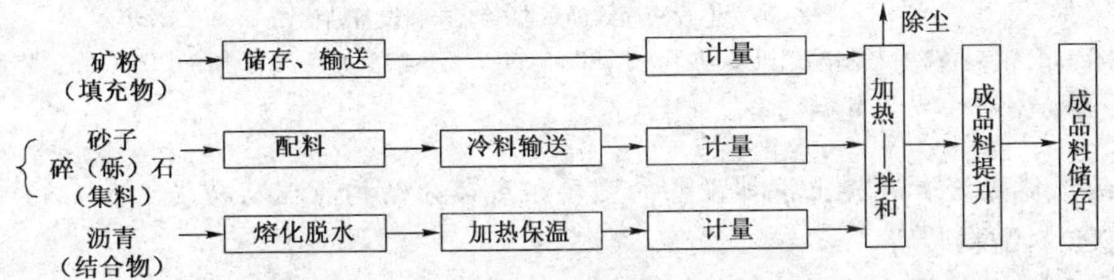

图6-25 连续滚筒式沥青混凝土拌和设备工艺流程图

在上述的工艺流程中,冷集料输送机转速、沥青的流量可通过控制系统自动调节,以使油石比精确。沥青混凝土混合料的制备在干燥搅拌筒内进行,即动态计量级配的冷集料和石粉连续从干燥滚筒的前部进入,采用顺流加热方式烘干加热,然后在干燥搅拌筒的后段与动态计量连续喷洒的热态沥青,采取跌落搅拌方式连续搅拌出沥青混凝土混合料。

与间歇强制式搅拌设备相比,连续滚筒式搅拌设备的优点:

①工艺较简单,连续式拌制速度高;

②设备的组成部分较简单,投资省,维修费用低,能耗少;

③对空气污染少,由于湿冷集料在干燥搅拌筒内烘干,加热后即被沥青裹覆,使粉尘难以逸出。

连续滚筒式搅拌设备的缺点:

①集料的加热采用热气顺着料流的方向进行，故热利用率低；

②拌制好的沥青混凝土混合料的含水率较大，且温度也较低(110～140℃)；

③质量不如间歇式拌制(现有观点认为连续式拌和质量不比间歇式差，完全可以满足施工质量的要求)。

采用滚筒式拌和工艺，使得所需要的设备得以简化，能耗降低。而最显著的特点是烘干筒兼作拌和装置，湿矿料在滚筒内烘干后随即被液态沥青裹覆，这样粉尘发散量大为减少，不需要设置复杂的除尘设施即可达到环保要求。随着对防止环境污染问题的普遍重视，这种新型的拌和工艺获得了很大发展。特别是在美国发展极为迅速，近年来滚筒式拌和设备在国际市场上的销售率高达98%。

滚筒式拌和设备由于其工艺流程简单，而且生产过程连续进行，因此它的设备组成与强制间歇式拌和设备相比，有很大的不同，见图6-26。

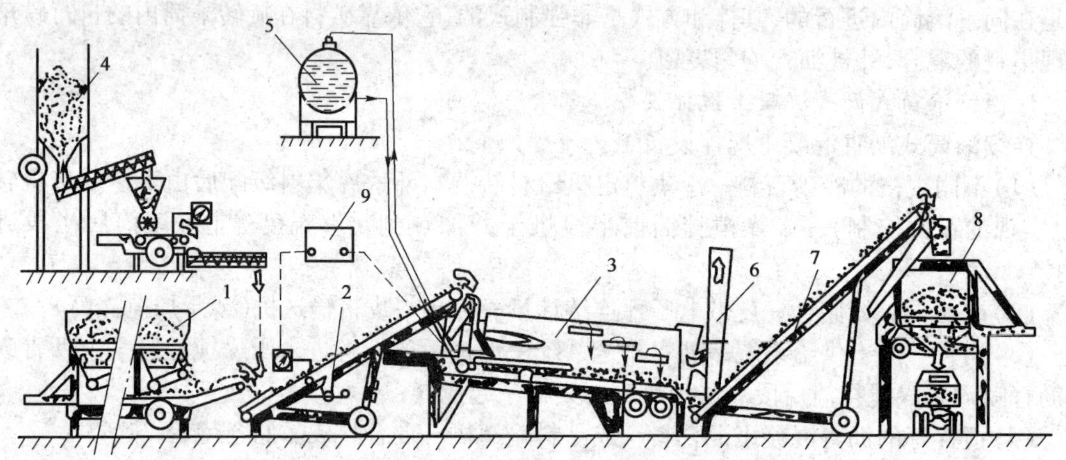

图6-26　连续滚筒式沥青混凝土拌和设备结构图

1-冷矿料储存和配料装置；2-冷矿料输送机；3-烘干—拌和滚筒；4-矿粉供给系统；5-沥青供给系统；6-除尘装置；7-成品料输送系统；8-成品料储存仓；9-控制系统

2. 连续滚筒式沥青混凝土搅拌设备的主要组成部分结构原理及功用

(1)冷矿料配料装置

滚筒式拌和设备的冷矿料配料装置同样包括配料斗、给料机、集料皮带机和机架。所不同的是：由于设备中不再设矿料的二次筛分与计量装置，因此矿料的级配精度取决于冷矿料配料装置的给料精度，所以作为调节供料量的给料机多选用皮带式给料机，甚至有的采用电子皮带秤，变体积计量方式为质量计量方式，以提高配料精度。

(2)冷矿料称重皮带输送机

各种规格的冷矿料经配料装置配料后，由称重皮带输送机运送至烘干—拌和滚筒。因此，称重皮带输送机不仅是运输装置，而且是各种级配料质量总和的称重装置。在称重皮带输送机的进料端设有一个备用振动筛，用以去除大于某一限定规格的石料(常为40mm)进入烘干—拌和滚筒。在该机的中部承载边装有质量传感器和速度传感器，当物料通过时，传感器将检测到的质量和速度信号输入控制室的计算机，同时在操作台的面板上可连续、自动地显示出冷矿料的瞬时生产量(t/h)和累计生产量(t)。有的拌和设备将质量传感器设在驱动滚筒处，同时检测驱动滚筒的转速，同样也可以测得皮带输送机的生产量。不过，这样检测到的质量是包含冷矿料中的水分在内的。实际生产过程中，通常是对冷矿料进行抽样，找出它们的平均含水率，并事先将其输入计算机，计算机在接到称重皮带输送机的信号后，通过换算得出于矿料的质量，但这样忽略了含水率的瞬时变化，因此存在一定计算误差。目前比较先进的办法是，用含水率连续检测仪随时检测冷矿料的含水率，并将此信号同时输入计算机，由计算机换算出较精确的干矿料的瞬时质量。

此外，在皮带输送机的称重段应加装密封罩，以减少风力对称重精度的影响，同时起到保护传感元件的作用。在输送机的卸荷边装有重力张紧装置，以使皮带的张紧度保持一致。皮带连接不要采用皮带扣，而应使用硫化胶黏法连接，防止皮带扣对传感器的冲击，以提高信号采集的精度。

(3)烘干—拌和滚筒

烘干—拌和滚筒外部结构形式、驱动方式、支撑方式等与强制间歇式拌和设备的烘干滚筒基本一致。最大的区别是它的加热装置设在滚筒的进料端，除尘装置设在滚筒的出料端，采用顺流加热的方式。烘干—拌和滚筒结构如图 6-27 所示，将干燥筒分为：I-冷拌区；II-烘干区、加热区；III-料帘区；IV-搅拌区。集料、矿粉从左边进入滚筒，经过冷拌和烘干加热，然后通过料帘区与喷洒入的沥青拌和。

通常沥青经管路从滚筒的出料端进入滚筒，沥青的出口距出料端为筒长的 1/3 ~2/5，矿料就是在这一区段内实现被沥青裹覆拌和成沥青混合料的。由于沥青和燃烧器的火焰处在同一滚筒内，为防止沥青老化，在滚筒内部设置了料帘区，一方面将火焰与沥青隔开，防止沥青老化；另一方面有利于矿料与热气流之间的热交换，使矿料迅速烘干和加热。料帘区的形成如图 6-28 所示。沿筒壁分布的小料斗，当矿料通过时被料斗提起又随滚筒旋转而落下，形成了较为密布的料帘。滚筒式拌和设备的加热装置应选用短火焰的燃烧器，火焰长度不要超过筒长的 1/3。

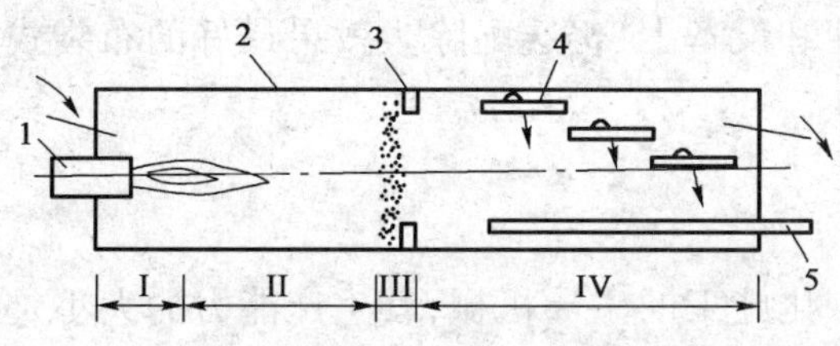

图 6-27　烘干—拌和滚筒示意图

1-燃烧器；2-筒体；3-漏斗形叶片；4-提升洒落叶片；5-沥青喷管；I-冷拌区；II-烘干、加热区；III-料帘区；IV-搅拌区

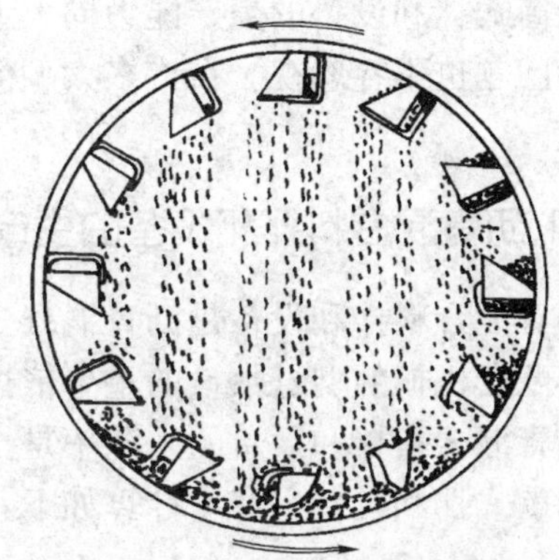

图 6-28　干燥搅拌筒内料帘形成图

此外，烘干—拌和滚筒的工作方式对回收旧沥青混合料的再生极为有利，因此大多数的滚筒式拌和设备开发了这一功能。

通常在滚筒的中部(料帘之后)增设一个旧沥青混合料的喂料环，环上开了一些投料口，料口用活门密封；回收材料通过皮带输送机从上部的喂料口投入，每个投料口转到顶部时，活门靠自重向内开启，旧料进入筒内。当料口转到下部时，活门又靠自重关闭，材料不会漏出。此后，旧沥青混合料在筒内被热气流加热，沥青逐渐软化并与旧矿料脱离，同时与新矿料和其后加入的新鲜沥青重新一起拌和而成为新的沥青混合料。

(4)矿粉的供给与计量

矿粉加入烘干—拌和滚筒常见的有两种方法：一种是单独计量后，用螺旋输送机将矿粉送至冷矿料的称重皮带输送机上，随冷矿料一起进入烘干—拌和滚筒；另一种是计量后，采用气力输送的方式经管道从出料端进入滚筒，它的出口设在沥青管路的出口之下。采用前种方法，简单易实现，但是如果滚筒内风速过大，则容易使矿粉流失，成品料因填料的减少而品质恶化；采用后一种加入方式，由于矿粉从管内排出后即被上面喷洒的沥青黏附，因此不易被吹走，但是极易结团，难以拌和均匀。因此，保证矿粉的加入量和均匀的拌和效果，是滚筒式拌和设备的一个技术关键。

(5)沥青的供给与计量

滚筒式拌和设备在拌和过程中，作为结合料的沥青需要稳定、连续地喷入烘干—拌和滚筒，不仅要准确地计量出它的喷入量，还要能适时地调节喷入量的大小。因此，沥青供给系统中必不可少地由调速电动机驱动的沥青泵、沥青流量计、三通阀、压力表、过滤器和连接管路等组成。这些装置均为双层结构，内通导热油加以保温系统。

工作时，通过流量计检测出沥青喷入量的多少，并将此信号输入控制室的计算机。计算机将根据同时输入的冷矿料和矿粉的称重信号加以运算、比较。若与设定的配合比有差异时，会发出指令自动改变沥青泵驱动电机的转速，从而调整供应量。通常以矿料的质量作为参照系，并适时、适量地调节沥青的供给量。此外，通过改变三通阀的通流方向，可满足系统调试、流量计标定、沥青回送、沥青计量供给等不同工况的需求。

(6)滚筒式拌和设备的除尘设施

滚筒式拌和设备产生的初期，引起人们最大兴趣的是以其特有的生产方式在降低粉尘污染方面表现出巨大的优越性。由于粉尘处理量的减少，可以降低档次来选配集尘装置。对于中小型的滚筒式拌和设备，有时配一个简单的干式集尘装置即可满足环保要求。但是近年来，由于滚筒式拌和设备的生产能力向大型化发展，而且各国的环保标准要求也愈来愈高，因此它的除尘问题也不容忽视。在许多大型的滚筒式拌和设备上，仍选配除尘效果最好的布袋式集尘装置。

四、沥青混合料拌和设备的生产率计算

沥青混合料拌和设备是沥青混凝土路面机械化施工的主导机械，其生产能力的大小是确定与其配套机械的型号数量的重要依据。因此，搅拌设备生产率的计算是十分重要的。

沥青混合料拌和设备的生产率是按每小时拌制混合料的吨数计算的。

间歇式拌和设备生产率计算如下：

$$Q_J = \frac{60 G_J K_B}{t} \tag{6-5}$$

式中：Q_J——沥青混合料搅拌设备生产率，t/h；

G_J——搅拌设备每拌好一次沥青混合料的质量，t；

K_B——时间利用系数；

t——拌和设备拌制一次所需时间，min，

$$t = t_1 + t_2 + t_3$$

t_1——搅拌设备加料时间，min；

t_2——搅拌设备搅拌时间，min；

t_3——搅拌设备卸料时间，min。

连续式拌和设备生产率计算：

$$Q_L = \frac{60G_LK_B}{t} \tag{6-6}$$

式中：Q_L——沥青混合料搅拌设备生产率，t/h；

G_L——搅拌器内混合料的质量，t；

t——搅拌时间，在此为混合料在搅拌器内的停留时间，min；

K_B——时间利用系数。

第五节　沥青混合料摊铺机

随着我国高等级公路的迅速发展，对公路面层施工的进度和质量要求越来越高，采用高效、高质量的机械化施工已成为一种必然的发展趋势。沥青混合料摊铺机是用来铺筑沥青混合料和其他级拌材料的专用机械。它将拌和好的混合料按照设计路面技术的要求（截面形状尺寸和厚度）均匀、快速地摊铺在已经整好且符合技术要求的路基和基层上，并给以初步捣实和整平，既可以大大加快施工进度和节省成本，又可以提高施工路面的质量。沥青混合料摊铺机可以用来摊铺各种沥青混合料、稳定土材料、级配集料、砂、石、碾压混凝土（RCC）、铁路道砟等筑路材料，是修筑一般公路和高速公路不可缺少的关键设备。

一、沥青混合料摊铺机的组成及分类

沥青混合料摊铺机的组成主要包括发动机、底盘和工作装置三部分。用于高等级路面施工的沥青混合料摊铺机一般还要另配一套自动找平系统。

沥青混合料摊铺机发动机通常采用水冷柴油发动机，高压油泵的结构形式为独立的分体式油泵，发动机带有增压器，使发动机功率增加。发动机动力由飞轮端通过分动箱分别驱动用于行走和布料器的变量泵、驱动振捣梁变量泵、刮板输送机液压泵、熨平板提升油缸和料斗收缩油缸液压泵以及驱动熨平板振动变量液压泵。这些液压泵都装有压力切断装置，防止系统超载和过热。

沥青混合料摊铺机底盘由机架、传动系统和履带式行驶装置等组成。在机架上装有发动机、传动系统、工作装置、转向机构、供料装置及电液控制系统等。

沥青混合料摊铺机主要按行走装置分类。此外，传动系传动方式、熨平装置的加宽方式和振捣梁的形式不同，也可作为沥青混合料摊铺机的分类依据。

（1）按行走装置不同，分为轮胎式沥青混合料摊铺机和履带式沥青混合料摊铺机。轮胎式摊铺机（图 6-29）的前轮为一对或两对大型实心小胶轮，这样既可增强其承载能力，又可避免因受载变化而发生变形；后轮多为大尺寸的充气轮胎。轮式摊铺机具有行驶速度快、机动性和操作性好、结构简单、造价低等优点。但轮式摊铺机也存在着对路面平整度比较敏感，料斗内混合料数量的变化易引起后轮变形从而影响摊铺质量，牵引附着力有时不够会导致轮胎打滑等缺点。

履带式摊铺机（图 6-30）的履带大多装有橡胶垫块，以免对地面造成履刺的压痕，同时降低了对地面的单位压力。履带式摊铺机的优点是接地面积大，对地面的单位压力小，牵引力大，能充分发挥其动力性，对路基的不平度不太敏感，尤其对有凹坑的路基不影响其摊铺质量。其缺点是行驶速度低，不能很快地自行转移工地，对地面较高的凸起

点适应能力差，机械传动式的摊铺机在弯道上作业时会使铺层边缘不整齐。此外，其制造成本较高。

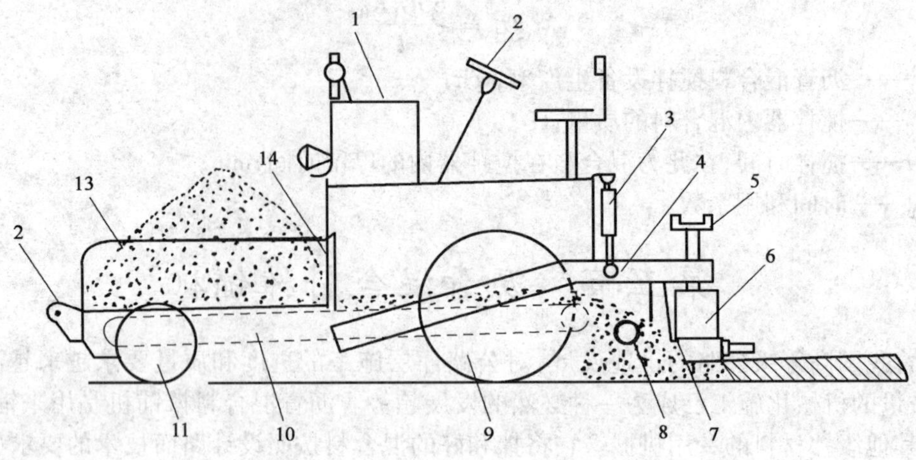

图6-29　轮胎式摊铺机工作示意图

1-控制台；2-转向盘；3-悬挂油缸；4-侧臂；5-熨平器调整螺旋；6-熨平器；7-振捣器；8-螺旋摊铺器；9-驱动轮；10-刮板输送器；11-转向轮；12-推辊；13-料斗；14-闸门

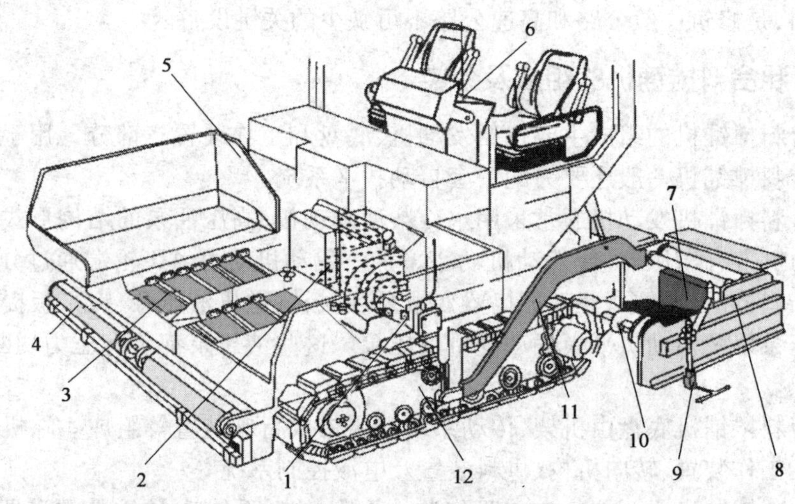

图6-30　履带式摊铺机总体结构示意图

1-液压传动系统；2-发动机；3-刮板输送器；4-推辊；5-接料斗；6-驾驶室；7-振捣器；8-熨平板；9-纵坡传感器；10-螺旋摊铺器；11-牵引臂；12-行驶系统

(2)传动系传动形式的不同，分为机械传动、半液压半机械传动和液压传动。机械传动的传动机构由离合器、变速器和减速器构成。机械传动具有传动可靠、制造简单、传动效率高、维修方便等优点，但操作费力，传动装置对荷载的适应性较差，容易引起发动机熄火。液压传动由液压泵和液压马达构成，具有无级变速，实现摊铺机的原地转向，操作简便。这种传动方式为现代大部分沥青混合料摊铺机的传动装置。但液压传动结构复杂，制造精度较高，成本也较高。

半液压半机械传动是由液压泵液压马达以及变速器、减速器构成。这种传动方式具有液压和机械传动的优点，实现无级调速，可以提高沥青混合料摊铺机的自行转场速度。

(3)熨平板的加宽形式不同,分为液压无级伸缩式沥青混合料摊铺机和机械有级加宽式沥青混合料摊铺机。液压无级伸缩式熨平板的摊铺宽度在一定范围内可任意调节,从工作状态变成运输状态或者从运输状态变成工作状态都比较方便,当活塞杆伸出后,熨平板刚度变小,所以摊铺宽度不能太大,一般不超过9m。调整作业十分简便,特别适合于市区街道和复杂地形的摊铺作业;其缺点是调整范围小且结构复杂。可连续伸缩式摊铺机通过液压油缸无级改变摊铺宽度,适用铺筑于高速公路匝道和宽度经常变换的场合,但路面精度不高。

机械有级加长式摊铺机铺筑精度较高,但熨平板宽度不能连续变化,摊铺宽度也只能以0.25mm的间距来调整,无法进行调节,适合在新道路工程的大规模施工中使用。

(4)按振捣装置的不同,分为单振捣梁式和双振捣梁式。单振捣梁式结构简单,预压实效果较差;双振捣梁式有很好的预压实效果。

现代沥青混合料摊铺机采用全液压驱动和电子控制、中央自动集中润滑、液压振动和液压无级调节摊铺宽度等新技术,自动化程度高,操作简单方便,视野好,并设有总开关、自动找平装置、卸载装置及闭锁装置,保证了摊铺路基、路面的平整度和摊铺质量。此外,由于机械化摊铺的速度快且摊铺机上有可以加热的熨平装置,因此它在进行摊铺时,对气温的要求比人工摊铺时要低,所以可在较冷的气候条件下施工。

二、沥青混合料摊铺机工作装置

沥青混合料摊铺机的工作装置包括:推辊、料斗、刮板输送机及供料闸门、螺旋布料器、振捣梁和熨平装置六部分以及相关的液压操纵回路。

1. 推辊

推辊位于摊铺机的最前端的凸出部分,有两个左右对称的推辊,如图6-31所示。

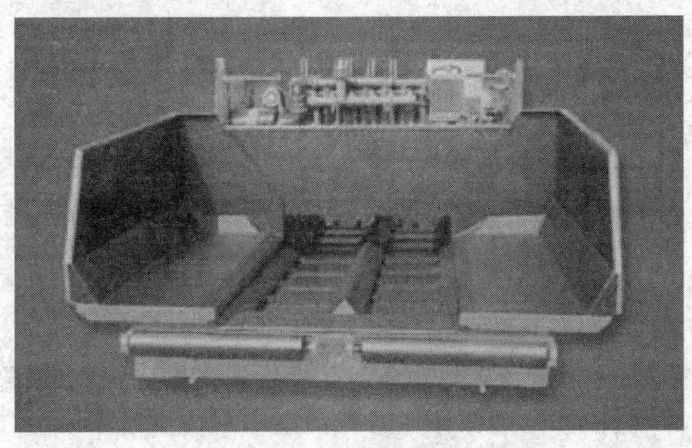

图6-31　推辊、料斗和刮板输送机图

推辊的作用是配合自卸车倒车卸料。当装满混合材料的自卸车倒退至摊铺机的正前方位置时,汽车后轮顶住摊铺机的两个推辊为止,自卸车的变速杆置于空挡位置,让自卸车在摊铺机的推动下前进。升起自卸车车厢向摊铺机料斗卸料。摊铺机一边推着自卸车前进,一边完成摊铺作业,直至自卸车车厢的混合料卸完为止。

2. 料斗

料斗位于摊铺机的前端,用来接收自卸车卸下的混合料,见图6-31。料斗由左右两扇活动的斗壁组成,斗壁的下端铰接在机体上,用两个油缸控制其翻转。两扇活动斗壁放下时可以接收自卸车卸下的物料,上翻时可以将料斗内的混合料全部卸至刮板输送机上。摊铺机运输过程中,可收起料斗并固定,这样可以减小摊铺机的运输宽度,提高运输的安全性。

3. 刮板输送机

刮板输送机装在料斗底部。刮板输送机的作用是将自卸车倒入摊铺机料斗内的混合料输送至尾部摊铺室。

一般较大型的摊铺机都并排设有两个刮板输送机。每个刮板输送机有左右两根同步运转的传动链,每隔数个链节用一条刮料板将左右链条连接。当链条运转时,刮板就将料斗中料运向摊铺室。采用液压传动系的摊铺机,两个刮板输链分别由两个变量马达和减速装置驱动,可以实现刮板输送机的无级调速,控制刮板输送机的速度,进一步控制混合料进入螺旋布料器的数量。在许多摊铺机上,料斗的后方安装有供料闸门,一般以液压油缸控制。改变闸门的开度,可以调节刮板输送机上料带的厚度,从而改变刮板输送机的生产率。

刮板输送机的张紧,一般采用螺栓螺杆调节从动轴支座,改变主、从动轴的轴距。刮板输送机的正确调整,可保证刮板输送机、链轮和轴具有最长的使用寿命,同时也可减少刮板输送机工作时的振动。刮板输送机不得过紧,刮板输送机应有足够的垂度,使通过链轮时不发生滞阻。

4. 螺旋布料器

螺旋布料器也有左右两个,其作用是将刮板输送机送来的混合料均匀地横向摊铺开来。左右螺旋的旋向相反,左侧螺旋布料器为左旋,右侧螺旋布料器为右旋,如图6-32所示。工作时,两个螺旋布料器的转向相同,使混合料向摊铺机的两侧输送。在左右螺旋布料器内侧的端头,装有中间反向叶片,用以向中间填料,保证摊铺机后部中间具有同样均匀的物料供应,从而获得具有同样密实度的摊铺层。

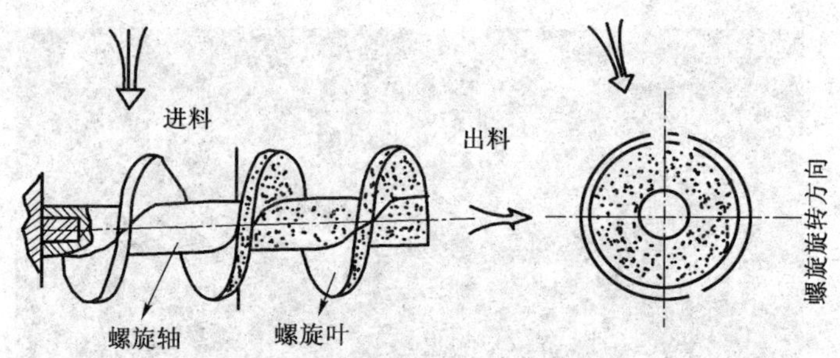

图6-32　左螺旋布料器工作示意图

沥青混合料摊铺机的左右螺旋布料器分别有两个定量液压马达和链传动机构驱动。可采用超声波料位自动控制技术,以确保作业时摊铺室中料位高度不发生较大变化,提高摊铺质量。

螺旋布料器的高度是可以调节的。在摊铺不同类型混合料和不同厚度时,应对对螺旋布料器的高度进行调节。沥青混合料摊铺机螺旋布料器为适应不同的摊铺宽度的要求,采用几种基本件和加长件进行加长。因为螺旋布料器可以将混合料输送至布料器外。当摊铺宽度等于螺旋布料器的宽度时,应将最外端的一片螺旋叶片拆除。这样可以避免过多的冷料积存在熨平板两端,影响摊铺层的结构均匀性和平整度,同时还可以减轻螺旋叶片的磨损。

5. 振捣装置

振捣梁的作用是将横向铺开的料带进行初步捣实,将大集料压入铺层内部,如图6-33所示。振捣装置布置在螺旋布料器之后、熨平板之前，由偏心轴和铰接在偏心轴上的振捣梁组成。通常将整套振捣装置简称为振捣梁。

振捣以熨平装置为机架，以液压马达驱动偏心轴，梁被夹在熨平板前端板和挡料板之间。当偏心机构转动时，振捣梁只作上下往复运动。振捣梁的底部前沿切有斜面，当施工作业时，振捣梁对松散混合料的击实作用逐渐增强。为了保证铺层顺利进入熨平板下，机构设计时应保证振捣梁的下止点位置低于熨平板底面3 ~4mm。

振捣梁有单振捣梁和双振捣梁两种结构形式。单振捣梁结构比较简单，但振捣的密实度较低。为了提高铺层密实度，有的摊铺机配备双振捣梁。双振捣梁不仅可以提高振捣密实度，还可有效弥补下承层不平整对面层的影响。

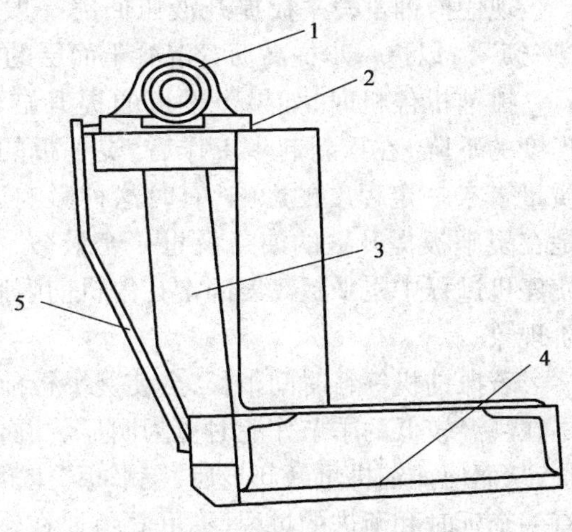

图6-33　振捣梁—熨平板

1-偏心轴轴承座；2-调整垫片；3-振捣梁；4-熨平板；5-护板

沥青混合料摊铺机的振捣梁频率可以进行调整。振捣梁的往复行程，可进行无级调整。根据摊铺路面的材料类型、摊铺厚度、摊铺温度、摊铺速度和密实度等，选择适当的振捣频率和振幅。

6. 熨平装置

熨平装置布置在振捣装置之后，它的主要作用是将前面螺旋布料器送来的混合料按照要求的宽度、拱度和厚度均匀地进行摊铺和熨平。同时，带有振动装置的熨平装置对铺层有较好的预压实作用。

熨平装置构造如图6-34所示。该装置主要由熨平板、拱度调节机构、加热装置组成，通过两侧大臂前端的连接销与机架铰接。熨平板的升降，由机架后端板上的两个提升油缸控制。

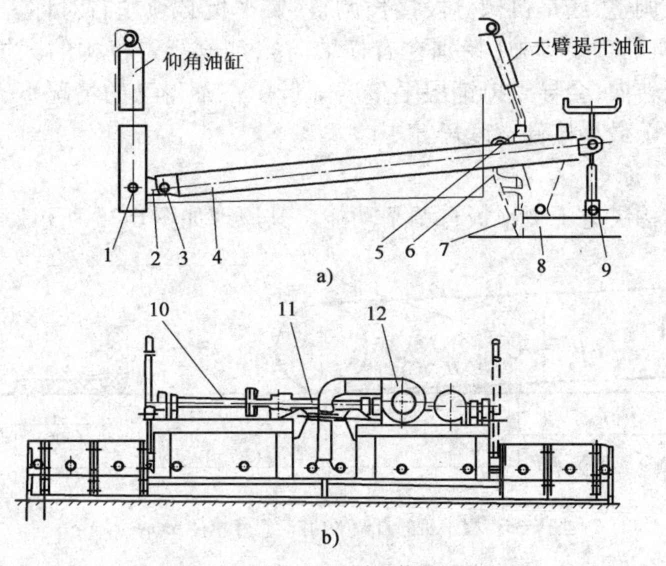

图6-34　熨平装置

a)熨平装置(侧视)；b)熨平装置(后视)

1、3-销子；2-连接块；4-大臂；5-固定架；6-护板；7-振捣梁；8-熨平板；9-厚度调节机构；10-偏心轴；11-调拱螺栓；12-加热系统

现代摊铺机熨平板提升液压回路一般设有液压防浮锁、液压防爬锁、液压平衡锁（简称“三锁”），以进一步提高沥青混凝土面层的摊铺质量，改善沥青混凝土摊铺机的工作性能。

摊铺机停机时，如果熨平板的提升缸仍为工作时的状态，熨平板由于自重将会有一定程度的下降，在重新起步工作后，熨平板的下方将会出现一个台阶，这将对沥青面层的摊铺质量带来一定程度的影响，有时这种影响通过碾压也不会消除。液压防浮锁的工作原理就是在熨平板提升缸的油路设里一套装置。当摊铺机停机时，能自动将熨平板提升缸锁死，使停机过程中熨平板高度固定在停机前瞬间的位置，防止出现熨平板沉降和由此而形成的台阶现象。

若摊铺机等料时间很长，会使熨平板前后的挡料板之间堆积的沥青料温度下降很快，尤其是在气温较低的季节作业时更为明显。混合料温度下降，其流动性降低，对熨平板的支反力增加，从而使摊铺机重新起步后，熨平板“上爬”，即使自动找平装置的调节非常有效，但由于要有一个延时和渐进的过程，不可避免地在熨平板后方留下一道横向的“鱼脊”，它对沥青面层带来的影响较之由于熨平板下沉而出现的台阶更大。液压防爬锁的工作原理就是对熨平板提升缸的油路设置另一套控制装置，当摊铺机由静止重新起步后，立即将熨平板提升缸锁死，使熨平板在数秒内高度固定在起步时的位置，以便将熨平板前后挡板间堆积的那部分“冷料”铺完而不致使熨平板出现“上爬”的现象，从而消除或减轻“鱼脊”的形成。

液压平衡锁的作用就是当行走系统附着状况恶化时，通过熨平板提升缸施加熨平板一个向上的提升力。此力将抵消熨平板的自重，进而有效地减少滑动摩擦力，使机器前进时对牵引力的要求降低，改善摊铺机的工作性能。除此之外，摊铺机还具有快速提升、快速卸载装置，以提高摊铺质量。

沥青混合料摊铺机的熨平板分为机械有级加长型和液压无级加长型。机械有级加长型摊铺机有多个不同长度的熨平板。工作时需要根据路基的宽度，选择不同的熨平板进行组装。而液压无级加长型则可根据摊铺宽度加宽或变窄。

无论是液压无级调整，还是机械分段接长调整，熨平板必须左右对称。否则，由于牵引负荷不平衡，影响摊铺机的直线行驶（特别在有横坡时），加剧行走机构的磨损和不必要的转向操作。而且由于频繁转向，会导致摊铺层平整度降低。在不得已的情况下，可允许不对称，宽度不大于该机器的一个最小接件宽度尺寸。

(1)熨平板自调平原理

由于摊铺机的结构决定了熨平板自调平功能。其原理如图 6-35 所示。

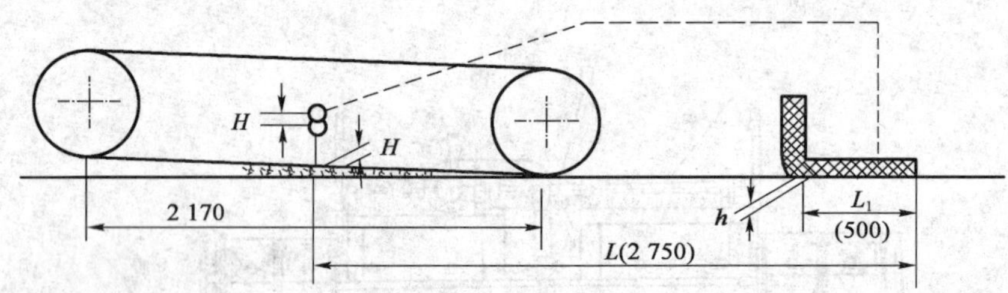

图 6-35 熨平机的自调平功能（尺寸单位：mm）

当履带式摊铺机越过起伏变化的路基时，位于熨平板两侧的牵引大臂铰点抬升 H 距离。由于牵引臂长度 L 远大于熨平板长度 L_1，当铰点上升 H 时，熨平板以其后边缘底角为支点向上仰起，熨平板前缘向上抬起高度 h 为：$h = (L_1/L)H$

当摊铺第二层时,熨平板前缘向上抬起高度 h 为: $h = (L_1/L)^2 H$

当摊铺第三层时,熨平板前缘向上抬起高度 h 为: $h = (L_1/L)^3 H$

由此可见,随着摊铺次数的增加,路面不平度越来越小,实现了自找平特性。

对于一定长度的熨平装置来说,其自找平效果则取决于原有路基的波长。波长越短,效果越好;反之,波长越长,效果越差。如波长达到一定长度,则自找平功能完全丧失。

(2)摊铺层厚度的调整原理

图 6-36 为调整摊铺层厚度的工作原理示意图。在熨平器后外端有左、右两个螺旋调节杆 3,该两螺旋调节杆除了调整摊铺层的厚度外,还可配合调拱机构来调整摊铺层的横截面形状。螺杆的下端铰接在熨平器的左、右后端部,杆身装在工作架上,转动手把或手轮可使熨平器的后端升降,从而改变它对水平面的纵向夹角。如果螺杆固定,将牵引点 1 上下调节同样可改变熨平板对水平面的纵向夹角。

摊铺机在工作过程中,熨平器是浮动在摊铺面上的。其底座—熨平板将整个振捣熨平设备的重力传于摊铺层,并在其上面被拖着向前滑移。一般熨平板与水平面具有一个微小的仰角 θ(15′~40′),如图 6-36 所示。

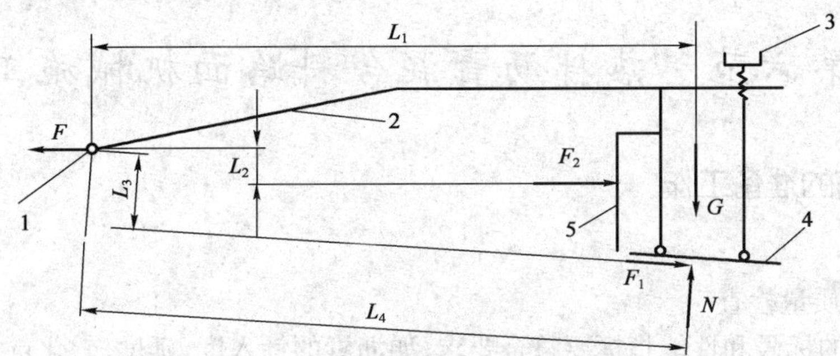

图 6-36 摊铺层厚度调整的工作原理示意图

1-牵引大臂牵引点;2-牵引大臂;3-螺旋调节机构;4-熨平板;5-振捣梁护板

如图 6-36 所示,F 为牵引力,F_1 为摊铺混合料对熨平板的摩擦力,F_2 为摊铺室混合料对熨平板的推力,G 为熨平、振捣系统等重力,N 为摊铺混合料对熨平板的支撑力。

熨平板在摊铺过程中要保持高度不变的前提是,作用在熨平板上的所有力对牵引点的力矩合为零,即:力矩 $M = 0$

$$M = GL_1 - F_2L_2 - F_1L_3 - NL_4$$

假使仰角 θ 增大,则在摊铺过程中摊铺料对熨平板的抬升力(或浮力)增大,也即 N 增大,使熨平器原始受力平衡受到破坏,逆时针力矩增大。于是,整个熨平器就绕侧牵引臂的前牵引点 1 而逐渐被抬升起来。在此过程中,随着熨平器的升起,底座的仰角口将会逐渐减小,从而使料层对它浮力和前移阻力也随之减小,终至达到与所承载的重力相平衡。此时,摊铺层厚度就增加了。反之,如果仰角 θ 减小,根据类似的原理,摊铺层厚度将随之减小。这种调整摊铺层厚度的工作是由人工根据路面的状况来调整螺旋调节杆 3 来完成的。这种调节只能作粗调整,校正路基或底层的过大不平度。为了使摊铺层具有很好的平整度,就必须随时根据路基或底层的不平度做出准确的校正。这项工作是依靠自动找平装置来完成的。

在此应该注意,在熨平板熨平过程中所有能够破坏熨平板受力平衡的因素都会使熨平板上浮或下沉,从而影响摊铺厚度和摊铺平整度。例如,摊铺速度的增大或减小,会使混合料对熨平板的浮力增大或减小,同时也会使 F_2 增大或减小(摊铺室中混合料的惯性力和剪切应力发生变化)，从而使熨平板上浮或下沉；又如，摊铺混合料的温度升高或降低，会使摊铺混合料混合料变软支撑能力降低或混合料变硬支撑能力增大，同时也会使 F_2 减小(推移混合料的摩擦阻力减小)或增大(推移混合料的摩擦阻力增大)，使 F_1 减小(沥青稀软使摩擦系数减小)或增大(沥青黏稠使摩擦系数增大)，从而使熨平板下沉和上浮。

三、沥青混合料摊铺机的生产率计算

沥青混合料摊铺机的生产率是以每小时摊铺沥青混合料质量计算的。

沥青混合料摊铺机的生产率：

$$Q = pbvh \tag{6-7}$$

式中：Q——摊铺机的生产率，t/h；

p——沥青混合料的密度，t/m；

b——摊铺带的宽度，m；

v——摊铺机的摊铺速度，m/h；

h——摊铺层的厚度，m。

第六节　热拌沥青混合料路面机械施工

一、施工前的准备工作

1. 施工准备

(1)原材料质量检查

沥青：沥青的标号和性能指标要符合要求，如沥青的针入度、延度、软化点、薄膜加热、蜡含量和密度要通过试验进行确定。

矿料：矿料的质量应符合技术要求，如石料的等级、饱水抗压度、磨耗率、压碎值、磨光值以及与沥青的黏结力等技术指标是否符合要求。

砂、石屑和矿粉应满足规定的质量要求。

(2)施工机械的选型和配套

根据工程量大小、工期要求、工程质量要求、施工现场条件，确定合理的机械类型、数量及组合方式，使施工能连续、均衡高效地进行。

(3)施工机械组合

沥青混合料摊铺是以摊铺机、拌和机为主导机械，并与自卸汽车、碾压设备配套作业进行的。在沥青拌和设备与摊铺机配套时，既要保证摊铺机尽可能少地停机待料，影响摊铺质量，同时也不能让价值昂贵的拌和设备长时间停机而不能充分发挥其生产能力。通过多年的实践和理论分析得出，在一般情况下摊铺机组的整体理论摊铺能力要大于拌和设备的理论拌和能力的10%～15%较为合理。这是因为摊铺机在摊铺过程中遇到的情况较复杂。有自身的原因，如人员操作技术不够熟练，使得不能及时调整到位，或设备运转不稳定，如发动机、液压系统、工作装置等故障问题；也有外部原因，如弯道摊铺、运输出现问题，或天气原因，如下阵雨、温度突然下降至摊铺温度以下、刮风尘土飞扬都会使摊铺机的实际摊铺速度下降。这都会使实际摊铺机摊铺混合料用量小于其理论摊铺能力用量。运输车辆的数量应根据装料、卸料和返回等各工作环节所需时间来确定。这里应注意根据运输路况和运输距离的变化及时进行调

度，确保摊铺用料量的需要。压实机械的配套，应先根据碾压温度和摊铺速度确定合理的碾压长度，然后配备碾压设备。沥青混合料路面施工机械配套示例见表6-3。

沥青混合料路面施工机械配套示例 表6-3

机械名称	数量	工作能力	用途
沥青混合料拌和设备	1台	间歇式240t/h	拌和沥青混合料
沥青混合料摊铺机	2台	最大摊铺宽度8.5m	摊铺沥青混合料
自卸汽车	若干	15t	运输沥青混合料
6~8t压路机	1台	6t加载8t	沥青混合料的初压
双钢轮振动压路机	2台	工作质量10t，激振力60/120kN	沥青混合料的复压
轮胎压路机	1台	10t	沥青混合料的终压
沥青洒布机	1台	3.5t	洒粘层

2. 铺筑试验路段

铺筑试验路段的目的在于验证施工方案的可行性，通过铺筑试验路段来修改、充实、完善施工方案，以利指导生产。

驻地监理工程师应监督、检查试验路段的施工质量，与施工单位商定有关正式工程施工时的技术措施、工期安排和质量保证体系等。

热拌热铺沥青混合料路面试验路应解决以下一些问题：

(1)确定施工机械设备的型号、数量和组合方式。

(2)确定拌和机上料速度、拌和数量、拌和时间、拌和温度等操作工艺。

(3)确定透层油的沥青标号、用量、喷洒方式和温度。

(4)确定摊铺机的摊铺温度、速度、宽度和自动找平方式等操作工艺。

(5)确定压路机的型号、压实顺序、碾压温度、速度和遍数等压实工艺。

(6)验证沥青混合料配合比，提出生产用的矿料配比和沥青用量，确定混合料的松铺系数、接缝方法等。松铺系数确定方法如下：

①通过试铺碾压确定。

②按经验，沥青混凝土混合料，松铺系数为1.15~1.35；沥青碎石混合料，松铺系数为1.15~1.30(细粒式取上限，粗粒式取下限)。

(7)测定密实度的对比关系(钻孔法与核子密度仪法对比)，确定压实标准密度。

(8)全面检查材料及施工质量。

(9)确定施工产量、作业段长度，修定施工进度计划。

(10)确定施工组织、管理体系、质量自检体系、人员、通信联络、指挥方式等。

3. 沥青混合料的拌制

(1)沥青混合料的拌制要求

高等级公路沥青混合料的拌制必须在拌和厂用专用拌和机拌制。严格控制混合料配比、各种材料的质量，严格按照拌和工艺流程、拌和温度、拌和时间、拌和机的充盈率等要求进行拌制，以保证混合料的拌和质量。

在拌制过程中，每班要抽样做沥青混合料性能、矿料级配组成和沥青用量检验。每班拌和结束时，应清洁拌和设备，放空管道中的沥青。做好各项检查记录，不符合技术要求的沥青混合料禁止出厂。

(2)拌和材料供给

矿料:质量符合要求,储存量应为平均日用量的5倍,堆料应遮盖,以防雨水。矿料含水率大,烘干加热时拌和设备生产能力降低,燃料消耗率增加。

矿粉和沥青储量:为日用量的2倍。

(3)拌和好的标志

拌和好的混合料应色泽均匀一致,无花白料,无结团成块或严重的粗细料离析现象。

(4)拌和质量直观检查

①混合料中冒黄烟:温度过高;

②沥青裹覆不匀:温度过低;

③混合料堆积过高:温度低或沥青少;

④运输时容易坍平:沥青过量或矿料温度过大。

4. 沥青混合料的运输

①采用吨位较大的自卸汽车减少摊铺机停机时间,保温好。运输能力应比拌和机和摊铺机能力略有富余。

②车厢清扫干净,涂一层油水混合液。

③每放一料斗移动一下车位,一车料应分三次装载:先装车厢前部,再装车厢后部,最后装中间,以减少离断。应有保温、防雨、防污染措施。

④不得撞击摊铺机,挂空挡,由摊铺机推动前地。

⑤卸料应将混合料快速整块料往下卸,减少离析。

自卸汽车卸料:

①温度符合要求。

②缓慢后退到摊铺机前20~30m处停车挂空挡,准备卸料,摊铺机接处车辆,并推动前进,此时开始卸料。

③料车不得撞击摊铺机,不得使用制动,不得卸料过猛。因为摊铺机的速度变化会使平整度下降,甚至形成波浪或“搓板”等面层缺陷。

二、摊铺前的准备工作

1. 下承层准备

浇洒透层、黏层或铺筑下封层下承层应表面平整、密实、高程及路拱横坡符合设计要求,具有规定的强度和适宜的刚度。

2. 施工放样

施工放样包括高程测定与平面控制两项内容。高程测定的目的是确定下承层表面高程与原设高程相差的确切数值,以便在挂线时纠正到设计值或保证施工层厚度。根据高程值设置挂线标准桩,借以控制摊铺厚度和高程。对无自控装置的摊铺机,不存在挂线问题,但应根据所测高程值和本层应铺厚度综合考虑确定实铺厚度,用适当垫块或定位螺旋调整就位。为便于掌握铺筑宽度和方向,还应放出摊铺的平面轮廓线或设置导向线。

高程放样应考虑下承层高程差值(设计值与实际标高值之差)、厚度和本层应铺厚度。综合考虑后定出挂线桩顶的高程,再打桩挂线。当下承层厚度不够时,应在本层内加入厚度差并兼顾设计高程。如果下承层厚度够而高程低时,应根据设计高程放样,如果下承层的厚度与高程都超过设计值时,应按本层厚度放样。若厚度和高程都不够时,应按差值大的为标准放样。

总之,不但要保证沥青路面总厚度,而且要考虑高程不超出容许范围。当两者矛盾时,应以满足厚度为主考虑放样,放样时计入实测的松铺系数。

3. 摊铺机检查

对刮板输送器、闸门、螺旋布料器、振动梁、熨平板、厚度调节器等工作装置和调节机构进行检查,确认都处于正常工作状态后才能开始施工。

重点检查、调试部分:

(1)发动机的变速装置。变速器应运转平稳,否则会引起熨平板、振捣器及电子控制器工作不正常(转速信号不稳定),影响摊铺质量。

(2)行走机构。轮式应测量两侧气压使之相同。履带式链轮有无明显磨损,有磨损应予更换。履带松紧是否适当,太紧,则磨损加剧,功率消耗增大;太松,则履带振动加大。两侧履带松紧应一致,否则易跑偏。

(3)根据摊铺宽度和厚度调试传送带,流量控制门和螺旋布料器使它们能协调一致地工作。

(4)熨平系统。检查夯击锤或振捣梁、熨平板有无磨损,工作是否正常。

三、沥青混合料的摊铺

1. 调整、确定摊铺机的参数

摊铺机的参数分为机构参数和运行参数。

机构参数:熨平板宽度、拱度、振动频率、初始工作仰角、摊铺厚度、布料螺旋与熨平板前缘的距离、振捣梁振幅(行程)和频率等。

运行参数:摊铺机的作业速度。

(1)熨平板宽度

摊铺时尽可能达摊铺机最大摊铺宽度,减少摊铺次数和纵向接缝,提高作业效率。最小宽度不应小于摊铺机的标准摊铺宽度,并使上下摊铺层纵向接缝错位30cm以上。当两台或多台摊铺机平行作业时,相邻两台前后相距15m左右,给压实机械施工创造有利条件,尽量使纵向接缝为热接缝,以保证纵向接缝质量。

若已修好路肩或路缘再摊铺路面时,熨平板宽度应略小于摊铺宽度20~30cm,以便摊铺机行驶操作。

(2)摊铺厚度

在摊铺起点全摊铺宽度上,根据摊铺宽度大小摆放2块、4块或6块垫木。调整垫木厚度,使其高度均达到摊铺起点松铺层表面高程。如果摊铺起点基层已达到其设计高程,松铺层表面高程等于压实厚度与松铺系数的乘积加上基层设计高程。如果摊铺起点基层未达到其设计高程,松铺层表面高程等于摊铺起点摊铺层设计高程减去该处基层实测高程之差与松铺系数的乘积加上基层实测高程。松铺系数应经摊铺试验段确定,试验前可根据经验初定。控制自动调平油缸,调整熨平板仰角,使其达到所需的仰角。

(3)熨平板拱度和工作初始仰角

熨平板作用:熨平、整形作用;带振动的同时有振实功能。

初始仰角与机型、铺层厚度、混合料种类以及摊铺温度有关,一般熨平板前端抬起0.6~1.2mm,主要根据经验确定。具有自动调平装置的摊铺机,在机器结构上可以靠改变熨平板侧臂安装位置来获得有限级(如三级)的初始工作迎角,每一级初始工作迎角适应一定范围的摊铺厚度。同时,依靠电子液压调平装置来控制工作迎角的瞬时变化,以保证摊铺平整度。

对液压伸缩熨平板,由于基本熨平板与左右伸长熨平板不在同一纵向位置上,当初始工作迎角改变时,两者的后缘距地面高度会变得不一致。所以,在调整工作迎角之后,要使用同步调整机构,调整左右伸长熨平板的高度,使其后缘与基本熨平板后缘处于相同高度。在调整时应注意:

①初始仰角的正确与否,只能通过实际摊铺厚度去检验,每调整一次,必须在5m范围内作多点厚度检测,将其平均值与设计值比较。一次调整后,在测定均值之前,不得作任何调整。

②在摊铺过程中,不要频繁调整厚度控制杆,否则将使仰角不断变化。而工作仰角的恢复需要一段时间,在一段时间内,摊铺层的平整度将受影响。

③调整熨平板初始仰角时,如果自动调平油缸活塞杆伸出或缩回在油缸行程的极限位置附近,将会影响自动调平系统在某一方向上减薄或增厚调节功能。此时应调整厚度调节机构,使自动调平油缸活塞杆在油缸行程的中部附近,厚层摊铺偏上,薄层摊铺偏下。

④调整拱度时,需注意熨平板两端的挠度变形。

⑤调整熨平板初始仰角时,如果自动调平油缸活塞杆伸出或缩回在油缸行程的极限位置附近,将会影响自动调平系统在某一方向上减薄或增厚调节功能。此时,应调整厚度调节机构,使自动调平油缸活塞杆在油缸行程的中部附近,厚层摊铺偏上,薄层摊铺偏下。

一些大型摊铺机,设计有两幅调拱机构,其前拱的调节略大于后拱,以利于摊铺层表面质量和结构密实度均匀性。

如前拱过大,摊铺层两侧疏松,中间紧密,中部表面被刮出亮痕和纵向条纹。

一般前后拱差值:对液压伸缩式熨平板,为2~3mm;对机械加长式熨平板,为3~5mm。

(4)熨平板振动频率和振幅

熨平板振动频率可在0~60Hz无级调节,以适用不同沥青混合料振动频率的需要。

当摊铺层较薄时,宜选用高振频、低振幅;当摊铺层较厚时,则可在较低振频下,选取较大的振幅,以达到压实的目的。

同时,在选用振动频率时应注意尽量拉大与振捣频率的差值,或维护两者原来设计的频率比,以减弱相互干扰、叠加的程度和延长共振周期。这样对压实度和平整度的纵向均匀性有好处。

根据实践,在摊铺一般沥青混合料时,熨平板的振动频率宜选用33~55Hz(一般取高值),振幅在0.4~0.8mm之间。

(5)熨平板加热

熨平装置的加热分为摊铺前的预热与摊铺中的保温。熨平板加热是保证摊铺质量和延长振捣系统使用寿命的重要措施之一。

其目的如下:

①减少熨平板与沥青混合料的温差,以防止因沥青混合料黏附在熨平板底面上,随着熨平板的移动会拉裂铺层表面,形成沟槽和裂纹而影响摊铺质量;同时,加热后的熨平板对铺层起到熨烫作用,使铺层表面平整无痕。

②加热振捣头,使其与熨平板摩擦块及护板之间的粘结沥青熔稀,减小振捣启动负荷。预热在摊铺前适时进行,保温在摊铺作业中断时进行。

熨平板加热是保证摊铺质量的重要措施。

加热温度应与混合料温度接近,但不能过热。若过热,熨平板本身变形,加速磨损,使铺层表面沥青焦化和拉沟,从而影响平整度和铺层强度使用寿命。

加热方式:丙烷气、柴油喷射系统加热或电加热。

熨平板未加热前,在宽度方向上略呈拱形,加热后因膨胀(熨平板底面温度高而上面温度低)而拱形消失。这时可用拉线检验熨平板是否平直,否则应予调整。

(6)振捣梁行程(振幅)、频率

振捣梁作用如下:

①将混合料初步振击密实;

②将多余料刮走。

通常条件下,行程(振幅)控制为4~12mm。

影响振捣梁压实效果的主要因素是:振幅、频率和摊铺速度。

振幅:摊铺厚度大,密实度要求高,温度低、矿料粒径大时,采用大振幅。摊铺厚度小,密实度要求高,温度高、矿料粒径小时,采用小振幅。摊铺薄层时,不要使用高振幅振动,以避免基层松散和整体强度下降;摊铺面层时,只能使用小振幅。

频率:振动频率在0~25Hz无级调节,并与摊铺速度和摊铺厚度有关。通常,大振幅采用低频,小振幅采用高频。

在摊铺作业中,如果出现因起步造成铺层横向密实带,应根据经验,在起步前将振捣频率适量调小,起步后慢速调大至设定值。

一般情况下,摊铺机每前进5mm时,振捣次数不得小于一次。特殊情况下,当摊铺层较厚、特别是下层平整度不高时,应采用较高的振击实功能,提高初始密度,能有效地弥补下层不平的缺陷。

当低温季节施工且铺筑较薄时,也应采用较高振击实功能,提高初始密度,减少碾压遍数,在有效碾压温度范围内完成碾压工作。

但是经常使用较高击振功能,加速熨平系统的磨损、缩短其寿命。

(7)螺旋摊铺器

螺旋摊铺器与熨平板前缘的距离:

①如果距离过小,不仅满足不了规定的摊铺厚度,而且可能出现波纹,导致平整度下降;

②摊铺厚度大,粒径大,温度偏低时,距离应大些,使混合料有较高的下料速度和较好的通过性;

③摊铺厚度小,粒径小,温度不低时,距离应小些。

螺旋分料器离熨平板前缘的距离,在保证所要求摊铺层厚度供料充分的前提下,宜尽量调小。否则,在摊铺室熨平板前缘上层易形成“死料”(即在上层浮动而下降缓慢的部分料)。这堆“死料”在“活料”的不断挤压下,逐渐变得密实,且随着温度的不断降低逐渐固结、变硬,一旦有团块进入摊铺层,既影响压实均匀性,又影响平整度。同时,这部分“死料”还增加了熨平板的推移阻力,使摊铺机功率消耗增加。

螺旋摊铺器高度的调整:螺旋离地高度的调整是为了适应不同摊铺厚度的需要。螺旋离地高度的调整范围通常在0~30cm之间。较大的离地高度,用于厚层摊铺;较小的离地高度,用于薄层摊铺。

一般情况下,螺旋器轮边距下承层表面为10~12cm。如果厚层摊铺的物料是碎(砾)石稳定土,在确定螺旋离地高度时可使螺旋叶片的下缘低于摊铺层表面高度3cm左右,以对摊铺层表面的粒料起到再次连续搅拌作用。

在摊铺作业时,如果中缝处铺层疏松,说明中缝处填料不足,应增加反向叶片;如果中缝处铺层过度密实,说明中缝处填料过多,应减少反向叶片。

(8)导料板离地高度的调整

摊铺机的导料板有两种:一种是螺旋前面的导料板,目的是与熨平板振捣架前面的护板一起形成料槽,便于螺旋输料。导料板下沿的离地间隙偏大,会产生竖向离析;过小,则会影响摊铺机通过性能。因此,在摊铺作业状态时,该间隙应调整到100mm。另一种是伸缩熨平板前面的导料板,目的是与螺旋前面的导料板一起形成料槽,便于螺旋向两边继续输料,其下缘的离地间隙还决定着向伸缩熨平板供料的多少,如果离地间隙小于熨平板吞料高度(吞料高度是护板上45°或30°斜面的张口高度,大于摊铺厚度),供料会不足,如果离地间隙过大,供料就太多,会很快溢满导料板与伸缩熨平板前面的护板形成的料槽,堆积成冷料。因此,该导料板下缘离地间隙应大于熨平板吞料高度60~100mm为宜。

(9)摊铺机供料机构操作

包括刮板输送器输送线速度、螺旋分料器螺旋转速、闸门开度刮板输料量的调整方法有连续控制和间歇控制两种。连续控制是刮板速度相对于摊铺速度、摊铺厚度和摊铺宽度进行比例控制,也就是使刮板的供料量满足摊铺层对螺旋的需料量要求。如果是自动控制方式(电控变量泵+超声波料位器),需将超声波料位器调节到适当的控料距离(一般为400~600mm),选择适当的比例区(一般为200mm)。超声波料位器的控料距离与螺旋料槽内的物料高度(料埋螺旋叶片的程度)有关,在摊铺作业中应根据经验确定。

通常,刮板输送器的运转速度确定之后,就不大变动了。因此,向摊铺机供料量基本上靠闸门的开启高度来调节。

闸门开度应根据摊铺速度、摊铺厚度、摊铺宽度来决定。闸门开度过大,则螺旋摊铺室中总积料过多,形成高堆,造成螺旋摊铺器过载,加速叶片磨损,同时增加了熨平板的前进阻力,破坏了熨平板的受力平衡,使熨平板自动上浮,铺层厚度增加;闸门开度过小,掌握不好,会使摊铺室内混合料突然减少(基层平整度不够或暂停螺旋布料器的运转)中部形成下陷状(料的高度降低),使熨平板阻力减小,使板下沉,铺层厚度减少。

摊铺室内最恰当的混合料数量的高度:对于沥青混合料摊铺,料面高度略高于螺旋摊铺器的螺旋叶轴,以稍微看见螺旋叶片或刚盖住叶片为度,高度应沿螺旋全长一致。对于碎(砾)石稳定土摊铺,使物料能够全埋螺旋叶片为好。

由于基层不平以及其他复杂原因,为保证摊铺室混合料维持标准高度,刮板输送器与螺旋摊铺器,不可避免地要暂停运转和再启动。过多地频繁停转后再启动会造成机构磨损过快,同时也会影响铺层平整度。为保证混合料的高度经常处于标准状态,最好的办法就是采用闸门自控系统。

(10)运行参数

运行参数是摊铺机作业速度。摊铺速度主要与摊铺混合料种类、摊铺厚度、摊铺宽度、摊铺机种类和性能、配套机械的种类、性能和数量、施工工期长短以及施工技术规范有关。

选择摊铺速度的原则是在保证施工质量的前提下摊铺机连续作业。首先要考虑供料能力,包括沥青混合料拌和设备的生产能力和运输车辆的运输能力。供料能力应使摊铺机在某种速度下连续作业。因此,合理的摊铺速度 v 可根据混合料供给能力、摊铺宽度和厚度按式(6-8)求得:

$$v = \frac{100Q}{600bhr} \tag{6-8}$$

式中:Q——混合料供给能力,t/h;

h——压实后的摊铺厚度,cm;

b——摊铺宽度,m;

r——沥青混合料压实后的密度,一般取 2.35 t/m^3。

实际上,摊铺速度不仅与上述原因有关,还因铺筑的层次不同而有所区别。一般下面层的摊铺速度较快,上面层的摊铺速度较慢,目的是使面层能获得足够的密实度和平整度。一般,摊铺速度在 2~6m/min 范围内。对于薄层罩面,更要慢些。因为机械前进速度慢,铺层可得到较多的振捣次数。一般摊铺机的摊铺速度应能保证使振捣梁捣实面将摊铺面最少齐齐捣实一遍,从而使铺层有较均匀的密实度,以保证铺层的压实质量和平整度。

正确地选择作业速度对加快施工进度、提高摊铺质量是非常重要的。若速度过快,使铺层疏松,供料困难,质量得不到保证;若速度过慢,施工速度慢,工期得不到保证,经济效益差。

2. 摊铺作业

摊铺作业必须缓慢、均匀、连续不间断地进行。自动找平时,中、下面层宜采用一侧钢丝绳引导的方式控制高度。上面层宜采用雪橇式(摊铺前后保持相同高差)摊铺厚度控制方式。严格控制沥青混合料的摊铺温度是保证质量的关键之一。因为温度的变化会影响摊铺厚度、平整度、密实度等。

摊铺作业时应注意:

①设专人清扫摊铺机两条履带前(或轮胎前)和浮式基准梁小车前的路面,保证摊铺机平稳行走;

②注意“三点”观察螺旋器未端供料情况,整机转向和倾向指示计变化情况;

③在摊铺机熨平板上,非工作人员不得站立和通行,防止熨平板下沉,影响路面平整度;

④设专人对摊铺温度、厚度等进行实际测量,并做好记录。

四、沥青混合料的压实

1. 碾压机械的选型与组合

类型:静载光轮压路、振动压路机、机轮胎压路机。

压路机的数量:尽可能跟随摊铺机通过试铺、试压确定。

2. 碾压作业

压实分初压、复压、终压三个阶段。

(1)初压。初压是为了平整、压稳刚铺的混合料,为复压作准备。用轻型钢轮压路机或关闭振动装置的振动压路机碾压两遍,驱动轮面向摊铺机。

(2)复压。复压是将混合料压密实、稳定、成型。采用重型压路机压实碾压 4~6 遍。

(3)终压。终压以消除碾压轮产生的轮迹,形成平整路面。用 6~8t 振动压路机(关闭振动),碾压不少于 2 遍,直至无轮迹。

3. 影响沥青混合料压实质量的因素

(1)碾压温度

碾压温度的高低,直接影响沥青混合料的压实质量。混合料温度较高时,可用较少的碾压遍数,获得较高的密实度和较好的压实效果;而混合料温度较低时,碾压工作变得较为困难,且易产生很难消除的轮迹,造成路面不平整。因此,在实际施工中,要求在摊铺完毕后及时进行碾压。

一般来说,沥青混合料的最佳压实温度为 110～120℃(国外也有人认为最佳碾压温度为 120～150℃,这与沥青材料性能及压实设备有关),最高不超过 160℃。

所谓碾压最佳温度是指在材料允许的温度范围内,沥青混合料能够支承压路机而不产生水平推移,且压实阻力较小、压实效果好、作业效率高的温度。

若碾压时混合料温度过高,会引起压路机两旁混合料隆起,碾轮后的摊铺层裂纹,碾轮上粘起沥青混合料(尽管用水喷洒)及前轮推料等问题;若碾压温度过低(50～70℃),由于混合料的黏性增大,导致压实无效或起副作用。研究表明:当沥青混合料的摊铺初始温度每提高 10℃,碾压时间就可缩短近 16%;而最低碾压温度每降低 10℃,碾压时间需延长近 30%。

可见,沥青混合料温度较高时,有利于缩短碾压时间,加快施工速度。

压实质量与压实温度有直接关系,而摊铺后混合料温度是在不断变化的,特别是摊铺后 4～15min 内,温度损失最大(1～5℃/min),因此必须掌握好有效压实时间,适时碾压。有效压实时间的长短与混合料的冷却速度、压实厚度等因素有密切关系。

影响冷却速度的因素有气温、湿度、风力和混合料下承层的温度等。对较薄的沥青层碾压时,反而要比较厚的沥青层压实困难些。这主要是因为较薄层的沥青混合料温度降低速度要比厚层快得多,从而使其有效压实时间大大缩短。

(2)振动频率和振幅

振频主要影响沥青面层的表面压实质量。振动压路机的振频比沥青混合料的固有频率高一些,则可获得较好的压实效果。试验表明,对于沥青混合料的碾压,其振频多在 42～50Hz 的范围内选择。

振幅主要影响沥青面层的压实深度。当碾压层较薄时,宜选用高振频、低振幅;而碾压层较厚时,则可在较低振频下,选取较大的振幅,以达到压实的目的。

对于沥青路面,通常振幅可在 0.4～0.8 范围内。

(3)碾压速度

合理的压实速度,对减少碾压时间、提高作业效率有十分重要的意义。在施工中,保持适当的恒定碾压速度是非常必要的。一般速度控制在 2～4km/h,轮胎压路机可适当提高,但不超过 5km/h。速度过低,会使摊铺与压实工序间断,影响压实质量,从而可能需要增加压实遍数来提高压实度。碾压速度过快,会产生推移、横向裂纹等。当然,在碾压坑槽的接头时,速度一定要慢,以免将料压搓。

(4)碾压遍数

初压采用双钢轮压路机静压 2～4 遍;复压采用振动压实 4～6 遍,然后用胶轮压路机压实 2～4 遍。

总之,碾压的基本原则是:在保证沥青混合料碾压质量的前提下,最大限度地提高碾压速度,减少碾压遍数,提高工作效率。

(5)碾压层的厚度

路基、路面底基层和基层(除外用沥青做结合料的基层)的压实规律是碾压层厚不容易达到高的压实度,碾压层薄容易达到高的压实度。沥青面层的压实恰恰与其相反,碾压层厚比薄更容易达到高密实度。其原因是薄层沥青混合料的温度降低得快,较低的温度明显降低沥青混合料的压实效果。

由于上述原因,多数国家对不同的沥青混合料都有最小厚度的推荐值。特别是在法国,沥青混合料的最小厚度常是混合料中矿料最大粒径的4倍左右。

法国和瑞士对沥青混合料的压实质量有两个标准:一是平均密度;二是层底密度。在法国,关于沥青砾石的研究表明:

①最好是将17~20cm的结构层一次碾压,而不是分成8.5~10cm两个层次进行碾压;

②如果用重型振动压路机碾压一个12cm厚的单层,而不是两个6cm厚的双层,则能够得到较高的平均密度和层底密度;

③12cm厚单层的劲度模量高于两个6cm厚的双层的劲度模量。

(6)混合料特性

沥青混合料的特性对压实质量也有较大影响。表6-4中列出了影响的原因、后果及对策,在碾压作业中可供参考。

沥青混合料特性对压实作业的影响 表6-4

原因			后果	对策
矿料	表面光滑		粒间摩擦力小;	使用轻型压路机和较低的混合料温度;
	表面粗糙		粒间摩擦力大;	使用重型压路机;
	强度不够		粗粒料易被钢轮压碎	使用硬度高的矿料、用轮胎压路机碾压
沥青	黏度	高	颗粒相对运动受阻;	使用重型压路机,提高温度;
		低	颗粒相对运动容易	使用轻型压路机,降低温度
	含量	高	颗粒相对运动容易,碾压易失稳;	减少沥青用量;
		低	颗粒相对运动受阻,碾压困难	增加沥青用量,使用重型压路机
混合料	粗矿料过多		不宜压实;	减少粗矿料,使用重型压路机;
	砂料过量		不宜碾压;	减少砂用量,使用轻型压路机;
	矿粉过量		混合料软黏,不宜碾压;	减少矿粉用量,使用重型压路机;
	矿粉不足		黏性下降,混合料易离析	增加矿粉用量

4.特殊路段的碾压

(1)对坡道的碾压

在陡坡碾压时,压路机很大一部分作用力将向下坡方向,因而增加了混合料顺坡下移的趋势。为抵消这种趋势,沥青混合料下承层表面必须清洁干燥,而且一定要喷洒沥青结合层,以避免混合料在碾压时滑移。无论是上坡碾压,还是下坡碾压,压路机的从动轮应始终朝着摊铺方向,即从动轮在前、驱动轮在后(与一般路段碾压时相反)。这样做在上坡时,驱动轮可以承受坡道及机器自身所提供的驱动力,从动轮起到了初步压实的作用,就使沥青混合料能够承受驱动轮所产生的剪切力;在下坡时,压路机自重所产生的向下的重力分力是靠驱动轮的制动来抵消的,只有经前轮碾压后的混合料才有支承后驱动轮产生剪切力的能力。

上坡碾压前,应使混合料冷却到规定的低限温度,而后进行静力预压,待混合料温度降到下限(120℃)时,才采用振动压实。上坡碾压时,压路机起步、停止和加速都要平稳,避免速度过高或过低。

下坡碾压应避免突然变速和制动。特别是在坡度很陡的情况下进行下坡碾压时,应先使用轻型压路机进行预压(注意轮胎压路机不适合用作预压),而后再用重型压路机或振动压路机进行压实。

(2)对弯道或交叉口的碾压

碾压弯道或交叉路口时,容易在铺料层上产生剪切力。剪切力会导致铺料产生位移。影响剪切力的因素很多,主要有压路机线压力、轮径和轮宽、混合料的种类及构成、碾压速度、铺层厚度和混合料的温度、下层性能状况(是否充分压实、有无喷洒沥青结合料等)。因此为了更好地碾压弯道,应先从弯道内侧或弯道较低的一边开始碾压(以利于形成良好的支承面)。对急弯,尽可能采用直线碾压(即缺角式碾压),并逐一转换压道,对缺角处用小型机具压实门压实中应注意转向同速度相吻合,不要在压实的混合料上换向,尽可能采用振动碾压,以减少剪切力。

碾压时注意:

①不得在新铺混合料上转向、掉头、突然制动;

②压路机无法压实的桥面挡土墙等构造物的接头处等,应用振动夯板夯实、雨水井,检查井边缘用人工夯实;

③路面在冷却前不得行驶机械。

五、接缝处理

接缝包括:纵向接缝(有条件避免),沿线长接缝;横向接缝(不可避免),垂直路中线接缝。接缝处理不好直接影响路面质量,如平整度不好、压实度不够、结合强度不够产生裂纹。

1. 纵向接缝

1)纵向接缝摊铺

(1)热接缝

施工应注意以下几点:

①两台摊铺机的结构参数与运行参数应调试相等,使摊铺厚度,熨平后密实度相同;

②接缝两侧摊铺层的坡度和厚度均应一致,搭接重叠应在5~10cm;

③两台摊铺机前后距离稍近些(5~10m),使沥青混合料在高温下相接;

④后机在接缝处拖一热熨斗、熨平接缝;

⑤上下铺层的纵向接缝应错开15cm以上,表面层的接缝应顺直,且宜设在路面标线中线)位置上。

(2)冷接缝

①在先铺带靠接缝一侧设置挡板,挡板高度与铺筑层厚相同,以使压路机能压实边部并形成一个垂直面。若不设挡板,应将呈斜面部分切割后除去(切割冷水应干燥),在切割面上涂热黏结沥青。

②摊铺新混合料应重叠在已铺带上5~10cm,借以加热接缝边部的冷沥青混合料。

③开始碾压前,用耙子把重叠范围内的大料剔去,并铲除大部分重叠的混合料,使接缝处冷热表面重叠宽约2cm的细料,然后按规定碾压。

2)纵向接缝的碾压

由于摊铺机一次摊铺的路面宽度有限,对于较宽的路面则需分几次完成铺压,每两次之间就形成带状的纵向接缝。纵向接缝的碾压根据接缝的冷热状况而有所不同。

(1)热料层与冷料层纵向接缝的碾压

对这种接缝可采用下述两种方法碾压。

①使用静力光轮压路机或脱开振动机构的振动压路机,在碾压开始时,只允许轮宽的

10～20cm压在热料层上，压路机的大部分重力支撑在冷料层上，然后逐渐压向热料层。用这种方法碾压时，多余的混合料会从未经压实的料中挤出，减少了结合边缘的料量，使接缝处的结合密度较低。

②振动压路机位于热沥青混合料上，只让10～20cm的轮宽压在冷料层上，随后进行振动碾压。这样，一方面可能会造成冷料层因振动而损坏，另一方面可将混合料从热边压入相对冷的结合边内，从而产生较高的结合密度。但如果采用的是轮胎驱动单滚轮振动压路机，就必须考虑将75%的轮胎宽度放在接缝的冷料一边来进行碾压。采用振动压路机碾压纵向接缝的方法不但能增加单位面积的压实能力，而且还因压路机占用冷料一边的面积较小而减少对交通的干扰。

(2)热料层间纵向接缝的碾压

对于这种接缝，使用振动式压路机进行碾压时，先压实中心接缝热接缝两边大约20cm以外的地方，再压实中间剩下来的一窄条混合料。这样，混合料就不可能从旁边挤出，并形成良好的结合。

2.横向接缝

横向接缝——每天的工作缝，或由于某种原因使摊铺中断的时间较长，摊铺机后面尚未碾压的沥青混合料的温度已下降到低于规定温度后再开始摊铺的接缝。

(1)接缝位置

在施工结束时，摊铺机应在接缝近端部约1m处，抬起熨平板驶离现场，用人工将端部混合料铲齐后再予碾压。然后用3m直尺检查平整度，并找出表面纵坡和横坡或铺层厚度发生开始变化的横断面。趁尚未冷透时，用锯缝机将此断面割成垂直面，并将不符合平整度要求的尾部铲除。

(2)施工方法

在事先处理好的接缝处，要求摊铺机第一次布满料时不前行。用热料预热横向接缝至少10min(最好达30min)，并用温度最高的一车料开始摊铺。

新铺面与已铺面重叠5cm。碾压前，用耙子剔出大部分粗料，搂回细料，整平接缝，趁热横向碾压。

(3)横向接缝的碾压

在摊铺机铺设沥青路面混合料时，对于较长的道路，不可能一次完成铺设，需要分段摊铺。每摊铺一段，在结尾处需放置一块与铺层厚度相等的木板，以防止碾压时边缘混合料发生塌裂现象。在接下来摊铺时，将木板撤掉并放在新的结尾处，这样就在新旧混合料接处形成一条整齐的横向裂缝。

横向裂缝的碾压应在新料刚刚摊铺结束之后立即进行，以便趁温度较高时使新旧料结合紧密，较好地消除缝隙。横向缝隙在开始碾压时最好使用光轮压路机。若使用振动压路机，则应断开振动机构。先将压路机的大部分重力支撑在旧料上，小部分重力压在新料上(只用10～20cm的轮宽)，碾压2～3遍后，逐步向新料上横移。在快要完全进入新料时，接通振动机构进行振动压实。碾压结束后，压路机切勿在接缝处转向，以免损害路面。可在路边搭接与路面平齐的木板，让压路机驶离铺层。

碾压完后用3m直尺检验平整度。若不满足，用人工修补。低处用筛子筛出料弥补，料多时用耙子耙松去掉多余大料，人工整平后再筛细料修饰表面，直至平整致密为止。

(4)接缝方式

沥青面层的各铺层均应采用平接缝，对中、下层当受条件限制时，也可采用斜接缝。

第七节　自动调平系统

为了提高路面的平整度和精确的横截面形状，在摊铺机上另外装设一个纵坡调节、一个横坡调节自控系统，它们的功能远远超过机械本身的找平能力，可使路面的质量符合规定要求。

一、沥青混凝土摊铺机自动调平系统的分类

自动调平目前有以下几种形式。

1. 按动作机构分

(1)“电—机”式。以电子元件作为检测装置(传感器和控制器)，以伺服电机的机械传动作为执行机构。它可以在牵引点和熨平板的厚度调节器两处进行调节。

(2)“电—液”式。以电子元件作为 π 检测装置，以液压元件作为执行机构，调节“牵引点”的升降。

(3)全液压式。整个系统全部采用液压元件。

2. 按检测元件或装置是与被铺路面接触分

(1)接触式。挂线法——固定基准；基准梁或平衡梁 ——行车基准。

(2)非接触式。激光、超声波和红外线式；以激光作为参数基准，以光敏元件作为转换器；最后借助电子与液压元件来实现调节。

3. 按照调平原理的不同，自动找平系统分

(1)开关式自控系统。它以“开关”的方式进行调节，不管检测到的偏差大小，均以恒速进行断续控制。该种系统存在着反应误差，因此必须设置一个调节“死区”(或称起阻尼作用的“零区”)，传感器越过“死区”之后才有信号输出。为了提高系统的反应精确性，“死区”应尽量减小；但是系统是恒速调节的，如果“死区”范围过窄，调节容易冲过“死区”而出误差，即超调。超调需要反方向的修正，这样就会引起在“死区”来回反复“搜索”零点，使系统发生振荡，由此影响到路面的平整度。为了消除振荡的缺点，“死区”要足够宽，让系统在反向修正时可由最高值趋向于零速，不再又冲向另一边，但这一结果又降低了系统的精确度。所以，这种系统的性能是不理想的，但其结构简单、价格低廉、使用方便，可满足一般的要求，因此仍有使用。

(2)比例式自控系统。它是根据偏差信号的大小，以相应的快慢速度进行连续调节的。偏差为零时，调节速度也趋于零，因此，不会产生超调而引起振荡现场。这种系统可使铺成的路面十分平整。但其结构精度要求高、造价也高，所以使用较少。

(3)比例脉冲式自控系统。它是在开关自控系统的“恒速调节区”与“死区”之间设置一“脉冲区”。脉冲信号根据偏差的大小成正比例的变化。其变化方式有改变脉冲宽度和频率两种。偏差信号由传感器带进脉冲区后，调节器即根据信号的大小，以不同宽度或频率的脉冲信号推动电磁阀，使油缸工作。这种系统兼备了前两种的优点，大大缩小了“死区”，精确度高，价格低且耐用，目前有许多机械在使用。

二、自动调平系统的组成及工作原理

1. 挂线调平系统

该系统的基准是固定的，是沥青摊铺机最早使用的一种调平形式。挂线调平系统由挂线、

触臂、纵坡传感器、横坡传感器，控制器等组成。触臂以一定的角度（一般为45°）搭置在挂线基准上，当摊铺机遇到不平度发生升降时会改变触臂的搭置角度，从而使传感器感知位置的变化。这种方式采用直径为2.0～2.5mm的钢丝绳，200m为一段，立杆间距10m，张紧力需在800～1 000kN之间。工作原理如图6-37所示，挂线调平系统是通过控制待铺层面与基准线之间的高程差ΔH（图6-38）来控制待铺层面的平整度、厚度和高程等技术指标的。当摊铺机在行进的过程中遇到一个向下凹陷或向上凸起的不平度Δh时，会引起牵引臂相对基准上下运动，纵向传感器通过触臂探测到牵引臂的升降并把信号反馈给调平控制器，控制器根据偏差信号的大小向摊铺机大臂升降油缸的电磁控制阀发出升或降的信号，调整熨平板牵引点的高度，使熨平板的牵引γ角增大或减小，熨平板上受力平衡被破坏，由于熨平板处于浮动状态，为使所受力系重新达到平衡状态，熨平板会自动调整牵引角γ，使其减小或增大，熨平板的工作仰角α随之减小或增大，直至力系达到新的平衡，铺层的厚度相应地增加或减小，从而保证铺层的平整度。

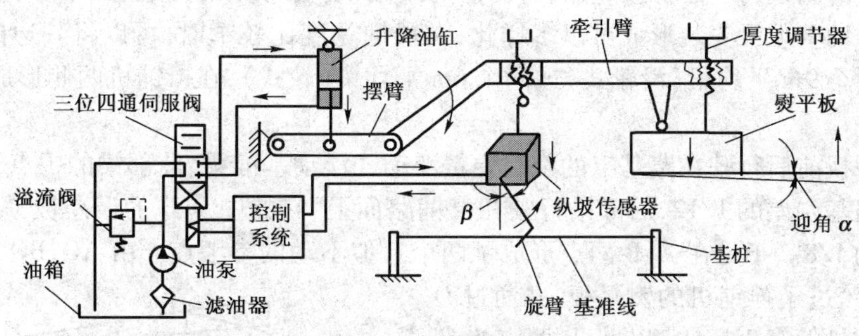

图6-37　挂线自动调平系统工作原理示意图

这种调平方式的基准是绝对基准，能较好地补偿铺层的高程误差，在基层和下面层的摊铺中非常有效。但是，为了保证钢丝绳的高程绝对准确，理论上要求其张紧力无限大，但是实际施工过程中，钢丝绳上所受的张紧力不可能无限大。另外，为了适应一天的工作量，每侧至少要准备两条钢丝绳来回更换，其测量、布设工作量相当大，效率较低，人为干扰引起的误差在所难免，会给摊铺质量造成一定的影响。

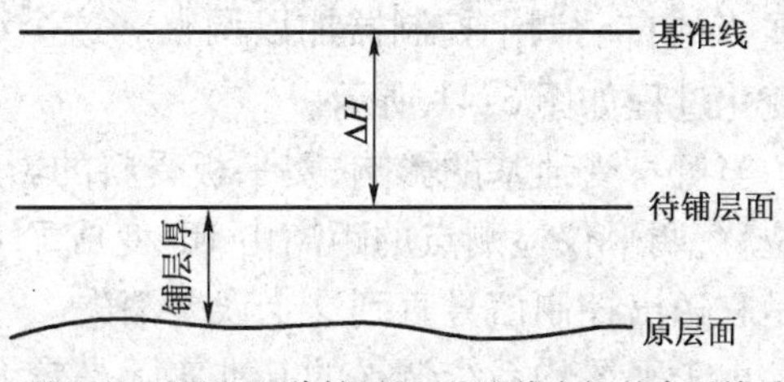

图6-38　原层面、待铺层面、基准线之间的高程关系

2. 机械式浮动梁找平系统

以机械式浮动梁找平方式如图6-39所示。机械式浮动基准梁是一种随摊铺机一起运动的基准，实质上是以较大范围内多点高度的平均值来控制摊铺厚度。它通常用于高程已经精确校正后的下面层上摊铺上面层。

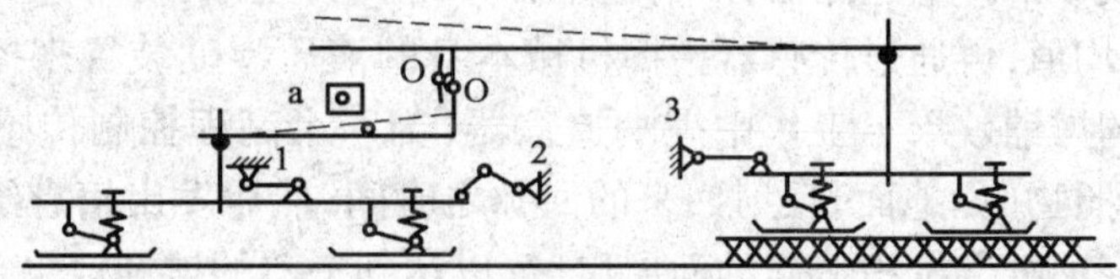

图6-39　机械式浮动梁结构示意图

1、2、3-铰接于摊铺机；O-铰接于动臂铰点；a-纵向传感器

由于道路靠路边区域的平整度要比靠中心区域的平整度差很多，找平的误差比较大。为了解决老式平均梁的不足之处，工程上采用一种跨越熨平板、适于大型摊铺机整幅摊铺作业的超长浮动基准梁。这种浮动基准梁如图6-40所示。

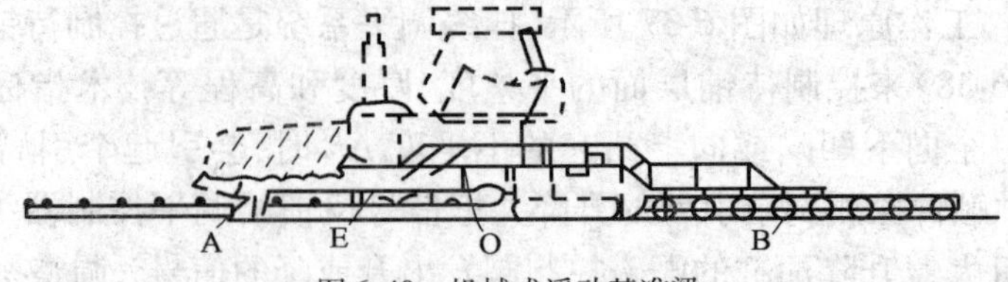

图6-40　机械式浮动基准梁

整套系统使用包括每边一条安装长度近18m的跨越式平均梁，非常适用于大宽度双纵向的调平方式，前面9m行驶在未铺路基上的部分采用滑靴式面接触，以减小地基凹凸不平的影响；后面6m行驶在刚铺过的路基上的部分，采用轮式滚动点接触，减少了沥青面对平均梁的黏结阻力。专门制造的空心橡胶轮胎，有良好的减振、吸收地面不平度的效果，并且质量很轻。

跨越式浮动基准梁安装形成可以多样化，在摊铺宽度比较窄时，可以将一边的15m平均梁分解组成两个9m平均梁（滑靴式）或两个6m平均梁（轮式），在摊铺机两侧形成双基准，非常灵活方便。

位于熨平板前后行驶在路基上的都是弹簧浮动式浮动基准梁，前部梁的中点A的误差被平均后小于路基误差的1/12，后部梁行驶在已铺路面上，它的中点B的误差被平均后小于刚铺路面误差的1/8。于是在A、B两点形成了两个近似不动的参考点。由AO、BO组成的杠杆式上部结构，跨过了摊铺机的熨平板，并通过O点铰接在摊铺机的牵引臂上，以A、B两点为参考点，在E点反映出机身O点的误差，通过固定在E点的自动调平控制器加以调整。这个结构的变化过程如图6-41所示。

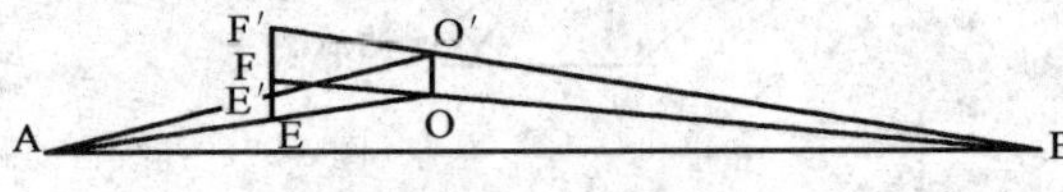

图6-41　机械式浮动基准梁结构变化过程

当机身受地基的影响、熨平板受料的影响产生上下移动时，都会使牵引臂发生从O到O′的位移，调平仪检测点的距离由EF变成E′F′，即控制器检测到了一个误差信号e = E′F′ - EF，于是它送出控制信号直到这个误差消失。

由于平梁均系统调平的基准实际是较大范围基准面平整度的一个平均值，这就能够避免许多局部区域较小的随机不平度对调平系统的影响。同时，在遇到整体较大的不平度时可以得到平滑过渡，从而减少基准面对铺层的平整度传递，得到良好的铺层平整度。因此，平均梁调平系统多用于高等级公路中上面层的摊铺中。

3. 多声呐非接触式平衡梁调平系统（SAS系统）

多声呐非接触式平衡梁调平系统（SAS系统）由声呐追踪器和控制盒、平衡杆组成。一根平衡杆上装有4个或8个声呐追踪器，声呐追踪器以地面为基准，每个探头每秒发射39次声脉，精确测出距离平均值，再通过传感器指挥机械本身的液压浮动装置来控制升降高度，以达到更好的光滑平整的摊铺效果。工作中声呐追踪器（为一个高程控制传感器）发射高频声脉冲，并测出从物理参照物（如地面）反射回来的回脉之时间，然后发出信息给控制盒，控制盒检测此信息并控制升降油缸以维护适当的面层厚度，以达到平整的摊铺效果。

4. 激光调平系统

激光调平系统是利用激光扫描器采集一定长度范围内基准面的高低变化，经过过滤、平均，获得采集范围内基准面平均高度作为调平系统的虚拟基准。激光调平系统由数字控制器和激光探测元件构成。数字控制器的安装位置可以根据摊铺机操作手习惯选择。激光探测元件是激光扫描器，它既是激光发射器，也是激光接收器，其安装位置灵活，在高等级路面施工中一般安装在熨平板大臂上，位于螺旋分料器的前方。它可以发射一组多达150束密集激光束构成一个激光扫描面，相邻的光束之间相隔1°，形成150个探点，如图6-42所示。

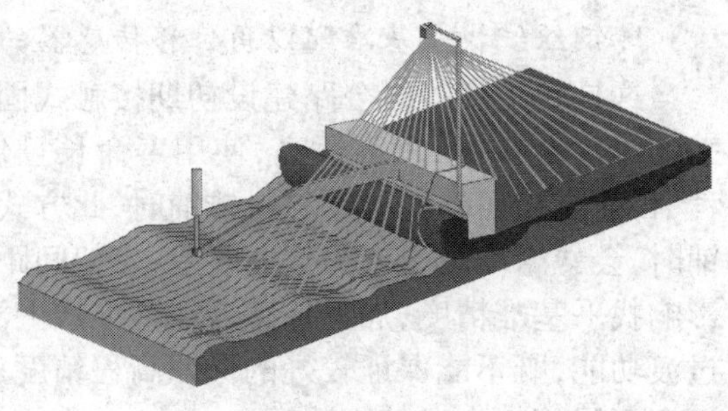

图6-42 激光纵向扫描示意图

激光调平系统的工作原理：如图6-43所示，光波接触地面后的反射波B进入扫描器内的反射器，子系统测量从发射激光波到接受反射波所经历的时间周期为激光以恒定的速度传播，通过该时间周期可以计算激光波运行的距离，所用时间越长，距离越长。自激光扫描器的数据由RSS计算机进行分析处理。首先要做的事情是过滤扫描范围内的超大物体，如人和机器部件（如熨平板）等。位于扫描器下方且在平均线上的点，即为控制摊铺机工作的参考点（图6-44）。

图6-43 激光调平系统的工作原理图

图6-44 激光扫描滤波和平均基准选择示意图

激光调平系统最突出的特点是采用激光作为探测距离的介质，由于激光在空气中传播速度恒定不变，不需要对介质的传播速度进行定值检测校正，所以该系统测距精确，计算过程简单，易于保证计算精度，从而使获得的虚拟基准更加准确且受环境因素的影响较小。另外，激光扫描器可以发射密集的激光束对基准面进行大范围的扫描，并且扫描过程是随摊铺机作业连续进行的，使数字控制系统对基准面的变化具有更早的预知性和更平缓、更稳定的过滤作用，进而获得良好的铺层平整度。

再者，由于扫描长度可调，施工时可以根据现场情况设定扫描长度。例如，在平直路段上采用较长的扫描长度可以在更大范围内扫描探测、采集基准面高程数据，并获得更好的长距离平均效果和路面平整度。在横向弯道或纵向坡道上施工时，可以根据弯道和坡道的缓急程度采用相应较短的扫描长度，这样可以准确地跟踪横向超高或纵向高程的连续变化，从而获得连续平整的弯道、坡通、匝道等。由于系统是通过激光进行扫描，在能见度很低的情况下会严重影响激光的传输，从而影响系统的调平效果。另外，系统对摊铺现场管理要求较高，如果在扫描范围内出现过多的杂物或人员流动，也会影响到激光的传输而使系统工作不稳定，影响调平精度。

三、几种找平方式的比较

现代公路施工中，为了提高沥青路面摊铺质量，采用了各种找平方式配合摊铺机作业。这些找平方式在摊铺实践中逐步形成和完善。目前有四种找平方式，具体如下：

1. 钢丝线找平基准配以角位移传感器的找平方式

这是我国高等级公路建设初期接触式固定基准找平方式。其特点是结构简单,线性度好,工作温度范围宽,可靠性高,使用寿命长且价格低廉。由于这种找平方式能较为准确地控高程,目前在路面基层稳定材料摊铺时,此方式仍不失为一种有效的找平方式。在面层沥青料摊铺时,会暴露出由于人为架线误差、支架间距不均、牢固度不易控制、钢线张紧力不足等缺点而影响找平基准精度,加上传感器在基准线上滑动时容易产生振动,系统本身不具备基本的信息过渡功能,既不能保证较好的保证高程精度,也不能保证较好的平整度。因此,在高等级公路沥青面层施工中已较少采用。

2. 机械式平衡梁配以角位移传感器的找平方式

这是目前我国高等级公路沥青面层施工中普遍采用的一种找平方式,属接触式移动标准。由于这种移动式基准的参考范围大且采样点较多,所以具有高效的滤波功能,可缓慢改变铺层厚度,起到调平作用。这种找平方式较之钢丝线为基准的找平方式,使沥青面层的摊铺平整度,尤其是摊铺直线路段时的平整度得到了较大的改善,但也暴露出如下不足:

①结构件过于庞大,难以保管且运输费用高;

②黏附现象严重,清理困难;

③机械损坏率高;

④需要人工精细保修,工作烦琐;

⑤小弯道摊铺时易损坏梁架且难以保证摊铺平整度。

3. 多声呐非接触式平衡梁找平方式

这种找平方式属于非接触式移动基准。它除具备机械式平衡梁的使用性能,还具有如下显著特点:

①数字控制,精确度高。

②非接触、无黏结、不必清洁,结构紧凑,使用方便。

③摊铺机可随意前进、后退,压路机可及时碾压铺层,保证碾压温度和密度。用于匝道、边坡、桥梁及特殊路面的摊铺找平效果及方便性尤为突出。

④起步、收尾、接缝处理良好。但声呐距地较近(50cm),挥发物易凝附于声呐发射上面和摊铺混合料上方的空气温度的变化都会影响声呐传感器正常工作精度。

4. 非接触式激光扫描自动找平系统(RSS 系统)

由于 RSS 系统使用了大范围的多点测量和计算机信息处理技术,使平均过滤功能更为明显,而且 RSS 系统的无效物体识别功能彻底消除了找平调节油缸的误动作,因此其摊铺质量较之于以往各种找平方式具有更好的效果。RSS 系统的测量长度通常为 16m,当测量长度调到 30m 时,其测量精度会进一步提高。扫描长度和测量点的可设定,使得摊铺机在小弯道施工和桥面铺装等复杂工况作业时,摊铺更为方便,精度更易掌握,适应范围更为广泛。

较之机械平衡梁和多声呐非接触式平衡梁,RSS 系统使用时无磨损、易拆装、不易损坏、精度高、操作方便,适合与多种品牌、型号的摊铺机配套,也可与路面铣刨机配套。现有摊铺机加装该系统后不影响原有找平系统的使用。

第八节 影响摊铺平整度的因素

路面的不平整的原因如下。

1. 下承层的不平整

下承层的不平整使摊铺机在行驶过程中机身上下移动,从而导致牵引大臂带动熨平板仰角不断变化,使摊铺厚度发生变化。尽管有自动找平系统的调整,但由于调平精度的限制,这一影响或多或少都会表现出来。

2. 摊铺机工作速度的变化

摊铺机工作速度的改变将从以下几个方面影响平整度。

(1)速度的改变会导致振捣梁对混合料的击实密度改变,从而造成了熨平板前混合料的初始密实度的变化,铺层厚度将会变化。

(2)其他因素不变的情况下,速度的改变会影响沥青混合料对熨平板的浮动支撑力。速度高,支撑力大(被压材料塑性变形需要时间),熨平板上浮;反之,熨平板下浮,从而使铺层厚度发生变化。

(3)速度的变化还会使熨平板对摊铺室内混合料的推移力发生变化,使熨平板原始受力平衡遭到破坏,从而导致熨平板上下浮动。

3. 熨平板前混合料堆高度的变化

熨平板前混合料堆高度的变化除了影响熨平板对料堆推移力外,还会使起熨平板前混合料的初密实度变化。混合料高度的变化使熨平板推料量发生变化和推移料时的摩擦力发生变化,这都破坏了熨平板的受力平衡,从而导致熨平板不断上下浮动,使铺层厚度发生变化。

混合料初密实度的变化使混合料对熨平板的支撑力发生变化,使熨平板上下浮动。同时,混合料初密实度的变化会使振捣梁压实密度发生变化,经过终压后路面也会表现出一定程度的不平整。

4. 沥青混合料温度

沥青混合料的温度高低变化和温度不均匀都会对摊铺路面平整度产生影响。

沥青混合料温度变化将从以下几个方面影响平整度。

(1)温度的变化会使沥青混合料与熨平板之间的摩擦系数改变,从而造成熨平板原始受力平衡遭到破坏。

(2)在其他因素不变的情况下,温度的改变会影响沥青混合料对熨平板的浮动支承力。温度高,混合料相对软,支撑力小,熨平板下浮;温度低,混合料相对硬,支撑力大,熨平板上浮。

(3)温度的变化还会使熨平板对摊铺室内混合料的推移力发生变化,使熨平板原始受力平衡遭到破坏,从而导致熨平板上下浮动。

温度不均匀将从以下几个方面影响平整度。

①在摊铺过程中,混合料温度不均匀将会使混合料的承载能力不均匀。温度低,承载力相对较大(不容易被下压);温度高,承载力相对较低(容易被下压)。这就会导致在振捣、熨平过程中温度高的混合料密度较温度低混合料密度高,即密度不均匀。在后续碾压工序中将表现出平整度不高。

②由于混合料温度不同,其承压能力不同。在碾压过程中其变形量有所不同,从而导致路面不平整。这一因素的影响在碾压速度过快时更为明显。因为在相同线压力下,温度低的混合料塑性变形所需时间比温度高的混合料塑性变形所需时间要长。

5. 混合料的离析

在摊铺过程中,如果混合料离析较严重,由按经验确定松铺系数(沥青混凝土混合料为1.15~1.35,沥青碎石混合料为1.15~1.30,细粒式取上限,粗粒式下限)可知,碾压时在相同的线压力或面压力下,细料多的混合料下压量比粗料多的混合料下压量大,从而导致路面平整度降低。

6. 螺旋分料器开机、停机或速度改变

在摊铺机摊铺路面的过程中,螺旋分料器送料的速度稳定性也将在一定程度上影响自动找平系统的控制精度。螺旋分料器布料时,其作用力通过物料传到熨平板。当螺旋分料器开机、停机或速度改变时,混合料的推移速度必然发生变化。这个速度的变化一方面会使混合料粗细料产生一定程度的离析,另一方面还会改变混合料对熨平板的作用力,这个作用力的变化体现在料位高度的变化和混合料对熨平板的推力的变化,从而破坏熨平板原有的力平衡,引起熨平板上下波动。

螺旋分料器开机、停机或速度改变时也会影响摊铺机运行稳定性,这会直接影响熨平板牵引大臂牵引点的稳定性,从而使熨平板运行不平稳。

7. 执行机构"滞后效应"的影响

控制器发出的信号并不是直接控制牵引臂的上下移动,控制器和牵引臂之间通过一个液压系统进行控制信号的传递。就液压系统来说,控制器控制信号的发出到电磁阀的响应、再到油缸的运动、直至达到要求的位置需要一个响应时间,而这段时间内控制器也同时在不停地对熨平板的状态进行检测。在油缸还没达到要求位置时,控制器所采集的信号并没有真实地反映控制信号的控制效果。如果这时控制器对这段时间内采集的信号进行处理,将导致熨平板的超调。这也从另一方面说明如果调平系统太灵敏,会使平整度降低。

8. 接触式自动找平系统中挂线影响

摊铺机在工作过程中,机身由于地面的不平整产生的行驶振动,传动系的影响,如刮板输送器或螺旋布料器的启动与停止产生的振动,以及发动机运转产生的振动等,都将导致角位移传感器的触臂随着一起以一定频率振动。而触臂的振动导致了钢丝绳发生弹性变形跟着触臂一起振动。由于钢丝绳产生的这种振动没有一定的规律,硬件滤波电路很难将其完全消除。所以,对于接触式自动找平控制系统来说,来自钢丝绳的扰动信号是影响其控制精度的一个主要因素。

9. 使用超声波传感器时路表温度的影响

摊铺机在工作中,路表沥青的温度达到了120℃,而在距离路表1m左右的空气温度却只有50~60℃。由于超声波在空气中的传播速度与空气密度有关,空气密度又与其温度有关,在使用超声波传感器时,即使采用了一定的温度补偿措施,这样的温差也必然对其控制精度产生影响。特别是当环境温度和风速变化较大时,其影响就非常明显。

10. 自动找平系统的精度和灵敏度影响

自动找平系统的精度过低,即调整不到位,会使路面平整度变差。自动找平系统的灵敏度过高,则大臂升降油缸调整过于频繁,路面平整度将会变差。同时,若自动找平系统的灵敏度过低,该调整时得不到调整,路面平整度也将会变差。

在上述分析中,有的影响是相互抵消的,而有的影响是相互叠加的。因此,在施工时对一些细微的影响因素必须给予足够的重视,从而不断提高施工路面的平整度。

第九节 沥青混合料产生材料离析的原因分析及减少离析的方法

1. 沥青混合料材料离析及离析对沥青混凝土路面造成的影响

所谓沥青混合料材料离析就是指组成混合料的材料,即不同粒径的集料、沥青、石粉等在混合料中分布不均匀。材料离析造成混合料的粗细集料分离和沥青含量不均匀。粗集料集中的部位空隙率偏大,沥青含量偏小,从而使混合料抗拉强度降低,抗裂性能和抗疲劳性能降低,易造成渗水,加剧路面水损害,产生坑槽、松散等。细集料集中的部位空隙率偏小,沥青含量偏大,从而使混合料高温稳定性和低温抗裂性都变差,易出现车辙、拥包、泛油、裂缝等病害。

2. 产生离析的原因及减少离析的方法

沥青混合料材料离析与摊铺材料、拌和工艺、摊铺机的结构、摊铺设备调整、供料运输方式以及操作技术等有关。

(1)混合料中大集料含量较多时,在拌制、卸料、运输、摊铺过程中极易产生离析。因此,在对这类混合料进行施工时应非常注意。

(2)混合料运输距离过长,长时间颠簸使大集料下沉,细料上浮,从而产生离析。卸料时,开始细料多,而后粗料多。因此,首先应避免长距离运输。也就是说,拌和厂选址时应考虑混合料的合理运输距离。其次,如果必须要长距离运输混合料,则应使路况良好和保持车速,不使车厢过分颠簸。

(3)横向螺旋输送距离过长,速度过高,易产生离析,使分料器两边粗料多。特别是分料器外侧缺料时,粗料在分料器的螺旋推动下更易滚动,使铺层外侧粗料离析更加严重。

因此,要确保螺旋摊铺器左右通道通畅,使材料料位处于螺旋直径至少三分之二位置。也可将其刚好埋住,使其在混合料内部推料,减少粗料的滚动。但这样会使螺旋分料器磨损加剧和增加驱动功率消耗。同时,应注意分料器安装应有足够的长度,不可过短而影响材料输送量和产生离析。

(4)螺旋分料器的高度应与材料的粒料相协调,否则会出现明显的离析。特别是集料粒径较大时,螺旋分料器的高度应大些。否则,螺旋分料器易把大粒径集料向外推移,造成离析。

(5) 螺旋分料器应连续稳定的转动,不要时快时慢,造成中间缺料产生离析带。要在螺旋分料室建立合适、稳定、均匀的料位,避免粗粒料滚动产生离析。

(6)由于螺旋驱动链轮箱的空间干涉,使左右螺旋在中缝处断开一定距离,这一断裂处的物料得不到螺旋强制挤压和搅拌,而仅依靠物料的自然流动来充填,摊铺后密实度低且级配不匀,形成一条明显的条形离析带(通常称为纵向离析)。

改进型摊铺机在该断开处的左右螺旋上各加装一组角度可调的反向螺旋叶片,根据摊铺厚度和材料的变化来调节叶片数量和角度,使中缝处物料充填密实且均匀。

如不安装螺旋分料器中间的反向叶片或安装调整不当,则在摊铺时路面纵向中间产生明显的粗料离析带。因此,在路面摊铺初期或试铺时,一定要注意反向叶片的安装和调整。

(7)刮料输送板输送速度过高,易产生振动,使混合料产生离析。特别是在受料斗混合料不多时尤为突出。因此,要注意在调整时可把闸门开度增大,降低刮料输送板输送速度。同时,注意不要使受料斗料位过低。

(8)在载货汽车卸料时如果混合料不是整体下滑,而是一层一层下滑,则在摊铺机受料斗中,特别是受料斗两侧和内侧粗料多、细料少的离析现象。因此,载货汽车在卸料时应加大卸料角度,尽可能使箱内混合料整体下滑。同时,应在载货汽车车厢底板和周壁涂一层油水混合液(柴油/水 =3/1),防止混合料粘在箱壁上和使其易整体下滑。

(9)摊铺时由于刮板输料器过分的输送,使受料斗中的混合料形成凹谷,两侧粗料滚入或被整体倾入刮板输料器,产生集中的片状离析,在摊铺后的铺层上可以明显看到有规律的离析。因此,应及时收起料斗侧壁,避免出现中央凹谷导致粗料集中。同时,两辆载货汽车卸料之间应尽量缩短时间，摊铺机料斗中混合料较多时，便可将载货汽车上的料倒入摊铺机受料斗。

(10)螺旋分料器摊铺室前挡板离地高度调解不合理，会使粗料向下滚动，从而使铺层上下层材料离析，也成为竖向离析。

根据摊铺厚度和材料不同，应适当调节前挡板离地间隙。有的摊铺机前挡板下部采用弹性橡胶板结构，可以将离地间隙调为最小。同时，前挡板安装应有足够的长度，过短则影响材料输送和产生离析。

(11)很多成品料仓在储存混合料时，会出现在锥部附近产生明显的离析。为了解决该问题，应在料仓中设置导料装置，如图6-45所示，使混合料储料和卸料时，尽量减小离析，或设置旋转卸料槽，或过渡卸料斗解决储料离析问题。

(12)储料仓向载货汽车卸料时为了避免离析，载货汽车不应该停在储料仓下静止装料。静止一次装料，粗粒料易向车厢四壁滚动而产生离析。应采用移动卸料的方式分3～5次按如图6-46所示顺序卸料。

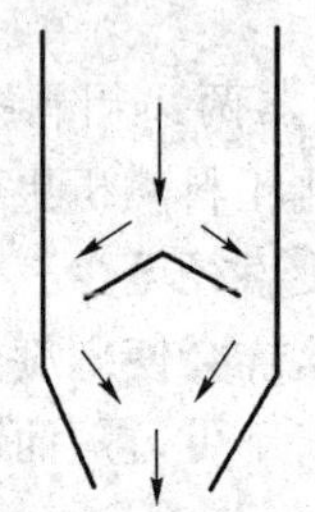

图6-45　圆筒储藏设置锥形导料装置

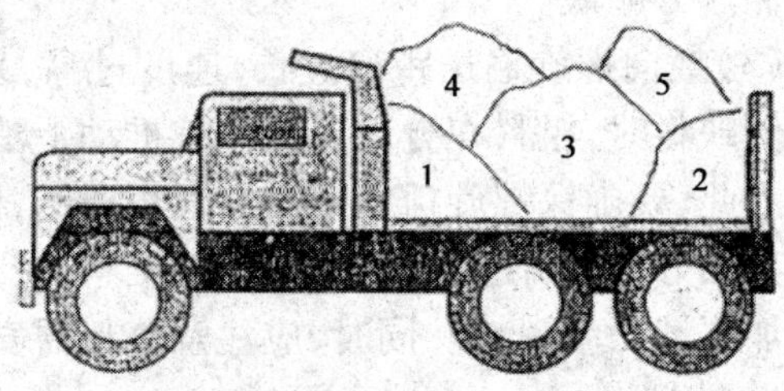

图6-46　储料仓向载货汽车卸料顺序示意图

(13)拌和器的过度磨损，如耐磨衬片和搅拌桨叶的过度磨损，使在拌制时拌和器底部搅拌不够或搅拌不上，从而产生混合料不均匀。因此，试拌调试时，应注意拌和器的磨损情况。如磨损过度不合技术要求，要及时更换。

第七章　水泥混凝土路面施工

第一节　概　述

一、水泥混凝土路面的类型

(1)素混凝土;

(2)钢筋混凝土;

(3)预应力混凝土;

(4)装配式混凝土;

(5)钢纤维混凝土。

现广泛使用现场浇筑的素混凝土,在接缝区、边缘和角隅配置钢筋。

二、水泥混凝土路面的特点

(1)刚度大,强度高,板体性好,较高的承载能力和荷载扩散能力。

(2)稳定性好,水稳性,温度稳定性,优于沥青混凝土,不老化。

(3)耐久性好,抗磨耗能力强,耐疲劳特性好。在保证施工质量的情况下,一般可使用20~40年,通行履带式车辆。

(4)抗侵蚀能力强。对油及大多数化学物的不敏感。

(5)养护费用少。为沥青混凝土的1/3~1/4。

(6)抗滑性能好。表面粗糙度好,能保证车辆高速安全行驶,下雨时仍能安全行驶。

(7)有利于夜间行车。色泽鲜明,能见度好。

(8)接缝多,增加了施工和养护的复杂性,如施工、养护不当,易导致唧泥、错台、断裂,引起行车跳动、噪声,影响行车的舒适性。

(9)对超载敏感。脆性材料、荷载超过其极限强度,便会出现断裂。

(10)修复困难。修复较沥青路面困难,且影响交通修复强度不如原来整体性强度高。

(11)不能立即开放交通。除碾压混凝土外,其他混凝土都需一定的养生期,以获得足够的强度,一般需14~20d。

(12)噪声大。混凝土在使用的中、后期,由于接缝、变形(缝隙增大、错台等)而使平整度降低,行车噪声较大。

第二节　水泥混凝土搅拌机

水泥混凝土搅拌机是将一定配合比的水泥、砂石、水和外加剂、掺和料拌制成具有一定匀质性、和易性要求的混凝土拌和物的机械设备。

一、水泥混凝土搅拌机

1. 水泥混凝土搅拌机的分类

为适应不同混凝土搅拌要求，搅拌机有多种机型。

(1)按拌和方式分

①自落式：动力消耗小，磨损小，生产效率低。自落式搅拌机[图7-1a)]工作机构为筒体，沿筒内壁圆周安装若干搅拌叶片。工作时，筒体绕其自身轴旋转，利用叶片对筒内物料进行分割、提升、洒落和冲击作用，使配合料的相互位置不断进行重新分布而得以拌和。其特点是搅拌强度不大、效率低，只适于搅拌一般集料的塑性混凝土。

②强制式：拌和质量好，生产效率高，动力消耗大，叶片磨损快。强制式搅拌机[图7-1b)]搅拌机构是水平式垂直设置在筒内的搅拌轴，轴上安装搅拌叶片。工作时，转轴带动叶片对筒内物料进行剪切、挤压和翻转推移的强制搅拌作用，使配合料在剧烈的相对运动中得到均匀拌和。其搅拌质量好、效率高，特别适合于搅拌干硬性混凝土和轻质集料混凝土。

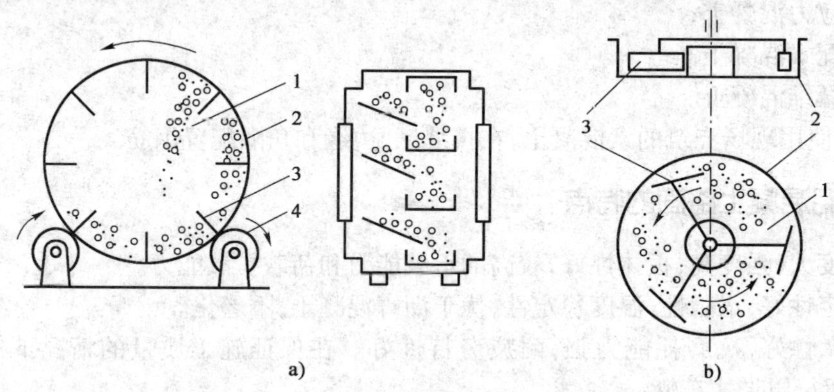

图7-1 自落式与强制式搅拌机工作原理

a)自落式；b)强制式

1-混凝土拌和料；2-搅拌筒；3-搅拌叶片；4-托轮

(2)按作业方式分

①循环作业：将供料、拌和卸料三道工序按一定间隔周期进行称量准确，拌制质量好，应用广泛。

②连续作业：三道工序连续进行。拌和时间、配比难以掌握，拌制质量差，应用较少。

(3)按安置方式分

可分为固定式、移动式。

2. 混凝土搅拌机的组成

混凝土搅拌机一般由以下几个主要部分组成：

(1)搅拌机构。它是搅拌机的工作装置，有搅拌筒内安装叶片和搅拌轴上安装叶片两种结构形式。

(2)上料机构。它是向搅拌筒内投放配合料的机构，常见的有翻转式料斗、提升式料斗、固定式料斗等形式。

(3)卸料机构。它是将搅拌好的新鲜混凝土卸出搅拌筒的机构，有卸槽式、倾翻式、螺旋叶片式等。

(4)传动机构。它是将动力传递到搅拌机各工作机构上的装置，主要形式有带传动、摩擦传动、齿轮传动、链传动和液压传动。

(5)配水系统。它是按混凝土配比要求,定量供给搅拌用水的装置。一般有水泵—配水箱系统、水泵—水表系统以及水泵—时间继电器系统。

二、双锥反转出料混凝土搅拌机

双锥反转出料搅拌机的搅拌筒呈双锥形,按自落式工作原理进行搅拌。

图7-2所示为JZY150型搅拌机,它是一种小容量移动式混凝土搅拌机。

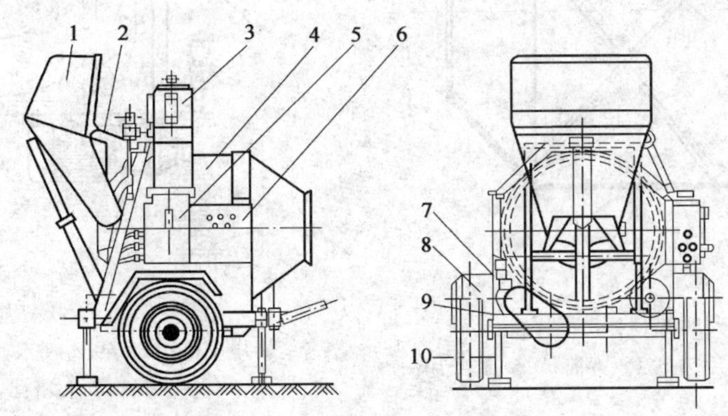

图7-2 JZY150型混凝土搅拌机

1-料斗;2-拉杆;配水系统;4-搅拌筒;5-油箱;6-电器箱;7-动力及传动系统;8-车轮总成;9-机架和牵引机构;10-支腿

该机的搅拌系统由搅拌筒、托轮、传动系统等组成,其搅拌筒如图7-3所示。搅拌筒为双锥形,进料端的截头圆锥短于出料端的锥体长度,以便缩短物料进入筒体作搅拌运动的时间。在筒体内装有两对搅拌叶片,每对叶片由高叶片和低叶片组成,两叶片相交角为78°,并垂直于筒体排列,搅拌筒的出料锥体一端,装有一对呈螺旋状布置的出料叶片。当混凝土拌好后,搅拌筒做反向旋转,混凝土顺着出料片迅速排出。

lZJZY150型搅拌机的配水系统如图7-4所示,它由电动机、水泵、水箱等组成。使用时,先将水箱上的指针调至所需配水刻度上,拧紧指针上的定位螺钉。操纵三通阀的控制杆,使其处于进水位,水即充满水箱。放水时,水箱中水即流入搅拌筒。

三、卧轴强制式混凝土搅拌机

1. 卧轴强制式搅拌机的分类

卧轴强制式搅拌机兼有自落式和强制式两种机型的优点,即搅拌质量好、生产率高、能耗低,可用于搅拌干硬性、塑性、轻集料混凝土以及各种砂浆、灰浆和硅酸盐等混合料。

卧轴强制式搅拌机在结构上有单卧轴、双卧轴之分。前者多属小容量机种,后者则适用于大容量机种,两者在搅拌原理、功能特点等方面十分相似。

2. 卧轴强制式搅拌机的结构及搅拌原理

图7-5为单卧轴强制式搅拌机,由C形搅拌筒、水平轴、螺旋搅拌叶片及传动机构等组成。水平搅拌轴上分别装有对称布置的螺旋搅拌叶片和刮铲各两只。在搅拌筒筒体内和搅拌叶片、刮铲上均安装有可拆换的耐磨材料。电动机经齿轮和链条驱动水平轴,使两个刮铲分别靠近搅拌筒两面端壁的拌和料,并向内推送,两只螺旋叶片一边搅拌,一边将拌和料推向搅拌筒的另一端。因此,拌和料形成强烈对流搅拌,并很快制成均匀的混凝土。

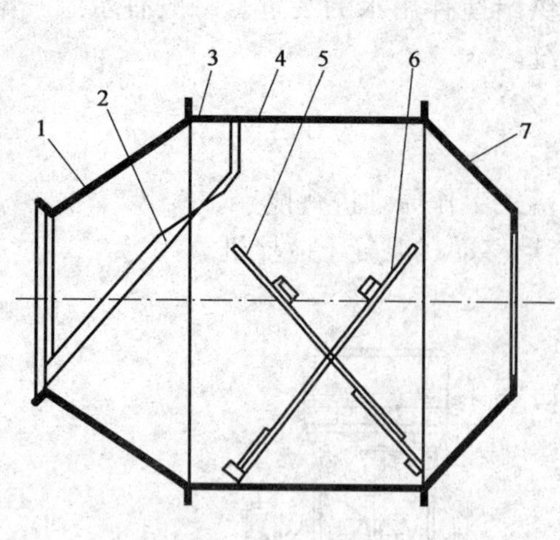

图 7-3　JZY150 型搅拌机搅拌筒

1-出料锥;2-出料叶片;3-滚道;4-筒体;5-高叶片;6 低叶片;7-进料锥

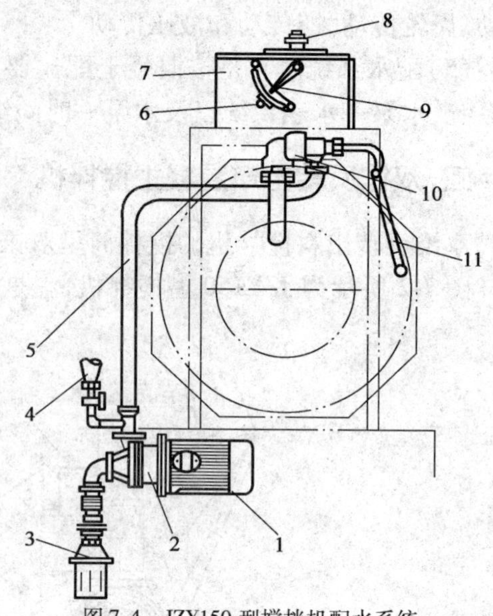

图 7-4　JZY150 型搅拌机配水系统

1-电动机;2-水泵;3-吸水阀;4-引水杯;5-进水管;6-定位螺钉;7-水箱;8-空气阀;9-指针;10-三通阀;11-操纵杆

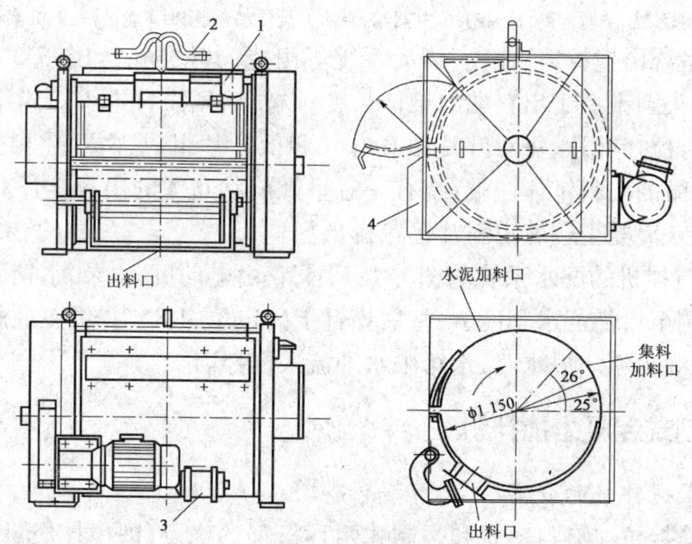

图 7-5　单卧轴强制式搅拌机构造

1-气化管;2-水管;3-气管;4-防护罩

图 7-6 为双卧轴强制式搅拌机,它由搅拌系统、传动装置、卸料机构等组成。搅拌系统由圆槽形搅拌筒和搅拌轴组成,在两根搅拌轴上安装了几组结构相同的叶片,但其前后上下都错开一定的空间,使拌和料在两个搅拌筒内不断地得到搅拌,一方面将搅拌筒底部和中间的拌和料向上翻滚,另一方面又将拌和料沿轴线分别向前堆压,从而使拌和料得到快速而均匀的搅拌。J5350 型搅拌机的卸料机构如图 7-7 所示,设置在两只搅拌筒底部的两扇卸料门,由汽缸操纵,经齿轮连杆机构后,获得同步控制。卸料门的长度比搅拌筒长度短,故有 80% ~90% 的混凝土靠其自重卸出,其余部分则靠搅拌叶片强制向外排出,卸料迅速干净。

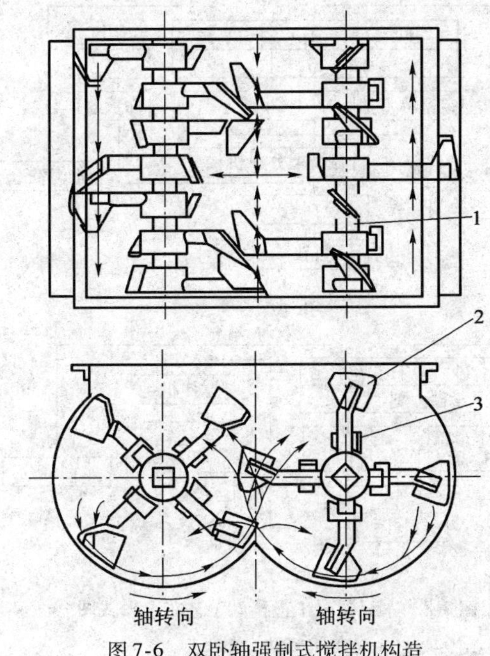

图 7-6　双卧轴强制式搅拌机构造
1-水平轴;2-搅拌叶片;3-中心叶片

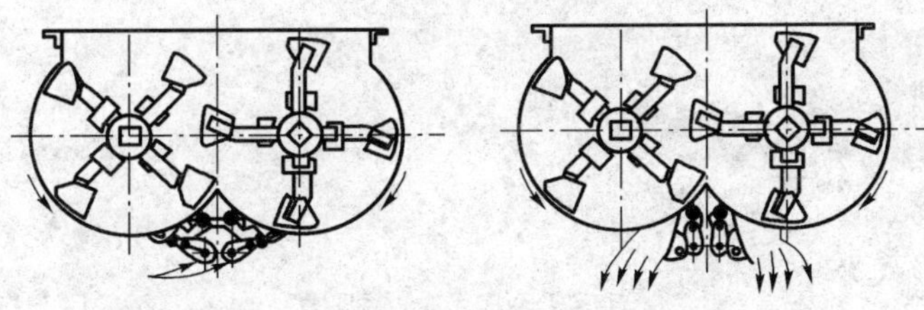
图 7-7　双卧轴强制式搅拌机卸料机构

第三节　水泥混凝土搅拌站

水泥混凝土搅拌站机械化、自动化程度高、生产率高,是目前中、大型工程常用设备,主要应用于混凝土工程量大、施工周期长、施工地点集中的大型工程,如大、中型水电站、公路路面施工、桥梁工程施工、建筑施工、混凝土制品厂等。

一、水泥混凝土搅拌站的分类

1. 按工艺布置形式分

可分为单阶式和双阶式,如图 7-8 所示。

(1)单阶式

优点:自动化程度高,占地面积小,动力消耗少,适用于大中型搅拌站。

缺点:设备复杂,投资大,建成慢。

(2)双阶式

优点:设备简单,投资少,建成快。

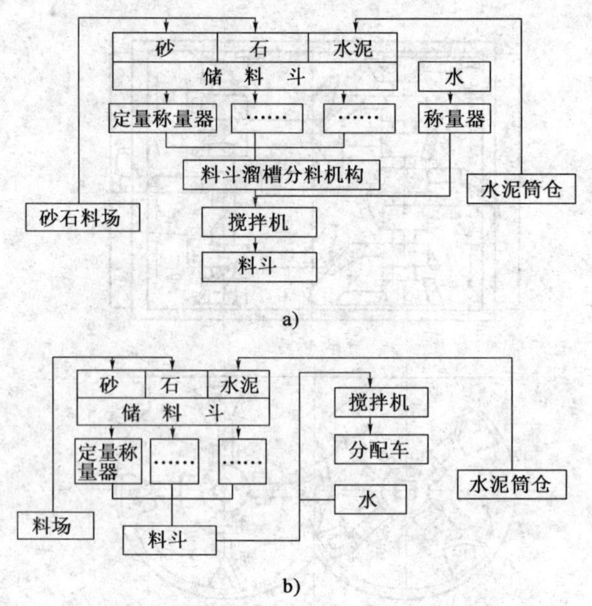

图 7-8 水泥混凝土搅拌站工艺布置形式图

a)单阶式;b)双阶式

缺点:自动化程度较低,占地面积大,动力消耗多适用于中小型搅拌站。

2. 按安装方式分

(1)固定式

即永久性搅拌站。

(2)移动式

随施工场地转移。

3. 按平面布置形式分

(1)巢式

数台搅拌机环绕着一个共同的装料、出料装置中心布置,共用一套称量装置,一次只能搅拌一个品种的混凝土。

(2)直线式

数台搅拌机排成一列或两列,每台搅拌机有各自的称量装置,同时能搅拌几个品种的混凝土。

二、单阶式水泥混凝土搅拌站

砂、石、水泥等材料一次就提升到搅拌站最高层的储料斗,然后配料称量直到搅拌成混凝土、均借助物料自重下落形成垂直生产工艺体系,如图 7-9 所示。

单阶式水泥混凝土搅拌站一般为大型固定式搅拌设备,外形似一座楼房,高达 24 ~ 35m。国产大型混凝土搅拌站现有 3HIF90、3HIJ135、4HIF270 型等多种型号,它们的构造基本相同,其金属结构作垂直分层布置,机电设备分装各层,集中控制。搅拌站自上而下分为进料、储料、配料、搅拌、出料共五层。图 7-10 所示为 3HIF90 型搅拌站结构。

(1)进料层

进料层布置有砂、石和水泥的进料装置。它包括输送集料的带式输送机、分料用的电动回转料斗、输送水泥或结合料用的斗式提升。若以气力输送水泥时,旋风分离器、管道、两路开关

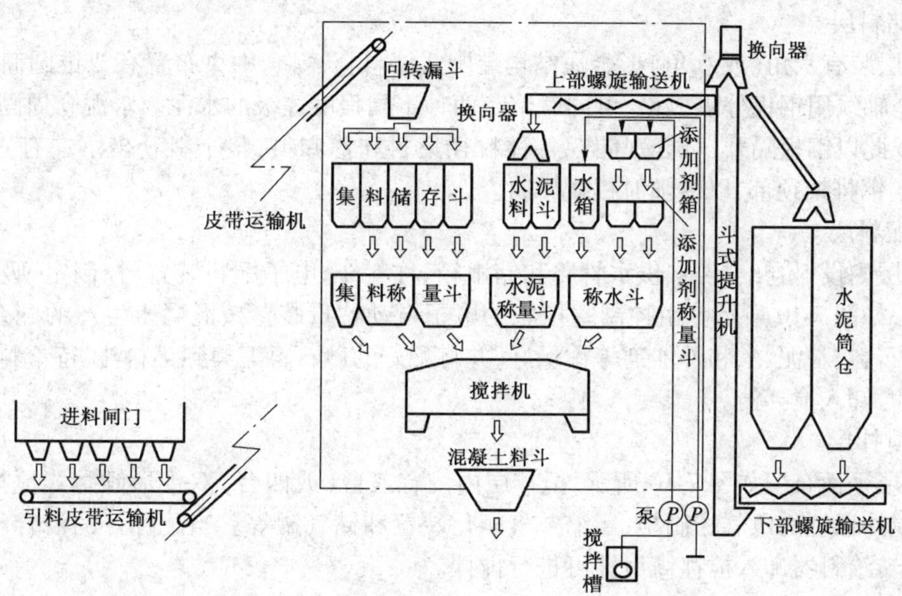

图 7-9　单阶式水泥混凝土搅拌站结构布置示意图

等都布置在进料层，见图 7-10。

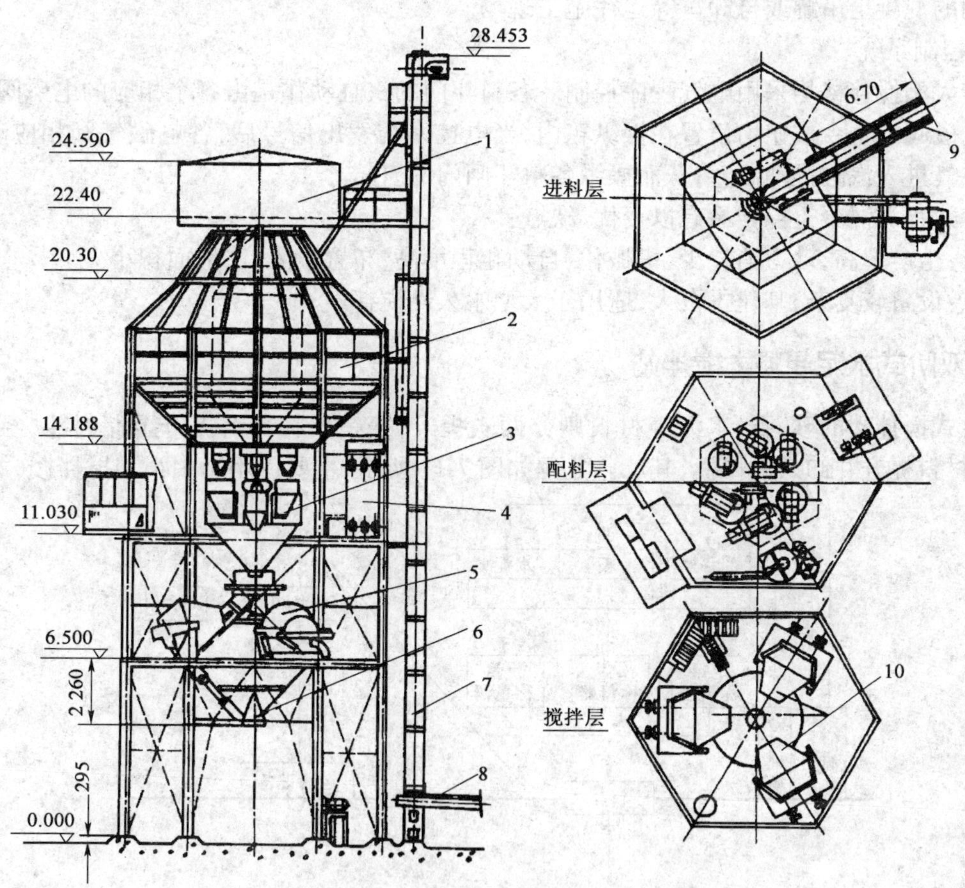

图 7-10　单阶式水泥混凝土搅拌站结构示意图(尺寸单位:mm;高程单位:m)

1-进料层;2-储料层;3-配料层;4-吸尘器;5-搅拌层;6-出料层;7-斗式提升机;8-螺旋输送机;9-皮带输送机;10-搅拌机

(2)储料层

储料层装有六角(或八角)形金属结构装配式储料仓,料仓中央布置有双锥圆筒形水泥储仓,沿储仓轴线用钢板分隔成格,可同时储存两种不同强度等级的水泥。水泥仓周围为砂石集料储仓,彼此以钢板隔开,可分别储存各种粒径集料和掺和料,整个料仓坐落在有六根(或八根)支柱的钢排架顶部,以便随时提供原料。

(3)配料层

配料层内设料仓给料器、供水管路和储水箱、称料斗、电子配料装置、控制室、吸尘装置和集料斗等,如图7-10所示。由控制室控制的电子自动称量装置按混凝土生产的配合比要求,分批将砂石料、水泥、水和外加剂等称量好,并将配好的砂石料汇集到集料斗,待下料时与水和外加剂同时卸入搅拌筒。

(4)搅拌层

搅拌层平面布置如图7-10所示,搅拌层内设有三台(或四台)双锥形倾翻式搅拌机、回转给料器、搅拌系统的电气控制柜、压缩空气净化装置和储气罐等。当配称好的混合料、水和外加剂经回转给料器卸入搅拌筒后即可进行搅拌。

(5)出料层

出料层设出料斗,出料斗中的储料由气泵带动的弧形门启闭而控制卸料量。卸出的混凝土由专用的混凝土吊罐或自卸车等运往施工现场。

(6)控制系统

国产大型搅拌楼均采用电气程序控制。各料斗门的汽缸动作是由各个相应的电磁阀控制的。各电磁阀的主令按钮均设置在操纵箱内,当电控系统发出信号后,各电磁气阀相应动作,使压缩空气进入汽缸推动活塞,从而操纵各料斗闸门的启闭。

单阶式水泥混凝土搅拌站有以下优、缺点:

优点:生产率高,动力消耗少,机械化、自动化程度高,布置紧凑,占地面积小。

缺点:设备较复杂,基建投资大,适用于大型永久性搅拌站。

三、双阶式水泥混凝土搅拌站

双阶式搅拌楼的砂、石、水泥等材料则分两次提升,第一次将材料提升至储料斗,经配料后,再将材料提升并卸入搅拌机,其工艺流程如图7-11所示,主要适用于中小型搅拌楼(站)。

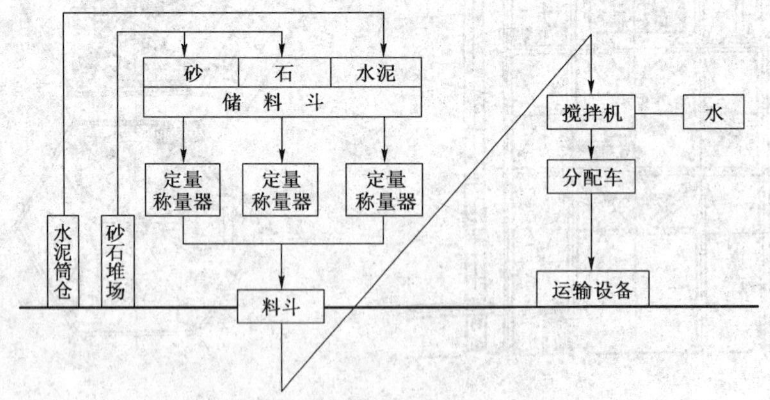

图7-11 双阶式搅拌楼(站)工艺流程

图7-12为双阶式水泥混凝土搅拌站三种结构布置方案。

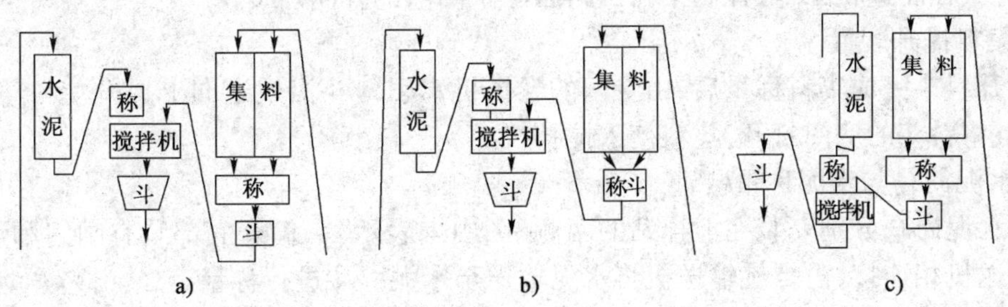

图 7-12　搅拌站的三种工艺流程

这三种方案的特点如下：

①水泥都是在一条单独的密闭通道中经提升、称量而进入搅拌机内，这样就从根本上改变了水泥飞扬现象。

②在图 7-12a)、b) 中，集料提升斗兼作称量斗。

优点：不仅省去了一套集料称量斗，而且降低了高度。

缺点：当提升斗在提升和下降时，会使整个称量系统受到冲击。

③在图 7-12c) 中，需要安装一种能爬升的搅拌机。这种搅拌机不仅能对混凝土进行搅拌，而且还能像提升斗一样提升上料，在提升过程中还继续进行搅拌，节省了时间。

双阶移动式混凝土搅拌站主要由混凝土搅拌机、集料与水泥称量设备、供水及其称量设备、集料堆场、水泥筒仓、运输机械、控制系统等组成（图 7-13）。

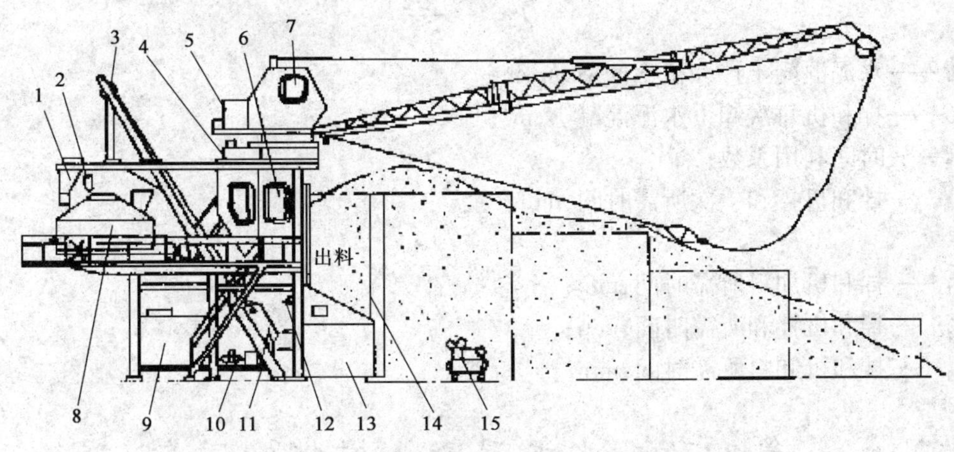

图 7-13　双阶移动式混凝土搅拌站

1-水泥秤；2-示值表；3-料斗卷扬机；4-回转机构；5-拉铲绞车；6-主操作室；7-拉铲操作室；8-搅拌机；9-水箱；10-水泵；11-提升料斗；12-电磁气阀；13-集料秤；14-分壁柱；15-空气压缩机

（1）混凝土搅拌机

混凝土搅拌机是搅拌站的主机，它决定着搅拌站的生产率。

（2）集料的输送及储存

集料堆集在搅拌站的后部，用隔墙隔成若干个独立的料仓，分别储存沙子、石子。采用拉铲把半圆形堆料场的材料堆集起来，并将沙子及两种规格的石子分别运送到三个出料区上部。当控制出料区的三个闸门依次打开时，流入秤斗的砂石料由秤进行累计称量。

（3）集料的称量装置

集料的称量装置，即集料称量秤。它不但能满足集料的称量，还可以在称量过程中输出信号,指令下一程序进行工作,控制集料出料区三个闸门的开闭。

(4)集料提升装置

在提升料斗完成集料称量后,由专门的卷扬机牵引料斗沿轨道向上提升。料斗升至搅拌机上方时,将料斗的底门打开,集料落入搅拌机。

(5)水泥筒仓与水泥称量装置

两个水泥筒仓分别安装在搅拌站的两侧(图中未表示)。筒仓底部装有闸门和给料器,并与螺旋输送机相连接,由螺旋输送机将水泥输送至水泥秤斗进行称量。

搅拌用水由水泵抽水经计量水表、管道送入拌筒,用计量水表称量用水。当达到规定水量时,水泵停止供水。

(6)控制系统

混凝土搅拌站采用电器系统进行控制。称料时,料仓闸门或给料器的开、闭,搅拌机搅拌时间,搅拌机卸料闸门的开、闭等工艺过程可以按规定的程序自动运行。

在工艺过程的衔接上,搅拌机一个出料循环的时间应尽可能最短,以提高生产率。

四、水泥混凝土拌和机生产率计算

水泥混凝土拌和机是修建水泥混凝土路面机械化施工的主体机械,它生产能力的大小是确定其他设备数量的重要依据。因此,拌和机生产率的计算是十分重要的。

综合作业式水泥混凝土拌和机的生产率可用式(7-1)计算:

$$Q = \frac{60GK_B}{t} \tag{7-1}$$

式中:Q——水泥混凝土拌和机生产率,m^3/h;

G——拌和机每次卸下水泥混凝土,m^3;

K_B——时间利用系数;

t——拌和机拌和一次所需时间,min。

$$t = t_1 + t_2 + t_3 \tag{7-2}$$

式中:t_1——拌和机加料所需时间,min;

t_2——拌和机拌和所需时间,min;

t_3——拌和机卸料所需时间,min。

第四节　水泥混凝土搅拌输送车

一、水泥混凝土搅拌输送车的功用和组成

1. 混凝土搅拌输送车的功用

混凝土搅拌运输车是水泥混凝土运输搅拌的专用设备。水泥混凝土搅拌输送车运送量大,且长距离输送能保证混凝土的质量、减少离析和防止初凝。

2. 混凝土搅拌输送车组成

如图 7-14 所示,混凝土搅拌输送车主要由汽车底盘、传动系、液压系统、机架、搅拌罐、进出料装置、供水系统、操纵系统等部分组成。

运载底盘通常使用现有的汽车底盘。有时为了降低重心,也采用半拖挂式专用底盘。

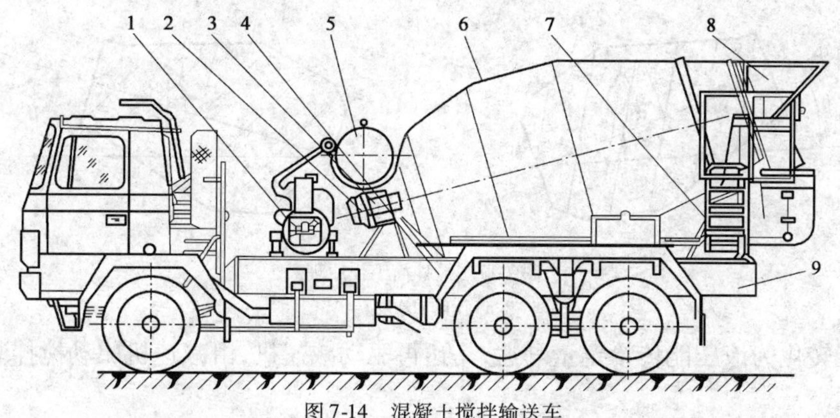

图 7-14　混凝土搅拌输送车

1-泵连接组件;2-减速机总成;3-液压系统;4-机架;5-供水系统;6-搅拌筒;7-操纵系统;8-进出料装置;9-底盘

搅拌罐前端与减速机连接安装在机架前台上,后端通过滚道由安装在机架后台的两个托轮支撑。

图 7-15 为搅拌筒内部构造,可以看出桨叶为双头螺旋桨叶。图 7-16 为搅拌滚筒的装料和卸料机构结构示意图。

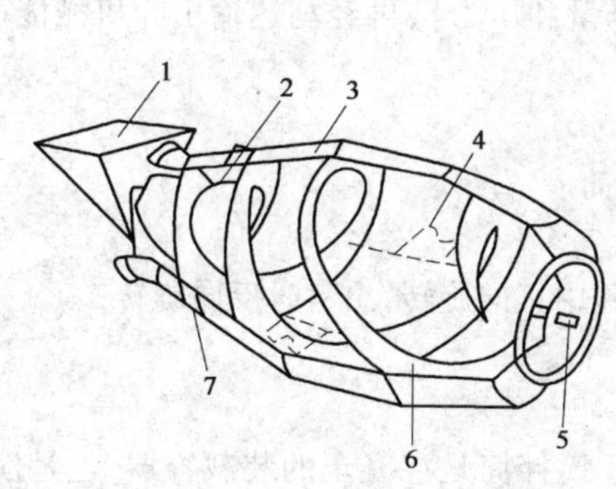

图 7-15　搅拌筒内部构造

1-加料斗;2-进料导管;3-搅拌筒壳体;4-辅助搅拌叶片;5-中心轴;6-带状螺旋叶片;7-环形滚道

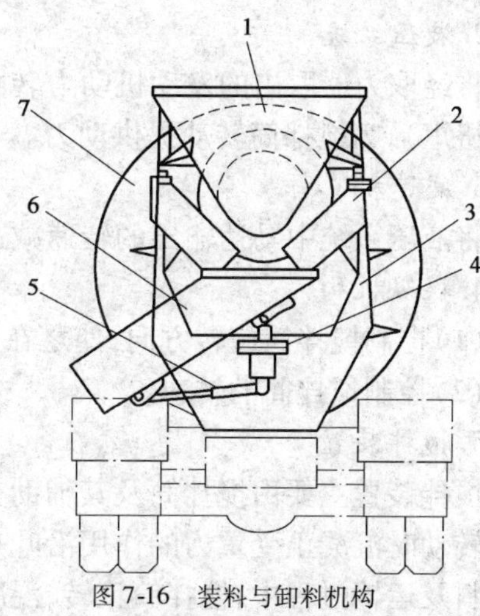

图 7-16　装料与卸料机构

1-进料斗;2-固定卸料槽;3-支架;4-调节转盘;5-调节杆;6-活动卸料槽;7-搅拌筒

图 7-17 为搅拌筒正转反转时叶片上混凝土的受力图。叶片的螺旋角参数选择是否合适对搅拌筒的工作性能影响很大。叶片与搅拌筒轴线的夹角称为下滑角。下滑角 β 越大,混凝土由自重造成的下滑分力越大,容易向下滑动。以往的叶片大都采用图示的阿基米德螺线,它的下滑角是一个变数,随着中段到进出料口处的直径逐渐变小,β 也随着变小,这样在出口处的下滑力也变小,所以出口处的混凝土经常发生堵塞。从 20 世纪 80 年代起,搅拌车的搅拌筒叶片改成了对数螺线,它的特点是下滑角 β 不随搅拌筒直径变化而变化,在中段与在出口处的倾角是一致的,通常取 60°,使出料得到了改善。近年来,还出现了一种变参数螺旋曲线的叶片,按搅拌筒各个区段设定螺旋角,出料口处的螺旋角取 75°,而后锥部螺旋角小于 60°,同时在后区增加了横向搅拌叶片,可加大强力搅拌的力度。

二、工作装置的结构及工作原理

工作装置的工作原理是:通过取力装置将汽车底盘的动力取出,并驱动液压系统的变量

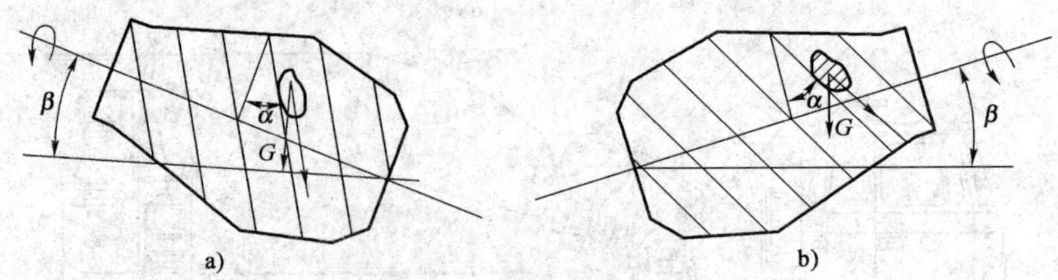

图 7-17 搅拌筒工作原理

a)正转;b)反转

泵,把机械能转化为液压能传给定量马达,马达再驱动减速机,由减速机驱动搅拌装置,对混凝土进行搅拌。

1. 取力装置

国产混凝土搅拌运输车采用主车发动机取力方式。取力装置的作用是通过操纵取力开关将发动机动力取出,经液压系统驱动搅拌筒,搅拌筒在进料和运输过程中正向旋转,以利于进料和对混凝土进行搅拌,在出料时反向旋转,在工作终结后切断与发动机的动力连接。

2. 液压系统

将经取力器取出的发动机动力转化为液压能(排量和压力),再经马达输出为机械能(转速和扭矩),为搅拌筒转动提供动力。

3. 减速机

将液压系统中马达输出的转速减速后,传给搅拌筒。

4. 操纵机构

(1)控制搅拌筒旋转方向,使之在进料和运输过程中正向旋转,出料时反向旋转;

(2)控制搅拌筒的转速。

5. 搅拌装置

搅拌装置主要由搅拌筒及其辅助支撑部件组成。搅拌筒是混凝土的装载容器,也是搅拌器。转动时混凝土受重力的作用沿叶片的螺旋方向运动,在不断提升和翻动过程中进行拌和。在进料及运输过程中,搅拌筒正转,混凝土沿叶片向里运动;出料时,搅拌筒反转,混凝土沿着叶片向外卸出。

叶片是搅拌装置中的主要部件,损坏或严重磨损会导致混凝土搅拌不均匀。另外,叶片的角度如果设计不合理,还会使混凝土出现离析。

6. 清洗系统

清洗系统的主要作用是清洗搅拌筒,有时也用于运输途中进行干料拌筒。清洗系统还对液压系统起冷却作用。

三、搅拌车的输送方式

1. 新鲜混凝土输送

对成品混凝土的输送:适用距离为 8 ~ 12km。搅拌楼→输送车(进料速度旋转进料)→运输(途中不断搅拌以防初凝和离析)→反转卸料。

2. 半干料搅拌输送

对尚未加足水的混凝土加足水量,边搅拌边输送。

3. 干料搅拌输送

适用运距 12km 以上。将称量好的砂、石、水泥等与配合料装入输送车的搅拌筒内待运送到离施工现场 15 ~ 20min 时,开动搅拌筒加水搅拌到达现场完成搅拌,反转出料。

4. 搅拌混凝土后输送

配料站无搅拌机。把称量好的砂、石、水泥装入输送车,搅拌完成后送至施工现场(与 3 有相同之处)。

第五节　水泥混凝土泵送设备

一、水泥混凝土泵

液压活塞式混凝土泵按工作原理可分为:活塞式(包括机械式和液压式)、挤压式和风动式。

1. 液压活塞式混凝土输送泵

液压活塞式混凝土输送泵工作原理如图 7-18 所示。

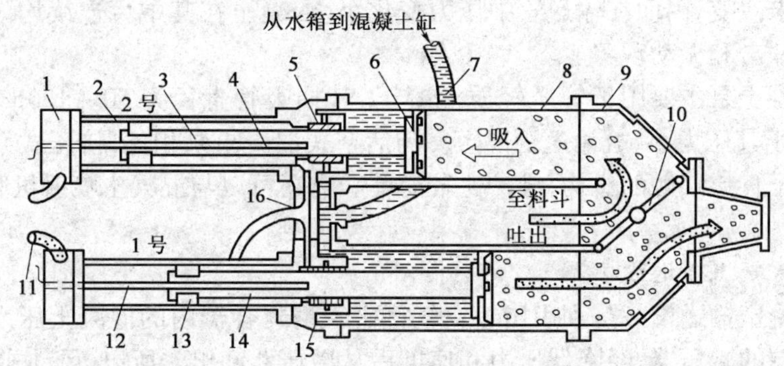

图 7-18　液压活塞式混凝土泵工作原理示意图

1-液压缸盖;2-液压缸;3-活塞杆;4-闭合油路;5-V 形密封圈;6-混凝土活塞;7-水管;8-混凝土缸;9-阀箱;10-板阀;11-油管;12-铜管;13-液压缸活塞;l4-干簧管;15-缸体接头;16-双缸连接缸体

当 2 号液压油缸右腔进油、1 号液压油缸左腔排油时,2 号混凝土活塞向左移动,将料斗中的混凝土吸入 2 号混凝土缸体;同时,2 号液压油缸左侧密封油升压,并进入 1 号缸左侧,推动 1 号缸活塞向右移动,从而把混凝土压入输送管道。当 2 号活塞继续左移,待其缸体与导管中行程开关重合时,电气接点闭合,电磁液压阀动作,电磁阀将液压油缸的进出油路相互切换。此时,1 号活塞左移吸入混凝土,而 2 号活塞右移压送混凝土。如此不断循环,可以连续不断地将混凝土泵出。

HB30 型混凝土泵由下列主要机构组成。

(1)压送机构

压送机构的主要作用是克服管道阻力和混凝土压力,将其送至浇筑地点,主要由主液压缸、混凝土缸、支承连接件及水箱等组成。

(2)料斗及搅拌装置

料斗主要起储存调节作用,对混凝土进行二次搅拌,改善混凝土的流动性搅拌装置向混凝土缸喂料,以提高混凝土的吸入率。

(3)混凝土泵分配阀

根据活塞位置不断改变混凝土缸混合料出口通道。分配阀是混凝土泵的核心机构，也是最容易损坏的部分。泵阀大致可分为转动板阀、闸板阀和 S 形摆动阀三大类。HB30 采用的是转动板阀。

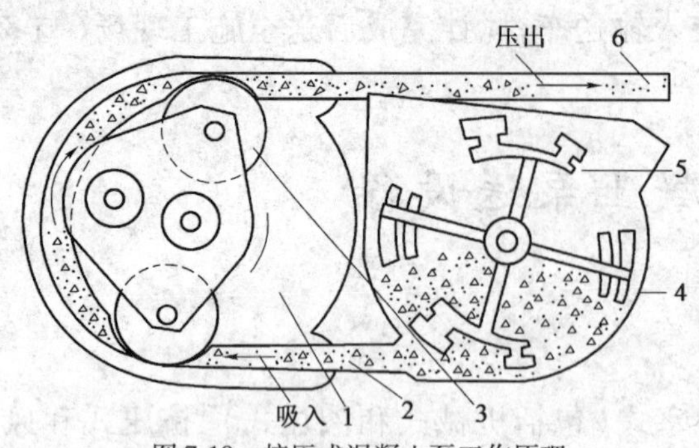

图 7-19　挤压式混凝土泵工作原理

1-真空抽吸室;2-橡胶抽吸管;3-滚子;4-料斗;5-搅动叶片;6-输送管道

2. 挤压式混凝土泵

图 7-19 为带有真空抽吸作用的挤压式混凝土泵的工作原理图。它由圆鼓形真空抽吸室、铺设在半边圆鼓内的橡胶抽吸管、一对压在抽吸管上可转动的滚子以及装有搅动叶片的混凝土料斗等部分组成。由于工作时抽吸室保持真空作用，使其下面一段经过滚子挤压后的抽吸管能自动张开，并不断从料斗中吸入混凝土。与此同时，上面的滚子则将吸入管中的混凝土压送至导管中，并连续排送至浇筑部位。

由于抽吸管和输送管的管径相同，压出的混凝土柱直径并未改变，因而在输送管中压力变化小，混凝土在其中可连续均匀地流动，而输送管中没有压力冲击和振动现象。

挤压式混凝土泵主要用于输送轻质混凝土，其抽吸管直径为 50 ~ 125mm，生产率为 9 ~ 70m^3/h。但由于其压力小，故输送距离短。与活塞式混凝土泵相比，挤压式泵没有阀门、活塞或其他与混凝土直接接触的机构，维护比较简单。它还可以与混凝上喷射机联合作业，实现连续浇灌。

3. 风动式混凝土输送设备

风动式混凝土输送设备是利用压缩空气将盛于密封容器内的混凝土压入输送管道，并沿管道压送到终端的减压器，经降低压力和速度后从减压器卸出。所以，风动式混凝土输送设备的全套设备装置包括空气压缩机、储气罐、压送器、输送管、减压器等，如图 7-20 所示。

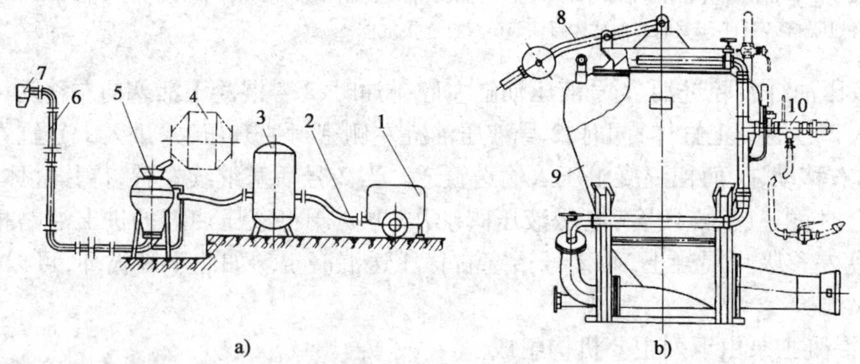

图 7-20　风动式混凝土输送设备

1-空气压缩机;2-通风管;3-储气罐;4-搅拌机;5-混凝土泵机体;6-输送管;7-减压器;8-操纵杠杆;9-泵体;10-总进气管

风动混凝土输送设备优、缺点:

优点:结构简单，购置费用低。

缺点:其严重缺点是混凝土易发生离析现象;管道磨损剧烈;耗风量较大。

所以，只有在需要利用其出口速度作喷射密实混凝土时，采用风动混凝土输送设备，才能显示其独特的优越性。

二、水泥混凝土输送泵车

混凝土泵车是将混凝土输送泵装在汽车底盘或专用车辆上，使之具有很强机动性能的混凝土输送机械。它有布料杆式和配管式两种类型。其中，布料杆式泵车比配管式泵车具有更大的使用灵活性。液压折叠臂架具有变幅、曲折和回转三个动作，输送管道沿臂架铺设，在臂架活动范围内，能同时完成水平输送和垂直输送，可任意改变混凝土浇筑位置。特别适合于房屋建筑及混凝土需求量大、质量要求高的工程。图7-21为一装有布料臂杆的液压混凝土泵车外形及其工作范围图。

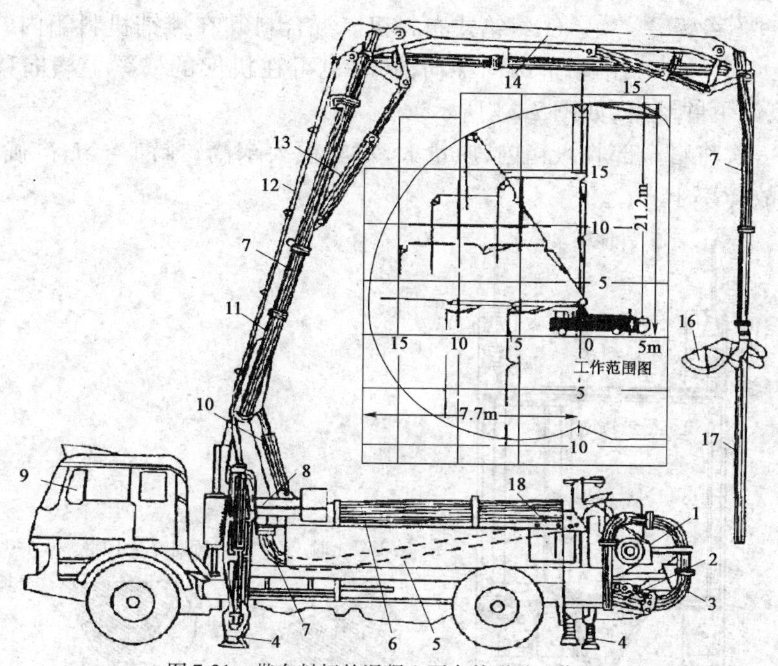

图7-21　带布料杆的混凝土泵车外形及工作原理

1-料斗及搅拌器；2-混凝土泵；3-Y形出料管；4-液压外伸支腿；5-水箱；6-备用管段；7-进入旋转台的导管；8-支承旋转台；9-驾驶室；10、13、15-折叠臂油缸；11、14-臂杆；12-油杆；16-橡胶软管弯曲支架；17-软管；18-操纵柜

第六节　水泥混凝土摊铺设备及机械化施工

一、轨模式水泥混凝土路面摊铺设备及施工

1.轨模式水泥混凝土路面摊铺设备

(1)轨道模板

轨道模板的作用：整套机械在轨模上前后移动，并以轨模为基准控制路面的高程。同时，又是水泥混凝土成型模板。

对轨道模板的要求：

①要有足够的强度和刚度，能承担轨上机械的重力，且不变形或变形量很小，满足施工技术要求。

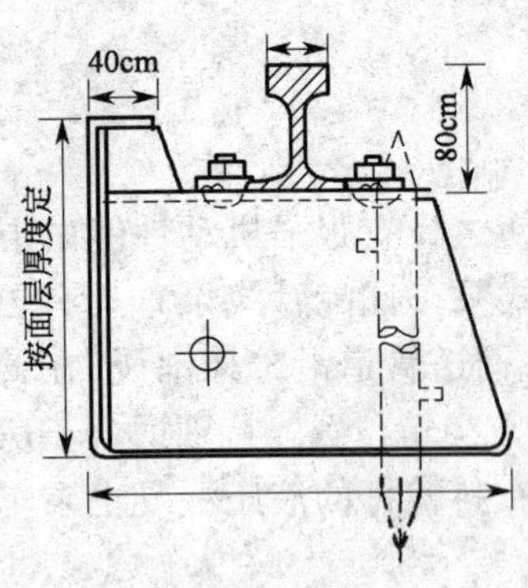

图 7-22 轨道模板的安装示意图

②要有足够的精度，以防轨道上的机械，特别是表面修整机械的摆动和颠簸。精度包括自身制造精度和安装精度。

③根据施工进度，要有足够的周转数量。

轨道模板的安装如图 7-22 所示。

(2)轨道式摊铺机械

轨道式摊铺机的优点是结构简单，价格低，可靠性好，易于维修，操作容易，对混合料的要求相对较低。但其施工需要大量的钢轨和模板，劳动强度大，自动化程度低，施工速度和施工质量都相对较低。

①料箱式布料机。混合料卸在摊铺机料箱内，料箱可随机架沿轨道纵向移动，同时也可在机架的横梁上横向移动，将箱内混合料按松铺高度卸下并刮平，如图 7-23 所示。

其特点是：一次将料全部收入箱内，质量大，对轨模要求高；摊铺均匀，准确，摊铺能力大；由于结构简单，故障率小。

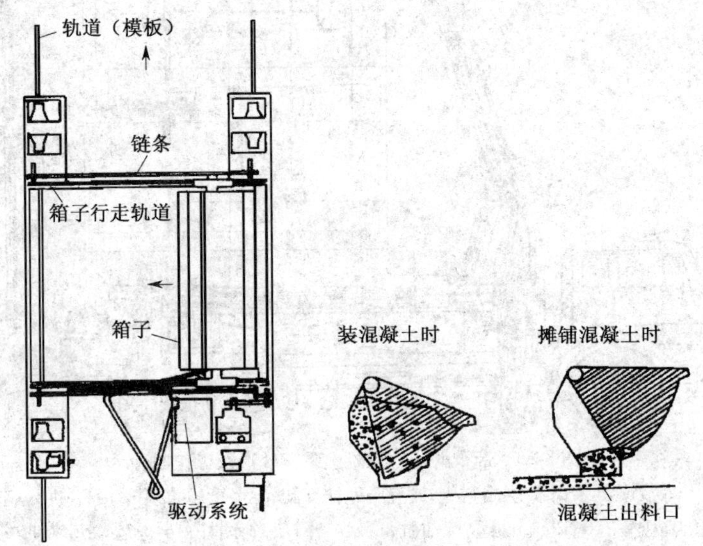

图 7-23 箱式布料机

②刮板式摊铺机。如图 7-24 所示，摊铺机本身能在模板上自由前后移动，刮板在导杆上左右移动且能自转、上下移动，因此可将卸在基层上的混凝土推向任意方向自由摊铺。

特点：质量轻，对模板要求相对较低；结构简单，故障率小；使用方便，易于掌握；摊铺能力较低。

③螺旋式摊铺机。如图 7-25 所示，螺旋杆可以正反向旋转，将混凝土摊开，螺旋后面有刮板，可以准确调整高度。

特点：摊铺能力大；在摊铺过程中对混合料再施加了一次搅拌(叶片深埋 2/3，左右推动正反转)，有效地消除卸料过程中形成的离析；结构简单，故障率小，使用方便，易于掌握。

④回转叶轮布料器。通常圆弧叶轮整平器安装在振实机构的前面，其轴心线距路基表面的距离，除同振实梁一起随机架升降外，通过两端支架上的一对垂直丝杆可实现无级调整，以获得相对于振实梁底面的合理位置。

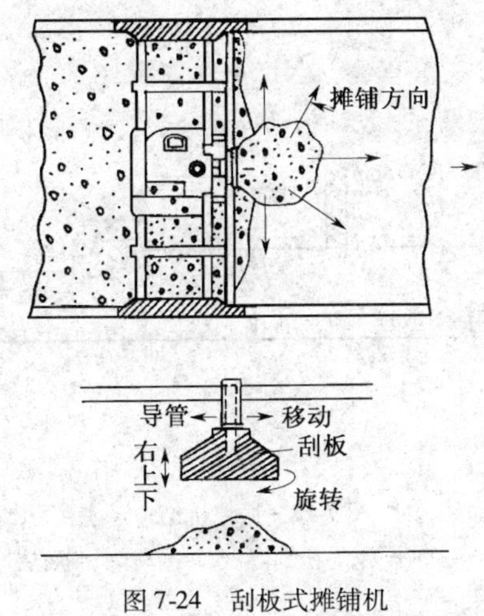

图 7-24　刮板式摊铺机

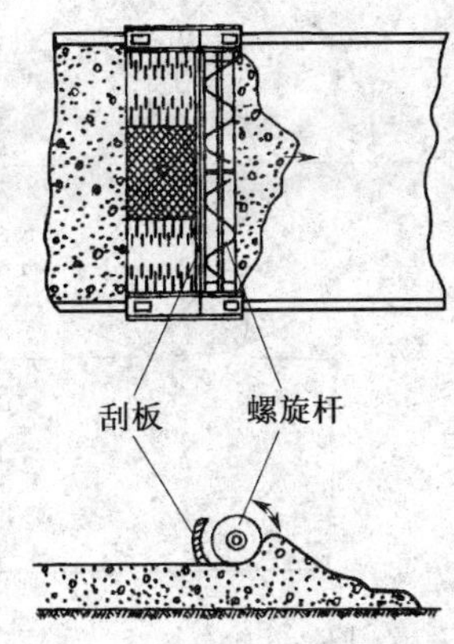

图 7-25　螺旋式摊铺机

进行摊铺作业过程中，叶轮一方面随机架徐徐向前移动，另一方面通过转动中的每个叶片将多余混合料向前推滚。叶轮旋转母线在最低位置形成的轨迹，即为被修整过的平面见图 7-26。

特点：结构简单，故障率小，在摊铺过程中对混凝土有一个推压力使其密实作用。但在摊铺时被摊铺的混合料不能堆放过高，否则会将料带到后方，并且叶片不能反转。

(3)捣实装置

混凝土振捣机是在摊铺机后面，对混凝土进行再一次整平和捣实的机械。振捣机的一般构造如图 7-27 所示。在振捣梁前方设置一道与铺筑宽度同宽的复平梁。其作用一方面是补充摊铺机初平的缺陷，更重要的是使松铺混凝土在全宽度范围内达到正确高度，它与振捣密度和路面平整度直接相关。其后是一道全宽的弧面振捣梁，以表面平板式振动把振动力传至全厚度。振动频率在 50～100Hz 之间，属于低频振捣。按混凝土工艺学的振动机理，低频是以集料接触传递振动能量。布料的均匀和松铺厚度掌握是关键。复平梁前沿堆壅有确保充满模板的少量余料，余料堆积高度不应超过 15 cm，过多会加大复平梁推进阻力。弹性振捣梁通过后混凝土已全部振实，其后部混凝土应控制有 2～5 mm 回弹高度，提出的砂浆，使整平工序能正常进行。靠近模板处的混凝土，用插入式振捣器补充振捣。

①装有附着式振动器的振实机。装有附着式振动器的振实机组成结构及工作原理如图 7-27 所示。

梁式振捣器俗称振捣梁，属附着式振动装置。它通过底面压附在混凝土表面将振动能量传递到铺层内部的。一般由底板、偏心块、传动轴、轴承和皮带轮等部件组成，如图 7-28a）所示。振捣梁通过一组减振块横向悬挂于整平捣实机的正下方，由发动机通过一对 V 形皮带轮直接驱动，可实现频率为 75Hz，振幅为 1. 3mm 的高频振动。它的底板呈段圆弧状，如图 7-27b）所示。其前方约有 5°的仰角，使前部底缘抬高 6cm 左右，与水平面形成一道楔形夹缝。在振实作业中，被推刮在前面的混凝土浆料，可以经由该夹缝对铺层混凝土进行强制性补充和预压，从而能保证充分振实。同时，可以减少前进阻力，便于起浆和逸出空气。梁式振捣器还有一种夯式结构，在作业中，除了整体能作垂直振动外，它的底板前缘还可以周期性升降 50mm 左右，由此对混凝土铺层增加了一种揉搓作用，其振实效果优于纯振动式结构。

②装有插入式振动器的振实机。插入式振动器适用于铺层较厚的混凝土路面，尤其适用于铺层超过 30cm 的机场跑道和停机坪的铺筑。

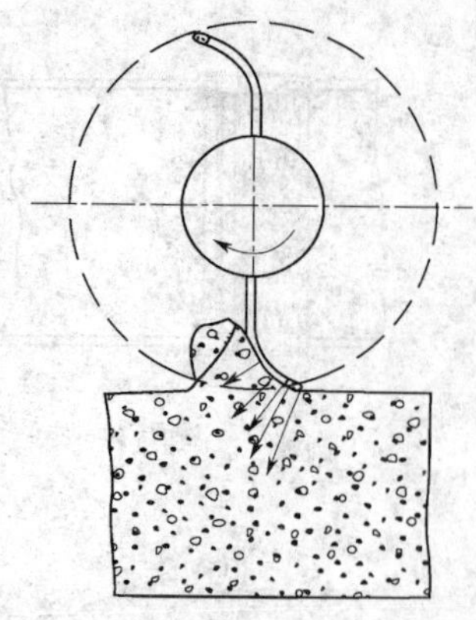

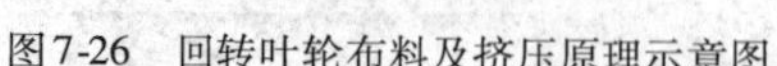

图7-26　回转叶轮布料及挤压原理示意图

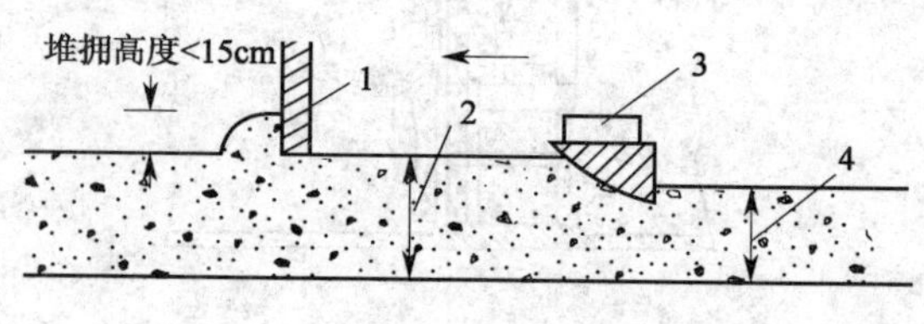

图7-27　振捣机结构示意图

1-整平梁;2-松铺厚度;3-振动梁;4-面层厚度

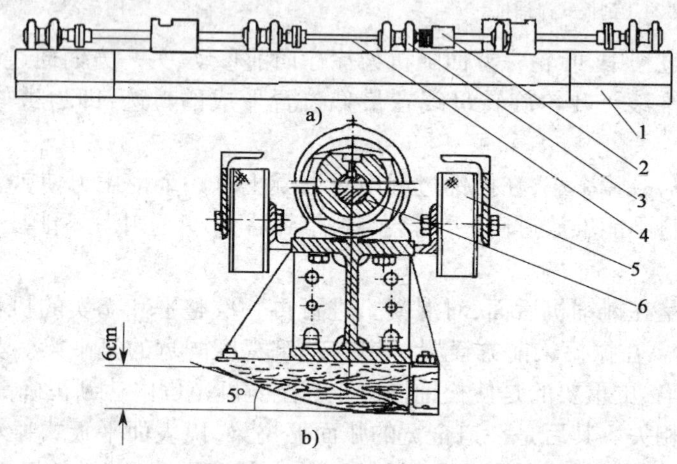

图7-28　梁式振捣器原理

a)整体结构;b)底板结构

1-底板;2-皮带轮;3-轴承;4-传动轴;5-隔振块;6-偏心块

液压平行杆机构,可垂直升降。可整体升降,也可左、中、右单独升降,以适用不同路拱的要求。

振动频率应使混凝土在最短时间内达到充分液化状态为最佳。振动最高频率为10 000 次/min,振动最低频率为7 000 次/min。

(4)表面修整机械

①轨道式表面修光机。表面修整机有斜向移动和纵向移动两种。斜向表面修整机通过一对与机械行走轴线呈10°~13°的整平梁作相对运动来完成修整,其中一根整平梁为振动整平梁。纵向表面修整机为整平梁在混凝土表面沿纵向往返移动,由于机体前进而将混凝土板表面整平。机械修整的速度须考虑混凝土的易修整性和机械的特性。轨道或模板的顶面应经常清扫,以便机械能顺畅通过。

整平操作时,应使整平机械前的集料涌向路面横坡高的一侧。采用V6GELE机整平时,要注意随时清除因修光梁往复运行推到路面边沿的粗集料,确保整平效果和机械正常行驶。在施工中途有停歇时,整平梁停驻处混凝土表面常有微小的棱条出现,可辅以人工抹面。

精光工序是对混凝土表面进行最后的精细修整,使混凝土表面更加致密、平整、美观,这是混凝土路面外观质量的关键工序。

②纹理制作机。纹理制作机对混凝土路面进行拉槽或压槽,使混凝土表面在不影响平整度的前提下,具有一定的粗糙度。纹理制作是提高水泥混凝土路面行车安全性的重要措施之一。

纹理制作的平均深度控制在1~2mm,制作时应控制纹理的走向与路面前进方向垂直,相邻板的纹理要相互衔接,横向邻板的纹理要沟通以利排水。适宜的纹理制作时间以混凝土表面无波纹水迹为宜,过早或过晚都会影响纹理制作质量。

2.轨道式摊铺机械施工

1)施工准备工作

施工前的准备工作包括材料准备及质量检验、混合料配合比检验与调整、基层的检验与整修等项工作。

(1)材料准备及质量检验

根据施工进度计划,在施工前分批备好所需要的各种材料(包括水泥、砂、石料及必要的外加剂),并在实际使用时核对调整。对已选备的砂和石料抽样检测含泥量、级配、有害质含量、坚固性,对碎石还应抽检其强度、软弱及针片状颗粒含量和磨耗等。如含泥量超过允许值,应提前一两天冲洗或过筛至符合规定为止。若其他项目不符合规定时,应另选料或采取有效的补救措施。

已备水泥除应查验其出厂质量报告单外,还应逐批抽验其细度、凝结时间、安定性及3d、7d和28d的抗压强度等是否符合要求。为节省时间,可采用2h压蒸快速测定方法。受潮结块的水泥禁止使用。另外,新出厂的水泥至少要存放一周后才可使用。外加剂按其性能指标检验,并须通过试验判定是否适用。

(2)混合料配合比检验与调整

混凝土施工前必须检验其设计配合比是否合适。否则,应及时调整。

①工作性的检验与调整按设计配合比取样试拌,测定其工作性。必要时,还应通过试铺检验。检验与调整的方法如前所述。

②强度的检验按工作性符合要求的配合比,成型混凝土抗弯拉及抗压试件,养生28d后测定强度,或压蒸4h快速测定强度后推算到28d强度。强度较低时,可采用提高水泥强度等级、降低水灰比或改善集料级配等措施。

除进行上述检验外,还可以选择不同用水量、不同水灰比、不同砂率或不同集料级配等配制混合料,通过比较,从中选出经济合理的方案。施工现场砂和石子的含水率经常变化,必须逐班测定,并调整其实际用量。

(3)基层检验与整修

①基层质量检验。基层强度应以基层顶面的当量回弹模量值或以黄河标准汽车测定的计算回弹弯沉值作为检查值。基层质量检查项目与标准:当量回弹模量或回弹弯沉值,现场每50m实测2点,不得小于设计要求。压实度每1 000m^2测1点,不得小于规定要求,厚度每50m测1点,允许误差±10%。平整度每50m测一处,用三米直尺量,最大不超过10mm,宽度每50m测一处,不得小于设计规定。纵坡高程要求用水准仪测量,每20m测1点,允许误差±10mm,横坡亦要求用水准仪测量。当路面宽度为9~15m时,检测5点;当路面宽度大于15m时,检测7点,允许误差±1%。

基层完成后,应加强养护,控制行车,使不出现车槽。如有损坏应在浇筑混凝土板前采用相同材料修补压实,严禁用松散粒料填补。对加宽的部分,新旧部分的强度应一致。

②测量放样。首先应根据设计图纸放出路中心线及路边线，在路中心线一般每20m设一中心桩。同时，应设胀缩缝、曲线起讫点和纵坡转折点等中心桩，并相应在路边各设一对边桩。放样时，基层的宽度应比混凝土板每侧宽出25～35cm。膨胀土路基上的基层，其宽度应横贯整个路基。主要中心桩应分别固定在路旁稳固位置。测设临时水准点于路线两旁固定建筑物上或另设临时水准桩。每隔100m左右设置一个，不宜过长，以便于施工时就近对路面进行高程复核。根据放好的中心线及边线，在现场核对施工图纸的混凝土分块线。要求分块线距离井盖及其他公用事业检查井盖的边线至少1m的距离，否则应移动分块线的位置。放样时为了保证曲线地段中线内外侧车道混凝土块有较合理的划分，必须保持横向分块线与路中线垂直。对测量放样必须经常进行复核，包括在浇捣混凝土过程中，要做到勤测、勤核、勤纠偏。

2）机械选型和配套

目前，在水泥混凝土机械化施工中最常用到的是轨道式摊铺机械。特别是在我国北方地区更是如此。轨道式摊铺机施工中各工序可选用的机械见表7-1。

轨道式摊铺施工各工序可选用机械 表7-1

工　序	可考虑选用的机械	工　序	可考虑选用的机械
混凝土拌和	拌和机、装载机、称量设备	摊铺	刮板均料机、箱式摊铺机、螺旋式摊铺机
混凝土运输	自卸载货汽车、水泥混凝土搅拌输送车	接缝施工	钢筋（传力杆、拉杆）插入机、切缝机
卸料	侧面卸料机、纵向卸料机	表面修整	修正机、纵向表面修整机、斜向表面修整机
振捣	振捣机、内部振动式振捣机	修整粗糙面	拉毛机、压（刻）槽机

各施工工序应采用与该工序要求相适应类型的机械。不同工序的机械因其类型和型号不同而具有不同的性能特点和生产能力。因此，整个机械化施工中必须要考虑机械的选型和配套。

（1）主导机械的选型

通常把混凝土摊铺机作为第一主导机械，把混凝土拌和机械作为第二主导机械。

在机械选型时，应首先选定主导机械，然后根据主导机械的技术性能和生产率，选配配套机械。

主导机械的选择，应考虑满足施工质量和进度的要求，同时还要考虑我国现阶段工程单位的技术人员素质、管理水平和购买能力等实际情况。配套机械的选型和配套数量，须保证主导机械发挥其最大效率，且使用配套机械的类型和数量尽可能少。用机械铺筑的路面质量（密实度和平整度）及操作进度取决于水泥混凝土的拌制质量。工作度主要与混凝土配合比有关，也与拌和方式有关。在选择拌和机型时，主要考虑拌和品质和拌和能力、机械可靠度、工作效率和经济性等。

（2）配套机械

在轨道式水泥混凝土摊铺施工中所用的配套机械主要由以下设备组成：

①前方系统（最大铺筑宽度4.5m）。

以VOGELE（弗格勒）机型为主导机械的配套机械：

A. 纵向修光机1台；

B. 养生剂喷洒器2台；

C. 调速调厚切缝机2台；

D. 养生用洒水车1辆；

E. 插入式振捣器 2 台；

F. 纹理制作机 1 台；

G. 灌缝机 2 台；

H. 移动电站(20kW)1 台。

以 C-450X 机型为主导机械的配套机械：

A. 刮板式匀料机 1 台；

B. 纹理制作机 1 台；

C. 灌缝机 2 台；

D. 移动电站(20kW)1 台；

E. 养生剂喷洒器 2 台；

F. 调速调厚切缝机 2 台；

G. 养护用洒水车 1 辆。

②后方系统。

一般双卧轴强制拌和机配套机械：

A. 装载机(ZL30、ZL40)2 台；

B. 集料箱 1 ~ 2 套；

C. 供水泵 1 台；

D. 移动电站 1 台；

E. 翻斗车(1t)6 ~ 8 台；

F. 地磅 1 ~ 2 台；

G. 计量水泵(外加剂用)1 台。

配有自动控制配料系统的混凝土拌和楼(站)配套机具：

A. 装载机 1 ~ 2 台；

B. 供水泵(35kW)1 台；

C. 散装水泥泵车 2 辆；

D. 计量水泵(外加剂用)1 台；

E. 移动电站(120kW)1 台。

(3)机械合理配套

合理配套主要指拌和机与摊铺机、运输车辆之间的配套情况。当摊铺机选定后，可根据机械的有关参数和施工中的具体情况计算出摊铺机械的生产率(参见第七章)。拌和机械与之配套就是在保证摊铺机械生产率充分发挥的前提下，使拌和机械的生产率得到正常发挥，并在施工中保持均衡、协调一致。

当摊铺机和拌和机的生产率确定后，车辆在整个系统内的配套实质上是车辆与拌和机的配套。车辆的配套问题可以应用排队论，找出合理的配套方案。考虑到装载点与车辆的配套动态系统，随着摊铺作业的推进，车辆的运输路程随时间的增加而增加。在运输与装载过程中，随机影响因素较多，如道路状况、操作水平、设备运行状况等都在不断变化。因此，对排队论中单通道模型进行改进，增加时间变化等因素便于在配套方案中适时优化控制，通过输入不同的采集数据得到不同的结果，然后进行分析比较，找出合理的优化方案。

3)水泥混凝土拌和

在拌和机的技术性能满足混凝土拌和要求的条件下，混凝土各组成材料的技术指标和配比计量的准确性是混凝土拌制质量的关键。在机械化施工中,混凝土拌和的供料系统应尽量采用配有电子秤等自动计量设备。有困难时,最低限度也要采用集料箱加地磅的计量方法,而体积计量法难以达到计量准确的要求,应停止使用。采用自动计量设备,在施工前,应按混凝土配合比要求,对水泥、水和各种集料的用量准确调试后,输入到自动计量的控制存储器中,经试拌检验无误,再正式拌和生产。一般国产强制式拌和机,拌制坍落度为 1~5cm 的混凝土。其最佳拌和时间的控制:立轴强制拌和机为 90~180s;双卧轴强制拌和机为 60~90s。最短拌和时间不低于低限,最长拌和时间不超过最短拌和时间的 3 倍。拌和中,如需加入外加剂,应对外加剂单独计量。混凝土各组材料的计量精度不应超过:水和水泥 ±1%,粗细集料 ±3%,外加剂 ±2%。

4)水泥混凝土运输

为保证混凝土的工作性,在运输中,应考虑蒸发失水和水化失水(指水泥在拌和之后,开始水化反应,其流动性下降),以及因运输的颠簸和振动使混凝土发生离析等。要减少这些因素的影响程度,其关键是缩短运输时间,并采取适当措施防止沁水、水分损失(如用帷布或其他适当方法将其表面覆盖)和离析。

机械化施工时,可以采用自卸汽车或搅拌车运输混凝土。一般情况下,坍落度大于 5.0cm 时用搅拌车运输。从开始搅拌到浇筑的时间,用自卸汽车运输时不得超过 1h,用搅拌车时不得超过 1.5h。若运输时间超过限值或者在夏天铺筑路面时,宜使用缓凝剂。

5)水泥混凝土的摊铺捣实和成型

摊铺机施工前,要对摊铺机械进行调试。先根据混凝土的配合比,作 50m 左右的试验段,以调试和熟悉掌握摊铺机的操作规律、检查设备配置情况、施工进度安排是否合理等。

摊铺工序的关键是要将摊铺机的底面(刮板等)调整到准确的松铺厚度。为了保证铺筑路面横向坡度,分料器、刮板等在横坡高的一侧控制高度应稍加大。同时,要注意摊铺机前必须保持有 5~15cm 的混凝土堆料,以保证摊铺范围内有足够的找平料。振捣工序是保证混凝土内在质量的关键。为使混凝土振捣密实和均匀,应根据坍落度大小调节振动梁的振动频率和摊铺机的工作速度。一般情况下,当坍落度为 1~5cm 时,振动频率调节 50~100Hz,摊铺机工作速度为 0.8~15m/min。当坍落度小于 3cm,除摊铺机工作速度为 0.8m/min 外,还要用插入式振捣器对靠近模板、接缝、角隅处 50cm 范围内进行预振捣。摊铺机的搓拉式修光、整平梁与混凝土的密贴程度影响到提浆厚度和平整精度。根据经验,提浆厚度控制在 3~5mm 来调节整平梁与混凝土的密贴程度,效果比较理想。如一次达不到要求,可将机器倒回再次进行修整。

6)养生

混凝土表面修整完毕后,应进行养生,使混凝土板在开放交通前具备足够的强度和质量。养生期间,须防止混凝土的水分蒸发和风干,以免产生收缩裂缝;须采取措施减少温度变化,避免混凝土板产生过大的温度应力;须管制交通,以防止人、畜和车辆等损坏混凝土板的表面。

混凝土板的养生,可根据施工工地情况及条件,选用湿治养生、喷洒成膜材料养生等方法。

其养生时间按混凝土抗弯拉强度达到 35MPa 以上的要求试验确定。通常使用普通硅酸盐水泥时约为 14d。

(1)湿治养生

湿治养生由三个时期组成,即防护层润湿期、保证混凝土凝固的蓄能期和含水率逐渐降低不产生收缩应力的终结期。

润湿期宜用草袋(帘)等,在混凝土终凝后覆盖于板的表面,每天均匀洒水,保持潮湿状态,但注意洒水时不能有水流冲刷。蓄能期内,每天对含水材料润湿2~3次;在昼夜温差大的地区,混凝土板浇筑3d内应采取保温措施,防止混凝土板产生收缩裂缝。终结期内,必须保证混凝土逐渐失水,与周围环境温度保持平衡。

混凝土板在养生期间和填缝前,应禁止车辆通行。在达到设计强度的4%后,方可允许行人通行,养生期满后方可将覆盖物清除,板面不得留有痕迹。

(2)喷洒成膜材料养生

喷洒成膜材料养生是将几种化工原料按一定比例配制成油状溶液,用喷洒机具喷(或刷)在混凝土表面,溶液中挥发物挥发后形成一层较坚韧的纸状薄膜,利用薄膜不透水的作用,将混凝土中的水化热和蒸发水大部分积蓄下来自行养护混凝土的方法。这种方法可节约用水。

在干旱地区或施工用水困难地区较为适用。目前常用的成膜材料有过氯乙烯树脂和氯偏乳液等。

(3)其他养生方法

除上述湿治养生和喷洒薄膜材料养生外,还可以用以下一些方法:

①用成品薄膜进行养生,即混凝土路面板表面整修完成后,在其上覆盖成品薄膜。常用的成品薄膜有聚乙烯塑料薄膜等。这种方法工艺简单,但成本较高。

②用硬化泡沫进行养生,在混凝土表面分布一层硬化泡沫可以有效地防止混凝土表面的水分蒸发。如果泡沫层厚度达到5cm,一昼夜内混凝土表面温度落差不超过10℃。硬化泡沫含有苯酚甲醛树脂40%~50%,硬化剂(20%~22%盐酸)3%~5%和剩余量的水。这种方法的主要缺点是树脂用量大,泡沫层回收和废料加工过程困难较大。

③用阴离子乳化沥青养生。阴离子乳化沥青是黏度高、干燥时间长的液体,稳定性好,制备所需能源费用比阳离子乳化沥青要少。在混凝土表面上喷布阴离子乳液可达到养生的效果。

7)接缝施工

混凝土路面在温度变化时会产生较大的温度变形,如混凝土板产生胀缩和翘曲等,为消除温度变形受到约束时产生的温度应力,避免混凝土路面出现不规则开裂,必须在混凝土路面的纵、横方向上设置胀缝和缩缝。同时,在混凝土路面施工过程中由于各种原因造成路面施工中断会形成施工缝。接缝施工质量的好坏将直接影响到混凝土路面的使用性能及养护维修工作量的大小,因此各类接缝的施工应做到位置准确,构造及质量符合设计及规范要求。

(1)纵缝

小型机具施工时,通常是按一个车道的宽度(3.75~4.5m)施工,因而在两次施工的交接面形成纵缝(施工缝);纵缝一般采用平缝加拉杆的形式。纵缝中加拉杆的目的是在水泥混凝土由于温度变化引起膨胀、收缩时以及行车荷载振动和起步、制动时保证水泥板块横向相对位置的稳定。拉杆采用螺纹钢筋,其位置设在板厚的中央。

拉杆可采用三种方式设置见图7-29,其中:

①根据拉杆的位置在模板上留孔,立模板后在浇筑混凝土之前将拉杆穿在孔内。采用这种方法拆模时较为费事。

②事先将拉杆弯成直角,沿模板按设计位置放置,并将其一半浇筑在板内。在浇筑邻板时,再将拉杆扳直。当拉杆较粗时,采用这种方式,易损坏拉杆相接处的混凝土。

③采用带螺丝的拉杆,一半拉杆用支架固定在基层上,然后浇筑混凝土,摊铺相邻板前将另一半带螺纹接头的拉杆接上。

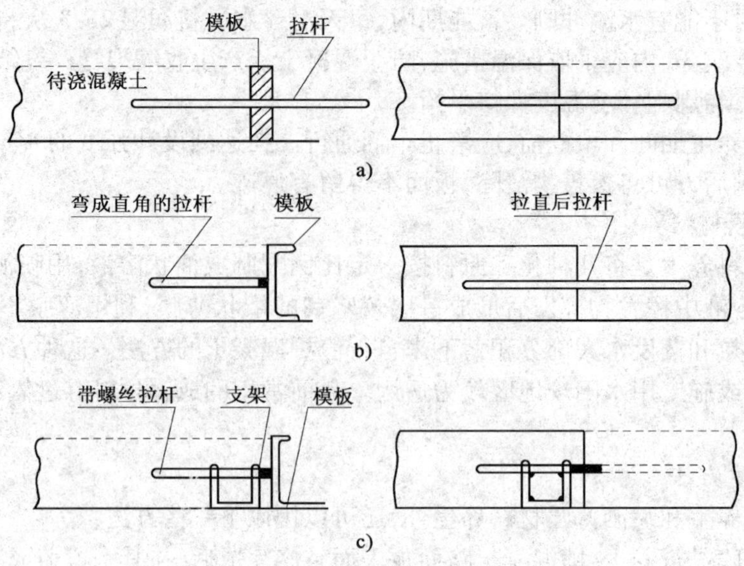

图 7-29　拉杆设置方式

施工时应注意使拉杆螺纹接头端面紧靠模板侧面，且套节的螺纹部分不能进入混凝土或砂浆（用黄油等材料封填），以避免另一半拉杆无法接上。这种方法在日本广泛使用，效果很好。

（2）横缩缝

横缩缝一般采用假缝形式。假缝可在混凝土结硬后锯切或在混凝土浇筑过程中做成压入缝。与压入缝相比，切缝法做出的缩缝质量较好，接缝处质量均匀。因此，缩缝施工应尽量采用这种方式。为防止切缝不及时可能出现的早期裂缝，也可每隔几条切缝做一条压缝。

①切缝。混凝土硬结后，应及时用金刚石或碳化硅锯片切缝。切缝时间的早晚一定要控制好，切得过早（混凝土抗压强度 <10MPa），由于混凝土的强度不足，粗集料容易从砂浆中脱落，而不能切出整齐的缝；切得过迟，不但造成切割困难，增加切割刀片的消耗，而且会使因混凝土的温度下降和水分减小而产生的收缩因板较长而受到阻碍，导致收缩应力超出其抗拉强度而在非预定位置出现不规则的早期裂缝。目前施工中较多采用“温度-小时”法来控制切缝的合适时间。“温度-小时”即混凝土浇筑到切割开始的间隔小时与气温的乘积。其值一般控制在 250 ~ 300℃ · h。当然，这只是一种粗略估算的方法。最佳切缝时间除与施工温度有关外，还与混凝土质量，特别是集料的质量、水泥类型及水灰比等因素有关，施工时应通过试切后最后确定。

切缝可采用一次切割成型或两次切割成型的方法。一次切割成型的槽口窄而深［图 7-30a）］，进行嵌缝料施工不易填实，且当缝隙因板的伸缩稍有变化时，嵌缝料便会在深度上出现较大的起落，引起嵌缝料被挤出槽口外或槽口内嵌缝料不足。两次切割成型即先用薄锯片进行深锯切再用厚锯片作浅锯切，以加宽上部槽口［图 7-30b）］。这种两次切割成型的槽口工作性能较前种好。

②压缝。为防止出现早期裂缝，每隔 3 ~ 4 条切缝做一条压缝。压缝的做法是，当混凝土拌和料做面后，立即用振动压缝刀压缝，当压至规定深度后提出压缝刀，用原浆修平缝槽，然后放入铁制或木制的嵌条，再次修平缝槽，待混凝土初凝前泌水后，取出嵌条，便形成了缝槽。

施工时应特别小心，尽量避免接缝两边的混凝土结构受到扰动，并应保证两边平整。如难以做到这一点,缩缝也可仅由切缝形成,但应保证不出现早期裂缝。

缩缝传力杆的安装一般采用支架固定法,即在缝的两边各设一钢筋支架,以保持传力杆的正确位置,传力杆长度一半加 5cm 范围内涂上沥青,保证其在混凝土中自由滑动,如图 7-30a)、图 7-30b)所示。

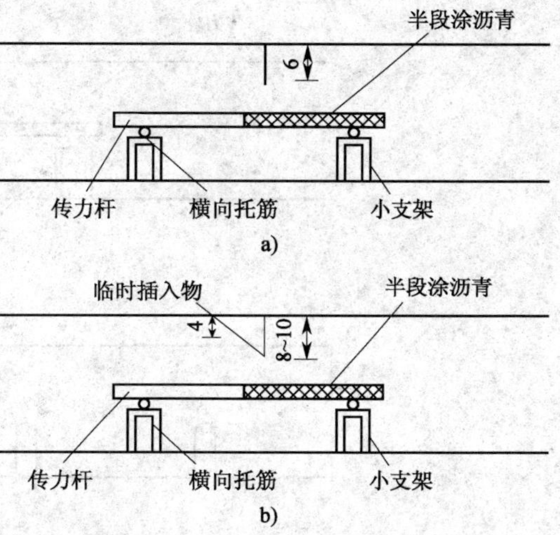

图 7-30 切缝构造(加传力杆型)(尺寸单位:cm)

a)一次切割法;b)二次切割法

③胀缝。胀缝应与路中心线垂直,缝壁必须垂直,缝隙宽度应一致,缝中不得连浆。缝隙下部设胀缝板,上部灌注嵌缝料。

传力杆型胀缝,其传力杆可动的一端应很光滑,这一段传力杆在 5cm 范围内需涂上沥青或油漆,使其与混凝土分开(图 5-10)。为了保证传力杆位置的正确(平行于混凝土板面及路面中心线,其误差不得大于 5mm),可采用顶头木模固定法和支架固定法两种固定方式。

A. 顶头木模固定法(图 7-31)。适用于混凝土一天施工终了时设置的胀缝。传力杆长度的一半穿过端头挡板,固定于外侧定位模板中。在混凝土拌和料浇筑前先检查传力杆位置,浇筑时,先摊铺下层拌和料用插入式振捣器振实,并在校正传力杆位置后,再浇筑上层拌和料。第二天浇筑邻板前,拆去顶头木模,并及时设置胀缝板、木制嵌条和传力杆套管等。

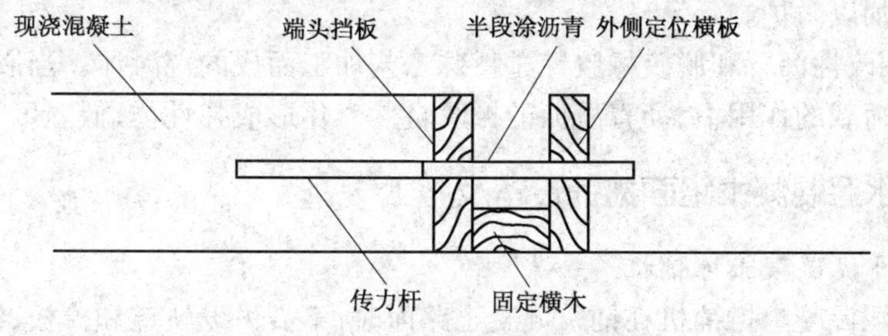

图 7-31 顶头木模固定传力杆安装图

B. 支架固定法(图 7-32)。适用于混凝土板连续浇筑过程中设置的胀缝。传力杆长度的一半应穿过胀缝板和端头挡板,并用钢筋支架固定就位。浇筑时先检查传力杆位置,再在胀缝两侧摊铺混凝土拌和料至板面,振捣密实后,抽出端头挡板,空隙部分填补混凝土拌和料,并用插入式振捣器振实,然后整平。

胀缝中嵌条的尺寸及拆除时间应把握好。嵌条尺寸应比设计接缝稍宽、稍低些,最好做成上宽下窄的楔形,以便拔出。嵌条拆除的时间以混凝土初凝前、泌水后为宜。拆除过早,混凝土产生流动变形,使接缝变窄,而且拆时还可能引起混凝土边缘破坏;拆除太迟,与混凝土嵌成一体,难以拆除。嵌条取出后,再将缝槽抹平整。

④施工缝。施工缝宜设于胀缝或缩缝处,多车道路面及民航机场道面的施工缝应避免设在同一横断面上。施工缝要设传力杆,传力杆一半锚固于混凝土中,另一半应涂上沥青,传力杆必须平行于板面且与缝壁垂直。

⑤灌注嵌缝料。混凝土板养护期满后,缝槽应及时填缝,在填缝前必须保持缝内清洁,可用空气压缩机将缝槽内清理干净,并保持混凝土干燥。

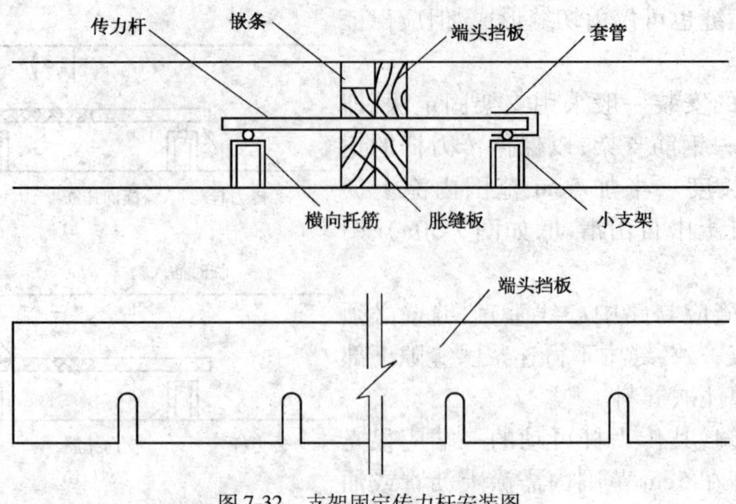

图 7-32　支架固定传力杆安装图

采用灌入式填缝施工时,灌注深度宜为 3 ~ 4cm,下部可填入多孔柔性衬底材料。嵌缝料的灌注高度,夏天宜与板面平,冬天宜稍低于板面。

热灌嵌缝料加热时,最好采取间接的方式使其溶解,不得已情况下用简单容器直接加热时,应不断搅拌均匀,直至规定的控制温度。当气温较低时,应采用喷灯加热缝壁。施工完毕,应仔细检查嵌缝料与缝壁黏结情况。脱开处,应用喷灯小火烘烤,使其黏结紧密。

施工时应保持路面美观洁净,不使接缝的外部沾上嵌缝料,灌注填缝料之前,可沿缝涂石粉或铺一纸条加以防护。

填缝料:用改性沥青和脱硫橡胶经过特殊工艺加工而成的混融体。当嵌缝料嵌入缝中后,在阳光和车辆荷载的作用下,沥青里面的橡胶自然硫化形成弹性体,低温可塑性好,黏附力强。

二、滑模水泥混凝土路面摊铺设备及施工

1. 滑模式水泥混凝土摊铺机

滑模式水泥混凝土摊铺机在铺筑混凝土路面时,不需另设轨道和模板,依靠机器本身的模板,就能按照要求的路面宽度、厚度和拱度对混凝土挤压成型。

1)滑模式摊铺机的分类与特点

(1)滑模式摊铺机的分类

滑模式摊铺机可按路面滑模摊铺的工序、自动调平系统的形式、行走系统履带的数量、振动系统采用振动器的形式来进行分类。

①按滑模摊铺工序的不同,滑模式摊铺机主要有两种类型:一类是以美国 COMACO 公司的 CP 系列为代表,它把内部振捣器置于整机前方螺旋布料器的下方,然后通过外部振捣器振捣和成型盘成型,最后由修光机抹光。这样可使水泥混凝土提早振实且水分上升,但对纵向上的密实度会带来影响,其优点是机械的纵向尺寸短,易于布置。另一类是以美国 CMI 公司的 SF 系列为代表,它首先用螺旋布料器分料,由虚方控制板控制摊铺宽度上的水泥混凝土高度,然后通过内部振捣器振捣,再进入成型模板,之后再通过浮动抹光板。这样布置纵向尺寸大,但能使水泥混凝土路面的摊铺质量得到保证。

②按自动调子系统形式的不同,滑模式摊铺机可分为两大类:一类是电液自动调平系统(以美国 COMACO 公司 GP 系列为代表);另一类是全液压自动调平系统(以美国 CMI 公司 SF

系列为代表)。电液自动调子系统的基本结构是把电路元件装在一个长方体盒子内,一根转轴从盒子里面伸出来,在转轴上装有触杆,工作时该触杆与基准线相接触。这种自动调平系统结构简单,便于安装,对电气元件的保护可靠,但对环境的湿度反应比较敏感。而全液压自动调平系统的基本结构是在传感器转轴上装有一个偏心轮,偏心轮推动一个高精度的滑阀阀芯,工作时利用滑阀阀芯的位移直接改变系统液压油的流量和方向。这种自动调平系统的特点是由全液压传感器从基准线上得到的信号直接反馈,控制油缸支腿升降实现自动找平。它结构简单,工作可靠,成本较低,对环境的要求不高,但对系统中液压油的品质和滤清精度要求较高。

③按行走系统履带数量的不同,滑模式摊铺机可分为两履带式、三履带式和四履带式。早期的水泥混凝土摊铺机的行走系统是两履带式,如 COMACO 公司的 GP1500、GP2500,CMI 公司的 SF250 等。20 世纪 70 年代出现了四履带滑模式摊铺机。与两履带式比较,四履带式摊铺机具有找平能力强、行驶直线性能好等优点。在两履带和四履带的选择上,一般摊铺宽度在 7.5m 以下,可以选择两履带滑模式摊铺机;摊铺宽度在 7.5m 以上时,则选择四履带滑模式摊铺机为好。三履带滑模式摊铺机主要是用来摊铺边沟、防撞墙、路肩等车道以外的水泥混凝土构造物。在履带变化方面,有的生产厂家采用卸下一条履带的方法,使四履带滑模摊铺机变为三履带,从而使一台摊铺机既能完成路面摊铺,又能兼作边沟、防撞墙、路肩等车道以外的水泥混凝土构造物的摊铺作业,拓宽了滑模式摊铺机的使用范围。

④按振动系统采用的振动器形式的不同,滑模式摊铺机分为电振动式和液压振动式。电振动式采用的是电动振动棒,液压振捣系统采用液压振动棒。

(2)滑模摊铺机的特点

滑模摊铺机有以下几个特点:

①滑模式摊铺机不需要另设置轨道,结构紧凑,省去了大量的模板,节省大量的人力、物力及施工配套机具,施工作业效率高,施工速度快,生产率高,可大大缓解以前水泥混凝土路面施工点多线长、施工周期长、出现阻塞交通等问题。

②采用了技术先进的电液控制系统、全液压传动,自动化程度高,可实现无级调速。

③自动转向系统采用传感器检测信号,电液控制或液压控制系统控制转向,保证了行驶的直线性和弯道的平滑,可大大提高摊铺施工的速度和质量且操作方便,机动灵活。

④施工质量高。用滑模式摊铺机摊铺水泥混凝土路面时,由于采用基准线引导,自动行走,机器运动的轨迹与摊铺厚度的控制通过与基准线相接触的 2~4 组高灵敏度传感器检测,机械本身的各种运动全部采用液压传动,所摊铺的水泥混凝土路面的几何尺寸精度非常高,能高标准保证路面纵横坡度及平整度等指标要求。

⑤在铺设路面时,依靠装在机器上的滑动模板就能按照路面要求宽度一次成型。用滑模式摊铺机摊铺水泥混凝土路面时,全部摊铺过程都由机械按设定的参数自动完成,对水泥混凝土的振动、捣实、提浆、抹光等工艺过程按施工要求完成。频率可调的振动棒和捣实板不仅能保证水泥混凝土充分密实,而且可以通过控制提浆厚度来达到理想的耐磨效果,使路面有更长的使用寿命。

⑥因施工中路面只能一次成型,不能退回补救施工,因而对施工工序、工艺参数及混凝土的原材料质量、水泥混凝土配合比、搅拌质量和水灰比等要求比较严格,这样才能确保高等级路面的施工质量。

⑦可实现一机多用,使用范围较广。

2)滑模式摊铺机的作业装置与功能

滑模式摊铺机的作业装置通常由螺旋摊铺器、刮平板、内振捣器、振捣梁、成形盘、定形盘和副机架组成,如图 7-33 所示。

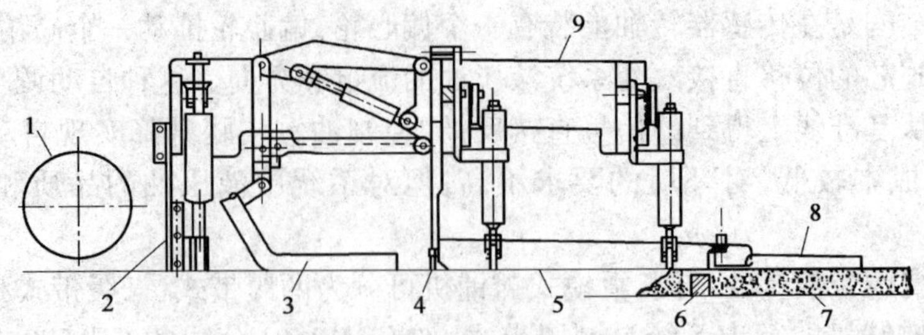

图 7-33 滑模式摊铺机的工作装置

1-螺旋摊铺器;2-刮平板;3-内振捣器;4-振捣梁;5-成型盘;6-挡头;7-铺层;8-定型盘;9-机架

(1)螺旋布料器

螺旋布料器位于机器的最前方,其功用是将运料车卸在路基上的混凝土料均匀地摊铺开。当加宽摊铺机的宽度时,螺旋布料器可根据实际摊铺需要而加长。加长节有三种规格:1m、0.5m、0.25m,由螺栓连接,拆装比较方便。两个液压马达分别驱动左、右摊铺螺旋进行止、反转,左、右同向或异向可随意选择,可以实现从中间向两边分料,也可以从两边向中间集料以及从一边向另一边移料。由于采用液压马达驱动,可实现无级调速,因此,可根据前方料堆的变化随意调节转速和方向,使布料达到最佳效果。

(2)刮平板

刮平板安装在螺旋布料器的后面,其功用是初步刮平混凝土,并控制虚方混凝土的厚度,将适量的混凝土料供给后部的其他工作装置,多余的料被推向前方。

(3)振捣系统

振捣系统通常由振动棒和捣实板组成。

振动棒的功用:对物料进行振实,保证一定的密实度。振动棒也称为内部振捣器,其作用是通过高频振动消除混凝土内部间隙,排除空气并使混合料流体化。振动棒采用液压传动,可实现无级变频。对不同性质的混凝土(如不同坍落度),使混凝土充分液化的最佳振动频率也不同。因为材料、级配、水灰比、坍落度及设计上的要求是经常变化的。因此,也要求频率可调,以达到最佳效果,使混凝土在最短时间内即达到充分液化状态,使路面施工质量达到最佳。振动棒最高频率为 11 000 次/min。为便于使用,振动棒除了设总开关用来控制起振和停振外,每个振动棒还设有手动旋钮开关。手动旋钮的盖上标有 0 ~ 11 个数字,每挡相差 1 000 次/min,顺时针旋转是从大到小,逆时针旋转是由小至最大值。根据现场混凝土提浆的具体情况,可随时改变一个或多个振动棒的频率,以满足施工的要求。

捣实板的功用:将振动过的混凝土捣实,通过锤打混凝土铺层,将表面上的集料压入铺层内部,表面只留下灰浆以便修整路面,然后再由成型模板成形。

(4)摊铺装置

摊铺装置是将捣实后的混凝土铺层挤压成所需的路面形状的装置。它由虚方控制板、成型盘、超铺板、侧模板和浮动盘、抹布等组成。

①虚方控制板亦称进料控制板,用来控制进入成型盘的振实后的混凝土的数量,进料过多或过少都将影响摊铺质量。进料过多,水泥砂浆停留在振动框里,难以进入成型模板内,影响

表面光滑;进料过少,摊铺厚度得不到保证。

②成型盘是将捣实后的混凝土进行挤压,并使铺层形成要求的路面断面形状的装置。成型模板与左、右两侧模板组合,可调整成前宽后窄的喇叭口形。其作用是使更多的水泥混凝土进入,随后受到挤压,增加混凝土的密实度,也可以不调成喇叭口形。

成型模板通过路拱调节装置可按设计要求调整中央路拱。在弯道上作业时,也可调整单边坡,具体步骤是通过液压装置改变路面模板一侧的拱度,使中央路拱逐渐消失,直至成为单边坡。驶出弯道后驾驶员通过液压控制再将路拱恢复到原设定值,以满足施工要求。

成型模板可根据施工需要调整仰角,目的是让更多的水泥混凝土进入模板并进行挤压。仰角的大小与施工质量有关,应根据施工情况而定。仰角过大会影响摊铺质量,使路面表面不光滑,同时也增加行进阻力。

③超铺板的作用是防止混凝土因坍落度稍大而坍边,从而保证了施工的质量。

侧模板的主要功用有两点:一是摊铺机作业时使边缘两侧挤压成形;二是和超铺板一起作用减少边缘坍落。左、右侧模板分别装有四个液压油缸,两个用来控制模板的升降(可单独控制),两个用来控制侧模板的压入或移出。

为了减少水泥混凝土的坍边,在成型模板左、右两侧设置有一块超铺板,它与侧模板组合,可调整成前侧模上端窄下端宽;后侧模上端窄下端宽,外边缘略高,顶面中间略低,向内收,成为内八字形。当摊铺机过后,由于水泥混凝土的收缩作用,上边缘高的部分坍落,消除了内八字形,使两侧边与下轮廓线正好呈直角,而表面横坡形状正好符合要求,这样可防止混凝土因坍落度稍大而坍边,从而保证了施工质量。

④定型盘是用来对混凝土路面进行较小的第二次平整。它以较小的变形在混凝土表面上进行修整,起抹光作用。定型盘是由成型模板的后端带有一块刚性结构的弹性悬挂浮动盘与两侧的浮动模板组成。

在浮动盘内侧,设有机械传力杆置放机。传力杆打进去后,随着摊铺机的前进,传力杆自动脱模。传力杆间距大小的设置由施工设计决定。传力杆可以两边同时打入,也可单边打入。

⑤拖布装在浮动模板后面,主要作用是消除气泡,使路面形成一定的粗糙度。拖布块长度不宜过长。实践证明,与混凝土路面接触段在1m内效果最好。

⑥拉杆插入器。拉杆插入器分为侧置式和中置式两种形式。其中,中置式又分前置式和后置式。采用何种形式是由施工设计来决定的。一次摊铺8m以上宽度时,需要在混凝土路面中间打入拉杆(螺纹钢),以加强横向连接;一次摊铺宽度大于4.5m的,视道路设计宽度来定,如需要两幅直接连接的应打侧边横拉杆,如需要三幅直接连接的,则中间那幅两侧边都要打入横拉杆。

中置式拉杆插入器是在摊铺机后部中间处设置有自动打入拉杆的机构,又称为后置式拉杆插入器,液压全自动控制(电脑控制)。根据施工设计要求,通过电脑计算拉杆间距和深度,给出信号,自动打入拉杆。在摊铺机前部中央处设置一个半机械式拉杆打入机构,称为前置式中间拉杆插入器。如果是进行11.75m路面半幅一次成型,则需要根据接缝所处的位置设置两个中置式拉杆插入器。一般说来,高速公路的半幅由三部分组成:超车道、行车道与硬路肩,它们的宽度分别为4.5m、3.75m、3.5m。由此可确定拉杆插入器的所需设置的位置。

侧置式拉杆插入器分为半机械式和人工打入两种,由用户选定。拉杆间距的大小由施工设计决定。放置拉杆的信号是由安装在履带上的小车轮直径决定的。履带在转动,带动小车轮反向旋转,当轮子上的定位块与电触点接触时,自动发出喇叭声,操作人员听到响声便拨动液压手动开关或用自动控制开关使拉杆插入器在规定的距离设置拉杆。此时,液压油缸迅速把放置好的拉杆(螺纹钢)压入水泥混凝土中,自动脱模,周期循环,不断地打入拉杆。这种方式称为半机械式。人工打入则是操作人员听到响声便迅速用人工打入拉杆,周期循环,不断打入拉杆。拉杆可以两边同时打入,也可单边打入,由施工设计决定。

(5)水喷射系统

水喷射系统的功用有两个:一是为机器的清洗提供一定压力的水,如可以对模板、机身、布料器等进行清洗;二是在需要时为混凝土的拌和加水。

(6)调平系统

自动调平系统可以保持摊铺机的各种作业装置始终能保持在同一预定水平高度上,从而保证铺路质量。在调平系统4个行走机构的支腿上分别安装有水平传感器,其上铰接有触杆,触杆的一端靠其自重始终压在基准绳上,其压力可通过调整触杆上的平衡配重加以改变。当摊铺机施工作业时,如果路基低了,机器的行走机构将下降,此时压紧在基准绳上的触杆就相应地升高,触杆因升高而偏转使水平传感器动作,从油泵出来的高压油进入支腿升降油缸的上腔,使机架上升,直到机器达到基准的水平位置为止;反之,如果路基高了,机架会相应地下降。

2. 滑模摊铺机摊铺作业

滑模式摊铺机的作业过程如图7-34所示(以美国CMI公司生产的SF系列产品为例)。

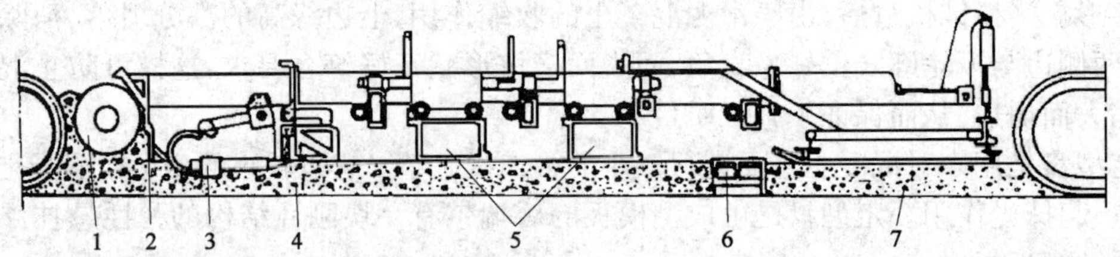

图7-34　滑模式摊铺机的作业过程

1-螺旋摊铺器;2-刮平板;3-内部振捣器;4-外振捣器;5-进料控制板、成型盘和侧板;6-定型盘和侧板;7-水泥混合料

(1)螺旋布料器将自卸车或水泥混凝土搅拌车卸在路基上的水泥混凝土横向均匀地摊铺开;

(2)由一级进料计量装置刮平板初步刮平混凝土,将多余的混合料往前推移;

(3)用内部振捣器对混合料进行初步振实、捣固;

(4)用外振捣器再次振实,并将外露大粒径集料强制压入;

(5)由二级进料计量器进料控制板(在成型盘前)再次刮平混合料,并控制进入成型盘的混凝土的数量;

(6)用成型盘对捣实后的混凝土进行挤压成型;

(7)利用定型盘对铺层进行平整、定形和修边。

摊铺时,处于机器前方的混合料由螺旋布料器均匀地摊铺在路基上,随着机器的前进,由刮平板计量出进入内部振捣器的混凝土量,余料被推向前方。经内部振捣器高频振捣,排除铺层内部间隙和空气。再经过外部振捣器上下振实,强制外露集料下沉,从而填平压实了铺层,表面只留下灰浆。接着,由进料控制板、成型盘和侧模板进行第二次计量和压实成形。最后由定形盘和侧模板整平抹光,完成路面铺筑。

采用滑模式摊铺机铺筑混凝土路面进行双层施工时,其工艺过程如图7-35所示。整个施工过程有以下两个连续作业行程来完成。

第一作业行程:摊铺机牵引着装载钢筋网格的大平板车,从已整平的基层地段开始摊铺,此时从正面供应混凝土,随后的钢筋网格大平板车按规定位置将钢筋网格自动卸下,并铺压在已摊平的混凝土层上,如此连续不断地向前铺筑。

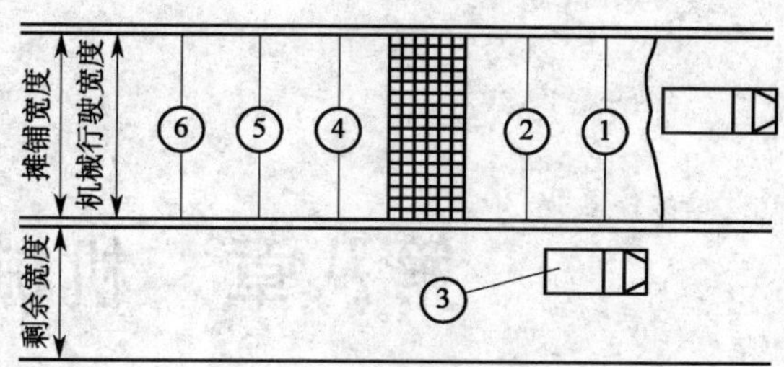

图7-35 滑模式摊铺机施工时的施工机械组合

1-摊铺机;2-钢筋网格平板车;3-混凝土运输车;4-混凝土摊铺机;5-养护剂喷洒机;6-切缝机

第二作业行程:压入机是摊铺机的一个附属装置,它由几个液压千斤顶组成。不用时可将其卸下,使用时安在摊铺机的前面。施工开始时,摊铺机推着压入机前行,并将第一行程已铺好的钢筋网格压入混凝土内,摊铺机则进行摊铺、振捣、整平、成型等工作。最后进行防滑处理、喷洒养护剂、切缝等。

三、水泥混凝土摊铺机生产率计算

水泥混凝土摊铺机的生产率 Q 是以每小时摊铺的水泥混凝土体积(m^3/h)来计算的,公式如下:

$$Q = bvh \tag{7-3}$$

式中:b——摊铺带的宽度,m;

h——摊铺层的厚度,m;

v——摊铺机的行驶速度,m/h。

第八章　机械设备管理概述

第一节　机械设备管理的实质

一、机械设备管理的基本原则

机械设备管理的基本原则是紧紧围绕企业的经营方向和经营目标，为全面提高生产经营活动的经济效益，在技术进步的基础上，管好、用好机械设备，并使以下几方面得到体现：

(1)改善企业技术装备质量和能力，不断提高施工机械化程度和水平；

(2)有重点、有步骤地对现有机械设备进行技术改造，不断促进企业技术进步；

(3)能立足于企业生产经营活动，促进经济效益的提高；

(4)能适应企业改革的深化，发展机械设备管理现代化。

二、机械设备管理的特点

1.机械设备使用范围的局限性

机械设备大多是专用的，每一种机械设备只能完成一、二项或者三、四项性质相近的作业内容，不可能完成所有项目，其使用范围具有一定的局限性。例如推土机，一般称之为通用机械，其用途虽然比较广，但也只能完成推土、平整和牵引等移运土方的作业，对其他作业项目就无能为力了。其他机械像压路机只能用作碾压，平地机只能平地、挖边沟、刷边坡，挖掘机只能挖土，吊车只能起重，空压机只能供压缩空气，发电机只能供电。因此，要完成一项大型工程任务，无论是筑路、架桥还是其他，都要根据工程任务的不同作业项目和规模大小组织各种各样、大大小小的机械，配套起来有计划地进行施工。

2.机械设备管理的复杂性

机械设备管理的目的就是科学地、合理地使用机械去完成施工任务。其包含“人”和“机”两方面的管理。机械设备管理包含管、用、养、修、供五个方面的工作内容，因此其管理工作是比较复杂的。如果在机械化施工中“重用轻管”，“重用轻修”，削弱了机械的“管”、“养”、“修”和配件供应工作，势必造成机况下降、工效降低、成本升高、经济效益差的情况出现，最终结果是影响工程任务的顺利完成。因此，在机械化施工中，必须把机械设备管理、使用、保养、修理、配件供应等五项工作有机地结合起来，互相配合、互相促进才能更好地完成施工任务。

3.工程任务的多变性

机械设备的服务对象是工程任务。工程任务，例如公路工程，其内容和要求变化很大，不仅要修路，而且要修桥，路基有土方、石方，路面结构、桥涵形式亦各不相同。不同的工程任务需要配备不同种类和型号的机械，不同的工程规模和工期需要用不同数量的施工机械去完成。一个基层施工单位(工程处、工程队)，应根据当年的任务，科学地配备所需要的机械。如果第二年任务变化了，有些机械不够，需要增加；有些机械由于任务变小或没有任务而闲置，这样发展下去，机械设备愈来愈多，必然形成“小而全”的现象。由于任务经常变化造成了机械忙闲不均和闲置浪费。因此，需要从改革管理体制入手，变分散管理为集中管理，变小生产为大生产，进行专业化施工，从根本上解决机械设备供需之间的矛盾。

4. 机械设备的大型化、昂贵化

经济的发展，对公路路面施工质量的要求越来越高，路面变得越来越宽，完成工程所需的施工机械设备则趋于单机大型化、技术性能高级化、自动控制精密化，这就使得机械设备价格更加昂贵。因此，无论是机械设备的投资还是使用都需要支付大量资金，这就迫切需要提高机械设备的经济效益。比如，进行机械设备投资时，要计算投资效果，预测机械设备投资回收期；在使用过程中，要降低能源消耗，减少机械设备故障停工损失，降低维持费用，提高设备管理与维修水平，还要计算设备的经济寿命等等。因此，机械设备的经济管理显得越来越重要。

5. 大型设备或不常用设备租赁化

这种现象始于国外。工程承包人为追求最大利润，对新增设备是很慎重：不常用的机械设备尽可能采用租赁的方法，而不是盲目花钱去添置装备。工程承包人租用的机械一般多于自有机械。如在 20 世纪 60 年代，美国一些工程公司本身拥有的施工机械占 70%，租用机械占 30%；而到 70 年代，他们自己拥有的施工机械仅占 34%，租用的施工机械则上升为 66%。一般通用的、中小型的施工机械归施工公司所有，而大型的和不常用的机械设备则由专门公司所有、管理和对外出租。20 世纪 90 年代这一趋势在我国出现，各种机械租赁公司纷纷成立。这一体制的出现，有利于提高机械设备的利用率和效率，加速资金周转和降低机械使用费。

三、机械设备管理的基本任务

机械设备管理，本质上是对机械运动全过程的管理。机械运动有两种状态：一是机械的物质运动状态，包括机械设备的选购、验收、安装、调试、使用、维修、改造、更新等；二是机械的价值运动状态，包括机械设备的最初投资、使用、维修的支出，更新、改造资金的筹措与支付等。两种运动状态形成机械设备的两种管理，即技术管理和经济管理，它们分别受技术规律和经济规律的支配。因此，机械设备管理一方面要重视技术管理，保证机械处于良好的技术状态；另一方面要重视经济管理，达到最经济的寿命周期费用目标，两者是相辅相成的。

原国家经委颁布的《国营工业交通设备管理试行条例》第一条中明确规定了机械设备管理的基本任务：“设备管理的基本任务是正确贯彻执行党和国家的方针政策，通过采取一系列技术、经济、组织措施，逐步做到对企业主要设备的设计、制造、购置、安装、使用、维修、改造、更新直至报废的全过程进行综合管理，以获得寿命周期费用最经济、设备综合效能最高的目标。”

此规定，打破了把机械设备管理理解为只是对机械设备的维修、保养，看成是加油、清洁和修理的那种传统观点，给予其新的概念和内容。各级设备管理人员应彻底摒弃带有片面性、局限性的传统机械设备管理观念，认识到现代机械设备管理是以研究机械设备一生为对象，以追求其寿命周期费用最经济为目的，动员全员参加，讲究全效率的综合管理。在机械设备管理过程中，应坚持五个结合：设计、制造、使用和维修相结合；以预防为主，日常维护保养与计划检修相结合；技术管理与经济管理相结合；专业管理与群众管理相结合；修理、改造和更新相结合。施工企业的机械设备使用部门要努力做到合理选购、正确使用、精心维护、科学检修、安全经济运行，并不断总结推广国内外机械设备管理的先进经验，逐步建立一套适合我国国情、具有中国特色的机械设备管理制度和办法。

四、机械设备管理的主要工作

机械设备管理的主要工作有以下几项：

(1)对机械设备从选型购置、安装调试、验收投产、使用维修、更新改造直到报废实行综合管理,设立相应的规章制度、规程、规范、定额和指标等；

(2)重视机械设备的前期管理,在认真进行技术经济论证的基础上,选购先进、适用的机械设备,保持合理的装备结构；

(3)科学地组织机械施工,合理配置和调整机械结构,充分发挥其效能,提高机械设备在时间和功能上的利用率；

(4)对机械设备有计划地进行定期维护和检查修理,使其经常处于良好的技术状态,以提高机械设备的完好程度；

(5)采用先进的修理方法和技术组织措施、提高修理质量、缩短工期、降低费用、及时消除机械设备的缺陷和隐患,防止损坏事故的发生；

(6)有计划地对现有机械设备进行技术改造和更新,实现扩大再生产,以提高企业施工能力和装备水平；

(7)组织对机械设备使用状况进行检查和分析,并反馈于机械设备管理全过程,不断提高机械设备的利用率和效率；

(8)实行机械设备的租赁和经济承包,用经济手段管理机械,提高其经济效益。

五、机械设备管理的内容及分类

对于施工企业的机械设备使用部门来说,机械设备的管理主要是指机械设备投入使用后的管理,其内容包括:装备规划管理、更新改造管理、选购与验收管理、固定资产管理、使用管理、保养管理、维修管理、配件和油料与仓库管理、安全管理、定额管理、统计与信息管理。机械设备的经济管理作为管理的重要内容,应有机地融入以上各个管理环节中去。如果把安全管理归结为使用管理的一部分,把使用管理、保养管理、维修管理、配件与油料供应管理独立出来,其余合并为行政管理,则机械设备使用部门的管理基本内容,可用以下五个字来概括:管(行政管理)、用(使用管理)、养(保养管理)、修(维修管理)、供(配件与油料供应管理)。

管、用、养、修、供五个方面是一个有机的整体,而经济分析与核算贯穿始终。必须用系统的观念处理好它们之间的关系,才能全面地做好机械设备的综合管理工作。在处理五个方面之间的关系时,应该做到:

1.“用”是核心

机械设备的使用体现了购置机械的目的,是完成施工生产任务、创造产值的过程,也是机械磨损的过程。所以“用”是核心,“管”是手段,“养、修、供”是保证。“管、养、修、供”都是为“用”服务的。

2.“养、修”并重

保养和修理都是为了保证机械设备良好的技术状况。保养和修理的性质、作用、作业内容是不同的,不能彼此混淆和互相代替。保养是预防性的,必须强制进行。而修理是恢复性的,必须视情况及时进行。保养是经常保持机械技术状况的主要手段,是机械设备技术管理的关键。修理是恢复机械技术状况的唯一手段,是机械设备技术管理的支柱。

3. 保障供应

配件、油料和替换设备的供应是机械设备使用、保养、修理的物质保障。如果不能及时保障供应或供应的质量、型号和规格不符合要求，必将给机械设备的用、养、修带来影响，甚至造成事故。

4. 经济效益是纲

机械设备管理的基本任务是以获得寿命周期费用最经济、设备综合效能最高为目标的。管、养、修、供都是为使用服务的，而使用的目的则是为了取得经济效益，所以经济核算工作是贯穿五个方面工作的纲。

5. “管”字当头

“管”包含内容较多，其中的投资决策和规划关系到整个管理工作的成败。况且机械设备的用、养、修、供的本身也都是管理的过程，因此必须“管”字当头才能推动这五个方面的工作。

6. 统筹安排

应避免只重视用机械设备去完成任务，而不重视机械设备的正确使用，只重视修理而不重视保养等诸如此类的问题。当然机械设备坏了必须修理，但是，忽视使用和保养，则不能从根本上摆脱机械设备管理的被动局面。机械设备的正确使用和及时保养是比事后维修更为积极的方式。特别是正确合理的使用和保养可以延长大修间隔期和机械寿命，减少修理量和配件消耗。机械设备管理五个方面的工作是一个整体，因此必须用系统管理的观点来全面考虑、统筹安排。

机械设备管理的具体内容划分如表 8-1 所示。

机械设备管理的具体内容划分 表 8-1

	技术管理	经济管理
管	装备规划管理 技术改造和更新管理 选购与验收管理 固定资产管理 定额管理 统计与信息管理	可行性分析 经济分析 招标投标 经济核算 经济核算 经济分析
用	使用管理 安全管理	效益分析 损失分析
养	保养管理	经济核算
修	维修管理	经济分析与核算
供	配件、油料与仓库管理	经济核算

六、机械设备管理工作的要点

做好机械设备管理工作十分必要，其要点如下：

(1)坚持推行综合管理。对主要机械设备的设计、制造、购置、安装、使用、维修、改造、更新、报废的全过程实行综合管理，重点应放在前期管理上。

(2)要实行五个结合。即设计、制造、使用和维修相结合，修理、改造和更新相结合，技术管理与经济管理相结合，专业管理和群众管理相结合，日常维护和计划检修相结合。

(3)推行全员管理。运用行为科学的理论,重视人的工作,提升全体员工管好、用好机械设备的积极性和责任感,使机械设备管理工作建立在广泛的群众基础上。

(4)建立和健全科学的、合理的规章制度和严格的技术、经济责任制,使机械设备管理正常化,讲究经济效益,做到按劳分配,奖惩分明。

(5)努力提高机械设备管理人员的业务、技术素质,培养一支具有现代机械设备管理能力和技术水平的干部队伍。这是管好、用好机械设备的根本保证。

第二节　机械设备管理机构与体制

一、机构设置一般应遵循的原则

为了保证机械设备管理基本任务的完成和主要工作的实施,施工企业应根据规模和装备能力,相应建立和健全各级机械设备管理机构、配备相应的专业技术人员和管理人员,形成一个层层负责、专群结合的机械设备管理网络。施工企业的任何一种组织机构的设置原则,都是以能高效地进行工作为主要目的。所以,机械设备管理机构的设置也要遵循这一总原则。

按照《全民所有制工业企业转换经营机制条例》的规定,施工企业虽然享有自主设置内部管理机构的权力,但根据我国的情况,机械设备管理机构的设置,应该与国家经济管理体制相适应,也就是要按照国家的有关规定、干部配备制度、企业的规模、经营方式和机械化施工程度等因素综合考虑后,确定机械设备管理机构的设置,使之趋于合理化。

1. 要以《全民所有制工业交通企业设备管理条例》中第三条规定作为原则依据

为了充分发挥机械设备管理的组织作用,积极正常地开展机械设备管理工作,必须坚持《全民所有制工业交通企业设备管理条例》中第三条规定的"五个结合"原则。

2. 应体现统一领导、分级管理的原则

所谓统一领导,是指关于机械设备管理中的重大问题,如企业的发展规划、装备素质、装备水平、设备引进与技术改造等问题,都应由公司一级的管理机构集中进行领导决策,下属机构不应自行决策。所谓分级管理,是指属于日常机械设备的管、用、养、修,应由基层单位(如项目经理部)具体执行。所以,在设置机械设备管理机构时,均应因地制宜地予以考虑。

在体现统一领导、分级管理的原则时,还应根据企业的大小、机械设备的多少来确定集权与分权。企业规模小、管理层次少,可以集中较多的权力;反之,企业规模大、下属企业专业性强,则应适当放权,以利生产。

3. 力求精简、高效、节约

在设置机械设备管理机构时,应力求精简、高效、节约。要做到这些,关键是提高各级机械设备管理人员的业务水平和管理能力,实行机械设备管理技术、经济责任制。并要根据其任务的大小、繁简和难易程度,从有利于提高机构的办事效率入手,设置机械设备管理机构。

4. 既要有合理分工,又要注意相互协作

设置机械设备管理机构,既要有合理的分工,又要注意相互协作和配合。应根据具体的情况,在各级机械设备管理机构之间和内部进行合理的分工,划清职责范围,提高管理专业化程度。但是,在分工的基础上,必须加强协作和相互配合。因为各级机械设备管理机构之间和内部的各职能人员之间都有内在的联系。

5. 应体现职、责、权、利的统一

在管理机构设置方案确定之后，安排机构人员时，要坚持以能授职，尽可能做到能力与职务的统一。既要防止不称职的一面，又要做到人尽其才，才尽其用。更为重要的是责和权要适应。什么职务就应该负什么责任，责任到人就是权力到人，不能有职无权、有权无职，或有责无权，要把职、责、权结合起来。除了有职、有责、有权之外，还应享有相应的利益，做到职、责、权、利的统一。

二、机械设备管理机构的形式

1. 机械设备管理机构

目前，全国公路系统的机械设备管理体制，随着我国政企体制改革的不断深化，也处于大幅度的改革之中。机械设备管理机构的组织形式，大致有表8-2所列的几种。

机械设备管理机构的组织形式　表8-2

级别 机构形式 单位	一　级	二　级	三　级
公路局	省局机械设备处(科)	地、市公路分局或总段机械设备科	县公路段机械设备股
高等级公路管理局或高速公路公司	省局(公司)机械设备处(科)	地、市公路分局或线路管理处机械设备科	县公路所机械设备股
公路工程施工企业	省公路工程局或公司机械设备处(科)	工程处或分公司机械设备科	工程项目经理部或工程队、机械设备股
机械修理、制造企业	主管、机械设备管理部门单位	修理、制造厂或公司机械动力科	车间或分厂机械股

机械设备管理机构是做好机械设备管理工作的职能部门，只有在健全的机械设备管理机构的基础上，配备精干的管理人员和技术人员，才能把机械设备管理工作做好。但是目前有些施工企业领导，对这个问题认识不够，认为机械设备管理部门可有可无，于是将机械设备管理部门撤销或合并到其他部门。这种情况虽然为数不多，但对加强机械设备管理是十分不利的，应该引起重视。

2. 机械设备维修机构

必须要有与企业机械设备拥有量相适应的维修机构，才能保证机械设备技术状况完好地投入正常施工生产。机械设备维修机构的组织形式，一般有表8-3所列的几种。

机械设备维修机构的组织形式　表8-3

级别 机构形式 维修方式	一　级	二　级	三　级
集中维修	省级，机械制造厂	地、市级，工程公司或处机械修理厂	县公路所或项目经理部机械维修站或班组
分散维修			维修力量均放到基层
混合维修	省级，机械修理厂负责大型机械大修	地市、工程处、分公司机械修理厂，负责中型、小型机械大修	基层维修站或班组负责日常小修、保养

总之,施工企业应因地制宜地选用一种适合自己特点的维修机构组织形式。

三、机械设备管理体制概述

随着科学技术和市场经济的发展,现代化企业由于生产技术的需要,对机械设备的依赖程度日益增加。在一个企业内,自动化和成套设备越来越多,也使从事于设备工程和维修的人员逐渐增多。也就是说,随着企业现代化的发展,机械设备越来越先进,高速、高效、自动化的机械设备取代了陈旧落后的机械设备时,生产操作工人将大大减少,而机械设备的管理和维修人员会相应增加。如何把为数众多的机械设备管理和维修人员组织起来,高效地工作,是一个非常值得重视和研究的课题。

机械设备管理体制必须由施工生产的特点、企业的专业性质、综合施工能力以及施工力量集中和分散的程度来确定。根据公路施工多工种结构的特点,需要装备品种繁多的机械。而由于施工对象、施工工艺和工序的多变,机械设备的品种、规格和数量也应随之变化。

机械设备管理体制是指机械设备管理权限和职责的设置,其设置原则如下:

(1)机械设备管理体制必须有利于施工,有利于管理,有利于提高机械设备的完好率和利用率,有利于改善机械设备的技术状况,有利于提高机械化施工水平,有利于充分发挥机械设备的作用,有利于提高经济效益。

(2)机械设备管理体制必须适应施工工程项目多变的特点,具有一定的应变能力。任务对象比较固定的单位,可根据任务大小,核定机械设备常年需要量,直接装备使用单位,实行管用统一;任务对象变化较大的单位,机械设备需要的数量和类型变化很大,不常用的机械应由上一级单位集中管理,统一调度。

(3)机械设备管理体制要符合集中与分散相结合的原则。大型机械集中,中小型机械分散;不常用的机械集中,常用的机械分散;管理集中,使用分散;大中修集中,小修保养分散;配件采购供应集中,储备分散。

(4)机械设备管理体制应逐渐向专业化方向发展。只有专业化、企业化才更有利于管理,有利于提高业务技术和经济效益及施工质量,所以要逐步将综合性的工程队改变为专业性的施工队(如路基、路面、桥涵等专业施工队)。按专业配备常规设备,按流水作业方法组织机械化施工,从而加强机械设备管理,提高机械设备的完好率、利用率和经济效益。

四、公路施工企业现行机械设备管理体制

由于公路工程点多、线长、工种多样,往往需要装备品种繁多的机械设备。因此,机械设备管理体制也不完全一致。而机械设备的管、用、养、修、供五个环节,既具有相对的独立性,又相互关联,相互影响,具有一定的科学性、技术性和系统性,因此管理工作不宜过于分散。就目前情况而言,机械设备管理体制不外乎以下两种形式。

1.集中管理、管用统一

这种管理体制的特点是机械设备不论大小,都集中使用管理。由于一个施工企业(项目经理部或工程队)掌握较多的自有机械设备,专业机械化程度高,对外依赖程度低,有利于独立作战,便于指挥调度,使用起来很方便。但其弊端是:每个施工企业生产任务不可能十分均衡,随着任务或工艺的变化,使用机械设备的品种、数量也发生变化,倘若样样自给自足,必然在机械使用上造成忙闲不均,无法调剂,形成“备者不用,需者又缺”的情况。当机械设备利用率低,长期停置不用时,会因自然锈蚀而损坏,同时,在经济上造成损失。

2. 大型集中、中小型分散

大型、进口机械一般结构较复杂，管理、操作技术要求较高，保修难度大，价格贵，如有不周将直接影响机械的技术状况、使用寿命和经济效益，因此，大型施工机械应尽可能集中管理。机械设备集中管理，对于施工企业来说，虽然有时用起来不方便，施工急需的机械设备，可能不能及时到位，而影响工程进度。但从整体而言，这样可以提高大型机械的使用率，可以加强管理和集中维修。中、小型机械分散管理，实行自管自用，极大地方便了现场调度和使用。目前采用这种机械设备管理体制者较多。

第三节　机械设备管理机构的基本任务及对机务人员的要求

企业机械设备管理机构的基本任务，可以从两个方面来理解，其一是主要任务，也就是《全民所有制工业交通企业设备管理条例》中规定的："企业设备管理的主要任务是对设备进行综合管理，保持设备完好，不断改善和提高企业技术装备素质，充分发挥设备效能，取得良好的投资效益"；其二是具体任务，也就是在日常的机务管理中要做的具体工作。

一、主要任务

根据《全民所有制工业交通企业设备管理条例》规定的内容，可以分为以下四项主要任务：

1. 保持机械设备完好

要通过正确使用、精心维护、适时检修，使机械设备保持完好状态，随时可以适应企业施工的需要，投入正常运行，完成生产任务。

2. 改善和提高技术装备素质

技术装备素质是指在技术进步的条件下，技术装备适合企业生产和技术发展的内在品质。通常可用以下几项标准来衡量：①工艺适用性；②质量稳定性；③运行可靠性；④技术先进性（包括生产效率、物料与能源消耗、环境保护等）；⑤机械化、自动化程度。

3. 充分发挥机械设备效能

机械设备效能是指机械设备的生产效率和功能。机械设备效能的含义不仅包含单位时间内生产能力的大小，也包含适应多品种生产的能力。充分发挥机械设备效能的主要途径有：

（1）合理选用技术装备和工艺规范，在保证施工质量的前提下，缩短生产时间，提高生产效率；

（2）通过技术改造，提高机械设备的可靠性与维修性，减少故障停机，提高时间利用率；

（3）注重生产计划、维修计划的均衡，合理安排生产与维修，提高机械设备的完好率和利用率。

4. 取得良好的投资效益

机械设备投资效益是指机械设备寿命周期内的产出与投入之比。取得良好的机械设备投资效益，是以经济效益为中心的方针在机械设备管理工作中的体现，也是机械设备管理的出发点和落脚点。

提高机械设备投资效益的根本途径是推行机械设备的综合管理。首先，要有正确的投资决策,采用优化的机械设备购置方案。其次,在寿命周期的各个阶段,一方面加强技术管理,保证机械设备在使用阶段充分发挥其效能,创造出最佳的产出;另一方面加强经济管理,实现最经济的寿命周期费用支出。

二、具体任务

以下是机械设备管理部门的基本任务,具体到每个企业,可根据本企业的情况,制订各级机械设备管理部门的工作内容。

(1)贯彻执行国家和上级颁发的有关规章制度、规程规定、技术标准、定额指标等,结合本企业具体情况,制订实施细则或补充规定。

(2)努力完成上级规定和本企业制订的机械设备管理的各项考核指标。

(3)参与技术装备规划和更新改造规划等的制订。

(4)参与施工组织设计的编制、审查和实施。

(5)负责机械设备的选型、购置、验收、安装、调试、改造、更新、处理、报废等工作。并办理新购机械的索赔工作。

(6)办理机械设备的调拨和日常调度,以及对外机械租赁。

(7)建立机械设备台账及技术档案,掌握技术情况,以及机械设备固定资产实现计算机管理。做好机械设备原始记录和统计资料的积累和分析。

(8)组织机械设备的维修,保持机械设备的良好状态,延长机械使用寿命,降低维修成本。做好节能工作。

(9)组织机械设备的合理使用,保障安全生产,组织或参与机械事故的分析处理。

(10)开展群众性的“爱机”竞赛活动,定期组织检查评比,不断总结、推广先进经验。

(11)组织开展单机核算,组织制订机械技术经济定额。

(12)组织机务人员的技术培训和考核工作,以及“机械操作证”的核发和管理。

三、对机务管理人员的要求

(一)机务管理人员

机械设备管理人员应该包括哪些,尚未有明确的规定,但习惯上将下列人员称之为机务管理人员:

(1)主管机械设备的副经理;

(2)机械总工程师或总机械师;

(3)机械设备管理处(科)长;

(4)机械队(站)长;

(5)机械设备经营管理员;

(6)机械设备资产管理员;

(7)机械设备动态管理员;

(8)机械设备统计核算员;

(9)机械设备维修管理员;

(10)固定资产计算机操作员;

(11)配件技术管理员。

以上归类法是否恰当,尚待研究。但有两点应明确:一是机械设备管理和机械技术工作是相互关联的,即管理中有技术,技术中有管理,两者相辅相成,不能截然分开;二是非技术人员的机务人员,也都要具有一定的机械专业知识。否则,是不可能做好机械设备管理工作的。

(二)机务管理人员应具备的知识

1. 公路工程知识

(1)公路工程概论;

(2)公路工程机械化施工。

2. 企业管理知识

(1)懂得企业管理的性质、特点、任务、职能、原则、制度和组织机构等基本知识;

(2)懂得企业计划管理、生产管理、质量管理、安全技术管理、劳动人事管理、物资管理、工具管理、能源管理、营销管理、成本管理、财务管理等基本内容及其与机务管理工作的关系;

(3)了解管理心理学、行为科学的基本知识;

(4)懂得技术经济分析的基本原理和方法以及现代管理方法;

(5)懂得有关会计、统计方面的基本知识。

3. 专业知识

(1)掌握施工机械的名称、型号、性能、结构和使用范围;

(2)懂得与机械有关的标准与法规的基本知识;

(3)懂得安全生产知识;

(4)熟悉本企业机务管理工作的基本制度、业务范围、岗位职责内容;

(5)熟知本企业机务管理组织情况和各生产部门机械配备状况;

(6)熟知本企业机务管理工作中各类技术经济指标的含义、应用范围及其考核方法;

(7)熟知计划检修与预防维修制度的原理及特点;

(8)熟知全员生产维修(TPM)的含义、特点及其内容;

(9)熟悉设备综合工程学的基本理论及其内容与方法;

(10)懂得摩擦学与润滑管理的基本知识;

(11)懂得计算机基本原理,掌握一种以上计算机语言及编程方法;

(12)掌握一门外语的基本知识;

(13)了解施工机械构造;

(14)了解施工机械液压原理;

(15)了解施工机械电气原理;

(16)熟悉施工机械使用性能;

(17)了解施工机械维修;

(18)熟悉公路施工机械管理。

(三)机务管理人员应具备的能力

机务管理人员应具备的能力包括:组织协调的能力、实际动手的能力、综合分析的能力和创新改革的能力。

(1)具有组织、协调机械设备管理(资产管理、状态管理)和本岗位业务人员及机械设备分配、变动、报废的能力。

(2)制订本岗位机械设备管理的工作程序、统计报表;填写资产凭证、登记台账、设备分类、机械设备检查标准；编制资产管理计算机程序和操作计算机；使用一般诊断和检测工具仪器；处理分析各种数据，判断机械设备故障和设备劣化状态；组织和参与机械设备安装调试验收的工作。

(3)调查研究、综合分析机械设备在使用维护和安装调试中存在的问题，总结事故发生的根源，掌握机械设备运行的动态情况等，并能提出对策。

(4)善于发现机械设备资产管理和状态管理中的问题，不断创新改革，采用新的技术，应用现代化管理方法。

(5)调查研究、综合分析机械设备选型、采购、市场等机械设备前期经营方面的问题，并能提出对策。

第九章　技术经济分析基础

第一节　概　　述

人们利用科学的成果改造自然并从事经济活动的手段和知识的总和称之为技术,所以技术就是科学的应用。达到同一个经济活动的目的,往往同时存在着采用多种技术方案的可能性。在这些可行的技术方案中,衡量其优劣的标准归根到底取决于能否取得较好的经济效果。所以,经济效果是任何一种技术的最根本也是最重要的衡量标志。凡是先进的技术(或称新技术)一般来说总具有较好的经济效果。只有在经济效果基本相同的前提下,或者在某些不以经济效果为主要追求目标的特殊场合(如军用武器、飞机等),才有可能用其他性质的指标(如命中率、安全可靠性等)来决定优劣取舍,而这些指标最终还是与经济效果有联系。所以,技术与经济是紧密联系的,离开了经济效果的标准,一项技术的先进与落后便无从判断。

但是,技术的先进性与经济合理之间又存在一定的矛盾。这是因为经济性往往与各种具体因素联系在一起,一种为社会所公认的先进技术,在某种特定的条件下在经济上不一定是合理的。例如在建筑施工中,水泥的垂直运输,既可采用风送技术,也可采用链斗提升技术。前者公认是比较先进的,但是结合具体场合,如工期较短、本企业又有链斗提升设备,那么用较为陈旧的技术反而能获得更大的经济效果。所以,为了保证技术与经济的辩证统一,必须联系具体条件进行分析比较,才能为决策提供必要的经济性信息依据,这就是技术经济分析的任务。

在技术经济中最常用的传统方法是方案比较法。所谓方案比较法就是首先将参与分析的各种方案定量化(一般来说就是设法用货币单位来表示),然后运用数学手段进行综合运算、分析对比,从中选出最优的方案。在方案比较中首要的环节是要使各方案的条件等同化,否则分析得出的结果毫无意义,或者导致错误的结论,这就是所谓的"可比性问题"。由于各个方案涉及的因素是极其复杂且多样,所以不可能是绝对的等同化,何况其中还包括一些目前不能加以定量表达的所谓不可转化因素。因此,实际工作中我们只能做到在几个对与经济效果有较大影响的主要方面达到可比性的要求。在机械设备管理技术经济分析中,一般要求在各方案之间达到以下四个可比性要求。

1. 使用价值可比性

使用价值的主要内容有数量、质量、品种等。两个方案,如果使用价值不同,是不能相比的。例如有两个混凝土吊罐,一个容积为 $6m^3$,另一个容积为 $3m^3$,我们就不能直接比较两者的优劣,也不能用 $6m^3$ 吊罐一半的价格来与 $3m^3$ 吊罐相比。$3m^3$ 吊罐可能灵活一些,循环周转的时间较短,在这种情况下,最好是把它们折算为单位时间内每吊运 $1m^3$ 混凝土所对应的投资额或成本费后才能相比。

2. 相关费用可比性

所谓相关费用,就是如何确定合理计算方案费用的范围。两个方案,如果计算费用的范围不合理,就没有可比性。例如在隧洞开挖选择凿岩设备时,有两个备选方案:风动凿岩机方案和电动凿岩机方案。如果我们只以两种不同凿岩机本身的购置费作比较，那就将分析比较引入歧途。因为要使这两种凿岩机实际发挥生产效益，都需要一系列配套装置，所以必须同时计入所需添置的空气压缩机、风管及电源设施等费用。合理地确定计算费用范围是十分必要的，但实际上却很容易被忽视。例如在计算某个新技术、新设备的方案费用时，往往很容易把必要的培训费、厂房设施重建费等项目遗漏，应引起充分的重视。

3. 时间因素可比性

资金与时间有着密切的关系。将一笔资金存入银行，或是投入某一项事业，都能取得利息或利润，对于资金拥有者来说，利息或利润在经济效果上是一样的，所以今天发生的一笔费用（支出或收入）与若干年后预计要发生的一笔费用是不能直接相比的。目前的方法是通过复利（年利）计算使不同时间、不同支付方式的资金等值。

4. 计费价格可比性

几乎绝大部分费用都是在某种单价基础上计算出来的，不同方案所涉及的各种物质（设备、原材料、燃料、动力等）及劳动力不一定相同，它们的价格是否相对合理对于分析计算结果有直接的影响。在审定计费价格是否具备可比性时，主要看所使用的各种单价数据在比较期内是否有稳定性。如果事先能发现某些暂时的不合理因素，应设法予以调整纠正。例如有两个方案：一个用煤，一个用电，如果预计年内铁路可以修通，煤价将大幅度下跌（运费下跌），那么，在计算用煤方案的总费用时要考虑这一降价因素，从而大大加强了用煤方案的竞争地位。

可比性涉及的问题远不止上述四种，还有定额标准、安全系数等。总之，满足可比性条件是方案互相比较的前提，必须遵守。最后，着重谈一下在进行技术经济分析时需要注意的两个问题。

(1)关于沉没成本问题

沉没成本（Sunk Cost），又可称作过去费用或既耗费用，是指企业过去已耗用的资金。在经济分析中，分析人员的目的是选择一个将来可以给企业带来最佳经济效果的方案。只有未来的行动才会受到所选择方案的影响。所以在进行经济分析时的一个重要原则是不考虑沉没成本的影响。已耗用的资金是既成事实，错也好，对也好，是未来的行动所不能改变的，因而与经济无关。

例如，某企业在若干年前用10万元买了一台设备。由于当时决策不当，使用效果不好，企业收益甚微，甚至赔本，现在处理出去只能回收3万元。如果用这笔钱作为投资的一部分再买进一台更好的设备，就可使上述局面改观。这时正确的决策应是立即卖掉旧设备，购进新设备。可是这台设备在固定资产账上还有7万元的净值，如果现在以3万元处理掉，等于白白损失了4万元。这便是所谓沉没成本问题。要知道只有旧设备现时的售价，才能对现在的经济分析起作用，而且这笔资金实质上早已损失了，与现在是否处理也没有什么关系。可是人的思想感情往往偏向于不愿意承认错误或自我安慰，总觉得如果不削价卖掉，这笔资金以固定资产的形式还存在着，他总想把这4万元的损失加到新方案的头上去，并以此为理由拒绝采取新措施，于是就违背了不考虑沉没成本的原则，得出了错误的结论。

我国不少企业都呆滞相当数量的长年积压设备，既不愿处理掉，又舍不得报废，保留着巨额的固定资产账面价值，毫无经济效益可言，这正是对沉没成本缺乏正确认识的缘故。

(2)对技术经济分析成果应持的态度

对于通过技术经济分析得出的结论，一方面我们要相信它的科学性，只要数据正确、方法对，它的结果是可信的，能为决策者提供明确又具有说服力的论据；但另一方面，我们又不能过于迷信它,这是因为技术分析活动往往都是在事物发生之前对其进行预测的分析与估价,因而带有明显的预测性。并且为了使运算成为可能,不可避免地要对某些复杂的因素作必要的简化。既然如此,在技术经济分析中必须要包含一定的假设性与近似性。分析研究的对象所跨越的时间,少则十几年多则几十年。在这样的时间里,各种因素能否保持稳定不变,就不是人为可以控制的了。所以不能指望它百分之百的准确,特别是当分析的结果十分接近时,更不能拘泥于数学上的不等式概念,以微弱的优势去决定取舍。

总之,决策者要统观全局,才能作出正确的判断。在众多的决策因素中,技术经济分析成果虽是一个十分重要的因素,但并不是全部。决策者只有正确地认识它、合理的分析它,才能使这种科学的方法发挥应有的作用。

技术经济分析的具体方法很多,应用范围也很广泛。随着管理科学的发展和运筹学、概率论、计算机技术等的应用,技术经济分析已从早期的采用统计、分析、对比的方案优选方法发展到近期的利用随机过程、数学规划、最优化等方法。

第二节 复利等值换算

在进行方案比较时,各个方案所涉及的各项费用的发生时间及发生方式各不相同。为了满足时间因素可比性的要求,必须进行等值换算。等值与相等是有区别的。等值是在一定的条件下实现的。如果假设的条件(例如在复利等值换算中假设的年利率)有变动,那么原来认为是等值的就可能变为不等值。

一、费用分类

目前一致公认的通用方法是通过复利换算以消除时间上的差异而达到等值化的要求。在理论上,可以任意的等长时段(年、月、周等)为计息期单位,但实际上都是按年复利计算的。通常根据费用发生的方式与时间把费用划分为以下三种类型。

1. 现值(Present-worth)

现值是指现时一次性发生的费用,也就是分析期初始时支出或收入的费用,一般用 P 表示。属于这种性质的费用有设备购置费用、大修费用、技术改造费用以及初始时的贷款等。

2. 年金(Annual-Cost)

年金是指在整个分析期内每年都发生的费用,如工资费用、能源消耗费用、经常性维修费等。实际上这种性质的费用在一年里往往是分散发生的,既不定时、又零星,有时甚至是无规律的,分析计算极为不便。因此,为简化起见,公认的习惯方法就是把这类费用的全年总和看成是每年年末发生的(或计息期期末),并且有一个专用的术语,称为期末惯例法。期末惯例法虽然与实际情况有出入,但由于对比双方或在分子分母上都采用此法,所以其影响互相抵消。在绝大部分情况下,这种简化假设能够满足实际工作的需要,不会导致分析结果发生差错。

这类逐年发生的费用又可分为以下两种情况:

(1)等额年金

等额年金是指每年发生的费用的总和是相等的,一般用 A 表示。属于这类的费用有租金、人工工资、管理费用等。在实际工作中,如果逐年的费用相差不大,一般取其平均值视为等额年金,以方便计算。

(2)梯度年金

有一类费用虽不逐年相等,但却以某一个恒定的数值均匀地增减,形成一梯度系列。例如设备的年维修费用,往往随设备的陈旧而逐年增加。这类逐年上升的费用,虽然并不严格地按线性规律变化,但一般都依据多年的资料、整理成梯度化的方法予以简化,作为这类费用系列的近似,比取其平均值视为等额年金更为接近实际。分析这类费用时应按两部分看待:第一部分是由第一年的费用组成的等额年金系列,仍用 A 表示;第二部分是从第二年起逐年以等额增加(或减少)的梯度系列,这部分中的每年等额增减值用 G 表示,并用 G 梯度系列(Gradient-series fund)代表整个增减部分。

3. 终值或未来值(Future-worth)

经过若干年后预期要发生的费用(如设备的转售价款、报废残值、存款的本利和赎购价款等)称为终值或未来值,用 F 表示,F 也认为是在若干年后的年末发生的。

这里的所谓"年"不一定指日历年度,一般是以 P 发生的时间为起点计算的。所以在 P、A、G、F 中,只有 P 是在第一年的年初发生的。为了与年末惯例法保持一致,在把资金的流动情况列成现金流量表或绘制成现金流量图时,都把 P 作为在上一年的年末(即第零年末)发生的,这便是在现金流量表或现金流量图中第零年的由来。

二、复利等值换算

在分析比较时,只能在发生的方式相同、时间相同的费用之间进行。在每个方案中,如果包含不止一种方式,或各方案的费用发生方式结构不同,那么就要选定某一方式进行换算。在 P、F、A 中,经常需要进行两两换算,一共有 7 种换算公式或称系数;但对于 G,只要把它换算成等值 A 就可以了,所以一共有 7 种换算系数。

在换算过程中,设 n 为年数(或计息期数),i 为年复利利率(暂时可理解为银行利率)。并假设以分析人员为准,凡是收入的资金均取正值,凡是付出的资金均取负值,这 7 种换算系数是:

1. 一次支付复利系数(Single-payment compound-amount factor)

若有一项资金 P,按年复利率 i 计算,n 年后本和利应为多少? 即由 P 求 F,根据复利计算,有:

$$F = P(1 + i)^n \tag{9-1}$$

为了计算方便,可以按不同的利率及年数算出 $(1+i)^n$ 的值列成一系数表,在计算时直接查表即可,这个系数叫做支付复利系数。式中 $(1+i)^n$ 称为数学表示法,除此以外,还可采用符号表示法:

$$F = P[F/P,i,n] \tag{9-2}$$

本书将采用较为通用的符号表示法,但有时为了便于推导公式或计算,也可能临时采用数学表示法。以后将不再重复列出其他符号。

在符号 $[F/P,i,n]$ 中,斜线左侧的符号 F 表示所求的未知数,斜线右侧的符号 P 表示已知数。符号 $[F/P,i,n]$ 表示在已确定的 i 和 n 下,由 P 求 F 值。

2. 一次支付现值系数(Single-payment present-worth factor)

因为

$$F = P(1 + i)^n$$

所以

$$P = F\left[\frac{1}{(1 + i)^n}\right] \tag{9-3}$$

式中 $1/(1+i)^n$ 称为一次支付现值系数,也称贴现系数,用符号 $[P/F,i,n]$ 表示。

3. 等额支付系列复利系数(Equal-payment-series compound-amount factor)

设某人每年等额的将资金 A 存入银行,n 年后可共得本和利为多少?

按期末惯例,第一年存入的 A 元到第二年年末才只能计算一年的利息,即计息期数要比年份少一年,到了第 n 年年末应按 $(n-1)$ 年来计算本利和,即增值为 $A(1+i)^{n-1}$ 元。同理第二年再存入 A 元,在时间上已与 F 相重,不能再计算利息,仍保持原值 A 元,这样,n 年来陆续存入等额款项至第 n 年年末,可得本利和为:

$$
\begin{aligned}
F &= A(1+i)^{n-1} + A(1+i)^{n-2} + \cdots + A(1+i)^{[n-(n-1)]} + A \\
&= A[1 + (1+i) + (1+i)^2 + \cdots + (1+i)^{n-1}] \\
&= A\frac{(1+i)^n - 1}{i}
\end{aligned}
\tag{9-4}
$$

式中 $[(1+i)^n-1]/i$ 称为等额支付系列复利系数,用 $[F/A,i,n]$ 表示。

4. 等额支付偿债系数(Equal-payment-series sinking-fund factor)

由(9-4)式得:

$$
A = F \times \frac{i}{(1+i)^n - 1} \tag{9-5}
$$

系数 $i/[(1+i)^n-1]$ 称为等额支付偿债系数,用 $[A/F,i,n]$ 表示。

从这一系数的名称可推知,这是指日后要偿还一笔已知的债务,从现在起每年要存储多少钱才能届期清偿。

5. 等额支付系列资金恢复系数(Equal-payment-series capital-recovery factor)

设某人以资金 P 投资制造一台机器,制成后出租给用户,每年预计收取等额租金 A 元,至 n 年后机器报废也不计残值。他确定年租金值的原则是至少应与资金存入银行的收益相同。问年租金应为多少?

若干资金存入银行,则 n 年后可得:

$$
F_1 = P(1+i)^n
$$

今以年租金 A 作为收益来源,年租金收入后,应将其逐年陆续存入银行,否则就没有可比性,利用等额支付系列复利系数至 n 年后可得:

$$
F_2 = A\frac{(1+i)^n - 1}{i}
$$

令 $F_1 = F_2$,则有:

$$
A = P\left[\frac{(1+i)^n \cdot i}{(1+i)^n - 1}\right] \tag{9-6}
$$

式中 $\left[\frac{(1+i)^n \cdot i}{(1+i)^n - 1}\right]$ 称为等额支付系列资金恢复系数,用符号 $[A/P,i,n]$ 表示。

6. 等额支付系列现值系数(Equal-payment-series present-worth factor)

由式(9-6)得:

$$
P = A\left[\frac{(1+i)^n - 1}{i(1+i)^n}\right] \tag{9-7}
$$

式中 $\left[\frac{(1+i)^n - 1}{i(1+i)^n}\right]$ 称为等额支付系列现值系数,用符号 $[P/A,i,n]$ 表示。它主要用来计算每年等额支付的资金系列于 n 年后总值的现值。

7. 均匀梯度系列系数(Uniform-gradient-series factor)

在前述梯度系列年费用中,我们把其中逐年增加(或减少)的部分用 G 来表示。所谓增加是相对于第一年而言的。所以增加是从第二年开始,其值为 $(2-1)G=G$,第三年则为 $(3-1)G=2G$。依此类推,至第 n 年的增加总值为 $(n-1)G$,把它们按年份列成表 9-1。

梯度系列表　　表 9-1

年末	梯度系列	梯度系列分解								
		a	b	c	d	e	f	…	i	m
0	0	0								
1	0	0								
2	$(2-1)G=G$	G								
3	$(3-1)G=2G$	G	G							
4	$(4-1)G=3G$	G	G	G						
5	$(5-1)G=4G$	G	G	G	G					
6	$(6-1)G=5G$	G	G	G	G	G				
…	…	…	…	…	…	…	…			
$n-1$	$[(n-1)-1]G=(n-2)G$	G	G	G	G	G	G	…	G	
n	$(n-1)G$	G	G	G	G	G	G	…	G	G

在表 9-1 的梯度系列分解栏里,我们可以把分析期内的全部 G 费用看成由 a 列 G 费用 + b 列 G 费用 + c 列 G 费用 + … + m 列 G 费用所组成。其中每一列都是一个等额年金系列,它们的开始时间虽不相同,但都在第 n 年结束。这样,我们就可以利用前述等额支付系列复利系数把每一列换算成第 n 年的终值 $F_a, F_b, F_c, \cdots, F_m$。这些终值由于时间相同,所以能直接相加而得到全部 G 系列费用下的值。即:

$$F = F_a + F_b + F_c + \cdots + F_m$$

$$\begin{aligned} F &= G\frac{(1+i)^{n-1}-1}{i} + G\frac{(1+i)^{n-2}-1}{i} + \cdots + G\frac{(1+i)^2-1}{i} + G\frac{(1+i)-1}{i} \\ &= \frac{G}{i}[(1+i)^{n-1} + (1+i)^{n-2} + \cdots + (1+i)^2 + (1+i) - (n-1)] \\ &= \frac{G}{i}\left[\frac{(1+i)^{n-1}-1}{i}\right] - n\frac{G}{i} \end{aligned} \tag{9-8}$$

再将此 F 乘以等额支付偿债基金系数 $\left[\frac{i}{(1+i)^n-1}\right]$,将 F 换算成 A,即可算出等额年金 A 为:

$$A = G\left[\frac{1}{i} - \frac{n}{(1+i)^n-1}\right] \tag{9-9}$$

式(9-9)是一个适用于 n 年为任何值的通用公式。系数 $\left[\frac{1}{i} - \frac{n}{(1+i)^n-1}\right]$ 称为均匀梯度系列系数,用 $[A/G,i,n]$ 表示。此系数也可用来计算均匀递减的系列。在实际工作中,逐年均匀递减的费用系列不多见。

利用以上 7 种系数,不仅可以在不同方式的资金之间进行等值换算,还可以利用系数表求 i 或 n 的近似值,作为投资人决策的依据。

在单项资金之间进行等值换算,利用上述系数已经足够。如在方案之间进行等值换算,由于每个方案中都可能包含不同的费用发生方式。所以,最好先把各个方案的费用发生情况列成现金流量表(若用图形表示则称为现金流量图),然后再进行综合的等值换算。

第三节　机械设备投资方案的经济比较法

用于各种投资方案经济比较的计算法有很多,但适用于机械设备投资方案的经济比较计算法主要有三类:①投资回收期法;②最小费用法;③收益率比较法。

在进行投资方案的经济比较时,已不再是将资金存入银行或放债,而是将其投入某项事业以获取利润。前述中最初引入 i 时,我们曾把它作为银行的存款利率,当将资金投放到某项事业时,i 则作为投资活动的收益率。银行利率代表着金融商情,与投资人的决策无关。而预期的投资收益率则可以由投资人决定。i 值的决定是一个至关重要的问题,这是因为:

(1)在经济分析中 i 值起着决定性的作用。采用不同的 i 值可以使方案比较的结果完全不同。

(2)投资是有风险的。如果 i 值定得过低,加上可能的风险损失,不如将资金存入银行更为稳妥;如果定得太高,则可能会错失投资的良机。因此,一个企业确定最低的可以接受的收益率是个方针性的问题。它通常由企业的上层管理部门在全面分析各方面的因素后才能确定。通常要考虑以下几个因素:

①资金的来源,例如是自有资金还是信贷借款等;

②可供选择的投资机会;

③可供选择的各种投资机会所包含的风险程度;

④货币的现时价值,简单地说,就是有保证的银行利率。

企业确定采用的 i 值称为最小诱人收益率(Minimum attractive rate of return,简记为 MARR)。在本节的分析计算中,所有的 i 如无特殊说明,一律是指 MARR,而不再是银行利率,一般来说,MARR 要比银行利率至少高 50% 以上。

一、投资回收期法

投资回收期法,就是指由于投资而获利且多少年能将资金回收的一种比较方法,分为考虑时间因素与不考虑时间因素两种。由于对比双方都采用同一种方法,所以结果差别不大,但前者较为合理。

在考虑时间因素的投资回收期法中,设 N 为回收期(年),R 为折旧前平均年利润。若在已定的 i 条件下,资金能在几年内回收,则有:

$$P=\frac{R}{(1+i)}+\frac{R}{(1+i)^2}+\cdots+\frac{R}{(1+i)^n}=R\,\frac{(1+i)^n-1}{i(1+i)^n} \tag{9-10}$$

为了求解 n,将式(9-10)变形,得:

$$P\cdot i(1+i)^n=R[(1+i)^n-1] \tag{9-11}$$

$$(1+i)^n=\frac{R}{R-P\cdot i}$$

两边取对数,并用 N 代替 n,得:

$$N=\frac{\lg[R/(R-P\cdot i)]}{\lg(1+i)} \tag{9-12}$$

此 N 值可用于单方案决策，也可用于多方案的评比，以 N 值小者为佳。在用于多方案决策中，N 值要与标准回收期 N_H 相比，若 $N < N_H$，投资方案成立。

关于标准回收期，我国尚无统一规定，以下列举国外的部分标准回收期数据。一般来说，在某个领域里，风险越大，社会竞争越激烈，标准回收期就越短，也意味着预期的投资收益率越高，否则是不敢轻易投资的。

(1)交通运输业10年；

(2)动力业7~10年；

(3)建筑与材料业6年；

(4)冶金业7年；

(5)石油、天然气5年；

(6)煤炭业5年；

(7)森林、木材加工业5年；

(8)化工业3~5年；

(9)机械制造业3~5年；

(10)轻工业3~5年。

投资回收期法是一种从短期经济效果出发而提出的一种评价方法。回收期到期后机械设备不一定报废或退役，而以后使用期的经济效果未考虑，这是本方法的主要缺点。

二、最小费用法

最小费用法是以各方案总费用的现值或年金的多少来对比方案的一种方法。费用较小者为佳，故称为最小费用法。

1.总费用现值比较法

把机械设备的投资额及整个使用期内的其他费用的现值的总和作为评价的依据，一般可用于机械设备使用费不相等而又差别较大的情况。

设 $C_1, C_2, \cdots, C_n$ 为机械设备逐年的年使用费，L_n 为至 n 年后预期可以回收的机械设备残值。则

机械设备总费用现值 $= P - L_n[P/F,i,n] + C_1[P/F,i,1] + C_2[P/F,i,2] + \cdots + C_n[P/F,i,n]$ (9-13)

若在机械设备的有效寿命期内有追加投资发生(例如大修理费用等)，则应将这类费用按其发生的次数与时间分别换算成现值一并计入。但机械设备在使用期内的技术改造费和改造费等不得视为原机械设备的追加投资。这类费用构成独立的投资项目，可单独分析计算。

2.等额年费用比较法

当机械设备的年使用费逐年相等或呈现线性梯度系列变化时(包括可以允许简化为等额或梯度系列在内)，则采用等额年费用比较法较为合适。

设 C 为等额年使用费或年使用费的平均值，则有：

等值等额年费用 $= P[A/P,i,n] - L_n[A/F,i,n] + C$ (9-14)

由式(9-14)得：

等值等额年费用 $= (P - L_n)[A/P,i,n] + L_n i + C$ (9-15)

若 C 值逐年呈近似于梯度变化，则按梯度系列来处理 C 值，可得到更精确的结果。

令 $G = (C_n - C_1)/(n-1)$，则有：

$$等值等额年费用 = P[A/P,i,n] - L_n[A/F,i,n] + C_1 + G[A/G,i,n]$$
$$= (P - L_n)[A/P,i,n] + L_n i + C_1 + G[A/G,i,n] \tag{9-16}$$

由于现值与年金之间在方案评比时，实际上是在满足可比性条件的前提下，假设各个方案收益是相同的情况下进行的，所以不再需要各个方案的年收益数据，这对机械设备的方案分析特别有利。因此，这也是机械设备进行分析时最常用的方法。

三、收益率比较法

此方法是通过计算各个方案的实际收益率，并以收益率最高为最佳方案。

设 $R_1, R_2, \cdots, R_n$ 为由投资所获得的逐年利润，X 为所欲求的实际收益率，则有：

$$P = \frac{R_1}{(1+X)} + \frac{R_2}{(1+X)^2} + \cdots + \frac{R_n}{(1+X)^n} + \frac{L_n}{(1+X)^n} \tag{9-17}$$

若用上式来求 X 值，只能使用迭代法求解。若取 $R_1, R_2, \cdots, R_n$ 的平均值为 R，并设 $L_n = 0$，则上式可简化为：

$$P = R\left[\frac{1}{(1+X)} + \frac{1}{(1+X)^2} + \cdots + \frac{1}{(1+X)^n}\right] = R\frac{(1+X)^n - 1}{X(1+X)^n}$$

或
$$\frac{R}{P} = \frac{X(1+X)^n}{(1+X)^n - 1} \tag{9-18}$$

式中 $\frac{X(1+X)^n}{(1+X)^n - 1}$ 就是等额支付资金恢复系数 $[A/P,X,n]$。

第十章　机械设备新增、更新和改造管理

第一节　机械设备的磨损与寿命

机械设备在使用或闲置过程中均会发生磨损，其中零部件的磨损将直接影响机械设备的精度、性能和生产效率。由于磨损及其他原因，无论何种机械设备都有一定的寿命。了解机械设备的磨损现象及其产生的原因，掌握磨损的规律并采取一定的措施适时地补偿磨损造成的经济后果，就可以尽量减少机械设备的磨损，延长机械设备的使用寿命，提高企业的经济效益。

根据磨损的形态和产生的原因，磨损可以分为4类，见图10-1。这里所指的"磨损"，带有广义性质，通常指随时间而慢慢减少的现象。从不同的角度出发，机械设备共有4种不同意义的寿命，见图10-1。

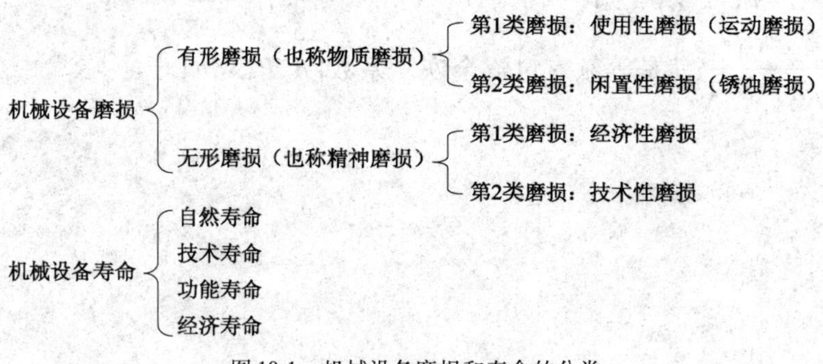

图10-1　机械设备磨损和寿命的分类

一、机械设备的有形磨损及其度量

(一)有形磨损的概念及产生的原因

1. 第1类有形磨损——使用性磨损

(1)产生的原因：由于生产过程的使用，运转中机械设备的零部件相对运动，会发生摩擦、振动和疲劳等现象，导致设备中零部件的物理性能和几何形状缓慢地改变，机械设备的实体产生磨损。

(2)通常的表现：①机械设备零部件的原始尺寸改变，甚至形状也发生变化；②公差配合性质改变，精度降低；③零部件损坏。

(3)使用性磨损(运动磨损)的规律：大致可分为三个阶段，如图10-2所示。第Ⅰ阶段称为初期磨损阶段。在这个阶段是新机器或大修理后机器的"磨合"阶段，各零部件处于相互适应的阶段。在这个阶段，零件的表面粗糙度会发生明显的变化，磨损速度比较快。第Ⅱ阶段称为正常磨损阶段。在这个阶段，若设备使用正确合理，零件的磨损速度就能稳定，磨损也较缓慢，它与负荷强度有关，也与机械设备的牢固程度有关。这段时间就是零件的使用寿命。第

III 阶段称为急剧磨损阶段。当磨损达到一定程度时,机器会产生质的变化,磨损量急剧增加。这时,机器正常的工作条件被破坏,机械设备的精度、性能和生产效率会显著降低,其使用费剧增。如继续使用,将导致零件甚至机械设备严重损坏。

在正常磨损阶段和急剧磨损阶段之间,有一个临界点 A,常称之为合理磨损极限点。它既是正常磨损阶段的终点,又是急剧磨损阶段的起点,一般情况下,要在合理磨损极限点之前,对机械设备进行修理。

机械设备磨损有一定的规律性,但不同的机械设备各个磨损阶段的时间不同,即使是同一型号、同一规格的机械设备,由于使用和维护不同,其损坏的时间也不尽相同。因此,掌握机械设备磨损规律,在不同的磨损阶段给予不同的维修,就能使机械设备经常保持良好的技术状态。

2. 第 2 类有形磨损——闲置性磨损

(1)产生的原因:设备在闲置过程中,保管不善,养护不勤,由于自然力的作用而造成磨损。它与生产过程的作用无关。

(2)通常的表现:机器生锈、金属腐蚀、橡胶和塑料老化,时间长了会自然丧失精度和工作能力。机械设备有形磨损的形式见图 10-3。

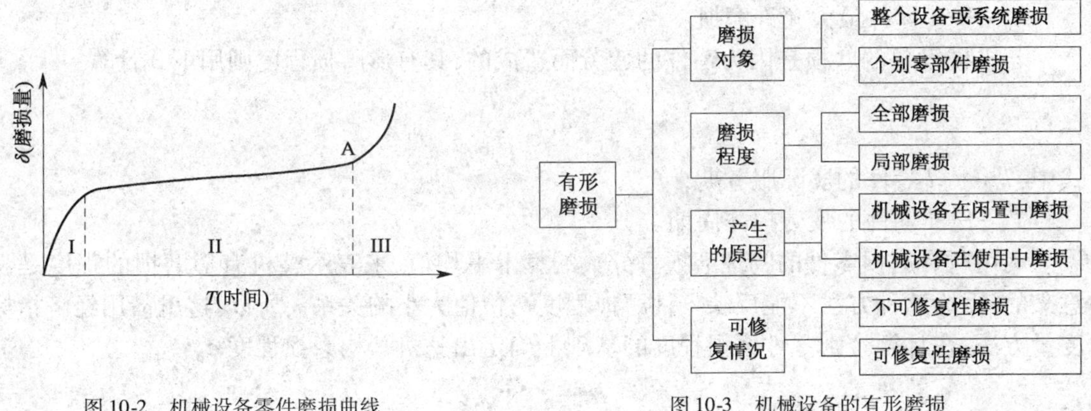

图 10-2　机械设备零件磨损曲线

图 10-3　机械设备的有形磨损

(二)有形磨损的技术经济后果

有形磨损的技术后果是机械设备的价值降低,磨损达到一定程度可使机械设备完全丧失使用价值。有形磨损的经济后果是机械设备原始价值的部分降低,甚至完全贬值。为了补偿有形磨损,需要支出修理费或更换费。

(三)有形磨损的不均匀性

机械设备使用过程中由于各组成要素的磨损程度不同,故替换的情况也不同。有些组成要素在使用过程中不能局部替换,只好到平均使用寿命完结后进行全部替换。如灯泡灯丝一断,即使其他部分未坏也不能继续使用。但多数机械设备由于组成部分的材料和使用条件不同,故其耐用时间也不同,例如机器有形磨损之后,其零部件的磨损程度大致可分成三组:一是完全磨损不能继续使用的零件;二是可修复的零件;三是未损坏完全可以继续使用的零件。这三组零件应在不同时间进行修理或更换。这构成了修理的技术可能性和修理经济性的前提。

(四)有形磨损与技术进步

科学技术进步对机械设备的有形磨损是有影响的,如更耐用材料的出现、零部件加工精度提高以及结构可靠性增大等,都可推迟设备有形磨损的期限。同时,正确的预防维修制度和先进的维护技术,又可减少有形磨损的发生。但是,技术进步又有加速有形磨损的一面。例如,高效率生产技术使生产强化、自动化提高设备的利用程度、自动化管理系统大大减少设备停歇时间、数控技术大大减少设备的辅助时间,从而使机器开动时间的比重大增。由于专用设备、自动化设备常常在连续强化、重载条件下工作,必然会加快设备的有形磨损。此外,技术进步常与提高速度、压力、载荷和高温相联系,因而也会增加设备的有形磨损。

(五)机械设备有形磨损的度量

正确地度量有形磨损的程度是合理评价机械设备使用经济性的基础之一。机械设备磨损后是进行修理好?还是技术改造好?还是更新好?取决于机械设备的磨损程度。如果有形磨损可用技术方法来测量,这时机械设备有形磨损的程度直接取决于其零件的磨损量。

若零件的磨损是由摩擦而造成的,可用式(10-1)来计算:

$$a_{\mathrm{i}} = \frac{\delta_{\mathrm{i}}}{\delta_{\mathrm{mi}}} \tag{10-1}$$

式中:a_{i}——机械设备中 i 零件的实际磨损程度;

δ_{i}——i 零件的实际磨损量;

δ_{mi}——i 零件最大允许磨损。

若机械设备的磨损是因为零件的疲劳而造成的,其有形磨损程度则用下式计算:

$$a_{\mathrm{i}} = \frac{T_{\mathrm{i}}}{T_{\mathrm{mi}}} \tag{10-2}$$

式中:T_{i}——i 零件的实际服务期;

T_{mi}——i 零件的疲劳损坏周期。

利用所有磨损零件的物理磨损百分数的算术平均值,来表示整机有形磨损的程度是没有意义的,因为这种方法不能反映零件磨损程度与价值大小的关系。所以,这里借用经济指标的度量方法,在计算个别零件磨损程度的基础上确定出整机平均磨损程度 a_{p}:

$$a_{\mathrm{p}} = \frac{\sum_{i=1}^{n} a_{\mathrm{i}} k_{\mathrm{i}}}{\sum_{i=1}^{n} k_{\mathrm{i}}} \tag{10-3}$$

式中:a_{p}——设备整机有形磨损程度;

n——磨损零件的总数;

k_{i}——i 零件的价值。

机械设备有形磨损程度还可以利用设备已使用期限(年份)与按有形磨损规定的服务期之比来表示:

$$a_{\mathrm{p}} = \frac{T_{\mathrm{u}}}{T_{\mathrm{s}}} \tag{10-4}$$

式中:T_{u}——机械设备已使用的年限;

T_{s}——按有形磨损规定的服务期。

若机械设备刚大修过或即将进行大修,则可利用经济指标估计设备的有形磨损,以消除上述的缺点。其公式如下:

$$a_{\mathrm{p}} = \frac{R}{K_1} \tag{10-5}$$

式中：R——采用修理办法修复全部磨损程度时该种设备再生产的价值（即修复费用）；

K_1——在确定机械设备磨损程度时该种新设备再生产的价值。

公式中分母用机械设备再生产价值，而不用其原始价值，是因为修理费用与设备自身价值必须用同一时期的价值进行比较才有意义。

从经济角度分析，机械设备有形磨损程度指标不能超过 $a_p = 100\%$ 的极限。

二、机械设备的无形磨损及其度量

（一）无形磨损的概念及其产生原因

机械设备在使用或闲置过程中，除有形磨损外还遭受无形磨损，后者亦称精神磨损。这是由非使用和非自然力作用引起的机械设备价值的损失，在实物形态上看不出来。

1. 第 1 类无形磨损——经济性磨损

随着科学技术的进步，促使劳动生产率逐渐提高、生产工艺改进、原材料成本下降，生产同样机械设备所需的社会必要劳动耗费减少，因而原机械设备相应贬值。这种由于相同结构再生产价值（重置价值）的降低而带来的原有机械设备的贬值，叫做第 1 类无形磨损，也称为经济性无形磨损。

2. 第 2 类无形磨损——技术性磨损

伴随新技术的诞生和应用，出现了性能更加优越和完善、生产效率更高的机械设备，使原设备的价值相对降低。这种由于不断出现结构更先进、性能更优越、生产效率更高，耗费原材料和能源更少的新型设备而使原机械设备显得陈旧落后，因而产生的无形磨损，叫做第 2 类无形磨损，又称为技术性无形磨损。

可以看出，由于这两类无形磨损使原机械设备的价值已不完全取决于其最初的生产耗费，而是取决于其再生产的耗费。其中，由于新技术的发明和应用所造成的技术性磨损，对原机械设备的影响更为显著，会加快原机械设备的淘汰和更新。

（二）无形磨损的技术经济后果

在第 1 类无形磨损情况下，机械设备的技术结构和经济性能并未改变。例如，某机床厂生产的万能升降台铣床，在劳动生产率不断提高的基础上，出厂价格不断降低，如表 10-1 所示。

万能升降台铣床出厂价变动率 表 10-1

年份（年）	1982	1983	1988	1995	1997
出厂价格为 1982 年原价的百分比（%）	100	68.2	60.7	53.7	35.7

这种无形磨损虽然使生产领域中的现有机械设备部分贬值，但是其本身的技术特性和功能不受影响，设备尚可继续使用，即使用价值并未因此而变化，一般不需更新。但如果机械设备贬值速度比较快，以致修理费用高于其贬值后价格时就要考虑更新。

在第 2 类无形磨损情况下，由于出现了具有更高生产率和经济性更好的机械设备，不仅原设备的价格会相对降低，而且如果继续使用旧设备还会相对地降低生产的经济效益（即原设备所生产产品的品种、质量不及新设备，以及生产中耗用的燃料、动力和工资等比新设备多）。这种经济效益的降低，实际上反映了原设备使用价值的局部和全部丧失，这就有可能产生用新设备代替现有旧设备的必要性。不过这种更换的经济合理性取决于现有机械设备贬值程度，以及在生产中继续使用旧设备的经济效益下降的幅度。在这种情况下,有可能旧设备虽然可以使用甚至还很“年轻”,用新设备代替过时的旧设备在经济上却是合算的。

(三)机械设备无形磨损的度量

衡量机械设备的无形磨损常常采用价值指标。下面介绍在技术进步影响下如何利用机械设备价值降低系数来表示它无形磨损程度。

$$a_1 = \frac{K_0 - K_1}{K_0} = 1 - \frac{K_1}{K_0} \tag{10-6}$$

式中:a_1——机械设备无形磨损程度;

K_0——机械设备的原始价值;

K_1——考虑到第1、2类无形磨损时机械设备的再生产价值。

在计算无形磨损 a_1时,K_1必须反映技术进步的两个方面对现有机械设备贬值的影响:一是相同机械设备再生产价值的降低;二是具有较好功能和更高效率的新设备的出现。这时 K_1用下述公式表示:

$$K_1 = K_n\left(\frac{g_0}{g_n}\right)^{\alpha}\left(\frac{c_n}{c_0}\right)^{\beta} \tag{10-7}$$

式中:K_n——新设备的价值;

g_0, g_n——相应旧设备、新设备的年生产率;

c_0, c_n——使用相应的旧设备、新设备的单位产量耗费;

α、β——分别为劳动生产率提高和成本降低指数。

指数取值范围,$0<\alpha<1$,$0<\beta<1$,其大小可以通过研究相似设备的实际资料获得。

在上式中,当 $g_0 = g_n$,$c_0 = c_n$,即新旧设备劳动生产率及使用成本均相同时,$K_1 = K_n$表示发生第一种无形磨损。

若出现下述三种情况之一,即表示发生第2类无形磨损。

(1)$g_n > g_0$,$c_n = c_0$　此时 $K_1 = K_n\left(\frac{g_0}{g_n}\right)^{\alpha}$;

(2)$g_n = g_0$,$c_n < c_0$　此时 $K_1 = K_n\left(\frac{c_n}{c_0}\right)^{\beta}$;

(3)$g_n > g_0$,$c_n < c_0$　此时 $K_1 = K_n\left(\frac{g_0}{g_n}\right)^{\alpha}\left(\frac{c_n}{c_0}\right)^{\beta}$。

在比较时,采用的是单位产量耗费,也就是机械设备的单位产量使用成本。因为一种结构完善、效率更高的新设备,其价值不一定比旧结构设备再生产的价值便宜,所以直接比较两者的价值并不一定能得出正确结论,只有通过比较单位产量的使用成本才能反映新设备的优越性。

三、机械设备综合磨损的度量

有了机械设备的有形磨损指标和无形磨损指标,就可以计算同时发生两种磨损的综合指标。

机械设备有形磨损后的残余价值(用原始价值的比率表示)为 $1 - a_p$;

机械设备无形磨损后的残余价值(用原始价值的比率表示)为 $1 - a_1$;

两种磨损同时发生后的机械设备残余价值(用原始价值的比率表示)为$1 - a_p$与 $1 - a_1$之积。

因此,机械设备综合磨损程度的计算公式为:

$$a = 1 - (1 - a_p)(1 - a_1) \tag{10-8}$$

式中:a——机械设备综合磨损程度(用原始价值的比率表示);

a_p——机械设备的有形磨损程度;

a_1——机械设备的无形磨损程度。

任何时候机械设备在两种磨损作用下的残余价值K,可用式(10-9)计算:

$$K = (1 - a)K_0 \tag{10-9}$$

将a值代入上式可得:$K = K_1 - R$。从计算结果看,K值等于机械设备再生产的价值减去修理费用。

四、机械设备磨损的经济后果及其补偿

通过上述分析可以看出,两种磨损都引起原始价值的降低,这一点两者是相同的。不同之处是有形磨损的机械设备,特别是有形磨损严重的机械设备,在进行(大)修理前,常常不能正常使用,而任何无形磨损却不影响它的继续使用。

假如机械设备已遭到严重的有形磨损,而它的无形磨损期还没有到来,这时只需对遭到有形磨损的机械设备进行修理或更换就可以了。

假如机械设备的无形磨损期早于有形磨损期到来,这时,企业面临的抉择是:继续使用原有设备,还是选用先进的新设备来更换尚未折旧完的旧设备。在技术发展迅速的情况下,有些机械设备的更新换代的周期缩短,就会发生这种现象。一般来说,这类机械设备可以不必再进行大修理,在企业经济条件许可时,采取逐步更新的办法。

很明显,最好的方案是有形磨损期与无形磨损期十分接近,这是一种理想的"无维修设计"。也就是说,当机械设备需要进行大修理时,恰好到了更新的时刻。但在多数情况下是较难做到的。

此外,还应看到,第2类无形磨损虽使机械设备贬值,但它是社会生产力发展的反映,这种磨损愈大,表示社会的技术进步愈快。因此,应该充分重视对机械设备磨损规律性的研究,加快技术进步的步伐。

机械设备磨损形式不同,补偿磨损的方式也不一样。补偿分为局部补偿和完全补偿。机械设备有形磨损的局部补偿是修理;机械设备无形磨损的局部补偿是现代化改造。有形磨损和无形磨损的完全补偿则是更新机械设备。机械设备磨损形式与其补偿形式之间的相互关系,如图10-4所示。

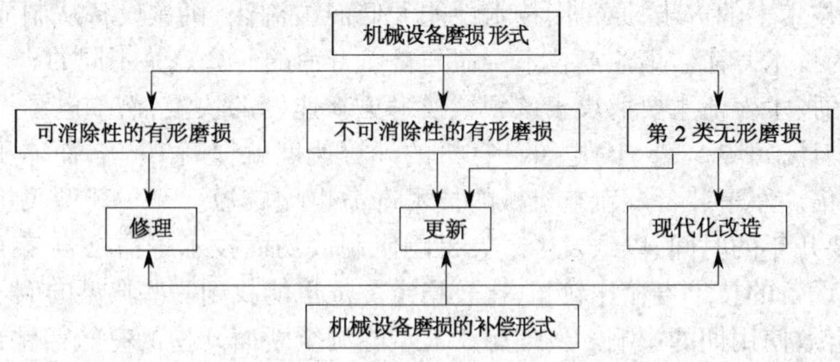

图10-4　机械设备磨损形式与其补偿形式之间的相互关系

综上所述，机械设备的更新和改造是消除有形磨损和无形磨损的重要手段，也是提高整个国民经济的技术装备水平的重要措施。

五、机械设备的四种寿命

从不同的角度出发，机械设备共有四种不同意义的寿命，即自然寿命、技术寿命、功能寿命和经济寿命。

1. 自然寿命

自然寿命是指机械设备的物质寿命，它是由机械设备的设计者，根据机械的结构、材质、受力情况、使用环境及磨损理论等确定的，是机械损坏至丧失使用价值及用常规修理方法不能恢复时所经历的时间。也就是说，自然寿命是由有形损耗决定的，当有形损耗发展到完全损耗时，即认为自然寿命终止。一般来说，由于机械设备的主体部分不作为更新件看待，也无备件可资供应，所以机械的自然寿命都是根据机械的主体部分确定的。当机械的主体部分由于使用磨损、老化变质、腐蚀等原因损坏至不能修理恢复时即认为整机的自然寿命终止。例如锅炉的自然寿命就是由炉体的损耗程度确定的。

具体地计算一台机械设备的自然寿命是一个复杂而专业性强的问题。除了理论计算以外，还要借助于某些经验公式或经验资料。不少国家对主要机械的寿命都有规定的指标，一般来说都以第一次大修期作为基数指标。例如美国规定履带式液压挖掘机的第一次大修期，在恶劣情况下为 4 年，8 000h；一般情况下为 5 年，10 000h；良好情况下为 6 年，12 000h。日本规定铲斗容量在 $1.2m^3$ 以下者的大修期为 9 100h，$2.3m^3$ 以上者的大修期为 10 500h。前苏联规定 $1\sim1.25m^3$ 挖掘机的大修期为 15 000h。有了这个基数，再乘以适当的倍数，就可能得出整机的自然寿命。对于某些大型的机械设备，甚至其中的一些关键性零部件的寿命都有国家规定。例如前苏联规定大型挖掘机的环形轨道的寿命为 7 ~ 8 年，推压齿轮的寿命为 4 ~ 5 年，推压齿条的寿命为 6 ~ 7 年，履带板的寿命为 4 年等。这些数据对确定机械的自然寿命有很大的参考价值。一般来说，施工机械的自然寿命是四种寿命中最长的一种。

自然寿命应以机械设备的投产时间作为起算点。如果新设备不投入使用，并加以妥善保管，那么虽然并不能使闲置性损耗完全停止下来，但由于其进程已降低到最缓慢程度，所以其自然寿命实际上可无限期延长，已不包括在通常所说的寿命概念范围以内了。由于在自然寿命中包含了一部分闲置性损耗的因素，所以特作如上说明，以免混淆。

2. 技术寿命

技术寿命是机械设备的技术有效时间，它是技术性无形损耗的结果。机械设备在自然寿命结束前，由于技术上的进步，原机因技术性能太低而被淘汰，机械设备从制成起到被淘汰所经历的时间称为技术寿命。请注意技术寿命与自然寿命的起算点是不同的。

机械设备的技术寿命主要取决于该领域技术更新速度的快慢，例如电子设备的技术寿命就非常短。据统计，每隔 5 ~ 8 年，电子计算机的计算速度就提高 10 倍，而体积则缩小 10 倍，成本也降低 10 倍。军事装备及航空机械的技术寿命也比较短。一种新型飞机从方案规划到研制完成往往要几年的时间，以致发生过飞机刚研制成功而技术寿命已告终了的例子。相对来说，施工机械设备的技术寿命比较长，比较稳定。但也能找到一些典型的例子来说明技术寿命对施工机械有效使用期的影响。例如用于大型隧洞全断面开挖的有轨架钻台车，我国在 20 世纪 60 年代末期才研制出来并试用于生产，但很快就被高臂强力钻车所淘汰。因为前者庞大笨重、效率低、价格昂贵，对施工干扰大，而后者机动灵活、效率高，对施工几乎没有干扰，在技术性能上占全面压倒优势。所以这种架钻台车的自然寿命虽然可达数十年之久,而技术寿命却只有短短的几年。

技术寿命的长短与是否使用毫无关系,即使把它妥善地保管在仓库里也无法延长其技术寿命。国务院于 1982 年 4 月作出决定,对 1981 年 6 月底以前全国库存积压的603 亿元机电产品中,由于种种原因已经失去了使用价值者予以报废处理。其中主要一条"技术落后,耗能很高,效率很低,已被淘汰"所指的就是技术寿命。而这些机械设备都是一天也没有使用过的新机器。

技术寿命又可分为预期的与现实的两种。预期的技术寿命是指对某种产品技术有效时间的预测值,它很难通过某种公式精确的计算,只能依靠某些洞悉该领域技术更新动向及发展速度的专业人员,根据所掌握的大量数据资料及丰富的经验预测判断。现实的技术寿命是指机械设备正在使用寿命的中期,由于社会上出现了更经济、更有效的新型设备,使企业认为有必要将旧设备淘汰掉时旧设备实际达到的寿命值,现实的技术寿命的决定也就是机械设备更新的决策问题。所谓技术寿命,归根到底,还是由经济上的得失决定的,因此在某种程度上也可以把技术寿命理解为某种类型的经济寿命,不过这种经济寿命是单纯的由于技术性无形损耗而引起的罢了。在有的书刊资料上,只提经济寿命而不提技术寿命,其原因就在于此。

机械设备的技术寿命,还可以通过对旧设备的局部技术改造而加以延长。这也就是企业内部设备改造工作的主要内容。不管机械设备出厂时间的早晚,同类产品的技术寿命终止期是一样的,这也是技术寿命与众不同的特征。

3. 功能寿命

由于施工生产对象的特殊性、作业条件的多变性,有些机械设备仅是为了一个特定的施工目的而专门制造的。在机械设备完成了预定的功能任务以后,再也不能或者很少再有可以预见的使用可能。那么机械设备从制成、投产到完成其全部预定的任务所经历的时间,就是机械设备的功能寿命。这种寿命最易确定,原来施工计划中预定使用的时间便是该机械设备的功能寿命。

施工企业自制(包括专项订货)的非标准机械设备中,有相当一部分就是属于这种类型的,而且其中不乏价值非常昂贵、结构非常复杂的机械设备,例如上海市隧道公司在江南造船厂定制的特定断面的隧道掘进机,价值 400 万元,就是一种很典型的具有功能寿命的机械设备。凡是只具有功能寿命的机械设备,不论其价值多么昂贵,不能转为固定资产,一旦其功能寿命终止,最好还是及时处理为宜。

4. 经济寿命

经济寿命是指纯粹从成本或利润角度出发而确定的机械设备最佳寿命周期。所以经济寿命也就是机械设备平均年度成本费用最低,或年度净收益最大的使用期。企业新置一台机械设备,如果能对未来费用发生情况精确的预测,那么在购买机械设备时,就能精确地计算出它的经济寿命。

在常用的经济寿命计算方法中,确定寿命只考虑一个因素——只限于本机械设备的单位使用时间的成本因素或者利润因素。如果超出了本机械设备自身范围而在不同厂牌型号的机械设备之间作使用经济性的综合比较,那么就会与技术寿命相混淆,这一点要特别注意。

一般说来,机械设备在使用的初期,运行维持费用总是比较低的。以后逐渐老旧,费用就越来越高。机械设备使用到某个时期后,如果再继续使用,由于运行维持费用(人员工资、维修费用、能源消耗等)逐步提高而使年均设备成本及使用费由下降转为上升趋势,形成一个 U

形曲线。因此,如果把年平均设备费(包括成本和使用费)最低的那个时间作为其使用寿命的终点,那么由此而确定的折旧率正好届期可以把机械设备的原值(严格讲应该再减去残值)全部回收。用这笔折旧基金再购进一台新设备,开始下一个营运周期。如此循环下去,它的年平均设备费(包括购置费和维持使用费)始终是最低的,从成本经济角度来说也是最合理的。所以也称为机械设备役龄更新最佳周期。

在一般情况下,凡是制造工厂向用户提供的产品使用寿命数据,大都是经济寿命。机械设备的4种寿命都是指在正常情况(按照规定的要求加以使用、维修、保养等)下而言的。假如对机械设备既不精心操作,也不注意维修保养,任意超载,带病运行,甚至发生重大机械事故,以致在很短的时间内使机械彻底损毁,纯属“夭折”,而根本不是以上所介绍的寿命的含义了。

4种不同含义的寿命中,以自然寿命为最长,功能寿命为最短。至于经济寿命与技术寿命要看具体情况而言。在具体确定某一种或某一类机械设备的使用寿命时,往往要各种情况整体考虑。一般来说,由于经营企业总是以追求经济效益为目的,所以经济寿命的影响较大。大致地说,所确定的机械设备的使用寿命,往往介于经济寿命与自然寿命之间,适当地考虑技术寿命的影响,并且以大修周期为基数,一般在3~5个大修周期范围内。

第二节　机械设备寿命周期费用

一、研究机械设备寿命周期费用的意义

机械设备一生所消耗的总费用,称为机械设备寿命周期费用,它分为设置费和维持费两种。

“设置费”也称机械设备的原值,为机械设备在投入使用前的全部费用,是一次性支出的费用。

“维持费”为机械设备投入使用后的全部费用,它是在长时间内逐年支出的费用,因此必须考虑费用发生的时间及原材料、能源、劳务费的波动情况,资金的时间价值等。

研究机械设备现代管理的主要目的是使机械设备的寿命周期费达到最经济,也就是达到寿命周期费用的最佳化。瑞典设备维修协会乌尔曼教授对机械设备寿命周期内各阶段费用的变化情况,作了如图10-5所示的表述,这就是机械设备寿命周期费用曲线。乌尔曼认为,在一般情况下,机械设备的规划—设计—制造过程所花费的费用是递增的,到安装阶段开始下降,其后的运行使用阶段基本保持在一定的费用水平,而此阶段的持续时间要比设计、制造阶段长得多。最后,当费用再度上升时,就是机械设备需要更新的时期,机械设备的一生到此结束。这样,机械设备总费用,即寿命周期费用,如图10-5中曲线所包括的总面积。

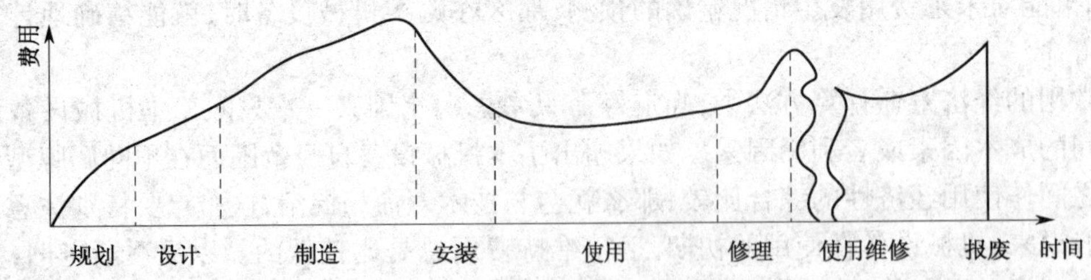

图10-5　机械设备寿命周期费用曲线

研究寿命周期费用最佳化的想法，早在1950年美国开始对可靠性进行研究的过程中就有了萌芽。当时，根据美国国防部的调查，使用和维修所耗的费用总和，在五年中竟达到该机械设备购置费用的十倍以上。故可认为研究寿命周期内的维护费用的最佳化是进行机械设备研究的基本出发点。自1966年起，美国国防部着手研究寿命周期费用的分析程序。现在，美国国防部向各厂商招标订购军需品时，未经寿命周期费用分析计算者，美国国防部概不接收。因此，厂商只宣传机械设备的销售价格如何低廉，并不能就此得到买主，还必须提供有关维修费用明确的估算的依据，朝着降低用户使用费用的目标进行。根据我国原地质矿产部所属某地质队11年的统计，该队一台600型油压式钻机，平均每年使用费约3万元，该机购置费仅为1.8万元。钻机寿命按10年计算，则10年的使用费用为30万元，相当购置费的16倍。使用费中油料费及修理费10年为9万元，相当购置费的5倍。

以往衡量机械设备的投资效益仅着眼在添置机械设备时的一次投资(设置费)而忽视机械设备在长期使用中所交付的维持费，故往往造成虽节省了设置费，但因机械设备在长期使用中由于可靠性差、能耗高、维修费多等因素，该机械设备维护费开支很大，出现了所谓“买得起，用不起”的现象。用机械设备寿命周期费用的观点来评价，这是不经济的。

为此，在机械设备的前期管理中，应将寻求寿命周期费用最经济的机械设备作为重要的工作内容。因此应做到：

(1)选购机械设备以寿命周期费用为基础，而不是以出厂价格为基础。

(2)从规划和设计阶段起就应考虑寿命周期费用，特别是使用维护费用的最佳化。必要时，应该重新审查原始设计，以及其他与寿命周期费用有关的参数。通过对这些参数的比较和选择以降低总的费用。

总之，基于寿命周期费用概念，以往人们一直强调机械设备的出厂价格便宜的认识必须纠正。机械设备设计人员长期以来被迫进行以低廉的出厂价格为特点的设计概念，也应逐步改正。特别是对于长寿命的机械设备，必须从寿命周期费用的角度来考虑。

二、机械设备寿命周期费用的构成

机械设备的寿命周期费用，是指机械设备一生的总费用。从构成内容来看，寿命周期费用是由两大部分费用组成的：

1. 设置费(或原始费)

设置费的特点是一次支出或集中在短时期内支出。由于机械设备的情况不同，机械设备设置费所包括的具体费用内容也不完全一样。对于自制设备来说，设置费主要包括研究费、设计费、制造费等；对于外购的通用设备来说，设置费主要是指机械设备的价格、运输费、安装调试费等。即相当于我国企业财会部门固定资产账上，构成设备原值的那一部分设备投资。因此，机械设备设置费，有时也叫机械设备投资费。

2. 维持费(或使用费)

维持费的特点是定期支付，即为了保证机械设备的正常运行，在机械设备的整个寿命周期内(几年、十几年或几十年)定期支付的费用。维持费主要内容包括运行费(操作人员工资、奖金，能源动力费)、检查费用、维修费等等：对寿命周期费用进行计算时，首先要明确寿命周期费用所包括的具体费用项目，众多的费用项目组成了寿命周期费用的构成体系。计算寿命周期时,不要遗漏重要的费用项目,也不要出现重复的费用项目。工业发达国家大公司规定的寿命周期费用的构成体系,如表 10-2 所示。

我国施工企业的管理水平参差不齐,在计算机械设备的寿命周期费用时,要从企业实际情况出发,根据资料和数据的齐全情况,以及各项费用的重要性,先抓住大的费用项目,然后考虑较小的费用项目;开始做的时候粗一些,以后逐步细致、精确。

寿命周期费用的构成体系　　　表 10-2

<table>
<tr><td rowspan="8">寿命周期费</td><td rowspan="4">设置费</td><td>研究开发费</td><td>开发规划费、市场调研费、试验费、试制费、试验设备器材费、试验用消耗品费、试验用动力费</td><td rowspan="4">· 技术资料费
· 电子数据处理费
· 办公费
· 工业管理、质量管理、经济管理等所需人员的费用
· 图书费
· 与合同有关的费用</td></tr>
<tr><td>设计费</td><td>设计费、专利使用费</td></tr>
<tr><td>制造或构筑费</td><td>制造费、包装费、运输费、库存费、安装费、操作指导书的编印费、操作人员的培训费、培训设施费、备品购置费</td></tr>
<tr><td>试运转费</td><td>试运转费</td></tr>
<tr><td rowspan="4">维持费</td><td>运行费</td><td>操作人员费、辅助人员费、动力费(电、气、燃料、油、蒸汽、空气等)、消费品费、水费、操作人员培训费、专利使用费、空调费</td><td rowspan="4">· 搬运费
· 调查费
· 办公经费
· 电子数据处理费
· 工业管理、质量管理、经济管理等所需人员的费用
· 图书费
· 设备停机损失</td></tr>
<tr><td>维修费</td><td>维修材料费、备件费、企业内的维修劳务费、外委劳务费、改造费、维修人员培训费</td></tr>
<tr><td>其他费用</td><td>库存器材费、备用设备费、维修用的器材用具费、试验设备费、租赁费、仓库保管费、图纸、说明书和指导书的编制费、维修合同的费用、安全措施费、保险费、固定资产税、汽车税、同销售人员有关的费用、销售经费、用户服务费、质量保证费</td></tr>
<tr><td>报废费用</td><td>拆卸费</td></tr>
</table>

三、机械设备寿命周期费的评价

1. 维持使用费所占比重

计算寿命周期费用,主要是为了在机械设备的整个寿命周期内所花的费用最少。对于使用者来说,在选购机械设备时,不能只考虑机械设备的价格,而且还要考虑到使用期间各种费用的支出,即应从机械设备寿命周期的角度来评价。对于生产者来说,应尽量降低产品的生产成本、价格,而且使用维护费用也应较低,产品才有销路,才能取得更多的利润。

在实际工作中,不少企业不考虑机械设备的寿命周期费用,而把机械设备的购置阶段和购买以后的使用维修阶段割裂开来,购买机械设备的部门往往只考虑价格便宜,不考虑购入以后所发生的一系列复杂因素。事实上,购置价格便宜不一定寿命周期费用就最低。设有甲、乙、丙三种设备,其性能与效率及寿命周期完全相同,但原始费用与使用费用各不相同,设备甲的原始费用为 10 000 元,使用费用为 12 000 元;设备乙的原始费用为 12 000 元,使用费用为5 000元;设备丙的原始费用为 15 000 元,使用费为 8 000 元,如图 10-6a)所示。从图中可见,若仅考虑原始费用,则以设备甲为最可取,设备乙次之,设备丙最差;但若考虑寿命周期费用,则以设备乙为最可取,设备甲次之,设备丙最差。再从使用费用与寿命周期费用的比重看：

$$设备甲为\quad \frac{10\,000}{10\,000+12\,000}\times 100\% = 45.45\%$$

$$设备乙为\quad \frac{5\,000}{12\,000+5\,000}\times 100\% = 26.41\%$$

$$设备丙为\quad \frac{8\,000}{15\,000+8\,000}\times 100\% = 34.78\%$$

也以设备乙为最低，应选设备乙。若机械设备寿命周期费用相等时，则应按使用费用最小者为最可取的原则，如图 10-6b）所示。

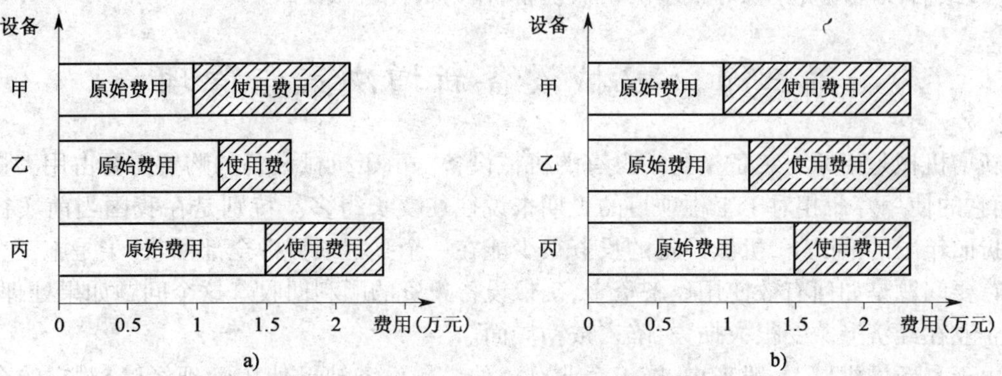

图 10-6　机械设备原始费用和使用费用的比重示意图

随着机械设备现代化水平的提高，以及能源价格上涨，使用费用的比重大大超过原始费用。因此，寿命周期费用的观点很重要，在进行机械设备选择时，要求从长远的、全面的、系统的观点考虑机械设备的经济性。

必须指出，机械设备寿命周期费用只是评价机械设备经济性的一个方面，还要看机械设备的效率如何，同样的寿命周期费用，要选择效率高的机械设备。因此，还要计算费用效率或综合效率。

2. 费用效率

机械设备综合管理运用系统的观点，对机械设备整个寿命周期实行系统管理。费用效率就是通过机械设备投资的系统效率与其寿命周期费用的对比来评价机械设备的一种技术经济分析方法。费用效率的表达式为：

$$费用效率=\frac{系统效率}{设备寿命周期费用} \tag{10-10}$$

由上式可知，费用效率的含义是单位寿命周期费用支出所取得的效果。按照这个公式选择机械设备时，就应选择寿命周期费用最小而系统效率最大的机械设备，此时费用效率最佳。也就是说，机械设备现代管理的目的是追求寿命周期费用最经济，但是寿命周期费用最低的机械设备，不一定是经济性最好的机械设备，还要考虑机械设备的系统效率。

系统效率可以采用年平均产量、技术成果、可靠性、维修性、维修作业效率等来表示。

例：现有三种可供选择的设备 A、B、C，其寿命周期费用分别为 120 万元、110 万元和 100 万元；生产效率分别为 1 620t/d、1 510t/d 和 1 410t/d。试求三种设备的费用效率。

解：计算结果如表 10-3 所示。可以看出，同是 1 万元的支出费用，但得到的效率却是不同的。设备 C 的效率最高，B 次之，A 最差。

计算结果　表10-3

设　备	寿命周期费用(万元)	生产率(t/d)	费用效率(t/d/万元)
A	120	1 620	13.5
B	110	1 510	13.7
C	100	1 410	14.1

同理,运用上述方法,可以分别计算不同机械设备的能源消耗量,得出单位费用的能源耗用量,从而可以选择能源消耗最少的机械设备。凡是可以用数量表示的因素,则分别进行定量计算;凡是不能用数量表示的因素,如维修性、灵活性等可以按每个因素的情况,给不同机械设备评分,最后以单位费用积分最多的机械设备,作为最优机械设备。

第三节　机械设备新增决策与管理

新增机械是指原有装备结构中没有的机械设备。由于机械设备的购置需要占用大量的资金,而它的使用寿命相对于工程项目的工期来说往往要长得多。特别是在我国当前实行统一的长折旧年限的情况下,机械设备的投资很少能在一个工程项目中全部回收,于是施工企业面临的首要问题是如何有效使用设备资金,确保设备投资的顺利回收。这个问题如果处理不好,会使企业在经济上蒙受很大损失,陷入被动局面。

由于是新增机械,一般来讲,施工企业对这种机械设备缺乏使用管理经验,对它的全面技术性能,往往缺乏周密细致地了解,对于这种机械设备能否与具体的施工要求完满配合并没有十分的把握,因此,在购置决策时容易发生失误,造成损失。我国各施工企业由于对新机械的技术性能不太了解而造成决策失误的现象不胜枚举。要想使新增机械的购置决策正确,就必须严格按新增机械的装备管理程序与论证方法办事。

新增机械的管理程序是:首先进行必要性审查,其次进行适用性审查,然后进行法规性审查,最后进行技术经济综合论证。对自制机械(通常属新增机械),还要附加一些审查条件。

一、必要性审查(长期利用率审查)

必要性审查也可称为常用性审查或长期利用率审查,它主要是审查或论证有无必要自己购买某种机械设备。

在进行必要性审查时,必须了解自购机械与租赁机械的优劣,懂得自购机械长期利用率的预测方法。这样才能进行正确的综合分析,确定能否通过必要性审查。

(一)自购机械与租用机械优劣对比分析

1. 自购机械的优势

(1)自购自用,使用方便。租用机械则必须临时联系租赁来源,因而包含一定程度的不可靠性。

(2)拥有者对自购的机械使用维护更精心一些,在延长机械使用寿命及节约开支方面都有一定的好处。

2. 自购机械的劣势

(1)自购机械需要一次投入巨额的资金,而租用机械只需陆续支付少量的资金。很明显,前者较难筹集资金。

(2)租用机械可使承租者随时选择更先进的机械,而自购机械则往往迫使自购者继续使用陈旧机械,这不仅会增加维修费用,而且还可能阻碍新技术的应用。

(3)可能会限制自购者(尤其是施工企业)承接各种不同的工程任务,因此失去获得较高施工收益的机会。

(二)长期利用率审查的步骤

长期利用率审查分的下三步:

(1)预测该机械设备的长期利用率 R;

(2)计算或查表求出自购该机械设备的经济利用率下限 R_2;

(3)若 $R = R_2$,则自购与租用在经济上是一样的,但考虑到自购设备使用较方便及时,仍以自购为宜;若 $R > R_2$,则应自购;若 $R < R_2$,则租用在经济上较为合理。

(三)机械设备长期利用率 R 的预测

必要性审查的基本依据便是“预测的长期利用率”。企业可根据在技术装备规划中所确定的未来施工工程的形式、种类、规模以及施工工艺等资料数据,对所需要的机械设备的长期利用率 R 进行预测。若本企业对这种机械设备在既定的施工工艺条件下的利用情况缺乏经验,也可参照同类企业的经验资料对比推算确定。

(四)自购机械设备的经济利用率下限 R_2 的确定

自购机械设备的经济利用率下限 R_2 的确定有两种方法,即计算法和查表法,下面分别介绍。

1.计算法

计算法的原理是以机械设备的有效使用期为分析期,计算自购与租用两者总费用现值相等时的机械设备实际台班利用率,以此作为自购该机械设备的经济利用率下限。因为机械设备的实际台班利用率较低时,自购机械的总费用(其中购置费占大头)相对机械设备租用费来说很高。当机械设备的实际台班利用率提高时,自购机械的总费用相对机械租用费来说增加较慢(因使用维持费较低)。因此,当机械设备的实际台班利用率高到一定的时候,自购机械的总费用将低于机械租用费总和,这个界限就是自购该机械设备的经济利用率下限。

设:D——年制度台日数(按现行规定为306天),并假设台日数即台班数;

R_1——额定台班利用率,它是出租企业与承租企业用以计算台班成本的依据,据 R_1 和 D 可计算出额定年工作台班数;

R_2——机械设备的实际台班利用率(假定每年相等),也即要计算的自购机械的经济利用率下限值;

C_g——机械设备年运行维持费中与利用率无关的固定费用,它由常规保养年人工费、机械设备年保管费、年安装拆卸及辅助设施费、年场外运输费、年替换设备及工具费和附具费等组成,如有征收固定资产占用费等则也应计入。C_g 不包括年折旧费,所以 C_g 可根据 R_1、D 和扣除折旧费后的定额台班费计算;

C_b——机械设备年运行维持费中与利用率有关的可变费用的标准值。C_b 可根据 R_1、D 和定额台班费中的可变费用计算,C_b 由年平均大修理费用、年经常修理费、年动力燃料费、年润滑及擦拭材料费等组成。可以假设此类费用与利用率成正比;

E_p——自购机械在有效使用期内总费用的现值;

E_p'——租用机械在有效使用期内总费用的现值;

f——台班费；

P——机械设备原值(除了机械设备购置费外,还应包括运输费、安装调试费等一次性支出)；

n——机械设备的有效使用期；

L_n——机械设备的残值,可根据该机械设备规定的残值率计算；

i——年复利利息率。

若施工企业欲自购该机械,则在有效使用期 n 年内,总费用现值为：

$$E_p = P - L_n[P/F,i,n] + C_g[P/A,i,n] + C_b\frac{R_2}{R_1}[P/A,i,n] \tag{10-11}$$

若租用该机械,则租用 n 年共需付租用费总和的现值为：

$$E'_p = f \cdot D \cdot R_2[P/A,i,n] \tag{10-12}$$

令 $E_p = E'_p$,经过计算得：

$$R_2 = \frac{P - L_n[P/F,i,n] + C_g[P/A,i,n]}{(f \cdot D - \frac{C_b}{R_1})[P/A,i,n]} \tag{10-13}$$

公式中的 f、C_g、C_b 可根据有关台班费的定额规定确定,例如《公路工程机械台班费用定额》(JTG/T B06-03—2007),但台班费 f 在确定时应加以修正,现说明如下：

(1)在推导 R_2 的计算式时利用了复利系数,但我国现行的折旧费的计取不考虑时间因素,所以应利用复利换算系数计算出考虑时间因素的合理的台班折旧费。

(2)现行的定额是用来计算机械设备使用成本费用的,并不包括利润。出租公司在出租机械时,实际收取的台班费要大于定额规定的数值。一般地,附加的费率大约在 7% ~15% 之间;为便于计算,此处假设出租企业附加的费率与经济分析所用的 i 值相一致。

(3)基于上述两点,对定额中的台班费数值作如下修正:首先根据机械设备原值 P 及残值 L_n,利用复利换算系数计算出考虑时间因素的合理的台班折旧费;再从台班费用定额 f_1(指现行定额文件中所规定的台班费)中减去原来的折旧费部分(用 d 代表),其差值乘以 $(1+i)$;然后与合理的台班折旧费相加,其和即为修正后可用于经济分析的台班费。用公式表示,即为：

$$f = \frac{1}{D \cdot R_1}(P[A/P,i,n] - L_n[A/F,i,n]) + (f_1 - d)(1+i) \tag{10-14}$$

式中:f_1——现行定额文件中所规定的台班费；

d——原来的折旧费,即现行定额文件中规定的台班费中所计入的折旧费。

(4)式(10-11)中 $C_b\frac{R_2}{R_1}$ 为运行维持费中可变费用的实际值。

(5)额定年工作台班数 $= R_1 \cdot D$

(6)C_g 和 C_b 分别等于额定年工作台班数乘以现行定额文件规定的台班费中的固定费用(折旧费除外)和可变费用。

(7)残值 L_n 等于机械设备的原值 P 乘以残值率。

2. 查表法

计算法虽可提供肯定的计算结果,但一方面它需要正确可靠的一系列数据;另一方面数学方法往往把实际情况作了某些必要的简化,使得通过数学模式反映的情况与实际情况有一定的差距。所以我们一方面应相信数学方法的科学性,另一方面又不能把它视为唯一的方法。

在确定机械设备的经济利用率下限时,参考由长期的统计资料而整理分析出来的不同机种的经济利用率下限数值也是可行的,如表 10-4 所示。

由以上计算法或查表法可知,施工企业自购机械设备经济利用率的下限值,大致在 60%左右。美国建筑界则控制在 60% ~65%,而日本建筑界则以 50% 为最低界限。

机械设备经济利用率下限数值参考表 表 10-4

分　类	预测长期经济利用率下限	适用机种示例
1	50%	履带式挖掘机、平板拖车组、打桩机、锻压设备
2	55%	推土机、拖拉机、履带式起重机
3	60%	轮胎起重机、轮胎装载机、电动卷扬机
4	65%	塔式起重机、汽车起重机、机动翻斗车、自卸汽车、混凝土搅拌机、金属切削机床
5	70%	载货汽车

(五)必要性审查的综合确定

应该清楚,必要性审查过程中的某些因素很难用定量的方式表述、运算。决策人员应在全面综合考虑各种因素后,做出决定。

(1)若使用企业用以计算 R_2 值的参数取值与出租企业的基本一致,那么,使用企业一般可以在低于 R_2 值的情况下就能使自购机械达到经济上合理的要求。但若双方使用的参数很不一致,例如相同规格的同类机械设备,进口产品与国产产品的原值、维修费用、油耗等方面费用差别很大,那么计算所得的 R_2 将会有一定幅度的差值。但在这种情况下,是自购还是租用,R_2 值的计算与分析仍具有指导意义。

(2)计算所得的 R_2 值是一个侧重于理论意义的数值。实际上,使用企业自购机械的年运行维持费(大修理费、经常维修费等)有很大的潜力可挖。所以,即使自购机械的实际利用率略低于 R_2 的计算值,在一定程度内仍不妨自购这种机械。

(3)对一些机动性、适应性较差的机械设备,经济利用率下限可适当降低一些。

(4)对一些辅助性机械设备,它是为了更好地发挥主要机械设备的利用率或效率而服务的。对这类机械设备,只要看它是否能完成"辅助"主机的任务就可以了,而不必强调其利用率的高低。

(5)在预测长期利用率接近、达到或超过了自购机械经济利用率下限值,而社会上又无其他更经济的办法可以利用时,可以认为必要性审查合格,允许施工企业自购该种机械设备。

(六)必要性审查不合格时的处理方法

必要性审查不合格时的处理方法有如下几种:

(1)租用该机械设备;

(2)将需使用该机械设备的工程分包出去;

(3)与建设单位(指招标者)协商,提高机械设备折旧率,增加工程成本,使得机械设备折旧基金(机械设备原值减去工程结束后转让处理价格或可能回收的残值)在该项工程中得以回收;

(4)就主要机械设备与建设单位协商,由建设单位投资购置该机械,出租给施工企业使用;

(5)对一些量少价廉的次要机械,所用资金占整个工程盈利比重较小,为不丧失承接该工程的机会,可将利润的一部分冲抵折旧,工程结束后以优惠价格处理出去。这样做在经济上还是合算的；

(6)上述办法均不能实现时，应考虑放弃或拒绝承揽该项工程项目，千万不可因贪图小利而盲目购置利用率很低，特别是价值很高的机械设备。

当上述利用率考查通过后，并不等于必要性审查已全部过关。还要进一步考查企业外部还有没有其他方法可以在更经济的条件下解决同样的施工生产需要，而不需企业直接添置设备，这方面情况较为复杂，也无法完全用分析计算方法来解决。

二、适用性审查

适用性审查是用来论证新增的机械设备能否满足施工作业需要的。适用性的优劣，不是一个单纯的可凭数字计算或指标对比就能解决的问题。它需要由掌握土木及机械两方面知识的专业人员在综合分析诸多因素的基础上作出结论。一般情况下，应由这两方面的专业人员协商解决。适用性审查的内容，主要有以下几方面：

(1)机械设备的技术性能与施工工艺间的匹配关系；

(2)机械设备的技术性能与作业环境间的匹配关系；

(3)机械设备的技术性能与机组或机群系统中各机械设备间的配套关系；

(4)其他方面的匹配关系。

在自购不熟悉的新机械时，不能只凭说明书或产品样本上的几个大指标决定取舍，一定要做全面的调查研究工作。必要的时候应到正在使用该机械的企业或使用过该机械的用户中进行实地考查、了解。对一些不太了解的新机械，还可采取先租后买的方式，以避免在适用性审查方面(当然也包含对产品质量的考查在内)出现失误。

三、法规性审查

法规性审查主要是审查欲新增的机械是否违反了国家法规中的有关规定。因为在国家法规中，往往有一些限制某类机械设备(在某类场合)使用的具体规定。如果违反了这些规定，机械设备即使在利用率、适用性审查等方面都符合要求，还是不能投入使用，所以它也是一个必要的步骤，应予以注意。

四、技术经济综合论证

经过前述审查后，如果只剩下一种机械设备可供选用，或主要优点都明显地集中到一种机械设备上，一般就可根据直观判断做出决定，不必再进行论证评选。而有时情况并非如此，因为即使是同一类型、同一规格型号的机械设备，也会由于厂牌、结构等不同而互有优缺点。这时就需要通过科学方法进行综合论证之后，才可决定取舍。

传统选择方法有两种倾向：一是往往偏向于选择价格低的机械设备，认为最便宜的机械设备就是最经济的机械设备，这种认识是不全面的。有些机械设备价格虽很低，但维持费用却很高，特别是维修和油耗两项费用往往很大，若以全寿命周期费用来比较，价格低的不一定便宜；二是认为技术最先进的机械就是最好的机械，这种看法也是片面的。如果使用技术水平低，购置企业维护条件差，倒不如选用技术先进性稍差，但能与使用管理水平相适应的机械设备更合适。

(一)技术论证

技术论证的内容有：功能参数、可靠性与寿命、运行性能、人机关系、结构性与工艺性、服务性、成套性、社会性等。这些指标以定性分析为主。其含义如下。

(1)性能(功能)参数:指反映机械设备使用性能、效率及使用范围的指标。如:功率、转速、载质量、撒布宽度、额定生产率、激振力、最大牵引力、斗容量、摊铺厚度等。这类参数是很重要的参数,关系到机械设备施工时能否满足工程的要求,能否保证工程的质量和进度,论证时一定要慎重考虑。

(2)可靠性与寿命:指反映机械设备在具体使用条件下可靠性和寿命的指标。如:平均无故障工作时间、故障率、平均寿命等。

(3)运行性能:指表示对工作过程适应能力的指标。如:操作方便性、自动化程度、兼容性、环境适应性等。

(4)人机关系:是指考虑卫生学、生理学、心理学因素对人的作用指标及反映产品美学特性的指标。如安全性、舒适性、造型、色泽等。

(5)结构性与工艺性:结构性是指结构的合理性和先进性;工艺性是指机械设备对施工过程的适应性,以保证制造和修理时有较高的劳动生产率。如:结构合理性、结构先进性、标准化程度、加工方便性、安装合理性、零部件加工质量、零部件通用化程度等指标。

(6)服务性:是反映保证机械设备正常运行的服务性工作好坏的指标。如保修期、售前售后服务、维修点分布、用户培训、说明书详细程度、配件供应等。

(7)成套性:指保证机械设备按规定条件运行所需辅助设备(包括软件、资料)的完备程度的指标。如:附件齐全性、易损件齐全性、软件完备程度等。

(8)社会性:是反映机械设备对社会、环境影响程度的指标。如:噪声、振动、污水排放、废气排放、电磁辐射等。

(二)经济论证

当新增机械间的技术性能指标没有明显差别,或虽有差别但在特定的使用条件不会产生明显的影响时,单凭经济论证,就可以决定取舍。对机械设备的经济论证较常用的是费用(成本)比较法。下面介绍两种比较方法:

1.单台机械设备经济效益系数 K_s 比较法

$$K_s = \frac{R_E}{C_p + C_u} \tag{10-15}$$

式中:R_E——该机械设备的年经济效果,包括该机械设备一年完成的工作量,按产量计算。如果可以计算提高质量的收益以及原材料节约额等,则一并计算在内;

C_p——该机械设备的年平均投资费,即机械设备的原值除以机械设备的有效使用年限;

C_u——该机械设备的年平均使用费,包括能源耗用费和设备维修费等。

如果机械设备的经济效益系数 $K_s>1$,说明该设备有利可图。在比较时,以 K_s 大者为佳。

2.小时投资分析法

小时投资分析法是根据机械设备运转一个小时所需要的投资额来作为评价和选择机械设备的依据。这是常用的简单方法之一,尤其对连续运转的机械设备更是如此。其计算公式如下:

$$\text{小时投资} = \frac{\text{机械设备投资(元)}}{\text{机械设备使用寿命(h)}} \tag{10-16}$$

(三)技术经济综合论证

如参与比较的各机械设备,除经济指标外,技术方面的性能差异很大,且其重要性不亚于经济性指标，这时，单凭经济论证比较就不足以决定取舍，应从技术、经济等诸方面综合评定。其方法参见原机械电子工业部发布的指导性技术文件《机械产品评价方法》（JB/Z 318—1988）。提供如下方法以供参考：

（1）加权评分法：应用此法时，要将机械设备的各种要素量化并按其地位（比重）分别给予权衡轻重的加权系数，重要的要素加权系数大，反之则小。

（2）排队法：若方案中许多要素不能用统一尺度量化表示时，则可采取定性表示评定优劣。其中，排队法就是一种方法，如有 4 种方案对 5 项要素（其中有 2 项为主要的）进行比较时，可将各方案的要素优劣按 1、2、3、4 个等级排队，如表 10-5 所示。

决策结果：方案 A 最优，总计数值最小，主要要素状态好。

要素排队表　　表 10-5

要素 方案	①*	②	③*	④	⑤	总计	顺序
A	1	2	2	1	3	9	1
B	2	3	1	3	1	10	2
C	3	2	3	2	4	14	3
D	3	4	3	4	2	16	4

注：1. 标*的要素为主要要素。
2. 总计的数值愈小则愈佳。

（3）水平法：若各要素排等级区分优劣还有困难时，可采用好“+”、一般“0”，差“-”3 种水平表示，总计水平并排出顺序，如表 10-6 所示。

决策结果：方案 B 最优，排列第 1，被评为好的要素最多。

要素水平表　　表 10-6

要素 方案	①	②	③	④	⑤	总计	顺序
A	0	+	+	-	-	0	3
B	+	0	+	+	+	++++	1
C	-	+	-	-	-	---	4
D	0	+	-	+	+	++	2

注：总计时，“+”、“-”抵消后计余下水平。

以上便是施工企业对所增机械设备的管理全过程。简单说，这四个步骤的中心内容是：

（1）必要性审查是解决该不该购买（包括调进在内）的问题；

（2）适用性审查是解决买来以后能否适用的问题；

（3）法规性审查是解决投产运行时是否会触犯国家有关法规的问题；

（4）技术经济论证是解决在所有可供选择的机械设备中哪种效果最佳，以利购买的问题。

施工企业如能对新增机械按照上述程序周密细致地逐项审查比较，一般能避免重大投资失误。即使有时数据资料占有不够充分，或者受到不同观点的影响，但总而言之，其审查结果基本上能够达到预期的目的。

第四节　机械设备更新决策与管理

一、机械设备的更新及其意义

1. 机械设备更新的意义

随着机械设备役龄(指机械设备在生产中使用年限)的延长,机械设备的有形磨损和无形磨损日益加剧,故障率增加,可靠性相对降低,导致使用费上升。表现为以下几条规律:

(1)机械设备大修理间隔期逐渐缩短

一方面由于机械设备大修理不能恢复机械设备其全部物质磨损,零件的剩余磨损使其使用寿命缩短,且部分零件存在的剩余磨损会引起其他零件磨损加剧。另一方面,修复工艺与新设备的制造工艺不同,一般不可能恢复机械设备出厂时的可靠性、耐用性和其他技术性能的全部指标,于是零件寿命缩短。结果,机械设备修理间隔期一次比一次缩短。

(2)使用费不断增加

由于每次修理后剩余物质磨损的积累,而且大型复杂的零件随着使用期的延长,将陆续进入更换期,因其使用期的故障修理次数增多,维护工作量加大,其每次大修理的更换件和劳动量也随之递增。此外,机械设备的故障停机损失、能源消耗、原材料消耗也将升高。总之,使用费与日俱增。

(3)机械设备性能和生产率降低

机械设备役龄越长,操作使用越不灵活方便,精度、效率逐渐下降,一般还影响其安全环保性能。修理次数越多,其平均生产率受的影响越大,到后期可能成为企业生产发展的障碍。

综上所述,机械设备使用到一定时间以后,继续进行大量大修理亦无法补偿其有形磨损和全部无形磨损,虽然经过修理仍能维持运行,但很不经济,解决这个问题的办法是进行机械设备的更新、改造。从经济角度来说,使用机械设备不能不修,不修不能消除有形磨损,但也不能多修。机械设备多修虽可延长使用寿命,但它又是产生无形磨损的客观基础。随着科学技术的发展,机械设备更新换代越来越快,在这种情况下,为了减少无形磨损的损失,必须适时地更新机械设备。机械设备更新改造是提高劳动生产率,获得最佳经济效益的有效途径。

2. 机械设备更新的含义

更新就是以新代旧。更新机械设备就是以新机械代替淘汰的旧机械,以达到改善装备结构,提高生产效率和经济效益的目的。

在使用更新机械设备这一术语时,要注意它与报废机械、新增机械的区别和联系。首先,机械设备的更新与报废是互相对应的。因为更新总是有对象的,没有报废,就不能说更新。某台机械设备可以只报废而不更新,但是不能有更新而无报废;其次,机械设备的更新与新增也是不一样的。表面看来更新与新增都是购入新机械,但更新是在报废基础上的购入,而新增却是在没有报废替换对象前提下的购入。更新机械与新增机械的装备管理程序和论证方法也就因此而不同。

根据更新机械设备内容的不同,可将其分为役龄更新与技术更新。役龄更新也称同型更新,它是指用新出厂的完全同样的机械去填补由于机械报废(退役)而留下的空缺,它并不包含或不要求任何在技术性能上的改进提高。技术更新是指用在技术性能上完全新型的新机械去替换或淘汰已经陈旧落后的旧机械。技术更新实际就是通常所讲的换代或换代更新的意思，即同时消除有形和无形磨损。由于役龄更新对调整和改善装备结构的作用远不及技术更新大，所以，应尽可能多的采用技术更新的方式。

更新机械设备一般不需要对利用率及适用性详加审查，因为施工企业对这一类机械也拥有较丰富的使用管理经验。进行更新机械设备的管理与论证，首先要了解更新机械设备的有关规定（标准），其次要进行技术经济审查论证。此外，还需考虑其他方面的一些因素。

二、更新机械设备的条件

属下列情况之一的机械设备，一般应予以报废更新：

（1）经过预测若大修理后技术性能仍不能满足工艺要求和保证产品质量的；

（2）因事故造成机械严重损坏，无法修复使用的；

（3）经大修理后虽能恢复技术性能，但不如更新的；

（4）已超过规定使用年限的，其技术性能已达不到国家规范和规程要求，危及安全的；

（5）技术性能差、能耗高、效率低、经济效益差的；

（6）危害人身健康、严重污染环境，进行修理改造又不经济的；

（7）自制的非标准设备，经生产验证不能使用且无法改造的；

（8）国家或有关部门规定淘汰的设备。

施工企业可根据上述规定，制订更为具体或更严格的更新条件。对符合报废更新条件的机械设备按轻重缓急进行排列，然后，按顺序进一步论证。

三、更新机械设备技术经济审查论证

由于更新是指用技术性能先进的机械设备替换或淘汰陈旧落后的旧设备，所以被更新的对象往往有不少正处于“自然寿命的壮年阶段”。因此若无充分的论证及明显的优势，是不容易下决心将使用寿命尚未终了的旧设备予以淘汰，这就是更新必要性审查所要解决的问题。

以下着重从经济方面论证。论证时可以就更新机械设备在没有比较方案的情况下进行单方案论证，但实际工作中更多的是与其他方案进行比较论证。下面介绍几种可供选用的论证方法。

1. 机械设备最佳更新期法

机械设备的最佳更新期可根据机械设备的经济寿命来确定。机械最佳更新期的论证方法一般用于单方案论证。

2. 投资回收期法

投资回收期法比较适用于机械设备更新的经济分析，一般用于多方案的比较论证。

3. 最小年费用法

在应用最小费用法来研究更新问题时，因为旧设备尚可使用的年限 n_0，一般总是比新设备的全部使用年限 n_N 要短，也就是说两个对比方案的服务年限相同的情况是极少见的。同时，新设备的技术一般来说正处于“生命力旺盛时期”，所以使用年费用比较法比较合适。

4. 差额投资收益率比较法

用收益率比较法来研究机械设备更新问题，由于要有相同的分析研究期（使用年限），所以在一般情况下不太适用。当现有机械设备尚可使用的年限还相当长，由于出现了性能特别优越的新型设备；或者原有设备在当初选型时有失误，致使启用后就发现使用情况很不理想，这时新旧设备的服务年限相差无几。可以用旧设备的尚可使用年限作为分析研究期，用收益率比较研究更新问题，其结果还是可以信赖的。最小诱人收益率 MARR 一般比银行利率至少高 50%，当收益率 $i \geq$ MARR 时，更新较为合理。

在更新机械设备中，若能够用来置换旧设备的新型设备不止一种，那么就产生一个更新机型的选择问题。解决的办法是直接利用旧设备与各个新设备分别作更新分析，对其结果进行比较。或在各个新型设备之间作多方案的分析对比，所使用的方法与新增设备的管理相同。

四、其他方面的因素

在进行更新决策时，除进行上述审查论证外，还应考虑其他方面的因素。

(1)要考虑当前施工能力情况。如果施工能力本来就不足，为了充分发挥旧机械的作用，即使在经济上比不上新机械，也不一定立即淘汰，即使购入了新机械，旧机械也仍可使用。

(2)重视信息作用。如果预见到近年内将有性能优越的机械设备问世(例如在展览会上已看到样机)，那么推迟更新，反而更有利。

(3)旧机械的主要缺陷不在经济方面，则不受经济论证约束。

(4)大规模机械更新，要考虑社会的供应能力。

第五节　机械设备技术改造决策与管理

一、机械设备技术改造的意义

随着科学技术的发展，机械设备技术更新的步伐越来越快，更新换代周期越来越短。一般来讲，既然已经出现了性能优越的新机械，就应将陈旧落后的老机械淘汰掉。但由于一般企业的旧机械拥有量较大，而资金又有限，所以实际上不可能把旧机械全部淘汰。为了解决这一矛盾，便出现了局部更新的办法，这是一条既快又省的有效途径。

机械设备技术改造(改装)，实质上就是机械的局部技术更新，是指应用新的技术成果和先进经验，为适应生产的需要而改变原有的机械设备的结构，给旧设备加添上新部件、新装置、新附件，以改善原有设备的技术性能，使之达到或局部达到新设备的水平。机械设备的技术改造(改装)是克服现有设备的技术陈旧，消除无形磨损，更新设备的方法之一；也是扩大设备的生产能力，创造性发展新技术的重要途径。

不能把技术改造看作是消极的被迫采用的办法。机械设备技术改造有以下几个特点。

1. 以较少的投资获得较高的经济效益

这是因为机械设备的更新换代，一般并非彻底性的技术突破，通常它只是在某方面做了改进。我们在实行技术改造时，也并非改变整机，而只需进行局部的结构改变或增加某些装置等。与整机更新相比，技术改造能节约大量资金。

2. 技术上针对性强、生产上适应性好

技术改造的内容、程度与规模，完全可由施工企业根据需要来决定。因此，它不仅在技术上针对性强，而且在生产紧密结合程度上甚至可超过新机械，从而使资金得到更有效的利用。

3. 加快装备结构现代化进程

技术改造能充分利用施工企业原有的物质基础，发挥有关人员对原机技术较熟的有利因素，充分挖掘潜力。这是及时采用新技术，克服原有机械技术陈旧，加快装备结构现代化进程既现实又合理的途径。通过技术改造，不仅可使旧机械局部或全部达到新机械的水平，甚至某

些技术性能还可能超过现有新机械的指标。

4. 可获得多方面的综合效益

技术改造可使施工企业获得包括技术效益、经济效益、社会效益等多方面的综合效益。

机械设备技术改造可细分为机械改造、机械改装。两者有相同之处,也有不同之处。相同的是都在现有机械基础上进行,不同的是改造不改变原机机种和功能,而改装则要发生功能或机种的改变。机械改造和改装都是在现有机械基础上进行的。其装备管理程序比较简单,主要是经济可行性审查和技术可行性审查。

二、经济可行性审查

机械设备改造可按新增机械论证方法与购入新机械进行比较,决定取舍。论证时应注意两个问题:一是改造使用的机械设备应按实际可处理的残值计入新机造价进行论证,不能使用账面净值;二是如改造与购置的机械设备技术性能不完全相同时,应按技术经济综合论证法进行比较论证。

前面所述的各种经济论证方法,原则上都可用于机械设备改造(改装)项目的经济分析,这里再介绍两种方法。

1. 机械设备改造效果系数法

效果系数法是通过计算现代化改造效果系数,对机械设备现代化改造与更新的经济合理性进行比较,选择最佳方案的一种方法。在只考虑折旧,不考虑利息的情况下,机械设备现代化改造在经济上的合理条件为:

$$P_{ri} + P_m + S_e < \alpha P\beta + S_m \tag{10-17}$$

整理得:

$$E_m = 1 - \frac{P_{ri} + P_m + S_e}{\alpha P\beta + S_m} \tag{10-18}$$

式中:E_m——现代化改造效果系数;

P_{ri}——与改造同时进行的第 i 期大修理费用;

P_m——改造费用;

P——新设备的价值;

α——生产率系数,反映现代化改造之后机械设备生产率与新设备在第一次大修理之前的生产率之间的比例关系;

β——修理间隔系数,反映现代化改造之后的修理周期长度与新设备到第一次大修理之间使用周期长度的比例关系;

S_m——提前更新设备未折旧完的费用损失;

S_e——使用成本损失,其数值等于现代化改造设备及新设备完成的单位工程量成本之差乘以设备至下次大修理间完成的工程量。

当 $E_m > 0$ 时,表示现代化改造在经济上是合理的;当 $E_m < 0$ 时,表示现代化改造在经济上并不优越于更新方案;当 $E_m = 0$ 时,表示两个方案是相当的。

2. 差额投资收益率比较法

因机械设备改造项目不是“除旧增新”而是“变旧为新”,通过改造旧机械与新技术融为一体,旧机械的使用寿命也随之延长,所以不存在旧机械的剩余使用寿命及转售处理价值等不确定因素。此时使用差额投资收益率比较法既简单又准确。其方法详见前一章。

三、技术可行性审查论证

由于技术改造项目不是直接购买在技术上已经成熟的定型产品，所以，即使经济论证成立，在技术上也不一定能达预期的目的。因此，对于技术改造项目还必须进行技术可行性分析，其内容主要为：

（1）所引用的新技术本身是否成熟，该项新技术的全面情况及细节是否已彻底了解。

（2）施工企业是否具备自行加工、改造的技术水平和条件。即使在委托外厂加工时，也应对接受加工的企业在技术上加以考察。

总之，技术可行性审查论证在技术改造机械设备管理中是一个重要的工作。实践证明，凡是盲目用不成熟技术或对自身加工能力和管理水平估计过高，其技术改造项目大多以失败而告终。施工企业必须对自己的情况有正确的认识，一般不提倡施工企业自行加工、改造技术复杂的机械设备。对十分必要的机械设备技术改造项目，以委托有能力的企业进行为宜。

第十一章　机械设备选购、安装调试与技术验收管理

第一节　机械设备购置选型原则

公路施工机械的购置，首先要做好机械设备的选型工作。选型是企业经营中的一项重要工作，正确地选择施工机械，可使有限的投资发挥最大的技术经济效益。购置机械设备必须遵循技术先进、经济合理和生产适用的原则。大型、关键成套机械设备的引进，必须通过二级以上机务管理部门的经济技术论证，对机械设备的适用性、技术先进性、经济性、可靠性、环保性及维修性等方面进行综合考虑。

一、适用性

根据施工特点、生产需要及本企业的具体情况选择适当的机械设备。选型既要符合企业装备结构合理化的要求，又要适合于施工需要，以使设备充分发挥投资效果。选择适用的生产设备首先考虑的是机械设备的生产能力，即单位时间内完成的工作量，由此直接决定其生产效率。同时，机械设备应能适应不同的工作条件和环境，操作灵活，使用方便，能适应多种作业性能，通用性强。

二、技术先进性

机械设备技术上的先进性应以生产适用为前提，以获得最大的经济效益为目的。既不可脱离我国的国情和本企业的实际需要而一味追求技术上的先进，也要防止选择技术上即将落后的机械设备。参与机械设备选型的人员应掌握世界各国以及国内新技术革新成果的情况，掌握相关的技术发展信息，以对技术先进性作出认定。技术先进性不仅指机械设备广泛引用新技术、新工艺、新材料的情况，还应体现在机械设备具有优良的技术性能、结构紧凑、体积小、重量轻、机动性好等特点上。

三、经济性

机械设备的经济性评价分析可采用现值法、投资回收期法和年费用法等方法进行。其中，机械设备寿命周期费用由购置费和维持费这两项构成。

四、可靠性

机械设备的可靠性是指其在规定的时间内和规定的条件下，无故障地完成规定功能的能力。规定的时间一般是指经济寿命期，即考虑机械设备陈旧或经济磨损的条件下，产品正常发挥功能的总时间。规定的条件一般是指使用条件和环境条件。使用条件包括使用方法，使用频率（连续使用，间歇使用），使用者的操作技术水平与维修保养方法等，也包括运输、保管条

件等。规定的功能是指机械设备的预期功能,即机械设备所应实现的使用目的本身。

可靠性体现在机械设备精度和准确度的保持性、零件的耐用性、安全可靠性等几方面,包含了设计、制造、安装的可靠度。通过平均故障间隔期和故障频率、维修度与可利用率等特征指标反映机械设备可靠性的高低,并进行大量细致的调查分析,从中找出可靠性最佳的机械设备。

五、环保性

“环境保护是一项基本国策,也是提高人民生活质量的一个重要方面”。机械设备的环保性能对保护环境和防止职业病等有着重要的影响。在机械设备选型中,要注意所选机械设备的噪声、气体排放、粉尘污染等监测数据是否符合环保标准的要求;机械设备在使用中排放的废气、粉尘、废渣、污水以及有毒、有害物质应配有相应的治理装置,还应考虑为了达到法令所规定的要求而附加发生费用的高低。

六、维修性

机械设备的维修性是指在规定的条件下和规定的时间内,对机械设备的可修复系统及零部件等完成维修的能力。亦指机械设备保养与维修的难易程度,维修性好的机械设备可以延长修理周期,减少维修时间及修理劳动量,降低维修成本。维修性好的机械设备应具备以下条件:机械设备的系统设计合理,结构简单;零部件组合装配合理,维修时易拆、易装、易检查;零部件的通用性、标准性、互换性好,易选购维修;润滑性、密封性好,润滑油品易于替代,密封元件易置换。对大型、稀少或精密的机械设备,还要考虑供方提供维修资料、备品配件和其他技术服务的可能性及持续时间。

除以上六项选型原则外,还应考虑机械产品的“三化”程度(标准化、通用化和系列化);对操作技术的要求;从人机械工程学的角度考虑操作舒适性;劳动保护、技术安全等亦应符合要求;以及交货期、制造厂商的信誉和售后服务水平。

第二节　机械设备选型步骤

选择机型以及确定制造厂商一定要注意市场调查研究。一般采取的步骤如图 11-1 所示。

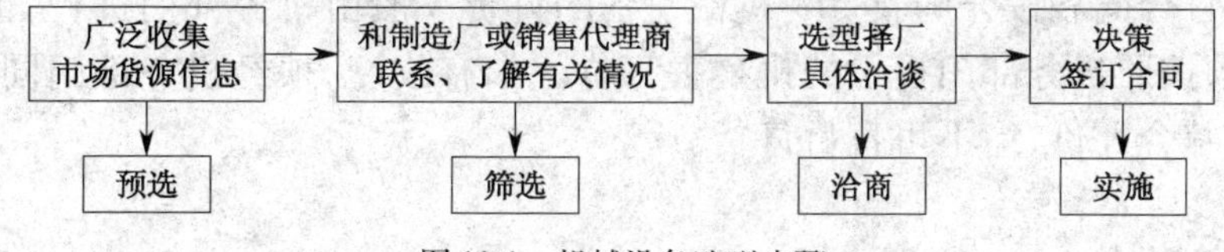

图 11-1　机械设备选型步骤

一、预选

预选是在广泛搜集机械设备市场货源资料的基础上进行的。货源资料的来源包括:

(1)产品样本、产品目录、机械性能手册、电视广告、报刊广告;

(2)从各种展览会上收集到的资料;

(3)用户、厂商提供的资料;

(4)制造厂商销售人员上门推销提供的资料;

(5)代理商或有关专业人员提供的资料。

把以上资料信息进行分类收存、汇集。从掌握的几家、几十家甚至上百家的数十种甚至百余种型号机械产品的线索中,挑选一些可供选择的机型和制造厂商。

二、筛选

筛选是在第一次预选的基础上进行的。为了判别搜集到的资料的真实性以及准确程度,须作一些调查研究和考查工作:

(1)对预选出的机型作进一步调查,和制造厂商联系、询问,详细了解产品的各种技术参数、效率、精度、性能等;

(2)通过使用企业对其产品的反映和评价,了解的服务质量和信誉,以及预选机型的运行性能、可靠性与寿命、人机关系、经济性和服务性;

(3)3 种货源、供货时间,能否代办运输;

(4)订货渠道、价格、到货周期及随机附件、易损件等情况;

(5)做好调查记录,填写"机械货源调查表"。

经过上述分析比较之后,从中再优选出比较好的机型和制造厂商。

三、洽商

在筛选的基础上应与选出机型的厂商进一步联系、接洽,必要时作实地调查和了解。对需要进一步落实的价格昂贵的关键机械设备,要到制造厂商或使用这种产品的施工现场进行深入细致地考察和了解。针对有关问题(如附件与易损件的供应、保修期、售前售后服务、价格及优惠问题、付款方式、交货期甚至结构和精度、性能改善的可能性等)同制造厂商进行商谈,并作详细记录。也可与制造厂或代理商草签会谈备忘录或协议等。然后由机务、计划、财务、施工等部门共同评价,选出最理想机型和制造厂商作为第一方案,同时,也要准备第二、三方案,以便订货过程中出现新情况时备用。

第三节　机械设备订货管理

根据选型确定的机型和制造厂商,按质量、数量、交货期的要求,由机械设备采购部门向供方询价、协商、签订合同和按合同收货。机械设备的订货一般由机务部门进行,也可委托供应部门进行,但必须按照机务部门提出的机型去订货。如有改变,须经机务部门同意,必要时重新进行技术经济综合评价,绝不可盲目订货。

一、国内订货

进行机械设备订货,必须签订订货合同。订货合同在供需双方签章后,就具有法律效力。当然,合同条款应符合有关规定。国内机械设备订货比较简单。但在签订订货合同时应注意以下几点。

(1)订购人应持有企业法人代表的授权委托书,并察看对方的授权委托书,注意其委托书授权范围、权限和有效期。

(2)订货机械设备名称:购置什么机械,必须明确、具体。如欲购置机械的全名、规格、型号等必须写清楚,并符合规范。

(3)数量和质量:

①数量:没有数量,就无法确定供需双方权利义务的大小。因此,合同中要明确规定订购机械设备的数量。同时,还要分别注明主机、附件、技术资料和维修工具等配套要求。对成套供应的机械设备,应注明成套供应的范围。

②质量:质量是机械设备内在素质和外观形态的综合标志。合同中的质量条款必须符合国家有关机械产品的技术条件规定和标准化要求。我国使用的产品质量标准有国家标准、部颁标准(专业标准)、企业标准。如果某种机械设备不符合上述三级标准,可由双方当事人协商确定,并在合同中注明质量要求。质量条款中还要注意注明质量的保证期限、检验地点和方法等内容。

(4)价款:价款的确定要符合国家的物价政策。除法律另有规定的以外,一律用人民币计算支付。价款的结算也要遵照法律规定,除国家规定允许使用现金者外,一律通过银行办理转账结算。为此,必须弄清供需双方的通信地址、企业全称、电话号码,结算银行全称、账号等。

(5)履行合同期限、地点和方式:

①履行合同期限也就是具体的交货日期。履行合同期限要明确具体,不能签订没有履行期限的机械设备订货合同。

②履行合同地点即交货地点。它根据双方约定的交货方式而定。

(6)履行合同方式:指交货方式是供方送货或代办托运,还是需方自提等。

(7)违约责任:承担违约责任的形式主要是支付违约金和赔偿金。

(8)其他条款:如供方要求需方付定金条款等。

国内机械设备订货合同必须以往来函电、洽谈结果等文件为依据。这些文件必须文字准确无误。并应考虑可能发生的各种变动因素,提出防止和解决的办法。合同最后应写明签订日期,由双方加盖企业公章或合同专用章方能生效。

二、国外订货

向国外订购机械设备之前,需选定进口经贸公司。订购企业此阶段的工作是履行规定报批手续,拿出有关详细文字材料,送达经贸公司,与经贸公司建立文书公约。进入实质谈判阶段后,订购单位要参与商务技术谈判。订购单位应向外商提出我方的具体技术要求,同时索取有关技术文件。我方为了在价格等方面争取主动,在策略上可多向几个供应商或国内有关企业、部门等咨询,从机械设备的性能、价格、售后服务、卖方商务信誉等多方面进行广泛对比,以期满足我方全部要求。

(一)报价

所谓报价,即由买方向供应商发出拟订购设备的询价或订购函,请卖方正式提出报价单。通常报价有以下几种类型:

(1)稳固报价,亦称确定报价(Firm Offer)。即报价人在一定时间内不可变更或撤回的报价。

(2)不受约束的报价。即报价人对询价人所报价格毫无责任,也不受任何约束,可以随时任意调整具体价格。因此,这种报价,实际上是一种“价格通知”,仅能作为参考。

(3)卖方确认后有效的报价。即卖方报出之价格经卖方再次确认后方有效。此种报价方法,卖方本身无风险,而又能对买方表示交易的诚意,所以目前采用这种报价方式较普遍。

(4)有权先售的报价。即卖方可以同时向两个以上买方报价,如其中有一方先接受,则对后到的接收者不再生效。这种报价方式对卖方较为有利。

(5)还报价(Counter Offer)。即进口商对于外国出口商的报价,认为各种交易条件合适但报价过高,因此要求对方减价,这就是所谓"还价"或"出价"。还报价是一种新的"要约"(Offer),应在确定的有效期内进行。

(二)国外订货合同的签订

商务技术谈判结束后,应草签合同。内容主要包括:

(1)机械设备名称、基本技术结构及参数;

(2)质量、数量及随机附带的技术文件;

(3)价格及支付;

(4)包装、装运及交货期;

(5)安装调试具体要求;

(6)保险及不可抗拒力;

(7)仲裁。

合同草签之后,应对其中条款进行逐条审查。只有经审查核对无误后,才可正式签订合同。

(三)签订合同的注意事项

1. 机械设备的名称、结构、参数等

机械设备的名称应采用国际上通用的标准名称(用中文和英文对照的全名称)。同时应将订购机械设备的用途、基本结构与技术参数等写清。

2. 质量、数量等

机械设备的质量要求一定要具体,尽可能定量化,以便调试阶段的验收鉴定,不能有含糊不清的质量条款。应写明所订购机械设备等的数量和计量单位。一些货物,如机械零配件、易损备件因其本身特性或受包装和运输工具的限制,外商实际交货的数量往往难以符合合同规定的数量,为避免纠纷,通常对数量规定一个机动的幅度,允许外商多交或少交一定数量的货物,这称为溢短装条款;又如机械(包括主机、配套动力)使用说明书、维修保养手册、配件目录、施工安装基础图纸、卖方提供的由买方自行加工的附属件设计图纸及上述技术文件的份数,也应在合同中写清。

3. 价格

国外订货的价格比国内复杂得多。因为从国外订购的机械设备要经长距离运输,还要涉及外币的使用,所以其中的责任、风险等要通过相应的价格予以反映。使用何种价格,一般由订购企业(买方)提出。这时,了解各种价格的含义就显得很重要。

(1)离岸价(FOB),又称船上交货或运输工具上交货的价格。采用离岸价定购的机械设备,自机械设备越过船舷时起,风险即由卖方(制造厂商)转移给买方。在此阶段卖方的责任是:船上交货,办理出口许可证,支出出口关税及许可证费用,向买方提供有关装运单据。

(2)到岸价(CIF),即成本加保险费加运费。采用到岸价定购的机械设备,卖方(制造厂商)须负担运费,租船并将货物装上船,且支付保险费将货物投运输保险,还须负责办理出口许可证,向买方提供清楚的装运单据、货物发票及保险单据。

(3)离岸价加运费(C&F),离岸价加运费价格与到岸价价格区别在于卖方(制造厂商)须

负担货物运输到指定目的地港口的运费，但不负担机械设备运输保险费用。其他方面的权利和义务与到岸价完全相同。

4. 支付

支付包括支付工具、支付时间、支付方式等。

(1)支付工具可是货币和票据。一般所选择的货币应是有信誉的，且货币发行国对当事人所在国的态度是友好的。票据有三种，即汇票、期票和支票。

(2)付款方式。付款方式主要有三种：汇付、托付、信用证。汇付即买方主动地把货款汇给卖方。托付即由卖方通过银行向买方索取货款。信用证即由银行用自身信誉保证付款，由银行根据买方申请并给予卖方一份书面文件，银行向卖方保证只要卖方交出符合信用证的单据，银行保证付款。

(3)支付计划。支付计划是指一次付款还是分期付款。表11-1所列为几种支付计划，供参考。

支付计划（参考方案） 表11-1

项　目	计划1	计划2	计划3
首次支付	0	0	10%
分期支付	0	0	50%
收到装运单时	100%	90%	20%
机械设备到港时	—	10%	—
机械设备安装时	—	—	15%
担保终止时	—	—	5%
全部	100%	100%	100%

5. 包装、装运及交货期

(1)包装。包装要说明要求，如要求用集装箱、木厢、货柜等。对特殊或精密的设备、仪器还要讲明特殊包装要求。

(2)装运。装运条款要清楚合理。装运条款包括装运期、装运港、目的港、装卸时间、装运通知等内容。

(3)交货期。对施工企业来讲，机械设备交货期的要求极为重要。因为这些机械设备往往是在建或已中标工程中急需的设备，如延期交货，将会对施工进度、工程质量等产生极为不良的影响。为督促按期交货，在写明交货期的同时，须在本条款中写入逾期罚款的内容。罚款额大小可按机械设备费用比例计算或延误工期造成的损失确定。罚款的具体条款必须是合理并经双方认可的。

6. 安装调试要求

机械设备质量优劣，是否满足合同规定，只有通过实际到货后的安装调试才能予以检验、确认。为便于调试，一般应按机械设备复杂程度，确定调试时间为7～10天，如因我方组织不力，超过规定安装调试天数，则应由我方付额外费用。为此，需注明对配合安装调试机械设备的要求。另外，还应写上对操作人员的培训要求。

7. 保险及不可抗拒力

(1)保险。为预防机械设备在长距离运输中因各种各样的风险带来的损失，买方或卖方应向保险公司投运输保险。因此，合同中订立这一条款时须据所选的价格确定由何方负责投保，并规定双方同意保险的级别、投保金额以及其由何保险公司按何种保险承保。

(2)不可抗拒力。包括不可抗拒力事故的范围和不可抗拒力事故的法律后果及双方通知的义务。

8. 仲裁

在机械设备供需双方发生争议时,需有仲裁的机构。因此,合同中应说明如何调解双方的争议及仲裁机构、地点等。

对于国外机械设备订货合同,按照国际经贸惯例,合同正式签订后100%不可撤。否则,毁约方要赔偿合同金额10%的经济损失。

三、机械设备订货合同管理

施工企业应制订机械设备订货合同管理办法,并设专人管理,负责编号登记、保管,监督合同履行,参与合同纠纷的处理。对签订、履行和在合同管理中的失职、渎职、玩忽职守和以工作之便谋私利的行为,视情节轻重追究经济、行政责任,构成犯罪的,由司法机关追究刑事责任。

第四节 机械设备的运输安装

在公路工程机械化施工中,大部分独立流动作业的机械设备不需要在施工现场安装。但是一些大型、固定的或半固定的机械设备,如混凝土搅拌站、沥青混合料厂拌设备、稳定土搅拌设备、联合碎石机以及桥梁工程中所用的打桩机、架桥设备等,则在运输到施工现场后需进行安装。

一、机械设备的运输方式

机械设备运输方式根据运送方法的不同分为:陆运、水运、空运。根据公路施工机械的特点,其中陆运是最常用的运输方法。

陆运根据运输道路不同,可分为公路运输和铁路运输。公路运输又可按机械设备自身底盘形式的不同,分自行式和用牵引车拖运或用大平板车装运等方式。自行式机械是最方便且经济的,但必须是轮胎式的。例如:自行式平地机、装载机等轮胎式机械,一般可以进行长途自行运输,但行驶时速度不宜太快。

对履带式或钢轮式低速行驶的机械设备不宜长途行走,并禁止在良好公路上行驶,只能在土路和临时便道上行驶,且行驶距离不要超过20~30km,行驶速度在4~5km/h以下,超出30km时,可考虑用大平板车运输。当运距超出200km时,可考虑用铁路运输。当施工地点离铁路线和火车站很远,转运工作要占用很多时间,从时间和经济上比较,还是采用公路运输合理。

二、机械设备安装地点、场地的选择

一般大型公路施工机械,处在中心地位,安装以后要保持相对固定,搬迁较少。因此,对它的安装地点和场地要作比较详细全面的考察选择,以求使其取得最好的服务效果和经济效益。

(1)安装地点应以离开城镇但又靠近城镇为宜,主要考虑公路施工机械在生产过程中,在目前的技术条件下,很难避免粉尘固态物和有毒气体的排放以及噪声的产生。因此一般应离开城镇,选择人口相对稀少的地点;但公路施工机械在生产中,又离不开城镇作为其生产、生活保障,因此离城镇不宜过远。

(2)安装地点应交通方便。首先机械设备本身应能方便地运达安装地点,其次机械设备投产后的原料、产品应能方便地出场或入场运输。特别是公路施工及养护工程所用材料大多数量庞大,但自身价值较低,如集料、粉煤灰、石灰、水泥等。这些大宗材料应选择最廉价的运输方式,所以机械设备的安装地点应优先考虑是否方便这些材料的运输。因此,安装地点应尽量选择公路养护区域或公路工程的中心位置。

(3)安装地点应尽量选在原材料的供应地或产品的使用地,以减少往返运输,例如沥青(水泥)混凝土搅拌站,其消耗的所占质量比例最大的原材料是集料。因此,安装地点应考虑尽量减少这些材料的运输成本。

(4)大型公路施工机械一般以电为动力,因此在选择安装地点时,应考虑以工业用电和民用电为主,避免使用自发电。同时水源的远近,也应在考虑之列。

(5)具体安装场地的选择,应考虑地势的高低,以便于排水,利用自然地形,减少安装工作中的土方量,还要考虑采光、通风等因素。

(6)必须调查地下管线情况,诸如通信光缆、电缆、各种地下管道等。并且避开空中线路,诸如高低输电缆、通信线路等,以免对安装工作造成麻烦。

例如图 11-2 所示的混凝土搅拌站的选址。拌和场有时要堆储十几万立方米的砂料、石粉等易扬尘材料,拌和场本身又是噪声源,尤其沥青混合料拌和场产生的有毒烟雾,对空气质量影响较大。因此,拌和场应选择在靠近人口密集区常年盛行风的下风向,且使居民区包括施工企业自身的生活区处在“声影区”。当地盛行风向可在设计前,从气象部门获得。

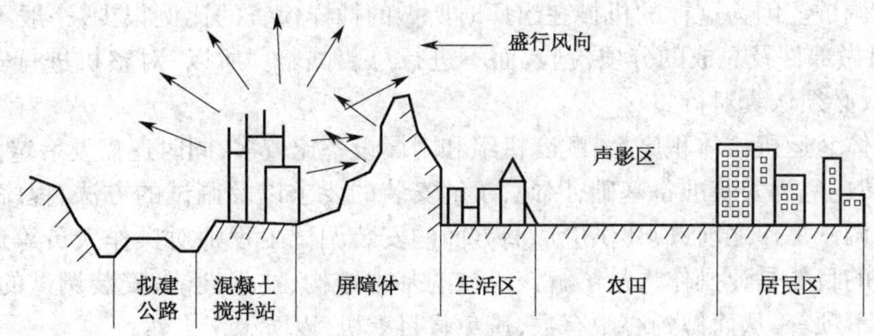

图 11-2 混凝土搅拌站的选址

三、引进机械设备的开箱检查

在引进的机械设备来到目的港前,订购企业要详细查询国家关于机电设备进口的具体政策规定,从速办理有关减免税批文,及时报送到机械设备到达港口的海关。引进机械设备到达港口后,订购企业应会同港口的商检部门按订货合同规定对卸下船后的机械设备进行岸检,并会签岸检记录。

将引进的机械设备运至工地后,订购企业先不予拆箱,而应提交合同、货运发票、船单、机械设备质量保证书等证副本给所在地商检部门,对到货机械设备的品种、数量、质量等提出检验申请。订购企业在工地对引进机械设备开箱检查时,需请商检部门人员参与。发现问题时应通过商检部门索赔。

开箱检查的主要内容如下:

(1)检查外观包装情况,看机械设备在运输装卸过程中有无受损的现象,若发现包装箱已受损开裂或严重变形,则应打开包装进行机械设备的外观检查,以便了解受撞击、挤压或损坏情况。

(2)按照装箱清单清点主机、附机、附件、易损件、专用工具、使用说明书及其他技术文件是否齐全,是否符合订货合同规定的内容,有无缺损。

(3)检查机械设备各部有无锈蚀,如有锈蚀,应及时进行防锈处理。

(4)凡属未清洗过的滑动面严禁移动,以防磨损。清除防锈油时最好使用非金属刮具,以防损伤设备。

(5)不需要安装的易损件、附件、工具等,应注意妥善保管。

(6)核对安装图、电气线路图、液压系统图与机械设备实际情况是否相符,接口位置及有关参数是否与说明书相符。

(7)检查后作出详细检查记录,对严重锈蚀、破损等,最好拍照或图示说明,作为向运输部门或供应厂商进行交涉、索赔的依据。

开箱及检查中获取的货运发票、船单、质量保证书、商检证明、有关图纸、说明书、引进机械设备的批文、订货卡片、合同等,应由订货企业机务部门的专人进行清理,归入机械设备技术档案。其中有关常用图纸、说明书还须及时组织专业技术人员进行翻译整理,装印分发,以便机上人员随时使用和基层使用部门技术人员备查。

四、机械设备的安装

解体装运的引进机械,在对各总成、部件、附件等配套机件进行外观检查后,应尽快组装并进行必要的调试。因为这样的机械在出厂时所做的抽样检查的比例很少,一般不过3%左右,其余97%只做部件及总成的分项检验,而不进行总装试验。所以,对整机进行安装调试就显得非常重要,必须认真对待。

由于解体装运机械体积庞大,配套机组和附属设备比较多,同时还需要一定面积的安装场地,有些机械还应为安装准备基础,因此,了解安装的要求以及调试的方法、程序就很有必要。在进行安装调试工作之前,应让供应厂商方面的安装调试工程师对操作人员等进行现场技术培训。培训的目的是让操作人员了解该机械的基本结构、技术性能、安装调试的具体方法、操作安全注意事项等,从而做到心中有数,避免盲目上机,以防患于未然。

(一)安装的组织与管理

解体装运的大型机械安装调试工作一般由订购单位同供应厂商配合进行。对大型的进口机械,购置单位应在供应厂商安装调试工程师到来之前,进行尽可能周密的安排。如选配操作人员、成立安装调试组(由有关业务领导、机械技术人员和操作人员、工程测试人员等组成),准备安装调试用的吊装及配套作业机具等。在选配操作人员时,应注意选择业务熟练、懂机械常识、反应灵活、责任心强的操作者。对于大型进口机械,须选配具有中专以上学历的技术人员担任机长,作为主操作者。这样方能用好管、好造价昂贵、性能先进的引进设备。

(二)安装调试费用的预算

为保证安装调试工作顺利实施和完成,必须先做好安装调试费用的预算工作。也就是根据安装调试计划程序,进行运输费、安装费、调试费、拆卸费及其他费用的预算。

1.运输费用的预算

在安装计划中,机务部门应根据解体装运的机械各部的体积和质量,安排不同运输能力的车辆,并根据解体装运对象的数量,确定各种运输车辆的运输车次。据此,负责安装调试费用预算的人员，可按相应运输的吨公里运费、搬运里程计算运输费用，也可据台班费用定额和台日数计费。在进行运输费用的预算时，要注意估算装卸、捆绑及运输台班费或空车行驶费等费用。因为这些也是运输过程必然发生的。

2. 安装费用的预算

要根据安装计划，做出安装所需吊装设备、技术工人以及安装材料的费用预算。

3. 调试费用的预算

调试过程中，需要燃油或电力等。对于一些大型机械，尤其是进口机械，必须经过一定小时的空载、重载、连续、间断的生产考核，因此常需要大量的工程材料，如碎石、沥青或水泥、砂砾、石灰或粉煤灰等。为了保证大型机械按调试计划运行，必须配备足够数量的各类配套机械与消耗材料。从以上分析我们可以看出，调试费一般由燃油或电力费、工程材料费、配套机械费、人工费、管理费等组成。各组成费用的预算应按各自相应的规定计取。

4. 拆卸费预算

拆卸过程和安装相反。所以，所需的机械与安装相同。但是，所需人员除技工外还需普工。一般拆卸费少于安装费。

5. 其他费用的预算

如看管费等。此项费用应根据实际情况进行测算。

(三)安装

解体装运机械安装一般包括安装基础施工（自行式机械无此项）、安装前的准备、安装等几个过程。

1. 安装基础施工

解体装运的大型机械往往需要安装在规定的基础上，并需进行找平、稳固，才能保证其工作质量、精度和稳定性要求。安装基础的施工，首先要求按安装平面布局图确定安装位置，放好机械的安装中心线，然后根据安装基础施工图的规定预制安装基础。另外，配套机械的运输通道、堆料场必须合理布局，同时予以修整；根据需要，可搭盖库房、栅栏等。

2. 安装前的准备

在安装之前，应再一次进行外观质量检查：如各种螺栓、螺母有无松动，焊接件焊接处有无裂纹、严重的气孔等缺陷，燃润油及水、气的储量及管道接头是否牢固，有无泄漏、电路布线是否整齐，绝缘性能如何，所有旋转、往复运动部位的安全保障机件的有效齐全程度怎样。此外，要进一步察看安装过程所需其他物资准备情况等。

3. 安装

安装过程须严格按制造厂安装指南或规定的安装程序进行。具体安装方法一般在该机械说明书中均有详述。

第五节　机械设备调试与技术验收管理

一、调试试运转

不仅是解体装运的大型机械设备在安装后需要进行调试，实际上所有新增、更新、自制、改造、大中修机械设备，以及那些整机装运的机械设备，在投入使用前都必须进行调试。

调试过程中，现场机械技术人员和随机操作人员须及时到位，主动了解机械的性能、工况、调试程序，有关装置的操作控制等。在现场必须有机械技术人员笔录调试过程。调试过程的笔录属原始性记录，它是日后操作机械、撰写技术报告、解决遗留问题的重要依据。

1. 调试前的检查

在调试前，先按照有关技术文件和图纸复核各零部件、动力装置、传动机构、工作装置、行走部分以及各种电器设备、安全装置、金属结构等部分是否符合规定要求，润滑调整状况如何，是否有漏油、漏水、漏电、漏气等现象存在。另外，应按操作规程（说明书）做好一切准备工作，例如装好所有附件以及加满水、润滑油和燃料等。

在机械设备试运转前，必须事先进行人工调和，可先用手力对各部分进行试运转，注意观察其有无卡阻现象，是否安装配合有问题，在一切检查正常后方可进行空负荷运转。

2. 无负荷试运转

按操作规程（说明书）要求，进行平稳启动，柴油机在前两小时内应低速运转，而后转入高速运转。在平稳操作试验中，每种动作至少要重复进行三次；应反复观察动力装置和传动机构的工作状况，保证启动性能良好，运转均匀、平稳、声音正常，温升在允许范围内，无漏油、气、水、电现象；各种仪表显示准确；操作制动系统动作灵活、可靠。一旦出现问题，应立即停车检查和调整。

3. 有负荷试运转

无负荷试运转合格后，机械设备才能进行有负荷试运转，负荷应由小到大直到满载，其目的是确定机械设备的动力性能、启动性能、经济性能、操纵性能、制动性能、负荷性能、自动控制性能、安全性能和工作装置的工作质量，考核其是否达到正常使用和安全生产的要求。

有负荷试运转必须备有测定生产率、转矩、转速、振动、温度以及油耗等所必需的试验仪器设备，这些仪器设备制造商或修理厂都具备。

4. 试运转后的检查及要求

机械设备经过无负荷、轻负荷或重负荷运转后，各部件受到强度和稳定性等的考验，故必须对各部件可能产生的变形、松动以及密封性等情况彻底检查。

公路施工机械试运转时，运转情况一般应符合下列要求：

(1)柴油机运转正常，无异常声响；

(2)离合器分离和接合正常，不发抖、不打滑、无异常声响；

(3)变速器、分动箱以及各部件，不跳挡、不漏油、不过热，换挡轻便滑顺，无异常声响；

(4)制动器的制动鼓与摩擦片磨损均匀，制动效果符合要求；

(5)行走机构行驶平稳，不跑偏、转向灵活、准确、轻便、无剧烈振动和晃动，轮式机械车轮不偏拖，履带式机械不啃轨、不脱轨；

(6)操纵机构及安全装置动作灵敏可靠；

(7)工作装备效率不降低，运转正常，不发生破裂，无严重磨损和不正常的运转声响；

(8)机架、机身不松动和变形。

二、撰写安装调试技术报告

撰写安装调试技术报告是大型解体装运机械初次安装调试后，进行技术资产、财务验收的主要依据之一。所以，它也是一项必须做细、做好的工作。以下特别介绍安装调试技术报告的写法。

安装调试技术报告一般由摘要、前言、正文、结束语、参考文献、谢辞等部分组成。

1. 摘要

摘要的写作要求是简短、精练、完整。所谓简短是指摘要最短的只十几个字，长的为 300 ~500 字。精练是指摘要中要包含报告内容的精华；而完整则指它可以独立成篇。

2. 前言

前言（又称引言、绪言、绪论、引子等）的作用是引出所论问题的来龙去脉；回答为什么要写该文，以引起注意。为此，前言中应包括有关背景、目的、范围、方法和取得的成果的意义。前言一般比较短，1 万字的安装调试技术报告只需 300 字前言即可。

3. 正文

正文是安装调试技术报告的主体。其写法因安装调试的机械设备不同而异，没有固定的形式。一般正文应记述以下内容：

(1)安装、调试所用的工程材料、来源、成分及其性能等；

(2)安装、调试所用配套机械、辅助设备、仪器、装置及其作用，如果是常用机械设备，只需注明规格型号即可；

(3)说明安装、调试的全过程，并指出操作上应注意的关键之处。

以上三点详略程度，应以读者能再现安装、调试状况，并得出与文中相符的结果为准。技术报告内容比较专深、具体。它作为科技文件，既有学术介绍性的一面，又涉及某种程度上保密的一面。所以，若涉及保密内容，应使用代号或轮廓图表示，也可只提供外观图片。

(4)结果与分析。结果指安装调试测得的数据及观察到的现象。调试结果需进行整理，以从中选出最能反映事物本质的数据或现象，制成图表或拍成照片。分析指从理论上剖析和解释。结果和分析可以合起来写，内容较多时，也可分开写。

4. 结束语

结束语指正文之后的结论、结语、结言或总结等。它是整个安装、调试过程中的结晶，是全篇报告的精髓，是读者最关心的部分。写结束语时应注意，不要重复前面的结果与分析，不要使用“大概”、“可能”、“大约”、“差不多”之类模棱两可的词。得不出明确的结论时，要指明有待于进一步探讨；结束语一般都很简短。1 万字的报告，其结束语通常只有 300 ~ 500 字，甚至更少，而且多数是采用条款的形式。

5. 参考文献

参考文献是技术报告的重要组成部分。它具有以下三个作用：

(1)分清成果的归属；

(2)为读者提供查找原著的线索；

(3)提供科学依据，使读者确信技术报告的内容。

参考文献的书写要符合规定的书写格式。

6. 谢辞

谢辞的作用是向在安装、调试和撰写技术报告过程中曾给予帮助、支持、指导的人及部门致以谢意。同时，也是载明安装、调试过程中有关部门及人员的工作内容、成绩的一种方式。

撰写安装调试技术报告,要注意与论文的区别。应详略得当,主次分明。不要像流水账一样,把某年某月做了些什么调试统统写入报告,使人不得要领。

三、机械设备技术验收的管理

这里主要介绍进口机械设备的验收和自制设备的验收。

(一)进口机械设备的验收

进口机械设备必须报请国家商检部门进行检验,保证在索赔期内处理完所发生的问题,避免经济上遭到不应有的损失。由于进口机械设备的验收手续繁多,不同于国内设备的验收,它牵涉到一系列的外贸和外运等事务,是有关国家权益的大事,必须作好各方面的准备工作。

1. 验收准备

进口机械设备多数是由海运运到我国港口。对于海运运来的机械设备,在接到国外发货通知单前,即应根据签订的合同先与有关企业联系,这些企业有:

外运公司:负责代运发货;

远洋公司:负责国内船只调度,掌握船舶靠岸时间等业务;

理货公司:负责船货的清点、理货、保管等业务;

口岸:负责轮船靠岸后,卸船、装车、起重设备的使用等业务;

铁路:负责发运,车皮计划,调度车皮等业务;

海关:负责海关检查事务。

当货物到达合同规定的港口时,立即组织人员前往到货港口,进行联系接货。接货人员应事先熟悉掌握到货情况,如批货件数、箱号、包装、重量等情况。

2. 口岸查验

口岸查验由各有关企业进行,接货单位应配合做好查验工作。必须抓紧数量与外观的检验。理货公司对到货要进行清点,做到数字准确,批次清楚,严格分清原残和港残。原残是到达国内港口以前损坏的;港残是在轮船靠岸后卸装时损坏的。对机械设备残缺情况及原因要详细记录,或照相备查,并及时取得船方和港务部门的签证。商品检验局要做好登轮查勘和口岸验残工作。在口岸验残确有困难的,及时办理易地检验。外运公司应及时向有关部门提出装卸、转运要求,做好接货和转运工作。对残损机械设备查明致损原因,及时向商品检验局和中国人民保险公司申请办理索赔,并采取必要措施,修复包装,避免扩大损失。

3. 现场检验

现场检验工作由使用企业进行,包括开箱检查、安装及试运转。

4. 注意事项

进口机械设备如有合同规定不能拆检的项目或部位及卖方铅封的技术专利,拆检后不能恢复原有精度或易导致零件损坏的项目或部位,不得进行拆检。

在机械设备保证期内,不宜对其进行技术改造,以免卖方借口推卸保证责任。但在保证期满以前,必须对机械设备进行一次全面检查,以鉴定是否还有遗漏问题。

(二)自制机械设备的验收

自制设备管理最重要的环节是质量鉴定和验收,其主要内容有:

(1)根据设计任务书和设计图纸要求和有关的技术标准、规范,召开验收会议,鉴定设备的功能、技术参数是否达到设计要求，并进行技术评价。鉴定合格后，由质量检验部门发给合格证。

(2)设计部门应将经过修改的设计图纸、技术文件资料、使用说明等全部交设备管理部门归口建档管理。

(3)制造企业应将全部质量检验(包括精度检查、性能试验)合格证书及产品加工记录、制造过程中的技术文件修改凭证、工艺试验资料以及制造费用结算资料等移交设备动力部门签收。

(4)安装调试并进行试运转合格后，由设计制造部门向机械设备使用及管理部门办理移交手续，再由机械设备管理部门办理固定资产建账手续，建立机械设备档案，并按规定通知财务部门开始提取折旧费。财务部门对制造费和材料费要进行成本核算，其结算资料由财务和设备部门共同审核。

(5)安装、调试和技术验收后要进行总结。经过对安装调试技术报告、文件资料的审查，现场的考察，才可决定能否通过技术验收。通过技术验收后，才准予办理资产、财务手续，才准交付使用。未经技术验收，不得入账和投入使用，否则会造成责任不清。对于安装、调试中出现的失误，要认真总结，对存在的问题，要分清责任，及时处理。有关索赔事宜，必须在有效期内妥善解决。

机械设备验收单见表11-2。该单逐栏填写清楚，签字后和随机文件资料一起交机务部门存档。

机械设备验收单 表11-2

<table>
<tr><td colspan="2">机械名称</td><td colspan="5"></td><td>规格型号</td><td colspan="3"></td><td colspan="2">生产厂商</td><td colspan="2"></td></tr>
<tr><td colspan="2">出厂日期</td><td colspan="5"></td><td>出厂编号</td><td colspan="3"></td><td colspan="2">验收日期</td><td colspan="2"></td></tr>
<tr><td rowspan="4">设备组成</td><td rowspan="2">动力</td><td>主</td><td>名称</td><td></td><td>厂牌</td><td></td><td>规格型号</td><td></td><td>功率</td><td></td><td>编号</td><td></td><td>出厂日期</td><td></td></tr>
<tr><td>副</td><td>名称</td><td></td><td>厂牌</td><td></td><td>规格型号</td><td></td><td>功率</td><td></td><td>编号</td><td></td><td>出厂日期</td><td></td></tr>
<tr><td colspan="2" rowspan="2">配属机组</td><td>名称</td><td></td><td>厂牌</td><td></td><td>规格型号</td><td></td><td>功率</td><td></td><td>编号</td><td></td><td>出厂日期</td><td></td></tr>
<tr><td>名称</td><td></td><td>厂牌</td><td></td><td>规格型号</td><td></td><td>功率</td><td></td><td>编号</td><td></td><td>出厂日期</td><td></td></tr>
<tr><td colspan="3">随机文件资料</td><td colspan="2">使用说明书</td><td colspan="2"></td><td>产品合格证</td><td></td><td>图纸</td><td></td><td colspan="2">零件目录</td><td colspan="2"></td></tr>
<tr><td colspan="8">随机工具及附件</td><td rowspan="6">验收情况</td><td colspan="4">1. 质量是否合格</td><td colspan="2"></td></tr>
<tr><td colspan="2">名称</td><td colspan="2">规格</td><td colspan="2">单位</td><td colspan="2">数量</td><td colspan="4">2. 构件是否完整齐全</td><td colspan="2"></td></tr>
<tr><td colspan="2"></td><td colspan="2"></td><td colspan="2"></td><td colspan="2"></td><td colspan="4">3. 外部是否完好无损</td><td colspan="2"></td></tr>
<tr><td colspan="2"></td><td colspan="2"></td><td colspan="2"></td><td colspan="2"></td><td colspan="6" rowspan="3">4. 需要处理的问题或其他事项：</td></tr>
<tr><td colspan="2"></td><td colspan="2"></td><td colspan="2"></td><td colspan="2"></td></tr>
<tr><td colspan="2"></td><td colspan="2"></td><td colspan="2"></td><td colspan="2"></td></tr>
</table>

机务负责人签字： 验收人签字：

第六节 机械设备的索赔

索赔是产品交易活动中经常发生的现象，是一方当事人违反合同后，另一方当事人采取的法律补救措施。因为涉及直接经济利益，更牵涉到一家企业的信誉，不经过一番艰难的说理和力争，对方一般不会轻易答应索赔方的索赔要求。因此要取得索赔的成功，必须做到有理、有利、有节。

这里主要介绍进口机械设备的索赔。对从国外购置的机械设备进行开箱检查、安装调试后,发现机械设备有缺损、质量低劣或延期运转等而造成损失时,需请商检部门进行检验和技术鉴定,办理公证手续、填写有关资料和证明文件,购置企业可按照机械设备订货合同中确认的索赔与仲裁条件,通过外贸部门向外商或运输部门索赔,并按下列情况追究经济责任。

1. 缺损索赔

按所购机械设备的装箱单查出短缺或不配套时,卖方或出口厂商应予赔偿。为了防止此类情况发生,签订机械设备订货合同时应规定装运前须经过适当的检验和办理公证手续。

2. 运输部门责任赔偿

有关运输部门的责任范围,在签发的提货单上多有明文规定。运输部门的责任时间应自提货时起至货物卸完为止。关于货物状况,如提货单载明货物收到情况良好,则收货人凭此单提货时,运输方应负责交付情况良好的货物,因此,货物在运输途中如有缺损,除非属运输事故,运输部门都应负责。货物到站或抵港卸货时,如发现包装破损,应另行堆放。一方面委托公证检验,另一方面由运输及收货人会同检验。若责任属于运输部门,收货人可依据公证人的检验报告,同时填写运输部门规定的“缺损证明单”,凭此向运输部门索赔。

向运输部门索赔时,除提出书面要求外,还要附以下文件供审查:公证人的检验报告或运输部门签发的“缺损证明单”、提货单副本、出口厂商的原始发票、出口厂商原包装清单;应付赔款清单。

3. 保险公司责任索赔

货物在目的地仓库码头提货以前,如发现损失属于保险公司的承保范围,则可向保险公司索赔。保险公司所负责任的大小随保险的种类而异。

4. 质量低劣与损坏索赔

如发现质量与合同规定的不符,其原因如属产品原设计制造上的质量问题或产品未经严格检验,其责任全在卖方时,则买方可向卖方索赔;如因受自然条件等不可抗拒力的影响而发生损坏,其责任需视具体情况及买卖双方合同的规定确定。

无论质量不合要求的原因如何,货物运到时都应委托公证人详加检验,并取得检验报告,然后按不同情况向有关方面索赔。办理质量问题的索赔必须迅速,除非合同中另有规定,外贸部门或买方必须于货抵达目的地港口后两星期内提出索赔。

由于质量的优劣不易断定,如合同无明文规定而责任又不易确定时,应由买卖双方协商解决,或采取“仲裁”方式处理。

5. 交货期拖延造成损失的索赔

因交货时间延迟导致的损失大致有:价格上的损失、资金利息上的损失、货物发生变化所受的损失、影响施工生产造成的损失。上述各种损失的责任在卖方、出口厂商或运输部门,但除非合同有明文规定,通常此类损失的索赔多有争执。因此,国际贸易习惯上采用预先防范的方式。其方法大致有:在信用证上规定卖方最迟装运日期,并限定必须提交装运提货单;规定必需的装运班期等。

6. 商检部门的责任

商品检验部门对使用企业的检验工作,要实行监督管理,把好对外出证索赔关。例如,凡有下列情况之一者,由商检部门凭买方或卖方申请,经过审核复验,出具商品检验证书:①卖方代表不在场，由使用企业检验发现问题的；②使用企业与卖方代表对设备存在质量缺陷意见不一致，需商品检验部门出面组织复验的；③卖方代表已签字认赔，但仍需商品检验部门的证书向分包厂商索赔的；④卖方委托我方修理的设备，需商品检验部门出具证明的。

7. 索赔金额

索赔金额包括设备和材料的损失，以及由此而产生的直接经济损失和检验费等项。对外索赔工作，一定要实事求是，对发现的问题要进行全面地分析研究，掌握索赔的证据和时机，提出合理的、切实可行的索赔要求，争取索赔的成功。同时，应注意索赔的时效性，以免本应得到的法律保护，因为超过时效而得不到赔偿。

第十二章　机械设备固定资产管理

第一节　固定资产的概念及管理概述

一、固定资产

固定资产是固定资金的实物状态，它能够在施工生产过程中长期使用而很少改变固有形态。随着它自身在施工生产过程中的磨损，逐渐地、部分地以折旧的形式将其价值转移到所施工的工程成本中。在实现价值转移时，其实物状态一般不发生明显的变化，所以称为固定资产。

施工企业为了进行施工生产，必须有足够的生产力。而生产力是由劳动力、劳动对象和劳动手段等要素组成，劳动手段中最主要的是机械设备。机械设备用货币资金来表现则称为机械设备固定资产。机械设备固定资产主要包括施工机械、运输机械、维修加工机械、动力机械、焊接热处理设备和混凝土、钢筋、木工机械等，这部分资产一般要占施工企业全部固定资产的绝大部分。

1. 固定资产与流动资产

(1)固定资产：是企业进行生产的物质基础，它的作用是把劳动力生产活动传导到劳动对象(原材料等)上去，或者是给生产活动提供物质条件(如运输设备、房屋等)。

(2)固定资产的特点：固定资产能够在生产过程中较长期使用，而不改变它的原有实物形态，它的价值，随其在生产过程中的磨损程度，以折旧形式逐步地转移到产品(或工程)成本中去。

(3)流动资产：也是企业生产过程中的重要物质条件，但它是起劳动对象的作用。

(4)流动资产的特点：流动资产参加一次生产过程，就会全部消失或改变它的原有实物形态。它的价值是一次全部转移到产品(或工程)成本去的。

2. 固定资产的特征

一般固定资产具有使用年限和单件价值两个特征：

(1)使用年限在一年以上；

(2)单项价值在规定的数额以上。

凡不同时具备这两个条件的，一般均作为低值易耗品，归流动资金处理。但为了有利于管理、有利于生产，对有的物品单项价值虽低于固定资产标准，但它是企业生产的主要机械设备，也可作为固定资产处理；对有的物品，虽然符合固定资产条件，但使用年限较短，容易损坏，更换频繁的也可作为低值易耗品处理。

3. 固定资产的补偿形式

机械设备固定资产始终全部参加生产过程，并在较长时间内反复执行相同的功能，而其价值则逐渐地、分期地转移到工程的成本中去，以折旧形式计入工程的成本，并从工程的收入中得到补偿，形成折旧基金。当原有固定资产报废时，利用折旧基金（转为更新改造基金）购进新的固定资产。

二、机械设备固定资产管理的基本任务和要求

1. 基本任务

对机械设备固定资产管理的基本任务是：

（1）正确掌握机械设备的调入、拨出、内部转移、拆拼以及报废、清理等情况，进行定期和不定期的清查、核对、做到账、物、卡三相符，保障机械的完整、齐全。

（2）检查分析机械设备的利用情况，加强维护、检修、保管和调剂平衡工作，尽量减少未使用、不需用机械的长期积压，以充分发挥机械设备这种固定资产的效能。

（3）按规定提存使用折旧基金和大修理基金，保证机械设备更新改造和大修理的实施。

（4）检查和纠正固定资产管理上的违章乱纪情况。

2. 管理要求

对机械设备固定资产管理要求：新增有交接；调拨有凭据；盈亏有原因；报废有鉴定；租借有合同；不准盲目购置；不准不按规定办理验收、交接、调拨、盘盈、盘亏和报废；不准擅自外借、赠送、变卖和换置；不准任意拆拼；不准多提或少提折旧、大修理基金；不准自行扩大折旧、大修理基金使用范围，不准挪用。如不遵守规定，而使国家财产遭受损失，对直接责任人将酌情给予行政、经济处罚，直至追究刑事责任。

3. 管理责任制

要做好机械设备固定资产管理工作，机务部门、使用部门和财务部门必须同心协力，互相配合。

（1）机务部门责任：机务部门负责机械设备实物验收、编号、发证、建账、填卡、建档、启用、调拨、封存、改造、报废处理等事项，并掌握使用机械的折旧和大修理基金。同时还参与机械设备的前期管理及使用管理。

（2）使用部门责任：使用部门协助机务部门负责机械设备的正确使用，妥善保管和精心维护，并对其保持完好和有效利用负直接责任。

（3）财务部门责任：会同机务部门研究改进机械设备固定资产管理工作；会同机务部门办理机械设备的验收，交接，调拨，租借，清查盘点，报废的审批、上报等财务手续；按照规定及时提存折旧、大修理基金；组织固定资产核算，建立账、卡，正确、及时、全面地反映、监督固定资产的增、减变动和使用情况。

机械设备固定资产管理工作，不仅政策性强、手续严格，而且业务性、技术性也很强，如固定资产的验收、技术档案的建立等工作。只有重视机械设备的固定资产管理，才可为加强其经济核算、健全经济责任制、改善机械设备管理奠定良好基础。

第二节　固定资产的验收

进入施工企业的机械设备，无非是新增、更新或改造的机械设备。它们只有通过固定资产验收手续，才能正式成为施工企业的财产——固定资产。

机械设备的固定资产验收主要由机务部门来完成，使用部门进行必要的协作。机务部门负责对机械设备的实物形态进行验收，而财务部门则是根据机务部门的实物验收意见，办理固

定资产的增、减变动等财务手续。

1. 验收人员

对于整机装运的或自行式的更新机械(包括技术更新、役龄更新),由于曾经使用,对其性能较熟悉,所以,仅由机务部门技术熟练、经验丰富的固定资产管理人员负责,操作人员协助,结合产品合格证和其他技术文件即可验收。

对于新增或改造机械(包括整机装运的或自行式的机械),由于过去没有接触过,或接触较少,对其性能较陌生,验收组织一般除了要有机务部门的固定资产管理人员外,还需本企业及上级单位的有关机械技术人员共同参与。如果是进口机械设备,必要时还需邀请商检部门参加验收。

2. 验收

对整机装运或自行式的机械进行固定资产验收时,首先要注意以下基本技术文件是否齐全。

(1)汽车或机械:产品合格证,产品使用说明书,主要配套装置使用说明书,原基本车型(或底盘)使用说明书,易损零件明细表,随车工具、附件清单。

(2)其他机械设备:产品合格证,机械设备使用维护说明书,易损零件图册,产品配件目录,随机专用工具、附件清单。

如果上述技术文件齐全,并与实物相符,那么就可以结合对机械设备外观质量和内在性能技术验收的结果,填写"机械设备固定资产验收单",以便完成资产验收工作。

对于解体装运机械设备的固定资产验收,须先进行组装、调试,然后根据调试成功的技术报告,结合其他技术文件办理验收手续。

第三节　机械设备固定资产的分类与编号

对机械设备进行编号,是为了方便管理,避免混淆。一台(辆)机械对应一个编号,这是最基本的管理办法,如同机动车辆的牌照号码的功用一样。在实际工作中对机械设备进行编号时,为了赋予编号更多的功用,即不仅具有一一对应的功用,而且从编号中还能看出是哪个企业单位使用、为何种类型机械以及购入的顺序等。另外,由于机械是整个施工企业固定资产的一部分,所以在进行机械编号时,还要满足整个固定资产目录的分类规定。可见,对机械设备进行统一编号,是一项复杂、细致的工作。

一、机械设备固定资产分类

一般施工企业为了方便固定资产管理,把生产设备(机床、锻压设备、热处理设备、维修设备)以及计量、测试、分析仪器等,连同机械一起划入机务部门机械设备管理范围。原交通部《公路养护会计制度》将公路机务部门管理的机械分为:施工机械、运输设备、生产设备以及计量、测试、分析仪器四大类。为方便固定资产管理,可把这四大类统称为机械设备固定资产。在进行机械设备的固定资产分类时,还要考虑方便其他管理。为此,根据大类中各机械设备用途不同,可将大类分成若干小类。如施工机械大类,按照机械设备在公路工程中的实际使用情况,划分为压实机械、路面机械等若干小类,每一小类又可按机型不同划分为若干形式的机械。划分时,要注意尽可能与国家有关部门颁布的标准中的类组划分相一致,同时还要体现机械装备现状与发展趋势。分类一经确定,即应保持一定时期内的稳定不变。

二、机械设备的编号

(一)编号方法

为了统一机械的固定资产编号方法,考虑国家有关规定对会计和统计方面的分类编号要求,拟采用三段式编号方法。第一段用两位阿拉伯数字,代表二级或三级机械设备管理机构(或核算单位);第二段是四位阿拉伯数字,代表机械固定资产分类中的大类、小类和名称。第一、二段由一级(或二级)机械设备管理单位统一编号(实际是固定编号)。第三段用三位阿拉伯数字,代表机械的顺序号。顺序号即购入的先后次序(凡是作为固定资产的机械设备,均按一个顺序往后编排)。第三段编号由二级(或三级)机械设备管理单位编排,各节中间用一横线连接,如图12-1所示。

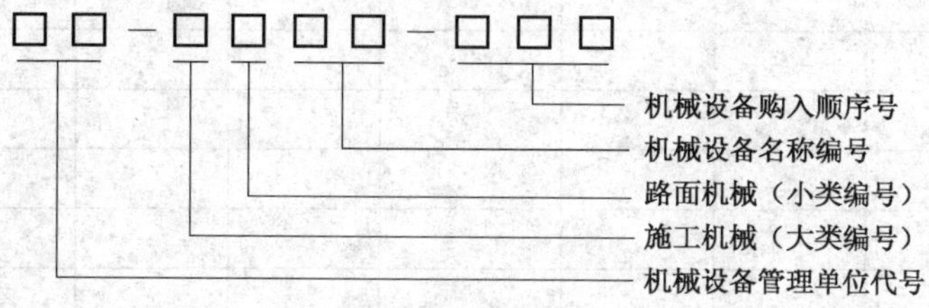

图12-1　三段式编号图

从图12-1中我们可以看到:第一段,即二级(或三级)机械设备管理单位代号较少,很容易记住。第三段,即机械购入的先后顺序号,根据实际发生次序而定。唯有第二段,即代表固定资产大类、小类和机械名称的编号,不易记住。为此,需事先将第二段编印成册,供有关人员编号时使用。

(二)编号的使用

使用机械设备编号时,要注意以下事项:

(1)小型设备、仪器及有固定停放场所的机械,最好统一制作金属标牌,钉(或粘)在合适位置。大、中型流动性机械、可用油漆喷涂或钉标牌的方法。

(2)成套设备的主机、辅机等应采用同一编号。

(3)如果统一编号目录中查不出所要编的机械,不要随意自编,应及时同制订目录的管理机构商定统一编号。

(4)除建账、填卡、建档必须使用规定的三阶段、九位数字的编号外,日常填写配件领料单、领油单、机械设备使用情况报表以及进行统计分析、核算时,为方便起见,可以只使用规定编号中的第三段(即顺序号)。如某企业轮胎式沥青混合料摊铺机的编号:03-2323-062,日常使用时可以只用第三段062表示。

(5)当机械设备经过使用后,出现报废与增添,数量上发生了增减时,最好采用优先填补缺号后增编新号的办法。

第四节　机械设备台账、卡片及技术档案管理

一、台账、长片的建立与管理

台账、卡片是用来简要反映机械设备主要情况的原始性记录。正确地建立与管理台账、卡

片是机械设备管理的重要环节。所以,各级机务部门都要建立机械设备台账和卡片,指定专人管理,认真填写。做到账、卡、物相符。机务部门和财务部门的账、卡均应相符。

1. 机械设备台账

机械设备台账按固定资产分类来列账,以机械设备的编号为顺序,在机械设备增减时填写。它能反映各类机械设备的数量、增减变化、分布情况以及每台机械的主要技术、数据、来源、原值和现属单位等,是机务部门掌握机械设备基本情况的依据。机械设备台账见表 12-1。

机械设备台账 表 12-1

序号	机械设备管理编号	厂牌	规格型号	来源	原值/净值	使用、调动登记				备注
						日期	单位	日期	单位	

2. 机械设备登记卡

机械设备登记卡,为一机一卡。除记录本机的技术性能、价值、来源及附属装置外,还包括机械设备试运转、维修、改装、事故等主要记录。机械设备登记卡片应按机械设备编号顺序存放在卡片箱内。卡片可连续使用,不需要更换。机械设备外调时,卡片应随机转移。机械设备报废时,卡片应附在报废申请表后送审。机械设备的台账、卡片不得任意涂改、撕换或填写无关内容。在机构变动或产权变动时,应将账、卡随物移交。在交换中发现账、卡、物不符时,应查明原因。机械设备登记卡见表 12-2。

机械设备登记卡 表 12-2

设备编号		制造厂		原值(元)	
设备名称		出厂编号		复杂系数	
型号规格		出厂年月		电动机	
设备重量		耐用年限		安装地点	
外形尺寸(mm)		安装年月		类别	

附件及配套设备				附属电动机					
编号	名称	型号规格	数量	型号	功率(kW)	转速(r/min)	电压(V)	作用	备注

二、技术档案的建立与管理

机械设备的技术档案属科技档案。它是自机械设备购入开始直到报废为止整个过程中的历史性技术资料,是机械设备管理不可缺少的基础工作。一套独立、完整的机械设备技术档案,可以满足许多机械设备管理人员的日常查阅需要,其作用是很大的,也是其他技术书籍无法取代的。

(一)技术档案的内容

并不是所有有关机械设备的使用、管理、维修等文字性记录、资料都要归入技术档案。只有那些具有较为重要参考或阅读价值的技术性、技术运用性的使用记录资料才需归档。需归档的资料包括原始性资料和积累性资料。

1.原始性资料

(1)新增机械必要性审查计算书及购置、报废申请单。

(2)自制自改机械方案论证,技术设计(主要是计算书及图纸)资料。

(3)随机原始技术文件。如产品合格证、产品使用说明书,主要附属装置使用说明书,安装调试指南及安装地基图,易损零件明细表或图册,配件目录,随机工具或专用工具,附件清单等。如果是旧机调拨,也应从调出单位接收上述原始资料。

(4)有条件收集到的部分或全套加工装配图纸等。

(5)其他具有长期参考价值的静态技术性能数据资料以及图片资料。

原始性资料需要统一登记并分单机装入技术档案盒内。

2.积累性资料

(1)走合记录或安装调试过程记录,安装调试技术总结报告,固定资产验收单,交接清单及有关手续签署文件;

(2)运转台时(公里)及运行消耗记录;

(3)二、三级保养记录;

(4)历次大(中)修理记录,修竣验收单、大(中)修费用结算清单等检修资料;

(5)机械设备改造、改装记录;

(6)技术状况定期普查(鉴定)记录及红旗设备检查评比记录;

(7)润滑油料更换记录;

(8)事故报告及分析、处理结论;

(9)机械设备调动记录;

(10)操作(驾驶)人员情况及更换记录;

(11)历年折旧费、大修费提取记录;

(12)其他有保存参考价值的使用、维修过程记录。

积累性资料要求按规定填入特别印制的技术档案本中,然后与原始资料一起存于技术档案盒中。

(二)技术档案的管理

1.技术档案管理人员的职责

(1)认真贯彻国家和本系统对技术档案管理方面的有关法律、工作制度,努力学习机械技术和业务管理知识,作好档案管理的各项工作。

(2)按上述归档范围及时收集、整理、保管本企业的机械技术档案及有关技术资料。

(3)建立技术档案的目的就是使用,所以要力争提高建档质量,以便向查阅者提供正确、完整的参考。

(4)建立必要的工作制度,如复制、翻阅、保管与销毁制度。

2. 技术档案管理的注意事项

(1)技术档案的建立与管理是一项专门业务。机务部门应主动与当地档案主管部门(档案局)取得联系,以接受其业务指导。

(2)技术档案能否发挥应有的作用,负责填写人员本身的工作态度、工作质量是关键所在。为此,机务部门应注意选择技术水平较高、工作认真负责的同志从事此项工作,也可以实行双重管理,即除了专门填写、保管技术档案的人员外,还要有一位主管技术员(或工程师)分管归档资料的鉴定、补充和更新,并定期检查技术档案的填写质量。

(3)应适当缩小建档机械设备范围,这样可使建档人员集中精力,保证主要机械技术档案的质量,具体哪些机械设备可以不建档,应由主管部门慎重决定。

(4)机务部门应适时组织技术档案的检查与分析工作会,以使档案内容更加充实、可靠,并分析机械设备使用、维修技术状况的变化情况,为改进工作和检查有关技术责任落实情况等提供依据。

(5)各种机械设备的所有随机技术文件或资料,均由机械设备所在企业机务部门归档保管,不得留存在个人手中或其他地方。凡是拥有多台同规格机械的,不必将每台机械设备的说明书、维修手册等共性资料,每档保存一份。操作人员常用的书籍可以长期借给。

(6)技术档案一般不外借。如确因工作需要,应报请有关领导批准并办理借阅手续,限期归还。借阅人员不得在档案上圈点、画线、涂改和作任何标志,更不准抽换或撕毁。因工作需要摘录档案内容时,需经管理人员同意后方可摘录。

(7)机械设备大(中)修时,一般不要将该机的技术档案随机入厂,因为这样做最容易污损和丢失档案。

(8)机械设备调出本企业时,全部技术档案应随机移交。

(9)报废的机械设备,其技术档案何时销毁,应严格履行审批手续,以避免将有保存价值的重要资料损毁。

第五节　机械设备的封存与报废

在正常情况下,按照机械设备的科学管理要求,构成施工企业自有技术装备总体的机械设备都应该是一些常用机械。对施工生产所必需而又仅仅短期使用的非常用机械,只能通过租赁或将部分工程量分包的办法来解决。所以,不应该也不允许发生机械设备大量长期闲置的现象。可是,由于现行管理体制、物资分配体制及施工生产形势的大幅度变化等原因,事实上各个施工企业都有相当数量的机械设备长期闲置。这一大批不能发挥效益的机械设备给企业管理带来了沉重的压力。有时,它们的保管质量也往往是低水平的,使企业财产蒙受不应有的损失。因此,原国家建委制订了机械设备的封存办法,来解决这一现实问题。从整个国家的角度来看,封存并不能解决什么实质性问题,它只不过可以起到以下两个作用:

(1)由于采取了正式的、集中的封存保管措施,使企业财产遭受自然损耗的程度降至最低限度,有效地保护了企业财产。

(2)减轻企业的压力。机械设备在封存期内,不考核各项指标,不提取折旧与大修理基金。

封存是机械设备管理一种临时性的权宜措施。随着管理体制的改革和管理水平的不断提高，封存的机械设备将逐渐减少，以致最后停止实行封存措施。

一、机械设备封存的条件及要求

机械设备封存的条件及要求如下：

(1)凡已停用6个月以上而又估计不为企业所需要的机械设备，由机械建制单位(公司一级)机务部门负责填写“机械设备封存申请单”，报上级主管部门批准后才能进行封存。

(2)凡申请封存的机械设备，必须做到技术状况良好，附件齐全。已损坏的机械设备应予修复并经验收合格后，才能封存。也就是说，不能把封存看成是一个卸包袱的机会，而把大量残缺欠修的老旧设备一下子排除在折旧提取及指标考核之外。更具体地说，应该做到“封好不封坏(指技术状况)，封短不封长(指运转台时)”。

(3)凡已批准封存的机械设备又需使用时，应首先由机械建制单位机务部门填报“机械设备启封申请单”，经上级主管部门批准后才能启封使用。严禁未经批准擅自使用封存的机械设备。

(4)对于已经封存的机械设备，上级有权随时调给其他单位使用，拥有单位不得借口拒绝外调。

对于新购入尚待分配的机械设备，对于由于“清产核资”清出的一些积压等待处理的机械设备，对于由于停修待料或某些技术问题短时修理不好的机械设备，对于等待调拨、改造、更新、报废的机械设备应参照关于封存机械的保养要求妥善保管，原机零部件不得拆卸、丢失，待批准后办理有关手续。

二、机械设备的报废管理

(一)报废的种类

机械设备的报废是固定资产管理的最后一个环节。机械设备一经报废，就终止其作为固定资产的全部历程，在设备账卡上也予以注销。机械设备的报废应是“设备退役，销账除名”的意思。根据不同的原因，报废可以分为：

1. 事故报废

机械设备由于重大设备事故或自然灾害等原因，损坏至无法修复或不值得修理而造成的报废。

2. 损蚀报废

机械设备由于长期使用以及自然力的作用使其主体部位遭受磨损、腐蚀、变质、变形，劣化至不能保证安全生产或基本丧失使用价值而造成的报废。一般情况下也无法采用修理方法来解决。这种类型的报废基本上也就是自然寿命终了的象征。

3. 技术报废

机械设备由于技术寿命终了而形成的报废。这种类型的报废也就是机械设备更新的前提。

4. 经济报废

机械设备由于经济寿命终了而退役。如果当时社会已有更先进的同类机械设备可供选用，那么这种类型的报废也应成为实现机械设备更新的一种机会。

(二)报废的规定及程序

机械设备的报废，应由施工企业的机务部门主持，组织报废鉴定小组进行技术鉴定和经济分析评价。对需报废的机械设备,应由机务部门会同财务部门、报废鉴定小组填制“机械设备报废申请单”一式五份。一份随申请报废文件底稿存查,其余四份随申请报废文件上报。

报废审查单位的有关主管部门(通常是机务、财务部门)对报废申请审核并签署意见后,一份存固定资产主管部门,一份随审批文件底稿存查,其余两份随审批文件下达申请报废单位。申请报废单位应分送机务和财务部门各一份,据以执行报废清理工作和注销固定资金。批准报废一律在上级管理单位,一般规定只在某一固定的上级管理单位。也可按单机原值高低来划分各上级管理单位的审批权限。报废程序如图12-2所示。

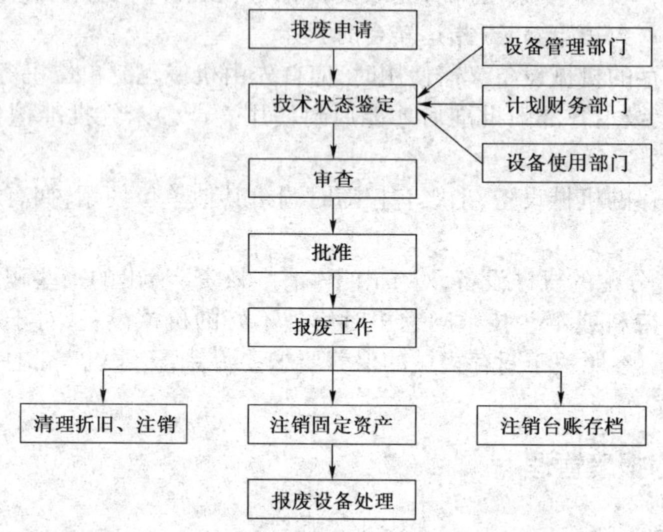

图12-2　机械设备报废管理程序框图

(三)关于报废机械设备的技术鉴定

对于报废机械设备的技术鉴定要注意以下几点:

(1)对未达使用年限且折旧没提完的机械设备,应从严掌握,特别是近年产品,一般不应提出报废的申请。如确属质量低劣,又不能继续使用的,方可考虑报废。

(2)不仅要对申请报废的机械设备进行技术鉴定,而且要查明报废原因,分清是正常磨损,还是使用不当、维护不力或保管不善的结果。特别是对未达到使用年限,过早报废的机械设备,更要找出经验教训,妥善处理。

(3)机械设备报废申请表经机务部门复核后,应由企业技术负责人审核。

(四)关于报废机械设备的折旧

机械设备应在提足折旧后才能报废。但由于盲目购置、设备失修或自然灾害、意外事故造成的报废,其未提足的折旧不再补提。如果由于使用不当、保管不善或由于事故造成的机械设备早期损坏报废,应酌情由责任人员负责赔偿,必要时给予一定的纪律处分,直至追究法律责任。

(五)关于报废机械设备的处理

对于报废机械设备的处理要注意以下几点:

(1)已批准报废的机械设备,除尚可能使用的辅机、附件外,不准转售给他人继续使用,以免使被淘汰的落后、效率低、能耗大的机械设备再次投入社会使用,将来再次申请报废更新。

(2)不能原机原形置原处。尚可利用的零部件应予以估价利用,不能利用的送缴金属回收企业。所得收入,作为机械设备报废残值必须用于设备的改造和更新。

(3)机械设备解体拆卸清理费可以从机械设备残值中支出。

(4)机械设备报废应做到账销物清、物尽其用。

第六节　机械设备的租赁管理

一、机械设备租赁的意义

租赁在我国是既古老又新鲜的行业。我国的租赁历史悠久,起源可追溯到原始社会(约4 000多年前)。当时产品的剩余产生了产品的交换,而在很多场合下人们需要频繁交换闲置物品,用后再归还,而不必让渡该物品与对方。这种仅仅涉及物品使用权的交换,是最原始形态的租赁。在我国历史上,文献记载的租赁可追溯到西周时期。

"租"是指以物件供给他人而获得的报酬,"赁"是指借他人物件而付出费用,这是租赁的广义概念。租赁是指出租人按照协议将物件交付给承租人临时占有或使用,并在租期内向承租人收取租金的一种商业行为。

租赁是一方当事人将自己的财物提供给对方使用、获得收益,对方当事人为此支付租金的业务。把自己的财产交给他人使用的一方为出租人,使用他人财产并支付报酬的一方为承租人,支付的报酬为租金。双方就这一法律关系达成的协议就是租赁合同。

现代租赁起源于第二次世界大战后的美国,其目的是为了扩大企业的销售能力,其特点是以承租人按照交纳租金的形式,使其以类似分期付款的方式最终获得租赁物的所有权。现代租赁业在工业发达国家和一些发展中国家已成为企业进行投、融资的重要渠道和进行设备促销的主要营销方式之一。

20 世纪 60 年代以后现代租赁以其独有的融资与融物相结合,金融与贸易相结合的功能,成为企业吸收外资、进行技术改造、促进投资及推动销售和出口的重要手段,在世界经济发展中发挥着越来越重要的作用。据介绍,经济发达国家的现代租赁业正处在高速发展时期,全世界租赁营业额在 20 世 90 年代末,年均增幅超过 20%,租赁业的市场份额占 GDP 的比例达20% ~30%。特别是在美国,其租赁的年渗透率(在机械设备采购方式中,融资性租赁所占的比例)为 30% 左右。而我国租赁市场的年渗透率仅有 1% 左右。另据介绍,国外发达国家施工企业自有机械仅占总体的 15% ~30%,其余的 70% ~85% 均靠租赁来解决。

与国外相比,我国现代租赁业起步于改革开放初期,强调货币而忽略货物,成为一种吸引外资的渠道,因此这一新兴产业在我国始终未能得到较快发展。其现代租赁业在资源优化配置和加速企业技术改造方面的投、融资功能和在生产流通环节中开拓市场、促进销售的功能也没有得到充分发挥。由于我国传统上采用粗放式经营模式,机械设备中长期利用率的总体水平偏低,施工机械租赁业还处在刚刚起步阶段。这预示着我国施工机械租赁市场存在巨大的发展空间和潜力。它可以为企业在合理配置机械装备,以及进行闲置机械设备的市场化经营上提供更多的选择机会。因此,对施工机械的经营者来说,了解机械设备租赁方面的知识,有利于在市场经济条件下，树立起新的机械设备租赁观念，并建立起相应的机械设备租赁制度。企业可以采取商品经营的办法，通过机械设备租赁、转让闲置机械设备、机械设备有偿占有等途径来增加经济效益。

二、机械设备租赁的优越性

1. 最大限度地提高机械设备的利用率

对施工机械实行集中管理，积极开展企业内、外部租赁，建立管理规范、运转灵活的租赁市场，能够有效地减少机械设备的闲置，提高机械设备的利用率。在建设任务较大的时期，良好的租赁市场可使机械设备的利用率提高30% ~50%。有效地改变了许多施工企业长期以来装备无偿占用形成的固定化配置，克服了其在生产急需时难以调度机械设备的困难局面。

2. 提高了机械设备的完好率

在机械设备租赁制中，对大型、专用施工机械及重要设备，实行专人管理，并进行成本考核，即每台机械设备要求定人、定机、定岗，甚至还可以要求每个操作手按操作机械原值的一定比例“带资上岗”，进行单机核算。各企业可以在每年制订出每台机械设备的利费指标，使工资与产值、利润挂钩，年终进行奖惩兑现，这一措施已在汽车运输行业有效使用，工程机械行业也可以借鉴。大型机械设备专业管理，还可以促进操作人员的责任心，使其重视机械设备维护保养工作，克服操作手的短期行为，从而提高机械设备的完好率，更保证了机械设备的回收率。

3. 有利于盘活企业资产，提高资金周转效益

实行机械设备租赁后，承租企业在租赁机械设备时，·般只需支付相当于机械设备原值10% ~20%的租金，即可拥有投入工程所必需的机械设备，大幅度减少了企业在购置机械设备上的资金投入，以及由此带来的管理、维修及操作人员等其他投入，使其其余资金仍然有效流动，促进资金周转，防止资金呆滞。对出租企业来讲，加速了机械设备的周转，使有限的资产创造了更多的效益，也就是提高资金的周转效益，促进企业快速发展。

4. 有利于实现专业化管理

机械设备租赁中的大、中型机械设备，因技术含量较高，需要有一支高水平专业化的队伍进行管理和维修。机械租赁公司使机械设备拥有量形成规模，使专业技术人员集中在一起，促进了机械设备维修的专业化和社会化，能够保证维修质量，降低机械设备的材料消耗和修理费用。

5. 可以减少技术落后的风险

当前，科学技术发展迅速，机械设备更新换代的周期大大缩短。企业根据生产需要短期(一般为1 ~2年或按月计算)租用机械设备，需用则租，不用则退，与购置机械设备长期使用相比，可以减少因技术落后、机械设备无形磨损严重所带来的风险和经济损失。

6. 有利于资产的保值、增值

广泛开展租赁经营，实行企业内部及外部的机械设备租赁，加速了机械设备和资金的周转。租赁收入确保了折旧费和大修费的足额上缴，有利于国有企业资产的保值、增值，股份制等企业群众集资的良好效益。

7. 可以促进企业加强经济核算，改善机械设备管理

在施工过程中，因各工序和施工工艺的要求，决定了所使用的机械设备在种类、时间、数量方面的随机性和复杂性，而每个项目需要的机械设备也不同。租赁机械设备必须按约、按时支

付租金，促进企业在租赁之前仔细论证，慎重决策。租赁之后，施工企业会充分利用租赁机械设备开足班次、减少闲置、用完即退，缩短机械设备租赁时间。这样会促使施工企业强化施工组织管理，充分发挥机械设备效能，降低生产成本，减少损失创造高效。

三、机械设备租赁的形式

以企业组织为界限，租赁分为外部租赁和内部租赁两种形式。外部租赁也称社会租赁，一般又分为经营性租赁和融资性租赁两种类型。内部租赁是经济责任制和经济核算制在企业内部的一种表现形式，其作用是明确机械单位与工程单位之间，部门与企业之间的责权利关系。

（一）经营性租赁

经营性租赁是指机械设备出租人与机械设备承租人之间就机械设备租赁业务订立租赁合同，由出租人向承租人出让机械设备的使用权，并按合同收取一定的租金，租赁期满后，由出租人收回机械的租赁形式。

经营性租赁适用于技术更新快、技术性强或利用率不高的机械设备。经营性租赁对于只在相对短期内需要一种机械设备的承租人是有相当吸引力的。这种租赁机械设备的形式适合公路工程施工企业采用，可减少企业固定资金占用，提高机械设备利用率。

经营性租赁的主要特点包括：

(1)承租人承租的目的在于获得机械设备的使用权，机械设备的保修、技术指导等专门性技术服务，由出租人负责，出租人保留机械设备的所有权。

(2)经营性租赁的租金单价相对于融资租赁要高。因为经营性租赁的租期较短，一般不超过一年，有的甚至几天或几小时，出租人承担机械设备陈旧过时的风险责任较大。

(3)经营性租赁的出租人可以利用专业化、规模化和品牌化经营的优势，提高机械设备的利用率。出租人在购买机械设备时，因为数量多，也可以获得购买折扣、节省保养和修理费用，从而使租金降低的空间更大，价格定位上更具竞争力。

（二）融资性租赁

融资租赁亦称作金融租赁，是指出租人购买承租人选定的机械设备或其他物资，将之作为租赁物出租给承租人，承租人按约定条件取得租赁物的长期使用权，支付租金，租赁期届满后，承租人按约定留购、续租或退还租赁物的一种租赁方式。

融资租赁是一种以融物代替融资，融物与融资密切相关的信用形式。它由出租人出资购买机械设备，而承租人只须交付约定租金即可享有机械设备使用权，如同出租人向承租人提供了购买所需机械设备的全部信贷。因此，融资租赁具有浓厚的金融色彩，是一种具有分期付款销售商品性质的借贷活动。

融资性租赁，一方面可以减少企业的资金占用，对于缺乏资金的企业来说，融资性租赁可以从租赁机械设备所获得的收益中逐年分期偿付租赁费用，不失为一项灵活的筹措长期资金的办法；另一方面，融资租入机械设备必须在一个较长时期中支付租金，增加了承租人的经济责任，促使企业提高租入机械设备的使用效益。在我国，融资性租赁业务是由国家批准的租赁公司及其他金融机构办理的，其他企业不能从事此项业务。

融资性租赁具有以下一些特点：

(1)涉及三方当事人——出租人、承租人和供货商。出租人与承租人之间签订租赁合同，出租人与供货商之间签订买卖合同，但选定机械设备则需要承租人与供货厂商洽谈。如果出租人资金不足的话，还需要与金融机构签订贷款合同。

(2)由于拟租赁的机械设备是由出租人完全按照承租人的要求和选择去融资购买的，所以出租人对机械设备的性能、物理性质、机械设备缺陷、延迟交货以及机械设备的维修保养等均不负责任，承租人不能以上述理由拖欠或拒付租金。

(3)出租人可在一次租期内完全收回投资并盈利。基本上出租的机械设备只租给一个特定的用户使用。租期一般为3～5年，有的可达10年以上。

(4)为了保障出租人与承租人双方的利益，在租赁合同期内，双方均不得中途解约，只有当机械设备毁坏或被证明已经丧失使用效力的情况下才有可能终止合同。由于出租人已为机械设备垫付了资金，合同的终止以出租人的利益不受损失为前提。

(5)租赁机械设备的所有权与使用权相分离，在法律上所有权属出租人，在经济上使用权属承租人，承租人应当在使用期间定期维修并妥善保护其所租赁的机械设备。

(6)在租赁期满时，承租人一般对机械设备有留购、续租和退租三种选择，并有选择优先权。但一般对承租人的身份资格要求较高，表12-3为承租人需要提交的材料。

承租人需要提交的材料　　表12-3

序　号	目　录	备　注
一	承租人需提供或填写的资料	
1	营业执照复印件，组织机构代码证复印件	
2	法人代表、总经理及其他高管人员简历	
3	法人代表证明书、法人授权委托书、法人及被授权人身份证复印件	证明书及委托书应附相关身份证复印件
4	企业近期的半年与去年的财务报表	
5	项目立项批文	
6	董事会决议及董事会成员认定书、签字字样	原件
7	项目可行性报告	
8	验资报告，公司章程	
9	贷款证	附中国人民银行打印贷款记录
10	抵/质押物权属证明，抵/质押物评估材料	不超过1年有效期
11	税务证	
二	担保方名称及情况介绍	
1		
2		
3		
4		

注：所有复印件须加盖公章，经办人员注明"已核原件无误"，署名并写上日期。

融资性租赁是在现代化大生产、信用制度和投资预算技术高度发达的条件下，产生的一种最为复杂的融资和贸易方式、一种新型的信用方式和投资方式。它已成为企业进行机械设备更新、技术改造的重要手段。

融资性租赁的基本模式如图12-3所示，其基本操作流程如下：

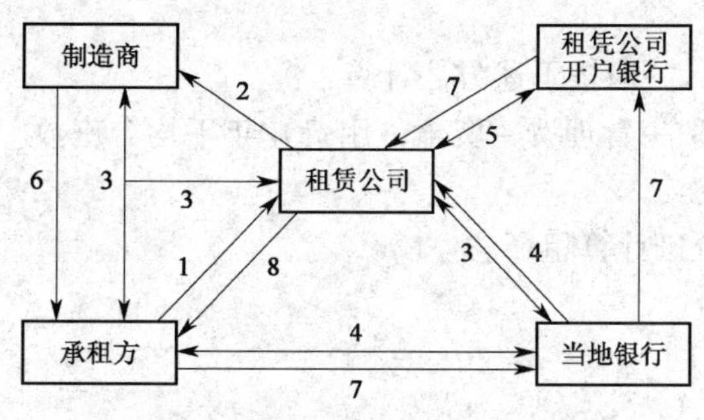

图 12-3　融资性租赁的基本模式框图

(1)承租方自行寻找机械设备制造商或委托租赁公司寻求机械设备租赁;

(2)租赁公司与制造商联系;

(3)承租方与租赁公司签订融资租赁合同,租赁公司与制造商签订购买合同,制造商按承租方要求供货;租赁公司与用户当地银行签订银企合作协议;

(4)用户当地银行为承租人做出租金偿还担保,向租赁公司出具银行担保函;

(5)执行租赁公司与其开户银行签订的长期银企合作协议;

(6)制造商将机械设备交与承租方;

(7)承租方每年通过用户当地银行将租金支付至租赁公司的开户银行,开户银行扣除贷款利息后将其余租金转交给租赁公司;

(8)租金支付完后,租赁公司以名义价格将产权转让给承租方,合同结束。

(三)内部租赁

企业内部租赁制与社会租赁制虽然都是以收取台班租赁费作为提供机械设备服务的前提,但它们在责、权关系方面有着根本的不同。

社会租赁制中出租方与承租方分属于两个独立的企业系统,除了等价交换的经济关系以外,不存在其他任何额外的义务,双方属于是一般意义上的甲乙方关系。

而内部租赁制则不然,作为出租方的机械单位和作为承租方的施工单位,均属于一个企业系统。首先,机械单位的职责是为本企业的施工生产服务的,它承担着按批准的施工生产计划,向施工单位供应施工所需机械设备的义务。按台班收取费用不过是双方用经济约束的方法提高机械设备使用效益的一种手段,与承担的义务相比处于从属地位。其次,机械单位又是本企业的一个组成部分,各级机械单位都要对上一级机构负有完成各项技术经济指标的义务,包括国家现行的完好率、利用率、机械效率指标以及流动资金占用额、降低成本指标等。机械单位是在上述两个原则的基础上以内部租赁为手段实行独立核算的。

此外,社会租赁一般只需根据单项需要签订临时或长期的机械设备供需协议,协议执行完了,双方一切责权利关系随之也就终止了。而内部租赁则不然,双方需根据企业施工生产的年、季和月度计划建立长期的经济关系,把机械单位和施工单位必需面向生产,并为企业施工服务的宗旨用经济合同的形式固定下来,这是内部租赁的最基本特点。

四、机械设备租赁中的经济核算

1. 台班规定

(1)常规情况下,机械设备每天工作 8h 为一个台班;每天工作超过 4h,不足 8h 为一个台班;不足 4h 的按半个台班计算。如果当天工作时间超过 8 个小时,超出时间可按上述办法累加计算台班。

(2)不允许隔日累计工作时间计算台班。

(3)停机台班可按工作台班 30% ~50% 计算,停机一天算一个停机台班。

2. 台班费的确定

台班费可按机械设备的不同,分别进行计算。一般按下述方法计算:

(年折旧费 + 大修费 + 经常性修理费 + 油料费 + 管理费 + 资金占用费)/年平均台班数。

3. 租金的计算方法

(1)按机械设备台班费:以实用台班 + 停机台班计算租金。

(2)按机械设备台班费:以日历天数计算租金。

(3)月租赁费用包干计算租金。

(4)按完成的实物工程量计算租金。

4. 租赁合同及合同内容

(1)租赁机械设备的名称、型号、数量、技术状况及用途。

(2)租赁期限(进场、出场的时间确定)。

(3)租金结算及交纳期限,其中要明确台班及停机台班的规定,确定台班费、租金结算期限等。

(4)往返运输调迁费用的确定。

(5)安全防范及现场管理责任明确。

(6)违约责任及处罚规定。

(7)争议的解决方式。

(8)其他事项如:人员食宿、油料、材料供应等。

第七节　机械设备的固定资产折旧

一、折旧的特点和作用

机械与材料不同,材料在每个生产周期中都要消失或改变它的原有实物形态,它的价值是一次地全部地转入产品成本。而机械则是较长时期内多次参加产品生产过程,它的价值不断地、部分地转入到产品成本中去,这是因为机械在使用过程中会逐渐磨损,它的价值随着磨损程度逐渐降低。也就是说,它的原值是按照每月、每年或每台班磨损的程度,一部分一部分地转移到机械使用费的成本中去的。这部分由于磨损而转移到成本中去的机械价值(原值的一部分)称为折旧。把机械因磨损以致报废而转移到成本中去的价值,不断提取出来并加以积累,便形成折旧基金。

机械在使用过程中,其性能是要随着磨损变坏的,为了保证正常运转,延长使用寿命,必须进行大修理(即大修)。修理的费用都要转入机械使用成本中。但是根据机械大修理的特点(大修理范围大、费用高、周期长、次数少),为了避免因一次交付较大的修理费用造成机械使用成本不合理的波动,保证大修理的资金来源,国家规定必须仿照固定资产提取折旧基金的办法,不断从成本中提存机械的大修理基金,作为实际发生的机械设备大修理费用的开支来源。

折旧基金是施工企业进行机械更新改造的重要资金来源,大修理基金是对机械进行大修理以恢复其性能、延长使用寿命的重要资金保证,必须认真提取。不提或少提折旧大修理基金,将使企业机械设备因得不到相应的更新改造等专用资金而逐渐萎缩,直至丧失原有装备。

二、固定资产的折旧

施工企业计提固定资产折旧一般采用平均年限法和工作量法。技术进步较快或使用寿命受工作环境影响较大的施工机械和运输设备,经财政部批准,可采用双倍余额递减法或年数总和法计提折旧。企业机械设备年限可参见表12-4。实行工作量法的,其总行驶里程、总工作小时可按同类固定资产折旧年限换算确定。

机械设备年限 表12-4

类 别	折旧年限(年)	类 别	折旧年限(年)
一、施工机械	10~14	三、生产设备	8~10
1.起重机械	5~7	1.木工加工机械	10~14
其中:单转电动起重机	10~14	2.金属切削机床	10~14
2.挖掘机械	10~14	3.锻压设备	7~10
3.土方铲运机械	10~14	4.焊接及切割设备	4~5
4.凿岩机械	4~5	其中:等离子切割机	4~5
其中:内燃凿岩机	4~5	磁力氧气切割机	10~14
风动凿岩机	4~5	5.锻造及热处理设备	11~18
电动凿岩机	10~14	6.动力设备	8~10
5.基础及凿井机械	8~10	其中:电动空压机	8~10
6.钢筋及混凝土机械	4~5	柴油空压机	8~10
其中:混凝土输送泵	8~10	柴油制氧机组	8~10
7.皮带螺旋运输机	8~10	液化气循环压缩机	8~10
8.泵类		高压空压机	8~10
二、运输设备		轴流风机	8~10
1.汽车及拖挂	6~12	7.维修专用设备	8~10
2.小型车辆	6~12	8.其他加工设备	8~10

施工企业按照上述规定,有权选择具体折旧方法和折旧年限,在开始实行年度前报主管财政机关备案。

(一)平均年限法

采用平均年限法计算固定资产折旧率和折旧额的公式为:

$$年折旧率=\frac{1-预计净残值率}{折旧年限}\times 100\% \tag{12-1}$$

$$月折旧率=年折旧率\div 12 \tag{12-2}$$

$$月折旧额=固定资产原值\times 月折旧率 \tag{12-3}$$

净残值率按照固定资产原值的3%~5%确定,净残值率低于3%或者高于5%的,由施工企业自主确定,报主管财政机关备案。

(二)工作量法

采用工作量法计算固定资产折旧额的公式为:

1. 按照行驶里程计算折旧

$$单位里程折旧额 = \frac{原值 \times (1 - 预计净残值率)}{总行驶里程} \quad (12\text{-}4)$$

2. 按照工作小时计算折旧

$$每工作小时折旧额 = \frac{原值 \times (1 - 预计净残值率)}{总工作小时} \quad (12\text{-}5)$$

(三)双倍余额递减法

采用双倍余额递减法计算固定资产折旧率和折旧额的公式为:

$$年折旧率 = \frac{2}{折旧年限} \times 100\% \quad (12\text{-}6)$$

$$月折旧额 = 固定资产账面净值 \times 月折旧率 \quad (12\text{-}7)$$

实行双倍余额递减法折旧的固定资产,应当在其折旧年限到期前两年内,将固定资产净值扣除预计净残值后的净额平均摊销。

(四)年数总和法

采用年数总和法计算固定资产折旧率和折旧额的公式为:

$$年折旧率 = \frac{折旧年限 - 已使用年数}{折旧年限 \times (折旧年限 + 1) \div 2} \times 100\% \quad (12\text{-}8)$$

$$月折旧额 = (固定资产原值 - 预计净残值) \times 月折旧率 \quad (12\text{-}9)$$

折旧年限和折旧方法一经确定,不得随意变更。需要变更的,由施工企业提出申请,并在变更年度前报主管财政机关批准。

计提折旧的固定资产,包括房屋及建筑物、在用施工机械、运输设备、生产设备、仪器及试验设备、其他固定资产,季节性停用、修理停用的固定资产,融资租赁方式租入和经营租赁方式租出的固定资产。

不计提折旧的固定资产,包括除房屋及建筑物以外的未使用、不需用固定资产经营租赁方式租入的固定资产,已提足折旧继续使用的固定资产、破产、关停企业的固定资产等。

提前报废的固定资产,不补提折旧,其净损失计入营业外支出。

施工企业固定资产折旧,从固定资产投入使用月份的次月起,按月计提。停止使用的固定资产,从停用月份的次月起,停止计提折旧。

施工企业按规定提取的固定资产折旧,计入成本、费用,不得冲减资本金。

固定资产有偿转让或清理报废的变价收入扣除清理费用后的净收益与其账面净值(固定资产原值减累计折旧)的差额,计入营业外收入或营业外支出。

施工企业对固定资产应每年盘点一次。盘盈的固定资产,按照原价减去估计累计折旧的净收益,计入营业外收入。盘亏、毁损、报废的固定资产,按其原值扣除累计折旧、变价收入、过失人或保险公司赔偿以及残值后的净损失,计入营业外支出。

施工企业在筹建期间发生的固定资产盘盈、盘亏和清理净损益,以及由于非常原因造成的固定资产清理净损失,计入开办费。

施工企业发生的固定资产修理支出,计入有关费用。修理费用发生不均衡的、数额较大的,可以采用待摊或者预提的方法。采取预提方法的,实际发生的修理支出应先冲减预提费用,实际支出数大于预提费用的差额,计入有关费用;小于预提费用的差额冲减有关费用。

第十三章　施工机械使用管理

第一节　机械的合理使用

一、机械合理使用的意义

机械设备在工人操作下负荷运转、发挥规定功能的过程，称为使用过程。

机械设备从列入施工企业固定资产产权范围起，到批准报废为止，一直处于使用过程。机械使用过程是体现购置目的、完成施工生产任务、创造产值和效益的过程，同时也是反映机械寿命的过程。机械实物形态运动过程中的主要部分，就是使用过程。因此，机械使用管理也是机械设备管理的重要部分。

机械使用是产生有形损耗的主要过程。机械使用不当，不仅直接缩短机械寿命，增加机械运行成本、修理次数和费用，还会造成修理工作及配件供应的紧张，并影响施工任务的完成。特别是进口的关键机械，如果使用管理工作做得不细致，一旦发生事故，不仅难以修复，还会严重影响施工生产，其损失是巨大的。

任何机械设备都有它的使用要求，严格按规定使用，就是尊重科学。反之就会造成机械设备早期损坏，缩短使用寿命，造成浪费。这个简单的道理，不是所有从事机械设备管理的人都能认识到的。因为机械设备受到的损伤，往往不是立即就会显现出的。如汽车的超载，往往使车辆受到潜在的内部损伤，这种损伤将会随着车辆的故障率的增加和修理周期的缩短而显现出来。例如 T180 推土机大修间隔为 4 800h，使用合理能延长上千小时，甚至更长时间；使用不合理则达不到 4 800h，这种例子是不少的。

机械寿命过程中的各项工作，只有使用才能最终体现购置机械的目的，其余各项工作，诸如技术装备管理、选购、安装调试、保养、修理等，都是为了确保机械的正常、有效使用。因此，应重视机械的使用管理。如果机械使用管理不好，其他各项工作管理再好，也发挥不了机械效益。

机械使用不但工程部门要管，机务部门也要管，而且主管领导要亲自抓，做到管用结合。

当前在实际工作中存在着"重使用、轻管理"、"管机不管人"、"管机不管用"三种倾向。有些施工企业只要求用机械完成生产任务，而忽视机械设备管理工作，这必然带来严重后果。同时，那种只抓机械设备管理，不抓操作人员管理的工作方法也是不可取的。如果机务部门对上机人员的技术资格无否决权，操作人员频繁变动，无培训考核，无三定制度，必然造成操作人员技术素质低，管理无章可循或有章难循的混乱局面。从而使机械早期损坏或发生事故，影响施工生产。因此，使用管理的重点之一应是对操作人员的管理。机务管理要能做到"人机并重"，才可取得理想的管理效果。至于那种认为机械使用是工程施工部门的事，机务部门只是"要机械时买机械，不用时保管机械，损坏时修理机械"，更是对机械综合管理工作没有足够认识的表现。机械使用过程的管理，即正确使用机械也是机务部门的职责范围，而且是重要的职责。因此，机务部门必须参与机械化施工的组织管理，着重管好用好机械，以发挥其应有效益。

二、机械合理使用的标志、原则和评价指标

衡量机械合理使用的主要标志是：按照施工特点的实际需要配备适量的机械设备，并使之成龙配套、互相协调、合理调度；机械设备的性能和生产能力与工程的性质和任务一致，能取得较好的经济效果；制订并切实贯彻执行了一整套操作、安全、保养、维修等规章制度；建立能充分发挥机械效能的环境条件等。

为了达到上述标准，在实际使用机械时，应该贯彻以下原则。

1. 合理组合

施工机械通常是由多台机械组合成生产线，一条龙作业。要把符合使用要求的机种，在数量、性能和容量上按比例合理配套，组成高效的组合机群。

2. 强化调度

施工现场情况多变，要使施工机械配套完全合理是极困难的，也是暂时的。只有采用科学方法和先进手段，加强现场调度，才能使机械设备经常调整到合理使用状态。

3. 科学使用

应根据性能使用机械，既要防止“大马拉小车”，也要防止未经核算的超负荷使用；应按规章操作、保养和维修机械；应配备合格的操作人员操作机械。

4. 文明使用

应为施工机械创造良好的工作环境和条件，如修建符合标准的道路，装设充足的灯光照明，合理安排工序、避免发生干扰，建立标准的停车场，经常保持机械的清洁等。

5. 正确使用能源和油料

按照机械使用说明书的规定使用能源，如电动机械要在规定的电压和负荷下工作，内燃机要用规定的燃油，润滑系统要加足规定牌号的润滑油料，并保证油质。

表13-1为机械合理使用评价的三项指标及其相应措施。从表13-1可见，机械设备的合理使用是各阶段、各方面一系列工作的综合成果。

机械设备合理使用的三项指标及措施 表13-1

合理使用的三项指标		主要措施
经济	施工设计因素	(1)在可能的条件下(指立足于企业现有设备及通过租赁能获得经济适用的机械设备)经过技术论证，应采用最经济的施工方案，使单位工程量的机械使用费成本为最低； (2)在既定的施工方案内，应使机械配套组合为充分发挥机械效率提供先天的条件
高效	人的因素	(1)精神因素：树立主人翁责任感，操作精心，维护细致等； (2)组织因素：合理的劳动组织形式，人机固定，设备检查； (3)技术因素：实行全员培训，提高机械人员合理使用机械的能力与水平，严格执行技术考核及操作制度等
机械不正常损耗防护	运行管理因素	(1)合理运行工况之一：避免低载、低负荷使用(大马拉小车)，避免降低性能范围使用； (2)合理运行工况之二：避免超载、超负荷使用(小马拉大车)，避免超性能范围使用； (3)合理运行工况之三：避免长时间运行而不停机检查和调整； (4)正确使用油料，注意润滑油与液压油的正确使用，要符合一般用油规定及原厂的规定要求； (5)应按规定的维修制度要求，使机械设备得到及时保养与检修，严防失修； (6)禁止违章作业，避免机械事故； (7)其他技术服务措施，走合保养，换季保养等应符合规定

三、机械的合理使用

机械设备在使用过程中,由于受到各种力的作用和环境条件、使用方法、工作规范、工作持续时间长短等的影响,其技术状况发生变化而逐渐降低工作能力。要控制这一时期的技术状态变化,延缓机械工作能力下降的进程,最重要的措施就是正确合理地使用机械。

1. 合理安排施工任务

任何一种机械由于自身的性能、结构等特性,都有一定的使用技术要求。如能严格地按规定合理使用机械,就能够充分发挥机械效率,减少机械磨损,延长使用寿命,降低使用成本。因此,在安排施工生产任务时,就要使工程项目与机械设备的使用规范相适应。切勿大机小用,这不仅浪费能源,还难以达到施工工艺的要求。同时还要防止"精机粗作",影响机械的寿命。另一方面,更要反对"小马拉大车",超载使用。否则,不但会损坏机械,甚至还会造成机械事故。因此,合理使用机械的问题,应予重视。

2. 建立机械使用责任制

(1)贯彻人机固定的原则,各种机械设备都要严格实行定人、定机、实施操作规程等管理制度,做到台台机械有人管。

(2)大型机械设备和多班作业的机械,必须建立机长责任制,认真执行交接班制度。

(3)机械操作人员必须持有权威机构核发的"机械操作证",严格按照准驾机种操作机械。无"操作证"人员,不准操作。

(4)驾驶机动车辆、专业机械以及其他国家规定持证上岗工种的人员,必须办理国家相关管理部门核发的驾驶证和操作证,方可操作准驾机械和从事相应的工种工作。

3. 严格执行"机械操作规程"

机械驾驶操作人员在机械使用中,必须严格遵守机械操作规程。对违反操作规程的指挥调度和要求,驾驶、操作人员有权拒绝执行。

4. 凡投入使用的机械设备,均应符合下列主要技术条件

(1)机械设备外观整洁、装置齐全,各部连接、紧固件完整可靠。

(2)发动机动力性能良好,运转正常,无漏油、漏水、漏电、漏气等现象,油料消耗正常。

(3)运转机构及工作装置等应符合技术要求,性能良好,无异响,各润滑部位不缺油。

(4)液压分配器及安全阀等应灵敏可靠;调整元件齐全有效;液压油泵、液压马达应工作正常,无异响、过热及渗漏现象。

(5)安全部件可靠、灵敏,性能良好,制动效能符合有关规定;安全装置,消烟、除尘设施和电气设备齐全可靠。

第二节　技术培训及操作证制度

一、技术培训的意义

在公路施工企业,机械操作人员是机械的直接使用者,他们素质的高低已成为影响机械生产效率、施工作业质量的重要因素。近年来,机械操作人员中年轻人较多,他们往往既未受过以师带徒的技术传授,又未经过系统的技术培训。因此,他们操作使用机械,不但生产效率低,而且责任事故频繁出现,严重的会出现翻车、撞机、烧瓦、冻裂缸体等机械事故,以及一些责任

较大的交通事故。发生这些事故的主要原因是操作人员技术水平低、责任心不强,不具备预防事故和排除故障的能力。

随着公路机械化施工和科学技术的发展,采用新技术、新结构的机械设备不断涌现,对原有的机械操作人员技术水平要求更高。不仅要求他们在事故发生后知道是什么原因造成的,出现故障后采取什么技术措施补救,而且要他们能够正确操作、合理施工、提高生产率、节省油料及维修费用开支等。

因此,大力开展技术培训,提高机械操作人员的技术素质,并规范其行为,已成为机械设备管理中具有战略意义的紧迫任务。

二、机械操作人员的条件和基本要求

(一)机械操作人员必须具备的条件

机械操作人员必须具备以下条件:

(1)熟悉和掌握机械设备的性能、结构、适应范围以及基本参数;

(2)熟悉和掌握机械设备的维护、保养等工作;

(3)按机械设备的使用规程进行操作;

(4)熟悉和掌握安全技术知识,当发生一般性故障时能及时处理。

(二)对机械操作人员的基本要求

参照我国机械工业企业多年使用和维护机械设备的经验,要求机械操作人员做到"三好"、"四会"、达到"四项要求"、遵守"五项纪律"。

1.使用机械的"三好"守则

(1)管好:机械操作人员应对其使用的机械设备负保管责任,不经领导同意,不准别人乱动机械。操作者应保证机械设备的附件、仪器、仪表及安全防护装置完整无损。机械开动后,不得擅离工作岗位,有事离开时必须停机、关闭电源。机械设备发生事故后要立即停机,保护现场,不隐瞒事故情节,及时报告机务管理人员及生产组长。

(2)用好:严格执行操作规程,禁止超负荷使用机械设备。严禁不文明的操作,如脚踏床面、乱敲乱打、用脚踢操纵装置和电器开关等,操作台面上不准乱放工具、工件等。

(3)修好:操作工人要配合维修工人进行机械设备的维修工作,及时修理好机械设备,使其经常处于完好状态,以满足施工进度和作业质量的要求。

2.使用维护机械的"四会"要求

(1)会使用:机械操作人员要熟悉机械设备的性能、结构、传动原理和工作范围,熟知机械设备的操作规程,并能正确地按工艺规程选择运行速度、工作行程、传动和操纵等各项参数。

(2)会保养:机械操作人员应经常保持机械设备内外清洁,做到上班加油、下班清扫、周末大清扫;保持机械设备各滑动面无油垢、无锈蚀;各传动装置运转正常;按规定加油、换油,保持油路畅通,油标醒目,油毡、油路清洁完整,无铁屑、油污;冷却液使用合理。

(3)会检查:机械操作人员懂得机械设备日常检查的标准(日常点检、定期检查和周末维护检查等标准)和项目,掌握检查的方法和基本知识,并能按照日常点检规定的项目进行日常检查作业。

(4)会排除故障:机械操作人员应能听出和鉴别机械设备正常及异常现象,判定异常状态所在的部位和原因。当发现机械设备出现异常时能及时采取措施,排除故障。不能解决的故障要及时报告通知维修人员共同处理。要参与检查分析机械设备事故,查明原因,吸取教训,提出预防措施。

3. 操作机械的“五项纪律”

(1)实行定人定机,凭操作证操作机械设备。

(2)经常保持机械设备整洁,按规定加油换油,合理润滑,按规定要求维护好机械设备。

(3)遵守安全操作规程和交接班制度。

(4)管好工具、附件,不得丢失。

(5)发现故障立即停机检查,自己不能处理的应及时通知检修。

4. 维护机械的“四项要求”

(1)整齐:工具、工件、附件放置整齐,安全防护装置齐全,线路管道完整。

(2)清洁:机械设备内外清洁,各滑动面、齿轮、齿条等无油污、无碰伤,各部位不漏油、不漏水、不漏气、不漏电;

(3)润滑:按时加油换油,油质符合要求;油壶、油枪、油杯、油毡清洁齐全,油标明亮,油路畅通。

(4)安全:实行定人定机和交接班制度,熟悉机械设备结构和遵守操作规程,合理使用机械设备,精心维护,防止发生事故。

三、操作人员的技术培训

机械操作人员应具有初中以上文化程度,并经专业技术培训,取得操作证。对机械操作人员的技术培训必须扎扎实实按机械设备使用的一般规律进行教学,以提高他们的技术能力。

(一)一般要求

对机械操作人员技术培训的一般要求如下:

(1)机械操作人员必须身体健康,反应灵敏,具有良好的素质与责任心。

(2)应本着循序渐进的原则,保证学员了解机械基本原理,逐步掌握复杂机器的操作技术。

(3)在进行实际操作训练时,一般每台机械上的学员不应超过2人。在实际操作的最初阶段,最好每台机械配一位教练员,至少在最初4h内,一位教练员不应同时兼管两台以上的教练机。

(4)在整个训练期间,必须反复强调机械操作和维修中的安全问题。

(二)基本训练

1. 安全教育

在培训操作人员期间,首先要强调安全。使其了解机械使用说明书规定的操作规程与使用数据、安全标志符号、安全装置以及灯光、音响报警器的作用,懂得如何保持安全装置不出故障及掌握正确的使用方法。对轮式机械、车辆,还要求操作人员学习《中华人民共和国道路交通管理条例》。

2. 基本训练的主要内容

(1)操作手册、润滑手册和保养手册的使用。

(2)了解操作简图和控制用符号的意义以及有关资料的内容。

(3)了解基本性能参数,如质量、功率、转速、接地比压等。

(4)掌握机械在实际施工中的操作,了解影响机械生产率的各种因素。

(5)了解机械的结构和各种性能曲线。

(6)对机械的维护保养。如发动机、变速器、离合器、润滑系统、电气系统、轮胎、履带、制动器等的保养,包括对维修工具的使用。

(7)机械启动、停机及注意事项。

(8)机械上各种仪表的功用。

(9)气动、液压操作系统的原理及使用。

(10)正确安全地操作机械。

(11)熟悉各种常规检查。

(三)特定机种的专门训练

在学员完成了基本训练学习内容后,应进行特定机种专门训练,以便学员能具备某一机种较高水平的操作技巧。在特定机种训练的各个阶段,应反复强调遵守各特定机种操作规程。特定机种的专门训练除分机种,详细、深入地讲授前述基本训练中的内容之外,还要传授关于特定机种的以下知识和技能。

1. 机械性能介绍

通过课堂讲授与实物观察介绍特定机械的用途、主要技术参数以及使用范围。

2. 操作装置

主要讲授操作装置的用途、操纵装置在驾驶座旁的布置情况、各种仪表的识别。

3. 启动、起步与停车

讲授启动前的各项检查、操作程序和操作安全方面的内容。

(1)机械在启动前应进行的检查:液位和泄漏检查;零件有无松动、损坏和丢失;清除履带、轮胎与车下障碍物;轮胎气压和履带状况,并观察机械周围行人动向。

(2)启动时的操作顺序:在各种环境温度下如何启动发动机;启动时,如发生飞车,应遵循使用说明书中的有关安全措施,进行处理。

(3)停车操作顺序:停车操作,驻车制动操作;发动机怠速时间;发动机熄火;停车后的安全措施。

4. 日常操作

(1)机械操作前的日常检查:驾驶室的调整和固定,检查驾驶室及门窗,保持出入口的畅通;仪表检查,如油压表;机器预热;检查转向、制动系统。

(2)机械操作时的检查:仪表的观察,机械故障报警装置检查。

(3)操作方法:换挡,转向,工作装置的使用,操作技巧,停车与停放,工作装置的调整(如推土机刀片角度等),工作后的日常保养,紧急操作,制动或转向失灵情况下的应急措施。

5. 工作装置的安装

工作装置的安装包括工作装置安装方法、随机工具的使用、安全措施等内容。

6. 机械在工地之间的转移

在公路上行驶时,应遵守交通规则;若以公路和铁路转运时,注意在其他车辆上的安放和固定方法;需起吊时,应注意起吊位置和拖挂方法等。

7. 燃油、润滑油、液压油、冷却剂的使用

燃油、润滑油、液压油、冷却剂的使用应结合以下内容讲授:

(1)所用燃油、润滑油、液压油、冷却剂的牌号规格；

(2)保持油路系统清洁及其重要性；

(3)油箱和油路的容量；

(4)加油及加注压力等注意事项。

8. 润滑方法与保养措施

(1)计时器(或里程表)的读数与润滑周期、保养级别的对应关系；

(2)机械使用说明书中润滑表的使用；

(3)润滑机械时的安全注意事项(如机械未按要求停放时不得进行润滑以及防火措施等)；

(4)其他保养措施及注意事项:避免不同牌号的油液混用;加油时应使机械水平停放;只能在机械中油温升高后换油;油嘴、油箱、视油孔等的清洗;定期清洗或更换所有的滤清器;检查密封圈是否失效,油液放净后应做上标记,不要无油启动。

9. 液压系统和气动系统的日常保养

液压系统和气动系统的日常保养应着重强调这些系统的特殊保养措施。

10. 日常保养

日常保养应讲述机械保修规程或使用说明书规定的日常保养操作与保养周期。

11. 现场修理与故障排除

现场修理与故障排除应讲授如何利用随机工具对机械设备进行现场修理与调整;根据保养手册,确定故障部位并排除故障。

12. 常用零件的识别

常用零件的识别是指正确了解和使用零配件目录提供的有关内容。

13. 正确的施工作业操作方法

正确的施工作业操作方法应结合实际经验,讲解如何掌握正确的施工作业操作方法,以提高劳动生产率、减少无谓运转、降低企业产品成本消耗量、减轻零件磨损,安全操作。

14. 安全

除了基本训练内容中的要求外,还应强调:

(1)注意机械的安全操作,如正确地停放机械;

(2)注意作业场地的安全,如机械不能在过陡的坡道上或易塌陷的凹坑处作业等;

(3)工作完成后,应将铲斗、铲刀等工作装置停放在地面上；

(4)注意树枝和高压电线；

(5)保持所有安全装置完好无损,如应急制动系统、转向机构、倒车报警器、座椅安全带等；

(6)发动机运转时不要进行润滑保养和修理作业(测试除外)；

(7)安全信号和符号的识别。

(四)多种机型操作训练和进修训练

多种机型的操作训练是对具有一定经验的操作人员进行的。通过训练,可使操作员掌握多种机型的操作技术;进修训练的目的是为了保证操作人员随着机械设备性能改进与技术发展,不断提高其使用操作技术和理论水平。

（五）培训记录与结业证书

1. 培训记录

培训部门应给每个参加培训的操作人员设立培训记录本，以记录其听课内容和对各种机械的实际操作经验。培训记录可由操作人员保存。培训记录应分"培训课程记录"和"实际操作经验记录"两部分。"培训课程记录"记载授课详细内容，以及教员、培训部门对学员的评语或证明。"实际操作经验记录"则记载学员在施工工地单独进行各种机械实际操作的经验体会。

2. 结业证书

当学员完成某种训练并合格后，应由培训部门发给结业证书。结业证书包括以下内容：①结业证书的注册号码；②学员的姓名、性别、年龄以及照片；③训练内容和机种（必要时写明机械型号）；④训练时间与起止日期；⑤培训部门公章。

四、操作证制度

实行操作证制度，是为了合理使用机械，有效地控制非驾驶员或不熟悉机械使用性能的人员启动机械，以减少机械设备不应有的损坏，确保人身和机械设备安全。

（一）操作证件

操作证件主要有：机动车驾驶证，公路施工机械操作证。此外，还有司炉工、电工、电焊工执照等。

（1）机动车驾驶证：机动车驾驶证的申领按公安交警部门的规定程序进行。其考核内容包括：理论考试（机械常识、交通法则）、技术课考试（桩考、路考）。此外，还应懂得现场急救知识。获取机动车驾驶证后，就取得了在全国范围上路驾驶准驾车型机动车的技术资格。

（2）公路施工机械操作证：它是操作公路施工或养护企业产权范围内机械的技术资格证明。各公路管理局或工程局为该证的主管机关，各公路分局（总段）或工程公司为发证单位。

（二）操作证件的管理

操作证件的管理包括以下内容：

（1）机动车驾驶证和公路施工机械操作证都是机械操作人员的正式技术资格证明。公路施工或养护企业的机务部门应设专人统一管理。同时，应注意将交通安全委员会挂靠在机务部门，以避免具体工作中发生扯皮现象，不利于操作证件的管理。

（2）对持有机动车驾驶证的人员，企业机务部门应协助交通管理部门搞好定期审验；对持有公路施工机械操作证的人员，公路分局或工程公司的机务部门要组织年审。年审时应根据实际情况进行理论（如机械构造、保修知识、操作规程）和实际技能（如实际操作、排除故障）的考核。

（3）提倡机械操作人员成为多面手。经技术培训考试合格允许操作的新机种，都应及时填写在操作证上。

（4）对于公用机械设备则不发操作证，但必须指定专门维护人员，落实维护责任，并将定人定机名单统一报送机务部门。

（5）锅炉工须有劳动机关发给的司炉工执照；电工、电焊工等经当地电业主管机关考核合格发证后，方可从事本工种工作。

第三节　机械操作使用责任制

机械操作使用责任制是明确机械操作人员责任范围的使用管理制度。完善与落实机械操作使用责任制,对解决操作人员职责不清、遇事互相推诿,对消除机械操作使用管理的各种混乱现象均有重要意义。机械操作使用责任制可通过“三定”制度、机械委托书、交接班制来明确。

一、“三定”制度

“三定”制度即通常所讲的定人、定机、定岗位责任制。

实行了定人、定机、定岗位责任的“三定”制度,就可使机械使用与管理的各个环节、每项要求都落实到每个人身上,做到操作人员人人有岗位、事事有专责、台台有人管。

(一)“三定”制度的优点

“三定”制定有以下优点:

(1)能加强操作人员的责任感,促使操作人员千方百计管好、用好所负责的机械,保持机械经常处于完好状态;

(2)有利于操作人员熟悉机械特性、学习业务技术、掌握机械技术性能、减少事故的发生;

(3)有利于促进操作人员积极总结机械作业方法,提高机械作业效率;

(4)有利于积累机械运行原始资料,获得正确、完整、连续的统计资料,便于统计分析;

(5)有利于开展红旗设备竞赛活动和单机单车(或班组)的经济核算,兑现奖惩;

(6)有利于做好机械定员工作和加强劳动管理。

“三定”制度简单易行,对机械的使用管理起着良好作用。

(二)“三定”制度落实的方式

根据机械使用方式的不同,可采用下列三种落实方式:

(1)单人操作的机械实行操作者自己负责。

(2)多班作业或由多人操作的机械实行机长负责制。任命一名操作人员为机长,其余为机组人员。

(3)班组共同使用的机械,以及一些不宜固定操作人员的机械,实行班组负责制,将其编为一组,任命一人为机组组长,对机组所有机械负责。

定人定机的名单,由使用部门提出,经本企业机务部门批准,抄送劳资部门并报上级主管部门备案即可。对某些大型、精密、稀有、价值昂贵的机械,本企业机务部门在确定操作人员及职责时,需征求上级主管部门的意见。除制订操作人员的使用责任制外,各级机务部门应有相应技术负责制,必须有专人负责,做到层层机务部门有人抓。这样才可避免上下扯皮、相互推卸责任的不正常管理现象。

定人定机名单确定后,应保持稳定。确需变动时,按上述报批程序申请变动。当机械在企业内调拨流动时,原则规定机上人员随机调动。

(三)操作人员的岗位责任

1. 机组人员的责任

(1)认真执行以岗位责任制为中心的各项规章规定。

(2)严格执行机械操作规程,配合搞好机械化施工,以保证安全生产。

(3)正确使用机械,发挥机械效率,完成各项生产指标,努力降低消耗。

(4)认真做好机械的例行保养。保证机械设备的完好、齐全、整洁、文明及安全,争取红旗设备的称号。

(5)及时、准确地填写生产、运转、消耗等各项原始记录和报表,做好交接班工作。

(6)努力钻研业务技术,不断提高操作水平,做到"三懂四会"(即懂构造原理、技术要求、质量标准;会拆检、组装、调整和鉴定)。

2.机长的责任

机长是不脱产的,因此机长本身就是操作人员之一。机长除了作为一名操作人员应完成上述各项任务外,还应做到:

(1)督促、检查全组人员做好机械的合理使用及定期保养工作;

(2)检查及汇总各项运行记录;

(3)对本机组人员的技术考核提出意见;

(4)搞好本机组内及与兄弟机组之间的团结协作和劳动竞赛。

二、机械委托书

机械设备是由操作人员直接使用、保管和维护的。他们的责任心强弱、操作技能和维护技术的好坏,对机械设备的使用效益、使用寿命有直接的影响。为了增强他们的责任感和荣誉感,在操作人员初次接机时,最好举行授机仪式,发给"机械委托书",同时进行爱机方面的教育,勉励他们把被委托的机械管好、用好、养好。当操作人员工作调动时,收回委托书。如另派人接机时则另行发给,临时顶班者不发。

三、交接班制

多班作业的机械,必须认真执行交接班制度。以便能互相了解情况、分清责任,防止机械损坏和附件、工具等的丢失,保证机械连续、正常运行。交接班制度是机械使用责任制的组成部分。交接班由交接两班的值班操作工执行,双方进行全面检查,做到交接清楚,不漏填交接记录。倘若交接班人员无法见面时,应以交接班记录双方签字为凭。

交接班记录由机务部门于月末收回。收回的记录作为机务部门查考资料。使用部门的领导或班组长应经常检查交接班制度的执行情况,并作为对操作人员日常考核的依据。

交接内容如下:

(1)交接本班任务情况、技术要求及注意事项;

(2)交清机械的使用运行情况、燃油、润滑油、冷却液的消耗和储备情况;

(3)交清机械保养情况及存在问题;

(4)交清随机工具附件;

(5)交接操作者负责搞好机械的清洁工作;

(6)认真作好交接班记录,记录内容包括:①任务情况;②机械情况;③保养情况;④附件工具情况;⑤需注意的事项;⑥开动台时记录,以及签名。

第四节　机械的使用计划

公路施工企业实行的"项目管理"法,是公路施工企业经营管理的一种方式。在施工过程中,复杂的施工过程由诸多简单的施工过程组成。所以,就需要根据工程项目和工程量编制项目机械施工计划,将复杂的计划分解为若干分计划。

为了使施工人员清楚每年、每季、每月、每旬甚至每日应该如何开展施工,并因地制宜地贯彻计划,就必须编制作业计划。这一计划能够起到具体指导施工工作和检查督促施工任务完成情况的作用。所以,机械使用计划一般分为:年、季、月度计划和旬作业计划。

一、年度机械使用计划

编制年度机械使用计划时,机械需要量的计算,不是用预算产量定额,而是用施工产量定额来计算。其计算方法是:先算出全部工程总量,再算出在计划期内每工作日(班)应完成的工作量。当知道每月应完成的工程量后,就可以根据工程数量来选定机械。

为提高机械利用率,缩短施工期,在编制年度机械使用计划前,先要作机械需求量的核算(表 13-2)。通过核算,可更周密、细致和有根据地编好年度机械使用计划。

机械使用计划需求量的核算 表 13-2

工程项目	工作条件简述	工作地点	计量单位	工作总量	机械名称	计划需用机械数量			
						计划一个月内工作天数	计划一天内工作小时数	一台机械一个小时的工作定额	需要机械数量

机械需求量通过上表核算后,即可结合本企业现有的机械进行平衡,并根据平衡结果,编制出年度机械使用计划(表 13-3)。

年度机械使用计划 表 13-3

编号	机械名称	规格	机械施工			需要数量(台)					调配(台)			备注
			作业名称	数量	计划台班	年平均需要量	一季度	二季度	三季度	四季度	现有	调入	调出	

年度机械使用计划一般由工程公司编制,下达工程项目经理执行。或由项目经理部编制,上报工程公司审核平衡批准后执行。

二、季度机械使用计划

季度机械使用计划(表 13-4),为年度计划的调整。内容与编制方法基本上与年度机械使用计划相同,所不同的是季度计划不改变机械需要数量核算表。

季度机械使用计划 表 13-4

编号	机械名称	规格	机械施工			需要数量(台)				调配(台)			备注
			作业名称	数量	计划台班	季平均需要量	月	月	月	现有	调入	调出	

季度机械使用计划一般由项目经理部编制,上报工程公司审核备案。

三、月度机械使用计划

月度机械使用计划(表13-5),仍由项目经理部根据季度计划,结合本月施工情况编制,下达给工段或班组执行。

月度机械使用计划 表13-5

编号	机械名称	规格	机械施工			需要数量(台)				调配(台)			备注
			作业名称	数量	计划台班	月平均需要量	上旬	中旬	下旬	现有	调入	调出	

月度机械使用计划要编制得切合实际,并有实施计划的具体措施,以保证计划如期实现。

四、旬作业计划

为了使机械使用计划更具体化,在保证完成月度作业计划的基础上,还应进一步为各班组制订旬(或周)、日的作业计划。此后,旬、日作业计划还要落实到具体执行人——机长或施工组组长等,即把每个施工队每昼夜工程量分配给该施工班组。这种计划是从单位工程的每旬(周)、日计划中摘录出来的,由工段或队编制下达班组执行。旬作业计划(表13-6)一般用进度表来表示。

旬 作 业 计 划 表13-6

编号	机械名称	规格	旬作业进度										备注
			1	2	3	4	5	6	7	8	9	10	

第五节 机械在特殊条件下的使用

一、在寒冷气候条件下的机械使用

机械在寒冷气候条件下使用时,由于气温过低,将影响燃油的蒸发,并使发动机热量损失增加、传动机构和行走装置内的润滑油和润滑脂黏度增大、轮胎与地面的附着情况不良、启动蓄电池的工作能力降低。其结果导致发动机启动困难,机件磨损剧增,燃油消耗量增大,以及安全性能降低等现象发生。为了保证机械在寒冷气候条件下安全、经济地使用,必须采取相应的技术措施。

(1)采取保温防冻措施保持发动机的正常温度。

①要确保冷却系全部机件和总成(汽缸体水套、水泵、节温器、散热器等)功能完好、清洁而无积垢。

②散热器的百叶窗要完好。

③发动机和散热器要加保温装置。

④在进、排气管上加装铁皮保温罩,利用排气管的热量预热混合气。

(2)换用冬季润滑油与润滑脂。

进入冬季时，应给发动机、变速器、主传动器、最终传动与转向器等，换用冬季润滑油，轮毂换用低凝点润滑脂，并更换冬季制动液。

(3)提高发电机充电电流，调整蓄电池电解液的相对密度。

①因低温蓄电池放电较多，发电机充电量必须提高。可以调节发电机调节器，使节压器在充电电路上的电压较夏季高0.6V为宜。

②蓄电池电解液的相对密度，冬季应为1.25～1.28。

(4)加强液压系统的使用与保养。

①选择适合低温条件下使用的工作油液，同时也要对系统采取保温措施，使工作油液在寒冷季节既具有流动性，也具有适当的黏度，以保证系统的传动效率。

②冬季施工时，外界气温较低，而工作油液在工作时又具有一定的工作温度，所以，要注意防止储油箱、管道内空气冷凝水混入油中而降低工作油液的质量。应及时进行排放。

③液压系统的各密封元件，在严寒气温下容易发脆变质，因此，会使系统密封性能降低，发生渗漏。应对液压系统加强检查和保养。

④在低温条件下，橡胶制品大都会变脆，因此，应经常检查，防止高压软管的破损和断裂。

(5)冬季施工时，若机械较长时间停止运转，为防止冷却系冻坏，应对发动机冷却系及时放水(必须打开所有的防水开关)或加注防冻液。放水时应等发动机冷却水温度降至50～60℃，以防由于急冷造成缸体变形。

(6)冬季应适当升高化油器浮子室油面高度与加速油泵行程，并使点火提前角较夏季适当向前调整2°～3°。为便于低温启动，应适当增加电器触点闭合角度，调整触点间隙，以增加火花强度。

(7)发动机在启动前必须进行预热，预热可以减少曲轴转动阻力，改善燃油在冷发动机启动时的雾化和蒸发，形成良好的混合气；保持蓄电池有足够的容量与端电压，以便于启动。

(8)柴油机在冬季使用时，应使用凝固点低于季节最低温度3～5°C的柴油，以保证在最低温度时，不致凝固而影响使用。在冬季，我国长城以南和长江以北使用－10号柴油；东北和西北地区使用－35号柴油。

二、在高温气候条件下的机械使用

炎热的高温季节特点是：气温高、雨量较多、空气潮湿(特别是南方地区)、太阳辐射强。这些都会给机械使用带来很多困难，如发动机因冷却系散热不良，机温容易过高，影响发动机充气系数，使功率下降；润滑油因受高温影响，会引起黏度降低，润滑性能变差；机械离合器与制动装置的摩擦部分因高温而磨损增加。液压系统因工作油液黏度变稀而引起外部渗漏和内部泄漏，使传动效率降低。尤其是发动机在高温条件下运转时，由于发动机工作温度与周围大气温度差变小，会导致冷却系散热困难，发动机容易过热。当发动机温度过高，燃料在燃烧过程中生成过氧化物，高温下过氧化物的活性增强，容易发生爆燃，并使发动机功率降低。机械在高温条件下使用的技术措施有如下几方面。

1.加强冷却系统的维护和保养

(1)经常检查和调整风扇皮带的紧度，使之松紧适度。

(2)定期更换冷却水，清洗散热器和水套内的水垢和沉积物。

(3)检查节温器和水温表的工作情况。

2. 及时更换夏季润滑油及润滑脂

(1)发动机换用黏度大的润滑油。

(2)变速器、主减速器和转向器等换用黏度大的齿轮油。

(3)轮毂轴承换用滴点较高的润滑脂。

3. 加强对发动机燃料系统的保养

柴油机在高温下工作时,汽缸的充气系数下降,使实际进入气缸的新鲜空气量减少。在夏季空气干燥、灰尘大,空气中的含尘量增加,必须加强对进气系统及燃料供给系统的保养(包括化油器式发动机),特别是空气滤清器、油箱和燃油的粗滤清器、细滤清器的保养。否则,会引起油路故障并大大加速机件的磨损。

4. 加强对蓄电池的检查保养

检查和调整蓄电池电解液相对密度和液面高度。高温会使蓄电池电解液中的水分蒸发加快,电解液相对密度应比冬季使用时小些;液面高度不够时,及时加注蒸馏水补足,并保持通气孔畅通。

5. 加强对轮胎的保养

夏季施工,外界气温高,由于公路施工机械轮胎上的负荷和运行速度变化大,容易引起轮胎负荷的骤增或骤减。因此,要特别注意轮胎的气压和温度,经常检查和保持轮胎在规定的标准气压。

三、在高原山区的机械使用

高原山区的特点是:地势高、空气密度低、温度变化大、坡道多。这些自然条件使施工机械的工作能力下降,发动机过热,易于产生积炭和胶化,燃料消耗增加,以及轮胎气压相对增高等不良影响,给机械施工带来了一定的困难。

为了保证高原山区施工机械有良好的性能,应结合上述特点,采取如下一些必要的措施:

(1)为了保证发动机适当的空燃比,保持发动机的功率,克服过快的积炭结胶现象和节约燃料,在可能的条件下,应设法加装增压器。未安装空气增压器的发动机,要适当减少供油量。在海拔2 500m以上地区作业的机械,应适当增大发动机点火(喷油)提前角。

(2)为了使混合气成分正常,可以适当地调稀混合气。虽然会使火焰传播速度有所降低,发动机功率有所下降,但燃烧比较完全,热效率提高,燃油消耗降低。调稀混合气的方法有:利用主量孔调节燃油、通过加入空气的方法减少燃油、降低浮子室油面高度。

(3)为了调节冷却水沸点,减少冷却水的蒸发和沸腾外溢,要加强冷却水的密封性。在闭式的冷却系统中,亦可增强水口盖蒸汽阀的弹簧压力,使阀的开启压力增高,以提高水的沸点,使之不致过早沸腾而溢出,减少水耗。

(4)由于水的沸点降低,蓄电池电解液的蒸发也显著增快,应及时补加蒸馏水。

(5)机械传动系统和控制操作系统,要勤于检查和调整,以保证机械的安全使用。

(6)由于高原地区大气压力太低,轮胎的充气不可太足,一般只能充到标定气压的90%~95%。

四、在泥泞沼泽地区的机械使用

在公路工程施工中,往往有一些机械要在泥泞、沼泽或软地基等地区行驶,由于该地区土壤承载力低,易使机械打滑、下陷,使机械失去行走能力。解救措施有以下几条。

(1)机械通过泥泞、沼泽区的方法:当轮式机械通过泥泞、沼泽地区时,可预先在要通过的地段摊铺树枝、木杆或整束干稻草、麦秸秆等。还可采用分段铺木板的方法,使机械在板上驶过。垫在机械行驶位置下面板的长度,应使机械的接地比压在规定范围之内。

(2)牵引机械和被拖机械陷入泥泞时的解救方法:如果牵引机械和被拖机械同时陷入泥泞后,但牵引机不能自行驶出时,只有另调大功率的牵引机械(或其他备有绞盘的机械),同样用以上方法把牵引机械和被拖机械一并从泥泞中拖出。

(3)载货汽车或大平板拖车陷入泥泞的解救方法:一般可用上述方法。如货车或大平板拖车上装载物很重时,最方便而拉力最大的办法就是利用绞盘滑车自行拖拽(拖车本身备有绞盘时)。拖拽时先找好锚桩(如路边的大树、人工构造物、制动的重型机械等)。应该注意的是:作为锚桩机械的质量应大于被拖机械的0.5~1倍。拖拽时,绞盘上钢索一端固定在锚桩上,开动绞盘将被陷机械拉出。

(4)履带式重型机械陷入泥泞的解决方法:如推土机等陷入泥泞时,也可以采用利用锚桩和机械自身动力自行拖拽的办法。即两钢索的一端分别固定在锚桩上,另一端又分别固定在机械左、右履带的前端(穿过履带节后用钢索夹子固定),当履带行走时,左右两钢索固定点就随履带的后移而移到后部,这便使机械前移一段距离。然后重新解开夹子,再按前法固定。重复数次后,机械就自行从泥泞中拖拽驶出。

(5)轮式机械上加装防滑链,增加附着力的办法,也是普遍采用的方法。

(6)在行走机构中增大履带板或轮胎的接地面积,以适应湿地作业,效果亦佳。

第六节 机械设备检查与技术状况评定

机械设备检查是一项对机械使用技术状况进行管理的活动,是以机械技术状况为主要检查目的,同时检查机械工作能力(完成任务情况)、保养状况、三定制度落实和原始记录填写及安全管理等。它对改善施工企业机械技术状况,促进机械使用管理有着重要作用。

由于机械设备检查需要投入相当的人力与时间,所以不能搞得太频繁,以一年一次为宜。时间可安排在冬季收工之后或春季开工之前。这样有三个好处:第一,机械施工完毕后,有充分的时间进行冬季维修保养工作;第二,这个时期是施工淡季,避开了施工的黄金季节,不会因机械大检查而影响保养工作;第三,机械检查合格后,能以良好的技术状况投入施工。

一、机械设备检查的分类

机械设备检查分日常检查、定期检查的年度检查。检查时需要投入一定的人力和时间,并成立检查组。

1. 日常检查

施工季节,日常检查一般按月进行,主要把握机械设备的运行性状态。通过听、看、查、问、试的形式,对操作和保修人员平时的保养和小修工作进行监督,促使操作手或驾驶员自觉地贯彻执行保养制度,合理地使用机械,保证施工不受影响。

2. 年度检查

年度检查指需要每年进行一次的,自上而下逐级开展的全面性检查和评比活动,通常在年中或年末进行。它是积累机械技术状况动态数据和经营绩效资料的重要工作,通过检查不仅要发现问题,及时纠正问题,更要达到交流经验、表彰先进、提高机械设备管理水平的目的。

3. 定期检验

定期检验是一种按规定周期(一般每隔1~4年)在非施工期机械设备保修工作完成以后分期分批进行的机械设备检验和操作人员审验工作。其目的是使机械设备在下一个施工期开始之前,能够具有良好的技术状况,提高机械设备完好率,保持并提高机械操作人员的技术素质。定期检验一般包括机械的技术等级评定、考核评比和操作人员的定期审验等工作。

定期检验合格的机械设备,其技术状况原则上应达到二级以上(含二级)水平。定期审验合格的操作人员,应该经过培训并通过考核。对定检合格的机械设备和定审合格的操作人员,由机械设备管理部门在机械运行证和机械操作证上分别加盖定期检、审验合格章。

二、机械设备检查的主要内容

机械设备检查主要是检查机械的技术状况,同时检查附件、备品、工具、资料、记录、保养、操作、消耗、产量等情况,并对机械使用人员进行考核。具体内容是:

(1)检查各企业领导对机务工作的认识,是否重视机务工作、纳入议事日程;

(2)检查体制机构和机务人员配备情况;

(3)检查规章制度建立健全和贯彻执行情况;

(4)检查技术培训情况;

(5)检查机械技术状况及两率(完好率、利用率)情况;

(6)检查机械设备管理、使用、保养、修理情况;

(7)检查机械设备配件、技术资料、账卡情况;

(8)检查机械设备使用、维修的经济效果。

三、机械技术状况检查评定

机械技术状况检查评定分为单机检查评定和综合检查评定两个方面。单机检查评定是安排维修和确定红旗设备、红旗驾驶(操作)员的主要依据。综合评定能全面衡量各个企业的机械技术状况,从而综合反映一个企业机械技术管理工作成效、工作水平。单机检查评定是综合评定的基础。

(一)单机技术状况检查评定

1. 检查范围和技术条件

进行单机技术状况检查评定,首先要有明确的检查范围和技术条件或要求。由于施工企业所用机械种类很多,结构性能等均存在很大差异,所以,还需参照具体机种的专业技术条件(国家标准、行业标准)来进行单机技术状况的检查评定。

(1)发动机部分:发动机应运转平稳、动力性能好、没有异响,容易启动和关闭熄火;排气、油耗、噪声应符合有关规定;点火系、燃料系、冷却系、润滑系性能良好,安装牢固;线路、管路不磨不碰;各部无漏电、漏油、漏气、漏水现象。

(2)传动系:离合器分离彻底,接合平稳、不打滑;变速器、分动器不跳挡、不乱挡;主传动器、差速器、万向节、传动轴及各种传动带、张紧轮、轮胎或履带、支重轮、引导轮、轮辋等装配正确,性能良好,螺栓齐全,润滑充足,均不缺油,不漏油,不松旷,不抖动;气压及液压传动装置工作正常,性能良好,管路不磨不碰,整个系统无异常、无异响;对全液压传动系统应对主液压泵性能进行状况检查。

(3)行驶系:车架、底盘无扭曲、开裂、锈蚀现象,各种螺栓、螺母、铆钉不得短缺、松动、锈蚀,避(减)振器、悬挂工作可靠,无下沉、无锈蚀等异常;各种钢板弹簧无断裂,紧固正常,螺母齐全;销轴、拉杆安装正确;减振胶块无松动,无开裂疲劳现象;整机姿态保持原厂标准,不得出现倾斜、弯沉、扭曲等。

(4)转向系:转向装置安装牢固,转向灵活、轻便,工作可靠,不抖动、阻滞、摆振;转向拉杆保险卡完整可靠;不缺油、不漏油;转动自由量、最小转弯直径、转向手柄自由度应符合技术要求。

(5)制动系:制动系必须机件齐全,安装牢固,工作可靠,不漏油,不漏气;踏板自由行程、制动力、制动距离、侧滑反映、排气量、气压安全阀、制动释放时间应符合要求,驻车制动锁止装置灵敏可靠,制动液充足,气压正常。

(6)工作装置:工作装置(如推土机铲刀、挖掘机铲斗、烘干滚筒、起重机起吊装置、平地机刮刀等)应完整、无变形,连接配合良好,工作灵敏可靠;附属装置应齐全、完整、工作可靠、性能良好。

(7)电器、仪表、照明及警示灯具部分:各种机械安装的照明灯、信号灯、报警灯、顶灯、尾灯、制动灯、仪表灯、门灯等应齐全,并要有保护装置,安装牢固、位置正确、工作可靠、开关启闭自如;喇叭工作可靠,音量符合有关规定;所有电器导线均须捆扎成束,无漏电现象,同时应布置整齐,接头无松动并装绝缘封套;各仪表、报警指示器性能可靠,指示数值准确无误。

(8)机容:机身内外无油垢、泥土、锈蚀、掉漆;车门标志、牌照号、自编号齐全清晰;随机工具、附具、备胎、灭火器等齐备。

2. 单机技术等级评定

对各机械进行技术状况检查后,应填写检查记录表(检查记录表根据需要自行设计),然后根据此表进行计分。单机技术等级评定结果,应存入技术档案备查。90 分以上可评为一类机械;70 ~90 分者为二类机械;70 分以下者为三类机械;待报废者为四类机械。

在评定各单机的技术等级时,应注意与下列技术状况定性分类原则相吻合。

(1)一类机械:指技术状况完好的机械。

(2)二类机械:指技术状况较好的机械。

(3)三类机械:指技术状况较差,需要和正在修理的机械。

(4)四类机械:指待报废和不配套等无法使用的机械。

(二)综合技术等级评定

综合技术等级用来反映施工企业机械技术管理的成果。其评定分三步进行,即:先计算标准技术等级,再计算参检机械实际平均技术等级,最后进行复查比较。

1. 计算评比机械的标准技术等级(D_A)

$$S=\frac{\text{参检机械净值}}{\text{参检机械原值}}\times 100\% \tag{13-1}$$

$$C=\frac{75\%-S}{75\%} \tag{13-2}$$

$$D_A=1.5+C \tag{13-3}$$

式中:S——本企业参检机械的新旧程度;

C——本企业参检机械新旧程度修正系数。

式(13-2)、式(13-3)中的 75% 和 1.5 为相互匹配的经验值。在机械新旧程度为 75% 时,其平均技术等级为1.5；当 $S>75\%$ 时，C 为负值；$S<75\%$ 时，C 为正值。D_A 值越小技术状况越好。

2.根据检查情况计算本企业参检机械实际平均技术等级（D_B）

$$D_B=\frac{1\times A_1+2\times A_2+3\times A_3+4\times A_4}{A_1+A_2+A_3+A_4} \tag{13-4}$$

式中：A_1、A_2、A_3、A_4——分别为参检机械中一类、二类、三类、四类机械数；

以 D_B 与 D_A 进行比较，如果 $D_B<D_A$，则实际技术状况优于标准；如果 $D_B>D_A$，则实际技术状况劣于标准。

3.机械评比复查比较

机械评比复查时主要复查一、二类机械，并清查各种机型的数量。根据检查评分标准，复查出每台机械单机技术等级，然后求出所有应检机械平均技术等级 D_C，并与这些机械原报等级计算出的平均技术等级 D_D 进行比较。如 $D_C<D_D$ 则适当给予加分；若 $D_C>D_D$ 则适当给予减分。这样可以在一定程度上消除各企业自检评分尺度不均衡的因素。另外，还可用检查得分再进行一次平衡。

四、检查手段介绍

1.汽车检测线

汽车检测线用于汽车类机械的技术状况检查。根据用途的不同，汽车检测线分为"安全检测"和"综合检测线"。"安全检测线"由前轮侧滑试验台、车速试验台、前照灯检验仪、轴荷计、制动试验台、汽油车废气分析仪、柴油车烟度计等仪器设备组成。它主要用来进行行车安全技术检测并监控汽车排放尾气的污染情况。目前，安全检测线多用于公安交警机关对机动车辆的年度检验。而汽车"综合检测线"不仅拥有"安全检测线"的全部设备，还包括"安全检测线"所没有的检测设备。诸如：前轮定位检验设备、底盘测功试验台、发动机综合分析仪、声级计和车轮动平衡机等设备。

2.测试车

测试车用来到施工工地或分散的单位进行巡回检查。测试车应配备适合野外检测的设备，它可对挖掘机、推土机、铲运机等施工机械进行现场检测。

3.人工检验

对一些不具备上述检测条件的单位，可用人工检验，即由检查组（通常由技术管理人员、操作人员、维修人员组成）成员通过眼看、手摸、脚踩、耳听等感觉器官凭经验进行的技术检验。

（1）检验程序：在进行人工检验时，检验程序较为重要。采用合理的检验程序，可缩短检验时间，减轻检验者的劳动强度，避免重复检验或漏检。一循环检验法，就是一种比较合理的检验程序，即从车左前方（即在方向盘的一面），向车右前方环绕一周，检验车身外表情况及各部件技术状况。

（2）检查、鉴定的一般方法：

①眼看：观察各总成、各部件的表面是否清洁，有无污垢、锈蚀或变质现象；各零部件有无变形、缺损和漏油、漏水等现象；看各仪表工作情况和排出的废气颜色是否正常等。

②耳听：用听觉检查、判断发动机和工作机构的内部有无异常响声；轮胎或气制动系有无漏气声；行驶或作业中，变速器、差速器等总成运转有无异常声响等。

③手摸:用手摸试各总成部件温度和松紧度是否适宜;离合器和制动踏板的自由行程是否合适,各操纵装置和玻璃升降是否灵活等。

④嗅觉:机械在行驶和作业时,可凭嗅觉发现汽化器混合器过浓产生燃烧不完全的生油味,排气管漏气进入驾驶室的废气味,离合器或电气线路烧焦的胶木或橡胶味等。

⑤使用工具、量具、仪表和仪器:在机械检查中,仅凭耳、目、手、鼻还不能完成检查工作的全过程,可借助一些工具、量具、仪表和仪器才能把检查工作做得全面准确。如检查发动机气门的间隙就要需用厚薄规(塞尺);发电机调节器的闭合电压、限额电压、限额电流等的检查,也需用电压表和电流表检查等。

⑥对机械使用管理工作情况、定额及有关指标的完成情况,各项管理制度的落实情况等的检查,通常采用听取汇报、查阅资料、开会座谈、个别了解和现场检查等方法进行。

(3)检查、鉴定的步骤:

①外部检查:机械在原地不发动,以目视手摸等方法,检查各部的连接、固定和密封情况,有无缺件或损坏情况。

②发动检查:使发动机温度正常后,检查各仪表指数是否符合规定要求,看排气烟色、听各部声音、查汽缸压力以判断是否正常,全面检查发动机技术状况。

③行驶检查:通过行驶,检查操纵、传动、行走、制动、转向等方面的技术状况。

④作业检查:当确定各部件良好后,可用各种负荷作业,以检查工作装置的工作情况,并进一步查检发动机的技术状况。

⑤分解检查:在上述各项检查的过程中,如发现某些总成运转不正常时,经分析判断后可实施分解检查。检查前,应先查阅机械设备的历史档案,并向操作手了解保养、修理、油料消耗、动力性能以及经常发生的故障等情况。

第十四章　机械设备技术保养管理

第一节　机械设备保养管理的意义

一、工程机械施工作业特点

工程机械施工作业特点包含以下几方面。

(1)工作装置和行走机构磨损严重

工程机械的作业对象大多为泥土、砂石或其他工程建筑材料,施工工地尘土飞扬或泥浆遍地,这些都使得工程机械的工作装置和行走机构磨损加剧。

(2)地理条件恶劣

施工现场没有道路,地面不平导致机械行驶颠簸、振动剧烈,行驶机构严重打滑。轮胎和履带磨损严重。若地形复杂,作业时机械转向和回转频繁、加速了机械磨损和损坏。

(3)气候条件差

野外施工气候条件差,气温过高而使发动机过热、工作粗暴、功率下降、磨损加剧;气温过低,不仅易冻裂某些机件,而且因冷却水难以保持正常工作温度而加剧了磨损。日晒水淋使得机械锈蚀老化加剧。

(4)润滑条件差

气温过高使润滑油黏度下降,油压下降,润滑不可靠。气温过低,润滑油黏度增加,油液不易到达润滑点,润滑同样不可靠。空气粉尘量大,使油液杂质增加,机械颠簸使油液中杂质不能沉淀,气温过高加速油液的氧化,这些都使得润滑油品质变差。机械表面布满灰尘和泥土,增加了润滑工作的困难。

(5)负荷变化剧烈且经常处于大负荷工况

因土质变化的不均质性,加之地质结构复杂,使得工程机械负荷波动剧烈,对机械本身产生一种冲击载荷和交变载荷,加速了机械的传动系统、发动机和工作装置等部分技术状况恶化。

二、工程机械施技术保养的意义

工程机械在作业中,不仅负荷变化频繁,而且常在无路或路况很差的场合工作,还要野外停放,这便使机械各部件经常受到摩擦、冲击、扭转、振动及剪切等力的作用,并遭受自然环境较严重的侵蚀。随着使用时间的增加,会产生:活动部件磨损,连接部件松动,零部件疲劳破坏,表面锈蚀和非金属材料老化,润滑油品质变差,滤网、油道堵塞因而润滑条件恶化。若继续使用,将发生更严重的磨损,生产效率下降,甚至出现严重机械或人身事故。常见的施工设备重大故障因素分解图显示,施工机械的重大故障有56%是因失保失养的问题造成的,有38%是由于定期维修失误造成的,6%是由于机械操作失误造成的。同时,工程施工的特点是工程量大、任务重、投资高、工期紧且具有较强的季节性。因此，必须对工程机械进行有计划的保养，包括清洁、润滑、紧固、调整、防腐以及更换一些不能再用的磨损零件等工作，使工程机械经常在完好的技术状态下运转，保证使用的顺利进行。这对于提高工程机械使用的经济效益、降低成本、保障安全和延长使用寿命都有重要意义。

三、工程机械技术保养的目的

工程机械技术保养的目的包含以下几方面：

(1)保证机械经常处于良好技术状况，可以随时启动运转或出车，减少故障停机日，提高机械的完好率和利用率；

(2)在合理运用的条件下，不致因中途损坏机件而停歇影响工期和进度；

(3)减少机械磨损，增大两次修理之间的间隔期，延长机械使用寿命；

(4)在运行中不致因机械事故而影响安全；

(5)降低机械运行和维修成本，使机械的动力、燃润油料、零件及各种消耗材料降到最低限度。

四、机械设备保养与维修的区别

1.保养和维修的概念

机械的保养和维修是两种不同的技术措施。保养是降低零件的磨损速度，预防故障发生，为延长机械设备寿命而采取的预防性维护措施，是保持机械设备处于完好状态的基本技术措施。维修是机械设备达到极限磨损后，修正出现的故障或失去工作能力的零件总成，为恢复机械设备良好技术状况而采取的技术措施。由于他们的目的不同，因此执行条件也不同，前者是强制执行的预防性措施；后者是按照计划视需要的恢复性措施。

2.保养与维修的区别

机械的保养和维修，从表面上看来都是维护机械技术状况的措施，在实际工作中容易产生以修代养或以养代修的现象，特别是高级保养和小修容易混淆，这对保障机械经常处于良好技术状况的目的极为不利。因此，必须明确保养和维修的区别，正确对待保养和维修的关系。机械保养和维修是有本质区别的，主要表现在以下四个方面。

(1)性质不同

机械保养是在机械零件没有达到极限磨损前进行的预防性作业，以保持机械经常处于正常工作状况。而机械维修是在机械零件达到极限磨损后不能正常工作时进行的恢复性作业，以使机械重新达到正常技术状况。

(2)内容不同

机械保养的作业内容是不改变零件几何尺寸和物理化学性能的清洁、紧固、润滑、调整、防腐等作业。而机械维修的主要作业内容是改变零件的几何尺寸、理化性能和装配间隙。定期保养是对机械进行规定的全面范围的作业，而机械维修只对规定的局部范围(如小修部位和中修项目)进行作业。

(3)工艺不同

机械保养工艺只是进行局部的解体，并不是进行零件的鉴定和修复。机械维修工艺是将机械或总成全部进行解体，对所有零件进行鉴定，按规定进行修复或更换。

(4)实施原则不同

机械保养进行定期、强制进行的原则。机械维修进行计划维修,按需进行的原则。

3. 正确处理保养和维修的关系

正确处理保养和维修的关系,做到养修并重,相互结合。反对养修不分,互相混淆,这是保障机械良好技术状况的需要。

(1)反对养修不分

在实际工作中,人们使用机械时,只用不养,用坏才修,或以修代养的做法司空见惯,必须反对。小修只对零件损伤部位进行局部维修和保养,不能代替全面范围的等级保养。以修代养的结果是使机械的一些部位甚至重要的部位得不到应有的保养,而增加机械的磨损和事故性损坏。同时,也反对在维修机械时,以养代修的做法,对应该大、中修的部位不按规定的作业内容鉴定和恢复零件的几何尺寸,只是对零件进行清洗和保养,就算修理完毕时,其结果是降低了维修质量,缩短了机械大、中修后的使用寿命。

(2)做到养修结合

虽然保养和维修不能互相代替和互相混淆,但是必须做到养修结合。也就是应该根据实际情况,在保养作业中对需要维修的部件进行附加小修作业(包括必要情况下研磨气门和更换活塞环等);在小修时可以进行接近一级的保养,这样可以缩短停机时间。

第二节　施工机械技术保养分类

一、机械技术保养的分类及主要作业内容

机械的技术保养分为例行保养、定期保养和特殊保养三大类。

1. 例行保养

例行保养是机械每班出车前、工作中以及收车后所要求进行的保养工作。重点是清洁、润滑、检查和紧固。日常保养工作主要由操作人员来完成。因而操作人员的素质及技术水平就决定了保养的质量。同时,还应认真执行适应机械设备管理的"点检制度",对日常点检的部位、项目内容、标准等应有明确的要求,应达到了解和掌握机械出现异常的程度和发展趋势,提出防范措施并及时加以处理,确保设备性能稳定,延长零部件寿命,并以最经济的维护保养费用,达到完成机械保养维修的目的。

2. 定期保养

定期保养是指机械经过一定的运转小时后,停机进行清洗、检查、调整以及故障排除和对某些零部件进行修理和更换等。

根据机械零件的磨损规律,对大量的试验数据,应用统计方法,求得各种零件或配合件的正常使用寿命,根据使用寿命将零件划分为几个组,使各组的寿命间隔成为简单的倍数关系,再考虑到机械的作业条件、维修技术、经济等因素,这样就得出机械的各级保修间隔周期(简称保养间隔期)。保修间隔周期表如图 14-1 所示。

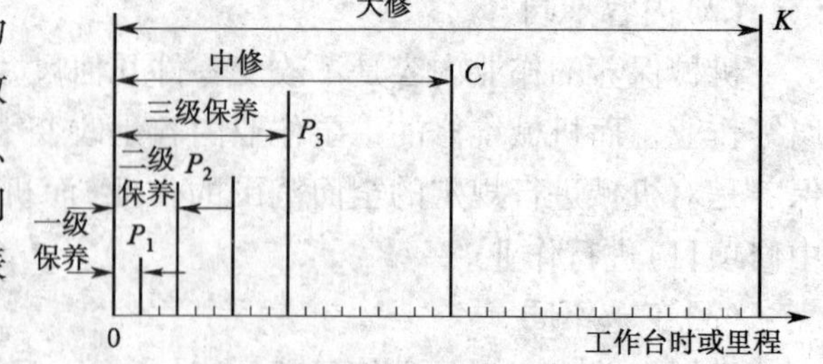

图 14-1　机械保修周期表示意图

如图 14-1 所示,P_1 为一级保养周期,P_2 为二级保养周期,P_3 为三级保养周期,C 为中

修周期，K 为大修周期。

定期保养按间隔期时间长短，又分为一级保养、二级保养和三级保养。

从我国公路施工与养护单位开展维护保养工作的实际条件与可能出发，根据大量技术统计资料，原交通部制订颁发了《公路筑养路机械保修规程》，其中规定：对大中型机械（含进口机械），一般应采用三级定期保养制。即一级保养（间隔 200 工作小时），二级保养（间隔 600 工作小时），三级保养（间隔 1 800 工作小时）；对于一些小型机械，小型水泥混凝土拌和机、振动器、夯实机、钢筋弯曲机和校直机等，可采用二级保养制，间隔为一保 600 工作小时，二保 1 200工作小时；对于某些技术密集型（机电业一体化）的大型或进口设备，还应参照厂家使用保养说明书进行保养。

各级定期保养的主要内容如下。

（1）一级保养

一级保养以润滑、紧固为中心。主要作业内容是，检查、紧固机械外部螺纹件；按规定加注润滑脂，检查各总成内润滑油平面，并添加润滑油；清洗各种滤清器；排除所发生的故障。

一级保养是在例行保养的基础上进行的，这两种保养的内容既有分别又有联系，并且主要都由操作人员来完成。因此，明确这两种保养各自要达到的要求，并能用简单可行的操作方法区别开来，比如设定两种检查记录表。不能相互代替，但检查的部位又有联系。

一级保养主要作用是维护各作业台班能连续运转，确保两次一保间隔期中机械正常运行。同时又为二级保养打好基础，提供分析数据。

（2）二级保养

二级保养重点是检查、调整。除要进行一级保养的全部内容外，还要从外部检查发动机、离合器、变速箱、传动轴、驱动桥、转向和制动机构、液压和工作装置以及各类电器元件等的工作情况，必要时进行调整，并排除所发现的故障。二级保养主要作用在于保障机械各总成，零、部件具有良好的工作性能，确保两次二保间隔期机械能正常运行。

二级保养一般要求由专职的保修人员负责进行，但操作人员须随机参加保养。

（3）三级保养

三级保养重点是检测、调整、排除故障隐患，平衡各部机件的磨损程度。三级保养除要进行二保的全部作业内容外，还要对影响使用性能的部位及有障碍征兆的部位进行诊断性检查，状态性检测以及必要的更换、调整及排除故障等工作。

三级保养仅按保养范围，依据检测技术要求打开有关总成或部件的孔端、箱盖等，检查调整其零部件的紧固、磨损及有关间隙位置的情况，以发现和清除隐患为目的，实行不解体检测来检查排除故障，这才体现了本级保养的技术要求。因此，更需要技术全面的保养人员及使用先进的检测仪器、工具来完成保养任务。

进行定期保养必须做到以下几点：

（1）按时：按照规定时间进行保养，一般延后或提前的时间不应超过保养间隔期的 10%。

（2）按级：按照规定的保养等级的需要，安排保养力量。

（3）按项：各级保养必须按规定的作业项目进行（亦要制订出确切的各级保养项目），保养结束前应认真检查各项保养记录，以防漏项。

（4）按质：必须按规定的技术标准与程序进行保养，目前应执行全国统一的《公路筑养路机械保修规程》、《公路筑养路机械操作规程》等技术法规以及生产厂的保修技术资料。要采取先进的检测技术手段，保证保养质量，杜绝保养事故。

3. 特殊保养

(1)走合保养

走合保养是新机或大修后的机械在走合期内进行的一种磨合性保养工作。对要求走合保养的机械,应按一定的要求逐级递增负载及转速,并全面检查润滑、紧固情况,视察整机各部状况,发现异常及时解决。走合保养的重点是更换各部润滑油、润滑各部位、紧固各螺栓。

新机或大修后的机械必须经过走合保养后,才能正式投入施工使用。

(2)换季保养

换季保养是在机械每年入夏或入冬前进行的一种适应性的保养工作。一般以所在地区入夏(四月中旬左右)、入冬(十月上旬左右)的时间进行。换季保养的重点是燃润系统、液压和液力系统、冷却系统和启动系统等部分。如更换燃润油料、液压油、调整蓄电池电解液的相对密度,采取防寒或降温措施,清洗冷却系等。换季保养可结合定期保养进行。

(3)转场前保养

这是流动性比较大的施工单位常进行的一种机械保养工作,通常在一项工程完工后,机械虽未到规定的保养周期(比如租赁机械),但为实现从一个施工点到另一施工点的顺利调运,并迅速投入新的施工生产,需对机械进行全面检查、紧固、调整等工作。

(4)停用保养

停用保养是指机械由于季节性等因素的影响,要暂时停用一段时间,但又不进行封存的一种整理、维护性保养。其作业内容以清洁、整容、配套、防腐为重点,具体内容根据机型、机况和当地气候与实际需要进行。

(5)封存保养

为减轻自然气候对长期封存机械的腐蚀,保持机况完好而采取的一种防护措施,称为封存保养。通常它附有一级或二级保养工作。

上述五种特殊保养工作,在公路施工或养护单位都很常见,应重视做好,并建立保养记录档案。

二、机械技术保养的主要作业内容

施工单位的施工机械种类繁多,结构性能差别很大,其保养项目和技术要求往往大不相同。因此,具体保养机械时,须依据原交通部颁发的《公路筑养路机械保修规程》中相应要求进行。尽管各种机械各级保养的内容、项目多而杂,但就其作业的性质来看,无非是清洁、紧固、调整、润滑、防腐,简称“十字作业”。为帮助理解,以下逐项说明。

(一)清洁

机械在工作中,必然引起机械内外及各系统、各部位脏污,有些关键部位脏污将使机械不能正常工作,为此,进行清洁作业不仅是保持机容整洁卫生的需要.更重要的是保证机械安全和正常工作的需要。清洁作业中要特别注意做好发动机“三滤”(即空气、机油、柴油滤清器)和电气部分的清洁作业。发动机“三滤”的清洁对发动机的工作和寿命都有很大影响,现详述如下。

1. 空气滤清器的清洁

(1)空气滤清器的作用

空气滤清器的作用主要是滤清进入汽缸空气中的尘土。机械在不同道路和地形情况下工作时,进入汽缸内的尘土含量是不同的。尘土进入发动机后加速零件磨损,危害很大。尘土颗粒很小,能进入发动机的粒径为 1 ~ 100μm 的居多,而且其中大多数是 50μm 以下的颗粒。据试验资料证明,粒径为 20 ~ 30μm 的灰尘造成磨损最大。进入汽缸的部分尘土被汽缸壁上的机油粘住,当活塞上下运动时,好像加一层磨料,使汽缸壁和活塞环很快磨损。如不装空气滤清器则磨损增加 100 倍,在含尘量 $3g/m^3$ 的情况下工作 20h 就达到极限磨损。尘土进入汽缸不仅使汽缸壁、活塞、活塞环加速磨损,而且混入润滑油(机油),使受机油润滑部位都加速磨损。

(2)空气滤清器的清洗

空气滤清器在工作中,随着脏污程度的增加,滤清效率不断下降(完好滤清器的滤清效率为99.97%,不得低于 98%)、滤清阻力增加(正常情况下为 6 000 ~ 8 000Pa,不得超过12 500Pa),造成发动机的功率下降,必须及时清洗。清洗空气滤清器时,必须注意空气滤清器以及到进气歧管之间气管路的密闭,如有孔隙将使空气不经滤清进入汽缸,加剧磨损。

2. 机油滤清器的清洁

(1)机油滤清器的作用

机油在使用过程中,不可避免地要被磨损产生的金属屑、自外界落入的尘土、杂质和燃烧产物所污染,同时,机油本身由于受热氧化也会产生酸性物质和胶状沉积物。如不加以滤清,就会加速发动机零件的磨损,堵塞油路,甚至使活塞与活塞环、气门与气门导管等零件之间发生胶结、使发动机不能正常运转,并使机油的使用期缩短。机油中杂质的含量超过 0.3% 就需要更换。因此,机油滤清器的作用就是及时滤清机油中的杂质和胶状物质,保证机油和发动机润滑系统正常地工作。

(2)机油滤清器使用一定时间后,滤芯表面脏污越来越多,尽管滤清质量有所提高,但滤清阻力增大,油压下降,循环量减少,供油不足,不能保证发动机正常工作而加速磨损。甚至会有一部分机油通过旁通活门,不经滤清就进入发动机,形成磨料性磨损。为此,必须及时清洗机油滤清器。其作用是:

①恢复机油滤清器的正常工作。

②检查机油质量:

A. 检查机油黏度。随着使用时间的增长,机油不断消耗,但如果机油中进入燃油和水分使其黏度下降,这时机油量变化不大甚至增多,因此不易发现,但能造成发动机磨损加剧,功率下降等。所以清洗机油滤清器时应注意检查机油黏度,如油沫增多,说明含水量大,应加温脱水后再用。必要时,排除进水原因。

B. 检查杂质含量。看滤芯上的金属颗粒的大小和多少,判断曲轴轴承磨损程度。

3. 柴油滤清器的清洁

柴油发动机供油系统主要零件的光洁度和配合间隙都是非常精密的。如高压泵的泵油柱塞及柱塞筒之间,喷油嘴的喷针和喷油嘴之间的间隙是 0.002 ~ 0.004mm,有的小到 0.001 5mm。

因此,供油系工作是否可靠和耐用,主要取决于柴油的纯净程度,使用清洁的柴油可使精密零件的寿命延长 30% ~40%。柴油中含有杂质还可能加速汽缸的磨损。为此,除在加油时必须保持清洁外,还要定期放出柴油箱内沉淀的杂质,特别是要定期清洗柴油滤清器。如不及时清洗柴油滤清器会造成滤清效率下降或供油不足,使发动机不能正常工作。

4. 冷却系的清洁

发动机水温经常过高时,应查明原因,如确系冷却系中生成水垢,就必须清洗冷却系,否则会使发动机水温过高、功率下降、磨损加剧。因水道形状复杂,无法用机械办法清除水垢,只能用化学方法进行清洗。清洗冷却系的工作通常结合夏季保养进行。

(1)清洗剂的配置

清洗剂由洗衣碱(即粗制碳酸钠 Na_2CO_3)1kg、水 10kg 组成,按冷却系容量配制。清洗剂千万不能用烧碱(即氢氧化钠 NaOH),因为烧碱腐蚀性很强,破坏冷却系内防锈层,腐蚀没有水垢或水垢薄的金属部位。另外,按每 10L 水配合 0.5L 煤油的比例,冲洗冷却系。

(2)清洗方法

①先将煤油加入冷却系,不要与碱水混合在一起,否则不起清洗作用。

②然后将配好的碱水(水和碱的混合液)加入冷却系,停放 8～10h 后,启动发动机 5～10min。

③放清洗剂,加入清洁水,启动发动机数分钟后放出。如冷却系内还不干净再加清水清洗,并启动发动机后放出。一定要把碱水清洗干净,以防腐蚀。

④清洗后,按规定加添冷却液。

(3)铝制部件的清洗

铝制部件,例如铝制汽缸盖,其清洗剂可用水玻璃 15g、液态肥皂 2g、水 1L 的比例配制。注意不能用含酸、碱的溶液对铝制部件进行清洗,否则腐蚀严重。

5. 电气设备的清洁

为保证电气设备正常工作,应经常保持电动机、发动机、启动电动机、蓄电池、调节器以及电器操作和电气控制部分等电气设备的清洁,定期清除整流子和碳刷上的碳粉,并按规定擦拭整流子,保持各电气触点的清洁,这对机械的安全正常工作是十分重要的。

(二)紧固

机械上有很多用螺栓固定的部位,由于机械工作时不断振动和变负荷等影响,有些螺栓可能松动,必须及时检查,予以紧固。如不及时紧固可能发生漏油、漏汽、漏水、漏电等现象。有些关键部位的螺栓松动,还可能改变该部位设计的受力分布情况,轻者造成零件变形,重者造成断裂。螺栓松动还可能导致操纵失灵、零件或总成移动或掉落甚至造成机械事故损坏,如有单位就曾发生过行驶中掉落轮胎、传动轴等事故。

在内燃机为动力的机械上,有些关键部位的螺栓必须经常检查,定期紧固。如发动机机爪固定螺栓、风扇固定螺栓、前后钢板 U 形螺栓、横直拉杆及转向臂的各接头和各连接件的螺栓、传动轴连接螺栓、轮胎钢圈固定螺栓、驾驶室和货箱固定螺栓等,以及其他需紧固的各部位都应按规定进行检查和紧固。

有些用铆钉连接的部位,也应定期进行检查,发现松动及时处理。

(三)调整

机械上有很多零件的相对位置和工作参数需要及时进行检查调整,才能保证机械正常工作。如不及时调整,轻者造成工作不经济,重者导致机械工作不安全,甚至发生事故。调整的主要内容和部位如下。

1)间隙方面

如各齿轮间隙、气门脚间隙、制动带间隙、火花塞间隙、分电器白金间隙等。

2）行程方面

如离合器踏板、制动器踏板行程等。离合器的工作是通过分离、滑磨、结合多种工况完成的，要求分离彻底、结合可靠。这一方面要靠正确的组装来实现；另一方面要通过对离合器及其操纵装置的正确调整来实现。离合器在工作中行程不断发生变化，影响离合器正常工作，就必须及时检查调整。

3）角度方面

如提前点火角度、提前供油角度等。柴油机的提前供油角度，随着使用时间的增长而自然减小（原调整位置没变），各种发动机减小的幅度不等，如使用400h后，有的减小5°～6°曲轴转角，有的甚至减小12°～14°。

（1）提前供油角度减小的原因

①发动机曲轴到凸轮轴之间的齿轮、花键等传动零件磨损，使啮合间隙增大，特别是联轴器衬套处于无防尘又无润滑的情况下工作，磨损更快，从而减小发动机提前供油角。

②高压泵凸轮轴的凸轮、柱塞推杆及柱塞下端磨损，推迟了柱塞开始上升的时刻，使提前供油角减小。

③各供油组柱塞与柱塞筒磨损，使配合间隙增大，工作时，柴油渗漏量增多，导致提前供油角减小，经试验某种发动机在正常转速工作时，柱塞与柱塞筒的间隙由0.005mm增大到0.01mm时，可使提前供油角减小3度，一般柴油发动机使用400～500h，柱塞间隙可达0.01mm。

（2）提前供油角度变化对发动机工作的影响

提前供油角度减小，喷油推迟，使燃烧不及时，形成后燃。其症状是发动机负荷较大时连续排黑烟，严重时甚至排火，行驶无力，水温容易升高。其后果是发动机功率下降，燃料消耗增加，发动机容易过热。

（3）提前供油角度的调整

在例行保养中检查提前供油角度时，只按刻度位置检查其是否变化。但在三级保养或发现发动机有提前供油角度推迟的现象时，就不能按刻度检查调整，而必须按实际供油时间检查调整，其方法是：

①将曲轴转角为0度时该缸为压缩行程上死点的高压油管拆下。如飞轮无刻度，可找出某缸压缩行程上死点，并在飞轮上做好标记。

②将高压柴油泵加油齿杆固定在最大加油位置。

③先反转曲轴数度（消除空回间隙），再顺转曲轴，看到高压出油管口油面微动，即为开始供油时间。

④检查曲轴角度，找出磨损造成的误差，并进行修正调整。

⑤调整后再按上述方法转动曲轴进行核对，无误后即可。

⑥发动发动机进行检查。

如因调整错误，造成提前供油角度大，喷油过早，对发动机也产生危害。其现象是：启动后排白烟，低转速工作时发动机振动剧烈。其后果是发动机工作粗暴，曲轴连杆受力过大，磨损加剧，发动机寿命缩短。甚至因温度过高烧坏活塞，同时，功率下降、油耗增加、启动困难。如发现上述现象，应立即检查实际提前供油角，调整到正确角度。

4）压力方面

如燃料喷油压力、机油压力、空压机压力、液压系统工作压力、蒸汽压力等。

5)流量方面

如供油量等。

6)松紧方面

如风扇皮带、履带松紧等。

7)其他方面

如电流、电压、发动怠速、化油器油平面等都需要及时调整以及轮胎换位等。

(四)润滑

机械上凡活动的部位,包括转动和往复运动的零件,绝大部分需要保持良好的润滑才能保证机械正常工作,减轻磨损。因此,润滑是机械保养中极为重要的一项作业内容必须引起十分重视。有关润滑管理的内容详见有关章节。

(五)防腐

主要是指防止机械上的金屑零件和橡胶制品的锈蚀、老化等。

(1)防金属零件锈蚀

机械的零、部件和总成,长期与空气接触,表面失去光泽,出现斑点或粉状氧化物,这种现象叫锈蚀(生锈)。生锈的零件断面缩小,强度降低,缩短了使用寿命,甚至完全不能使用。金属零件产生锈蚀的原因是空气中的 CO_2、SO_2、O_2 等气体或酸、碱、盐的水溶液作用于金属零件的结果。防止金属零件生锈的最常用办法是涂油、喷漆、使油或漆在金属表面结成一层保护膜。

(2)防橡胶制品老化变质

轮胎、液压油管、风扇皮带、防尘套等橡胶制品,在空气中氧气的作用下产生过氧化合物,使橡胶制品性能减退,即产生老化。另外,加速橡胶制品老化的因素还有高温和阳光。一般气温每升高 7~15℃,老化速度将增快 1.5 倍。防止橡胶老化变质的方法是:尽量避免阳光照射、高温和沾上油污,防止和有腐蚀性气体接触以及解除停驶轮胎的负荷等。

第三节　机械技术保养计划的制订

目前技术保养工作是按保养间隔周期(即工作小时)强制进行的,因而要首先确定出何时进行哪一级别的技术保养(项目),即制订出机械技术保养计划。以便明确任务,安排保修力量,协调与生产方面的工作。

一、制订技术保养计划的依据

机械技术保养计划分年度计划、季度计划和月度计划三种。其中年度计划主要用来平衡各季度保养项目和保养次数;季度计划主要用来平衡每月保养项目和一般保养次数;月度保养计划则是确定各级保养进行的日期和停机日。

另外,通过制订年度、季度和月度保养计划,可使有关管理人员合理安排保修力量、保修资金,做好配件供应计划,更为重要的是使管理人员根据工程需要,重视机械设备保养管理,将使用与保养工作有机地结合起来。

制订保养计划的依据如下:

(1)机械的年度、季度、月度工程使用计划;

(2)机械已使用里程或工作小时数(应是实际发生的时间);

(3)机械的技术现状和保养设备情况;

(4)现有保修力量(人员、检测仪器、费用等);

(5)各种机械的保养间隔期(主要指对应制度规定的间隔期);

(6)配件的供应情况(来源、供货时间等);

(7)施工环境(包括工程概况等土质条件)。

只有综合考虑上述制订计划的依据,才能使保养计划更符合工程实际,才能易于实施。否则,仅把保养级计划制订出来,不考虑客观实施条件和机械实际技术状况,是达不到机械状况好、施工成本低、生产效益好的目的。

二、制订维护保养计划的方法

在施工单位的机务部门,应设专人负责制订保养计划工作,以防失保、漏保和跨保。

1. 年度保养计划的制订

年度机械技术保养计划的制订,应根据下年度工程计划中使用的机型、台数以及计划使用的工作小时,先制出一张机械各级保养进程表;然后以每台机械已使用工作小时为起点,再加年计划使用工作小时后为终点,在进程表中查出该机械应进行的技术保养等级和次数,填入“年度机械维护保养计划表”即可。

例:某单位有一台国产 PY160A 平地机,1998 年底已累计使用 1 600 工作小时,1999 年计划使用 1 200 工作小时。请制订 PY160A 平地机年度保养计划。

解:首先,我们可以将 PY160A 平地机各级保养进程填入表 14-1。通过列表可以看出,在 1999 年计划使用的 1 200 工作小时使用期内,PY160A 平地机需进行:一级保养 4 次;二级保养 1 次;三级保养 1 次。

国产机械各级保养进程(0 ~ 4 600 工作小时区段)　　表 14-1

累计工作小时	50	200	400	600	800	1 000	1 200	1 400	1 600	1 800	2 000	2 200
保养级别	走保	1	1	2	1	1	2	1	1	3	1	1
累计工作小时	2 400	2 600	2 800	3 000	3 200	3 400	3 600	3 800	4 000	4 200	4 400	4 600
保养级别	2	1	1	2	1	1	中修	1	1	2	1	1

在确定了 1999 年内各级保养次数后,便可将有关参数填入 1999 年年度机械技术保养计划表中,见表 14-2。

1999 年度机械技术保养计划　　表 14-2

序号	机械名称	型号	统一编号	上年度已累计使用总工作小时(h)	本年度计划使用工作小时(h)	全年各级保养次数			备注
						一级	二级	三级	
1	平地机	PY160A	062	1 600	1 200	4	1	1	

编制单位:　　(盖章)　　审核:　　制表:　　日期:1998 年 12 月 21 日

2. 季度保养计划的制订

季度保养计划的制订与年度计划类似。但编制季度保养计划需知道上一季度机械的累计使用时间以及本季度月份机械计划的使用时间。因此,季度计划需要比年度计划具体一些。

3. 月份保养计划的制订

制订月份保养计划须知道上月底机械累计工作小时，明确本月机械使用计划（包括使用日期和停机日期的计划，注意要考虑气候影响），注意协调使用与保养的工作安排，尽可能不因施工而拖保，也不因保养做得不好而影响施工使用。注意，一般月份的机械技术保养计划应一式四份：操作人员一份，机械班组或专业施工队一份，保修厂（保养站或班）一份，机务部门存底一份。

第四节 技术保养的组织实施

一、保养计划的下达

下达保养计划时，应注意以下方面：

(1)机械的技术保养计划应和机械使用计划同时下达。

(2)机械保养计划应同时下达给机械使用部门和保修部门。月份保养计划还应抄送或通知操作人员、机械班组，以保证保养计划的落实。

(3)机械保养计划和施工发生矛盾时，不可因施工或养护而挤掉保养工作，应本着即要坚持定期保养制度，又要满足施工需要的原则处理。为此可提前或延期进行保养，但延长时间不可超过时间间隔期的10%。机械的技术状况确实较差，不能延期保养时，可利用机械的空闲时间，分时分段进行保养、即将规定的保养项目分几次进行，这样即完成了规定的保养内容，又不影响施工生产。

二、保养机构的设置

设置保养机构时，应注意以下方面：

(1)各机械建制单位或保养单位必须配备必要的保养力量和设备，一般应在使用单位设置保养机构（比如保养班或组），规模较大的单位可设置独立的保养机构（如保养车间）。保养机构只承担保养、小修（故障修理），不承担项修或大修任务。大型、精密和关键机械的定期保养应在有条件的保养车间进行。

(2)保养力量应按比例配备。各种运输、土方、起重机械及其他大型机械平均每台配备保修人员1～1.2人，其他各种机械平均每台配备保修人员0.2～0.3人，上述人员中的60%为保养小修人员（包括辅助工种）。

(3)保养机构人员要精干，装备要合理，能满足各级保养工艺要求，做到一专多能。对保养人员应经常进行技术培训和考核，要不断提高其保养作业能力，以适应各种复杂机械保养作业要求。

三、保养的组织方法

1. 就车保养法

就车保养法是根据保养等级和保养部位，按拆卸、清洗检查、装配三个基本工序进行。除需更换的零件外，机械上的总成、部件和零件基本是元件回装，所以保养时间等于拆装、清洗、检查、安装与装配时间总和，因此，保养时间长、工效低，方法比较落后。但是，保养单位人少，设备少，机械类型复杂，台数少，配件通用、互换性差的工程机械，如分散使用的推土机、柴油发电机、混凝土拌和机等，也只能采用这种保养方法。

2. 总成分工保养法

总成分工保养法是将保养机械分为若干总成，如发动机离合器总成、变速器总成、后桥总成、前桥总成、制动系统、电气系统以及轮胎、履带等，将人员变成相应保养作业工组，将参加人员变成工号，按照拆卸、安装的先后顺序和操作的繁简程度，分工、定位，同时进行在规定的时间内完成本岗位和协同的作业内容，这种方法需要有较充足的保修设备、工具、车间、场地和人员，适合于在保养站内由专业保养分队正常进行保养作业。

3. 逐件轮流保养法

逐件轮流保养法适用于机械分散，没有备用机械，任务紧迫和保养人员少的情况下进行一级或二级保养，主要依靠该机组的操作手完成。事先应将保养的项目、所需材料、油脂、配件、专用工具准备好，利用工隙或停用时间保养。利用这种保养作业方法，需记录各个保养项目的实施时间，分别计算保养周期。

4. 机动快速保养法

机动快速保养法是在总成分工保养法的基础上，各机组采用专用工具和快速保养工具，快速作业，在较短时间内完成。这种方法适合于有较多的熟练保养人员，机械零、部件"三化"程度高，材料、配件齐全，场地较宽，起吊设备好和保养的机型单一等保养、维修单位采用。适合于在保养任务量大的情况下，完成机械二级以上保养。

四、保养工作的组织实施

保养工作的组织实施细则如下：

(1)流水作业、专业分工。这是提高功效、保证质量的有效形式。但必须具备机型单一、数量多的条件。这种组织形式可以实行定部位、定人员、定机具、定进度、定质量的五定制度，有利于提高保养工人的专业技术熟练程度和保养质量，使保养作业时间大大缩短。也有利于保养工艺向机械化方向发展，便于建立各项责任制，加强管理。随着机械施工专业化程度的提高，机械集中管理和维修社会化的实现，这种先进的组织形式将会得到发展。

(2)对口保养。这是适合机型多、牌号杂的有效方法。一种是一个保修班组对口一个单位的机械，这种对口法要求保养工技术面广，一专多能、综合作业；另一种是一个保修班组对口一个(或几个)牌号的机械，由于机型单一，能提高功效和保证质量。

(3)现场保养。对不宜集中的机械，必须采用在施工现场组织保养的方法。由保养机构组织流动保修组，配备工程车，随带必要的机具材料。根据需要固定在一个工地或轮流到几个工地进行现场保养和小修。机械多的施工现场应配备固定的保修力量。

对于现场施工的工程机械发动机的保养维护，一定要严格执行定期检查、定期测试，争取做到故障早发现、早排除，以切实提高工程机械发动机的使用寿命，对于必须要进行维修的发动机，在维修时不能仅凭感觉、凭经验，要认真地调查和询问，根据结构、工作原理及故障现象综合分析，对症下药。要询问机手在故障出现前发动机的使用情况、工作和保养情况，故障出现前发动机是否出现过故障，什么故障，怎样排除的，还要询问故障出现时所产生的一些现象。只有这样，才能缩短维修时间，提高工作效率，降低维修费用并真正排除发动机的故障，达到维护保养的目的。

(4)操作人员应随机参加保养，配合保养工搞好保养工作。一般情况下，操作工应完成一、二级保养项目。

(5)保养作业完成后,应进行检验。执行人员认真填写保养记录(保养类别、保养时间、保修内容、质检情况、保修单位、车型、编号、承保人等)。大型机械二级以上保养作业完成后,由主管部门审查保养记录,并将保养的主要技术资料纳入技术档案。

(6)为了采用先进的保养工艺,统一操作方法,不断提高保养操作水平,保养机构要根据保养规程的作业项目,结合本单位的具体情况,编制主要机械的保养工艺卡片,作为贯彻保养和改进保养工艺的技术依据。保养工艺卡片的主要内容包括:机械名称、规格、具体项目;必须配备的机具、仪表;执行作业的工种和人数;作业的技术要求和质量标准;规定的作业时间,需要配件,材料规格和数量等。

五、保养质量的检验

保养检验按阶段分为:保前检验、过程检验、竣工检验。按性质分有:综检、必检、抽检。

1. 保前检验

由专职检验员负责执行。根据送保通知单,结合驾驶员反映的情况以及查对有关技术记录,对全机进行综合性进厂检验。经过初检,应能掌握整机性能、总成质量,并确定需要解体总成。如需进行保养作业以外的附加范围,应将具体项目详细填写进厂检验通知单,作为出厂检验依据。

2. 过程检验

由保修技术人员或检验员负责进行。

3. 竣工检验

凡进厂保养机械,保养作业结束后,班组长、主管技术人员应对保养质量进行综检或抽检。二、三级保养机械应交机务部门复检。二级以下保养竣工后应进行原地检验,必要时进行短途行驶检验。二级、三级保养应进行原地检查、原地发动和短途检验,必要时进行空负荷工作检验。

第五节　工程机械技术保养的基本设备

由于历史原因,我国工程机械的制造业起步较晚,虽然在改革开放以来有很大的发展,但是和国外的同行制造业以及国内汽车工业相比,仍有很大的差距,因此,在保养方面还比较落后,有待于今后的不断改进和完善。

工程机械保养所用的设备,一般来说分为两类:一种是工段设备,即为完成保养工艺而在工段上采用的辅助设备,如保养工作沟,总成拆装运送设备和工作台架等;另一种是工艺设备。即直接用来完成保养工艺所用的设备,如清洗机、拆装工具,检验仪器、试验台等。

一、保养的工段设备

在现代工程机械的保养工艺过程中,各工艺设备固然很重要,但也不可忽视工段设备。对工程机械的下部作业,特别是轮式机械,其工作量很大,若不采用举升设备,不仅操作困难,质量也难以得到保证,而且工作效率低,延长了保养时间。

保养工作沟是目前最简单而行之有效的一种举升设备。由于地沟建造费用低,安全可靠,又不需要专门维护保养,故应用颇多。由于地沟的能见度差、排油水困难,工作空间狭小,劳动条件差等,所以一般还在地沟上设置多种辅助设备,如照明设备,专用油水收集器,千斤顶等。

二、保养的工艺设备

保养工艺设备是直接用来完成保养作业所用的设备。主要保养机具与仪表设备见表 14-3。

主要保养设备　　表 14-3

作业内容	机具与仪表设备	作业内容	机具与仪表设备
清洗润滑作业	外部清洗机 零件清洗机 积炭清洗设备 滤清器清洗机 润滑油加注器 齿轮油加注器 润滑脂加注器	检查调整作业	发动机功率测试仪 发动机机油测试仪 气门座修磨机 机油泵修试作业台 空气压缩机修试作业台 磁力探伤仪 仪表、灯具检修作业台 蓄电池保养作业台 制动阀、气室、气路检修作业台 前轮定位测试仪 转向盘转动量和转矩检验仪 制动试验台
拆装紧固作业	轮胎螺母拆装机 各型风动扳手 手提式液压拉压器	起重运送作业	地沟举升设备 起重机 各种总成运送小车

第十五章 工程机械修理管理

第一节 机械故障分析与管理

一、机械故障分析与管理的意义

机械设备故障的发生发展过程都有其客观规律。研究机械故障的客观规律，主要是以已发生的故障实例为对象。对故障研究，一般是从故障的外部现象入手，在掌握了故障现象的前提下，搞清发生故障的外因（外部条件）、内因（内部条件）及其对故障发生发展过程的影响，进而找出故障的机理。只有这样，才能有效地预防和消灭故障。

为预防故障制订相应的管理对策时，不但要从微观方面掌握发生故障的机理，还须从宏观方面掌握发生故障的规律性。要对各种设备发生故障的频率、某种设备易发生的主要故障、平均故障间隔期、造成故障的主要（宏观）原因、故障的损失等进行分析。

及时准确地掌握与设备故障有关的各种信息资料，是开展故障分析、管理的基础。因此，必须认真地建立健全设备使用（运行）、故障、维修等方面的原始记录，收集与设备故障有关的历史资料和数据，建立设备技术档案、设备信息库，加强对信息的收集、储存、传递、运用等方面的管理工作。近几年来，由于计算机的推广应用，使故障管理的质量和效率有了新的飞跃。

故障（失效）分析也叫故障物理学，它是近年来形成的一门新兴学科，以研究故障（失效）机理为主要内容，涉及的学科领域和技术门类很广，实用性很强，与国民经济建设密切相关。对于新设备、新材料、新技术、新工艺的开发，故障分析有着不可低估的促进作用，近年来在我国已引起科技界普遍重视。实施故障管理，要求及时准确地掌握设备故障的信息，运用故障分析理论、技术和数理统计方法，从微观和宏观两个方面认识掌握故障的客观规律，并提出有针对性的技术组织措施，预防或减少故障的发生。

二、机械设备故障的形态

（一）故障

工程机械中，故障是指整机、总成或零、部件丧失规定的功能。确定故障时，首先要明确“规定功能”的含义。有时规定功能是很明确的，不会引起不同的认识，如发动机缸体损坏、高压油泵柱塞卡死等；有时规定的功能却难以确定，特别是故障的形成是由于功能逐渐降低的这种情况。例如，发动机汽缸磨损超过一定的限度，将会加剧磨损、引起功率降低、燃油消耗增加，出现这种情况，可以算作故障。然而磨损的程度，使用中难以确定。如果减小负荷，增加润滑，有一定磨损的发动机，仍然是可以继续使用的，也可以不算作故障。这就需要对功能作具体规定，确定故障标准。例如，对发动机功率和耗油量作具体规定，当达到这一数值时即可认为发动机出现了故障。

其次，确定是否是故障，还要分析故障的后果，主要看故障是否影响机械的使用，影响设备及人身安全。除了以技术参数中的任一项不符合规定的允许极限作为故障判断的准则外，还要考虑若在这种状态下继续工作，是否会发生不允许的故障后果来判别。如液压缸渗漏，在短时间内不影响使用，但时间长了，导致液压油减少而影响使用。

因此，在判断机械故障时，不仅取决于其“规定功能”，而且还要考虑故障的后果。一般情况下，机械故障判别的标准是：

(1)在规定的条件下，不能完成其规定的功能；

(2)机械在规定的条件下，一个或几个性能参数不能保持在规定的上、下限值之间；

(3)机械在规定的应力范围内工作时，导致机械零件出现各种裂纹、渗漏、磨损、锈蚀、损坏等状态。

不同的产品有不同的故障判别标准，并且研究工作的出发点不同，所认定的故障也不同，难以做到统一。但是在同一使用部门之内，则应该有统一的标准。一般情况下，故障判别标准应根据可接受的性能指标进行衡量。

(二)故障模式

故障模式是指故障的表现形式。它是通过人的感官或测量仪器得到的，如发动机怠速不稳，冷却水温度过高等故障，这是人们能观察到或测量出来的。故障模式主要涉及产品有何种故障，而不涉及为什么产生这种故障，其相当于医学上的“病症”，一般能被医生直接或间隔观察到。

为什么要研究故障模式？因为一般研究产品的故障时，往往从产品的故障现象入手，进而通过现象找出故障的原因，同时，故障模式也是其他故障分析方法的基础。因此有必要弄清机械在各功能级上的故障模式。由于系统的故障往往由零件的故障所引起的，因此，确定零件的故障模式是研究整机故障的基础。

一般情况下，要尽量以零、部件的故障模式来描述整机或系统的故障，只有在难以用零、部件的故障模式描述或无法确认某一零、部件发生故障时，则可用总成、子系统或整机故障模式来描述。

工程机械零、部件的故障模式有：

损坏类型——断裂、开裂、烧结、点蚀、塑性变形等；

退化类型——磨损、疲劳、老化、变质、腐蚀等；

松脱类型——松动、脱落等；

振动类型——颤振、抖动、噪声等；

卡滞类型——卡死、滞后、咬合、锈死、转动不灵、分离不彻底、滑动困难等；

失调类型——间隙不当、压力不当、行程不当等；

堵漏类型——堵塞、渗漏、漏油、漏水、漏气等。

整机及总成故障模式通常有：

功能失效、性能不稳、工作无力、流量不当、压力不当、启动困难、油耗过大、打滑、异响、跑偏、离合器结合不稳、冒黑烟等。

一个零、部件可能同时有几种故障模式，这几种故障模式中通常总有一种是主要的；零件的一种故障，也会在各级上表现为相应的故障模式，例如，齿轮泵侧板磨损，在侧板这一级的故障模式为磨损，在齿轮泵这一级的故障模式为性能劣化(容积效率下降)。总之，确定故障模式,要有利于故障的判断与排除。

(三)故障的分类

故障的分类方法多种多样,根据研究的目的的不同,机械故障可按以下几方面分类。

1. 按故障发生的快慢分类

(1)突发性故障

突发性故障是指机件在损坏前没有可以觉察到的征兆,故障是瞬时出现的。如因润滑油中断使零件产生过热变形裂纹;因使用不当或突然超载而引起的故障;油路堵塞等。

突发性故障产生的原因是各种不利因素以及偶然的外界影响共同作用的结果,这种作用已经超出了机件或系统所能承受的限度。

突发性故障的特征是:

①具有偶然性,这类故障在什么时候发生事先是不知道的;

②无法预测,这类故障在机械使用过程中是很难通过测试或监控的方法预料和防备的;

③在机件正常使用期的某一段时间内,发生故障的概率与其使用时间无关,即不受机械使用时间的影响而随机发生。

(2)渐发性故障

渐发性故障是由于零部件的磨损、老化、疲劳、腐蚀等,使其性能参数逐渐恶化,超出其允许范围而引起的故障。如汽缸的磨损导致发动机性能恶化、轴的疲劳断裂等。机械中绝大部分故障都属于这类故障。

渐发性故障的特点是:

①出现故障的时间是在机件有效寿命的后期,即耗损故障期;

②故障不是突然发生的,可以事先通过诊断或监测仪器进行测试或监控,预防故障的发生;

③故障发生的概率与机械运转的时间有关,机械使用时间愈长,发生故障的概率就愈高。

这类故障可分为耗损故障(由于老化、磨损、损耗、疲劳等原因引起的故障),渐变故障(通过事前的测试或监控可以预测到的故障)和退化故障(产品性能逐渐劣化而超出规定界限,但未完全丧失原有功能)等。

2. 按故障的表现形式分类

(1)功能故障

功能故障是指导致机械丧失功能或造成功能下降的故障。如油泵不供油、油缸不动作、发动机动力下降等。功能故障通常是由于机械中个别零部件损坏或失调而造成的,需要经过修理才能恢复机械的功能。

(2)潜在故障

潜在故障是指机械中零部件内部虽已出现损伤,但尚未形成故障,例如零部件内部出现的裂纹、润滑不良以及配合松动等。潜在故障通常是以其损伤程度临近允许极限的程度来判断的。一般应在预防维修中加以消除,以防止其进一步发展成为功能故障。

3. 按故障发生的原因分类

(1)自然故障

自然故障是由于受到机械内部或外部各种环境应力作用而引起的故障。如磨损、疲劳断裂、剥落等。

(2)人为故障

人为故障是由于各种人为因素而引起的机械故障。如使用不当、保养不当、修理不符合技术要求等。分析人为故障是为了制订合理的使用维修方法,提高修理质量。

4. 按故障的程度分类

(1)完全故障

完全故障是指导致机械丧失主要功能,无法继续使用的故障。如发动机气门断裂、工作油缸大量泄漏等。

(2)局部故障

局部故障是指导致机械部分功能丧失的故障。如履带板局部损坏、化油器加速性能恶化等。

在实际维修工作中,根据故障分析的目的不同,可以采用不同的故障分类法,以便迅速查找和分析排除故障。

(四)故障的发现与证实

故障的发现和报告依赖于：观察者必须处于可以发现故障的位置；观察者必须能够掌握判别故障的标准。

1. 操作手的作用

操作手是唯一处于能观察到装备动态使用状况位置的人员,在发现故障方面起主要作用。机械上配置的大量仪表、指示信号或其他监控装置提高了他们察觉故障的能力,这些装置使故障在发生的瞬间就成为明显的,否则只有在用到该功能时故障才被发现。这些仪表装置的作用是使本来属隐蔽性的故障成为明显故障,反之,某些靠仪表装置显示的明显故障,在仪表装置缺损或发生故障时,将会变成隐蔽故障。

2. 故障的证实

操作手报告了在他们看来是不合格的状况,但按性能标准和规定来衡量,这些状况实际上可能是合格的;另一方面,操作手不可能总是知道某一偏离是否体现了潜在故障,因此,通常首先要求操作手报告任何可疑的情况即“异常情况”。操作手报告的“异常情况”是否属于“故障”常常需要维修及管理人员通过检查甚至严格的测试才能得到证实。

当装备一旦进入维修检查过程时,维修人员就处于一种较好的位置来确定故障状况是否确实存在。通常他们有较高的技术水平、配有必要的检测仪器,因而他们能对故障做出判断。

除了检查潜在故障外,维修人员还要检查发现大部分隐蔽功能项目的功能故障(隐蔽故障)。概括地讲,操作和维修人员作为故障观察者是互为补充的。

(五)故障后果

产品的故障是与其功能相联系的,因而已经发生的故障也叫功能故障。对于功能故障,我们最关心的是它所产生的后果,在什么时机做什么维修工作不是受某一故障发生的频率所支配,而是受故障后果的性质所支配,因而在维修规程中,故障的后果决定了维修工作的先后顺序,工程机械的故障后果可分为如下几类：

1. 安全性后果

安全性后果是指故障会引起对使用安全性有直接不利影响的功能丧失或二次损伤。

这里“直接不利影响”应是立即表现出来的,该后果必须是由一个故障造成而不是由该故障与尚未发生的故障可能有的某种组合。因此,所有危险性故障对于操作手来说都是明显的,如果一个故障无明显后果,则它不会对安全性有直接影响,此外,也并不是说每个危险性故障都将造成事故,只是说事故有可能发生,即后果不是必然的。

2. 使用性后果

对于无安全性后果的故障,使用性后果是指故障对使用能力有直接不利影响。使用性后果包括故障发生后需要中断使用、为要进行事先未预料到的修理而延误或取消使用或是在能修理之前需要有使用上的限制。在此情况下,经济性损失包括由丧失使用能力而产生的费用。

3. 非使用性后果

非使用性后果是指发生了故障的部件不需要立即停机修复,但须在某个方便的时候加以修复,所产生的费用仅限于维修修复的费用。

潜在故障通常为非使用性后果。鉴定潜在故障以防止功能故障的产生,就把故障的后果降低到了只包括更换和直接修理费用的程度。

4. 隐患性后果

隐蔽故障不会有直接不利影响,但是如果隐蔽故障没有被发现和排除,则最终后果可能是严重的。任何隐蔽功能故障的后果是增加了出现多重故障后果的可能性。由于会形成多重故障,隐蔽功能项目就被划成一个特殊的类别,所有这一类机件,凡是未预定做其他维修工作的,都要预定作隐患检查工作,虽然这类工作的目的是要去发现而不是预防隐蔽故障,但它仍可以被看成是预防性维修,因为隐蔽功能故障可以看作是潜在的多重故障,作隐患检查的目的之一是要减少发生多重故障的可能性。

三、故障产生的机理与规律

(一)机械设备故障产生的机理

机器设备在投入使用后,随着时间的推移,由于受内部和外界各种因素的作用,特别是受到各种能量的作用,其各个零、部件,元器件,机构,装置和整台设备的各种参数都会发生变化。这些能量来自周围的介质(包括操作工人和维修工人的作用)、设备内部(设备及其组成部分在运转中经过变换、传递所获得的能量)和潜伏应力(设备零件在铸造、锻造、加工过程中残留的内应力和装配内应力等)。能量包括机械能(设备所产生或获得的机械能除消耗于工作的部分外,有一部分还会以内应力形式保留在零件内部而使零件发生变形)、热能(周围介质温度的变化和运转中产生的热能都会对设备及其零件部件产生影响)、化学能(设备在含有水分和侵蚀成分的空气中或在侵蚀介质下工作,化学作用会直接破坏设备的部分零、部件)、核能(原子核裂变过程中释放出的核能不仅会对设备的材料产生作用,甚至会改变材料的性质)、电磁能(电磁振荡对电子设备的干扰会使其元器件失效)、生物能(如热带地区有一种微生物能使某些塑料和金属受到破坏)。这些能量对设备作用的结果会使设备的零件发生变形、磨损、断裂、腐蚀等,引起设备参数发生变化,技术特性逐渐劣化,工作能力逐渐下降,最后导致故障的发生。这个过程可用框图(图15-1)表示如下:

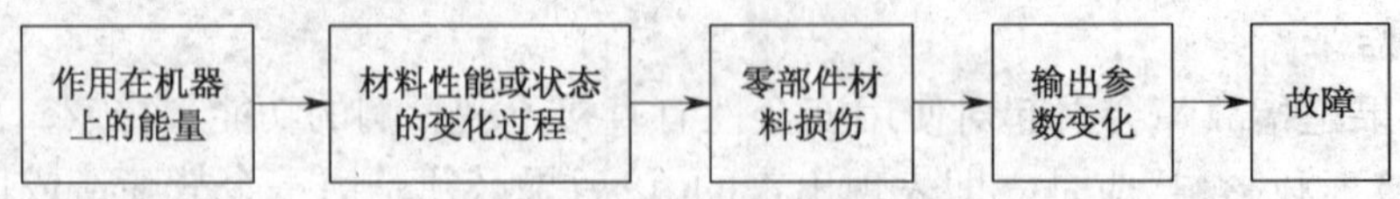

图15-1　机械故障形成过程框图

(二)机械设备故障产生的规律

通过大量使用实践和试验可以证明,大多数机械产品的故障率是时间的函数,如图 15-2 所示,由于该曲线两头高,中间低,图形有点像浴盆,通常叫浴盆曲线。从图中可以看出,机械产品的故障率随时间的变化,大致可划分为三个阶段:早期故障期、偶然故障期和耗损故障期。

1. 早期故障期

早期故障期出现在机械开始工作的较早时间,它的特点是故障率较高,且故障率随时间增加而迅速下降。故障原因是由于设计、制造的缺陷或修理工艺失当、质量不佳引起的。例如使用材料不合格、装配不当、质量检验不认真等。对于刚修理过的机械来说,装配不当是发生故障的主要原因。对新出厂或修理过的机械,可以在出厂前或投入使用初期的较短一段时间内,进行磨合或调试,以便减少或排除这类故障,使机械尽早进入偶然故障期。因此,一般不认为早期故障是使用中总故障的一个重要部分。

2. 偶然故障期

偶然故障期是指机械在早期故障期之后,耗损故障期之前的这一时期。这是机械最良好的工作阶段,也叫有效寿命期。它的特点是故障率低而稳定,近似为常数。这一阶段,故障发生带有随机性质,与机械新旧无关。发生的故障是由偶然因素引起的,如材料缺陷、操作错误以及环境因素等造成的。偶然故障不能通过延长磨合期来消除,也不能由定期更换故障件来预防。一般来说,再好的维修工作也不能消除偶然故障。偶然故障什么时候发生是无法预测的。但是,人们希望在有效寿命期内故障率尽可能低,并且持续的时间尽可能长。因此,应提高使用管理水平,适时维修,以减少故障率,延长使用寿命。

3. 耗损故障期

这是机械使用的后期,其特点是故障率随时间的增加而明显增加。这是由于机械长期使用,产生磨损、疲劳、腐蚀、老化等造成的。防止耗损故障的唯一办法就是在机械进入耗损期前后及时进行维修。这样可以把上升的故障率降下来。如果机械故障太多,修理费用太高,若不经济,则只好报废。可见,准确掌握机械何时进入耗损故障期,对维修工作具有重要意义。

以上三个故障期是就一般情况而言的,并不是所有机械系统或零、部件都有明显的三个故障阶段,有的系统或零、部件只有其中一个或两个故障期,甚至有些质量低劣的零件在早期故障期后就进入了耗损故障期。例如,发动机和曲柄连杆机构的磨损基本是按照三个故障时期发展(图 15-3,A 曲线);前桥、减速器通常只有两个故障期(图 15-3,B 曲线);电路,油路一般只表现出一个故障期(图 15-3,C 曲线);紧固件则基本上只有前两个时期(图 15-3,D 曲线)。因此,机件在不同工作条件下,其故障规律不相同的,实际维修中,要根据机件故障率的不同变化规律进行分析,采取不同的措施。

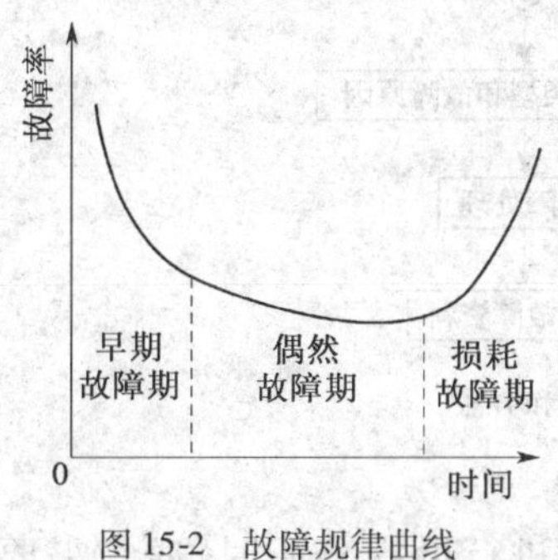

图 15-2 故障规律曲线

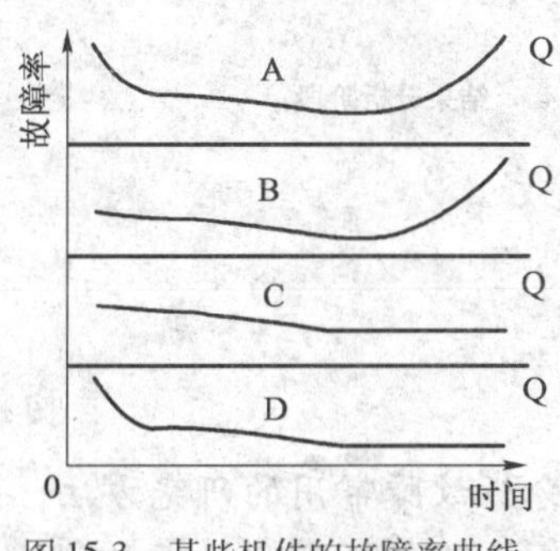

图 15-3 某些机件的故障率曲线

四、故障原因的分析

故障分析的核心问题是搞清发生故障的原因和机理，其目的是为了能制订减少和消除故障的有效对策。

产生故障的原因既有硬件方面的，也有软件方面的。据联邦德国阿兰兹技术中心对1 200次电站蒸汽透平机故障原因统计分析表明：设计和结构方面的原因占17.5%；材料方面占11.6%；安装修理方面占24.4%；操作维修方面占34.5%。这说明，由软件方面引起的故障所占比重往往相当大。

故障的发生受空间、时间、设备的内部和外界多方面因素的影响，有的是某一种因素起主要作用，有的是几种因素综合作用的结果。为了搞清故障是怎样发生的，必须搞清各种直接和间接影响故障产生的因素及其所起的作用。

故障现象、故障机理、故障应力三者密切相关。但是，这种关系及其发生发展过程十分复杂，而且没有固定规律可循。例如，故障模式相同，但发生故障的原因和机理不一定相同；同一应力也可能诱发出两种以上的失效机理。因此，即使全面掌握了故障现象，不等于完全具备搞清楚故障发生原因和机理的条件。然而，搞清故障现象则总是分析故障发生原因、机理的必要前提。

（一）故障分析的基本程序和方法

1. 分析的基本程序

故障分析的基本程序和方法如图15-4所示。在故障分析的初期，要对故障实物（现场）和故障发生时的情况，进行详细的调查和鉴定，还要尽可能详细地从使用者和制造者那里收集有关故障的历史资料，通过对故障的外观检查鉴定，找出故障的特征，查出各种可能引起故障的影响因素。在判断阶段，要根据初步研究结果，提出需要进一步开展的研究工作，以缩小产生故障可能原因的范围。在研究阶段，要用不同方法仔细地研究故障实物，测定材料参数，重新估算故障的负载。在结果分析阶段应找出故障的类型及产生的原因，提出预防的措施。

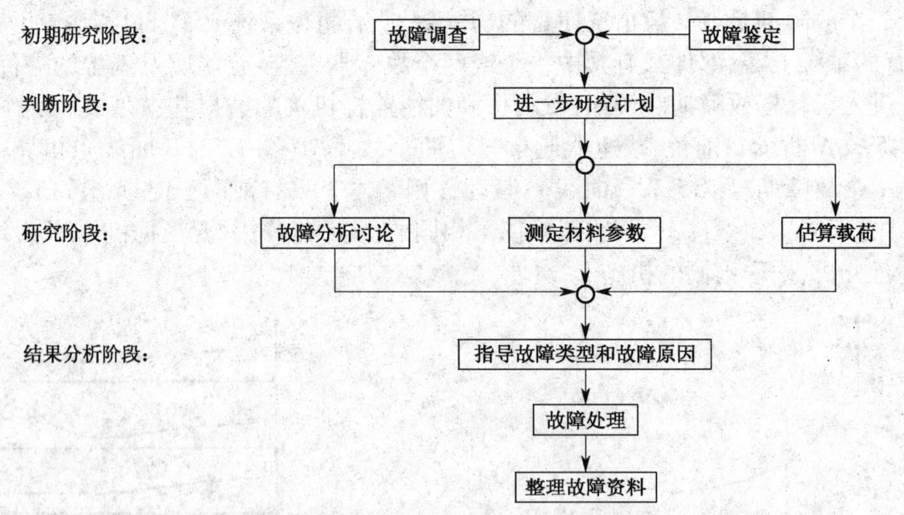

图15-4 故障分析的基本程序和方法

2. 分析故障常用的研究方法

分析故障包括宏观分析和微观分析两方面，对故障进行微观分析时，通常需要采用如图

15-5 所示的一些研究方法。

（二）故障宏观分析的内容和方法

故障宏观分析是指对本系统、企业全部设备的故障基本状况、主要问题、发展趋势等宏观的全面了解，找出管理工作中的薄弱环节，并从本系统全部设备着眼，采取针对措施，预防或减少故障，改善设备技术状态。因此，对故障的宏观分析是故障管理工作必不可少的内容，是制订管理目标的主要依据，下面简要介绍企业设备故障管理中常进行宏观分析的内容及方法。

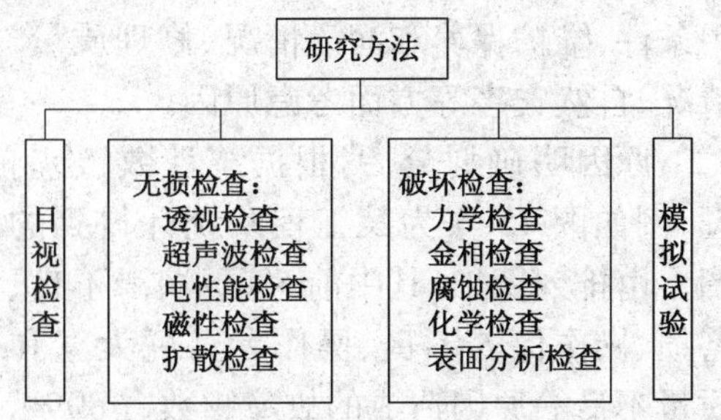

图 15-5　故障分析常用的研究方法

1. 故障频率分析

（1）故障频率数

为了掌握设备使用过程中不同时间内的故障发展趋势，要对规定时间内的故障频率进行分析。故障与设备的负荷有直接关系。但是，每个企业设备的种类和每台设备的功能多种多样，很难以产量作为设备负荷的尺度。任何设备的产量都和它的运转台时成正比。因此，对照设备负荷分析其故障量及增减趋势时，一般以设备的单位运转台时发生的故障台次来评价故障频率：

$$故障频率 = \frac{同期设备故障停机台次}{设备实际运转台时} \times 100\% \tag{15-1}$$

频率分析一般是以一个工程队作为一个系统，也可以对某一台设备的故障增减情况进行分析。分析故障频率时，一般是在同类型的单位、系统之间，或对一个单位、系统前后期的故障频率进行比较，观察其故障多少和增减趋势。

（2）故障强度率

故障频率分析只能反映故障发生的次数，不能反映故障停机时间的长短和费用损失的程度。为了能反映故障的程度，一般以单位运转台时的故障停机小时评价，叫做故障强度率。

$$故障强度率 = \frac{同期设备故障停机小时}{设备实际运转台时} \times 100\% \tag{15-2}$$

（3）设备故障停机率

$$故障停机率 = \frac{设备故障停机台时}{设备实际开动台时 + 设备故障停机台时} \times 100\% \tag{15-3}$$

设备故障停机率的大小受设备可靠性和维修性两者的影响，它与设备故障频率共同使用，是反映设备技术状况和故障对生产影响程度的重要指标。

2. 设备故障的主要因素分析

设备发生故障与各种因素有关，不掌握这些因素及造成的故障所占的比重，不弄清哪些是主要原因，就不能了解问题的性质和重点，从而难以采取有效对策。故障原因分析的结果是制订本企业预防故障技术组织措施的主要依据。经分析确定占比重大的故障和主要原因类别便是故障管理的重点目标。应该强调，故障的宏观分析以每一起具体故障的分析为基础；对故障外部原因的分析是以故障机理的分析为基础。不了解故障机理，就不能判定外部原因对故障的实际影响和程度。

为分析各种原因及造成故障所占比重，首先应对本企业单位的故障原因种类规范化。划分故障原因种类时，要结合全单位拥有设备的实际情况。通常可以从设计、制造、安装、使用条件、维护保养和润滑情况、修理质量、操作情况、自然灾害等方面考虑原因。

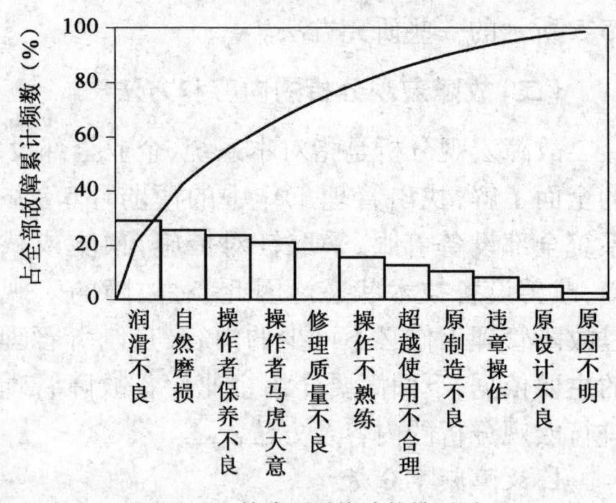

图 15-6　故障原因统计数排列图

原因明确划分后，根据统计数，绘制排列图，例如图 15-6 为某工程队统计得到的排列图。由排列图知，其中前 5 项：润滑不良、自然磨损、操作保养不良、操作者马虎大意和修理质量不良等原因造成的故障频数占 80%，由此可以认为这几种原因是主要原因。通过这个分析可知；若能集中主要力量抓好这 5 项，就可以使 80% 的故障得以避免或减少，这使管理工作抓住了主要矛盾。

五、故障信息的管理

故障信息主要来源于故障设备的各种现场记录、故障设备及其零部件的性能、材质数据和故障设备（故障件）的有关历史资料。准确而详尽的故障信息是搞好故障管理并正确进行故障分析和处理的依据和前提。

1. 收集故障数据资料的注意事项

收集故障信息的总的要求是准确、可靠、完整、及时。在收集故障的数据资料时要注意以下几点：

（1）目的性要明确，要收集对故障管理有用的数据和资料；

（2）要按规定的程序和方法收集数据；

（3）对故障要有具体的判断标准；

（4）各种时间要素的定义要准确，计算各种有关费用的方法和标准要统一；

（5）数据必须准确、真实、可靠，要对记录人员进行教育、培训，健全责任制；

（6）数据要完整、客观、实用，防止含糊不清楚；

（7）收集信息要及时。

2. 故障信息的内容

故障管理中所要收集的数据资料一般包括以下几个方面的内容：

（1）故障对象的识别数据：系统、设备的种类、生产厂家、使用经历、设备“病历”等；

（2）故障识别数据：故障类型、故障现场的形状、故障时间等；

（3）故障鉴定数据：故障现象、故障原因、寿命时间、测试数据等。

3. 故障信息的来源

故障管理中的有关信息通常从以下资料中获得：

（1）故障的现场调查资料；

（2）故障专题分析报告；

（3）故障报告单；

（4）设备使用情况报告；

(5)定期检查记录；

(6)设备运行日志；

(7)状态监测和故障诊断记录；

(8)产品说明书，出厂检验、试验数据；

(9)设备安装、调试记录。

(10)修理检验记录；

(11)故障树分析资料及其他的故障信息资料等。

4. 认真做好设备故障的记录

要认真做好设备故障的原始记录。这主要要求：

(1)做好对设备的各种检查的记录，对检查中发现的设备隐患，除按规定要求进行处理外，对隐患处理情况也要按表格要求认真填写。

(2)填好设备故障报告单。在有关技术人员会同维修人员对设备故障进行分析处理后，要把详细情况填入故障报告单。故障报告单是故障管理中的主要信息源，对报告单的内容要认真地研究确定。故障报告单的内容和格式因企业设备类型、信息管理的要求情况而异，其一般的记录项目及进行管理的内容如表 15-1 所列。

故障报告单记录的项目及作用 表 15-1

项目类别	获取的信息	进行管理的内容
识别参量(一般特征)	故障设备的名称、型号、编号，出产厂名，出厂时间，使用单位。故障时间，修理次数，量近修理日期，总工作时间，以及各级责任人签字	识别，记入设备档案
故障详细内容	故障征候与预兆，故障部位、形态，发现故障的时机，异常状况，存在缺陷及使用，修理中存在的问题	纳入检查，维护标准，改装设备，计划检修内容，准备技术资料
故障原因及防止措施	设计、制造、装配、材质、操作使用、维护修理问题、自然老化问题等。防止故障再发生的措施	改进管理工作，制订并贯彻操作规程，落实责任制，加强业务培训
工时与费用	停工工时，停歇台时占开动台时比率，停工对生产的影响；修理工作量(各种工时消耗，维修实际工时等)。 停工损失费，厂内修理费，外协修理费，备件费等	工时定额，人员配备，工人奖励 改进修理方式和方法，进行技术经济分析，减少停工损失

第二节 机械修理的分类与标志

一、机械修理的目的

1. 保证机械正常工作

机械设备通过修理，恢复零件的几何尺寸、光洁度、理化性能和装配间隙等，使已经不能正常工作的零件、部件、总成恢复正常状况，使机械恢复规定的性能，保证机械继续正常工作。修理质量是做好机械合理使用和定期保养的基础。如果修理质量不好，机械在使用中必然要不断发生故障甚至损坏，这就失去了机械合理使用的前提和破坏了定期保养的正常秩序。只有修理质量达到标准，才能为机械的合理使用和定期保养创造条件，从而保证机械正常的工作。

2. 延长机械使用寿命

任何机械都不能无限期地使用,都有规定的修理标志和修理间隔期,达到修理标志就必须进行修理,只有通过修理才能取得继续工作的能力,延长机械使用寿命。一般情况下,在机械整个寿命周期中,可进行四次大修,加上新机出厂后的间隔期,共有五个修理间隔期的寿命。除第一个修理间隔期是由制造质量所决定外,其余的修理间隔寿命都是通过大修取得,其寿命的长短在同样使用、保养情况下也主要是由大修质量所决定的。

3. 降低机械使用成本

一台机械如果不经过大修就报废,只能使用一个大修理间隔期,只达到规定使用寿命的1/5~1/4。但一台机械的一次大修费用只占新机原值的10%~30%,所用材料约为新机的10%~20%,而每大修一次可获得相当于新机80%~90%的使用寿命。如果在全部寿命过程中大修四次,所需费用不超过新机原值,而可获得相当于新机三倍的使用寿命。因此可以降低机械使用的成本,节约物资,提高机械的使用效益。

二、机械修理的分类

1. 定期修理

定期修理又分为大修、中修、小修。

(1)大修

大修是有计划进行的全面恢复性修理。机械使用到大修理间隔期后,其大部分易损零件甚至有些基础件达到使用极限,使机械各方面性能显著下降。为此,必须进行一次全面、彻底的修理,全部解体检查每个零件,修复或更换不符合要求的零件,按大修技术条件重新装配,基本上恢复原有的动力性能、经济性能和机件的可靠性及安全性能,全面恢复机况。

(2)中修

中修是对以内燃机为动力的机械,在两次大修之间,有计划进行的平衡性修理。新机或大修后的机械,经过一定时间的使用,有的总成磨损较快,有的总成磨损较慢,这种技术状况的不平衡,使机械不能协调一致的正常工作,为此,对发动机和另外1~2个总成进行大修,对其他各总成全面进行三级保养并排除发现的一切故障(不按零件分类检验的大修理工艺进行修理,也不更换基础件,但主要零件应有一定的使用寿命和装配调整余量),以调整各总成之间不平衡状态,恢复机械正常工作状态,尽可能地延长大修间隔期。结构简单的机械,如电动机械,一般不存在中修。

(3)小修

小修是无计划的零星维护性修理。是根据机况临时确定对某一零件或某一总成进行更换或修理,以排除机械在使用中发生的临时性或局部损伤,恢复机械正常工作状况。小修一般只更换易损件,不更换基础件。小修对防止机械损伤事故起重要作用。小修应与保养结合进行。

定期修理除按修理的性质划分为大、中、小修外,还有按工程周期、季节周期进行的计划预防定期修理。

2. 事后修理

对不重要的小型机械,如振捣器等可不进行计划预防性修理,采用一次使用到出现故障为止的事后修理。事后修理还包括死机复活修理和事故性修理等,其修理内容和标准根据实际情况确定。

3. 视情修理

由于定期修理是一种强制性的修理,所以它的优点是:有一定的计划性,便于做好修理前的准备工作,减少设备的停机时间,提高修理质量。但是如果机械到达修理时间其技术状况仍然很好,也要停机修理,或机械未到修理期而技术状况很坏又得不到及时修理,都会造成经济损失。

视情维修(又叫状态维修),是根据机械实际技术状态,控制机械工作可靠性的一种维修,它要求机件在发生功能故障前就应采取措施。视情维修的理论根据是:认为具有较缓慢发展的耗损故障,从潜在期发展为功能故障,必定有个从量变到质变的特征(如某些参数恶化)表现。据此,恰当地拟定检测时间间隔,当参数恶化到临界值时,及时进行维修,以预防故障发生。

视情维修是随着机械设备监检技术日益先进而发展起来的一种维修方法。它能够有效地预防故障,较充分的利用机械的工作寿命,减少维修工作量,减少了人为差错所造成的故障,提高了机械设备的利用率,但要实现视情维修必须具备:①明确机械耗损故障的初始和恶化参数;②有适用的检测手段。

随着现代故障诊断以及监测、检测技术的发展,视情修理逐渐被采用。我国第一台"快诊"汽车检测车已经问世,可以在汽车零、部件不解体的情况下,对整车技术性能和状况进行快速"诊断",这种检测车采用计算机将多种国产测试仪器联机统一处理,车仪一体,与检测站的性能一致,综合测试一台车,只需 25min 左右,比人工检测提高工效 75 倍,准确率达 95% 以上。

三、修理标志

机械的修理标志,是判定机械是否应进厂修理的依据。修理标志有总成修理标志、整机修理标志。

1. 总成大修标志

凡机械总成磨损、腐蚀、变形或损坏,不能正常运转,需进行全部解体彻底修理才能修复,或需更换主要基础零件,部分关键零件或较多的非易损耗零件者,为总成大修。

2. 整机大、中修标志

(1)以内燃机为动力的机械大、中修标志

整机大修:发动机进行大修的同时,底盘部分(习惯上对机架、传动系统、转向系统、制动系统等的总称)及工作装置有三个以上主要总成也需大修的机械。

整机中修:发动机进行大修的同时,底盘部分保养或两个以下主要总成需大修的机械。

汽车整机大修:客车在车厢大修的同时发动机也需大修。货车在发动机大修的同时,车架总成或其他两个总成也需大修。

(2)其他机械的大、中修标志

整机大修:主要总成多数需要进行大修的机械。

整机中修:个别或少数总成需进行大修,其他部分需保养的机械。

第三节　机械修理的周期、计划与体制

一、制订机械修理周期的依据

1. 机械技术状况变化规律和机械性能低劣化原理

施工机械在使用中,除少数由于偶然发生事故的原因进行修理外,其绝大部分是由于机械

技术状况的自然变化,包括磨损、疲劳、变形、腐蚀等原因引起机械性能逐渐低劣,使机械的动力性能、经济性能和安全可靠性能变坏,而进行修理。新机和大修后的机械,经过磨合使性能逐渐改善。但是磨合后的机械,随着工作时间的增长,其性能则逐渐低劣化,最终将停止工作。磨损是造成机械性能低劣化的主要原因,据修理资料分析,80% ~90%的零件损坏原因是磨损。这种机械性能低劣化的原因是机械技术状况变化规律的组成部分。

机械技术状况变化规律(主要是机械磨损规律)和机械性能低劣化原理是制订计划预防修理制度中修理类别、修理间隔期、修理作业内容等制度的首要依据。

2. 机械的类别和复杂程度

施工机械种类繁多,有的简单、有的复杂,不同类别的机械有不同的修理要求,机械的繁简程度影响机械修理的分类和作业内容,在制订修理制度时必须加以考虑。

3. 机械的运行条件

机械行驶的道路、作业地点、气候条件以及机械作业的对象和负荷程度等情况对机械磨损有很大影响。如多用履带起重挖掘机,做起重或挖掘使用时其负荷情况就有很大不同;又如经常在低温情况下工作,机械磨损就快,制订修理间隔时都要有所区别。

4. 机械保养和修理质量

在定期保养能够正常进行,修理比较正规和保养质量较好的情况下,修理间隔期就长,在保养能力薄弱、修理规模小、加工能力差、配件供应不足、保养修理质量不高等情况下,修理间隔期就短。

二、机械修理的周期(间隔期)

机械修理间隔期是机械使用、修理方面一项重要的技术经济定额,是考核机械使用寿命的指标,是计划修理的重要依据。

1. 修理间隔期的内容和分类

修理间隔期是机械两次大修之间以及大修到中修、中修到大修之间的间隔周期,用工作台班或行驶里程数表示。大修与下一次大修之间为大修间隔期,在大修间隔期内划分若干中修,在大修与中修之间或中修与中修之间为中修间隔期。新机械到第一次中修或到第一次大修的间隔期,分别称为第一次中修间隔期和第一次大修间隔期,它们分别比以后的大、中修间隔期增加10% ~20%。从第三次大修起,大、中修间隔期逐次递减10%。对于老旧淘汰机型,还可酌情缩短。

2. 机械修理间隔期的确定

机械修理间隔期是以零件的使用期为依据,根据零件磨损规律,通过考查、统计、测定、试验和计算分析等方法来确定的。

三、机械修理计划的编制和实施

机械修理计划是贯彻计划预防性修理制度的保证,是组织机械修理的主要依据和手段。机械大中修计划分为年度计划、季度计划和月度计划三种。小修属于排除故障性质的临时安排计划。

1. 年度机械大中修理计划

年度机械大中修理计划,是预防性的计划,编制目的是为了掌握全年机械大中修数量,统筹安排全年修理力量、平衡全年修理任务和制订年度材料配件供应储备计划,应分季编制。其

编制依据是:

(1)上年度的大中修理计划及实际执行情况;

(2)机械上次修理类别和已运转台时;

(3)机械的实际技术状况;

(4)机械修理间隔期、工时和停修天数定额;

(5)年度施工生产计划和机械使用计划;

(6)配件材料储备和供应情况以及周转总成的数量。

年度机械大中修理计划由使用单位提出申请,由主管机械使用和大修单位的机务部门编制、报主管机械计划和费用的上级单位审查批准,然后分送施工生产、财务、材料配件等有关部门以及机械使用单位和修理单位,修理单位根据上级下达的年度修理计划,并经内部平衡后,编制年度生产计划和技术组织措施,上报审批后下达车间或班组执行。

2. 季度机械大中修理计划

季度机械大中修理计划,是年度计划的具体化,其目的是根据施工机械使用计划和机械实际情况调整年度计划,并进一步做好季度修理所需配件材料和技术力量的准备。季度计划应分月编制,其编制依据是:

(1)已批准的年度修理计划;

(2)上季机械大中修理计划完成情况和本季施工生产及机械使用计划;

(3)机械上次修理类别、已运转台时和技术状况;

(4)机械保修周期、工时和停修天数定额;

(5)材料配件、周转总成的实际准备情况;

(6)机械大中修送修前技术鉴定资料。

季度计划的编制和审批单位与年度计划相同。季度计划应明确机械送修时间并于季前15日下达到使用单位和修理单位,作为机械送修的依据。修理单位应根据上级下达的季度计划,经内部平衡后,编制季度生产计划和技术组织措施,上级审批并下达车间班组执行。

3. 月度机械修理计划

月度机械修理计划是修理单位根据批准的季度计划和使用单位报送的机械大中修申请单,经过内部综合平衡后,编制的作业性计划。其编制依据是:

(1)已批准的季度修理计划和上月执行情况;

(2)本月施工生产作业计划和机械使用计划;

(3)机械送修前技术鉴定资料和送修时间;

(4)配件材料、周转总成的具体情况和修理力量;

(5)机械修理定额。

月度计划由修理单位制订,经主管机务部门批准后,下达车间班组执行。

4. 机械修理计划的实施

机务部门在编制修理计划前,应和有关部门密切配合,认真了解机械的技术状况以及有关施工生产、配件供应和修理力量等情况,使计划建立在可靠的基础上。并经常检查计划的执行情况,发现问题及时帮助解决。

由于计划预防修理制度允许而且必须根据机械实际情况延长使用寿命,因此,考核机械修理工作的主要指标不应是完成机械修理计划的数量,应是修理费的使用效果、机械完好率、修理质量、在修期和修理成本。

每季最后一个月前，应对下季计划送修的机械包括未列入年度、季度计划但根据实际情况需要修理的机械进行技术鉴定，确定其是否送修，并将鉴定结果报送制订计划单位，以确定下季机械大中修理计划。

送修单位应按季度计划确定的时间准时送修机械。如因特殊情况下不能按时送修时，应事先将不能送修的原因和可以送修的时间通知制订计划单位和修理单位，由制订计划单位进行处理。如签订有修理合同时，应按合同规定办理。

每月末后3日、季末后5日、年末后10日内，修理单位应分别将月度、季度、年度机械大中修理计划完成情况表上报主管单位和主管机务部门。如未能完成计划应说明原因。

第四节　机械送修进厂和出厂规定

一、机械送修前的技术鉴定

机械达到大、中修间隔期后，在送修前一个月，由使用单位机务部门组织进行修理前的技术鉴定，诊断机械磨损的实际情况，防止盲目送修和盲目延长使用。机械送修前的技术鉴定应注意以下方面：

(1)机械尚未达到大修标志，可延长使用。

(2)机械的个别或少数总成已达到大修标志，但经过调整或小修(如研磨气门，更换汽缸垫)可以恢复其正常工作状态者，应确定在调整或小修后延长使用。

(3)机械主要总成已达到大修标志，且无法通过调整或小修得到恢复者，应立即送修。

(4)可根据发动机汽缸压力估计机械可延长使用的时间。一般可确定延长使用一个二保或三保期，并对机械进行三保。到预计延长使用期满后，再进行技术鉴定。如未达到修理标志，仍可延长使用。

(5)延长使用的机械，应加强保养，一般情况下应缩短保养间隔期10%～20%。

二、机械送修进厂

1.送修规定

机械送厂修理时，为了便于承修单位进行修理工作，送修单位应遵守如下送修规定：

(1)机械大中修进厂，须根据计划及双方商定的具体日期。如不能按时进厂，一般要在10天以前通知承修单位。如需提前进厂，应征得承修单位同意，否则，承修单位有权拒绝办理有关手续，也不负责机械的保管及防护责任。

(2)机械在送修前，必须将机上的泥土、夹石、粘附的灰浆或沥青混合料等脏污清除干净。

(3)送修的机械或总成，应保持尚可运转状态，一切零件、附件、仪表均须齐全，严禁趁送修之际拆换，如因肇事或特殊情况不能运转或短缺零件时，应在送修进厂交换清单上载明，并做出相应的约定(如短缺的零、部件需由承修单位配齐时，费用由送修方支付等)。

(4)随机工具及其他用品，凡与检修无关者，均由送修单位自行保管。特殊机型检修过程需用随机专用工具的，送修单位应临时借给承修单位。

2. 接收检查

接收检查,由承修单位的检验员负责,送修单位的机务人员和本机操作者会同进行。检查结果应作出记录,经双方签认,作为交接凭证,检查的主要内容是:

(1)检查机械装备状态、零件、附件、仪表等有无短缺或被拆换;

(2)从外表检查主要部件的损坏情况;

(3)可以运转的机械应进行试运转,以考察其技术状况;

(4)核对送修申请表所列修理项目是否符合实际。

对于已完成送修交接的待修、在修机械,在厂期间,承修单位对机械负一切保管、防护责任。为了明确责任,减少纠葛,便于结算,送修单位与承修单位间应签订修理合同,尤其是外出去社会上的修理单位维修时,必须签订修理合同。合同内容应包括:机械进出厂期限、送修要修理的内容、质量保证、材料配件供应分工、费用结算依据以及违约责任等。签订修理合同时双方应认真对待,一旦订立,就必须严肃对待,切实履行。

三、机械出厂交接和保修期规定

1. 出厂交接

(1)交接准备

①机械修竣出厂时,不论送修时的装备状况如何,都应按规定装备齐全。

②在修理过程中,由于客观条件限制,个别零件或总成达不到质量标准,或采用某些非常规修理方法改装时,承修单位应事先征得送修单位同意。这部分情况应由承修单位按规定格式填写清楚,作为出厂交接验收文件之一,否则送修单位可以不予承认。

③有关修理的各种技术检验记录和单证,均应归口收集、积累,由承修单位负责填写或纳入技术档案,并随机再移交回送修单位。

④承修单位在机械修竣之后,应及时通知送修单位前来验收接机。过期不接,承修单位可自限期后加收保管费。

(2)出厂交接

交接验收,由承修单位的技术人员和送修单位的机务人员及本机操作者负责进行。

①送修单位的接收人员在检查有关记录、检验单,并听取承修单位技术人员的口头介绍之后,即应进行实地装备情况和试车验收。如送修单位在机械修理竣工检验阶段参加了检验工作,则不需再进行试车验收。如发现有漏修项目或达不到修理合同中约定的质量时,承修单位应立即查明,予以修理或调整。

②承修单位应在一定期限内保证所修机械的质量(详见机械保修期规定)。

③出厂交接机械时,承修单位应将“机械维修出厂合格证”同时交给送修单位的机务管理人员。“机械维修出厂合格证”由承修单位的专职检验人员签发。“机械维修出厂合格证”由工程局等主管部门统一监制、编号并监督使用。修理单位对社会承接汽车维修工作时,须使用当地交通主管部门发放的“汽车维修出厂合格证”。出厂合格证是处理有关质量事故的依据之一。

2. 保修期规定

(1)送修单位在使用时应严格执行走合期的减速、减载、加强润滑、紧固、平稳操作等规定,保证机械各机构的正常走合。

(2)大修后的保修期应自出厂日计算,机械运转 300 台时,机动车辆行驶 5 000km,但最多

不超过 6 个月,保证的内容如下:

①发动机总成,发动机走热时运转正常,无拉缸现象;活塞、活塞销、曲轴及连杆轴承无异常响声;汽缸压力、机油压力、冷却水温度正常、无漏油、漏水;排气烟色正常。

②离合器总成,分离与接合正常,不发抖、不打滑,工作可靠无杂声。

③齿轮箱总成,运转时无异响,各部轴承无过热现象,壳盖各部油封无漏油现象;变速器无自动跳挡、脱挡或换档困难等现象。

④操纵机构及制动系统工作可靠,无卡滞或漏油、漏气现象。

⑤传动机构,各部零件工作可靠,无不正常的振动杂声,轴承温升正常,油封不漏油。

⑥行走机构,运行平稳、转向灵活可靠,无剧烈振动或摇晃;车轮不偏拖,履带不啃轨。

⑦工作机构,效率不降低,无严重磨损或不正常响声。

⑧机架,机座及主要壳体不发生破裂或变形。

⑨电动机械的电动机空载电流及温升符合规定,机械正常负荷运转时无异常变化。

(3)在保修期内,机械发生严重故障或损坏时,应会同承修单位共同检验。分析原因,明确责任,按下列原则进行:

①由于修理过失所造成的损坏或故障,由承修单位无偿修复;

②由于外购配件质量不良而引起的损坏或故障,由承修单位负责修复,不再收取工时费用,材料费用由送修单位承担,不做返修处理;

③由于未执行走合期使用规定,操作不良或保养不善而造成的损坏或故障,由送修单位负责。

发生质量纠纷时,由当地标准质量部门负责仲裁。主管部门可接受委托负责组织技术分析和鉴定[参见交通部、国家经委、国家工商行政管理局(86)交分路字 856 号关于颁发《汽车维修行业管理暂行办法》的联合通知]。

第五节　机械修理中的经济管理

一、机械修理费用的组成

机械修理费用是送修者与承修者都关心的问题,修理费用结算是否合理,不仅对承修单位的盈亏有着直接的影响,同时也对送修单位的送修意愿和生产成本产生重要的影响。维修费用的结算应遵守当地交通主管部门与物价部门的有关规定。

(一)修理费用的组成项目

根据机械设备所属单位不同,其修注费用的组成项目分别如下:

1. 在本系统机械设备修注费用(如工程局所属各单位范围)结算时,一般按如下四个组成部分计取:

(1)材料费:①主要件费用;②易损件费用;③辅助材料费。

(2)工时费;

(3)企业管理费;

(4)车间经费。

2. 社会汽车维修费用结算,其修理费用组成,应符合承修单位所在省、自治区、直辖市交通主管部门（具体指汽车维修行业管理机构）规定。如某省汽车大修费用由下列三项组成：

（1）材料费：①主要件费用；②易损件费用；③辅助材料费。

（2）工时费；

（3）利润、税金、管理费。

（二）本系统修理费用组成项目的解释

1. 主要件、易损件、辅助材料用料范围

进行机械修理费用结算，必须明确主要件、易损件、辅助材料等的用料范围。本系统主管部门（如工程局机务处等）应会同修理和使用单位有关技术人员统一划定哪些材料属于主要零配件、哪些属于易损耗件等。由于施工单位机械种类繁多，结构差别较大，所以必须认真确定各类机械的主要件、易损件、辅助材料所指范围。

2. 工时费及工时定额

（1）工时费

工时费是修理工人完成修理工作单位时间的工资。工时费由各省、自治区、直辖市主管部门制订，报当地物价部门审批。制订工时费时要考虑修理的月工资、附加工资、施工补助、夜餐费、营养津贴、高温津贴等其他工资性的支出，另外还应考虑职工福利费、企业奖金等。把修理工的上述收入除以每月平均实际工作小时数，就是工时费。选择修理工工资等级时，须有代表性。

（2）工时定额

工时定额即完成某项维修对象所消耗的工作时间。一般确定工时的方法有经验估计、统计分析、类推比较和技术测定等四种。实际制订时较多采用经验估计和统计分析相结合的方法，一部分机械则需运用类推比较法。技术测定是比较科学的办法，但往往由于客观条件不具备，应用得较少。

整机大修、中修，总成大、中修以及各级保养的总工时，一般应按机型制订出相应的工时定额，小修由于项目不确定，所以小修的工时也不确定，一般把所用作业项目各自的工时全部列出，使用时根据实际小修的作业内容查出相应的小修工时。

各种修理和保养作业项目的工时定额，是进行修理或保养费用结算的重要依据，它对经济核算、推行经济责任制有着重要影响。一般汽车修理和保养工时定额由各省、自治区、直辖市交通主管部门按国家有关规定制订，报当地物价部门审批。其他机械的保修工时定额可由工程局参照有关行业、系统的定额、规定制订。

3. 企业管理费

企业的管理费是指管理人员的工资、管理人员工资附加费、办公费、差旅费、劳动保护费用、固定资产使用费（非生产设备）、低值易耗品摊销费、水电取暖费、检验试验费、工会经费、劳保基金及其他。一般在结算修理或保养费时，将总工时费乘以60%即得企业管理费。

4. 车间经费

车间经费包括：工具使用费、维修设备折旧费、设备维修费、动力费、技术革新费等。一般在结算修理或保养费时，将总工时费乘以140%得车间经费。

二、修理费用的结算

1. 本系统内结算

实行独立核算的修理单位对内（本系统）承修后进行修理费用结算时，修理费用的计取按下述项目进行。

(1)材料费:

①主要件费用:按实际结算(结算单位:元);

②易损件费用:按定额结算;

③辅助材料费:按定额结算。

(2)工时费:按工时定额结算。

(3)企业管理费:可取工时费的60%。

(4)车间经费:可取工时费的140%。

某公路工程局汽车大修费用结算办法摘录如表15-2所示。

某公路工程局机械大修费用结算办法摘录 表15-2

机型	单位	主要件费	易损件费定额	辅助材料费定额	工时费定额	企业管理费(工时费的60%)	车间经费(工时费的140%)
东风 EQ140	辆	按实际结算	1 800	600	1 800	1 080	2 520
黄河 JN151	辆	按实际结算	2 000	650	2 400	1 440	3 360

2. 社会汽车维修结算

持有《汽车维修经营许可证》等证件的修理单位,在对社会上送修车辆承修后进行费用结算时,须注意当地交通主管部门(具体指汽车维修行业管理机构)与物价部门的有关规定。如有的省将汽车大修费的结算规定为:

大修费
- 材料费
  - 主要件费用(按实际结算)
  - 易损件费用(按定额结算)
  - 辅助材料费(按定额估算)
- 工时费(按工时定额计算)
- 利润、税金、管理费(按材料费与工时费之和的15%计取)

而有的省(市)交通主管部门和物价部门则彻底放开汽车修理费的结算,由承修单位与送修单位协商进行,过去的有关收费结算定额只作为参考。这种结算办法是市场经济的产物。

3. 结算说明

(1)主要件按实际消耗量计费,易损件、辅助材料按平均消耗量定额分摊,企业管理费、车间经费依照工时费定额推算。

(2)主要件的用料价格,应按本地区配件公司价格结算,一般不得按零售商店购价结算。

(3)计取大修、中修、小修的工时费用时,必须有可供结算人员查阅的《大修工时定额》、《中修工时定额》、《小修工时定额》,否则将给结算工作带来很大困难。即使采用协商的方式结算,上述工时费定额也有重要参考作用。

(4)工程局在制订工程机械维修工时定额及有关费用定额时,可参照本地区汽车维修行业、有关系统(如建工系统、冶金系统等)的规定进行。

三、机械大修理基金的提取和使用

1. 大修理基金的提取

机械设备在使用过程中,是要逐渐磨损劣化的,为了保证设备的正常运转,延长使用寿命,使设备达到合理的经济使用期限，必须进行各级保养和大修理。这些追加的耗费，也应计入产品成本，并从产品销售收入中得到补偿。从销售产品收入中收回的用于消除设备有形磨损而付出的大修理费用通常叫做大修理基金。

根据机械设备大修理的特点（修理范围大、费用高、周期长、次数少），为了避免一次交付较大的修理费用，一次摊入当时的工程成本，造成工程成本不合理的波动，同时也为了保证大修理资金来源，国家规定必须仿照固定资产提取折旧基金的办法，按月从工程成本中提存机械设备的大修理基金，作为实际发生的机械设备大修理费用的开支来源。大修理基金提取率如规定得太低，意味着在设备使用期内允许大修理的次数少、规模小，因而设备使用期限短。如果提取率规定得高，意味着允许的大修理次数多、规模大，因而设备使用期限长。

由上述可知，合理的大修理基金提取制度，正确的提取率，对于更新政策的贯彻，促进现有设备技术水平的提高，促进技术的应用和推广有着重要的作用。

（1）时间法

$$年大修理基金提存额=\frac{每次大修费用\times使用年限内大修次数}{使用年限}\times100\% \tag{15-4}$$

$$年大修理基金提存率=\frac{年大修理基金提存额}{原值}\times100\% \tag{15-5}$$

$$月大修理基金提存率=\frac{年大修理基金提存率}{12} \tag{15-6}$$

（2）台班法

$$台班大修理费提存额=\frac{大修理一次费用\times使用年限内大修理次数}{规定的耐用总台班}\times100\% \tag{15-7}$$

（3）分类综合法

$$年大修理基金综合提存率=\frac{分类年大修理基金提存额之和}{分类原值之和}\times100\% \tag{15-8}$$

$$月大修理基金综合提存率=\frac{年大修理基金综合提存率}{12} \tag{15-9}$$

一般情况下，年大修理基金综合提存率，按年综合折旧率的50%计算，运输设备按年综合折旧率的100%计算。

2. 大修理基金和折旧基金的使用管理

施工单位对机械的折旧和大修理基金使用与管理的分工一般是：财务部门负责提存和管理；机务部门负责计划使用；审计部门负责监督。机械的折旧与大修理基金，作为设备更新改造和大修理的专用基金，具有准备金的性质，因此必须坚持先提后用，量入为出的原则。

使用折旧和大修理基金，应按规定的程序审批，经批准后使用。如机械的大修理申请单，必须经过机务部门和财务部门审查签注意见后，才能送修，并凭批准的申请单作为报销大修理费的依据等。

机械的改造宜结合大修理进行。改造所需资金低于所改造机械大修理费用的30%时，可列入大修理费用开支；若超出时，应将改造内容列入技改计划，所需费用从折旧基金或企业的技术改造基金中安排解决。机械改造后新增的价值，属大修理基金开支的不办增值，属折旧基金等开支的应办理增值。在对折旧、大修理基金的使用管理上，要特别注意防止扩大这两项专用基金的规定使用范围，更要防止挪用。

第六节　判断机械大修经济界限的方法

机械设备大修是设备有形损耗的一次全面性补偿。一般来说,修理作业的劳动生产率要比批量的整机生产低得多,零部件的零售价又要比整机出售的成本价格高得多。在这两个不利因素的共同作用下,为什么大修还能够得以生存?

一般设备在有形损耗后,可以把机械的零件分三个类型:A 类是不能继续使用的零件,必须予以更换;B 类是可以修复的零件,这类零件只要稍加修理,就可以恢复或基本上恢复其原有的使用性能;C 类是原件不动,仍可继续使用的零件。根据对金属切削机床修理的大量数据调查表明:在大修时(B + C)/(A + B + C)的平均值大约为 2/3 ~ 4/5。同时,A 类零件往往都是价格便宜的零件,所以若按价值计算,其比值将高于前述数值。这就是为什么在设备使用的前期,大修在经济上还得以成立的理由。

但是反复无休止地进行大修,虽可延长设备的使用寿命,却并不是一件值得提倡的事,这是因为:

(1)随着耐用周期较长的基础件、关键件的逐渐老旧,大修理费越来越高。在一定的年限后,甚至还会出现跳跃性的增加。

(2)设备的日常维修费用、能耗费用等将日益增加,设备的性能如生产率等将日益降低,使换算后的等值年使用费越来越高。

(3)以恢复原机性能为目标的大修多次循环,将严重地阻碍技术的进步,使企业的装备日益失去其先进性。

(4)在国民经济的结构中形成一个庞大而落后的修理行业。

基于上述原因,对大修要有一个限制,这就是大修经济界限计算所要解决问题。

设备每经过一次大修,如果不考虑技术性无形损耗的因素,一般来说应该至少再使用一个大修周期,这样可以使大修理费用的年分摊成本降为最低,所以经过了 n 次大修的设备,其使用寿命应为($n+1$)个大修周期。

从长远观点看,设备的使用年限以基本上只包含一次大修和两个大修周期为宜。总的来说,一台设备可以允许进行在修的次数是极为有限的,有的设备甚至连一次大修都难以成立。所以企业在安排大修理计划时,最好逐一进行大修经济性的分析论证,至少也要在第二次大修前夕进行这项工作,以避免由于盲目实施大修而在经济上得不偿失。

一、等值总费用现值法

大修经济界限计算,实际情况是比较复杂的,不仅大修的费用逐期发生变化,而且每次大修的间隔期,以及每次大修后设备的技术性能等都在发生变化,因此,为简化运算,这里作几点假设:

(1)按规定,新机到第一次大修的间隔期要比标准的大修间隔期延长 20% ~30%,自第三次起每次缩短 10%左右。这里,我们只考虑前者的影响,而把后三次的大修间隔看成是等同的,因为四次以上的大修实际上是很少的。

(2)按规定,第一次大修的配件费用为定额的 85%,自第三次起则增加到 15%。

(3)每个大修间隔期内的年运行维修费假定在同期是等额的,不同期内的运行维持费作适当增长。以第二个大修周期为准,第一个周期按 80% 计,自第三个周期起每次递增

10% ~15%。

(4)每次的大修理费用,在按规定将配件费调整后,再乘 1.13 系数,作为超定额范围换件的加价因素。

以上仅仅是为了可以利用定额资料而进行的假设,如分析人员拥有本企业积累的统计整理数据,应使用企业自有数据,其结果更能符合实际情况。

今设:

P'——大修理费用总额,此处为追加投资性质;

n——旧设备的下一个大修周期,即选用的研究期;

n'——新设备的第一个大修周期,按假设为定额中标准周期的 120% ~130%,这里取 125%;

C_o,C_n——旧设备与新设备的年运行维持费,为台班费用中的维修费、替换设备及工具费、润滑及擦拭材料费、安装拆卸及辅助设备费、保管费的总和乘年额定工作台班。这样就求出了标准值 C,然后按假设 $C_n=0.8C$,C_o 应根据第 n 个大修周期而定;

k——使用价值换算系数,为旧设备与新设备的生产率之比,且 $k<1$;

E_o,E_n——研究期内旧设备与新设备的等值总费用现值;

L'——旧设备的现时处理价。

若对旧设备实施大修,则意味着旧设备将继续使用,使旧设备的现时处理价款 L' 损失掉了,故应作为大修的损失费计入旧设备总费用中。

以 n 为分析研究期($n<n'$)。则:

$$E_o=\frac{1}{k}(P'+L'+C_o[\frac{P}{A},i,n])$$

$$E_n=P[\frac{A}{P},i,n'][\frac{P}{A},i,n]+C_n[\frac{P}{A},i,n]$$

若 $E_o>E_n$,则大修不成立,应以同型新机置换旧机。

例:有一台 55.2kW 推土机,已使用了一个大修周期,现拟大修,试论证与新购相比,大修是否成立。已知大修费用标准定额为 6 000 元,其中配件费用为 3 221.12 元,购置新机费用 13 650元。且已知:$n=4$ 年,$L'=3\ 000$ 元,$i=10\%$,$k=0.95$。

解:由题意知,若推土机大修,则开始进入第二个大修周期即标准周期。

$n'=1.25n=1.25\times4=5$ 年

$P'=[(6\ 000-3\ 221.12)+3\ 221.12\times0.853]\times1.13=6\ 234$ 元

查台班费用定额知,该推土机台班运行维持费为 44.053 元,查年出勤台班数为 150 个。

则 $C_o=C=44.053\times150=6\ 608$ 元/年

$C_n=C\times0.80-6\ 608\times0.80=5\ 286$ 元/年

故 $E_o=(6\ 234+3\ 000+6\ 608[P/A,10\%,4])\div0.95$

$=31\ 769.85$ 元

$E_n=13\ 650[A/P,10\%,5][P/A,10\%,4]+5\ 286[P/A,10\%,4]$

$=28\ 171.38$ 元

因为 $E_o>E_n$,故大修不成立。

二、大修理允许费用界限法

根据设备人修理经济界限的两个基本条件可用费用界限法进行分析。此法是将设备大修费用与新设备的修正价值和残值回收等加以比较,其计算公式为:

$$R = K_n \cdot \alpha \cdot \beta + (L_e - L) \tag{15-10}$$

式中:R——设备大修理允许费用;

K_n——新设备价格;

α——设备大修理周期缩短系数,$\alpha = \frac{T_a}{T_b}$。

T_a——旧设备第a次大修理后的大修周期;

T_b——新设备第一次大修周期;

β——生产率修正系数,即使用新设备时成本降低系数,$\beta = \frac{P_a}{P_b}$;

P_a——旧设备第a次大修后的生产率;

P_b——新设备的生产率;

L_e——旧设备账面值(净值);

L——设备转让或报废时回收残值;$L_e - L$ 即未折旧完的费用损失。

如果把新、旧设备的使用费的差额列入式(15-10)中,则大修理的允许费用界限为:

$$R = K_n \cdot \alpha \cdot \beta - \triangle C \cdot T + (L_e - L) \tag{15-11}$$

式中:$\triangle C$——每年维修费用的差额(指用新设备时的差额);

T——下一个大修周期。

总之,大修理预算费用应小于大修理允许费用界限,这样才可做到设备修理在经济上是合理的。当然,如果使用新设备或更先进的设备有其他经济收益也应计算在内。即有:

$$R_i > R_i' \tag{15-12}$$

式中:R_i——第i次大修的允许费用界限;

R_i'——第i次大修的预算需要费用。

例:某厂有台设备原值为10 000元,折旧年限为20年,每次设备大修的费用参数如表15-3所列。试分析该设备第一次和第二次大修理的经济合理性。

大修理费用参数 表15-3

大修次数	大修周期(年)	年维持费比上次大修周期增加(元)	大修后生产率修正系数β	大修费预算(元)	旧设备转让可回收金额(元)
第一次	6	150	不变	5 000	5 000
第二次	5	200	90%	6 000	3 000
第三次	4				

解:①第一次大修的经济性分析:依题意设备大修理周期缩短系数 $\alpha = T_a/T_b = 5/6 = 0.83$;生产率不变,故$\beta = 1$;使用6年后该设备的净值为:

$$\begin{aligned} L_e &= 设备原值 - 折旧额 \\ &= 10\,000 - 10\,000 \times 0.05 \times 6 \\ &= 7\,000 元 \end{aligned}$$

将计算结果代入式(15-11)得出第一次大修理允许费用为：

$$\begin{aligned} R_1 &= K_n \cdot \alpha \cdot \beta - \triangle C \cdot T_a + (L_e - L) \\ &= 10\,000 \times 0.83 \times 1 - 150 \times 5 + (7\,000 - 5\,000) \\ &= 8\,300 - 750 + 2\,000 \\ &= 9\,550 \text{ 元} \end{aligned}$$

依题意 $R_1' = 5\,000$ 元，而 $R_1 > R_1'$，所以，该设备第一次大修理是合理的。

②第二次大修理的分析：依题意有 $\alpha = T_a/T_b = 4/6 = 0.67$，$\beta = 0.9$，使用11年后该设备的净值为：

$$\begin{aligned} L_e &= \text{设备原值} - \text{折旧额} \\ &= 10\,000 - 10\,000 \times 0.05 \times 11 \\ &= 4\,500 \text{ 元} \end{aligned}$$

第二次大修理允许费用为：

$$\begin{aligned} R_2 &= K_n \cdot \alpha \cdot \beta - \triangle C \cdot T_a + (L_e - L) \\ &= 10\,000 \times 0.67 \times 0.9 - 200 \times 4 + (4\,500 - 3\,000) \\ &= 6\,030 - 800 - 1\,500 \\ &= 6\,730 \text{ 元} \end{aligned}$$

依题意 $R_2' = 6\,000$ 元，而 $R_2 > R_2'$，所以该设备第二次大修理也是合理的。

③按照上述分析方法，还可以进行第三次或每四次大修的经济性分析。一般来说，超过两次大修的设备，效率更低，维修费用更高，大修周期也越来越短。所以，超过两次大修的经济性一般总是不合理的。

三、零件修复方法的经济合理性

零件修理应考虑是否经济合理，修复后的零件使用时每工作小时（或公里）的修复成本应低于制造成本。

即
$$\frac{\text{零件修复成本}}{\text{修复零件的使用时间(里程)}} \leqslant \frac{\text{新零件的成本} - \text{旧零件残值}}{\text{新零件的使用时间(里程)}} \tag{15-13}$$

当然，经济上合理不仅要从零件本身考虑，而且还应当从全局考虑，如：缩短停修时间（可增加收入）、提高机械完好率、完成施工任务的需要等。

第七节　设备维修的技术管理

一、设备维修技术管理的任务

有效的技术管理是提高维修技术经济效果的重要保证，技术管理的主要任务是：

(1)建立有效的技术管理组织；

(2)采用最适宜的维修技术，努力应用新技术、新工艺、新材料，提高维修水平和工作效率；

(3)制订合理可行的技术方案，确保设备维修和改造的工作质量，缩短停修时间，降低维修费用；

(4)为设备的技术改造及新设备的选型提供可行性分析；

(5)制订各种维修技术标准和规范,积累设备技术资料,建立设备维修技术档案。

二、设备维修技术基础工作

1. 技术资料管理

(1)技术资料的内容包括:设备说明书、设备图纸、设备图册、修理工艺资料、修理工艺装备图纸资料、设备改造有关资料、设备维修技术信息等。

(2)技术资料管理应统一归于设备部门的技术资料室。所有技术资料均应分类编号,建立账册卡片,以便查阅利用。

应制订技术资料的复制、修改、分发和借阅等细则,对重要资料要加注标志,严格管理。对底图、独本说明书和资料、译稿、引进项目中设备技术资料和其他重要资料,一般不予外借。

2. 修理图册的编制

设备修理图册(含表格)是设备维修专用技术资料的汇编,按设备型号分别编制,它包括:

(1)设备主要特性示意图,传动路线示意图,轴承位置图,电气、液压、润滑系统图,基础图,安装图等;

(2)整机、部件、组件装配图;

(3)备件、易损件图纸;

(4)转动零件明细表、标准件明细表、外购件明细表;

(5)有色金属、复合材料及其代用品明细表等。

3. 工艺规程和技术条件

(1)修理工艺规程,包括整机、部件和组件的拆卸、装配工艺和修复工艺,零件修理工艺,工艺装置和非标准设备的明细表和图纸等。

(2)配件的制造工艺规程,包括工艺装置的明细表和图纸等。

(3)各种技术条件,包括零件分解鉴定技术条件、装配技术条件、试验技术条件等。

图 15-7 是一般机械设备的典型修理工艺过程图。为了科学地实施设备的修理,必须按具体设备的修理过程制订全新的修理工艺规程,选择与设计全部的设备、工具和工装。从工作顺序来讲,应首先对维修工作中重复性大的或制造维修费用高的设备和零件制订典型工艺,然后逐步扩展到其他设备和零件。对已制订的工艺应定期复核,吸收先进技术及时加以改进。

4. 新技术、新工艺的推广应用

在设备修理和技术改造中,努力采用新技术、新工艺、新材料,对提高修理质量和经济效益,对缩短停机时间等都将起到明显作用。在采用新技术时应注意以下几点:

(1)一定要适合本企业的实际需要,重实效不盲目追求先进;

(2)考虑经济性,有些新技术虽先进实用,但成本高,企业承受困难,则不勉强采用;

(3)普遍推广之前宜先经试点;

(4)积极采用国家重点推广的新技术项目,这些项目已经过生产实践验证,行之有效,适合我国情况,且技术较为成熟,有一定的服务咨询组织做保障。在"七五"、"八五"国家重点推广的新技术项目中,有不少适用于设备的维修和技术改造。比如:

①维修焊接技术,热喷涂技术,刷镀技术,铸铁冷焊技术,钢铁除锈,钝化技术,固体薄膜保护技术,粉末静电喷涂技术,工件表面激光处理技术及高效工夹具制造、使用技术等,可直接用于零件的修复和表面强化。

②在应用微电子技术改造机床方面:

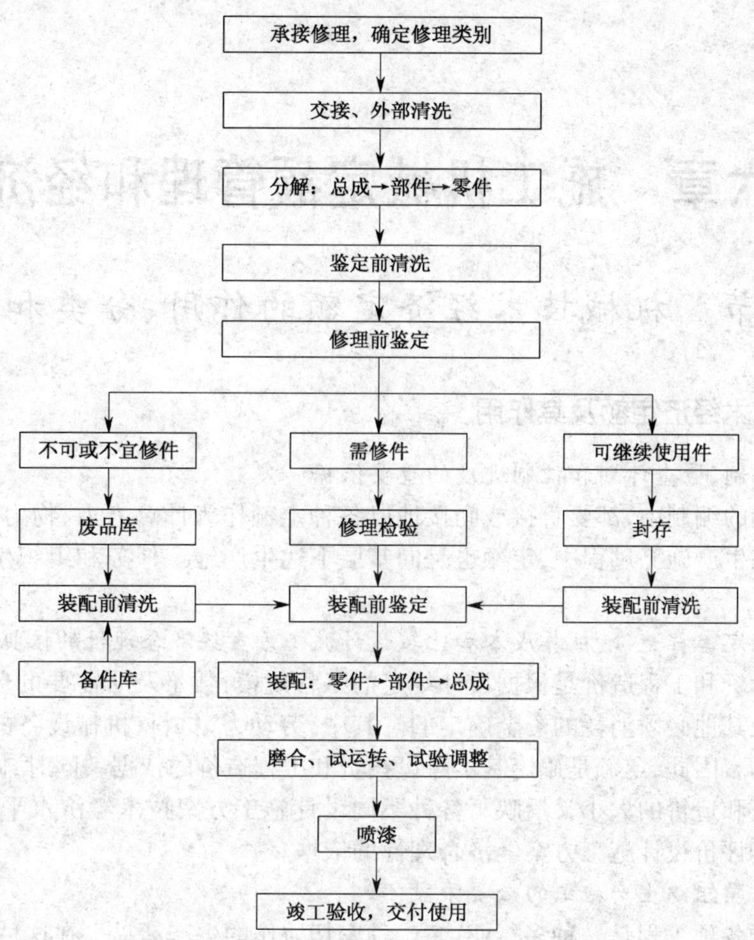

图 15-7　一般机械设备的修理工艺过程

采用数显技术可实现加工测量一体化,减轻工人体力劳动,提高加工质量和效率;

采用计算机数控技术可实现加工过程的半自动化和自动化,提高加工精度和效率,且费用不高,见效很快;

采用各种交、直流电机调速系统,改造机床的主传动和进给传动系统;

采用可编程控制器改造机床控制系统等。

近年来,各种表面技术发展非常迅速,它已引起世界各国的普遍重视。表面工程综合了当今多种科学技术的最新成果,内容十分广泛。我们相信,随着表面工程的深入研究和发展,将会给机器零件的修复和表面强化,给设备可靠性的改善带来更加广阔的前景。

第十六章　施工机械定额管理和经济核算

第一节　机械技术经济定额的作用、分类和内容

一、机械技术经济定额及其作用

1. 定额是编制、检查计划和控制进度的重要依据

在各种计划的编制中，都要直接或间接地以各种定额作为计算人力、物力、财力等资源需要量的依据。在生产施工过程中，定额也是向基层下达生产施工任务和组织生产施工活动的基本依据。

2. 定额是确定工程造价、核算成本和比较设计施工方案经济合理性的依据

基本建设投资和工程造价是根据设计规定的工程规模、数量及所需要的劳动力、材料、机械设备消耗量及其他必须消耗的资金确定的。其中，劳动力、材料、机械设备的消耗量又是根据定额算出来的。因此，定额是确定基本建设投资和工程造价的依据。同时，同一建设项目或工程项目的投资和造价的大小又反映了各种不同设计施工方案技术经济水平的高低。因此，定额又是比较和评价设计施工方案经济合理性的依据。

3. 定额是科学组织生产施工的必要手段

施工企业的各项工程是一种多行业、多工种密切协作的生产活动。在这种活动中，定额起着十分重要的作用。计划部门要根据工程任务，按定额制订施工预算和施工组织计划。机务部门要按定额计划调配机械和准备配件、原材料、油料，组织保养与维修。工程部门要按定额检查统计工程量，掌握施工进度和质量。材料部门要按定额计算各种材料的需要量，保证及时供应。可见只有各部门都按统一的定额计划组织自己的活动，并密切配合，才能保质保量地完成工程任务。

4. 定额是厉行节约，提高经济效益的工具

定额是评价和衡量各项工程任务完成好坏的尺子。定额可促使工程指挥人员合理地组织施工，促进人工和机械采用科学的作业方法，力争高工效、低消耗，千方百计提高经济效益。

5. 定额是衡量机械设备管理水平和技术经济效益的重要尺度

定额规定了管理中，考察机械技术状况、使用效果、消耗水平、维修水平、操作人员工作成绩的基础和标准，综合反映了机械设备管理水平和技术经济效益。

因此，在机械计划、使用和维修等环节，必须加强定额管理，严格指标控制，把机械设备管理各方面的工作落到实处。

二、机械技术经济定额的分类

机械技术经济定额主要有以下几类：

(1)劳动定额(如企业产品的工时定额)；

(2)机械设备利用定额(如机械设备的产量定额);

(3)物资消耗定额(如企业产品的原材料、油料、燃料、动力、替换设备消耗定额);

(4)资金利用定额(如配件、材料储备资金定额);

(5)费用定额(如管理费用定额、各级保修费用定额);

(6)生产组织方面的定额(如生产周期、机械设备修理间隔期、停修期定额等)。

三、机械技术经济定额的内容

机械技术经济定额的种类比较多,其含义各不相同,现介绍如下:

1. 年工作台班定额

年工作台班定额为机械在一年中必须完成的工作台班数。它根据机械的耐用总台班、折旧年限并考虑使用条件、生产班次等予以制订。

2. 台班产量定额

台班产量定额为机械在一个工作台班中应完成的合格产品的产量。它按机械规格型号、根据作业内容、作业条件等不同分别制订。

3. 年产量定额

年产量定额为一台机械在一年内应完成的产量。它按机械规格型号,以综合施工生产条件而确定。年产量定额由台班产量定额乘以年工作台班数获得。

4. 油料消耗定额

油料消耗定额机械在作业时,单位运转时间(一个台班)或单位产量、单位行驶公里所消耗燃油和润滑油的限额。应按施工特点,油料消耗的调查资料或计算结果分别制订。

5. 保养修理用油定额

保养修理用油定额在保养修理机械过程中清洗零件、试车等消耗的油料限额,一般应按保养修理的级别分别制订。

6. 轮胎消耗定额

轮胎消耗定额为新胎到翻新和经过翻新到报废所应达到的使用期。一般以耐用台班或公里计。它是考核轮胎管理、保养、翻新和操作人员对轮胎使用管理水平的定额。

7. 工具配备和消耗定额

工具配备和消耗定额为做好经常性的维修保养所必须配备的随机工具标准。如新机带有随机工具者,则按配备标准核查后再补充其不足部分。工具消耗定额可按耐用台班或公里制订。

8. 替换设备消耗定额

替换设备消耗定额机械的替换设备如:蓄电池、电缆、运转皮带、钢丝绳、胶管、履带、刀片、锯条等消耗性材料的使用消耗定额。

9. 保养修理费用定额

保养修理费用定额为机械在保养、修理过程中的全部工料费用的定额。它是考核保修工时与费用水平的依据。定额应按机型、保修类别、工作条件等不同情况分析制订。

10. 保养修理工时定额

保养修理工时定额为完成每一次保养或修理作业时的时间限额。它是考核维修单位(班、组)的保修工效和进行定员工作的主要依据。它受保修广度、深度的影响,应分别按机型和保修类别制订,并须有各总成和单项工种的分项定额。

11. 保养修理在厂期定额

保养修理在厂期定额为机械进行保养修理时允许占用的时间。若保修安排组织不当,待料时间过长或在厂保养、修理的时间过长,就会使机械的完好率指标受到影响。所以它也是影响机械完好率的因素。应分别按机型、规格和保修类别制订。

12. 保养修理间隔期定额

机械保养与保养、大修与大修之间的间隔期定额是编制维修计划的重要依据,同时也是评价机械使用、保修质量的综合指标。应分机型制订不同的保养、修理间隔期。具体制订时,还可针对新旧不同的机械采取相应的增减系数。

13. 配件和消耗材料消耗定额

配件和消耗材料消耗定额是指机械在使用、保养和修理过程中耗用配件和各种消耗材料的定额。总的定额可按项目折算成金额制订,但主要项目必须逐项按数量制订和考核。保养和小修的消耗易损性配件定额可列入使用定额,按工作台班或公里制订。大中修消耗定额按修理类别制订。

14. 机械台班费用定额

机械台班费用定额是将机械的价值和使用、维修过程中所发生的各项费用,科学地转移到机械使用费中的一种表现形式。它是机械使用计费和施工企业实行单机单车(或班组)核算的依据。机械台班费用定额可参照《公路工程机械台班费用定额》(JTG/T B0603—2007)中的规定。

第二节　机械技术经济定额的制订

一、机械技术经济定额制订的原则和方法

1. 机械技术经济定额的制订原则

(1)主要技术经济定额(如机械台班费用定额、年工作台班定额等)应由施工企业主管部门制订,施工企业可以在执行上级定额的基础上,制订一些分项定额。

(2)编制技术经济定额时要考虑定额的先进性,又要考虑定额实现的现实性。要从管理、技术水平的主客观条件出发,并根据可能获得改善等的积极因素,将定额制订在平均先进的水平上。

(3)技术经济定额一经制订颁布,必须认真执行,并使之保持一定时期的稳定性,不宜轻易变动。在执行一定时间后,可针对执行中存在的问题或新查定的结果,集中修订一次。但在生产技术条件发生重大变化,定额显然已脱离实际时,也可临时或个别进行修订。修订权属于颁布单位。

(4)产量、油料消耗、工具配备、替换设备消耗、保养、修理间隔期定额等,应由机械使用部门考核;保养、修理工时、费用,保修在厂期等定额,应由机械维修部门考核。

(5)技术经济定额考核应作为机械经济核算、红旗设备竞赛等活动的主要内容,并须有相应的奖罚制度,以调动驾驶、操作、维修等机务人员执行定额的积极性。

(6)技术经济定额在执行和考核过程中,要加强横向联系。机务部门要和工程、财务、劳资以及材料供应等部门密切配合。这样,才能使技术经济定额管理的每个过程环环紧扣,保证定额的贯彻执行,促进管理水平的不断提高。

2. 机械技术经济定额的制订方法

制订定额不仅是一项专业性、技术性很强的工作,而且是一项政策性很强的基础工作。在

制订定额时,可能会出现两种偏向:一是定额定得过低,认为定额水平低些,绝大多数工人都能超额,才能调动工人的积极性;二是定额定得过高,认为定额水平越高,只有少数工人能够达到或略有超过,越能调动工人的积极性。无论过低或过高的定额水平,都没有从实际出发。定额应在平均先进水平上,就是大多数工人经过努力可以达到,部分工人可以超过,少数技术熟练程度比较差的人,也不是可望不可及。这样的定额水平,能做到"快手有超头、慢手有赶头",才能起到鼓励先进、激发中间、鞭策后进的作用。

制订定额应通过科学的测定,有一定的科学依据,而不能靠想像,凭主观意愿,这样制订的定额才能更准确、更实际。具体方法有以下几种。

(1)经验估工法

经验估工法是由定额员或技术人员、工人根据生产中积累的经验,结合现实生产条件和工艺规程进行分析研究,用估计的方法来制订定额。优点是简便易行,省时,便于及时制订和修改。但这种方法对构成定额的因素,缺乏详细的分析和计算,科学性差。同时易受估工人员主观因素的影响,准确性差。

(2)统计分析法

统计分析法是在进行同一生产时,参考过去相似生产的统计资料,进行分析整理,并考虑到当时生产条件的变化,来制订定额。此法简便易行,工作量小,比经验估工法有更多的资料依据,一般较准确。但必须有健全的原始记录和准确的统计资料为基础,否则无法进行统计分析。

(3)比较类推法

比较类推法也称典型定额法,它是通过对同种生产的定额分析比较后来制订定额的。用这种方法,要求在同种生产中,选出几个有代表性的"典型"。然后对这些典型采用经验估工、统计分析或技术测定等方法来制订定额,即典型定额。以后同类生产的定额,就以典型定额类推来确定。此法比经验估工法准确性高。

(4)技术测定法

技术测定法又称技术定额法,它是对生产技术和组织进行分析研究,通过技术测定和计算,确定合理的操作程序和方法及工时消耗等,在挖掘生产潜力的基础上,结合制订技术组织措施来制订的定额。采用这种方法制订工时、定额时,一般按照工时定额的各个组成部分,分别确定其定额时间。由于确定时间所用的方法不同,可分为分析研究法和分析计算法两种。

分析研究法是用测时和工作日写实的方法来确定工时定额各个部分的时间。分析计算法是根据定额进行计算。运用技术测定法制订定额,由于有充分的技术依据,所以其准确性较高。但比较复杂,工作量大,需用的人力和时间较多。

二、机械台班费的制订

1.机械台班费组成的分类

机械台班费组成的分类见表16-1。

机械台班费组成的分类表 表16-1

不变费用	可变费用
折旧费 大修理费 经常修理费 安装拆卸及辅助设备费	人工费 动力燃料费 养路费及车船使用税(在工地范围活动的机械不计此费)

机械台班费用分不变费用和可变费用两大类。不变费用又称固定费用，它与机械在台班期内的工作情况无关，不依地区条件而改变。可变费用是机械工作过程中直接发生的费用，随工作地区不同而变化(例工资和材料价格的地区差别)。不变费用由国家统一下达，各地区无权变更。新的台班费用定额取消了原不变费用中的机械设备管理费。机械设备管理费归口列入工程费用定额的间接费和台班经常修理费中。另外，原维修费、替换设备工具及附具费、润滑材料及擦拭材料费合并列入经常修理中。表16-1是机械台班费组成的分类表。

2. 折旧费的计算

折旧费指在规定的使用期限内陆续收回其原值的费用。

计算公式为：

$$台班折旧费=\frac{机械预算价格\times(1-残值率)}{耐用总台班} \tag{16-1}$$

(1)机械预算价格：由机械出厂(或到岸完税)价格和从生产厂(销售公司交货地点或口岸)运至使用企业机务管理部门验收入库的全部费用组成。即：

①国产机械预算价格=出厂(或销售)价格+供销部门手续费+一次性运杂费；

②国产运输机械(即汽车类)预算价格=出厂(或销售)价格×(1+购置附加费率)+供销部门手续费+一次性运杂费；

③进口机械预算价格=到岸完税价格+增值税+外贸部门手续费+银行财务费+国内一次性运杂费；

④进口运输机械(即汽车类)=(到岸完税价格+关税+增值税)×(1+购置附加费率)+外贸部门手续费+银行财务费+国内一次性运杂费。

计算机械预算价格时所涉及的出厂价格、税费等，一般如下取定：国内机械的出厂(或销售)价格可根据国家主管部门近几年公布的产品目录和价格浮动幅度并参考部分厂商询价和施工部门的资料经分析后合理制订；少数无法取得价格依据的机械，则按施工企业近年购入机械账面价格经分析后合理取定。

国产运输机械(即汽车类)的购置附加费率按国家规定取定为10%。

国产机械的供销部门手续费和一次性运杂费，取机械出厂价格的7%。

进口机械的到岸完税价格可根据机械的到岸价格，按国家公布的人民币外汇牌价折算后取定。

进口机械的关税、增值税、外贸部门手续费、银行财务费等，一般约占到岸价格的21%左右。

进口机械的一次性运杂费，取到岸价格的3%。

进口运输机械的购置附加费率按国家规定取为15%。

(2)残值率：取为2%~5%。

(3)耐用总台班：为机械从开始投入使用至报废前所使用的总台班数。

$$耐用总台班=大修理间隔台班\times大修理周期数 \tag{16-2}$$

大修理周期，即使用周期，为机械在规定的耐用总台班内需要大修理次数+1。

3. 大修理费的计算

指机械必须进行大修理，以恢复其正常功能所需的费用。

计算公式为：

$$台班大修理费 = \frac{大修理一次费用 \times (使用周期数 - 1)}{耐用总台班} \tag{16-3}$$

4. 经常修理费的计算

经常修理费是指机械除大修理以外的各级保养(包括一、二、三级保养)、小修(即临时故障排除)和中修替换设备、随机工具和附具摊销、润滑油脂、擦拭材料(布及棉纱等)、机械在规定年工作台班以外的维护管理费用等。

典型机械的经常修理费,按照确定的范围和内容来测算取定;其余机械则按非典型机械的经常修理费计算:

$$台班经常修理费 = 台班大修理费 \times K \tag{16-4}$$

其中,K 采用典型机械测算的经常修理费与大修费的比值来推算。

5. 安装拆卸及辅助设施费

安装拆卸及辅助设施费指机械在施工现场进行安装、拆卸所需的人工费、材料费、机械费(打桩、钻孔、机械桩架安装及拆卸则包括在工程项目内)、试运转费,以及安装所需的辅助设施费。辅助设施费包括安置机械的基础,底座及固定锚桩等项费用。至于大型机械的辅助设施(大型发电机、拌和设备、动力机的混凝土基础、散热器等)以及机械操作所需的轨道、工作台,不在此项费用内,在工程项目中另行计算。此项费用(指安装拆卸及辅助设施费)在有些机械上并不发生。

$$台班安装拆卸及辅助设施费 = \frac{机械一次拆装卸费 \times 年平均安装拆装卸次数}{年工作台班} + 台班辅助设施摊销折旧费 \tag{16-5}$$

摊销折旧费一般根据施工单位的统计资料经分析平衡后取定。

6. 人工费

为随机操作人员的工作日工资,包括标准工资、附加工资和工资性津贴。不包括随机人员的辅助工资、工资附加费、劳动保护用品费用、探亲路费、施工津贴以及取暖补贴,这些费用在工程其他直接费用和间接费用中开支。

7. 动力燃料费

为机械在作业或行驶中所耗用的电力、固体燃料(煤、木炭)、液体燃料(汽油、柴油)和水等。

一般按施工作业特点和燃料动力消耗量的统计资料经分析平衡后取定,若无法取得统计资料,则按燃料或动力公式计算。

(1)燃油消耗计算式:

$$Q = \frac{8K_1 \cdot K_2 \cdot K_3 \cdot K_4 \cdot N \cdot G}{1\,000} \tag{16-6}$$

式中:Q——燃油台班(按8h计)消耗量,kg;

N——发动机额定功率,kW;

G——比油耗,g/(kW·h),对于汽油机,G=340.14g/(kW·h);柴油机的比油耗见表16-2。

K_1——能力利用系数;

K_2——时间利用系数;

K_3——车速耗油系数,取0.97~1.00;

K_4——油料损耗系数,取1.03。

柴油机的比油耗表 表 16-2

发动机系列	85	95	105	110	115	120	125	135	146	160
G	285.71	258.50	272.11	272.11	265.31	258.50	258.50	244.90	285.71	244.90

为简化计算,取 $K_3 \cdot K_4 = 1.00$,故上式可简化为:

$$Q = \frac{8K_1 \cdot K_2 \cdot N \cdot G}{1\,000} \tag{16-7}$$

(2)电力消耗计算公式为:

$$Q' = \frac{8k_1 \cdot k_2 \cdot k_3 \cdot N'}{k_4} \tag{16-8}$$

式中:Q'——电动台班消耗量(按 8h 计),kW·h;

N'——电动机额定功率,kW;

k_1——电动机时间利用系数;

k_2——电动机能力利用系数;

k_3——低压线路损耗系数,取为 1.05;

k_4——电动机有效利用系数,取与 k_2 相对应值(可用内插法求值)见表 16-3。

电动机有效利用系数表 表 16-3

负荷程度	荷载						
	0	1/4	1/4～1/2		1/2	3/4	1
k_2	0.20	0.50	0.60	0.70	0.78	0.83	0.88
k_4	1	0.78	0.80	0.83	0.85	0.88	0.89

三、机械台班费的计收

机械台班费的计收应注意以下几方面:

(1)凡动用施工机械设备时,不论施工企业内部或外部,均应计算或收取机械使用费,使用费一般按台班费收取。

(2)机械台班收费应按规定执行。上级没有规定的机械台班费,可由施工企业自己补充制订台班费标准,报上级批准后执行。

(3)机械台班费的收取,均以台班为计算单位,每台班为 8h(包括检查,清洁,加注油、水等辅助工作和早出晚归的进退场时间)超过 4h 按一个台班收费,不足 4h 按半个台班收费,不同作业班不得累计。

(4)租用机械从出租企业起运开始至返回为止计算租用时间。机械在调迁期间,能自行的机械一律计收台班使用费,不能自行的一律按每天一个台班的停机费计。

(5)出租企业按当地规定收取管理费和其他费用。

(6)停机费的收取。

凡租用机械并非由于出租企业原因造成停机时,应收停机费。停机费有规定时,按规定执行,若无规定时,一般可按台班费的 50% 收取,同时收取管理费。属下列情况之一者收停机费(包括出租机械或承包任务):

(1)早要迟用、多要少用,造成停置者;

(2)由于使用企业管理不善、物料供应不及时造成停工者;

(3)由于使用企业未按规定制度创造施工条件而造成停工者；

(4)由于使用企业阻止机械合理调整而造成停置者。

属于下列情状之一者，免收停机费：

(1)由于工程任务变更，非使用企业所能避免者；

(2)由于工程任务提前完成，下一个工程尚未开工的合理停置时间；

(3)由于自然因素或灾害引起的停工时间；

(4)批准的施工计划内规定的中断时间，事先征得出租机械单位同意者；

(5)由于出租机械单位的责任引起的停工时间；

(6)机械本身原因(计划保养、修理或机械故障等)引起的停机；

(7)法定的节假日引起的停工时间。

第三节　专业化与集中化机械施工

高等级公路机械施工方式分为集中化、专业化(或称集中经营)和分散(或称分散经营)施工。从国内外高速公路建设发展现状来看，机械施工专业化和集中化是机械化施工发展的方向。

一、集中经营与分散经营的比较

1. 集中经营有利于机械效能的充分发挥

分散经营经常出现高峰机械不够用、低峰机械闲置的现象，有些机械年平均利用率不到30%，忙闲无法调剂。而集中经营可以根据各施工企业的高峰和空闲情况，统一安排、加强调动、充分使用，这样有利于发挥机械效能，提高机械设备利用率。

2. 集中经营有利于取得机械的最优经济效果

分散经营情况下，施工企业的注意力容易放在用机械去完成施工任务上，而忽视机械的管理，甚至不惜拼机械来迁就完成施工任务，机械设备利用率虽高，但效率很低，造成经济上的严重浪费，甚至使工程成本上升，引起经营亏损。而在专业化施工、集中经营的情况下，专业化施工企业的核算对象就是机械，只有改善经营管理，才能完成各项技术经济指标。因此，企业的领导和管理部门必然把主要精力放在机械设备管理的全过程上，从而提高机械使用的经济效益。

3. 集中经营有利于机械设备管理水平的提高

施工企业在专业化施工、集中经营的情况下，专业机械化施工企业只装备几种机械，品种少，数量多，业务单纯，便于管理，而且专业人员力量强、精力集中，它的任务就是机械化施工。一方面可以不断提高机械化施工水平，努力保证和超额完成任务，取得最好的经济效益；另一方面，考核的技术经济指标都与机械设备管理有关，而且施工机械是它完成任务的唯一劳动手段和物质基础，必然要千方百计地使用好、管理好机械，从而不断提高机械设备管理水平。

4. 集中经营有利于技术水平的提高

集中经营几种或少数品种机械，技术力量集中，对机械性能、特点、施工中的使用要求及机械技术状况变化的规律等容易了解和掌握，便于积累经验，提高技术业务水平，提高机械使用、保养、修理质量，改善机械技术状况，提高机械完好率与利用率。

二、专业化、集中化是机械化施工发展的必然趋势

实施专业化集中经营和专业化协作，各施工企业的自有机械比重应该逐步减少，租用机械

比重要相应增加。这首先打破了小生产经营的模式,"小而全"被克服,协同配合,加强计划的科学性、管理的适应性与先进性就显得十分重要与迫切。这样做虽然会遇到不少困难,需要做很多工作,但应知道要得到更好的经济效益和社会效益,必须付出相应的努力。

第四节 施工机械经济核算

公路施工企业按照一定的形式对施工机械的收支和盈亏情况进行核算的工作称为施工机械经济核算。施工机械经济核算是施工企业经济核算的重要组成部分,是机械经济责任制得以落实的根本保证,也是施工企业管好、用好机械设备的有效措施。通过经济核算,不仅可以反映出机械经营管理的绩效,而且可以约束和激励操作、修理人员,可以找出管理工作中的薄弱环节。特别是经济核算与统计分析结合起来运用,采取收支对比、前期和后期对比的统计分析方法,可使项目部、机械班组或单机的工作成果,以及节约或超支、增产或减产的原因充分反映出来。这有利于施工企业对各种消耗进行有效监督和控制,降低机械设备使用成本,促使机械使用效率的提高,以尽可能少的消耗取得尽可能大的经济效果。

一、施工机械经济核算的分类

施工机械经济核算可分为:单机(车)核算、机械班组(或队)核算、项目部机械使用费核算及维修班组核算等。

1. 单机核算和班组核算

单机核算的对象是实行"三定制度"以及执行相应经济责任制的单台机械。凡由专人操作的大中型机械、车辆,或由多人集体管理的大型设备均宜采用单机核算。班组核算的对象是机械班组或机械队的机组,它是单机核算的一种汇总形式。

单机或班组核算一般按月进行,核算内容包括:机械设备的实际收入与机械设备使用(或出租)期内的实际支出,并计算结余或超支。在单机或班组核算中应充分发动群众,贯彻专职核算和群众核算相结合的原则。因为只有劳动者的广泛参与,核算工作才能取得或产生实际效果。

2. 项目部机械使用费核算

项目部机械使用费核算一般指分项工程机械使用费核算,须结合工程费用结算进行。核算时应根据分项工程预算或施工预算中机械使用费预算与该项工程实际机械使用费支出相比较,在适当考虑价差因素后,考核机械使用费的节余或亏损。

3. 维修班组核算

维修班组核算内容主要是修理成本。根据工时、材料定额和实际发生的工时、材料成本核算其盈亏数,同时必须考核其质量指标。对保养、小修项目,应包括在单机或机组核算中,操作和养修人员作为责任方,共同参与核算,有利于提高机械的使用经济性。

二、实施机械经济核算的条件

1. 要有一套必要的、科学的机械技术经济定额资料

2. 要有正确的计量保证

正确的计量是保证一切核算资料准确性的必要条件,也是保证原始记录可靠性的前提,因此,必须予以重视。

3. 要有完整、可靠的原始记录

机械使用维修等经济活动的原始记录,是进行经济核算的重要依据,必须完整、可靠。原始记录的形式、内容、范围在满足核算要求的前提下,应力求简化。各个职能部门下达的原始记录表格,要求计算口径一致,以免造成核算数据短缺或项目重复、矛盾等现象。

4. 要建立经济责任制

通过建立必要的经济责任制度,要达到:①明确企业与企业之间、上下级机构之间、企业与职工个人之间的经济责任。订立合同是明确双方责任、贯彻经济奖罚制度的良好形式。要彻底改变以前以行政手段管理企业时不承担或不追究经济责任的做法。不讲究经济责任,将使经济核算制流于形式,最后以失败而告终;②机械使用的经济效益要与职工的物质利益正确地结合起来。要在增加集体收益的基础上增加个人收入。充分调动广大群众的积极性,使大家都来参与提高机械使用经济效益的工作,从而也使经济核算工作稳步、扎实地开展下去。

5. 要建立一套完整的经济核算班子,配备必要的专职、兼职核算人员

机械的经济核算就是逐月逐台地核算机械收支盈亏情况。机械的经济核算工作一般由施工企业的机务部门统一进行。核算时一定要按规定提取专项基金,如折旧费、大修理费等,不得以少提或不提等手段"制造"利润。

三、施工机械经济核算的形式

1. 选项核算

选项核算是针对机械台班费用定额组成中的一项或几项费用进行的有选择核算。例如:只核算燃料消耗一项内容作为支出项,此外再核算完成产量作为成果项。有时还要对经常修理费进行核算。这种核算方法比较简单,易于操作,适用于单机或班组核算。

2. 逐项核算

逐项核算是针对机械台班费用定额全部费用组成进行的核算。它可以全面反映机械的盈亏情况,因而在实际经济活动中应用面较广。一般来说,逐项核算难度较大,其原因是机械台班费用定额与施工企业机械实际消耗情况之间存在一定的差距。特别是不变费用项中的折旧费、大修理费和经常修理费,由于存在机型、机种和使用状况的复杂性因素,实际消耗的量值差异性和不平衡性较大。同时核算需要时间较长、内容较为系统的机械运行记录做支持,计算起来存在一定的难度。

施工机械逐项核算的内容需要通过表格的形式反映,如表 16-4 所示。

施工机械逐项核算明细表 表 16-4

<table>
<tr><td colspan="3">施工机械编号及名称</td><td></td><td></td><td></td><td></td></tr>
<tr><td colspan="3">本月收入(元)</td><td></td><td></td><td></td><td></td></tr>
<tr><td rowspan="8">本月支出</td><td rowspan="4">不变费用</td><td>折旧费</td><td></td><td></td><td></td><td></td></tr>
<tr><td>大修理费</td><td></td><td></td><td></td><td></td></tr>
<tr><td>经常修理费</td><td></td><td></td><td></td><td></td></tr>
<tr><td>安装拆卸及辅助设施费</td><td></td><td></td><td></td><td></td></tr>
<tr><td></td><td>小计(元)</td><td></td><td></td><td></td><td></td></tr>
<tr><td rowspan="3">可变费用</td><td>人工</td><td></td><td></td><td></td><td></td></tr>
<tr><td>汽油/柴油/重油</td><td></td><td></td><td></td><td></td></tr>
<tr><td>煤/电/水/木材</td><td></td><td></td><td></td><td></td></tr>
</table>

续上表

施工机械编号及名称						
本月收入(元)						
本月支出	可变费用	车船使用税/养路费				
		小计(元)				
本月盈亏(元)						
累计盈亏(元)						

3. 经营性租赁核算

经营性租赁核算是针对机械经营性租赁收费进行的台班费用核算。通过逐项核算可以确定机械台班费用的全部成本,而经营核算则是在逐项核算的基础上进行的经济效益核算。因为要考虑机械经营管理成本、机会成本、税金和利润等因素,在确定机械经营性租赁台班费用时,通常采用的方法是根据市场供求关系,将机械台班费用定额上浮 30% ~100%。实践中,常常采用按月包干的方式进行机械台班费用的核算。此时,应对预计停机台班数或机械台班利用率作出估计。

第十七章 施工机械统计管理

第一节 施工机械统计的作用与原则

一、施工机械统计信息的作用

统计是一个信息的收集、加工和利用的过程,所以统计管理亦可称为信息管理。

在生产活动的进行过程中,随时随地都产生着大量的反映生产活动诸要素及其成果变化、进度、比例关系等的信息。早年在生产规模非常小、生产方法非常简单的时代,生产活动所产生的信息,不仅数量少,而且内容单一,生产者的经营活动只要依靠直接观察到的少量信息,凭借自己的经验就能作出判断,并对生产进行相应的调节和指挥。信息虽有作用,但并不突出,而且也不需要专门的收集、筛选、加工和处理。但在现代化大规模生产中,生产过程日益复杂、劳动分工日益精细、劳动协作日益严密、技术日益发达,生产活动必须尊重科学,严格按照生产、技术、经济的客观规律办事。生产者要想了解掌握全盘情况、作出正确的决策、指挥有秩序的活动,必须运用科学方法对大量的原始信息进行有目标、有选择地收集、加工和综合处理,以便最有效地发挥信息的作用。信息的重要作用主要有以下三点:

1. 信息是企业决策的依据

企业领导者的生产经营决策是否正确,虽然关键并不在信息本身,而在企业领导者的正确判断。但是,信息作为决策的依据,对帮助企业领导者作出正确判断具有先决性的重要作用。

2. 信息是对生产过程进行有效控制的工具

在企业的生产过程中有两种流态在运动,一种是实物流,另一种是信息流。信息流对实物流起着控制作用。实现这种控制作用的方式也有两个:一种是信息流的指挥作用。在生产过程中,实物流是按照信息所规定的路线、任务、时间以及各项标准的要求而流动的,例如机械的使用、保养、进厂检修就是按照事先编制好的生产计划、保修计划和规程等而运动的。二是信息流的反馈作用。所谓反馈,就是信息向反方向输送,这样就可以使企业的计划目标、各种标准与实际情况进行对比,如有偏差可及时调节和纠正。信息的这种控制作用可以有效地保证计划目标的实现。

3. 信息是保证企业各个方面有秩序活动的组织手段

企业是一个大系统,它可分为若干个子系统,每个子系统又可分为若干个部门或岗位。这些系统、部门、岗位之间是互相联系、互相约制、互相作用,要使它们之间有机地联系起来并协调地进行活动,就要依据信息把它们组织起来,处理好它们之间的关系,使它们按照规定的要求有规律地运动,信息就是这种有秩序活动的组织手段。

施工企业的机械设备管理就是施工企业管理的一个子系统,以机械设备管理所涉及的问题为范围,进行必要的信息的选择、收集、加工、分析、反馈,以便考察、研究、分析、提高机械设备管理工作。同时,施工机械在管、用、养、修各方面的情况,必须依靠统计工作,用统计数字的变化反映施工机械变化的情况，它是机械设备管理工作中掌握情况、分析问题、制订计划、考核指标和定额等的主要依据，它对施工机械进行科学管理、充分发挥机械效率和促进施工机械化都具有重要的意义。

二、制订施工机械统计指标的原则

在机械设备管理中，信息量很大，有的有用，有的并无多大用处；有的有效时间很长，有的则只在短暂的时间内具有使用价值。要使信息能有效地发挥作用，处理它的时候必须有一定的目标与要求，即施工机械统计需符合下列几点要求：

1. 适用性

所谓适用性，就是所要收集的信息必须符合实际需要，如果不加选择地去收集大量无关紧要的信息，不仅信息管理工作本身要浪费大量的人力物力，而且要让领导与上级机关去阅读大量无关紧要的资料，势必浪费精力与时间。国外将这种没有价值的信息称为“噪声”。如同耳朵里充满了噪声，是不利于有用声音的获取。这个问题也可以理解为统计工作的效率问题，我们必须通过有限的统计工作量去取得具有代表性的数据，用最少的劳动取得最大的信息效果。

2. 正确性

所谓正确性，就是要信息如实地反映情况。只有可靠的原始数据，才能加工出准确的信息。在电子计算机的应用上有句名言：“输进去的是垃圾，输出来的还是垃圾”。这说明如果原始数据不正确、不可靠，即使使用十分先进的加工处理手段也无济于事。统计工作的正确性要求各种现场的施工机械运转记录、故障记录、维修消耗记录等都要如实地填写，不少企业的施工机械统计工作往往把精力集中在信息的处理加工上，而对原始记录的正确性反而不下很大力气，这是本末倒置的，是完全错误的。

3. 及时性

及时性是指信息的传递速度要快。现代化生产的节奏很快，为了对施工生产过程进行有效的控制甚至实时控制，相应地要求反映施工生产过程的信息能够及时地传输。否则就失去信息的使用价值，就要贻误工作。

总之，施工机械统计工作是分析研究、改进提高机械设备管理工作的基础，准确、及时、适用的施工机械统计是做好机械设备管理工作的保证。在进行机械统计工作的过程中，我们必须遵循这些最根本的原则。

第二节　施工机械统计的基本要求、任务与分类

一、施工机械统计的基本要求

（一）施工机械统计应遵循的基本原则

1. 实事求是的原则

机械统计数字的真实性、准确性、及时性和全面性是机械统计工作的基本要求，而要做到这一点就要对施工机械应用的实际情况进行全面的、实事求是的调查研究。绝不允许从个人私利和本企业利益出发，虚报、瞒报、伪造或篡改施工机械统计数据，欺骗国家、上级和本企业职工。

2. 统一的原则

施工机械统计的任务要求统计数字必须具有统一性。这要求有统一的机械统计指标、计算方法。不能各行其是、随心所欲。

3. 独立性的原则

施工机械统计具有服务和监督的特点。这就要求机械统计人员完成统计业务时，应有相对独立的工作环境，以排除可能受到的来自各方面的干扰。

(二)机械统计人员的权限和职责

1. 机械统计人员的权限

(1)要求企业及有关人员依照规定提供资料；

(2)检查施工机械统计资料的准确性，要求改正确实有误的机械统计资料；

(3)检举施工机械统计调查工作中的违反国家法律和破坏国家计划的行为。

2. 机械统计人员的责任

(1)如实填报提供施工机械统计报表及资料。不得虚报、瞒报或伪造、篡改施工机械统计资料。

(2)准确及时地完成施工机械统计工作任务。不得拒报、迟报。

二、施工机械统计的任务与分类

(一)施工机械统计工作的任务

施工机械统计通过机械设备管理各个环节在具体的时间和地点条件下的数量来表现，揭示机械物质或价值形态活动的本质及其发展变化规律，是机械设备管理中掌握情况、分析问题、制订计划和考核指标、指导工作的重要依据，也是对施工机械进行管理和监督的重要手段。施工机械统计的基本任务是：

(1)统计施工机械的运转、消耗情况，整理并积累使用中各项数据，为编制机械维修计划、考核各项技术经济定额、实行经济核算和奖励制度提供依据。

(2)统计企业拥有施工机械的数量、能力及其变动情况，反映施工企业的技术装备程度，为机械设备管理提供基础资料，并为制订发展规划、编制施工计划、组织施工生产和提高施工机械配套水平提供依据。

(3)统计施工机械的完好情况，反映施工机械的技术等级，为分析和研究改善施工机械技术状况、提高完好率，并为考核机械设备管理的成效提供依据。

(4)统计施工机械的使用情况，反映施工机械利用程度，为分析和研究施工机械的潜力、充分发挥每台施工机械的效能提供依据。

(5)统计机械设备的维修情况及其效果，为考核维修计划完成情况和维修单位各项定额指标完成情况提供依据。

(二)施工机械的统计分类

施工机械的统计分类有按机械的作业性质、分布情况以及技术状况分类的方法。以下介绍按分布情况和技术状况的分类。

1. 按分布情况分类

按施工机械的实际分布情况分，一般可分为四类。

(1)现场施工或养护机械:这里强调的不是作业的性质,而是作业的地点。只要在施工或养护现场直接参加施工或养护作业的各种机械才列入此类。

(2)场外运输机械:专指工地以外承担远距离运输任务的各类运输车辆。

(3)附属生产机械:指施工或养护企业的附属生产厂使用的各种机械。如附属加工厂、附属构件厂等所使用的加工机床、振动台、搅拌机等。

(4)其他机械:指不属于上述三类范围内的机械。

这种分类统计的目的主要用于掌握、研究总的施工机械场内外的比例,主体施工能力与附属生产之间的比例关系等。

2. 按技术状况分类

按机械技术状况分类,有两种方法。

(1)从维修角度出发来分类

①完好机械:不管机械现在是否参加施工生产,或者是否正在使用,只要它本身的技术状况完好者即列入此类。包括期末在用、停闲、转移在途、出租、在库及停工修理不足一天的机械。

②在修机械:指期末正在修理的机械设备。

③待修机械:指期末由于缺料或其他原因而等待修理的机械。

④不配套机械:指期末由于缺乏副机、配套机械或存在其他不配套因素而不能投入使用的机械。

⑤待报废机械:指已达到报废标准,经技术鉴定后同意申请报废,但尚未批准报废的机械。

(2)从技术状况等级要求来分类

①一类机械:各总成及主要部件正常、坚固、技术性能良好可靠,燃料、润滑油料消耗正常,全部机件完备,主要仪表齐全,能随时出勤参加生产者(相当于第一种分类中的完好机械)。

②二类机械:机械尚能运行,但技术、经济性能下降,并有下列情况之一者为二类机械(相当于基本完好的机械)。

A. 由于长期运转,磨损较为严重,燃料、润滑油开始超耗,技术经济性能下降者。

B. 部分总成、主要部件不符合技术标准,性能较差者。

C. 由于保养、使用不当,以致故障频繁、不能参加生产者。

③三类机械:动力性能、经济性能显著下降,部分总成主要部件损坏严重、需要进行或正在进行大、中修理,但经过整修,在规定的时间内可以修复者为三类机械(相当于待修或在修的机械)。

④四类机械:主要总成、部件损坏十分严重,机械残缺不全,多种配件或主要配件无法解决,需长期停用待修,可以申请报废者列为四类机械(相当于严重损坏的机械)。

这种分类方法可反映出机械的操作使用、保养检修等方面的水平,为揭示管理工作方面的弱点和采取措施改进指明方向。

第三节　施工机械的数量与能力统计

施工机械的数量与能力的统计是反映施工企业拥有的机械化施工能力的最基本的指标。它们是计算机械完好率与机械利用率等主要考核性指标的基础,也是一个企业所应该掌握的最起码的数据。

最常用的机械设备的计量单位是“台”。虽然“台”的适用范围很广,概括能力很强,但它仅仅是一个区别个体的计量单位。统计对象若是同一个类型、同一种规格的设备时，“台”当然可以有其确定的表示量的能力。但若当机械设备的种类、规格都不相同时，它所能反映量的能力是非常有限的。也就是说，不能只从机械设备的台数来判断或比较施工企业之间机械化施工能力的大小。在需要精确计算的场合，就应采用其他的计量方法才能满足可比性的要求，例如采用机械设备的能力数、动力装置的功率数、设备的价值（原值或净值），有时甚至用机械设备重量来表示。采用不同的计量单位，就可以得到不同性质的数的表示，为不同的目的服务。

施工机械数量与能力的统计，可作为编制生产计划，安排施工任务、配备劳动力、规划检修系统及计算有关技术经济指标的依据。具体的计算方法有以下几种：

1. 施工机械实有台数

它是表示施工机械实物数量的主要依据，是统计施工企业在报告期的最后一天列为固定资产的在册机械设备台数。它可以按全部设备统计总数，也可以按规定的或要求的分类进行统计。

但是，施工企业所有的机械数量常因各种原因而有所增减。在变化的幅度与频度较大的时候，这种用某个时间拥有量的统计方法就不能真实地反映企业在某一段时间内的机械数量，所以就应该采用报告期内平均拥有的台数来表示：

$$报告期内平均拥有机械台数=\frac{报告期内每日机械台数总和}{报告期日历日数} \tag{17-1}$$

在实际工作中，这样的计算过于烦琐，规定可以采用以下的简化办法：用月初及月末的拥有量取其平均值为月份平均拥有量，至于一月中间的增减变化就不予考虑了。

2. 施工机械实有能力

反映施工企业期末所拥有的各类施工机械能力的总水平。它是指各种机械设备能够承担施工工程量的能力。它的表示方法也因机而异。一般施工机械通常由动力部分、传动操纵部分及工作部分组成。直接作用于施工对象（或介质）的工作部分的容量大小，代表着施工机械的工作能力。所以凡是工作装置的生产率很容易计量的施工机械，都以此作为计量的方式，如挖掘机、装载机、铲运机等均以铲斗的容量单位（m^3）作为能力计量单位。但若工作装置的大小不能与生产率构成固定比例关系，则这种方法就不适用，例如推土机的铲刀宽度或面积，虽与生产率的高低有关系，但都不成固定的比例，在这种情况下，只能用发动机的功率作为能力的计量单位。

在计算施工机械的能力时，应按其设计能力计算。若其已经过改造，应该另行查定而以查定能力作为计算对象，不能以施工机械在使用过程中实际发挥的能力来计算。

施工机械实有能力的统计只能在同类机械之间进行。在计算时，除了计算单台机械的能力外，还要计算总能力与平均能力。

$$施工机械的总能力=\sum(每种机械台数\times该种机械的单台设计能力) \tag{17-2}$$

施工机械总能力指标说明施工企业在一定的时间（通常是指期末）所拥有的每一类机械的能力总水平。它是编制施工计划、研究机械设备利用情况的基础资料。

施工机械的平均能力是指同类机械的设计能力或查定能力的平均。施工机械的平均能力是根据报告期内每天的机械能力数相加，用日历日数去除而计算出来的。

不论计算平均能力的时间范围是一个月还是一年，其结果都是相当于固定不变地每天拥有平均数那样大的能力。弄清这一点在以后计算机械效率时特别有用。

季平均能力是本季 3 个月的平均能力的算术平均数;年平均能力是 4 季的平均能力的算术平均数,或 12 个月的平均能力的算术平均数。施工机械平均能力统计为分析研究机械设备的能力利用程度提供必要的计算基础。

3. 年末施工机械的总功率

施工机械动力部分的功率数具有下列两个特点:

(1)它间接地反映着施工机械工作能力的大小。在同类机械之间,功率与能力之间往往有一个变化幅度不太大的比例关系,例如国产 0.4 ~ 0.1m^3 单斗挖掘机每 1 立方米铲斗容量大约在 100 ~ 118kW 之间。这种比例关系虽不十分严格,但当多台机械综合在一起时,它们的总功率与总能力的对应关系就更趋稳定,所以总功率的统计具有很强的可比性。

(2)它几乎是各种施工机械普遍具有的一个参数,单位统一。因此打破了能力统计只能在同类机械之间进行的范围狭窄的框框。

因此,通过施工机械总功率的统计,可以有效地反映企业总的机械施工能力与装备程度。

施工机械总功率的统计一般用来计算施工企业的动力装备率,所以总是以年末实有总功率为计算目标。它是以设计功率或查定功率计算的。计算时不仅要计算施工机械本身的动力,还应计算为个别施工机械提供动力的单独动力设备的功率,但不能计算电焊机、变压器及非动力锅炉的功率。

4. 年末施工机械总值

从投资角度来衡量施工企业的装备程度,就需要以货币形式来表示各种施工机械的总量,这就是施工机械的总值统计。根据现行制度规定,计算总值的范围是列入施工企业固定资产目录的施工机械、运输设备、加工维修设备共三大类机械设备的价值。

施工机械价值可按原值计算,也可按净值计算。原值是指施工企业在获得全新机械设备时所实际支付的全部费用,包括出厂价格、运费、安装调试等费用。净值是指从原值中减去累计折旧费后的净余额。所以按原值计算的施工机械总值可以大体上反映出企业所拥有的全部机械设备数量。而按净值计算的机械设备总值,则能够反映企业全部机械设备的实有价值。现行制度规定采用净值来计算技术装备率,因为它考虑了使用的因素,比较符合实际情况。

施工机械的总值统计一般都是年末进行一次,也不必考虑一年中的变化情况,所以又称为年末自有施工机械的总值统计。

第四节　施工机械装备程度统计

在公路工程施工中,选用功率大、效率高、技术先进的施工机械的目的,就是要节省劳动力,提高劳动生产率,加快施工生产的进度,完成人力所无法完成的工程任务。因此,随着使用的施工机械越来越多,单机的生产率越来越大,相应地所需用的劳动力会越来越少,施工生产能力应越来越大。仅进行施工机械的"量"的统计则反映不出上述这种关系。因此还必须与同期的劳动力数量及年度完成的工作量联系起来,这便是施工机械装备程度统计的目的和任务。

一、技术装备率

$$\text{全员或工人技术装备率(万元/人)} = \frac{\text{报告期末自有机械设备净值}}{\text{报告期末全员或工人人数}} \tag{17-3}$$

从上式可看出,技术装备率是指每人所分摊的施工机械价值的多少,用来说明技术装备程度的高低。也可用下式计算：

$$全员或工人技术装备率(台/人)=\frac{报告期末自有机械设备总台数}{报告期末全部职工数} \tag{17-4}$$

$$全员或工人技术装备率(万元/km)=\frac{报告期末自有机械设备净值}{报告期末养护里程} \tag{17-5}$$

二、动力装备率

$$动力装备率(kW/人)=\frac{报告期末自有机械设备动力数}{报告期末全员或工人人数} \tag{17-6}$$

从上式可看出，动力装备率是指每人所分摊的施工机械动力数多少，来说明装备程度的高低。也可用下式计算：

$$动力装备率(kW/km)=\frac{报告期末自有机械设备动力数}{报告期末养护里程} \tag{17-7}$$

无论是技术装备率或动力装备率，单独说明不了什么问题。必须与本企业过去的历史指标相比，或是与其他企业相应的指标比较，才能从装备程度的变化中反映出某些问题来。如果在对比的同时，再与其他有关指标的变动情况联系起来加以分析研究，那就更能说明问题。例如某个施工企业后期的装备率提高了，可是同期的劳动生产率却并没有相应的提高，那就说明虽然机械数量增加了，但实际的机械效率并没有充分发挥出来，该节省的劳动力也没有节省下来，这就是问题所在，应该进一步查明原因，采取措施，加以改进。

三、装备生产率

装备生产率指施工企业机械装备的净值与机械年度完成总工作量之比。也就是每1元(净值)的机械一年能完成多少工作量。这是反映施工企业机械投资在施工生产中创造价值大小的指标。

$$装备生产率(元/元)=\frac{机械年度完成的总工作量}{机械装备的净值} \tag{17-8}$$

四、装备收入率(或利润率)

装备收入率指每元机械装备每年创造的收入(或利润)，能更准确地反映机械的经济效益。

$$装备收入率(或利润率,元/元)=\frac{年机械收入(或利润)}{机械装备的净值} \tag{17-9}$$

五、施工机械化程度

施工机械化程度是反映施工企业机械化施工水平的重要指标。它反映机械所完成的工程量(或工作量)占总的工程量(或工作量)比重大小，可按机械化程度和综合机械化程度分别统计。

$$机械化程度=\frac{利用机械完成的实物工程量(或工作量)}{已全部完成的实物工程量(或工作量)}\times 100\% \tag{17-10}$$

$$综合机械化程度=\frac{\sum 各项工程定额工日系数\times 各项工程利用机械完成的实物工程量}{\sum 各项工程定额工日系数\times 各项工程已全部完成的实物工程量}\times 100\% \tag{17-11}$$

第五节　施工机械完好率、利用率与效率统计

施工机械完好率、利用率及机械效率是用来考核施工企业机械设备管理水平的三个主要指标,通常把它们联系在一起,称为“三率”。努力提高“三率”是各施工企业机管部门的中心任务。

一、施工机械统计术语

1. 日历台日数

日历台日数指报告期内列为统计对象的施工机械的台数与日历日数的乘积。不论有节假日与否,按日历计算。

2. 制度台日数

制度台日数指报告期内全部施工机械台数与制度日数的乘积。制度日数就是从日历日数中减去节假日数所得之差,也就是按照国家制度规定应该出勤工作的日数。

3. 完好台日数

完好台日数指报告期内技术状况处于完好的机械台日数。完好机械只根据技术状况而定,而不管该机是否参加了生产。完好台日数也包括修理不满一天的机械,但不包括在修、待修、送修在途的机械。对已列入检修计划,但实际仍在使用者,仍按完好台日计算。

4. 节假台日数

节假台日数指报告期内机械台数与例假节日数的乘积。节假日是指由国家制度规定的节假日,如周末、五一节、国庆节、中秋节、端午节等。

5. 停工台日数

停工台日数指机械因保养、修理、拆迁、事故、自然灾害、待料、待命等原因而整天未参加工作的台日数。

6. 实作台日数

实作台日数指机械出勤进行实际生产的台日数。不论该机械在一日内实际运行参加施工生产时间的长短,均称为一个实作台日,并包括在节假日加班工作的台日数。

有些指标,也可以把台时作为计算单位,除了时间上的长短有区别外,其余含义相同。

二、施工机械完好率统计

为了确保施工机械的正常运行,保证施工生产的需要,首先应该使施工机械尽可能地处于技术完好状况中,随时随地可待命使用。但由于正常的检修及不正常的故障事故等原因,在同一时间内所有施工机械都百分之百地处于完好状态是不太可能的。机械完好率是反映施工机械总体完好程度的主要指标,它可以按机械台数计算,称为机械数量完好率;也可以按机械台日数计算,称为机械台日完好率。

1. 机械数量完好率

$$\text{机械数量完好率} = \frac{\text{报告期末完好机械台数}}{\text{报告期末实有机械台数}} \times 100\% \qquad (17\text{-}12)$$

由于机械数量完好率是按期末完好情况统计的,所以它只能代表报告期最后一个时点的情况,而不能反映整个报告期内总的平均完好情况,所以只能用来作为安排下期机械使用计划

的依据，不能用来判定报告期内机械维修、使用管理的水平及机械对施工生产的保证作用。特别是在某些严寒地区，施工季节性非常强，施工企业往往有意识地把大部分机械安排在冬季停工期间修理（冬修制）。如果采用年末数量完好来统计，统计结果失真的程度就非常严重。因此为了较全面地反映整个报告期内的完好情况，应采用完好的台日数来计算机械完好率。

2. 机械台日完好率

$$机械台日完好率=\frac{报告期制度台日数内完好台日数+例假节日加班台日数}{报告期制度台日数+例假节日加班台日数}\times 100\% \tag{17-13}$$

现行制度规定机械完好率按台日完好率计算。由于它能反映整个报告期内机械完好情况，实际上也就综合地反映了报告期内机械的安全操作、合理运行、保养维修及技术服务等等工作的水平，并可从企业的历史资料纵向对比及同行业的横向对比中发现问题，找出差距，提供改进方向，并为安排机械使用维修计划，保证机械正常运转提供依据。

三、施工机械利用率统计

施工企业拥有机械设备的目的，归根到底是要使用它们，要使它们在生产中发挥作用。如果仅仅使它们保持在完好状态而不加以利用，那么完好率再高也没有任何经济意义。实际上，要把完好机械尽可能地投入运行也并非一件轻而易举的事。它比保持较高的完好率要困难得多。由于种种原因（施工任务的变化、装备结构本身的不合理、施工部署的不合理以及任务不饱满等等）常常使机械设备的利用程度大受影响。高水平的利用率是一系列工作综合努力的结果。所以，为了及时掌握了解施工企业在这方面的工作水平，需要进行施工机械利用率的统计。

施工机械利用率的统计有下列几种不同的计算方法：

1. 机械实有台数利用率

$$机械实有台数利用率=\frac{报告期内实际利用的机械台数}{报告期内实有机械台数}\times 100\% \tag{17-14}$$

式(17-14)分子中的实际利用台数是指报告期内参加过施工生产的机械台数，而不论其参加生产时间的长短。只要该机械在报告期内曾参加过施工生产，就被认为是实际利用的机械而统计在内。

2. 完好机械台数利用率

施工机械只有满足了完好机械的条件，才能具备被利用来进行施工生产的条件。因此，如能把机械的完好程度与利用程度之间的差距表示出来就能更直接地掌握实际的机械潜力。为此，有必要以完好机械台数为基数来进行机械利用率的统计，称为完好机械台数利用率。

$$完好机械台数利用率=\frac{报告期内实际利用的机械台数}{报告期内实际完好的机械台数}\times 100\% \tag{17-15}$$

在上式中，分母与分子之差，就是有可能加以利用而实际未被利用的完好机械。由于施工机械必然要有一定的保养检修时间，所以，当机械完好率处于正常的高水平状态时，上述差距也体现了施工企业最大可能的机械潜力。

四、施工机械时间利用率

不论是机械实有台数利用率，还有完好机械台数利用率，都只能概略地反映施工机械的利用程度。在任务饱满、部署恰当、配套合理的情况下，所有参与施工的机械在报告期内都有充分发挥生产效能的可能。这样，台数利用率还可以比较如实地反映机械的利用情况。否则，凡是一经使用过的机械都被视为在整个报告期内的利用机械，其统计结果必然会偏差过大，从而掩盖了不少管理上的问题。因此，为了更真实地反映机械的利用程度，可采用机械时间利用率的计算方法。施工机械时间利用率可按台日计算，也可按台时计算。

1. 机械制度台日利用率

这是在时间利用率计算中比较粗略的计算方法。其计算公式如下：

$$机械台日利用率=\frac{报告期制度台日数内实作台日数+节假日加班台日数}{报告期制度台日数+节假日加班台日数}\times 100\% \tag{17-16}$$

2. 机械制度台时利用率

$$机械台时利用率=\frac{报告期制度台日数内实作台时数+节假日加班台时数}{报告期制度台时数+节假日加班台时数}\times 100\% \tag{17-17}$$

所谓实作台时数，有两点需要加以说明：

(1)实作台时主要指从事生产作业的时间，并非机器一开动就算实作台时。因此不包括试车时间及非作业性质的机械调动等时间，但包括在生产过程中不长的空运转等不可避免的运转时间。

(2)在综合机械施工系统中，只要整个系统在运转，那么所有在系统中的配套机械设备，不管它的作业性质是连续的还是非连续的，都一律将系统的运转时间作为实作台时数。例如起重机有时处于吊重状态，有时则处于一种待配合状态，一律算做实作台时；只有当整个系统已停止生产，起重机已无任务，停机关闭，才不算实作台时。

制度台时数，是根据施工企业规定的工作制度来计算，如规定为一班制作业，则按每天8h计算；若规定为二班制作业，则每天按16h计算。

在按台时计算利用率时，由于分母的台时数按每班8h满算，而分子的台时数是实际工作的台时数，所以同一台机械的台时利用率要比台日利用率低，有的时候甚至低很多。它反映的利用程度也更精确、更真实。在施工企业里，对一些大型关键设备，对它们进行更为精确的考察与分析研究时，就可以采用台时利用率。

以单台机械为对象进行的时间利用率统计称为单机时间利用率，这只有对某些关键性设备才有必要这样做，而且大都采用台时为计算单位。对于一般列为统计对象的机械则可按各类机械进行统计，称为分类机械利用率。现行统计制度规定的按20种主要机械进行的综合台日利用率的统计，在计算时不能直接将各分类利用率相加而求算术平均数，必须以其个别的台日数相加，构成总的分子数与分母数，才能求出全部施工机械的综合利用率。

五、施工机械效率统计

上述利用率的统计，虽然从数量上或是从时间上说明了机械被利用的程度，但是我们使用机械的最终目的是要生产量。只有生产量才具有确定的经济意义。举例来说：两台完全相同的挖掘机A与B，在某一段时间(报告期或考察期)内以相同的时间利用率工作着，其中A每挖一斗的作业循环时间短，铲斗满载系数高，而B则正好相反，那么这两台挖掘机的经济效益大不相同。A有可能大大高于B。在极端的情况下，时间利用率低的机械反而有可能在生产量上超过利用率高的机械。所以,为了最终反映机械的生产能力的利用情况,必须进行施工机械生产能力利用率的统计,也就是机械效率的统计。

机械能力利用率的统计有以下两种方式:

1. 台班能力利用率

$$\text{机械台班能力利用率} = \frac{\text{报告期内某种机械的实际平均台班产量}}{\text{某种机械的台班产量定额}} \times 100\% \qquad (17\text{-}18)$$

机械的台班产量定额是指机械在一定的正常合理的条件下,一个台班内应该完成的生产量定额。它一般是由一级主管部门根据机械的容量性能、正常的作业条件、地区的差别、作业需要的准备时间、结束时间、基本与辅助生产时间、不可避免的中断时间等具体情况确定的,应具有平均先进的水平。这个指标可以有效地反映出机械在出勤的工作时间内对机械能力的利用情况,但不能反映整个报告期内机械能力的利用情况。因此台班能力利用率所提供的信息是不全面的,它所传递的信息极其狭窄,只说明该机在投入生产的短时间内生产效能,至于总的使用经济效益,从这个指标是反映不出来的。

另外,这种计算方法只适用于台班产量定额相同的同规格同类机械,使用范围受到很大的限制,因此有必要去寻找另一种更全面的、适用范围更广的能力利用率计算方法。

2. 机械效率

机械单位能力在报告期内所完成的生产量来表示的能力利用率,称为机械效率,亦指机械设备完成的总产量与额定能力的比值。它反映了施工企业机械设备的工作效率,是机械设备各项指标的一个主要目标。

$$\text{机械效率} = \frac{\text{报告期内机械实际完成的总产量}}{\text{报告期内机械平均总能力}} \qquad (17\text{-}19)$$

第六节　施工机械维修统计与考核

在高等级公路机械化施工过程中,施工机械技术状况是开展其一系列工作的先决条件。在合理使用的前提下,施工机械的技术状况取决于是否严格、及时地执行高质量的保修制度。现行计划预期检修制规定以固定的保修间隔周期编制各级保修计划,施工企业在安排施工生产计划及施工机械使用计划的同时,也必须安排机械保养作业计划及检修计划。实践证明:只有计划而没有监督检查,往往流于形式。因此,为了监督机械保修制度的贯彻执行,检查保修计划的完成情况,反映维修工作的质量水平,必须进行必要的机械维修统计与考核。

一、施工机械保修台次统计

这项统计主要反映施工机械需要保修的台次数、已经送修与修竣出厂的台次数,以便掌握保修计划的执行情况、保修力量和保修任务之间的匹配程度,及时发现问题并采取措施加以解决。以免施工机械失保、失修,使施工生产受到影响。机械保修台次统计有以下几个内容:

1. 计划内需要保修的台次

计划内需要保修的台次是指报告期内,按施工机械实际运转台时计算已达到规定的各级保修周期定额,经过技术鉴定,需要保修的机械台次。

2. 非正常损坏需修理台次

非正常损坏需修理台次是指报告期内施工机械虽未达到大修周期定额,由于使用不当、维护不良等原因,已严重损坏而必须提前进厂大修或发生机械事故引起损坏而需要进厂修理的台次。

3. 送修台次

送修台次是指报告期内已进厂的保修台次。

4. 修竣台次

修竣台次是指报告期内保养或修理竣工出厂的台次,包括在本报告期以前送修而在本期内修竣出厂的台次。

二、平均停厂车日统计

施工机械的停厂车日,是指送修机械被修理厂承认接收时起,直至修理完工、验收合格、双方签署验收合格文件时止的日历日数。这段时间的长短反映了修理厂的检修质量、工作效率及组织管理水平。对一些主要的施工机械,根据不同的检修条件,各部门对停厂时间都有一些定额规定,不同地区之间也有差别。平均停厂车日统计不仅对检修工作起监督促进作用,而且也为定额修订积累参考数据。

在考核停厂车日时,应按机型与保修级别分别计算。

$$\text{某机型大修平均停厂车日}=\frac{\text{某机型大修竣工总停厂车日}}{\text{某机型机械大修竣工台次}} \tag{17-20}$$

施工机械停厂车日统计的目的是要考核在正常情况下的检修工作水平,所以如有一些影响重大的不正常情况,如自然灾害及主管部门临时安排的突击性任务等,均应予以剔除,否则就要使统计结果的真实性受到影响。

三、施工机械保修工时统计

施工机械保修工时统计指在报告期内,经保修竣工出厂的某种施工机械,在整个保修过程中所花费的作业工时总和与此种施工机械某级保修总台次的比值。它反映施工机械保修所消耗的平均劳动量。按机型及保修级别分别考核,以考核三级保养工时为例,其计算公式为:

$$\text{某机型平均三级保养工时}=\frac{\text{某机型机械三级保养总工时}}{\text{某机型机械三级保养台次}} \tag{17-21}$$

四、施工机械大修间隔期统计

这是考核报告期内进厂大修的施工机械与上次大修出厂之间的平均运转台时(里程)的指标。在确保施工机械处在技术完好状态的条件下,延长其大修间隔期,对降低施工成本、提高"三率"都有重大的意义。平均大修间隔期的计算公式如下:

$$\text{某机型平均大修间隔期}=\frac{\text{某机型大修机械总运转台时}}{\text{某机型大修机械台次}} \tag{17-22}$$

五、保修返修率统计

施工机械保修返修率可用返修率、工时返工率两种指标表示。返修率是反映保养单位承修承保机械竣工出厂后返场回修情况的指标,其计算公式如下:

$$\text{返修率}=\frac{\text{返修机械车辆次数}}{\text{不包括返修次数的出场机械车辆总数}}\times 100\% \tag{17-23}$$

工时返修率是反映交付验收机械车辆返工损失情况的指标,其计算公式如下:

$$工时返工率 = \frac{返工工时}{包括返工工时在内的总工时} \times 100\% \quad (17\text{-}24)$$

施工机械返修率、工时返工率这两种指标都是用于反映机械车辆保养修理质量的相对指标。至于返工、返修所用材料和工时损失所需费用,仍应列入单机保养成本费用内计算。

第七节　施工机械统计分析

施工机械统计分析的主要任务是:将统计中反映出来的各项技术经济指标完成情况与计划进行比较,全面检查各项计划的执行情况,研究和分析机械设备在经营活动中的成绩和薄弱环节,摸清客观规律,揭示矛盾,找出差距,提出解决问题的办法,以指导和改进施工机械管理工作。

一、施工机械统计分析的步骤

统计分析的一般步骤如下:

1. 确定目标,拟订方案

统计分析的目标就是分析要解决的问题。确定了分析目标,分析才有方向,才能进一步拟订分析方案。分析方案的内容一般应包括所要分析的主要问题和所需资料的范围,以及调查的内容与方法等。

2. 收集资料,了解情况

统计分析所需的资料主要有:

(1)党和国家的方针、政策以及上级机关的指示和意图等;

(2)计划资料,主要是各级编制的,经过批准的计划、方案等;

(3)核算资料,主要是统计核算资料,也可以收集有关的会计核算与业务核算资料;

(4)其他资料,主要是通过调查研究掌握的各方面的资料,以及统计分析所需要的对照资料。

3. 进行分析,揭示矛盾

统计分析要坚持实事求是,一切从实际出发,要用发展的观点和科学的方法,对事物进行具体分析,深入地揭示矛盾。

4. 给出结论,提出建议

在统计分析的最终阶段,应依据分析的目标和要求,在进行周密分析的基础上给出结论,提出改进工作的建议。

二、施工机械统计分析的方法

(一)统计表分析法

统计表分析法,就是将经过整理的统计数据填在表格中并作出粗略分析的一种方法。其格式是多种多样的,因调查目的的不同而不同。如装备状况调查表、装备维修统计表、故障统计表等。这种方法比较简单,可直接用表格中的数字分析问题。但是,计算分析不够精确,查找原因比较困难,也难以进行控制。因而采取的措施针对性较差,效果不好。如把统计表分析法和下面的分类法结合起来,就可以把原因分析得更清楚。

(二)分类分析法

分类法又叫分层法,是整理数据和分析问题的一种常用方法。所谓分类法就是把收集来的数据按不同目的加以分类,把性质相同,在相同使用和维修条件下的数据归纳在一起,使数据反映的事实更明显、更突出,便于找出问题,查明原因,以便对症下药。分类法的基本类型主要有以下七种:

(1)按不同时间分。如按不同季节、不同的日期、不同的工作时间、不同的工作过程等分类。

(2)按业务部门或操作人员分。如按不同专业、工种、职务、技术熟练程度、文化程度等分类。

(3)按维修对象分。如按不同专业的维修对象、机械、装备、原材料等分类。

(4)按使用条件分。如按额定负载、环境条件等分类。

(5)按维修方式和方法分。如按预防、视情、事后等方式和定位、离位、人工作业、仪器检测等方法分类。

(6)按装备质量状况分。如按新品、可用品、待修品、废品等分类。

(7)按不同工厂产品、不同的使用企业、不同的使用维修条件等分类。

例如,某维修厂装配的机油齿轮箱与箱盖之间经常发生漏油。必须调查密封不好的原因,研究对策,通过现场调查知,本工序由 A、B、C 三人操作。认为漏油的原因是在涂黏结剂时三人的操作方法不同。此外,使用的密封垫是由甲、乙两厂分别制造的,这也是漏油的原因之一。因此,可用分类法分析,按操作人员分析和按密封垫的供货企业分析。

将数据的调查结果列于表 17-1 和表 17-2 中。调查数 $N=50$,漏油发生率 19/50 = 0.38。因此,要想采取措施,就要首先找出漏油的主要原因。按操作者分,从表 17-1 中可得出 B 的操作水平比 A、C 都高的初步结论。

按供货企业分,从表 17-2 中可以得出乙厂生产的密封垫比甲的稍好。今后应以采用乙厂生产的密封垫为主,操作者 A、C 应向 B 学习。

按维修操作者分类 表 17-1

操作者	有漏油	无漏油	发生率
A	6	13	0.32
B	3	9	0.25
C	10	9	0.53
合计	19	31	($N=50$)

按供货企业分类 表 17-2

供货企业	有漏油	无漏油	发生率
甲	9	14	0.39
乙	10	17	0.37
合计	19	31	($N=50$)

(三)动态分析法

客观事物运动是有规律的。通过统计分析掌握事物的发展趋势,就可以推断未来。所谓动态,就是现象在时间上的变化和发展。如果把反映某种现象在时间上变化与发展的一系列指标数值,按时间先后顺序排列,就形成一个动态数列。分析动态数列的发展速度和增减速度,是了解事物的变化过程,掌握发展趋势的重要方法。

1. 分析发展速度

发展速度是指一定时期内发展的快慢程度。由于采取的基期,即作为对比基础的时期不同,又可分为定基发展速度与环比发展速度。

2. 分析增长速度

增长速度是说明在一定时期内增长的快慢程度。它是将相应的发展速度减去 1 或 100% 求得的。

应用动态分析法可以预见事物未来的发展趋势和发展速度,为编制计划与制订规章制度提供依据,也可以反映当前中心工作的进度。

事物运动受各种因素的影响。在这些因素中,有一般性的、普遍起作用的因素,也有个别的、偶然起作用的因素。平均数,则是摆脱个别因素而对事物运动一般水平作出概括说明的数值。由于事物运动在各个时期所处的条件不同,因而速度也不一样。为了考察其在一个较长时期中逐年平均发展或增长的速度,需将逐个环比速度的差异抽象化,计算出平均速度。假设末期水平为 a_n,初期水平为 a_0,间隔年度为 n,则平均发展速度为:

$$\overline{X_1} = \sqrt[n]{\frac{a_n}{a_0}} \tag{17-25}$$

而平均增长速度为:

$$\overline{X_2} = \sqrt[n]{\frac{a_n}{a_0}} - 1 \tag{17-26}$$

通过分析平均速度,不但可以概括地比较与说明事物运动在各个时期的一般发展情况或增长情况,还可以为编制和分析长期计划提供依据。如根据长期的总的发展速度来确定年平均发展速度,即可作为编制年度计划的重要依据。在分析长期计划执行过程情况时,利用实际达到的平均速度与计划要求的平均速度对比,可以说明计划进行的是否均衡,还可以分析提前完成或超额完成长期计划的保证程度。

(四)结构分析法

结构分析法是计算某一事物的各个部分在全体中所占比重的分析方法。它是以分组法为基础的。在分析中,常用结构相对数计算各个部分的数值对全体数值的百分比。通过结构分析可以分析事物内部结构的差别及其变化趋势和依存关系。

1. 分析事物内部结构的差别

分析事物的内部结构,可以了解内部结构存在差别的程度,为进一步分析产生差别的原因指明方向。例如,分析某工程队本年油料节约任务的完成情况时,可以按所属企业分组,分析各单位完成节约任务的差别。假定某部有三个条件大体相同的单位,分析结果如表 17-3 所示。从表 17-3 可知,某工程队本年如数完成了计划规定的油料节约任务。但是,按单位分组后则表明,乙按规定完成了任务,甲没有达到指标,丙超额完成了任务。从各单位完成节约数占计划工节约总额的百分比看,甲占的比重最大。通过分析,可以明确甲是进一步分析的重点,应找出它未完成计划的原因,究竟是管理方面的问题,还是由于计划指标偏离造成的。这样,就能做到有的放矢。

结构分析法实例 表 17-3

单位	实际节约数(t)	计划节约数(t)	各单位完成节约任务的%	各单位实际节约约数占计划节约总额的%
甲	40	44	90.9	36.4
乙	36	36	100.0	32.7
丙	34	30	113.3	30.9
总额	110	110	100.0	100.0

2. 分析事物内部结构的依存关系

事物内部结构之间是互相联系、互相制约的。分析内部结构的依存关系,可以为正确评价各项指标创造条件。

(五)对比分析法

1. 对比分析法的原理

机械统计分析的基本方法是对比分析法。客观事物是具有内在联系的,是在对立的统一中发展的。人们只有在事物的相互联系中,进行分析研究,才能正确地认识事物。机械统计指标也是一样,单个机械统计指标数值往往说明不了什么问题,必须从相互对比中才能发现问题。一般来说,统计指标与统计指标之间,不同统计指标的变化规律之间都存在着某种正常的关系。这种关系虽然不能像数学函数关系那样严密,但也具有某种规律性或某种逻辑联系。如果通过对比分析,可发现不符合正常规律或正常关系的现象存在,即发现了矛盾或问题。正是这一点,就已经起到了统计分析的作用。例如:技术装备率的提高,相应地劳动生产率也应有所提高,这就是两个指标变化规律间的正常关系。到底提高多少,虽然不可能用非常简单、固定的比例关系来描述,但通过外单位、外系统甚至国外的实践经验资料,大致可以找到一个参考性的数据。如果本单位或本系统的情况与之相比出入太大,可以肯定这里面存在着某些不合理因素,说明尚有潜力可挖。

2. 对比分析方法的具体运用形式

(1)统计指标本身的对比。凡是以百分比的形式表示的统计指标,如机械完好率、机械利用率等,即使不与其他指标相对比,其本身也具有对比的属性,在一定意义上已可直接反映出某些问题。

(2)同一统计指标的前后对比。把同一统计指标在不同的时期的统计结果互相对比,可以反映其发展变化的情况或趋势,并可从中得出某些结论。如后期与前期(今年与去年;当月与上月等)的对比,以及现在与历史最高水平相比。这种对比往往能切中要害,更具有说服力和指导性。

(3)与某一客观标准相对比。这也是一种常用的分析方法。这个客观标准可以是国家的规定或上级机关下达的定额指标,也可以是其他部门或国外的同类参考性指标。通过对比分析,找出差距,作为改进工作的目标。或者找出取得优势的原因,为保持并扩大优势指明方向。

(4)不同类统计指标之间变化规律的对比。由于有关机械的各项因素之间有着内在联系;某一个因素的变化可以引起其他因素相应的变化,通过对几项不同类指标变化情况之间的对比,就能找出彼此影响的因素,以便深入全面地揭示出机械设备管理及其他有关方面存在的问题。例如,全员或工人技术装备率的增长与劳动生产率增长之间的对比分析就属于这种形式的对比分析。

三、施工机械统计分析的内容

通过机务统计,收集和整理企业有关施工机械经营活动的一切详细资料,这只是统计工作的第一步,更重要的是通过这些数字资料来说明企业施工机械经营活动的基本情况及其发展变化的规律性,作为指导机务工作的依据,为此就要进行统计分析。

施工机械统计分析的内容是:

(1)根据工作时间、完成工程量——分析利用率、效率;

(2)根据使用情况——分析机械化程度;

(3)根据施工机械的完好情况——分析不完好的因素和原因;

(4)根据装备情况——分析施工机械技术状况及其变化;

(5)根据施工机械维修完成情况——分析机修单位的维修能力、维修质量和维修费用等;

(6)根据事故情况——分析产生事故的原因;

(7)根据施工机械使用情况——分析各种油料、材料消耗情况和装备的构成;

(8)根据施工机械完成各项指标的情况——分析操作人员工作表现和技术素质。

施工机械统计分析工作又可分为综合分析和专题分析。

综合分析是对统计资料全面的分析研究,用以说明施工机械经营活动的基本情况、发展趋势及规律性。如全面分析施工机械完好率、利用率、效率的完成情况,研究施工机械可挖掘的潜力,这种分析的内容涉及范围宽、指标广、因素多,一般相隔一定时间进行一次。

专题分析是主要对某项专门问题进行集中而深入的分析。如可以把机务管理中存在的某个关键问题(如机械事故增多、修理质量下降等)、典型事例(先进事物、薄弱环节)或中心工作等作为分析内容。这种分析的内容涉及面较窄,指标较少,但它的特点是灵活多样、一事一议、简便易行,可根据需要经常进行。

参考文献

[1] 郭小宏,等.公路工程机械化施工与管理[M].北京:人民交通出版社,2005.
[2] 张润.路基路面施工与组织管理[M].北京:人民交通出版社,2002.
[3] 杨士敏,等.工程机械设备管理[M].北京:人民交通出版社,1999.
[4] 郭小宏,等.高等级公路机械化施工技术[M].北京:人民交通出版社,2005.
[5] 中国公路学会筑路机械分会.沥青路面施工机械与机械化施工[M].北京:人民交通出版社,1999.
[6] 中国公路学会筑路机械分会.公路筑养路机械机务管理手册[M].北京:人民交通出版社,2001.
[7] 宣国良,等.道路施工技术[M].北京:人民交通出版社,1999.
[8] 费建用,张兰荣.公路工程机械化施工[M].北京:人民交通出版社,2001.
[9] 郑忠敏.公路施工机械化与管理[M].北京:人民交通出版社,2002.
[10] 何挺继.公路机械化施工手册[M].北京:人民交通出版社,2002
[11] 李自光,展朝勇.公路施工机械[M].北京:人民交通出版社,2008.
[12] 胡长顺.高等级公路路基路面施工技术[M].北京:人民交通出版社,1995.
[13] 郭忠印,等.沥青路面施工与养护技术[M].北京:人民交通出版社,2003.
[14] 俞高明.公路工程[M].北京:人民交通出版社,2007.
[15] 中华人民共和国行业标准.JTG F10—2006 公路路基施工技术规范[S].北京:人民交通出版社,2006.
[16] 中华人民共和国行业标准.JTJ 034—2000 公路路面基层施工技术规范[S].北京:人民交通出版社,2000.
[17] 中华人民共和国行业标准.JTG F40—2004 公路沥青路面施工技术规范[S].北京:人民交通出版社,2004.
[18] 中华人民共和国行业标准.JTG F30—2003 公路水泥混凝土路面施工技术规范[S].北京:人民交通出版社,2003.
[19] 杨士敏,罗福兰.工程机械设备现代管理[M].西安:陕西科学技术出版社,1999.
[20] 陆盈.工程机械管理[M].北京:人民交通出版社,2003.
[21] 吴国进.公路养护机械设备管理[M].北京:人民交通出版社,2003.
[22] 张润.路基路面施工及组织管理[M].北京:人民交通出版社,2002.